디지털도서관
운영론

전면개정판

디지털도서관 운영론

D·I·G·I·T·A·L·L·I·B·R·A·R·Y

김선태·이수상 공저

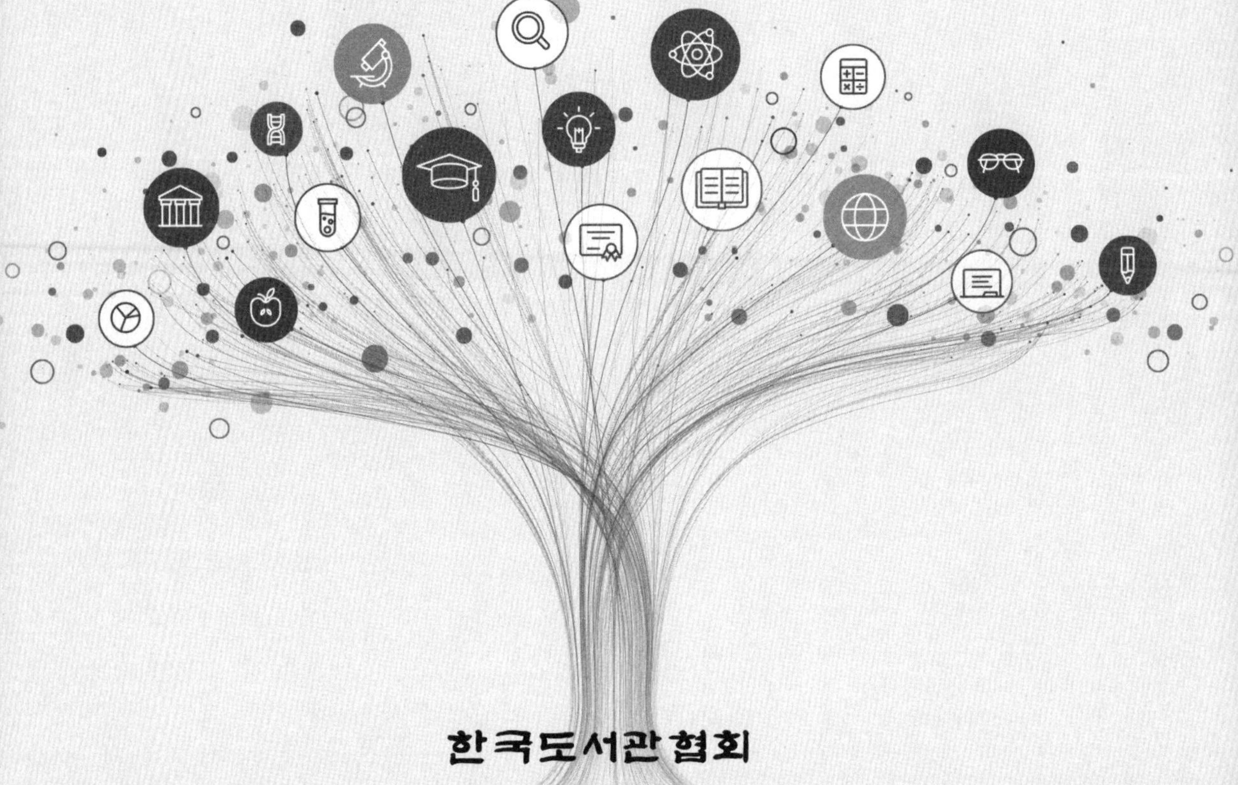

한국도서관협회

발간사

이 책은 디지털 도서관을 처음 접하는 학생들이 개념과 기술, 그리고 실제 운영 환경을 균형 있게 이해할 수 있도록 집필 · 개정되었다. 기존 교재의 이론적 · 역사적 흐름과 목차 체계는 유지하되, AI 시대와 최신 디지털 도서관 환경을 반영하여 내용을 현행화하고, 실습 중심으로 보강하는 데 중점을 두었다.

이번 개정판에서는 디지털 도서관의 세대별 발전 과정을 보완 · 확장하고, 2세대 디지털 도서관의 구성 요소로서 LAS 모듈을 새롭게 소개하였다. 또한 디지털 장서를 중심으로 교재의 구조를 재구성하고, 미국 디지털 공공도서관(DPLA)과 Europeana 등 주요 사례를 통해 디지털 도서관 서비스의 실제 운영 모습을 이해할 수 있도록 하였다.

개념적 · 이론적 측면에서는 디지털 객체와 디지털 문헌의 개념을 정리하고, 데이터 공개 · 개방 · 상호운용성 확보를 위한 FAIR 원칙을 다루었다. 아울러 OAIS 참조모형, 정보패키지 모델, 네임스페이스와 XML 네임스페이스 개념을 포함하여, 디지털 도서관의 구조와 데이터 관리 원리를 체계적으로 이해할 수 있도록 하였다. 또한 개념모델링 · 논리모델링 · 물리모델링을 비롯하여 메타데이터 모델링과 지식모델링의 기본 개념을 소개하였다.

기술적 측면에서는 BIBFRAME, METS 2, PREMIS, DataCite를 중심으로 디지털 자원 기술과 장기보존을 설명하고, LOD, JSON-LD, Turtle, OAI-ORE 등 최신 데이터 표현과 연계 기술을 포함하였다. 더불어 HTML, XML, XML DTD, XML Schema, JSON, 웹서비스(SOAP), Topic Maps, 문자인코딩 등 디지털 도서관의 기초 요소기술을 정리하였으며, 클라우드 인프라와 온프레미스 개념, LLM과 멀티모달 기술, 생성형 지식그래프, DevOps, CI/CD, IaC, 개체-관계 다이어그램에 대한 소개도 새롭게 추가하였다.

사례와 운영 측면에서는 하버드대학교 디지털도서관, PANGAEA, ScienceON, DataON, Edinburgh DataShare 등 주요 디지털 도서관 및 연구데이터 서비스 사례를 수록하였다. 또한 SSO, Shibboleth, 프록시 서버, 클라우드 기반 인증을 통해 접근 관리 구조를 설명하고, LOCKSS와 Portico를 통해 장기보존 체계를 다루었다. 이용 통계와 평가를 위해 COUNTER와 SUSHI 표준을 정리하였으며, KESLI, COPPUL, WRLC, eIFL, ICOLC, NESLI 등 주요 컨소시엄도 함께 소개하였다.

각 장의 말미에는 참고문헌을 배치하여 관심 있는 주제를 더 깊이 탐구할 수 있도록 하였고, 학습 과정에서 한 번 더 생각해 볼 필요가 있는 부분이나 실무적으로 도움이 되는 내용은 Tip 박스로 정리하였다. Tip 박스의 초안은 생성형 AI를 활용하였으나, 모든 내용은 저자의 검토와 수정, 편집 과정을 거쳐 수록하였음을 밝힌다. 또한 이해를 돕기 위한 그림과 도식은 직접 제작하여, 복잡한 개념을 시각적으로 파악할 수 있도록 하였다.

특히 본 교재는 '읽는 책'에 그치지 않고, '직접 해보는 책'을 지향한다. 이를 위해 기술적 내용은 가능한 한 실습과 연결하여 설명하였으며, 실습과 학습 보조를 위해 리스랩(https://lislab.kr) 서비스를 개발하여 연계하였다. 학생들은 해당 서비스를 통해 교재에서 다루는 개념과 기술을 실제 환경에서 직접 경험해 볼 수 있을 것이다.

이 책이 디지털 도서관을 이해하기 위한 하나의 완성된 답이 되기보다는, 앞으로 변화할 디지털 도서관 환경을 스스로 탐구해 나가기 위한 출발점이 되기를 바란다. 수업과 학습 과정에서 느낀 점이나 궁금증, 개선이 필요한 부분이 있다면 언제든지 공유해 주기를 기대하며, 이러한 의견은 향후 개정과 수업 개선에 적극 반영하고자 한다.

감사합니다.

저자 김선태·이수상 드림

차례

4 메타데이터 관리

5 정보서비스

6 요소기술

9 저작권

1

서론

1.1 디지털도서관의 정의와 범위
1.2 디지털도서관의 발전
1.3 디지털도서관의 기본요건
1.4 디지털도서관의 운영체제

디지털도서관 운영론

1. 서론

디지털도서관은 1945년 이후, 컴퓨터와 네트워크 기술이 발전하면서 개념적 기반이 마련되었고, 1960～80년대 ARPANET(Advanced Research Projects Agency Network)과 초기 정보검색 시스템의 등장으로 기술적 토대를 확립하였다. 1990년대에는 웹 기술의 확산과 함께 디지털도서관이 실제 서비스로 구현되는 형성기가 열렸으며, 2000년대에는 표준화, 상호운용성, 통합 기반의 성숙한 디지털도서관 체제가 구축되었다. 2010년대 중반 이후 클라우드와 인공지능이 적용되면서 디지털도서관은 지능형 서비스 단계로 진화했고, 2023년 ChatGPT와 같은 생성형 AI와 멀티모달 기술이 본격 도입되면서 디지털도서관은 지식을 저장, 제공하는 단계를 넘어 분석, 연결, 창조하는 플랫폼으로 발전하고 있다. 이러한 흐름을 시대별로 살펴보면 다음과 같다.

디지털도서관의 가장 초기 개념은 1945년 Vannevar Bush가 제안한 Memex에서 찾을 수 있다. Bush는 연상적 링크(associative trails)를 따라 지식을 탐색하는 방식을 제안했는데, 이는 이후 하이퍼텍스트 구조와 디지털 정보시스템의 사상적 기반이 되었다. 1960년대에는 TSS(Time Sharing System) 등 시분할 기법이 도입되면서 다수의 단말기가 중앙 컴퓨터 자원을 공유할 수 있게 되었고, 기존의 회선교환 방식이 데이터 중심의 패킷교환 방식으로 전환되면서 인터넷 기술의 핵심 구조가 마련되었다. 이 기반 위에서 1969년 ARPANET이 구축되며 본격적인 네트워크 기반 정보 공유 시대가 열렸다. 같은 시기 기업과 대학에서 LEXIS, DIALOG와 같은 온라인 정보검색 시스템이 등장하면서 전산 기반 문헌검색의 초기 토대가 형성되었다.

1990년대는 웹의 출현으로 디지털도서관이 실질적으로 구축되기 시작한 시기였다. 웹 브라우저, HTTP, HTML 등의 기술 발전은 도서관이 텍스트뿐 아니라 이미지, 원문, 멀티미디어 자료를 웹을 통해 제공할 수 있는 환경을 조성했다. 특히 미국 국립과학재단(NSF)의 디지털도서관 이니셔티브(DLI－1, DLI－2)는 검색, 인덱싱, 시범 시스템 구축뿐 아니라 콘텐트, 서비스, 평가, 보존, 사용성 등 디지털도서관 전반을 연구하는 기반을 마련했다. SGML과 XML, MARC 등 초기 메타데이터와 마크업 표준도 이 시기에 정착되었다.

2000년대 이후, 디지털도서관은 통합성과 상호운용성을 중심으로 성숙기를 맞이했다. OAI－PMH(Open Archives Initiative Protocol for Metadata Harvesting)와 같은 메타데이터 수확 프로토콜과 Z39.50, SRU 등 검색 표준은 기관 간 연계를 현실화했으며, Google Books는 산업적 규모의 대량 디지털화를 실현하여 디지털 장서 확장의 길을 열었다. 하티트러스트(HathiTrust)는 대규모 공동 보존 모델을 구축했고, 유로피아나(Europeana)와 미국의 디지털공공도서관(DPLA)은 여러 기관의 디지털 컬렉션을 통합한 국가와 지역 단위의 디지털 문화 인프라를 구현하였다. 이 시기는 디지털도서관이 단일 기관의 시스템을 넘어 국가적, 국제적 협력 플랫폼으로 확장된 중요한 단계였다.

2010년대 중반 이후, 디지털도서관은 클라우드 컴퓨팅과 지능형 기술을 적극적으로 도입하면서 새로운 전환점을 맞았다. 기존 온프레미스 시스템을 대체한 SaaS, PaaS, IaaS 기반 클라우드 인프라는 확장성과 안정성을 크게 높였으며, OCR, 음성인식, 이미지 분석 등 멀티모달 기술은 텍스트 외 다양한 형태의 자료 분석을 가능하게 했다. 2012년 Google Knowledge Graph 이후 지식그래프 기술이 확산되면서 디지털도서관은 단순한 키워드 검색을 넘어 의미 기반 검색과 관계 탐색 중심으로 발전했다. 국가기관의 클라우드 기반 인프라 구축, Europeana AI Services, 대학과 연구기관의 클라우드 리포지토리 전환 사례 등은 디지털도서관이 지능형 데이터 플랫폼으로 전환되고 있음을 보여준다.

2023년 ChatGPT의 등장 이후, 디지털도서관은 생성형 AI 기반의 지식창조형 단계로 도약하고 있다. LLM(Large Language Model)은 방대한 문헌을 자동으로 요약하고 주제를 도출하며, 이용자의 질문에 맥락 기반으로 응답하는 고도화된 지식 서비스를 제공한다. 자동 색인, 분류, 정제 등 정보 조직 기능은 LLM 기반 자동화 기술로 크게 향상되고 있으며, 연구자를 위한 AI 비서나 학술 에이전트는 문헌 비교, 근거 분석, 관련 자료 추천 등 다양한 연구 활동을 지원하고 있다. 텍스트, 이미지, 영상, 오디오를 통합 분석하는 멀티모달 LLM, 문서 간 의미적 관계를 자동으로 구축하는 생성형 지식그래프는 디지털도서관을 단순한 저장소가 아닌 지식 생성, 연결 플랫폼으로 변화시키는 핵심 기술로 자리 잡았다.

이처럼 디지털도서관은 개념 기반기에서 형성기, 성숙기, 지능형 단계, 그리고 생성형 AI 기반의 지식창조형 단계로 발전하며, 시대마다 등장한 기술을 흡수하여 기능과 역할을 확장해 왔다. 디지털도서관은 기술, 데이터, 서비스, 이용자가 결합된 복합적 지식 생태계의 중심 플랫폼으로 자리 잡고 있으며, 앞으로는 AI가 지식 조직과 생성 과정 전반으로 더욱 깊숙이 통합되는 새로운 형태의 디지털도서관으로 확대될 것으로 전망된다.

TIP

- 회선교환 방식과 패킷교환 방식: 1960년대까지의 통신은 전화망처럼 한 회선을 독점하는 회선교환 방식에 의존했지만, 이는 데이터 통신 환경에서는 비효율적이었다. 이를 해결하기 위해 데이터 조각을 여러 경로로 나누어 전송하는 패킷교환 방식이 등장했고, 이 기술은 1969년 ARPANET 설계의 핵심 기반이 되었다. ARPANET을 통해 컴퓨터 간 정보 공유가 가능해지면서, 네트워크 기반 지식 접근 체계가 현실화되었고, 이는 이후 웹 기술과 결합하여 디지털도서관이 등장할 수 있는 기술적 출발점이 되었다.

- 온프레미스(On-Premise) 시스템은 서버, 스토리지, 네트워크 장비 등 모든 IT 인프라를 기관 내부(자체 데이터센터)에 직접 구축하고 운영하는 방식을 말한다. 즉, 클라우드처럼 외부 업체가 인프라를 제공하는 것이 아니라, 기관이 직접 하드웨어를 보유하고 설치하고 유지보수까지 수행하는 방식이다.

- 멀티모달 기술은 텍스트, 이미지, 음성, 영상 등 서로 다른 형태의 데이터를 AI가 통합적으로 이해하고 처리하는 기술을 의미한다. 즉, 다양한 유형의 정보를 결합해 의미를 파악하고 분석할 수 있도록 하는 지능형 처리 방식이다. 이 기술은 디지털도서관에서도 다음과 같은 방식으로 활용될 수 있다. 예를 들어, 이미지 기반 자료의 자동 메타데이터 생성, 영상 강의의 자동 요약, 주제 추출, 역사 사진과 텍스트 기록의 지식그래프 연계, 장애인을 위한 음성, 이미지 기반 접근성 확대 등이 멀티모달 기술을 적용한 대표적 사례이다.

- LLM(Large Language Model)은 방대한 양의 텍스트 자료를 학습하여 사람처럼 언어를 이해하고 생성할 수 있도록 설계된 대규모 언어 모델로, 쉽게 말해 많은 책과 논문을 읽고 배운 지식 기반의 인공지능으로 설명할 수 있다. 이러한 특성 덕분에 LLM은 디지털도서관의 다양한 지능형 서비스를 구현하는 핵심 기술로 활용된다. 예를 들어, 수천 건 이상의 문헌을 한 번에 분석하여 핵심 내용을 요약하거나 주요 주제를 자동으로 도출할 수 있으며, 이용자가 제시하는 복잡한 질문에도 맥락을 이해하고 관련 정보에 기반한 답변을 제공하는 지능형 질의응답 서비스가 가능해진다. 또한 자료의 주제어, 키워드, 분류를 자동으로 추천하는 자동 색인, 자동 분류 기능을 통해 정보조직 업무를 지원하고, 연구자가 필요로 하는 문헌 검색, 연구 아이디어 정리, 문헌 비교 분석 등을 도와주는 AI 기반 연구 보조 서비스도 수행할 수 있다. 최근에는 텍스트뿐 아니라 이미지, 표, 사진, 영상 등 다양한 유형의 자료를 함께 처리하는 멀티모달 LLM이 등장하면서, 여러 매체를 결합해 새로운 지식을 생성하거나 자료 간 관계를 분석하는 고도화된 지식 생성 서비스도 가능해지고 있다. 이러한 LLM 기반 기능들은 디지털도서관을 단순한 정보 저장, 제공 공간에서 벗어나, 지식을 분석하고 조직하며 새롭게 창출하는 지식창조형 플랫폼으로 발전시키는 핵심 동력이 되고 있다.

1.1 디지털 도서관의 정의와 범위

대부분의 디지털도서관은 전통적인 도서관과 별개로 존재하는 것이 아니라, 전통적 도서관이 디지털환경에 적응해 진화, 발전한 실체로 이해할 수 있다. 이용자들은 전통적인 카드목록이나 OPAC(Online Public Access Catalog)이 아닌, 도서관 포털이라는 웹 인터페이스를 통해 각종 디지털 서비스의 혜택을 받고, 사서와 같은 관리자나 정보 생산자는 디지털콘텐트 관리시스템을 통해 전통적인 인쇄자료의 메타정보와 디지털정보를 수집, 정리, 관리한다. 이렇듯 디지털도서관은 다양한 역할과 기능을 필요로 하며 지속적으로 발전하고 진화하고 있다. 이러한 디지털도서관은 두 가지 관점에서 구분할 수 있다(Borgman. 1999). 첫째, 정보공학적 관점에서 디지털도서관은 디지털 콘텐트를 관리하는 정보시스템으로 이해되며, 이는 주로 컴퓨터공학자들이 관심을 갖는 영역이다. 여기서 디지털도서관은 이용자를 대신하여 디지털 콘텐트를 수집, 관리하는 정보시스템으로 간주된다. 둘째, 디지털서비스를 제공하는 도서관이라는 관점이다. 이 관점에서는 기관이라는 운영주체가 존재하고, 특정 이용자 집단을 대상으로 다양한 디지털서비스를 제공한다. 기존의 전통적 도서관이 디지털환경에 적합한 서비스를 제공하는 경우는 물론, 도서관은 아니지만 정보서비스를 수행하는 기관이 디지털도서관 서비스를 수행하는 경우도 이 범주에 포함된다. 도서관 현장과 문헌정보학 분야에서는 전자보다 후자 관점에 더 많은 관심을 두고 논의를 전개해 왔다.

디지털도서관은 1990년대 초 월드와이드웹의 확산과 함께 본격적으로 등장했지만, 그 이론적, 사상적 배경은 훨씬 이전부터 축적되어왔다. H.G. Wells(1938)가 제안한 'World Brain' 구상은 전 세계 지식을 조직하고 누구나 접근할 수 있는 미래의 지식체계를 상상한 대표적인 사례이며, Vannevar Bush(1945)는 『As We May Think』에서 정보 간 연관을 따라가며 탐색할 수 있는 개인용 지식장치 memex를 제안하여 디지털 정보 시스템의 방향을 제시했다. J.C.R. Licklider(1965)는 『Libraries of the Future』에서 컴퓨터 기반 정보시스템을 통한 새로운 형태의 도서관을 구상하며 현대 디지털도서관의 초석을 놓았다. 한편 Nyce와 Kahn(1991)은 Bush가 제시한 memex 구상이 단순한 기계적 발명 아이디어가 아니라, 사람이 생각하는 방식을 돕는 도구의 원형으로 받아들여져 왔다고 평가하며, 특히 Bush가 강조한 연상적 연결 개념이 이후 하이퍼텍스트 시스템의 핵심 구조와 개인 정보관리 도구 설계에 중요한 철학적 기반이 되었다고 설명한다. Tavosanis(2017)는 Licklider의 『Libraries of the Future』가 단순한 도서관 자동화 구상이 아니라, 인간의 지적 활동과 컴퓨터가 상호작용하는 새로운 정보 환경을 예견한 작업이었다고 보며, 그의 비전이 언어 처리, 초기 인공지능, 인간과 컴퓨터의 상호작용 개념과 연결되어 이후 디지털도서관과 지능형 검색 시스템의 사상적 기반이 되었다고 평가한다.

이러한 사상적 배경 위에서, 디지털도서관은 도서관이라는 물리적 기관에서 이루어지는 각종 디지털 업무나 콘텐트의 디지털화만을 대상으로 하는 시스템에 그치지 않는다. 정보 및 콘텐트 관리를 망라하고, 분산 환경의 이기종 간 데이터를 통합하며, 포털 기능을 통해 통합 환경을 구축하여 부가가치 서비스를 제공할 필요가 있는 모든 영역에서 적용되는 범용 지식관리 및 제공을 위한 디지털 시스템의 모형으로 이해된다. 도서관의 경우 디지털도서관을 통해 수작업 중심의 업무를 자동화하고, 보유하고 있는 디지털 콘텐트를 효율적으로 관리하며, 각종 시스템을 연동하여 하나의 통합된 서비스를 제공함으로써 이용자에게 편리한 정보 활용 공간을 제공할 수 있다. 1990년대부터 국내외 많은 도서관과 정보관리기관은 이러한 목표 기능을 갖춘 디지털도서관을 앞다투어 구축해 왔으며, 미국, 유럽, 호주 등의 정보 선진국뿐 아니라 우리나라에서도 디지털도서관을 국가적 프로젝트로 인식하고 국가 차원에서 연구와 기술개발에 과감한 투자가 이루어졌다.

초기 디지털도서관 정의는 기술 중심 접근과 전통 도서관 중심 접근이 충돌하는 과정에서 다양하게 분화되었다. 개념적으로 보면, 디지털도서관은 시간과 공간의 제약이 없는 네트워크 기반 콘텐트 시스템을 의미하며, 여기서 디지털(digital)이라는 용어는 전자(electronic), 가상(virtual), 벽이 없는(wall-less), 멀티미디어(multimedia) 등으로도 사용되고 도서관을 거대한 콘텐트 집합체로 해석하게 한다. 기능적으로 보면 디지털도서관의 구성요소는 크게 장서(collections) 및 자원(resources)을 관리하는 장서 및 콘텐트 관리 시스템과 서비스를 제공하는 포털 시스템으로 구분되며, 관점과 사례, 적용 영역에 따라 서로 다른 방식으로 정의되고 구현된다.

디지털도서관이라는 용어는 1994년 NSF와 DARPA, NASA의 디지털도서관 프로젝트(Digital Libraries Initiative, DLI)에서 사용되면서 널리 알려졌고, 1990년대 이후 전자도서관을 대체하는 개념으로 사용되기 시작했다. 그러나 시대의 흐름, 학자들의 관점, 디지털도서관을 구축하는 기관의 유형과 특성에 따라 개념이 다양하게 설정되고, 디지털도서관 자체가 끊임없이 확장과 혁신을 거듭하는 유기체이기 때문에 개념적 정의를 명확하게 고정하기는 쉽지 않다. 이러한 문제의식은 DLI 프로젝트 핵심 연구자인 Edward A. Fox(1995)가 제시한 디지털도서관 연구의 방향성과도 맞닿아 있다. Fox는 디지털도서관을 네트워크 기반 정보시스템의 발전과 함께 인간이 지식에 접근하고 검색하는 방식을 근본적으로 확장하는 새로운 정보 조직 체계로 보았으며, 이를 통해 도서관이 전통적인 문헌 저장 공간을 넘어 지식 탐색과 정보 검색의 지능형 플랫폼으로 진화할 수 있다고 보았다.

미국연구도서관협회(ARL, Association of Research Libraries)는 연구 도서관의 역할이 디지털 환경에서 크게 확장되었다는 점을 강조하면서, 디지털도서관을 단순한 디지털 자원의 집합이 아니라 이를 조직, 관리, 제공하는 서비스와 기술 인프라를 포괄하는 새로운 정보 환경으로 이해한다. ARL은 1990년대 중반의 관점에서 디지털도서관을 다음과 같이 정의한다. 첫째, 디지털도서관은 단일의 실체(entity)가 아니다. 둘째, 디지털도서관은 다양한 자원을 연결시키는 기술을 필요로 한다. 셋째, 디지털도서관과 정보서비스의 연계는 이용자들에게 쉽게 공개된다. 넷째, 디지털도서관과 정보서비스에 대한 보편적 접근이 목표이다. 다섯째, 디지털도서관 장서는 문헌의 대체물에 국한되지 않으며, 인쇄 형식으로 표현되거나 배포될 수 없는 디지털 인공물에까지 확대된다. 이러한 관점은 디지털도서관을 기술, 자원뿐 아니라 서비스, 정책, 조직 역량까지 포함한 통합적 정보 환경으로 보는 이후 논의의 기초를 제공하였다.

디지털도서관에 대한 위키피디아의 정의에 따르면, 디지털도서관은 다양한 장서들이 디지털 형식으로 저장되고 컴퓨터를 통해 접근되는 도서관이다. 디지털 콘텐트는 디지털도서관의 내 · 외부 컴퓨터 시스템에 저장되며, 네트워크로 접근

된다. 한편 DLF(Digital Library Federation)는 디지털도서관을 실무적, 조직적 관점에서 정의하는데, 디지털도서관은 정보자원을 제공하는 조직체이며, 전문직원이 정보자원의 선정, 구조화, 지적 접근 제공, 해석, 배포, 무결성의 보존, 디지털 저작물의 영속성 보장 등의 활동을 수행하여 특정한 커뮤니티가 이를 쉽고 경제적으로 이용하도록 해준다고 설명한다.

시들(Seadle)과 그의 동료에 따르면, 디지털도서관은 기본적으로 전통적 도서관의 지적인 산물과 서비스를 디지털 형식으로 재구성한 자원이며, 디지털 콘텐트, 상호연결, 소프트웨어로 구성된다. 또한 디지털도서관은 전통적 도서관의 대체물이 아니라 오히려 전통적 도서관의 미래라고 보며, 전통적 도서관과 디지털도서관의 관계를 명확히 설명한다(Seadle, Greifeneder. 2007). 1997년에 구축된 캘리포니아 대학 디지털도서관은 모든 사람에게 공개된 디지털 관문을 지향하며, 고품질 디지털 콘텐트를 수집하고 창조적 활용을 지원한다. 또한 연구, 강의, 학습 활동을 위한 온라인 정보서비스 도구를 제공하며, 캘리포니아 대학의 지적, 문화적 자원을 활용해 관련 커뮤니티에게 세계적 규모의 학술성과와 지식을 수집, 제공하는 것을 미션으로 한다. 미국과학재단(NSF)의 지원으로 구축된 NSDL(National Science Digital Library)은 교육 영역의 디지털도서관(SMETE Digital Library)으로, 과학, 수학, 공학, 기술 교육에 필요한 모든 수준의 콘텐트 자원을 온라인 네트워크에서 구성, 제공하는 것을 목표로 하는 분야 특화형 디지털도서관이다. 이러한 구축 사례들은 디지털도서관이 당시의 국가와 기관 차원에서 전략적 인프라로 인식되고 있음을 보여준다.

초기 논의에서 디지털도서관은 정보기술적 측면이 과도하게 강조되어 전통적 도서관의 문제를 해결할 수 있는 새로운 이상적 서비스, 혹은 이상적인 도서관으로 묘사되기도 했다. 그러나 이후 논의가 진전되고 다양한 구축 사례가 축적되면서, 디지털도서관이 전통적 도서관의 확장 또는 변화된 모습이라는 인식이 우세해졌다. 디지털도서관을 어떻게 보더라도 중요한 특징은 전통적인 도서관에서 제공하던 자원보다 콘텐트의 범위가 넓고 다양하며, 양질의 문헌정보를 디지털 환경에서 통합적으로 서비스하고자 하는 비전과 사명을 가진다는 점이다. 이상에서 살펴본 바와 같이, 디지털도서관 초기 정의는 주로 기술 중심 접근에 초점을 두었지만, 2000년대 이후 디지털도서관 개념은 기술 중심의 초기 정의를 넘어, 이용자 경험, 서비스 설계, 협력 활동, 사회적 문화적 맥락을 포함하는 방향으로 확장되어 왔다. 디지털도서관은 단순한 디지털 자원의 집합이 아니라, 조직이 제공하는 다양한 디지털 자원과 이를 운영, 지원하는 서비스 및 기술 인프라, 그리고 전문가의 실천이 결합된 포괄적 정보 환경으로 이해된다. 또한 디지털도서관은 전자적 자원과 기술, 그리고 이를 수집, 구성, 활용하는 공동체가 함께 형성하는 사회기술적(sociotechnical) 시스템으로 분석되며, 체계적으로 관리된 디지털 정보자원을 네트워크 기반에서 제공하는 관리형 정보시스템으로도 설명된다. 이와 더불어 디지털도서관은 사람, 문서, 기술, 실천이 상호작용하는 사회기술적 생태계로 이해되며, 저장소 중심 아키텍처, 이용자 인터페이스, 검색 기능, 서비스 품질 등 기술적 요소와 사회적 역할이 통합된 실천적 구조를 가진다는 점도 강조된다. 이러한 맥락에서 디지털도서관은 이용자의 정보 리터러시 활동에 유용한 디지털 자원과 정보서비스를 제공하는 역할과 책임을 지닌 사회적 장치로 정의할 수 있다. 디지털도서관 관리자는 풍부한 디지털 정보자원을 구축하고, 편리한 정보접근 환경을 제공하며, 이용자의 정보연구 문제 해결에 최적의 수단이 될 수 있는 정보 활용 환경을 조성해야 한다. 디지털도서관 이용자는 이 정보환경을 통해 자신의 정보요구를 표현하고, 효율적인 검색기법을 활용해 정보자원의 존재를 확인하며, 비판적 관점에서 정보의 적합성을 평가하고, 정보윤리를 준수하면서 각종 정보를 가공하여 새로운 지식정보자원을 생산, 공유하는 등 정보 리터러시 프로세스 전반에서 디지털도서관을 활용하게 된다.

이상과 같이 디지털도서관은 콘텐트, 기술, 서비스, 이용자, 사회적 맥락이 상호결합하여 형성되는 복합적 정보시스템으로 자리매김하고 있다. 전통적 도서관이 전자도서관을 거쳐 현재의 디지털도서관으로 변화, 진보하였다고 보더라도, 디지털도서관의 본질적 역할은 크게 달라지지 않는다. 전통적 도서관이든 디지털도서관이든 개인의 정보활용 문제를 해결하는 창구로서, 당대의 최적 콘텐트, 정보기술, 서비스를 제공한다는 점에서 정보활용 문제 해결을 지원하는 도서관의 핵심 역할은 지속되고 있다.

1.2 디지털 도서관의 발전

디지털도서관의 발전은 전반적인 기술과 인프라 변화에 기반한 사전기, 형성기, 성숙기의 시대적 흐름과 서비스, 기술, 운영 패러다임의 변화에 따른 1세대부터 5세대까지의 단계로 설명할 수 있다. 먼저, 사전기(1960~80년대)에는 디지털도서관의 기반이 되는 핵심 기술과 표준이 등장하였다. MARC(Machine-Readable Cataloging)와 Z39.50과 같은 서지, 검색 표준, 온라인 정보검색 서비스인 LEXIS와 DIALOG, 그리고 인터넷의 전신인 ARPANET이 발전하면서 디지털 환경에서의 정보 조직과 네트워크 기반 정보 유통의 기초가 마련되었다. 이러한 기반 기술은 이후 디지털도서관의 형성과 세대적 진화를 가능하게 한 근본 토대였다. 형성기(1990~2001년)에는 웹의 등장과 함께 디지털도서관 연구가 본격화되었다. 특히 미국 국립과학재단이 주도한 디지털도서관 이니셔티브(DLI)는 결정적 전환점이 되었다. DLI-1은 정보검색, 인덱싱, 대규모 시범 시스템 구축 등 기술 중심의 연구를 수행했으며, DLI-2에서는 여러 대학과 연구기관이 참여하여 디지털 콘텐트, 서비스, 사용성, 평가, 보존 등 디지털도서관 전반을 다루는 종합 연구가 이루어졌다. 이 시기에는 디지털도서관이 단순한 시스템 구축이 아니라 학술 생태계와 국가 정보 인프라 전체를 다루는 학문적 연구 분야로 확장되는 계기가 마련되었다. 성숙기(2000년대 이후)에는 대규모 디지털화, 저장소 기반의 오픈액세스, 국가와 지역 단위의 디지털 문화, 학술 플랫폼 등 디지털도서관의 본격 확장이 이루어졌다. Google Books는 산업적 규모의 대량 디지털화를 실현하여 디지털도서관의 확장 가능성을 보여주었으며, 하티트러스트는 대규모 디지털 자원의 보존과 공동 접근을 위한 협력 모델을 정립하였다. 또한 OAI-PMH의 확산은 리포지토리 기반 학술정보 유통 생태계를 강화하였고, 유럽연합의 Europeana와 DPLA는 여러 기관의 디지털 컬렉션을 연계한 국가, 지역 단위의 디지털 문화 인프라를 구축하였다.

이러한 시대적 발전을 바탕으로 디지털도서관은 기술과 서비스의 변화에 따라 1세대부터 5세대까지 단계적으로 발전해 왔다. 1세대는 원문, 이미지, VOD 등 전자자원을 효율적으로 관리하는 전자도서관 중심의 단계이며, 2세대에서는 조직 내 산재한 디지털 자원의 통합관리와 포털 기반 서비스가 등장하였다. 3세대는 분산 환경에서의 상호운용성, XML과 RDF 기반 기술, OAI-PMH 등 표준의 확산과 함께 교육, 연구, 미디어 등 전문영역별 디지털도서관이 등장한 시기이다. 2010년대 중반 이후에는 4세대, 즉 클라우드 네이티브 환경과 AI와 기계학습 기술을 기반으로 한 지능형 디지털도서관 시대로 진입하였다. 이 단계에서는 자동 분류, 추천, 지식 그래프 기반 의미검색, 멀티모달 처리, 클라우드 기반 확장형 인프라 등 데이터 기반의 지능형 서비스가 구현되었다. 2023년 ChatGPT 이후에는 5세대, 즉 생성형 AI 기반의 지식창조형 디지털도서관이 본격적으로 등장하였다. 앞으로 이 단계에서는 요약, 질의응답, 번역, 지식 생성 등 생성형 AI 기능이 디지털도서관 서비스 전반에 통합되고, 자동 큐레이션, 자동 인덱싱, 생성형 지식 그래프와 같은 AI 기반 자동화 기술이 정보조직 체계를 혁신할 것으로 예상된다. 또한 LLM 기반 개인 연구비서나 학술 에이전트가 보편화되면서, 이용자와 AI가 상호작용하여 새로운 지식을 공동으로 생산하는 지식생태계가 구축될 것으로 전망된다.

이상과 같이, 디지털도서관은 기본적인 기술적 토대가 마련된 사전기를 거쳐, 웹의 등장과 연구 중심 활동이 활발해진 형성기, 그리고 대규모 디지털화와 표준화가 이루어진 성숙기를 지나며 발전해 왔다. 이러한 시대적 변화에 맞추어 서비스 패러다임 역시 전자자원 관리 중심의 1세대에서 통합 포털 기반의 2세대, 상호운용성을 강조한 3세대를 거쳐, 지능형 AI 기술이 적용된 4세대로 확장되어 왔다. 앞으로는 생성형 AI를 기반으로 한 지식창조형 5세대로의 진입이 예상되며, 이는 디지털도서관이 단순한 정보 저장소를 넘어 지식을 생산하고 확장하는 플랫폼으로 변화하고 있음을 보여준다. 이러한 발전 흐름을 세대별 특성을 중심으로 구분하면 〈표 1.1〉과 같다.

〈표 1.1〉 디지털도서관의 세대 구분

세대	핵심 특성	대표 기술/개념	대표 사례
1세대 (전자자원 관리 중심) 1990년대 초 – 1998년	– 원문, 이미지, VOD 등 전자자원 관리 중심 – 도서관자동화 시스템의 부가 기능 – 초기 메타데이터 표준 등장	– 광파일시스템 – VOD, 이미지처리 시스템 – TEI, EAD, CDWA, Dublin Core 등	– 초기 원문 DB – 영상/이미지 아카이브 시스템 – KESLI 전자저널 공동구독/라이선스 개시(1999) – 전자자원 구축사업 확산, KoreaScience(1997)
2세대 (통합, 포털 기반) 1999년 – 2005년	– 조직 내 산재한 디지털 자원의 통합관리 – 포털 기반 통합서비스, 개인화 서비스 등장 – 메타데이터 변환(crosswalk) 요구 증가	– 포털 시스템 – 메타데이터 통합/변환 – OAIS, OAI – PMH 발표(2001 초판 발표) – Dublin Core 확산	– 연세대/이화여대/계명/카이스트 전자도서관 등 – 한구원자력연구원 이미지 DB, 국방과학연구소 VOD – 대한민국 최초 웹기반 LAs(iLips) 개발 – NDSL e – Gate(2001) – 워싱턴대 DL, CDL 등 – 1994～1998 DLI(Digital Libraries Initiative) 영향권
3세대 (분산, 상호운용성 기반) 2006년 – 2011년	– 분산환경 디지털도서관 연동 – 전문영역별 디지털도서관 등장 – 부가가치 서비스 제공 – 메타데이터 상호운용성 강조	– XML/RDF 기반 기술 – OAIS, OAI – PMH 확산 – 시맨틱 웹, 도서관 2.0(2006) – 유비쿼터스 서비스	– NSDL, iLumina 등(교육) – arXiv, NDLTD, e – print, eScholarship 등(연구) – 박물관 DL, 인디애나대 DML 등(미디어 DL) – NCSTRL, RDN 등 (전문 DL) – NOS(2010), 저자 논문 식별 – 시맨틱 도서관 JeromeDL
4세대 **(지능형, 클라우드 기반 AI 디지털도서관)** 2012년 – 2022년 10월	– 클라우드 네이티브 기반의 확장형 DL – AI/ML 기반 자동 분류, 자동 색인, 자동 추천 서비스 – 지식그래프 기반 의미적 검색, 관계 탐색 – 데이터 기반 지능형 분석, 예측 서비스 – 멀티모달 콘텐트 처리(텍스트, 이미지, 음성, 영상)	– 클라우드 SaaS, PaaS, IaaS(2010년대 중반～) – 자연어 처리(NLP), 기계학습(ML) – 추천 알고리즘, 지식그래프(KG, 2012 Google Knowledge Graph 이후 확산) – OCR/음성인식, 이미지분석	– AI 기반 추천 도서관 – 국가기관의 클라우드 DL 인프라 – Europeana AI Services – Google Cloud 기반 DL 서비스 – OCLC WorldShare Platform 본격확산(2012) – Ex Libris Alma, library services platform 소개(2012) – ScienceON, DataON(2020)

세대	핵심 특성	대표 기술/개념	대표 사례
5세대 (생성형, 지식창조형 디지털도서관) 2022년 11월－현재	－생성형 AI(LLM)에 기반한 새로운 지식 생성 －질의, 요약, 번역, 콘텐트 생성 등 '지식 창출형 서비스' 등장 －이용자, AI, 데이터가 상호작용하는 지식 생태계 구축 －디지털트윈 기반 학습, 연구 도구 －완전한 멀티모달 상호작용 및 맞춤형 지식패스 생성	－ChatGPT(2022.11) 이후 LLM 기반 지식 생성 시대 개막 －멀티모달 AI(2023～) 도입 －Auto－indexing, Auto－curation －생성형 지식그래프 －프롬프트 기반 지식 서비스	－LLM 기술 적용 ScienceON －생성형 AI 기반 학술 에이전트 －LLM 기반 개인연구비서 (AI Research Assistant) －자동지식생성 DL 플랫폼 (예 ScholarAI형 서비스)

〈표 1.1〉에서 살펴본 바와 같이, 도서관자동화시스템(Library Automation System, LAS)은 전통적으로 수서 업무, 목록 업무, 대출 업무, 연속간행물 관리 업무와 같은 내부 업무 흐름을 전산화하여 도서관이 소장한 자료를 효율적으로 관리하는 데 초점을 두었다. 그러나 전자저널, 전자책, 기관 리포지토리, 연구데이터와 같이 관리 대상이 인쇄자료를 넘어 급격히 다변화하면서, 단일 기관 내부의 업무자동화만으로는 이용자 기대를 충족하기 어려워졌다. 이때 등장한 도서관서비스플랫폼(Library Services Platform, LSP)은 인쇄자원과 전자자원과 디지털자원을 하나의 작업 흐름으로 통합 관리하고, 외부 서비스와의 연계와 확장성을 전제로 하며, 클라우드 기반 운영을 통해 업데이트 기능을 구조적으로 내장하고 확장 기능을 구조적으로 내장하며 데이터 공유 기능을 구조적으로 내장한 플랫폼 모델로 이해할 수 있다. OCLC WorldShare와 같은 흐름이 2011년 무렵 플랫폼 전환의 상징적 사건으로 자주 언급되며, 국내에서도 통합 지식인프라와 플랫폼화를 지향하는 ScienceON의 개발과 운영(2019～)과 NDSL 통합(2020 발표)은 이러한 전환이 국가 차원 서비스에서도 진행되었음을 보여준다. 이후 지식창조형 디지털도서관은 플랫폼을 전제로 하면서, 단순히 검색하고 제공하는 수준을 넘어 자동으로 분류하는 기능, 자동으로 색인하는 기능, 이용자에게 적합한 자료를 추천하는 기능, 자원 간 관계를 탐색하는 기능, 이용 데이터를 분석하는 기능, 미래의 수요나 경향을 예측하는 기능을 통해 이용자의 탐색과 연구 활동 자체를 지능적으로 보조하는 방향으로 진화한다. 그리

고 2022년 11월 이후 생성형 AI가 대중화되면서, 디지털도서관은 단순한 정보 접근 통로를 넘어 이용자의 질문에 답하는 질의응답 기능을 제공하고, 긴 문서를 핵심만 요약하는 기능을 제공하며, 서로 다른 언어로 번역하는 기능을 제공하고, 보고서나 글의 초안을 생성하는 기능을 제공하며, 연구 과정을 보조하는 에이전트 기능을 제공하는 등 지식 생성 기능을 서비스 전면에 배치하는 5세대적 성격을 강화하고 있다.

1) 1세대 디지털도서관

1세대 디지털도서관은 이미지, 동영상, 웹자원, 원문 등 다양한 형식의 전자자원을 효율적으로 관리하는 시스템을 말한다. 전통적으로 이러한 자원들을 관리해 온 도서관에서는 도서관자동화시스템(Library Automation System, LAS)의 부가 또는 확장 기능으로, 당시에는 디지털도서관이라는 용어보다 전자도서관이라 불렀다. 물론, 비도서관 영역에서는 제각기 고유한 목적에 따라 독자적인 시스템을 개발, 운영해 왔다. 일반적인 광파일시스템, VOD시스템, 이미지처리시스템 등이 이 단계의 주요한 사례라고 할 수 있다. 이 시기의 또 다른 특징은 TEI, EAD, CDWA, Dublin Core 등 디지털 자원의 정보표현을 위한 다양한 메타데이터 표준들이 등장하였다는 점이다.

2) 2세대 디지털도서관

이 시기에는 한 단계 진화된 디지털도서관 모델이 등장하게 된다. 특징적 목표는 조직체 내에 산재하는 다양한 디지털 자원의 통합관리에 대한 요구, 포털 기반의 통합서비스 및 개인화 서비스 요구를 수용하는 시스템을 구축하고자 한 점이다. 다양한 형식의 디지털 자원을 통합 환경에서 관리하고 서비스를 하기 위하여 메타데이터 변환(metadata crosswalk)이라는 개념도 나타나게 된다. 이것은 다양한 유형의 메타데이터 통합을 위한 개념으로 도서의 저자, 영화의 감독, 미술작품의 작가 등과 같은 메타데이터 요소의 사용을 허용하며, 이들이 의미적으로 동일한 속성을 가지도록 통합해 주는 개념이다. 이 시기의 디지털도서관은 단위 조직 내에서 관리하고자 하는 다양한 메타데이터를 허용하며, 이들을 더블린코어를 중심으로 통합관리하며, 또한 협력기반에서 디지털 자원들을 구축하는 환경을 제공하고 있다. 한편, 이 시기에는 앞서 살펴본 LAS의 본격적인 확장이 시작되었다. LAS는 도서관 업무 전반을 전산화하기 위해 구축되는 통합 운영 시스템으로, 일반적으로 수서 모듈, 목록 모듈, 대출 및 반납 모듈, 연속간행물 관리 모듈, 포털서비스 모듈로 구성된다.

수서 모듈은 장서 개발 정책과 예산 계획에 따라 자료를 선정하고, 주문과 계약을 진행하며, 입수된 자료를 검수한 뒤 등록하는 일련의 과정을 처리한다. 또한 공급처 관리, 예산 집행 현황 관리, 정산 처리, 통계 산출을 지원하여 장서 확보 과정이 계획적으로 운영되도록 한다. 목록 모듈은 자료의 서지정보를 표준 규칙에 따라 기술하고, 접근점으로 활용되는 표목을 부여하며, 분류기호와 주제명을 부여하여 검색과 접근을 가능하게 한다. 또한 동일 저자나 동일 기관명 등이 일관되게 관리되도록 전거를 통제하고, 소장정보를 관리하여 이용자가 실제로 자료를 찾고 이용할 수 있도록 기반을 제공한다. 대출 및 반납 모듈은 이용자 인증을 바탕으로 이용자 유형별 대출 정책을 적용하고, 대출과 반납 처리를 수행하며, 연장과 예약을 처리한다. 또한 연체료 부과와 제재 관리, 분실과 훼손 처리, 자료 상태 변경과 같은 순환 업무 전반을 담당한다. 연속간행물 관리 모듈은 정기적으로 발행되는 자료의 구독 계약을 관리하고, 권호 단위로 입수 여부를 확인하여 미입수나 결호를 처리하며, 필요 시 제본을 수행하고 소장 범위를 체계적으로 관리한다. 포털서비스 모듈은 이용자가 검색하고 이용하는 접점을 제공하는 영역으로, 소장자료 검색과 상세정보 제공, 대출 현황 확인, 예약과 연장, 희망도서 신청, 공지사항 안내, 문의 접수, 주제별 안내 등을 통해 이용자 서비스가 이루어지도록 한다.

이러한 도서관자동화시스템(Library Automation System, LAS) 중심 환경에서 1세대 디지털도서관을 구축하고 운영하기 위해서는 기존 모듈에 전자자원 관리 모듈이 부가되거나 확장되었다.

먼저 수서 모듈은 인쇄자료 중심의 구매 처리에서 더 나아가 전자저널, 전자책, 학술 데이터베이스와 같은 라이선스 기반 자원을 계약 단위로 관리할 수 있도록 확장되었다. 이를 위해 이용 범위와 이용자 대상, 동시접속 허용 수준, 인증 방식, 제공 플랫폼, 갱신 주기, 비용 구조, 접근권 보장 여부 등의 계약 정보를 기록하고 관리하는 모듈 요소가 추가되었다. 또한 평가 기간 운영, 갱신 알림, 구독 중단 이후의 접근 가능 범위 확인, 제공사 변경 시 서비스 이관 처리와 같은 전자자원 운영 특화 업무가 수서 모듈에 포함되었다.

목록 모듈의 확장은 1세대 디지털도서관 운영에서 가장 핵심적인 변화로 볼 수 있다. 인쇄자료 목록이 소장 중심의 기술과 관리에 초점이 있었다면, 전자자원 목록 모듈은 접근 중심의 정보 관리가 필수적이므로 접근 위치 정보와 접근 조건 정보가 함께 관리되어야 했다. 따라서 전자자원의 주소 정보, 파일 위치 정보, 접근 제한 조건, 파일 포맷 정보, 파일 크기 정보, 버전 정보, 생성일 정보가 목록 모듈에 포함되었다. 또한 디지털화된 원문이나 이미지 자료는 한 자료가 여러 파일로 구성될 수 있고, 권 단위, 책 단위, 쪽 단위로 분절될 수 있으며, 기사 단위로 구분될 수 있고, 영상의 경우 장면 단위로 분할될 수 있기 때문에, 단일 서지 레코드만으로는 구조를 표현하기가 어렵다. 이로 인해 자료의 구성 단위를 표현하는 구조 관리 모듈 요소와 파일 간 관계를 관리하는 체계가 목록 모듈 내에 함께 요구되었다. 더불어 디지털 객체는 저작권과 이용허락 조건이 곧 이용 가능 범위를 결정하므로, 저작권자 정보, 이용기간 정보, 공개 범위 정보, 다운로드 허용 여부 정보, 출력 허용 여부 정보와 같은 권리 관리 요소가 목록 모듈과 연계되어 관리되었다.

대출 및 반납 모듈 역시 전자자원의 특성에 맞게 확장되었다. 전자자원은 물리적으로 반납하는 절차가 없지만, 그 대신 동시접속 제한, 이용 장소 제한, 이용 기간 제한, 다운로드 제한, 출력 제한, 열람 방식 제한과 같은 정책이 적용되므로, 대출 및 반납 모듈은 이를 자동으로 적용하고 통제하는 역할을 수행하게 되었다. 이를 위해 이용자 계정 기반 인증과 기관 인증을 연계하는 인증 모듈 요소가 강화되었고, 원격접속을 지원하며, 접속 세션을 관리하고, 접근 로그를 기록하여 이용 통계를 생성하며, 정책 위반을 차단하는 통제 모듈 요소가 추가되었다. 이 과정에서 기존의 대출 통계 중심 운영은 열람 횟수, 검색 횟수, 원문 조회 횟수, 다운로드 횟수, 스트리밍 재생 횟수와 같은 이용 행위 기반 통계 모듈로 확장되었다.

연속간행물 관리 모듈도 전자저널 중심 운영을 반영하여 변화하였다. 인쇄 저널 환경에서는 호수 입수 여부 확인과 결호 처리, 제본, 보존이 핵심 모듈 요소였으나, 전자저널 환경에서는 제공 범위 관리, 권호별 접근 가능 여부 관리, 엠바고 적용 여부 관리, 백파일 제공 여부 관리, 플랫폼 변경에 따른 접근 경로 관리가 주요 모듈 요소로 전환되었다. 또한 링크 오류, 구독 만료, 인증 실패, 제공사 시스템 장애로 인한 접근 불가와 같은 문제가 빈번하게 발생하므로, 이러한 문제를 접수하고 원인을 파악하며 제공사와 협의해 해결하는 장애 대응 및 이력 관리 모듈이 함께 요구되었다.

포털서비스 모듈은 1세대 디지털도서관에서 이용자 경험을 좌우하는 핵심 모듈로 확장되었다. 이용자는 도서관이 보유하거나 구독하는 전자자원을 한 곳에서 탐색하고 즉시 이용하기를 원했기 때문에, 소장자료 검색 모듈을 넘어 전자저널 목록 제공 모듈, 전자책 안내 모듈, 학술 데이터베이스 안내 모듈, 주제별 전자자원 큐레이션 모듈, 기관 내 디지털 컬렉션 전시 모듈이 추가되었다. 또한 원문 이용 과정에서 깨진 링크를 최소화하기 위한 링크 점검 모듈, 접근 경로를 안내하는 모듈, 파일 뷰어 제공 모듈, 동영상 스트리밍 재생 지원 모듈이 강화되었다. 운영 측면에서도 디지털 파일 등록과 메타데이터 입력 이후 공개 여부를 승인하는 운영 모듈, 누락된 메타데이터와 파일 오류를 점검하는 품질 관리 모듈, 장기 보존을 위한 백업과 저장장치 관리 모듈, 서버와 스토리지 확장 관리 모듈, 무단 복제와 비정상 대량 다운로드를 차단하기 위한 보안 관리 모듈이 함께 요구되었다.

지금까지 살펴본 바와 같이, LAS는 담당하던 전통적 모듈 구조를 기반으로 하면서도, 전자자원의 특성에 따라 계약과 라이선스 중심의 관리 모듈이 강화되고, 디지털 객체와 구조를 표현하는 메타데이터 관리 모듈이 추가되며, 인증과 접근 제어 모듈이 확대되고, 링크와 플랫폼 운영 모듈이 중요해지고, 이용 행위 기반 통계와 운영 워크플로우 모듈이 강화된 형태로 발전한 시스템이라고 설명할 수 있다.

3) 3세대 디지털도서관

3세대 디지털도서관의 핵심적인 특징으로는 분산환경의 디지털도서관들간 통합 및 연동성 문제가 강조되고 있다는 점이다. 디지털도서관간 상호운용성 보장, 협업체제 확립, 부가가치 서비스 제공 등의 아키텍처상 요구사항과 더불어 교육, 연구, 미디어, 박물관 등 전문영역별로 고유한 디지털도서관이나 디지털 리포지토리를 구축하려는 노력들이 나타나며, XML 및 RDF 요소기술, 시맨틱 웹 등을 활용한 디지털도서관의 요구도 등장하게 된다. 이러한 요구사항을 위해서는 각종 메타데이터 처리기술 및 핵심개념들이 필요하다. 주요한 기술 및 개념으로서는 OAI 기반의 개방형 디지털도서관, RDF/XML 기반의 메타데이터 스키마 개념, 시맨틱 웹 디지털도서관 원리 등을 꼽을 수 있다.

또한 3시대 디지털도서관의 한 특징은 각종 이용자 지향의 혁신적 서비스를 제공하려는 것이다. 이것은 콘텐트 및 메타데이터의 개방과 공유, 각종 서비스 편의기능 서비스 등과 같은 도서관 2.0의 사회적 네트워킹 개념의 적용과 시맨틱 웹 기술을 이용한 정보자원간 의미적 네트워킹 개념을 융합한 새로운 디지털도서관을 구축하려는 노력을 말한다. 즉, 정보와 정보간의 의미적 링크와 사람과 사람간의 사회적 링크를 통해 보다 새로운 정보생태계를 구축하려는 노력이다. 한편, 이러한 정보생태계는 이용자가 존재하는 곳은 어디서든 어떠한 매체로도 접근이 가능한 유비쿼터스 환경의 실현도 기대하였다.

4) 4세대 디지털도서관

4세대 디지털도서관은 2010년대 중반 이후 본격 확산된 클라우드 네이티브 환경과 AI, 기계학습 기술을 기반으로 발전한 지능형 디지털도서관 단계이다. 이 시기의 디지털도서관은 기존의 온프레미스 시스템에서 벗어나 SaaS, PaaS, IaaS 형태의 클라우드 인프라를 활용함으로써 확장성과 안정성을 크게 향상시켰다. 또한 자연어처리(NLP), 추천 알고리즘, 기계학습과 같은 AI 기술이 본격적으로 적용되면서 자동 분류, 자동 색인, 자동 추천과 같은 지능형 정보조직 기능이 구현되기 시작했다. 특히 2012년 Google Knowledge Graph 이후 확산된 지식그래프 기반 기술은 의미적 검색과 관계 탐색을 지원하여 기존의 키워드 기반 검색을 넘어서는 지능형 탐색 환경을 제공하였다. 여기에 OCR, 음성인식, 이미지 분석 등 멀티모달 콘텐트 처리 기술까지 빠르게 발전하면서 텍스트뿐 아니라 이미지, 음성, 영상 기반의 정보 접근도 가능해졌다. 이러한 기술적 변화 속에서 국가기관의 클라우드 기반 디지털도서관 인프라 구축이 추진되었으며, Europeana AI Services나 Google Cloud 기반 디지털라이브러리처럼 클라우드와 AI가 융합된 대규모 서비스 사례도 등장하였다. 대표적으로 Europeana AI Services는 AI 기반 분석 기술을 활용하여 대규모 문화유산 데이터를 자동으로 처리하고, 이미지 인식, OCR, 객체 감지 등을 통해 다양한 자료를 구조화하며 품질을 높이는 역할을 한다. 또한 딥러닝과 지식그래프를 적용해 단순한 키워드 검색을 넘어 의미적 연관성 기반의 검색과 추천 서비스를 제공하며, 메타데이터 오류를 자동으로 식별, 보완하여 데이터의 정확성과 완성도를 높인다. 더불어 텍스트, 이미지, 사진, 예술작품 등 다양한 유형의 문화자료를 종합적으로 분석, 연계하는 멀티모달 분석 기능도 제공하여 고도화된 문화유산 정보 활용을 가능하게 한다.

이렇듯 4세대는 디지털도서관이 단순한 정보 저장, 제공 시스템을 넘어 데이터 기반의 지능형 서비스 플랫폼으로 전환된 시기라고 평가할 수 있다.

5) 5세대 디지털도서관

5세대 디지털도서관은 2022년 11월 ChatGPT의 등장 이후 본격화된, 생성형 AI와 대형언어모델(LLM)을 중심으로 한 지식창조형 디지털도서관 단계이다. 이 시기 디지털도서관은 단순한 정보 저장, 관리 기능을 넘어, 새로운 지식을 생성하고 조직하는 능동적 지식 생산 플랫폼으로 진화한다. 생성형 AI는 질의응답, 요약, 번역, 핵심 추출, 재작성, 콘텐트 생성 등 다양한 지식 창출형 서비스를 가능하게 하며, 이용자는 텍스트, 이미지, 음성, 동영상이 통합된 멀티모달 환경에서 더욱 풍부한 상호작용을 경험하게 된다. 또한 자동 인덱싱, 자동 큐레이션과 같은 AI 기반 자동화 기술이 전통적인 정보조직 기능을 근본적으로 변화시키고 있으며, 특히 생성형 지식그래프는 이러한 변화의 핵심 기술로 주목된다. 생성형 지식그래프는 LLM 등 생성형 AI를 활용하여 대규모 텍스트에서 개체, 개념, 속성, 관계를 자동으로 추출하여 구조화하는 방식으로, 기존의 수작업이나 규칙 기반 접근을 대체한다. 이 기술은 문헌, 보고서, 뉴스, 학술논문 등 다양한 자료를 입력으로 받아 의미적 연관성을 파악하고 지식 구조로 변환하며, 새로운 정보가 유입될 때 그래프를 자동 갱신함으로써 지식체계를 지속적으로 확장시킨다. 그 결과 지식그래프는 고정된 데이터 구조가 아니라 역동적으로 진화하는 지식생태계로 기능하게 된다.

생성형 지식그래프는 특히 디지털도서관과 같이 방대한 정보를 다루는 환경에서 문헌 간의 의미적 연결을 강화하고 탐색, 추천, 분류, 요약 등 고도화된 지능형 서비스를 지원하는 핵심 기반이 된다. 나아가 이 시기의 디지털도서관은 인간, AI, 데이터가 상호작용하며 새로운 지식을 생산하는 지식생태계를 구축하고, LLM 기반 개인 연구비서나 학술 에이전트가 학습과 연구 활동을 적극적으로 지원하는 환경으로 발전하고 있다. 더불어 디지털트윈 기반 연구 도구, 프롬프트 기반 지식서비스,

ScholarAI 유형의 자동지식생성 플랫폼 등 이용자의 목적에 맞는 맞춤형 지식 패스를 자동 설계하는 서비스도 등장하고 있다.

궁극적으로 5세대 디지털도서관은 정보 제공 기관에서 지식 창조 기관으로 확장된 새로운 시대의 디지털도서관 모델이라고 할 수 있다.

우리는 지금까지 디지털도서관의 세대별 발전 과정을 살펴보았다. 디지털도서관의 세대 구분은 어떤 정답을 확정하기 위한 분류가 아니라, 디지털도서관이 기술의 발전과 정보환경의 변화에 맞추어 어떤 방향으로 전환하고 확장해 왔는지를 설명하기 위한 해석의 틀이다. 따라서 세대 구분은 시대별 특징을 이해하기에 유용하지만, 그 경계가 언제나 명확하게 나뉘는 것은 아니며 학자마다 구분 방식과 강조점에 이견이 생길 수밖에 없다. 실제로 디지털도서관의 발전은 단절적으로 교체되는 과정이라기보다, 기존 요소 위에 새로운 요소가 추가되고 서로 다른 속도로 확산되는 누적적 변화에 가깝기 때문이다.

우선 표준이나 기술이 등장한 시점과 그것이 현장 운영에 깊게 내재화되는 시점은 일치하지 않는다. 어떤 기술이 발표된 해가 곧바로 대규모 서비스 전환으로 이어지는 경우는 드물다. 보통은 시범 구축을 거치고, 일부 기관이 먼저 도입하며, 이후 예산과 조직, 업무 규정이 정착되는 단계를 밟는다. 이 과정에서 동일한 기술과 서비스 양식이 특정 세대의 말기와 다음 세대의 초기에서 동시에 관찰되며, 결과적으로 세대의 경계가 겹쳐 보이는 현상이 자연스럽게 발생한다. 또한 기관 유형에 따라 도입 속도와 우선순위가 크게 다르다. 대학도서관, 공공도서관, 전문기관 아카이브, 국가기관 포털은 예산 구조와 정책 목표, 이용자 집단, 운영 책임이 서로 다르기 때문에 동일한 기술 변화에도 반응 속도가 일치하기 어렵다. 국가 차원의 통합 서비스는 대규모 연계와 표준화를 비교적 빠르게 추진하는 경향이 있는 반면, 개별 기관은 내부 업무 효율화나 지역 이용자 서비스 개선 같은 로컬 요구를 중심으로 점진적으로 이동하는 경우가 많다. 그 결과 같은 시기에도 어떤 기관에서는 초기 세대의 운영 방식이 유지되는 반면, 다른 기관에서는 다음 세대의 기능이 적극적으로 구현되는 식의 공존 양상이 나타난다. 관리 대상 자체가 서로 다른 속도로 진화한다는 점도 세대 경계를 흐리게 만든다. 전자저널과 전자책 같은 전자자원은 라이선스와 접근권 관리가 핵심 이슈로 먼저 부상하는 반면, 기관 리포지토리는 연구성과의 수집과 확산이라는 과제가 중심이 되고, 연구데이터는 재현성과 공유, 장기 보존 같은 요구가 뒤늦게 강하게 등장한다. 이처럼 대상별로 성숙 시점이 다르기 때문에 어떤 환경에서는 통합 서비스가 먼저 강화되고 이후 상호운용성이 강조되기도 하며, 다른 환경에서는 개방형 연동이 먼저 확산된 뒤 포털 통합 인터페이스가 고도화되는 식의 역전이 발생하기도 한다. 따라서 세대 구분은 단일한 연대기적 순서라기보다, 무엇을 중심축으로 보느냐에 따라 서로 다른 시간표를 가질 수 있다. 무엇보다 중요한 점은 세대가 이전 세대를 대체하여 없애는 방식으로 진화하지 않는다는 사실이다. LAS의 업무 기능은 LSP로 흡수되지만 소멸하지 않으며, LSP의 통합 관리 역시 지식창조형 디지털도서관에서 기본 전제로 유지된다. 즉 새로운 세대는 이전 세대의 핵심 요소를 토대로 그 위에 새로운 기능 층을 얹는 방식으로 발전해 왔다. 따라서 몇 세대인가를 단일 라벨로 단정하기보다는, 특정 시기에 어떤 기능이 서비스와 운영의 중심축이 되었는지를 기준으로 설명하는 편이 더 타당하다. 이러한 이유로 디지털도서관의 세대 구분은 변화의 흐름을 이해하기 위한 설명 도구로서 의미가 크지만, 동시에 그 경계가 겹치고 다양한 해석이 가능하다는 점을 전제로 사용되어야 한다. 즉 세대 구분은 합의된 연표를 확정하는 작업이라기보다, 기술과 환경 변화에 대응해 디지털도서관이 어떤 방식으로 변모해 왔는지를 체계적으로 서술하기 위한 개념적 장치이며, 학자마다 이견이 나타나는 것은 오히려 자연스러운 결과라고 할 수 있다.

1.3 디지털도서관의 기본요건

디지털도서관이 양질의 다양한 콘텐트를 통합된 환경에서 이용자에게 제공하기 위해서는 과거와 다른 새로운 요건들이 요구된다. 특히 최근의 클라우드 기반 인프라, AI, 지식그래프 기술, 멀티모달 콘텐트 확산 등을 고려하면 통합성, 개방성, 보존성은 여전히 핵심이면서도 그 의미가 더욱 확장되고 있다.

먼저 통합성(integration)은 협업성, 상호운용성, 네트워크화와 밀접한 개념으로, 디지털도서관 운영의 기본 전제이자 필수 요건이다. 이는 기관 간 협업, 표준 기반 상호운용성, 클라우드, API, 지식그래프 기반 연결성을 통해 분산된 디지털도서관을 하나의 생태계로 통합하는 원리로 이해할 수 있다. 통합성은 다음 세 가지 측면으로 구분된다. 첫째, 정보자원의 통합으로, 기관 내·외부 자원뿐 아니라 텍스트, 이미지, 영상, 오디오 등 멀티모달 자료를 포함한 다양한 형식의 데이터를 일관된 접근 환경에서 제공하는 것을 의미한다. 둘째, 정보서비스의 통합으로, 식별체계, 전거, 시소러스, 추천, 요약, 질의응답과 같은 AI 기반 서비스, 협력 참고서비스 등 다양한 기능을 연계하여 통합된 이용자 경험을 제공하는 것이다. 셋째, 시스템의 통합으로, 컴포넌트, 마이크로서비스 기반으로 구성된 기능들을 하나의 플랫폼에서 운영하며, 클라우드, API, 지식그래프 등 최신 기술을 활용해 서비스와 데이터를 유기적으로 연결하는 기술적 통합을 뜻한다.

다음으로 개방성(openness)은 디지털도서관이 외부와의 연결성을 높이고, 서비스, 데이터, 기능을 확장할 수 있도록 하는 중요한 요건이다. 개방성은 두 가지 관점에서 이해할 수 있다. 첫째, 정보접근의 개방으로, 모든 이용자가 시간, 장소, 기기와 무관하게 디지털 자원에 접근할 수 있도록 하는 환경을 의미한다. 이는 전통적 오픈액세스 모델을 넘어, 데이터셋, 코드, 연구데이터 등 다양한 연구 자원의 개방으로 확장되었으며, 글로벌 학술 커뮤니케이션과 지식공유 생태계를 강화하는 기반이 되고 있다. 둘째, 응용서비스 접근의 개방으로, 공개 소프트웨어, 공개 아키텍처, REST API, 지식그래프 API, 웹서비스 등을 통해 디지털도서관의 기능 일부를 외부 서비스나 플랫폼이 활용할 수 있도록 하는 것을 말한다. 이는 최근의 AI, 검색엔진, 학습지원 플랫폼과의 연계를 가능하게 하여 디지털도서관의 확장성을 크게 높이고 있다.

마지막으로 보존성(archiving)은 최근 디지털 저작물의 증가와 연구데이터의 중요성 확대, 그리고 장기적 접근 보장을 둘러싼 논의가 활발해지면서 더욱 중요한 요건으로 부각되고 있다. 디지털도서관은 현재의 제공 기능을 넘어서, 기관과 지역의 디지털 유산을 장기적으로 보존하고 진본성을 유지한 채 후대 이용자에게까지 안정적으로 전달해야 한다. 이를 위해서는 기술적 접근뿐 아니라 정책적, 제도적, 법적 체계가 함께 마련되어야 한다. 대표적인 과제로는 디지털 객체 모델링, 보존 워크플로우, 장서개발 정책, 보존 메타데이터, 저작권 및 이용권한 관리, 지속 가능한 보존 기술과 저장 인프라 등이 포함된다. 최근에는 클라우드 장기보존 서비스, 분산 스토리지, 블록체인 기반 무결성 검증 등 새로운 보존 기술도 도입되고 있다.

1.4 디지털도서관의 운영체제

디지털도서관은 디지털 환경에서 생산, 유통, 활용되는 방대한 사회적 지식정보 자원, 즉 사회적 콘텐트로 구성되며, 이를 효과적으로 구축하고 운영하기 위해서는 개념적 구조, 운영 방식, 표준화, 협력 체제, 요소 기술 등 다양한 요소가 통합적으로 작동해야 한다. 이러한 복합 구조를 지원하기 위해서는 콘텐트 관리를 위한 정보 모델링, 기능 요소를 설계하고 통합하는 정보 아키텍처, 그리고 운영과 평가를 뒷받침하는 연구개발 활동이 전체적 관점에서 이루어져야 한다. 이는 디지털도서관의 이론, 개발, 운영, 평가, 연구를 아우르는 협력적 통합체제, 즉 디지털도서관 운영체제(digital library operation framework)가 필요함을 뜻한다.

초기 연구에서 쉬리(Shiri, 2003)는 2002년 주요 국제 컨퍼런스의 논의 내용을 분석하여, 디지털도서관 연구가 아키텍처, 시스템과 기술, 콘텐트와 장서, 메타데이터, 상호운용성과 표준화, 지식조직시스템, 이용자와 사용성, 법과 조직, 사회적 이슈 등 여덟 가지 범주를 중심으로 전개되고 있음을 밝혔다. 이러한 분석은 디지털도서관 운영체제가 단순한 기술 시스템이 아니라, 기술과 표준, 조직, 이용자 요인이 결합된 복합적 구조임을 보여주는 기초 연구로 평가된다.

이어 DELOS 선언(The DELOS Manifesto; Candela 외, 2007)은 디지털도서관을 정보 접근의 다양한 제약을 최소화한 지적 활동의 중심 센터로 규정하고, 기존의 콘텐트 중심 시스템에서 이용자 중심, 서비스 중심 시스템으로의 전환을 제시하였다. DELOS는 이러한 관점을 바탕으로 콘텐트, 이용자, 기능, 품질, 정책, 아키텍처의 여섯 요소와 디지털도서관(DL), 디지털도서관 시스템(DLS), 디지털도서관 관리시스템(DLMS)으로 구성된 3계층 구조를 제안하였고, 이후 많은 연구가 이를 기반으로 디지털도서관의 구조와 운영 모델을 발전시켜 왔다. DELOS 선언에서 제시된 각 요소는 디지털도서관이 갖추어야 할 구조적, 운영적 기반을 설명하며, 전체 디지털도서관 운영체제를 구성하는 핵심 축으로 이해된다. 첫째, 콘텐트(Content)는 디지털도서관의 근간을 이루는 다양한 정보자원을 의미한다. 여기에는 전통적인 텍스트 자료는 물론, 이미지, 영상, 음원, 웹 아카이브, 연구데이터 등 다양한 디지털 객체가 포함된다. DELOS는 디지털 객체의 구조, 식별, 메타데이터, 저장, 보존 방안 등을 체계적으로 정의함으로써, 콘텐트가 장기적으로 관리되고 활용될 수 있는 기반을 마련해야 한다고 강조한다. 둘째, 이용자(User)는 디지털도서관을 이용하는 모든 개인과 집단을 의미하며, 이용자의 요구, 행동, 맥락을 이해하는 것이 서비스 설계의 핵심 전제로 제시된다. DELOS는 디지털도서관이 이용자 맞춤형 탐색, 접근성 보장, 이용자 참여 기반 서비스 등을 통해 이용자의 경험을 중심에 두어야 한다고 보았다. 셋째, 기능(Functionality)은 디지털도서관이 제공해야 할 서비스와 기능적 능력을 의미한다. 검색, 탐색, 접근, 시각화, 추천, 협업 기능 등이 포함되며, 정보조직, 보존, 보안 등 내부 기능도 포함된다. DELOS는 기능 요소를 단순 서비스 목록이 아니라 이용자 요구와 시스템 목적을 연결하는 핵심 매개로 보았다. 넷째, 정책(Policy)은 디지털도서관 운영의 규범, 절차, 관리 원칙을 의미한다. 접근권한 제어, 저작권 관리, 보존 정책, 개인정보 보호, 품질 기준 등이 여기에 포함된다. DELOS는 디지털도서관이 공공성, 신뢰성, 지속성을 유지하기 위해서는 기술적 구조만큼 정책 체계가 중요하다고 강조하였다. 다섯째, 품질(Quality)은 서비스와 콘텐트의 신뢰성, 정확성, 가용성, 사용성, 보존성 등 전체적인 품질 수준을 평가하고 관리하는 기준을 의미한다. DELOS는 디지털도서관이 단순히 데이터를 제공하는 시스템을 넘어, 안정적, 신뢰 가능한 지식 서비스를 제공하는 기관으로 기능하기 위해 품질 관리가 필수적이라고 보았다. 여섯째, 아키텍처(Architecture)는 디지털도서관을 구성하는 기술적 구조와 운영 체계를 의미하며, 시스템 구성요소, 데이터 구조, 인터페이스, 상호운용성 구조 등을 포함한다. DELOS는 아키텍처를 단일 시스템이 아닌 서비스, 데이터, 기술, 정책이 통합된 생태계적 구조로 규정함으로써, 지속적 확장과 협력을 지원하는 설계 철학을 제시하였다.

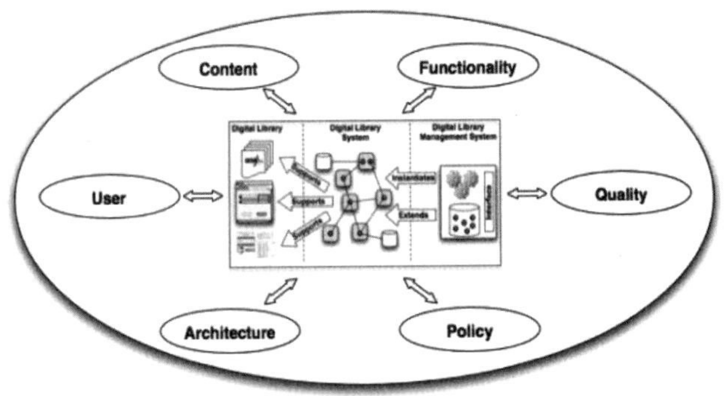

〈그림 1.1〉 DELOS 선언에서 제안한 디지털도서관의 6가지 개념

한편, 현재의 디지털도서관 환경은 클라우드, 인공지능, 지식그래프, 멀티모달 기술, 생성형 AI 등이 본격적으로 통합되면서 DELOS 선언이 제시한 여섯 가지 핵심 요소도 그 의미가 크게 확장되고 있다. DELOS가 마련한 전통적 개념은 여전히 유효하지만, 디지털도서관이 단순한 정보저장소에서 지식 분석, 생성 플랫폼으로 발전함에 따라 각 요소는 보다 넓은 범위와 새로운 기능을 포함하는 방향으로 진화하고 있다. 우선 콘텐트(Content)의 개념은 더 이상 정적인 디지털 객체에 한정되지 않는다. 오늘날 디지털도서관은 인쇄자료의 디지털화 자료뿐 아니라 연구데이터, 멀티미디어 콘텐트, 문화유산 데이터, 웹 아카이브, 오픈액세스 리포지토리, 로그와 센서 데이터 등 실시간 데이터, 그리고 생성형 AI가 만들어낸 텍스트, 이미지 등까지 포괄적으로 관리해야 한다. 특히 텍스트와 이미지, 음성, 영상이 결합된 멀티모달 자료가 증가하면서, 콘텐트는 다형식, 다차원적 정보 생태계를 의미하는 개념으로 확장되고 있다.

이용자(User)의 개념 역시 인간 중심에서 인간과 기계가 함께 상호작용하는 구조로 변화하였다. 이제 디지털도서관의 이용자는 학습자, 연구자, 일반 시민뿐 아니라 AI 기반 연구비서, 자동화된 정보수확 에이전트(OAI－PMH), 추천 엔진, LLM 기반 지식 에이전트 등 다양한 형태의 지능형 에이전트를 포함한다. 이는 이용자 요구를 분석하고 개인화한 서비스를 제공해야 하는 디지털도서관의 책임이 더욱 중요해졌음을 보여준다. 기능(Functionality)은 기존의 정보 제공 중심을 넘어 지능형 정보서비스 기능으로 확장되었다. 검색, 탐색, 보존 같은 기본 기능은 여전히 핵심이지만, 자동 색인, 자동 분류, 자동 요약, 자동 정제, 의미 기반 검색, 멀티모달 검색, 생성형 AI 기반 질의응답, 연구자용 AI 비서 등 새로운 기능이 디지털도서관 서비스의 기본 요소로 자리 잡고 있다. 기능은 정보 이용을 지원하는 서비스에서 지식 창출을 지원하는 능동적 플랫폼 기능으로 그 의미가 변모하였다. 품질(Quality) 요소도 AI 시대에 맞춰 확장되었다. DELOS가 제시한 정확성, 신뢰성, 사용성 같은 전통적 품질 기준에 더해, AI 생성정보의 정확도와 편향성, 데이터 출처의 투명성, 알고리즘의 공정성, 생성 콘텐트의 진본성, 접근성 기반의 UX 품질 등 새로운 평가 기준이 추가되었다. 품질은 단순한 시스템 성능의 수준을 넘어서, 지식의 신뢰성을 전체적으로 관리하는 개념으로 확대되고 있다. 정책(Policy)은 오늘날 디지털도서관 운영의 핵심 거버넌스 영역으로 확장되었다. 기존의 접근권한, 저작권, 보존 정책뿐 아니라 AI 윤리, 개인정보 보호 강화, 알고리즘 투명성, 오픈사이언스, 오픈데이터 정책, 데이터 관리자 책임 규정 등 새로운 정책 요소들이 포함된다. 생성형 AI의 확산에 따라 AI가 생성한 콘텐트를 어떻게 검증하고 이용할 것인가라는 정책적 기준도 중요한 과제가 되었다.

마지막으로 아키텍처(Architecture)는 디지털도서관의 기술적 기반을 설명하는 요소로, 2025년의 환경에서는 클라우드 네이티브 아키텍처, 마이크로서비스 구조, 지식그래프 기반 데이터 모델, OAI－PMH, REST API 기반 상호운용성, AI 서비스 오케스트레이션, LLM 연동 플랫폼 등 다양한 기술적 요소가 포함된다. 디지털도서관 아키텍처는 더 이상 단일 시스템이 아니라, 데이터, 서비스, AI가 유기적으로 연결된 플랫폼 생태계로 이해되어야 한다.

이와 같이, DELOS의 요소들은 여전히 디지털도서관의 구조와 원리를 설명하는 대표적 참조 모델이지만, 현재의 디지털도서관에서는 이 요소들이 지능형 서비스, 멀티모달 콘텐트, 생성형 AI, 클라우드 생태계 등 새로운 기술 환경을 수용하는 방향으로 재해석되고 있다. 디지털도서관은 이처럼 기술, 데이터, 서비스, 인간, AI가 결합된 복합적 지식 플랫폼으로 진화하고 있으며, DELOS의 여섯 요소는 이러한 변화 속에서도 디지털도서관 운영체제를 이해하는 중요한 개념적 기반으로 기능하고 있다.

한편, DELOS 선언 이후, Fox(2012) 등이 제안한 5S 이론(Streams, Structures, Spaces, Scenarios, Societies)은 정보 흐름, 구조, 공간, 이용자 활동, 공동체 등 디지털도서관의 구성 요소를 포괄적으로 설명하는 개념 틀로 정착하여 연구와 교육에서 널리 활용되고 있다. 또한, 2020년대 이후에는 기존 운영체제 논의를 토대로 클라우드 네이티브 아키텍처, 마이크로서비스, 링크드 데이터, 지식 그래프, 생성형 AI 등 새로운 기술을 결합한 운영 프레임워크가 등장하고 있다. Europeana의 EDM(Europeana Data Model) 기반 플랫폼, OAI-PMH를 활용한 메타데이터 수확과 지식그래프 기반 의미 구조화를 통합한 국가 지역 단위 문화유산 서비스, 대학과 연구기관의 클라우드 기반 리포지토리 전환 사례(Narlock 외, 2024) 등은 디지털도서관 운영체제가 단순한 시스템 관리 수준에서 벗어나 데이터, 서비스, 지능형 분석, AI가 통합된 플랫폼으로 진화하고 있음을 보여준다. 한편, 본 책에서는 해외의 다양한 사례를 참고하여 〈그림 1.2〉와 같이 디지털도서관 운영체제를 구성한 모델을 제시한다.

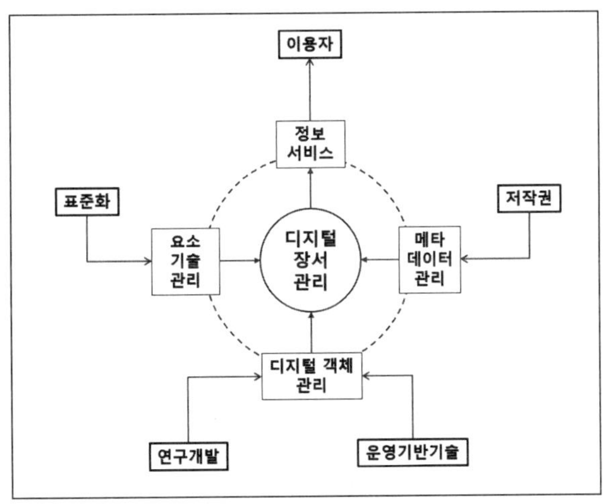

〈그림 1.2〉 디지털도서관 운영체제 모델

이 모델은 총 10개의 구성요소로 이루어져 있으며, 각각은 디지털도서관이 수행해야 하는 핵심 기능과 운영의 주요 영역을 체계적으로 나타낸다. 구성요소는 크게 두 가지 범주로 구분된다. 먼저, 장서관리, 메타데이터 관리, 디지털 객체관리, 요소기술 관리, 정보서비스 등 디지털도서관의 실질적인 서비스를 구성하는 기능적 운영체제가 있다. 이는 디지털 장서를 구축, 조직, 보존하고, 이용자에게 적절한 정보서비스를 제공하기 위한 핵심 기능을 포함한다.

다음으로, 이용자, 표준화, 저작권, 연구개발, 운영기반 기술 등과 같은 외부지원 운영체제가 있다. 이 범주는 디지털도서관 운영을 지속 가능하게 하고, 서비스 품질과 기술적 안정성을 보장하며, 제도, 정책, 표준 등과 관련된 전반적 운영 기반을 담당한다. 이러한 두 가지 범주의 구성요소는 디지털도서관의 기능적 측면과 운영적 측면을 구분하여 이해하도록 돕고, 실제 시스템 구현과 서비스 제공 과정에서 고려해야 할 요소들을 균형 있게 제시한다. 다음은 각 요소들에 대한 설명이다.

1) 디지털 장서 관리

디지털 장서 관리는 디지털도서관의 핵심이자 장서를 구성하는 다양한 디지털 자원을 체계적으로 구축, 관리하는 영역이다. 장서 개발 정책, 자료 선정, 수집, 품질 평가, 구독, 협력 기반의 확보 등이 포함되며, 물리 자료의 디지털화뿐 아니라 데이터베이스, 연구데이터, 멀티미디어 자료, 웹 아카이브 등 장서의 범위가 크게 확장되고 있다. 최근에는 클라우드 기반 장서 관리, 오픈액세스 정책과 연계된 장서 개발, 데이터 레이크 기반의 방대한 디지털 자원 관리가 중요해지고 있으며, 하티트러스트(HathiTrust)와 같은 공동 보존, 공동 장서 모델이 대표적인 예로 활용되고 있다.

2) 디지털 객체 관리

디지털 객체 관리는 디지털 장서를 구성하는 개별 객체의 구조, 포맷, 버전, 보존 처리 등을 관리하는 영역이다. 객체 모델링, 포맷 관리, 워크플로우 관리, 장기보존, 기술적 평가 등이 포함된다. METS, PREMIS 등 표준 기반 관리가 중심이지만, 최근에는 이미지, 음성, 영상, 3D 등 복합 객체를 자동 분석하고 구조화하는 기술이 활용되면서 객체 관리의 범위가 크게 확장되고 있다. OCR, 이미지 분석, 엔티티 인식 등을 결합한 AI 기반 자동 객체 처리 사례가 늘어나고 있으며, Europeana가 제공하는 멀티모달 기반 객체 처리 모델이 대표적 예시로 언급된다.

3) 메타데이터 관리

메타데이터 관리는 디지털 자원의 설명, 식별, 조직, 상호운용성 확보를 위한 다양한 메타데이터 스키마와 요소를 개발, 운영, 통합하는 영역이다. Dublin Core, MODS, EAD, MARC21, BIBFRAME 등 다양한 스키마를 다루며, 메타데이터 편집기, 프로파일 관리, 교차 변환(crosswalk), 상호운용성 확보가 핵심 기능을 이룬다. 최근에는 지식그래프를 활용한 의미 기반 메타데이터, LLM을 활용한 자동 메타데이터 생성, 이미지, 음성 기반 메타데이터 추출 등 AI 기반 기술이 활발히 적용되고 있어, 메타데이터의 범위와 활용 방식이 더욱 고도화되고 있다.

4) 정보서비스

정보서비스는 이용자가 디지털도서관의 자원을 탐색하고 활용할 수 있도록 지원하는 핵심 기능으로, 통합검색, 주제 포털, 기관 포털, 미디어 포털 등 다양한 형태로 제공된다. 전통적으로는 검색 중심 서비스가 중심이었지만, 최근에는 자연어 기반 검색, 의미 기반 탐색, 추천 시스템, 맞춤형 정보 제공 등 이용자 중심의 개인화 서비스가 중요해지고 있다. 또한 텍스트, 이미지, 음성 등 다양한 형식을 결합한 멀티모달 검색 기능과, 연구자와 학습자를 지원하는 AI 기반 정보 비서 서비스가 새롭게 도입되면서, 정보서비스는 단순 검색을 넘어 지식 탐색과 문제 해결을 돕는 지능형 서비스로 발전하고 있다.

5) 요소기술 관리

요소기술 관리는 장서, 객체, 메타데이터, 서비스를 처리하고 연결하는 기술적 기반을 다루는 영역이다. 검색엔진, 인증 및 접근관리, OAI－PMH 서버, Z39.50, SRU 기반 연계, 크롤러, 메타검색엔진, 식별자 시스템 등이 주요 구성 요소로 활용된다. 여기에 최근에는 AI 기반 자동 분류, 자동 색인, 의미검색을 가능하게 하는 지식그래프, API 중심 마이크로서비스 아키텍처, 컨테이너 기반 배포 기술 등이 결합되면서 디지털도서관을 구성하는 기술 요소가 더욱 다양하고 정교해지고 있다.

6) 이용자

이용자 요소는 디지털도서관을 사용하는 다양한 개인과 공동체의 요구를 이해하고, 정보행태, 정보 리터러시, 사용성과 인터페이스, 접근성 등을 포함한 이용자 중심 서비스를 개발하는 영역이다. 디지털 환경에서는 이용자의 탐색 패턴을 분석하여 개인화 서비스를 제공하거나, 고령자, 장애인, 신규 이용자 등 다양한 집단을 지원하기 위한 접근성 설계가 중요하게 다뤄지고 있다. 음성 기반 검색, 이미지 기반 검색, 대화형 인터페이스 등 이용자 편의를 높인 새로운 인터페이스도 점차 확산되고 있다.

7) 표준화

표준화는 디지털도서관의 상호운용성과 지속가능성을 보장하기 위한 핵심 원칙으로, 문자코드, 웹 표준, 메타데이터 스키마, 식별자, 보존 표준 등 다양한 기술적, 정책적 표준 체계를 포괄한다. Linked Data, BIBFRAME, IIIF, PREMIS, Schema.org 등 국제적으로 널리 활용되는 표준들이 현재 디지털도서관의 데이터 모델을 구성하는 기반을 이루고 있으며, 기관 간 데이터 교환 및 통합을 가능하게 하는 상호운용성의 핵심 요소로 작동한다.

8) 저작권

저작권 요소는 디지털도서관에서 제공되는 자료의 이용, 재사용, 보존과 관련된 법률과 정책 문제를 다루는 영역이다. 저작권과 라이선스 관리, 오픈액세스 정책, 데이터 재사용 조건, 개인정보 보호, AI 학습 데이터의 저작권 문제 등 다양한 이슈가 함께 다뤄진다. 특히 전자자원 구독 계약, 오픈액세스 전환 계약, 저작권 보호 기술(DRM)과 같은 요소가 디지털도서관 운영에 중요한 영향을 미치고 있으며, 새롭게 부상한 AI 학습 데이터 관리 문제도 중요한 논의 항목으로 자리 잡고 있다.

9) 연구개발

연구개발은 디지털도서관 기술, 서비스, 교육, 표준, 협력 네트워크 등을 발전시키기 위한 학술적 연구와 기술적 연구 활동을 포괄한다. 디지털 보존 기술, 메타데이터 모델, 지식그래프, AI 기반 서비스 개발, 연구데이터 관리(RDM), 교육 커리큘럼 개발, 국제 협력 프로젝트 등 광범위한 활동이 포함된다. 이러한 연구개발은 디지털도서관의 구조적 진화와 새로운 서비스 모델 개발을 촉진하는 기반 역할을 한다.

10) 운영기반 기술

운영기반 기술은 디지털도서관 시스템 전체를 운영하기 위한 기술적 기반을 의미하며, 시스템 아키텍처, 서버와 스토리지 인프라, 네트워크 환경, 소프트웨어 플랫폼, 보안 체계, 개발 및 운영 방식 등을 포함한다. 최근에는 온프레미스 중심 운영에서 벗어나 클라우드 네이티브 아키텍처, 마이크로서비스 기반 운영, DevOps, Iac, CI/CD 적용, 오브젝트 스토리지 기반 대규모 데이터 저장 등이 점차 일반적인 형태가 되고 있다. 이러한 기반 기술은 디지털도서관의 확장성과 안정성을 높이며, 고품질의 지능형 서비스를 안정적으로 제공할 수 있는 운영 토대를 형성한다.

TIP

• DevOps는 시스템을 만드는 사람(개발)과 운영하는 사람(운영)을 분리하지 않고, 하나의 흐름으로 연결하여 서비스를 지속적으로 개선하고 안정적으로 운영하기 위한 방식을 의미한다. 전통적인 방식에서는 개발이 끝난 뒤 운영 부서로 시스템을 넘기고, 문제가 생기면 다시 수정하는 과정이 반복되었다. 반면 DevOps는 개발 단계에서부터 운영 환경과 장애 대응을 함께 고려하여, 변경과 운영이 자연스럽게 이어지도록 한다. 디지털도서관에서 DevOps가 좋은 이유는 서비스가 한 번 만들고 끝나는 시스템이 아니라, 검색 기능 개선, 메타데이터 정책 변경, UI 개편, 보안 패치 등 지속적인 변화가 필요한 서비스이기 때문이다. DevOps 방식은 개발과 운영의 경계를 낮추어, 작은 변경을 자주 적용하고 문제가 생기면 빠르게 대응할 수 있게 해 주므로 서비스 중단을 최소화하고 운영 부담을 줄여 준다.

• CI/CD는 지속적 통합(Continuous Integration)과 지속적 배포(Continuous Delivery/Deployment)를 뜻한다. 쉽게 말해, 시스템에 변경이 생기면 사람이 일일이 작업하지 않아도 자동으로 검사하고, 준비하고, 배포하는 흐름을 만드는 것이다. 개발자가 코드를 수정하면, 시스템이 자동으로 오류를 검사하고, 테스트를 수행한 뒤, 문제가 없을 경우 서비스에 반영한다. 디지털도서관에서 CI/CD가 유용한 이유는 작은 기능 수정이나 설정 변경이 많기 때문이다. 예를 들어 검색 필터를 하나 추가하거나, 메타데이터 항목을 조정하거나, 화면 문구를 수정하는 작업은 자주 발생한다. CI/CD를 적용하면 이러한 변경을 자동화된 절차로 처리할 수 있어, 사람의 실수로 인한 오류를 줄이고, 서비스 반영 시간을 단축할 수 있다. 그 결과 디지털도서관은 안정성을 유지하면서도 변화에 민감하게 대응하는 서비스가 된다.

• IaC(Infrastructure as Code)는 서버, 저장소, 네트워크 같은 시스템 운영 환경을 사람이 기억이나 문서로 관리하지 않고, 코드로 정의하고 관리하는 방식이다. 즉 서버를 이렇게 설정한다라는 내용을 코드로 기록해 두고, 필요할 때 동일한 환경을 자동으로 다시 만드는 것이다. 디지털도서관에서 IaC가 중요한 이유는 운영 환경의 일관성과 재현성 때문이다. 서버를 수작업으로 설정하면, 담당자가 바뀌거나 시간이 지나면서 설정 내용이 달라질 수 있다. 반면 IaC를 적용하면 개발 환경, 시험 환경, 실제 서비스 환경을 거의 동일하게 유지할 수 있고, 장애 발생 시에도 빠르게 복구할 수 있다. 특히 디지털도서관처럼 장기 운영이 전제된 서비스에서는 운영 환경을 정확히 재현할 수 있다는 점이 큰 장점이다.

참고문헌

[외국문헌]

Fox, E. 1995. Digital libraries. Comm. ACM, 38(4): 23－31.

Fox, E. A., and Marchionini, G. 1998. Toward a Worldwide Digital Library. Communications of the ACM, 41(4): 29－32.

Fox, E. A., and Urs, S. R. 2002. Digital libraries. Ann. Rev. Inform. Sci. Technol. 36: 503－589.

Fox, E. A., Gonçalves, M. A., and Shen, R. 2012. Theoretical foundations for digital libraries: the 5S (societies, scenarios, spaces, structures, streams) approach. Synth. Lectures. Inform. Concepts Retrieval Serv. 4(2): 1－180.

Griffin, Stephen M. 1998. NSF DARPA NASA Digital Libraries Initiative. A Program Manager's Perspective. D Lib Magazine.

Licklider, J. C. R. 1965. Libraries of the Future. Cambridge, MA: MIT Press.

Narlock, M. R., Calvert, S., Taylor, S., Márquez, R. P., and Parkman, A. 2024. Knowledge Infrastructures Are Growing Up: The Case for Institutional Data Repositories 10 Years After the Holdren Memo. Data Science Journal, 23(1): 46.

Nyce, J. M., and Kahn, P. (Eds.). 1991. From Memex to Hypertext: Vannevar Bush and the Mind's Machine. Academic Press.

Seadle, Michael and Greifeneder, Elke. 2007. "Defining a digital library." Library Hi Tech, 25(2): 169－173.

Shiri, Ali. 2003. "Digital library research : current developments and trends." Library Review, 52(5): 198－202.

Tavosanis, M. L. A. 2017. Libraries, Linguistics and Artificial Intelligence: J. C. R. Licklider and the Libraries of the Future.

[웹사이트]

4SCIENCE. 2025. A new wave of DSpace repositories with 4Science. https://4science.com/a－new－wave－of－dspace－repositories－with－4science

ARL. https://www.arl.org/digital－scholarship/

Europeana AI Services. https://www.europeana.eu/

From Memex to Hypertext. https://archive.org/details/FromMemexToHypertext

Paul Otlet. https://monoskop.org/Paul_Otlet

Paul Otlet. https://www.britannica.com/biography/Paul－Otlet

World brain. 1938. https://archive.org/details/worldbrain00wells

2

디지털 장서 관리

디지털도서관 운영론

2. 디지털 장서 관리

2.1 디지털 장서의 개념 정의

2.1.1 장서의 정의

장서(collection)는 기본적으로 도서관이 목적과 정책에 따라 수집하고 조직하며 보존하고 제공하는 정보자원의 집합을 의미한다. 전통적으로 장서는 책, 미술품, 골동품, 우표 등 물리적 아이템을 취미나 필요에 따라 모은 수집물의 의미에서 출발했으며, 도서관에서는 사회과학 장서, 특수장서, 멀티미디어 장서처럼 특정 기준에 의해 묶인 자료 집합을 가리키는 용어로 사용되어 왔다.

기본 개념에서 장서는 개별 정보자원의 집합체로 정의된다. 여기에서 정보자원은 객체, 콘텐트 등으로 부르는 아이템을 뜻하며, 다음과 같은 특성을 갖는다. 물리적 형태의 자료인 책, 문서, 사진 등과 디지털 형태의 자료인 디지털 파일, 데이터셋, 웹 자원 등을 모두 포함한다. 디지털 자료는 아날로그 자료를 디지털로 변환한 자료일 수도 있고, 처음부터 디지털로 생성된 디지털 원본일 수도 있다. 정보자원은 현재 이용을 위해 제공되며, 동시에 미래의 이용자를 위해 보존의 대상이 되기도 한다. 장서는 하나 이상의 아이템으로 구성되며, 수량과 형식, 보존 기간 등은 기관의 필요에 따라 다양하게 설정될 수 있다.

전통적 관점에서 장서는 특정 도서관 내부에 물리적으로 소장된 자원의 집합으로 이해되었다. 그러나 디지털 환경에서는 장서가 반드시 하나의 물리적 장소에 존재할 필요가 없으며, 기관 내부와 외부에 분산된 다양한 자원을 통합해 제공하는 네트워크 기반 개념으로 확장되었다. 이는 장서가 더 이상 고정된 자료 묶음이 아니라, 지속적으로 확장되고 정비되며 갱신되는 동적 집합체임을 의미한다. 특히 디지털도서관에서 장서는 확장된 정보 생태계로 이해된다. 여기에는 연구데이터, 오픈액세스 자료, 웹 아카이브 등 새로운 유형의 자원이 포함된다. 또한 메타데이터, 식별자, 저작권 정보를 포함한 구조화된 디지털 객체가 장서의 구성 요소가 된다. 분산 저장소와 클라우드 환경, 연결 데이터 기반의 지식 네트워크 역시 장서의 범위를 확장시킨다. 더 나아가 지식 그래프를 통해 서로 연결된 맥락 기반 정보자원들이 장서의 중요한 형태로 등장하고 있다. 따라서 현대의 장서는 단순한 자료 집합을 넘어, 디지털 객체와 메타데이터, 보존 전략, 지식조직 체계가 통합된 지식 자원 구조로 자리매김하고 있다. 이는 이용자가 시공간의 제약 없이 다양한 자료에 접근하고, 그 과정에서 새로운 지식과 의미를 생성할 수 있도록 지원하는 디지털도서관의 핵심 기반이라 할 수 있다.

2.1.2 디지털 장서의 정의

디지털 장서는 디지털 형태의 정보자원 집합이다. 디지털 자원은 크게 디지털 원본과 디지털 변환 자료로 구분된다. 전자는 전자학술지, 데이터셋, 웹 자원처럼 처음부터 디지털로 생산된 자원이며, 후자는 스캔 이미지나 디지털화된 영상처럼 기존의 물리적 자료를 디지털화한 자원이다. 디지털 장서는 물리적으로 한 장소에 집중되어 있지 않을 수 있으며, 여러 서버, 클라우드, 분산 저장소에 흩어져 존재하더라도 논리적으로는 하나의 장서로 통합 관리될 수 있다. 일반적으로 디지털 장서는 텍스트, 수치 데이터, 이미지, 오디오, 비디오, 소프트웨어, 3차원 객체, 연구데이터 등 다양한 장르의 디지털 자원으로 구성된다. 또한 장서에 포함된 자원들은 검색과 접근 방식, 선정 기준, 조직 방식, 유지와 보존 정책이 명확하게 구분되고 정의되어야 한다. 대표적인 디지털 장서의 사례로는 도서관의 디지털 컬렉션, 박물관의 디지털 유물 데이터베이스, 기록관의 전자기록물, 인터넷 디렉터리, 디지털 아카이브, 주제별 게이트웨이, 이미지 데이터베이스, 사운드 데이터베이스, 영상 데이터베이스, 데이터셋 데이터베이스, 소프트웨어 저장소 등이 있다.

디지털 장서는 일반적으로 다음과 같은 기본 특성을 가진다.

- 유사한 성격을 가진 하나 이상의 디지털 자원으로 구성
- 장서에 속하는 디지털 자원들은 공통의 메타데이터 체계로 기술
- 이용자는 단일 인터페이스를 통해 장서 전체에 접근 가능

기관의 운영 관점에서 디지털 장서는 다음과 같은 유형으로 구분된다.

- 소유형 장서(내부 장서): 기관이 직접 생산하고 디지털화하여 소유권을 가진 장서
- 접근형 장서(외부 장서): 외부 기관이 제작한 콘텐트에 대해 접근 라이선스를 계약하여 제공하는 장서

또한 디지털 장서는 제공 형태에 따라 메타데이터 중심이며 원문을 포함하지 않는 목록형 장서와, 원문 또는 디지털 객체를 포함하는 원문형 장서로 구분될 수 있다. 이러한 기준을 조합하면 디지털 장서는 소유와 접근, 목록과 원문의 유형에 따라 네 가지로 구분할 수 있으며, 이는 〈표 2.1〉에서 제시하는 바와 같다.

〈표 2.1〉 디지털 장서의 유형 구분

구분	목록형 장서	원문형 장서
소유형 장서	자관 OPAC, 탐색도구 등	자체제작 장서, 아카이브 장서, 지식 리포지토리 장서 등
접근형 장서	외부 OPAC, 외부 탐색도구, 색인초록형 DB 등	전자저널, 전자책, 전자참고자료, 원문제공형 DB 등

소유형 장서는 서지 및 색인 데이터베이스, 원문 데이터베이스, 기관 리포지토리 등 디지털도서관이 자체적인 장서 개발 프로그램과 정책에 따라 구축한 장서를 말한다. 이러한 장서는 특별한 예외가 없는 한 콘텐트의 소유권이 해당 기관에 귀속되며, 기관은 장서의 구축, 관리, 보존에 대한 책임을 가진다. 대학 리포지토리에 수록된 학술논문, 기관이 직접 디지털화한 이미지 및 영상자료, 자체 구축 데이터베이스 등이 대표적인 예이다. 반면 접근형 장서는 라이선스 장서로도 불리며, 해당 기관이 아닌 외부의 개인, 기관, 단체가 제작한 장서 가운데 도서관이 라이선스를 구매하거나 계약을 체결하여 접근권한을 확보한 장서를 의미한다. 상업적 유통을 목적으로 제작된 전자저널, 전자책, 상업 데이터베이스가 주요 예이다. 접근형 장서에는 상업 콘텐트뿐 아니라 공공 유통을 목적으로 정부, 공공기관, 연구기관 등이 제작한 공공 접근 장서도 포함된다. 이러한 장서는 고전문헌처럼 저작권 보호가 만료되었거나, 저작권자가 공개를 허용한 경우 누구나 자유롭게 접근할 수 있다. 또한 저작권은 생산자가 보유하지만 접근을 개방하는 개방접근 장서도 중요한 접근형 장서 유형이다. 오픈액세스 학술지, 데이터 리포지토리, 정부 공개 데이터 등이 여기에 해당한다. 디지털도서관은 이러한 장서에 대해 라이선스를 취득하거나 API 또는 OAI-PMH 등을 통해 접근권을 확보하여 정보서비스를 제공한다.

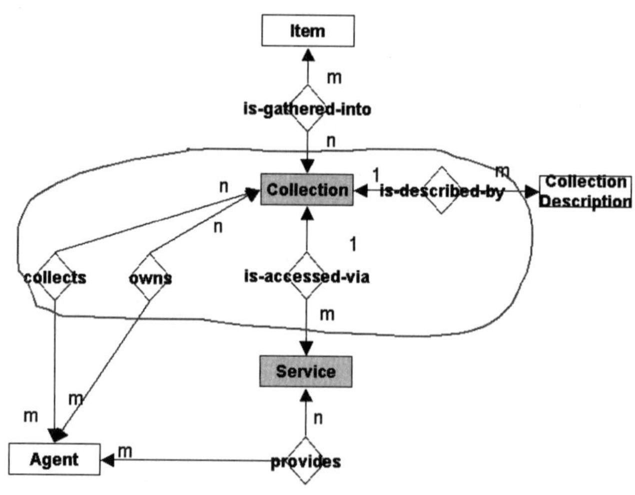

〈그림 2.1〉 디지털 장서와 관련 개체들

한편 미국의 표준화 기구 NISO(2025)는 디지털 장서를 체계적으로 기술하기 위해 장서를 네 가지 기술 개체(descriptive entities)로 설명한다. 첫째, 장서를 생산, 수집, 관리하는 주체인 에이전트(Agent), 둘째, 목적과 정책에 따라 조직된 장서(Collection) 자체, 셋째, 장서를 구성하는 개별 정보 객체인 아이템(Item), 넷째, 장서와 아이템에 대한 탐색, 열람, 다운로드, 시각화 등 다양한 기능을 제공하는 서비스(Service)이다. 이는 디지털 장서가 단순한 자료 묶음이 아니라, 주체, 구조, 객체, 서비스가 통합된 정보 생태계로 운영되어야 함을 보여준다.

〈그림 2.1〉과 같은 그림은 개체 관계 다이어그램 또는 개념 모델 다이어그램이라고 부른다. 이 그림에서는 개체와 관계가 시각적으로 표현되고, 각 관계에 대해 1, n, m과 같은 카디널리티가 함께 제시되어 있어 전형적인 개체 관계 다이어그램의 구조를 갖는다. 예를 들어 Item, Collection, Agent, Service과 같은 요소들은 각각 독립적인 개체로 표현되며, collects, owns, is accessed via, is described by 등은 이들 개체 사이의 관계를 나타낸다. 〈그림 2.1〉은 디지털 장서가 어떤 요소들과 관계를 맺으며 구성되는지를 개념적으로 보여주는 정보 모형이다. 장서를 중심에 두고, 장서를 이루는 개별 아이템, 장서를 수집하고 소유하며 관리하는 기관이나 개인, 장서를 저장하는 위치, 장서에 접근하게 해주는 다양한 서비스, 그리고 장서를 기술하는 메타데이터가 서로 연결된 구조를 형성하고 있다. 먼저 장서는 여러 개별 아이템이 모여 형성되며, 하나의 아이템이 여러 장서에 포함될 수도 있고 하나의 장서에 여러 아이템이 포함될 수도 있다. 이는 아이템과 장서 사이에 다대다(m:n) 관계가 존재함을 의미한다.

장서를 운영하는 주체인 에이전트는 장서를 수집하고 소유하며, 장서가 위치한 저장 환경을 관리하는 역할을 수행한다. 하나의 기관이 여러 장서를 관리할 수 있고, 하나의 장서가 여러 기관에 의해 공동으로 관리될 수도 있기 때문에, 이들 사이에서도 다대다 관계가 성립한다. 장서는 이용자가 접근할 수 있는 서비스를 통해 제공되며, 하나의 장서는 여러 서비스를 통해 접근될 수 있고, 하나의 서비스는 여러 장서를 다룰 수 있다. 장서는 별도의 장서 기술 요소에 의해 메타데이터로 기술되며, 이러한 기술 요소는 장서의 성격과 구조를 정의하는 역할을 한다. 결과적으로 이 모델은 디지털 장서가 단순한 자료의 묶음이 아니라, 아이템, 기관, 서비스, 메타데이터 등 다양한 요소가 유기적으로 연결되어 구성되는 복합 구조임을 보여준다. 또한 장서 운영이 수집, 저장, 기술, 제공이라는 연속적인 과정 속에서 이루어지는 다층적인 활동임을 시각적으로 표현하고 있다.

TIP

• 개체－관계 다이어그램(ERD: Entity－Relationship Diagram)은 디지털도서관 분야에서도 이러한 도식은 폭넓게 사용된다. 메타데이터 모델링이나 정보 아키텍처 설계에서 개체 간의 구조적 관계를 명확히 표현하기 위해, 이러한 형태의 그림을 정보모형(Information Model), 개념모형(Conceptual Model), 또는 데이터모델(Data Model)이라고 부르기도 한다. 실제로 NISO, Dublin Core, Europeana 등 주요 디지털도서관 관련 표준 문서에서도 동일한 방식의 개념 모델을 제시하며, 디지털 장서 및 서비스, 메타데이터 요소들을 구조적으로 설명할 때 이러한 다이어그램이 중요한 역할을 하고 있다.

• 카디널리티(cardinality)는 데이터 모델이나 개체－관계 다이어그램(ERD)에서 두 개체(Entity)가 서로 얼마나 많은 개체와 연결될 수 있는지를 나타내는 수량적 관계를 의미한다. 쉽게 말해, A와 B가 서로 몇 개씩 연결될 수 있는가?를 표현하는 규칙이다.

■ 카디널리티의 기본 유형

1) 1:1 관계 (one－to－one)
한 개체가 다른 개체 하나와만 연결되는 관계
예 주민등록번호 ↔ 개인

2) 1:N 관계 (one－to－many)
한 개체가 여러 개체와 연결되지만, 반대 방향은 하나만 연결되는 관계
예 하나의 교수 ↔ 여러 학생
(하나의 교수는 여러 학생을 가르칠 수 있지만, 학생은 한 교수에게만 배정될 때)

3) M:N 관계 (many－to－many)
여러 개체가 여러 개체와 상호 연결 가능한 관계
예 학생 ↔ 과목
(학생은 여러 과목을 듣고, 과목도 여러 학생이 듣는다)

■ 디지털도서관 맥락에서의 예

1) Collection ↔ Item (1:N)

하나의 장서(Collection) 안에는 여러 디지털 객체(Item)가 들어갈 수 있다.

2) Agent ↔ Collection (M:N)

여러 기관이 하나의 장서를 공동 소유하거나, 한 기관이 여러 장서를 운영할 수 있다.

3) Collection ↔ Service (N:M)

하나의 장서는 여러 서비스에서 활용될 수 있고, 하나의 서비스가 여러 장서를 제공할 수 있다.

2.2 디지털 장서 구축의 원칙

디지털 장서는 단순히 디지털 파일을 모아놓은 집합을 넘어 이용자의 요구와 서비스 목적에 따라 구성되고 유지되며 활용되는 동적인 정보자원 체계이다. 즉 디지털 장서는 구성되는 디지털 아이템의 수명과 사용 목적에 따라 지속적으로 유지될 수도 있고, 특정 프로젝트나 서비스 기간에만 존재하는 일시적 장서일 수도 있다. 이러한 특성은 물리적 장서보다 훨씬 유연하고 가변적이라는 디지털 장서의 본질을 잘 보여준다. 디지털 장서는 여러 방식으로 구축된다. 기관 내부에서 특정 프로젝트나 사업의 일환으로 직접 제작될 수도 있고, 외부에서 생산된 디지털 자원을 구매하거나 구독 형태로 도입하여 장서를 구성하기도 한다. 또한 개인과 타 기관, 협력 네트워크가 보유한 다양한 장서를 연계하거나 통합하여 공동 장서를 형성하는 경우도 많다. 일부 디지털 자원은 장기 보존을 위해 납본 형태로 확보되기도 한다.

디지털 장서를 효과적으로 구축하고 관리하기 위해서는 장서 수준과 아이템 수준에서 모두 적절한 메타데이터가 제공되어야 한다. 장서 수준 메타데이터는 장서 전체를 설명하며 검색과 식별, 관리 단위로 기능하도록 한다. 아이템 수준 메타데이터는 개별 디지털 객체의 구조와 속성, 권리정보, 기술요소 등을 상세히 기술한다. 이처럼 디지털 장서는 장서 전체와 개별 아이템 모두를 대상으로 하는 메타데이터 구조를 기반으로 운영되므로, 장서를 검색하고 식별하는 인터페이스 역시 장서 단위에서 접근 가능한 구조를 가져야 한다. 이는 이용자가 특정 디지털 장서를 하나의 독립된 정보 단위로 탐색하고 이해할 수 있게 하기 위한 핵심 요소이다.

지금부터는 디지털 장서를 구축하기 위한 원칙을 살펴보자. NISO에서 발행한 『A Framework of Guidance for Building Good Digital Collections 3판』은 양질의 디지털 컬렉션을 구축하기 위한 기본 원리와 실천 지침을 제시하는 대표적 문서로, 디지털 장서 개발에 필요한 개념적 기반과 실무적 기준을 동시에 제공한다. 이 문서의 목적은 크게 세 가지로 요약된다. 첫째, 디지털 컬렉션 구축에 필요한 핵심 구성요소와 활동을 체계적으로 정리하여 제공하는 것, 둘째, 각 기관이 자체적인 장서 구축 전략을 수립할 때 활용할 수 있는 기존 표준과 참고 자원을 안내하는 것, 셋째, 디지털 컬렉션 구축을 위한 모범 사례를 확산시키고 커뮤니티 기반의 참여와 협력을 촉진하는 것이다(NISO, 2007). 문서는 양질의 디지털 컬렉션 기준이 시대의 흐름에 따라 점점 고도화되어 왔음을 강조한다. 초기의 디지털 프로젝트가 주로 기술 실험이나 개념 검증 수준에 머물렀다면, 현재는 접근성과 이용자 유용성, 지속 가능성, 상호운용성, 재사용성, 신뢰성과 검증 가능성, 문서화, 권리 관리 등 다양한 품질 요소가 평가 기준으로 자리 잡고 있다(NISO; University of Arizona Repository). 이 프레임워크는 디지털 컬렉션을 구성하는 네 가지 핵심 엔터티를 정의하고, 각각이 바람직한 수준을 충족하기 위한 원칙을 제시한다. 네 가지 엔터티는 장서, 객체, 메타데이터, 이니셔티브와 프로젝트이며, 이들은 디지털 장서의 기획부터 구축, 운영, 보존까지 전 과정에서 서로 긴밀하게 연결되어 있다(WIPO).

1) 장서(Collections)

장서는 단순한 디지털 자원의 모음이 아니라, 명확한 목적과 기준 아래 조직된 정보 집합체이다. NISO(2007)는 장서 구축의 출발점으로 장서 개발 정책의 명문화와 공유를 강조하며, 장서의 범위, 수록 포맷, 접근 제한, 권리 및 사용 조건, 관리 책임, 장기적 유지 계획을 사전에 정의해야 한다고 명시한다.

디지털 장서는 텍스트, 이미지, 비디오, 오디오, 연구데이터, 소프트웨어 등 다양한 장르의 디지털 자원을 포함하며, 도서관, 박물관, 기록관, 학술 리포지토리 등의 디지털 아카이브가 이러한 장서의 주요 사례를 이룬다. 또한 장서는 기관이 직접 구축한 소유형 장서와, 라이선스나 개방접근을 기반으로 한 접근형 장서로 구분되며, 이는 NISO가 강조한 권리와 책임의 명확성 원칙이 실제 운영에서 구현된 형태이다. 현대 디지털도서관에서는 장서가 단일 기관의 자산을 넘어, 지속적 이용 가능성, 신뢰성, 품질을 기반으로 유기적으로 변화하고 확장되는 동적 지식 집합체로 이해된다. 또한 멀티모달 자료, 클라우드 기반 장서 관리, 데이터 기반 장서 평가, 기관 간 공유와 연계 등 새로운 운영 방식이 보편화되고 있다.

2) 객체(Objects)

객체는 디지털 장서를 구성하는 기본 단위로서, NISO(2007)는 객체 관리의 핵심 요소로 표준 기반 포맷, 보존 가능성, 식별자의 지속성, 진본성(authenticity) 보장 등을 주요 원칙으로 제시한다. OAIS(ISO 14721)의 패키지 구조, METS와 BagIt 기반 패키징, PREMIS 보존 메타데이터는 이러한 원칙을 실천하는 대표적 기술 체계이다.

한편, 디지털 원본과 디지털 변환 자료의 구분은 객체의 생성 방식이 보존과 관리 전략에 영향을 미친다는 점을 분명히 보여준다. 최근 디지털도서관에서는 객체 유형이 더욱 다양해지고 있다. 문서와 이미지뿐 아니라 오디오, 영상, 3D 파일, 웹 아카이브, 나아가 생성형 AI가 만든 객체까지 관리 대상이 되고 있으며, 이들의 출처(provenance), 버전 관리, 무결성 검증(fixity)은 필수 요소가 되었다. 더 나아가 객체 간 의미적 관계를 자동으로 구축하는 지식그래프 기반 객체 연결은 검색과 탐색 서비스를 고도화하는 핵심 기술로 자리 잡고 있다.

3) 메타데이터(Metadata)

NISO(2007)는 양질의 메타데이터 기준으로 기술 정보(description), 권리 정보(rights), 구조 정보(structural metadata), 보존 정보(preservation metadata) 네 가지를 제시한다. 또한 메타데이터는 표준화된 스키마(Dublin Core, METS, MODS, PREMIS 등)를 기반으로 구축되어야 하며, 다양한 서비스와 시스템 간 상호운용성을 보장해야 한다고 강조한다.

디지털 장서는 장서 수준 메타데이터와 객체 수준 메타데이터를 모두 필요로 하며, 특히 DOI와 Handle 기반의 식별 메타데이터와 PREMIS 기반의 보존 메타데이터는 디지털 장서의 신뢰성과 지속성을 유지하기 위한 필수 요소이다. 현재 메타데이터는 단순한 기술을 넘어 지능형 의미 구조화 도구로 확장되고 있다. AI 기반 자동 메타데이터 생성, 이미지, 음성, 영상에 대한 멀티모달 메타데이터, schema.org나 JSON-LD 기반의 웹 구조화 메타데이터, 지식그래프 기반 의미 메타데이터 등은 현대 디지털도서관에서 필수적인 구성 요소로 자리 잡고 있다.

4) 이니셔티브(Initiatives)

NISO(2007)는 디지털 장서 구축을 일회성 기술 프로젝트가 아니라 기관의 핵심 서비스로 규정하며, 장서 구축에는 기획, 조직, 인력, 예산, 워크플로우, 유지관리, 문서화, 평가, 커뮤니티 공유 등 전 과정이 포함되어야 한다고 제시한다. 또한 구축된 장서는 다른 기관에서 재사용 및 통합이 가능한 빌딩 블록(building block)이 되어야 한다는 점도 강조한다. 소유형 장서, 접근형 장서, 기관 간 협력 장서, 정부 및 공공기관의 공공유통 장서는 이러한 원칙의 실제적 구현 사례에 해당한다. 최근 디지털도서관 운영에서는 이니셔티브의 범위가 기술적 측면을 넘어 데이터 윤리, AI 윤리, 저작권 및 라이선스의 재해석, 오픈사이언스, 클라우드 기반 아키텍처, AI 기반 자동화 운영, 그리고 기관 간, 국가 간 협력 생태계 구축 등으로 확대되고 있다. 디지털도서관은 더 이상 단일 기관의 정보 시스템이 아니라 데이터, AI, 정책, 표준이 결합된 지능형 지식 인프라 플랫폼으로 진화하고 있다.

이상에서 살펴본 바와 같이, 이 프레임워크의 특징은 특정 기술이나 포맷의 사용을 강제하지 않고, 대신 원칙 중심 접근을 취한다는 점이다. 이를 통해 각 기관은 자원, 목표, 우선순위, 대상 이용자에 따라 디지털 컬렉션을 유연하게 구성할 수 있다(University of Arizona Repository). 또한 구축된 디지털 컬렉션이 단지 단일 기관만을 위한 자산에 머무르지 않고, 다른 서비스나 기관이 재사용하거나 통합할 수 있는 빌딩 블록으로 기능할 수 있다(First Monday).

TIP

- 프레임워크(framework)란 어떤 시스템, 서비스, 연구, 개발 활동을 수행할 때 전체 구조와 기본 원리, 필수 구성요소, 작동 방식, 관계, 흐름 등을 체계적으로 정리한 개념적 틀 또는 구조적 골격을 말한다. 프레임워크는 무엇을 포함해야 하고, 어떻게 구성해야 하며, 각 요소가 어떻게 서로 연결되는지를 보여주는 설계도와 같은 것이다.
디지털도서관 분야에서는 장서, 메타데이터, 이용자, 기능, 정책, 아키텍처 등 다양한 요소가 긴밀하게 상호작용하므로, 이러한 구성요소를 종합적으로 묶어 이해할 수 있는 프레임워크가 특히 중요하다. 프레임워크는 단순히 목록이나 개념의 나열이 아니라, 디지털도서관이 어떤 원리로 운영되며 각 요소가 어떤 역할을 수행하고 서로 어떻게 연계되는지를 설명해 주는 구조적 기반을 제공한다. 이를 통해 디지털도서관을 보다 명확하게 설계하고, 표준화된 방식으로 운영하며, 장기적으로 평가하고 개선할 수 있는 기반이 마련된다.

대표적인 디지털도서관 프레임워크 예:
- DELOS Digital Library Reference Model
- OAIS Reference Model(ISO 14721)
- NISO Good Digital Collections Framework
- 5S Framework (Streams, Structures, Spaces, Scenarios, Societies)

프레임워크는 보통 여러 핵심 요소로 구성되며, 각각이 특정한 역할을 수행하면서 전체 구조를 형성한다. 우선 구성요소(components)는 시스템을 이루는 기본 단위로, 디지털도서관의 경우 콘텐트, 메타데이터, 이용자, 기능과 같은 핵심 요소들이 이에 해당한다. 다음으로 구조(structure)는 이러한 구성요소가 어떤 방식으로 배치되고 서로 연결되는지를 보여주는 틀로, 하나의 조직도와 같은 역할을 한다. 또한 관계(relationships)는 각 요소가 어떻게 상호작용하는지를 설명하는데, 예를 들어 이용자와 기능의 관계나 콘텐트와 메타데이터 간의 연결처럼 요소 간의 기능적 연결을 나타낸다.

프레임워크에는 그 체계가 제대로 작동하기 위해 필요한 원칙과 규칙(principles and rules)도 포함된다. 이는 표준을 준수하거나 상호운용성을 확보해야 하는 등의 운영 원리를 의미한다. 마지막으로 흐름(process 또는 workflow)은 각 요소들이 어떤 순서와 절차에 따라 작동하는지를 보여주어, 프레임워크가 실제로 현실에서 구현되는 방식을 설명한다. 이러한 요소들이 결합되어 프레임워크는 전체 시스템의 구조와 기능을 이해하고 설계할 수 있는 체계적 기반을 제공하게 된다.

2.3 디지털 장서의 유형과 사례

디지털 장서는 구축 주체, 제공 목적, 콘텐트의 성격, 서비스 방식 등에 따라 다양한 유형으로 구분된다. 먼저 국가 또는 공공기관이 주도하여 구축하는 국가나 지역 기반 디지털 장서가 있다. 이는 국가 차원의 문화유산, 정부 간행물, 역사 자료 등을 장기적으로 보존하고 공공 접근성을 보장하기 위한 형태로, DPLA, British Library의 디지털 컬렉션, National Digital Library of India 등이 대표적인 사례이다. 이러한 장서는 국가 지식 인프라의 핵심 요소로 기능하며, 국민 누구나 접근 가능한 공공 정보 생태계를 구축하는 데 중요한 역할을 한다. 두 번째 유형은 기관 기반 디지털 장서로, 대학, 연구기관, 박물관 등 개별 기관이 자체 소유 자료를 디지털 형태로 구축하여 제공하는 경우에 해당한다. MIT OpenCourseWare, 하버드 대학도서관의 디지털 컬렉션, 대학 리포지토리에 수록된 학위논문과 연구 성과물 등이 여기에 포함된다. 이러한 장서는 기관의 연구와 교육 활동을 직접적으로 지원하며, 기관이 소유한 자료를 중심으로 한 장서가 주를 이룬다. 세 번째 유형은 특정 학문 분야나 전문 영역을 대상으로 구축되는 전문 주제 기반 디지털 장서이다. 공학과 전자 분야의 IEEE Xplore, 의학과 생명과학 분야의 PubMed, 인문과 사회과학 분야의 JSTOR와 같이 전문 학술지를 중심으로 구성된 장서들은 연구자에게 필수적인 정보 인프라로 기능하며, 높은 전문성과 최신성이 요구된다. 네 번째 유형은 멀티미디어 기반 디지털 장서이다. 텍스트 자료뿐 아니라 이미지, 사진, 지도, 음원, 영상 등 다양한 형식의 자료로 구성되며, DPLA가 제공하는 시각 자료와 음성 자료, 각국의 디지털 문화유산 아카이브 등이 이에 해당한다. 이러한 장서는 디지털 인문학, 미디어 연구, 예술 교육 등 다양한 분야에서 중요한 연구 기반을 제공한다. 다섯 번째 유형은 연구데이터, 실험 데이터, 지리 공간 정보 등을 중심으로 하는 데이터 중심 디지털 장서이다. 이는 학술 연구 과정에서 생성되는 데이터셋을 장기적으로 보존하고 공유하기 위한 목적으로 구축되며, 공공데이터 포털이나 대학의 연구데이터 저장소가 대표적이다. 최근에는 데이터의 발견 가능성, 접근성, 상호운용성, 재사용성을 강조하는 FAIR 원칙이 국제 표준으로 자리 잡으면서 이 유형의 중요성이 크게 높아지고 있다.

이와 함께 외부 출판사나 기업이 제작한 전자저널, 전자책, 상업적 데이터베이스처럼 기관이 접근권만 확보하여 제공하는 상업적 라이선스 기반 장서도 주요 유형으로 분류된다. 이러한 장서는 기관이 콘텐트의 소유권을 갖지 않고 이용권만 제공하는 접근형 장서로 이해할 수 있다. 또한 저작권자가 접근을 자유롭게 허용한 개방형 장서도 중요한 장서 유형이다. arXiv, DOAJ와 같은 개방접근 기반 서비스는 연구 성과의 확산과 접근성 향상에 기여해 왔으며, 최근에는 정부와 연구기관의 개방정책과 맞물려 그 비중이 점차 확대되고 있다.

마지막으로 하이브리드 장서는 물리적 장서와 디지털 장서를 통합하여 제공하는 형태이다. 디지털 사본은 온라인으로 제공하되 원본 자료는 오프라인에서 이용하도록 하는 방식으로, National Library of Australia와 같은 기관이 대표적이다. 이러한 하이브리드 모델은 물리적 자료의 보존과 디지털 접근성을 동시에 확보할 수 있어, 전통적 도서관과 디지털도서관을 잇는 전환적 모델로 평가된다.

이처럼 디지털 장서는 목적과 환경에 따라 다양한 형태로 구축되며, 각 유형은 서로 다른 기술과 정책, 서비스 전략을 필요로 한다. 디지털도서관의 발전과 함께 장서의 개념은 지속적으로 확장되고 있으며, 텍스트 중심의 초기 디지털 장서를 넘어 멀티모달 자료, 연구데이터, 개방접근 콘텐트, 문화유산 데이터 등 폭넓은 정보 생태계를 포괄하는 방향으로 진화하고 있다(LIS Academy, 2024). 이제부터는 실제로 운영되고 있는 국내외 디지털도서관들이 어떤 유형의 디지털 자료를 구축하여 이용자에게 제공하고 있는지를 살펴보고자 한다.

1) 미국 디지털 공공도서관(DPLA)

메타데이터 생성, 포맷 마이그레이션, 디지털 보존과 같은 디지털 큐레이션 과정은 이러한 문제를 해결함으로써 디지털 컬렉션이 오랜 기간 유용성을 유지하도록 뒷받침한다. 유로피아나와 DPLA와 같은 성공적인 사례는 첨단 기술과 큐레이션 실천이 얼마나 효과적으로 결합될 수 있는지를 잘 보여준다(Channar 외. 2025). DPLA는 미국 전역의 도서관, 기록관, 박물관 등 문화유산 기관이 보유한 디지털 자료를 하나의 장서로 연결해 제공하는 디지털 공공도서관이다. DPLA의 디지털 장서는 각 기관이 소장한 사진, 문서, 지도, 구술기록, 영상 등 다양한 유형의 디지털 객체로 구성되며, 이용자는 이를 단일 검색 환경에서 통합적으로 탐색할 수 있다. 이 장서는 DPLA가 개별 기관의 원문을 직접 소장하는 방식이 아니라, 전국 단위의 허브 네트워크가 참여 기관의 메타데이터를 수집 및 정비해 제공하는 집합형 구조를 기반으로 구축된다.

〈그림 2.2〉 미국 디지털 공공도서관(DPLA, https://dp.la/)

이러한 장서 구축 방식은 방대한 규모의 문화유산 자료를 효율적으로 통합하는 동시에, 기관별로 상이한 기술 수준과 메타데이터 품질을 조정해 통합 장서로서의 활용성을 높이는 데 목적이 있다. 그 결과 DPLA의 장서는 단순한 검색 대상이 아니라, 자료 간 맥락과 연관성을 바탕으로 탐색하고 이해할 수 있는 연결된 장서의 성격을 지닌다. 또한 메타데이터 개방과 API 제공을 통해 연구, 교육, 디지털 서비스 개발 등 다양한 재사용을 가능하게 하는 기반을 제공한다.

아울러 DPLA는 디지털 장서 제공에 그치지 않고, 도서관이 전자책과 다양한 디지털 콘텐트를 보다 주도적으로 확보하고 서비스할 수 있도록 지원하는 생태계 구축에도 기여하고 있다. 비영리 기반의 도서관 중심 플랫폼을 통해 도서관이 디지털 콘텐트를 직접 선택, 조직, 제공할 수 있도록 하며, 이를 통해 공공 도서관 장서의 지속가능성과 접근성을 함께 강화하고 있다(DPLA, 웹페이지).

2) 유럽 Europeana

Europeana의 핵심은 유럽 전역 문화유산 기관이 디지털화한 자료를 한곳에서 탐색, 활용할 수 있게 하는 방대한 디지털 장서에 있다. 이 장서는 회화, 공예 및 유물, 도서와 신문, 악보와 음악, 사진과 지도, 영화와 방송, 기록물 등 문화유산 자료 전반을 포괄하며, 박물관과 도서관, 기록관, 갤러리와 시청각 기관에서 생산된 다양한 유형의 디지털 객체를 대규모로 집적해 제공한다. Europeana는 이러한 장서를 통해 유럽 문화유산을 단일 검색 환경에서 접근할 수 있게 함으로써, 학습과 연구는 물론 창작과 콘텐츠 제작 등 재사용을 촉진하는 기반을 마련한다.

〈그림 2.3〉 europeana(https://www.europeana.eu/)

Europeana의 장서 구축 방식은 원문을 한곳에 모아 저장하는 중앙집중형 아카이브라기보다, 기관들이 보유한 디지털 객체는 각 기관에 유지한 채 Europeana가 이를 설명하는 메타데이터를 수집, 정비하고 연결하는 구조에 가깝다. 이때 핵심은 표준 식별자와 관계 표현을 활용하는 링크드 데이터 원칙이며, Europeana Data Model을 기반으로 사람, 장소, 개념, 시간 범주 등 문화유산 객체를 둘러싼 맥락 개체들을 함께 연결해 기술할 수 있도록 설계되어 있다. 그 결과 장서는 단순한 항목 목록을 넘어, 자료 간 의미 관계를 따라 탐색할 수 있는 연결된 장서로 확장된다.

이처럼 구축된 디지털 장서는 웹 포털에서의 탐색에 그치지 않고, 메타데이터의 개방과 기술 인프라를 통해 교육자료 개발, 전시, 스토리텔링, 연구 분석, 애플리케이션 개발 등 다양한 방식으로 재사용될 수 있다. 특히 Europeana는 API 문서와 개발 환경을 정비해 메타데이터의 기계 판독성과 상호운용성을 높이고, 장서 활용이 실제 서비스와 콘텐츠 생산으로 이어지도록 지원한다(Europeana, 웹페이지).

TIP

Europeana Data Model(EDM)은 유럽 문화유산 포털 Europeana가 여러 기관에서 들어오는 이질적인 메타데이터를 시맨틱 웹 방식으로 통합, 연계, 재사용하기 위해 설계한 RDF 기반 데이터 모델이다. EDM의 관점에서는, 데이터는 하나의 레코드가 아니라, 식별 가능한 자원들의 집합이며, 자원과 자원 사이의 관계가 의미를 만든다. 그래서 EDM은 필드 목록을 맞추는 방식보다, URI로 식별되는 개체를 만들고, 그 사이를 관계로 연결하는 방식을 우선한다.

EDM에서 가장 중요한 의미론적 설계는, 문화유산 대상인 개념적 객체와 그 대상의 디지털 표현인 파일을 분리하는 것이다. 개념적 객체에 대한 속성은 edm:ProvidedCHO로 표현되고, 이미지 파일, PDF, 오디오, 비디오 같은 디지털 자원은 edm:WebResource로 표현된다. 그리고 이 둘은 ore:Aggregation을 통해 하나의 제공 단위로 묶인다. 이 분리는, 의미 범위가 다른 속성을 정확한 자리에 두기 위한 장치이다. 예를 들어, 제목, 제작자, 주제 같은 서지적, 개념적 서술은 edm:ProvidedCHO에 두고, 파일 형식, 해상도, 접근 URL, 권리 표기 같은 디지털 객체의 속성은 edm:WebResource에 둔다. 이렇게 하면, 하나의 대상이 여러 디지털 표현을 갖는 상황, 예를 들어 고해상도 이미지와 저해상도 이미지, 전체 PDF와 미리보기 이미지가 함께 제공되는 상황을, 자연스럽고 일관되게 표현할 수 있다.

edm:ProvidedCHO는 Europeana Data Model에서 문화유산 대상을 표현하기 위해 사용하는 클래스이다. CHO는 Cultural Heritage Object의 약자이다. Provided는 해당 대상에 대한 기술이 특정 제공 기관에 의해 제공된다는 의미를 담는다. edm:ProvidedCHO는 이미지 파일이나 PDF 같은 디지털 파일 자체가 아니다. 디지털 파일이 표현하거나 가리키는 문화유산 대상에 해당한다. 예를 들면 한 권의 책, 한 점의 회화, 하나의 유물, 한 장의 사진 같은 문화유산 객체가 edm:ProvidedCHO로 표현된다. 반면 스캔 이미지, PDF, 오디오 파일 같은 디지털 표현물은 edm:WebResource로 표현된다. edm:ProvidedCHO는 현실의 물체를 그대로 옮겨 담는 개념이 아니다. 기관이 기술 대상으로 삼는 문화유산 대상을 RDF에서 식별 가능한 자원으로 모델링한 것이다. 그래서 제목, 제작자, 주제, 유형 같은 대상에 대한 서술 메타데이터가 주로 edm:ProvidedCHO에 붙는다. 접근 URL, 파일 형식, 해상도, 권리 표기처럼 디지털 파일의 성격을 나타내는 속성은 edm:WebResource에 붙는 것이 원칙이다.

EDM은 또한 맥락 정보를 값이 아니라 개체로 다루는 점에서 시맨틱 모델의 특징이 뚜렷하다. 사람과 단체는 edm:Agent, 장소는 edm:Place, 시간 범위는 edm:TimeSpan, 주제 개념은 skos:Concept로 표현한다. 이 방식의 핵심은, 제작자, 출판지, 시대, 주제 같은 것을 문자열로만 남겨 두지 않고, 그 자체를 URI를 가진 자원으로 승격시키는 데 있다. 그 결과, 한 번 정의된 edm:Agent는 다른 문화유산 대상과도 재사용되며, 동일 인물의 다양한 표기, 언어별 이름, 생몰년, 관련 단체, 같은 맥락 정보가 한데 연결될 수 있다. skos:Concept를 쓰면, 주제어 사이의 상하위 관계, 동의어, 관련어 관계도 함께 표현할 수 있어, 검색과 탐색에서 의미 기반 확장이 가능해진다.

EDM이 통합 레코드 방식과 근본적으로 다른 지점은, 동일 대상에 대한 다중 관점 서술을 허용한다는 점이다. 이를 위해 ore:Proxy 구조가 사용된다. 프록시는, 특정 제공 기관이 어떤 관점과 규칙으로 edm:ProvidedCHO를 기술했는지, 그 서술을 분리해 담는 역할을 한다. 같은 문화유산 대상이라도, 기관마다 제목을 달리 쓰고, 저자를 다르게 정리하고, 주제를 다르게 부여할 수 있는데, EDM은 이를 하나로 강제 병합하기보다, 출처가 다른 서술이 공존하도록 모델을 설계한다. 이때, 집계 단위인 ore:Aggregation은 해당 제공 건의 관리 정보, 예를 들어 제공 기관, 데이터 제공자, 권리, 랜딩 페이지 같은, 제공 맥락을 함께 담는 그릇이 된다.

EDM은 어휘 재사용 전략도 의미론적으로 중요하다. EDM은 자체 어휘인 edm:을 쓰되, dc:, dcterms:, foaf:, skos:, ore: 같은 기존 RDF 어휘를 적극적으로 활용한다. 이는 이미 널리 정의된 의미를 재활용하여 다른 링크드 데이터, 다른 문화유산 그래프, 일반 지식 그래프와의 의미적 정합성을 높이기 위한 선택이다. 결과적으로 EDM 데이터는 Europeana 내부의 통합을 넘어, 외부 데이터셋과의 링크, 질의, 추론, 재사용으로 확장되기 쉬운 구조를 갖는다(Europeana. 2013; 2017).

정리하면, EDM은 문화유산 메타데이터를, 레코드 중심에서 자원 관계 중심으로 전환한 모델이다. edm:ProvidedCHO와 edm:WebResource의 분리, ore:Aggregation을 통한 제공 단위 구성, edm:Agent, edm:Place, edm:TimeSpan, skos:Concept 같은 맥락 개체의 도입, ore:Proxy를 통한 다중 관점 서술의 공존, 이 네 가지가 EDM의 시맨틱 관점 핵심이라고 볼 수 있다.

3) 미국 하버드 대학교 디지털도서관

하버드대학교 디지털도서관은 세계적 수준의 학술 연구와 교육을 지원하기 위해 방대한 디지털 자원을 구축하고 있다. 디지털 자료는 단일 플랫폼이 아니라 여러 전문 시스템을 통해 제공되는데, 대표적으로 HOLLIS는 일반 자료 검색을 담당하고,

HOLLIS Images는 시각 자료 검색을 지원하며, HOLLIS for Archival Discovery는 기록물과 검색 보조도구를 제공한다. 또한 주제 기반의 디지털 전시를 제공하는 CURIOSity 포털도 운영되고 있다. 이러한 다중 플랫폼 구조는 자료의 유형, 이용 목적, 연구 특성에 따라 최적화된 접근 방식을 제공하기 위한 체계적 구성이라고 할 수 있다(Harvard Library, 웹페이지). 하버드 디지털 컬렉션은 자료의 형태와 주제면에서 매우 다양하다. 도서, 문서, 편지, 사진, 지도, 필사본, 악보, 영상 및 음성 자료 등 다양한 매체를 포함하며, 학문 분야 역시 인문학과 예술, 사회과학뿐 아니라 자연과학, 천문학, 식물학 등까지 폭넓게 아우른다. 특히 식물 표본, 고지도, 천문 관측용 유리 플레이트, 초기 인쇄본, 중세 필사본 등 희귀하고 고유한 일차 사료의 디지털화가 활발히 이루어지고 있어 학술적 활용 가치가 매우 크다. 하버드가 보유한 대규모 유리 플레이트 천문 사진 아카이브인 DASCH 프로젝트나 식물 표본 디지털 아카이브 등은 세계적으로도 독보적인 자료군을 형성하고 있다. 하버드대학교 디지털도서관은 이러한 방대한 컬렉션의 탐색을 지원하기 위해 인공지능 기반의 컬렉션 탐색 도구인 컬렉션 탐색도구도 함께 제공하고 있다.

한편, 하버드대학교 디지털도서관은 Europeana와 같이 지식그래프를 하나의 독립된 서비스나 핵심 브랜드로 전면에 내세우고 있지는 않다. 그러나 내부적으로는 표준 식별자와 풍부한 메타데이터를 활용해 자원 간의 관계를 구조적으로 연결하는 방향으로 디지털 컬렉션을 구축하고 있다. HOLLIS를 중심으로 한 통합 검색 환경에서는 저자, 기관, 주제, 장소, 소장처 등 다양한 개체 정보가 연결되어 제시되며, 동일 인물이나 주제에 속한 자료를 횡단적으로 탐색할 수 있도록 지원한다. 특히 기록물과 특수 컬렉션 영역에서는 인물과 기관, 사건, 자료 간 관계를 중시하는 기술 방식이 활용되고 있으며, 일부 컬렉션에서는 외부 식별자와 연계된 메타데이터를 통해 의미 기반 탐색이 가능하다. 이러한 구조는 명시적으로 지식그래프라는 용어를 사용하지는 않지만, 개체와 관계 중심의 데이터 조직을 통해 이용자가 자료 간 맥락과 연관성을 파악할 수 있도록 한다는 점에서 지식그래프적 접근으로 이해할 수 있다.

4) PANGAEA

PANGAEA는 지구과학과 환경과학 분야의 연구데이터를 체계적으로 수집하고 관리하며 보존하고 제공하는 대표적인 과학 데이터 중심 디지털도서관이다. 전통적 의미의 도서관이 문헌과 지식을 저장하고 전달하는 역할을 수행하듯, PANGAEA는 관측자료, 실험자료, 모델링 자료와 같은 원자료 데이터(raw data)를 지식 객체로 취급하고, 장기 보존과 이용자 접근성을 최우선으로 고려한 정보 인프라를 제공하도록 설계되었다(PANGAEA, 웹페이지).

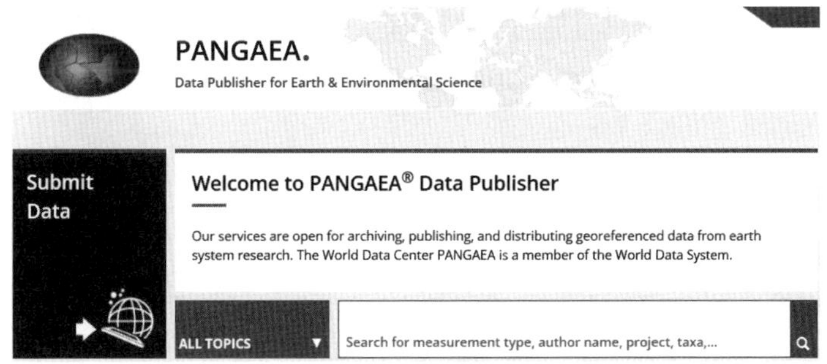

〈그림 2.4〉 PANGAEA(https://www.pangaea.de/)

디지털도서관의 핵심 기능인 수집, 기술, 저장, 보존, 검색, 접근 제공의 전 과정을 표준화하여 운영한다는 점은 PANGAEA의 중요한 특징이다. 특히 각 데이터셋에 체계적인 메타데이터를 부여하고 영구식별자를 제공함으로써 데이터의 인용 가능성과 추적 가능성을 확보한다. 이는 디지털도서관을 사회기술적 시스템이라는 확장된 개념으로 이해하는 관점과도 부합하며, 연구 커뮤니티를 대상으로 안정적인 지식 생태계를 구축한다는 점에서 디지털도서관의 본질적 역할을 수행한다. 또한 PANGAEA는 오픈액세스를 지향하며 누구나 데이터에 접근하고 활용할 수 있도록 개방형 데이터 공유 문화를 정착시키고 있다. 이는 디지털도서관이 점차 저장소에서 지식 공유 플랫폼으로 발전해 온 흐름과도 일치한다. 따라서 PANGAEA는 과학데이터 기반 디지털도서관의 대표적 모델로 볼 수 있으며, 데이터 중심 연구 환경에서 디지털도서관의 새로운 역할과 방향성을 제시하는 사례로 평가된다.

5) 국립중앙도서관 디지털도서관

국립중앙도서관 디지털도서관은 대한민국의 지식·문화유산을 디지털 환경에서 보존하고, 국민 누구나 시간과 공간의 제약 없이 접근할 수 있도록 구축된 국가 대표 디지털 지식 인프라이다. 국립중앙도서관은 고문헌, 고지도, 옛 신문과 잡지, 사진, 필사본, 기록 자료 등 소장 자료를 체계적으로 디지털화하여 제공하며, 이용자는 원문을 열람하고 검색하거나 다운로드하는 등 다양한 방식으로 자료를 활용할 수 있다. 특히 희귀본이나 노후 자료처럼 물리적 보존이 중요한 자료는 디지털 형태로 전환함으로써 장기 보존성을 높이고, 동시에 대국민 공개를 통해 지식 접근성을 확대하고 있다. 또한 디지털 컬렉션으로 주제별 컬렉션, 대한민국 신문 아카이브, 관보, 전시컬렉션인 온라인 전시, 코리안 메모리, 해외 한국 관련 자료를 제공하고 있다.

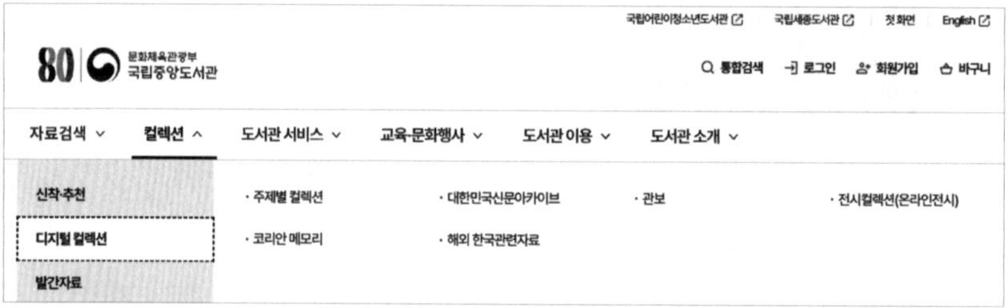

〈그림 2.5〉 국립중앙도서관 디지털도서관(https://www.nl.go.kr/)

국립중앙도서관 디지털도서관은 학술연구와 교육 활동을 위한 기반 역할도 수행한다. 연구자는 원문 기반의 심층 분석을 위해 디지털 고문헌을 활용할 수 있고, 학생과 일반 이용자는 역사와 문화 학습 및 개인적 탐구를 위해 손쉽게 자료에 접근할 수 있다. 또한 국립중앙도서관은 디지털 컬렉션을 주제별로 조직하여 문화유산의 맥락적 이해를 돕고, 한국 사회의 기록과 지식을 체계적으로 축적하는 지식 허브 역할을 담당하고 있다. 이러한 기능을 통해 국립중앙도서관 디지털도서관은 국가 차원의 문화유산 관리와 지식 공유에 기여하며, 한국의 기록유산이 미래 세대까지 지속적으로 활용될 수 있는 기반을 마련하고 있다.

6) ScienceON

한국과학기술정보연구원(KISTI)이 구축, 운영하는 과학기술 지식인프라 플랫폼인 ScienceON은 과학기술 정보, 연구데이터, 정보분석 서비스 및 연구 인프라를 연계 및 융합하여 연구자가 필요로 하는 다양한 학술 정보를 한곳에서 제공하는 통합 서비스이다. ScienceON은 통합검색 기능을 기반으로 국내외 논문, 특허 정보, 국가 R&D 보고서, 연구동향, 연구자 정보 등 폭넓은 지식 자원에 접근할 수 있도록 지원하며, 이를 통해 연구 활동 전반에 필요한 정보 탐색을 효율적으로 수행할 수 있게 한다. 국내 연구정보 서비스는 문헌, 특허, 보고서, 동향 정보 등 학술연구에 필요한 핵심 자원을 유형별로 체계화하여 제공하고 있다.

〈그림 2.6〉 ScienceON(https://scienceon.kisti.re.kr/)

국내 논문은 학회 및 협회에서 발행하는 학술지와 학술회의 자료, 학위논문 등을 중심으로 3백만 건이 넘는 방대한 데이터를 포함하고 있으며, 해외 논문 서비스는 1억 건 이상의 국제 학술지 논문과 1,270만 건에 달하는 해외 학술대회 논문을 제공하여 연구자가 세계적 연구동향을 신속하게 파악할 수 있도록 한다. 특허 정보는 한국뿐 아니라 미국, 유럽, 일본 등 주요국의 특허 데이터를 광범위하게 제공함으로써 과학기술 및 산업 분야 연구에 필요한 기술 조사와 특허 분석을 지원한다. 또한 ScienceON은 국가R&D 보고서와 다양한 분석 리포트를 제공하여 정책, 산업, 기술 분야에서의 의사결정과 전략 수립을 돕는다. 더불어 국내외 과학기술 동향, 정책 동향, 오픈액세스 이슈 등 최신 정보를 제공하는 동향 서비스는 연구자에게 시의적 지식 환경을 제공하며, 연구자 정보 DB는 90만 명이 넘는 국내 연구자의 연구성과를 통합적으로 보여줌으로써 협력 연구 발굴과 연구 생태계 분석에 기여한다.

이와 같이 ScienceON은 연구자가 필요로 하는 문헌, 특허, 보고서, 동향, 연구자 정보를 하나의 플랫폼에서 연계적으로 활용할 수 있도록 구축된 대표적 과학기술 지식인프라로서, 현대 연구 환경에서 필수적인 디지털 정보 플랫폼의 역할을 수행하고 있다(ScienceON. 웹페이지).

7) RISS

한국교육학술정보원(KERIS)이 구축하고 운영하는 RISS(Research Information Sharing Service)는 국내 대학이 생산하거나 보유하거나 구독하는 다양한 학술자원을 전국적으로 공유할 수 있도록 마련된 개방형 학술정보 서비스이다. 대학 간 협력을 바탕으로 구축된 이 서비스는 연구자, 학생, 일반 이용자가 학위논문, 학술논문, 단행본, 보고서 등 방대한 학술자료에 접근할 수 있도록 지원함으로써 국내 학술정보 접근성을 크게 향상시키고 있다.

RISS는 국가 차원의 학술연구정보 공유 체계를 구축하여 연구 경쟁력을 강화하고, 인적자원 개발을 통해 차세대 산업 발전의 기반을 마련한다는 목표 아래 운영된다. 이러한 목적에 따라 RISS는 국내외 학술자료를 체계적으로 수집하고 제공하며, 연구자의 정보 탐색을 지원하고 학문 간 연계 연구를 촉진하는 통합 학술정보 플랫폼으로 기능하고 있다.

〈그림 2.7〉 RISS(https://www.riss.kr/)

RISS에서 제공하는 자료는 매우 다양하며 그 규모 또한 방대하다. 학위논문은 약 229만 건, 음성논문은 103만여 건, 국내 학술논문은 630만 건 이상이 축적되어 있으며, 해외 학술논문은 6,260만 건을 넘어 폭넓은 국제 학술정보 탐색이 가능하다. 또한 학술지 18만여 종, 단행본 1,252만여 권, 연구보고서 약 16만 건 등 다양한 형태의 학술자료가 제공된다. 이와 같은 풍부한 자료를 기반으로 RISS는 국내 학술생산과 연구활동을 유기적으로 연결하는 지식 인프라로 기능하고 있다(RISS, 웹페이지).

이상의 사례를 종합해 보면 디지털도서관의 장서는 이제 더 이상 전자책이나 디지털화된 문헌에 한정되지 않는다. 미국 DPLA와 Europeana처럼 국가와 지역 차원의 디지털 문화유산 플랫폼은 도서와 논문뿐 아니라 사진, 지도, 영상, 음원, 3차원 객체 등 다양한 매체를 아우르는 멀티모달 장서를 구축하고, 수천 개 기관이 생산한 자료를 허브와 어그리게이터 네트워크를 통해 연계하고 통합한다. 하버드대학교 디지털도서관과 국립중앙도서관 디지털도서관은 도서관과 박물관, 기록관이 가진 고문헌과 특수 컬렉션을 다양한 검색 시스템과 주제별 전시 형식으로 제공함으로써 연구와 교육, 대중 향유를 동시에 지원하는 고도화된 장서 구조를 보여준다. ScienceON과 RISS는 논문과 특허, 보고서, 동향, 연구자 정보를 통합 제공하는 학술정보 인프라로서 학술생산의 전 과정을 서로 연결하는 거대 장서를 구축하고 있으며, PANGAEA는 관측자료와 실험자료, 모델링 데이터 등 지구과학과 환경과학 데이터를 체계적으로 축적하고 보존하며 제공하는 데이터 중심 디지털도서관으로 기능하고 있다. 이처럼 현대 디지털도서관 장서는 텍스트와 이미지, 영상, 음성, 3차원 객체, 메타데이터, 연구데이터 등 다양한 유형의 디지털 객체를 포괄하고, 여러 기관과 시스템을 넘나드는 연계와 상호운용성을 전제로 설계되며, 연구와 교육, 문화 영역에서 2차 저작과 애플리케이션 개발 등을 촉진하도록 개방성과 재이용 가능성을 중시한다는 공통된 특징을 갖는다.

특히 주목해야 할 점은 데이터 자체가 하나의 핵심적인 장서 유형으로 인식되고 있다는 것이다. PANGAEA의 연구데이터, ScienceON과 RISS가 제공하는 방대한 논문과 특허, 연구개발, 동향 데이터, 하버드와 Europeana가 구축한 지식그래프와 메타데이터 기반 컬렉션은 모두 인공지능 시대의 연료로 활용될 수 있는 데이터 장서라고 할 수 있다. 디지털도서관이 수집하고 정제하며 보존하고 제공하는 데이터 장서는 과거의 인쇄책 장서에 못지않게, 어쩌면 그 이상으로 전략적 자산이 되고 있다. 인공지능과 빅데이터 분석은 결국 양질의 데이터 없이는 작동할 수 없다. 다시 말해 데이터가 새로운 원유로 불리는 시대에 디지털도서관은 그 데이터 원유를 발굴하고 정제하며 공급하는 인프라이며, 연구와 산업, 문화 전반의 혁신을 가능하게 하는 가장 중요한 장서 기반 지식 생태계로 자리매김하고 있다.

2.4 디지털 장서의 개발정책

디지털 콘텐트는 정보기술의 발전과 함께 지속적으로 변화하고 있으며, 접근이나 보존에 있어서 기존의 인쇄자료와는 다른 특성을 보이기 때문에 이에 적합한 개발정책이 필요하다. 디지털 콘텐트는 하드웨어와 소프트웨어 등 기술적 장치가 필수적으로 요구되고, 콘텐트 자체의 비용도 고가인 경우가 많아 상당한 예산이 필요하다. 또한 일반적인 장서개발 정책과 마찬가지로 디지털 콘텐트 개발정책에서도 업무의 유지와 평가, 선정 과정의 객관성 유지, 지적 자유와 지적 재산권의 보호, 적합하고 적절한 자료의 획득이라는 기본 원칙이 여전히 중요하게 요구된다.

2.4.1 장서 개발정책의 개발 방식

디지털도서관의 장서개발, 즉 디지털 장서의 개발은 이용자의 정보활용에 유용한 디지털 장서를 체계적으로 구축하는 과정으로, 온라인 또는 오프라인 형태의 콘텐트를 수집하고 이용자가 접근할 수 있도록 관리하는 모든 활동을 포함한다. 장서 콘텐트에는 온라인 출판물뿐 아니라 인쇄 자료를 디지털 형태로 변환한 자료도 포함된다. 이러한 디지털 장서개발은 전통적인 장서개발과 유사한 부분이 많지만, 디지털 자료가 지닌 독특한 성격으로 인해 중요한 차이점도 존재한다. 디지털 자료는 소유와 접근이 분리되는 경우가 많고, 장기적 보존을 위해 기술적 고려와 제도적 고려가 함께 필요하므로, 기관에서는 보통 두 가지 방식으로 장서개발을 추진한다. 첫째는 기존 장서개발정책에 디지털 장서 관련 항목을 통합하는 방식이고, 둘째는 디지털 장서를 별도의 정책으로 독립적으로 다루는 방식이다.

디지털 장서의 범위, 서비스 방식, 보존 문제 등은 특히 디지털도서관 운영 관점에서 별도의 검토가 필요하므로, 많은 기관에서는 디지털 장서개발정책을 따로 수립한다. 또한 디지털 장서의 품질 평가는 인쇄 자료와 다른 기준을 필요로 하며, 인쇄 자료 중심의 장서개발정책이 소유 중심이었다면, 디지털 장서개발정책은 소유와 접근을 모두 고려해야 한다는 점에서도 차이가 있다. 더 나아가 디지털 장서에서는 장서 수준을 규정하는 것과 별도로, 어떤 수준으로 보존할 것인지에 대한 보존 수준을 함께 정의해야 한다.

2.4.2 장서개발 계획과 선정

디지털 장서개발은 성문화된 정책을 기반으로 하며, 계획 기능과 선정 기능으로 구분된다. 계획 기능은 예산 배분, 가치 및 요구 분석 등 기획 활동을 포함하며, 선정 기능은 평가 기준에 따라 장서를 실제로 도입하는 과정이다. 이러한 장서개발은 한 기관만의 노력으로 이루어지지 않고, 국내외 다양한 기관과 협력하는 협력 기반 장서개발이 중요한 역할을 맡게 된다. 디지털 장서는 라이선스와 저작권 규정이 복잡하게 얽혀 있기 때문에 명확한 정책 수립이 필수적이다. 장서개발 담당사서는 외부 라이선스 자료의 선택과 도입, 자체 디지털 장서 제작, 디지털 납본 규정에 따른 자료 구축 등 다양한 업무를 담당하며, 정기적인 이용평가와 품질평가를 통해 장서의 지속적인 품질을 관리한다.

2.4.3 주제별 자원의 범위와 수준

디지털 장서는 주제별 자원의 범위와 수준을 명시하기 위해 장서수준을 설정한다. 종합, 연구, 학습, 기본, 최소 수준으로 구분되며, 이는 인쇄자료 기준에서 출발했지만 디지털 장서에 적용하기 위해서는 포맷의 지속성, 메타데이터의 품질, 접근 권한, 기술적 안정성 등을 고려해 보완할 필요가 있다. 또한 미래의 접근을 보장하기 위해 보존수준을 함께 설정하는데, 이는 보관, 봉사, 복제, 연계 수준으로 구분되며, 각각의 자원 특성에 따라 적절한 보존전략을 결정하는 기준이 된다. 보관수준은 장서의 콘텐트를 직접 소유하며 영구적으로 보존해야 하는 수준을 의미한다. 봉사수준은 장서를 소유하고 보관하되, 이용자에게 서비스를 제공할 필요는 있지만 영구적 보존까지는 요구되지 않는 경우에 해당한다. 복제수준은 여러 개의 복제본을 보유하고 있으나, 이들을 장기적으로 보관해야 할 필요성은 없는 장서에 적용된다. 연계수준은 콘텐트가 어디에 소유되어 있는지는 중요하지 않으며, 해당 자료의 위치 정보만 확보하면 충분한 경우에 적용되는 수준이다.

이와 같은 전통적 원칙 위에서, 현대의 디지털도서관 장서는 더욱 폭넓고 다층적인 방향으로 확장되고 있다는 점을 함께 고려해야 한다. 오늘날 디지털 장서에는 전통적인 텍스트 중심 자료뿐 아니라 이미지, 영상, 음성, 삼차원 객체 등 다양한 멀티모달 자원이 포함되며, 문화유산 데이터나 시각 자료처럼 맥락적 해석이 필요한 자원도 중요한 장서 유형으로 자리 잡고 있다. 특히 관측 데이터, 실험 데이터, 조사분석 데이터, 지리와 환경 데이터와 같은 연구데이터 기반 자원은 디지털도서관에서 핵심적인 장서로 인식되며, 과학 분야뿐 아니라 인문과 사회 분야에서도 중요한 연구 기반으로 활용되고 있다. 이러한 데이터 장서는 인공지능 시대에 더욱 중요해졌으며, 인공지능 학습과 빅데이터 분석, 자동화된 지식 생산 등 다양한 연구 활동을 가능하게 하는 기반 자원으로 기능한다.

〈표 2.2〉 ALA의 장서개발정책 핵심요소

요소	세부요소
1. 용어의 정의	
2. 정책개정에 대한 일정	
3. 전반적인 도서관 정책들과 관계	
4. 인쇄정보원과 전자정보원간 관계: 현재 정보원의 대체 또는 보강	
5. 선정	a. 서비스 대상 독자/고객
	b. S/W 선정 주체; H/W 선정 주체; 총괄책임자
6. 정보의 기준	a. 포괄 지역/범위
	b. 정확성/현재성
7. H/W 고려사항	a. 산업표준의 준수
	b. 설명서와 기술적 지원
8. S/W	a. 산업표준의 준수
	b. 설명서와 기술적 지원
9. 비용: S/W, H/W 유지보수 비용; 조정자	
10. 직원: 부서별/기관별/에이전시/컨소시엄 책임의 구분	

이와 함께 현대의 디지털 장서는 지식 그래프와 연결 데이터를 활용하여 자료 간의 의미적 연결을 제공하고, 이용자의 탐색 경험을 크게 확장하고 있다. 문자 인식이나 음성 인식, 자동 태깅과 같은 인공지능 기술도 디지털 장서 구축과 서비스에 적극 활용되면서, 디지털 장서의 범위와 역할은 단순한 저장소를 넘어 지식을 구현하는 플랫폼으로 진화하고 있다. 이처럼 디지털도서관 장서개발은 기존의 기본 원칙에 더해 데이터 중심 장서, 멀티모달 자원, 인공지능 기반 정보 구조 등 새로운 요소를 종합적으로 고려해야 하는 복합적 과정으로 발전하고 있다. 이는 현대의 디지털 장서가 단순한 정보 제공을 넘어 연구와 교육, 창작, 문화 향유를 지원하는 핵심 자산으로 자리매김하고 있음을 보여준다. 한편, ALA(American Library Association)에서도 이러한 디지털 장서개발정책의 핵심요소를 〈표 2.2〉와 같이 제시하고 있으며, 이는 장서정책 수립의 중요한 참고 자료가 된다.

2.5 디지털 장서 구축

디지털 장서를 구축하는 방식은 크게 다섯 가지로 구분된다. 첫째, 기관이 보유한 아날로그 콘텐트를 디지털 형태로 변환하여 구축하는 제작형 장서가 있다. 둘째, 외부에서 이미 디지털 매체로 제작되고 출판된 콘텐트의 원문을 직접 구입하는 구입형 장서가 있다. 셋째, 원문을 소유하지 않고 일정 기간 접근 권한만 제공받는 구독형 장서가 있다. 즉 원문 파일을 도서관이 소유하거나 보관하지 않고, 출판사나 플랫폼이 보유한 콘텐트에 대해 일정 기간 접근할 수 있는 권한만 구매하는 방식이다. 넷째, 외부 기관이 구축한 디지털 장서를 협력 계약을 통해 연계하여 제공하는 협력형 장서가 있다. 이 경우에도 원문은 주로 외부 기관 시스템에 있으며, 링크나 통합검색, 인증 연계 같은 방식으로 이용자가 접근하도록 한다. 핵심은 구매한 접근권이라기보다 기관 간 협력에 의해 공유되고 연계되는 접근이라는 점이다. 마지막으로 기관이나 단체, 커뮤니티가 생산한 디지털 콘텐트를 납본 규정에 따라 제공받아 구축하는 납본형 장서가 있다.

2.5.1 디지털 장서 제작

디지털 장서 제작은 디지털도서관 장서 구축에서 핵심적인 역할을 수행하는 중요한 과정이다. 일반적으로 원문 데이터베이스 구축이라고 불리는 이 작업은 기존의 아날로그 자원을 디지털 형태로 변환하여 새로운 디지털 자원으로 생산하는 활동을 의미한다. 디지털 장서 제작 프로젝트는 명확한 목적과 일정, 그리고 구체적인 방법론을 바탕으로 전담팀을 구성하여 체계적으로 추진된다.

NISO(2004)는 디지털 장서 제작 프로젝트가 갖추어야 할 기본 원칙을 다음과 같이 제시한다. 첫째, 우수한 장서 구축 프로젝트는 명확한 설계와 체계적인 계획 요소를 갖추어야 한다. 둘째, 프로젝트의 성과와 품질을 점검할 수 있도록 평가 계획을 포함해야 한다. 셋째, 프로젝트 보고서를 작성하고 과정과 결과를 폭넓게 공유하여 투명성과 확산 효과를 높여야 한다. 넷째, 프로젝트를 통해 개발된 디지털 장서와 관련 서비스의 전체 수명주기(lifecycle)를 고려하여 지속 가능한 운영을 보장해야 한다. 또한 NISO는 디지털 장서 구축에서 가장 중요한 의사결정 요소로 어떤 자원을 어떤 기준으로 선정할 것인가를 강조한다. 다만 이러한 선정 기준은 기관과 프로젝트의 특성에 따라 다양하게 해석될 수 있다. 예를 들어 미국 의회도서관이 추진한 American Memory 프로젝트는 의회도서관이 단독으로 소장하고 있으며 미국의 역사와 문화 이해에 기여하고, 연구자, 학생, 교육자, 평생학습자에게 유용한 자원을 우선적으로 선정하여 디지털화하였다. 이 사례는 디지털 장서 제작에서 자원의 가치, 고유성, 교육적 활용 가능성, 연구적 활용 가능성이 중요한 판단 기준이 될 수 있음을 보여준다.

콜롬비아 대학도서관은 중세와 르네상스 시대의 자료를 대상으로 디지털 데이터베이스를 구축하기 위해 Columbia University Libraries Selection Criteria for Digital Imaging이라는 독자적인 자료 선정 기준을 마련하였다. 이 기준은 디지털화 대상 자료를 평가하는 핵심 관점으로 가치(value)와 요구(need)를 제시한다. 먼저 가치 관점에서는 디지털화 대상 자료를 선정할 때 지적 내용뿐 아니라 역사적 가치와 물리적 가치도 함께 고려한다. 구체적으로 자료가 희귀하거나 유일한 경우, 예술적 가치가 있는 경우, 특정 주제를 이해하는 데 중요하거나 해당 분야의 폭넓은 범위를 대표하는 경우가 이에 해당한다. 또한 내용의 정확성과 유용성이 보장되어야 하며, 디지털화를 통해 관리 효율성을 높일 필요가 있는 자료도 우선적으로 고려된다. 더 나아가 기관의 역사적 강점을 드러낼 수 있는 자료이거나 디지털화 이후에도 그 가치가 장기적으로 유지될 수 있는 자료 역시 중요한 선정 기준으로 제시된다.

다음으로 요구 관점에서는 디지털화가 투입되는 노력과 비용을 정당화할 만큼 즉각적인 활용 가능성이 있는지를 판단한다. 예를 들어 현재 기관에서 우선순위가 높은 활동을 지원하는 자료인지, 기관의 기능과 사명을 수행하는 데 중요한 자료인지, 디지털화 이후 곧바로 활용될 가능성이 있는지가 평가 요소가 된다. 여기에 더해 기관 구성원의 지지를 받는 프로젝트인지, 현재 이용이 적더라도 장기적으로 높은 활용도가 예상되는지, 또는 협력 기관의 요청이 존재하는지도 중요한 기준으로 고려된다. 이와 같은 기준은 디지털 장서 구축에서 자료 선정의 객관성과 타당성을 확보하고, 장서의 학술적 가치와 문화적 가치를 지속적으로 보존하며 활용하기 위한 전략적 접근이라고 할 수 있다.

2.5.2 디지털 장서 구입

디지털 장서 구입은 외부 출판사나 콘텐트 제공업체가 제작한 디지털 자료의 원문에 대한 접근 권한 또는 소유권을 도서관이 확보하는 과정으로, 현대 디지털도서관 장서 구축에서 핵심적인 방식 중 하나이다. 오늘날 도서관이 구입하는 디지털 자원에는 전자책, 온라인 데이터베이스, 저널 패키지, 스트리밍 오디오 자료와 비디오 자료, 웹 기반 참고자료, 데이터셋, 멀티미디어 자료, API 기반 데이터 서비스 등이 포함된다. 디지털 장서를 구입할 때에는 콘텐트의 품질과 주제 적합성뿐 아니라, 서비스 수준, 접근 방식, 기술적 요건, 비용 구조, 보존 조건 등 종합적인 평가 기준을 적용해야 한다.

특히 디지털 장서 구입에서 가장 중요한 요소는 라이선스 계약이다. 디지털 자료는 물리적으로 소유하는 방식이 아니라, 대부분 일정 조건 아래에서 접근권을 이용하는 방식이기 때문에 라이선스 조항은 장서의 활용 범위를 결정하는 핵심 규제 요소가 된다. 라이선스에는 동시 이용자 수 제한, 원문 다운로드와 인쇄 가능 여부, 원문 전체 다운로드 금지, 원문에 대한 영구 접근권 제공 여부, 텍스트 및 데이터 마이닝 허용 여부, 원격 접근 권한, 수업과 연구 목적의 활용 가능 범위 등 다양한 조건이 포함된다. 도서관은 계약 전에 이러한 조건을 면밀하게 검토하여 이용자 서비스에 미칠 영향을 분석해야 한다.

접근 방식 또한 중요한 고려 요소이다. 현대 디지털도서관은 더 이상 다이얼 액세스와 같은 구식 기술을 사용하지 않으며, IP 인증, 단일 로그인, Shibboleth, 프록시 서버, 클라우드 기반 인증 등 다양한 방식으로 이용자 접근을 지원한다. 따라서 구입하려는 자원이 도서관의 인증 체계와 호환되는지, 캠퍼스 밖 원격 접근을 지원하는지, 이용자 관리가 용이한지 등을 사전에 확인해야 한다.

기술적 요소도 필수적인 평가 기준이다. 예를 들어 자료가 특정 뷰어 또는 전용 플랫폼에서만 열리는지, 모바일과 태블릿 환경에서도 사용 가능한지, 주요 운영체제 및 브라우저와의 호환성이 보장되는지, 장애 발생 시 기술 지원과 문제 해결이 신속히 이루어지는지 등을 검토해야 한다. 또한 플랫폼의 안정성, 자료 갱신 빈도, 메타데이터 품질, 장기 보존 시스템 참여 여부 역시 중요한 판단 요소가 된다.

더불어 출판사나 제공업체의 서비스 품질도 고려해야 한다. 자료가 무료로 제공되는 부가 서비스 형태인지, 특정 기간만 제공되는지, 플랫폼의 기능이 안정적으로 유지되는지, 고객지원이 신속하게 대응하는지 등을 확인할 필요가 있다. 도서관의 시스템이나 네트워크 환경이 개선되거나 변경되었을 때에도 접근이 지속 가능한지 역시 중요한 점이다.

이와 같이 디지털 장서의 구입은 단순한 자료 선택이 아니라, 콘텐트 품질과 기술 환경, 접근성, 보존, 비용, 라이선스 조건을 종합적으로 판단하는 복합적인 의사결정 과정이며, 디지털도서관의 서비스 수준과 이용자 경험을 좌우하는 핵심 영역이라 할 수 있다.

TIP

- SSO(Single Sign–On) – 하나의 계정으로 여러 시스템이나 서비스에 자동으로 로그인할 수 있게 하는 인증 방식이다. 이용자는 한 번 로그인하면 도서관의 다양한 전자자원에 별도의 로그인 없이 접근할 수 있다.
- Shibboleth – 대학과 연구기관에서 널리 사용하는 연합 인증(Federated Identity) 기술로, 이용자가 소속 기관 계정만으로 온라인 DB와 학술지 같은 외부 전자자원에 안전하게 접근할 수 있게 한다. 도서관의 원격접근 인증에 널리 활용된다.
- 프록시 서버(Proxy Server) – 이용자의 요청을 대신 전달하는 중계 서버로, 도서관이 구독한 전자자원에 캠퍼스 밖에서도 접근할 수 있게 해준다. 이용자는 프록시 서버를 통해 도서관 내부 IP로 접속하는 것처럼 처리된다.
- 클라우드 기반 인증 – 전자자원 제공업체가 클라우드 플랫폼을 통해 이용자 인증을 처리하는 방식이다. 별도 서버 관리 없이 최신 보안 기술을 적용할 수 있고, 다양한 디바이스와 네트워크 환경에서 안정적인 접근을 제공한다. 도서관이 별도의 인증 서버를 만들 필요가 없고 출판사나 플랫폼 업체가 제공하는 클라우드 인증 서비스를 이용하여, 이용자가 누군지 확인하고 접근 권한을 부여하는 방식이다.
- LOCKSS(Lots of Copies Keep Stuff Safe)는 여러 사본이 자료를 안전하게 지킨다는 원리에 기반한 분산형 디지털 장기보존 시스템이다. 여러 기관이 동일한 디지털 콘텐트를 다수의 서버에 복제해 보관함으로써, 어떤 기관에서 장애가 발생해도 다른 사본을 통해 자료를 지속적으로 보존하고 제공할 수 있게 한다.
- Portico는 학술지, 전자책, 연구자료 등을 장기적으로 보존하기 위해 설계된 중앙집중형 디지털 보존 아카이브이다. 출판사와 도서관이 콘텐트를 Portico에 사전 예치해 두면, 플랫폼 오류 또는 서비스 종료 등 문제가 발생했을 때 안정적으로 원문을 제공받을 수 있다.

2.5.3 디지털 장서 구독

디지털 장서 구독은 콘텐트의 원문을 소유하는 방식이 아니라, 특정 기간 동안 접근권을 계약을 통해 확보하는 형태의 장서 구축 방식이다. 이 방식은 주로 전자저널, 전자책, 웹 기반 데이터베이스 등 학술적으로 중요한 디지털 자원에 적용된다. 디지털 장서를 구독할 때에는 구독 대상 콘텐트의 선정과 구독 방식이 매우 중요한데, 이는 인쇄자료와 달리 시범서비스 제공, 컨소시엄 기반 구독, 라이선스 계약, 갱신을 위한 평가 등이 핵심 요소로 작용하기 때문이다.

시범서비스는 정식 구독을 결정하기 전에 자료의 품질과 서비스 수준을 검토하기 위해 제공되는 임시 접근 서비스이다. 이 기간 동안 사서는 콘텐트의 특성, 인터페이스의 사용성, 기술적 안정성 등을 평가하고, 이용자의 사용 통계와 의견을 수집하여 구독 여부를 결정한다. 다만 이미 구독 중인 자료의 갱신이나 교양자료, 참고봉사 목적의 자원은 시범서비스 없이 선정될 수도 있다.

컨소시엄을 통한 구독은 현대 디지털도서관에서 매우 중요한 전략이다. 대형 출판사와 유통사의 시장 장악력이 높아지고 전자자원의 가격이 상승함에 따라, 개별 기관이 단독으로 구독하기가 어려워졌기 때문이다. 여러 기관이 연합하여 공동으로 협상하고 패키지 형태의 전자자원을 구독하는 이러한 방식을 흔히 빅딜이라고 부른다. 빅딜은 비용을 절감하고 접근 범위를 확대할 수 있다는 장점이 있지만, 패키지 중심으로 구독이 이루어지면서 개별 기관의 선택권이 제한되는 문제도 함께 존재한다.

라이선스는 도서관이나 컨소시엄과 출판사 또는 대행사가 체결하는 법적 계약으로, 전자자원에 대한 접근과 이용 권한을 규정한다. 라이선스에는 접근 범위, 동시 이용자 수, 원문 다운로드와 인쇄 가능 여부, 수업 활용 권한, 원격 접근 허용 여부, 텍스트와 데이터 마이닝 권한 등 다양한 조건이 포함되며, 구독의 질과 지속성을 결정하는 핵심 요소가 된다.

디지털 장서 구독 지속과 중단은 구독 자원에 대한 평가 결과를 활용할 수 있다. 구독 자원의 평가는 구독 기간 만료 시점에 자료를 갱신할지, 중단할지를 결정하기 위한 핵심 과정이다. 전자자원은 계약 기간 동안만 이용할 수 있기 때문에, 평가는 반드시 객관적인 이용 데이터와 실제 서비스 품질에 기반해 이루어져야 한다. 이를 위해 도서관은 이용 통계, 학문 분야의 필요성, 인터페이스의 안정성과 접근 편의성, 제공업체의 기술 지원 수준, 이용자 만족도 등을 종합적으로 검토해야 한다. 특히 이용 통계는 가장 중요한 근거 자료이며, 구독 결정의 정당성을 확보하는 데 필수적이다. 이러한 이유로 교재 6장에서 자세히 설명할 COUNTER 표준과 SUSHI 프로토콜은 현대 디지털도서관에서 전자자원의 이용 데이터를 수집하고 표준화하며 전송하는 핵심 기술로 활용된다. COUNTER는 신뢰할 수 있는 이용 통계의 형식과 기준을 제공하고, SUSHI는 이러한 통계를 자동으로 수집하는 인터페이스 규격이다. 따라서 구독 자원의 평가는 더 이상 감이나 필요 예상만으로 이루어지는 것이 아니라, 표준화된 이용 데이터에 기반한 사실 기반 평가가 되어야 한다는 점이 강조된다.

또한 구독을 중단할 경우에는 해당 자원에 대해 영구 접근권이 보장되는지, 아카이빙 권한이 어떻게 규정되어 있는지 등 라이선스 계약상의 조건을 반드시 확인해야 한다. 이러한 점검은 구독 종료 후에도 필요한 콘텐트에 안정적으로 접근하고 장기적 보존을 확보하기 위한 중요한 절차이다. 이와 같은 전 과정은 디지털 장서가 단순한 구입이 아니라 계약, 접근, 보존, 평가가 결합된 복합적 관리 업무임을 보여주며, 디지털도서관의 핵심 서비스 품질에 직접적인 영향을 미친다.

2.5.3.1 구독 대상 선정

디지털도서관에서 전자자원을 구독하여 장서를 구축하는 과정은 단순히 필요한 데이터베이스를 선택하는 절차를 넘어, 기관의 정체성과 목표, 기술 환경, 예산 구조, 그리고 이용자의 연구 및 학습 활동을 포괄적으로 반영하는 전략적 의사결정이다. IFLA의 전자자원 개발 가이드가 강조하듯, 전자자원은 이제 장서 구성의 주변 요소가 아니라 핵심 요소로 기능하고 있으며(Johnson et al., 2012), 이에 맞추어 보다 세밀하고 구조화된 선택 기준이 필요하다. 특히 현대의 디지털도서관은 원격 환경, 모바일 환경, 오픈액세스의 확대, AI 기반 도구의 등장 등 새로운 환경적 변화를 적극 고려해야 한다(Mangrum & Pozzebon, 2012).

구독할 전자자원을 선정할 때 가장 먼저 검토해야 할 요소는 첫째, 기관의 사명과 이용자 요구에 대한 정합성이다. 어떤 전자자원이 도서관의 연구와 교육 목표를 얼마나 뒷받침하는지, 그리고 실제 이용자들이 어떤 방식으로 학습하고 연구하는지가 핵심 판단 기준이 된다(IFLA, 2012). IFLA는 기본적으로 주제 적합성, 연구 및 학습 목표와의 연계성, 자료의 권위와 품질, 대상 이용자의 수준 등을 주요 고려 항목으로 제시한다(Johnson et al., 2012). 여기에 현대 디지털도서관은 한 걸음 더 나아가 원격수업, 온라인 프로젝트, 모바일 중심 학습 등 디지털 이용 환경까지 함께 고려해야 한다. 예를 들어 데이터 분석 과목이 많은 단과대학이라면, 전통적인 논문 중심 데이터베이스보다 통계자료나 연구데이터 중심 데이터베이스가 더 실질적일 수 있다(Arora & Kannan, 2018). 또한 재택 이용자와 야간 이용자가 많은 기관이라면 전자책과 스트리밍 강의, 온라인 참고자료처럼 시간과 장소의 제약 없이 접근할 수 있는 자원이 더 높은 우선순위를 갖게 된다(Arora & Kannan, 2018). 결국 누가 언제, 어떤 맥락에서 자원을 활용할 것인지에 대한 구체적 이해가 구독 대상 선정의 기초가 된다.

둘째, 전자자원의 콘텐트 품질과 범위를 평가하는 일도 필수적이다. 따라서 동료평가 여부, 발행 기관의 신뢰도, 연구 주제와의 일치도, 백파일 제공 여부, 업데이트 주기 등은 기본적인 기준이다(IFLA, 2012). 그러나 디지털도서관에서는 여기에 제공 형식의 특성까지 적극적으로 평가해야 한다. 텍스트 기반 자원은 HTML, XML, PDF 등 다양한 형식으로 제공되며, 각 형식은 검색과 다운로드, 활용 방식에서 서로 다른 편의성을 제공한다. PDF는 열람과 인용에 안정적이지만 분석과 재가공에는 구조화된 형식이 더 적합할 수 있다. 멀티미디어 자원의 경우에는 자막 제공 여부, 화면 해설, 대체 텍스트 등 접근성 기준을 충족하는지가 필수 점검 항목이 된다(Mangrum & Pozzebon, 2012). 연구데이터를 제공하는 자원이라면 표준 데이터 형식 제공 여부, API 제공 여부, 텍스트 마이닝 허용 여부, 분석 도구와의 연동 가능성 등이 실제 연구 활용도에 큰 영향을 미친다.

셋째, 기술적 적합성은 전자자원 구독 결정에서 현실적으로 가장 큰 장애물이 될 수 있다. IFLA는 인증 방식인 IP 인증과 프록시, 단일 로그인 방식, 웹 브라우저와 운영체제의 호환성, 유니코드 지원 여부, 오디오와 비디오 재생 환경, 추가 설치 소프트웨어의 필요 여부 등을 주요 평가 항목으로 제시한다(Johnson et al., 2012). 현대 디지털도서관은 클라우드 기반 서비스 확산에 맞추어 시스템 통합과 단일 로그인 연동 가능성, 이용자 인터페이스의 모바일 친화성, 학습관리시스템과의 연동 가능성, 장애 접근성 기준 준수 여부 등을 필수 요소로 고려해야 한다(Mangrum & Pozzebon, 2012). 또한 디스커버리 시스템과의 연동 가능성은 이용자가 자원을 얼마나 쉽게 발견할 수 있는지를 결정하는 핵심 요소이다(IFLA, 2012). 이와 같은 기술적 요건을 충분히 검토하지 않으면 구독 이후 실제 이용이 제한되는 상황이 발생할 수 있으므로, 정보기술 부서와의 협력 아래 사전 점검 절차를 체계화하는 것이 바람직하다.

넷째, 전자자원의 기능성과 사용성 역시 중요한 평가 기준이다. 동일한 콘텐트라도 검색 기능의 수준, 인터페이스의 직관성, 다운로드 방식, 인용 관리 도구와의 연동 여부에 따라 실제 활용 효과는 크게 달라진다(Arora & Kannan, 2018). 현대의 이용자는 단순히 정보를 열람하는 데 그치지 않고 개인 서가 생성, 하이라이트와 노트 기능, 알림 서비스와 같은 개인화 기능을 적극 활용하며, 학습관리시스템과의 연동을 통해 학습 활동을 통합적으로 관리하기를 기대한다. 즉 플랫폼 기능의 완성도는 장서의 활용도에 직접적인 영향을 미치는 중요한 요소이다.

다섯째, 공급사의 신뢰성과 기술 지원 역시 구독 대상 선정에서 간과할 수 없는 요소이다. IFLA는 시험 사용 제공 여부, 교육 자료 제공, 장애 대응 속도, 콘텐트와 플랫폼 변경에 대한 사전 공지, 이용 통계 제공, 아카이빙 정책 등을 필수 점검 요소로 제시한다(IFLA, 2012). 특히 디지털도서관은 장기 보존을 고려해야 하므로, 장기 아카이빙 솔루션과의 연계 여부, 공급사의 사업 지속성과 재무 안정성, 인수합병 시 권리 보호 여부까지 면밀히 검토할 필요가 있다(Mangrum & Pozzebon, 2012).

여섯째, 가격과 구독 모델 역시 전략적 판단의 핵심이다. 전자자원의 가격은 이용자 수 기준, 동시 이용자 수 기준, 패키지 계약, 대규모 일괄 계약, 개별 구매, 건별 이용 과금, 대여 방식, 이용자 주도 구매 방식 등 매우 다양한 구조를 갖는다(Johnson et al., 2012). 단순히 가격의 높고 낮음을 비교하기보다 비용 대비 이용 효과, 즉 이용 한 건당 비용을 기준으로 판단하는 것이 디지털도서관에서는 더욱 합리적이다. 최근에는 오픈액세스 전환 계약이 확대되면서 구독과 출판을 통합적으로 관리하는 새로운 모델이 등장하고 있어(Libretti, 2021), 장기적 관점에서 이러한 변화까지 고려한 계약 전략이 요구된다.

마지막으로 라이선스 조건은 전자자원 구독에서 가장 핵심적인 요소이다. IFLA는 라이선스 협상 과정에서 이용자 범위, 원격 접속 허용 여부, 강의자료와 코스 리저브 활용 가능성, 상호대차 허용 여부, 개인정보 보호 조항, 영구 접근권, 아카이빙 조건 등을 명확히 할 것을 권고한다(IFLA, 2012). 현대 디지털도서관은 여기에 텍스트와 데이터 마이닝 권리, 연구데이터 재사용 규정, 오픈액세스 정책과의 연계, 인공지능 기반 서비스에서 수집되는 이용자 데이터 보호 문제까지 함께 검토해야 한다(Mangrum & Pozzebon, 2012).

결국 디지털도서관이 구독 대상을 선정할 때 고려해야 할 사항은 단순한 항목 점검이 아니라 복합적인 의사결정 과정이다. IFLA의 지침은 이러한 기준을 체계적으로 제시하고 있지만, 현대의 디지털도서관은 이를 토대로 새로운 기술과 이용 환경을 적극 반영하여 더욱 확장된 관점에서 판단해야 한다.

TIP

- LTI(Learning Tools Interoperability)는 Moodle, Canvas, Blackboard 등과 같은 학습관리시스템(LMS)에 외부 도구나 콘텐트 서비스를 표준 방식으로 붙일 수 있게 해 주는 연동 표준이다. 쉽게 말해, LMS 안에서 도서관(또는 외부 학습 도구) 서비스를 자연스럽게 열고 사용할 수 있게 하는 연결 규칙이다(1EdTech, n.d.). LTI가 해결하는 핵심 문제는 두 가지다. 첫째, 교수자와 학생이 LMS를 쓰다가 외부 서비스로 넘어갈 때 로그인이나 접근 절차가 복잡해지는 문제를 줄인다. 둘째, 도구를 개별 맞춤 개발로 붙이지 않고, 표준을 통해 비교적 일관된 방식으로 연동할 수 있게 한다. 최근에는 보안 모델이 강화된 LTI 1.3이 표준으로 자리 잡았고, OAuth2와 JWT 기반 보안 프레임워크를 사용한다는 점이 특징이다. 디지털도서관 관점에서 LTI는, 도서관이 제공하는 전자자료,가이드,과목별 자료목록, 검색위젯, 링크리졸버, 과목별 리서치 가이드 등을 LMS 과목 화면 안에 학습 도구처럼 탑재할 수 있게 한다. 즉 학생은 LMS를 떠나지 않고도 도서관 서비스를 이용할 수 있어 접근성이 좋아지고, 교수자는 수업 흐름 속에 도서관 자원을 자연스럽게 포함할 수 있다.

- KBART(Knowledge Bases And Related Tools)는 전자자료의 소장과 구독 범위 정보를 지식베이스와 링크리졸버가 정확히 쓸 수 있도록 콘텐트 제공자와 지식베이스 제공자 간에 표준 형식으로 교환하자는 권고안이다. 쉽게 말해, 이 기관이 어떤 저널과 전자책을 몇 년부터 몇 년까지 이용할 수 있는지 같은 정보를 형식에 맞춰 전달하는 규칙이다. KBART가 중요한 이유는 Discovery(통합검색)나 링크리졸버(OpenURL)가 제대로 동작하려면, 우리 기관이 실제로 접근 가능한 대상인지

가 정확히 반영되어야 하기 때문이다. KBART는 전자자원 타이틀 리스트와 수록 범위 데이터를 전달할 때 필요한 파일 형식, 필드 구성, 작성 원칙을 제시한다. 디지털도서관 관점에서 KBART는 다음을 직접적으로 개선한다. 이용자가 Discovery에서 검색해 클릭했을 때, 실제로는 구독 범위 밖이라 접속이 실패하거나, 반대로 구독 중인데도 없다고 나오는 오류는 지식베이스 데이터 품질 문제에서 자주 발생한다. KBART를 준수해 정확한 타이틀, 권호, 연도 범위 정보가 공급되면, 링크리졸버와 Discovery는 원문 연결 가능 여부를 더 정확하게 판단할 수 있고, 그 결과 이용자는 원하는 자원을 찾고 접근하는 과정에서 시행착오를 줄일 수 있다.

- PDA(Patron－Driven Acquisition)는 이용자 주도형 장서개발을 뜻한다. PDA는 도서관이 전자자료(특히 전자책)를 미리 대량 구매해 두는 방식이 아니라, 이용자의 실제 이용이 발생했을 때 구매되도록 설계된 수요 기반 모델이다(ALA/ACRL, n.d.). 이용자는 도서관 검색 시스템이나 Discovery에서 일반 자료처럼 해당 전자자료를 발견해 접근하지만, 내부적으로는 구매 후보 목록에 포함된 자료가 일정 기준 이상 이용될 때 비용이 발생하거나 소장으로 전환되는 구조로 운영된다(OCLC, n.d.). 즉 PDA의 핵심은 선구매가 아니라 이용이 확인된 후 지출에 있다는 점이다(ALA/ACRL, n.d.). PDA는 보통 다음과 같은 흐름으로 작동한다. 도서관은 공급사와 함께 PDA 대상 타이틀을 설정해 두고, 이용자가 해당 자료를 열람하면 시스템이 이용 행위를 기록한다(OCLC, n.d.). 이후 일정 수준의 열람이 발생했을 때, 그 시점에 도서관에 비용이 청구되거나 자료가 자동 구매로 전환된다(OCLC, n.d.). 운영 방식에 따라서는 즉시 구매로 전환되기도 하고, 먼저 단기 대여 형태의 비용이 몇 차례 발생한 뒤 구매로 전환되기도 한다(De Gruyter, 2011). 디지털도서관 입장에서 PDA가 유용한 이유는 예산을 실제로 사용된 자료에 우선 배분하게 해 장서 효율을 높일 수 있기 때문이다(ALA/ACRL, n.d.). 반대로 과제나 시험 기간처럼 특정 분야 이용이 급증하면 지출이 예상보다 커질 수 있으므로, 기관은 주제 범위, 단가 상한, 트리거 조건, 예산 한도 같은 관리 규칙을 함께 두어 통제하는 방식으로 운영한다(ALA/ACRL, n.d.; OCLC, n.d.).

2.5.3.2 라이선스 문제

디지털도서관에서 전자자원을 구독하는 과정은 인쇄자료의 구매와는 본질적으로 다르다. 전자자원은 소유가 아니라 조건부 이용권을 기반으로 제공되므로, 무엇보다 중요한 것은 어떤 자료를 제공받는가가 아니라 어떤 조건에서 자료를 이용할 수 있는가이다(Johnson et al., 2012). 전자자원은 공정이용, 상호대차, 원문 복사,

아카이브 구축, 원격접속 같은 전통적 도서관 권리들이 법적으로 명확히 보장되지 않기 때문에, 이 모든 권리와 제한은 라이선스 협상을 통해서만 확보된다는 점이 특징이다(ALA, 1997). 그 결과 도서관은 협상 단계에서 전문가 수준의 계약 해석과 판단이 필요하지만, 실제로 많은 사서들이 복잡한 법률 용어와 공급자 중심의 계약 조항에 익숙하지 않아 어려움을 겪는 것이 현실이다. 이러한 문제를 완화하기 위해 미국도서관협회는 1997년 「전자자원 라이선스 계약 원칙(Principles for Licensing Electronic Resources)」을 발표하여, 도서관이 계약 과정에서 반드시 고려해야 할 요소를 명문화했다(ALA, 1997). 이는 공급자와 이용자 간의 힘의 불균형을 완화하고, 도서관이 협상 시 요구해야 할 최소 기준을 제시한 중요한 문서다.

IFLA 또한 전자자원 콜렉션 개발 지침에서, 라이선스 계약이 컬렉션 품질을 결정하는 핵심 요소임을 강조하며, 도서관이 적극적으로 계약 조건을 검토해야 한다고 제시한다(Johnson et al., 2012).

ALA(1997), IFLA(2012), 그리고 학계 연구(Mangrum & Pozzebon, 2012)를 종합하면, 전자자원 계약에서 반드시 검토해야 할 조건은 다음과 같이 정리된다.

㉠ 이용자 범위와 접근 허용 방법에 대한 명확한 정의: 학생, 교수, 직원뿐 아니라 도서관 내 방문자까지 포함되는지, 그리고 원격접속이 허용되는지가 이용 접근성에 직접적인 영향을 미친다(Johnson et al., 2012).

㉡ 공정이용 및 교육적 이용 보장 여부: 강의자료 업로드, 코스리저브, 수업 제공 영상 삽입 등 교육과 연구 목적으로 활용할 수 있는 권리가 반드시 보장되어야 한다(ALA, 1997).

㉢ 상호대차 허용 여부: 많은 공급사 계약은 상호대차를 제한하거나 PDF 전송을 금지하지만, 이는 학술 커뮤니케이션의 핵심 기능이므로 협상 시 명확한 허용 조항이 필요하다(ALA, 1997).

㉣ 영구 접근권 및 아카이빙 권리: 계약 종료 후에도 과거 구독 콘텐트에 접근할 수 있는 권리와, LOCKSS와 Portico 같은 장기 보존 방식 지원 여부는 전자자원

의 지속성에 핵심적이다(Johnson et al., 2012).

ⓜ 이용자 개인정보와 이용 데이터 보호: 플랫폼이 연구자와 학생의 이용 패턴을 추적하는 경우가 많기 때문에 데이터 처리 방식, 수집 범위, 익명성 보장 여부가 필수 검토 대상이다(Mangrum & Pozzebon, 2012).

ⓗ 기계학습 권리: AI 기반 연구와 데이터 분석 환경이 확대되면서 기계학습 허용 여부는 연구자에게 필수적 권리가 되었다(Johnson et al., 2012).

ⓢ 서비스 안정성과 기술 지원: 24시간 접근 가능 여부, 장애 발생 시 대응 시간, 플랫폼 변경에 대한 사전 공지 여부 등은 이용 품질을 좌우한다.

ⓞ 가격 인상률의 투명성: 예측 가능한 인상률은 예산 관리상 매우 중요하다.

2.5.3.3 구독 컨소시엄

디지털자원의 비약적인 증가와 전자저널 및 데이터베이스 가격 상승은 전 세계 도서관들이 공통적으로 겪고 있는 문제이다. 전통적인 인쇄자료 시대와 달리, 오늘날의 디지털도서관은 한정된 예산 안에서 이용자의 폭넓은 정보 요구를 충족해야 하는 과제를 안고 있다. 특히 전자자원은 고가이면서도 필수적인 정보원이 많아, 개별 도서관이 모든 자료를 자체적으로 확보하는 것은 사실상 불가능에 가깝다. 이러한 한계를 극복하기 위해 도서관들은 점차 개별 구독을 지양하고, 협력 기반의 공동구독 모델인 컨소시엄을 선호하는 방향으로 이동하게 되었다.

컨소시엄은 여러 도서관이 자원을 공동으로 확보하고, 통일된 구조 안에서 협상과 사용을 조율하는 협력체로 이해할 수 있다. 컨소시엄을 형성하는 근본적인 이유는 매우 현실적이다. 무엇보다 각 도서관이 보유한 장서나 디지털 자원을 가상 종합목록이나 상호대차 시스템을 통해 서로 공유함으로써, 제한된 개별 장서 범위를 넘어 훨씬 넓은 정보 접근성을 확보할 수 있기 때문이다. 또한 여러 기관이 힘을 모아 동일한 자료를 공동구매하면, 공급사와의 협상력이 크게 높아져, 도서관들은 보다 낮은 가격과 유리한 조건으로 전자자원을 도입할 수 있게 된다. 이는 개별 계약으로는 얻기 어려운 규모의 경제 효과이며, 실제로 많은 연구에서 컨소시엄이 전자정보 비용 절감에 매우 효과적이라는 분석이 제시되고 있다(Ashikuzzaman, 2025).

디지털 환경이 본격적으로 확대되면서, 컨소시엄의 기능 또한 단순한 공동구매를 넘어 다층적으로 발전하였다. 현대의 도서관 컨소시엄은 공동 라이선스 협상을 수행하며, 전자저널 구독 조건, 라이선스 조항, 가격 안정장치 등을 보다 전문적이고 체계적으로 관리한다. 또한 가상 공동목록, 공동보존소, 공용 메타데이터 서비스, 공유 디지털 리포지토리 설치 등 다양한 협력 기반 인프라를 구축하여, 도서관 간의 서비스 품질을 평준화하고 자원의 이용 효율성을 높이고 있다. 이처럼 컨소시엄은 비용을 절감하는 조직을 넘어, 디지털도서관 생태계를 유지하고 발전시키는 핵심 기반으로 변화하고 있다(Academic Library System, 2024).

컨소시엄은 운영 방식에 따라 국가주도형, 공동관리형, 국제형으로 구분할 수 있다. 국가주도형은 정부나 공공기관이 중심이 되어 운영하는데, 영국의 NESLI가 대표적인 사례이다. 영국은 전자정보 가격의 급격한 상승과 학술기관 예산 간 불균형 문제를 해결하기 위해 국가 단위로 NESLI를 구축하였고, 이를 통해 고등교육기관 전체가 보다 안정적이고 공정한 조건으로 전자자원을 이용할 수 있게 되었다. 한국의 KESLI 역시 국가주도형 모델의 대표적 사례이다. KESLI는 한국과학기술정보연구원(KISTI)을 중심으로 국내 대학, 연구기관, 병원이 참여하는 전자정보 컨소시엄으로, 해외 전자저널의 공동구독을 통해 기관들의 예산 부담을 줄이고, 계약 조건의 표준화와 장기적 정보 접근권 확보를 목표로 한다. 특히 KESLI는 COUNTER 기반 이용통계, 장기 아카이브 구축, 대체저널 분석, 기관별 구독 컨설팅 등 다양한 기능을 수행하며, 한국 학술정보 유통 체계의 중요한 기반으로 자리 잡았다(KESLI, 2024).

공동관리형 컨소시엄은 지역이나 기관들이 자발적으로 주도하는 협력체로, 캐나다의 COPPUL(The Council of Prairie and Pacific University Libraries)이나 미국의 WRLC(The Washington Research Library Consortium)는 지역적 기반 위에서 공동장

서 구축과 상호대차, 디지털 자원 공유를 실질적으로 운영하며 큰 성과를 거두고 있다. 이들 컨소시엄은 구성원의 참여와 합의에 따라 운영되기 때문에 유연성이 높고, 지역 공동체의 필요와 특성에 맞춘 협력이 가능하다는 장점이 있다.

반면 국제수준의 컨소시엄은 국가 간 협력을 기반으로 하며, 전 세계의 정보 접근성과 학술 소통을 개선하는 데 기여한다. eIFL(Electronic Information for Libraries)은 개발도상국의 정보격차 해소를 목표로 설립된 대표적 국제 컨소시엄이며, ICOLC(International Coalition of Library Consortia)는 세계 각국의 도서관 컨소시엄을 연결해 협력과 지식 공유를 촉진하는 글로벌 네트워크로 기능하고 있다(ICOLC, 2024).

오늘날 디지털도서관에서 컨소시엄은 선택이 아닌 필수에 가깝다. 국가주도형인 NESLI와 KESLI를 비롯해, 지역 공동관리형, 국제 협력형 컨소시엄은 모두 도서관이 정보환경 변화에 대응하고 이용자의 학습 및 연구 활동을 지원하는 데 핵심적 역할을 담당한다. 컨소시엄의 힘은 개별 기관이 해결할 수 없는 문제를 공동의 협력으로 해결하고, 지속가능한 정보 생태계를 구축하는 데 있으며, 디지털 시대의 도서관 운영에서 그 중요성은 앞으로 더욱 커질 것이다.

2.5.4 디지털 장서 협력

디지털도서관에서 구축되는 장서는 개별 기관이 직접 생산하거나 구매한 자료만으로 구성되지 않는다. 오히려 국내외 도서관, 공공기관, 연구자 개인이 보유한 다양한 디지털 콘텐트를 상호협력 절차를 통해 연계하여 서비스하는 경우가 매우 많다. 이러한 형태의 장서를 일반적으로 협력형 장서라고 한다. 디지털도서관이 자체적으로 모든 콘텐트를 디지털화하거나 외부 자료를 직접 구매 또는 구독하는 방식만으로는 예산적 부담과 운영적 부담이 크기 때문에, 이미 충실히 구축된 외부 디지털 장서를 협력 계약을 바탕으로 공유하는 일은 디지털도서관 운영의 핵심 전략으로 자리 잡고 있다. 실제로 많은 디지털 장서는 기관 간 협력 계약을 통해 확보되며, 이는 디지털도서관의 콘텐트 확보 비용을 줄이고 서비스 범위를 확대하는 데 큰 도움을 준다. 협력 기반 장서 구축에서 가장 중요한 원칙은 가능한 한 비용을 지불하지 않는 방식으로 콘텐트를 확보하는 것이다. 그래서 협력 계약에서는 디지털 콘텐트에 대한 저작권, 이용허가 범위, 라이선스 조건 등 법적 요소를 명확히 규정하는 것이 핵심이 된다. 협력 구조가 잘 설계될수록 디지털도서관은 적은 비용으로 더 넓은 콘텐트를 안정적으로 제공할 수 있다.

협력 기반 디지털 장서 구축 방식은 여러 가지가 있다. 가장 대표적인 것은 콘텐트 제공자가 자신의 연구 산출물을 리포지토리에 직접 등록하는 셀프 아카이빙(self－archiving) 방식이다. 이러한 방식은 연구자의 자발적 참여를 기반으로 하며, 오픈액세스(OA)와도 깊은 관련이 있다. 또 하나의 방식은 도서관이나 정보센터 간 공식 협력 협정을 맺어 서로의 디지털 장서를 공유하거나 연동하는 형태이다. 이는 공동 수집과 공동 보존에 큰 강점이 있으며, 학술 생태계 차원에서 장기적 접근권을 확보하는 데도 중요하다. 마지막으로, 개방형 접근이 허용된 디지털 자원을 수확(harvesting)하거나 크롤링(crawling) 방식으로 수집하여 자체 시스템에 통합하는 방식도 널리 사용된다. 이러한 과정에서 핵심적으로 활용되는 기술이 OAI－PMH(Open Archives Initiative Protocol for Metadata Harvesting)이다. OAI－PMH는 개방형 디지털 리포지토리 구축을 위한 국제 표준 프로토콜로, 다양한 기관의 메타데이터를 자동으로 수확하여 통합 검색하거나 연동할 수 있게 해준다. 본 교재에서는 OAI－PMH가 디지털도서관 협력 기반 장서 구축에서 중요한 역할을 수행하는 기술임을 강조하며, 이에 대한 구체적 내용과 기술적 구조는 6장 '요소 기술'에서 상세히 다루었다. 이처럼 협력형 디지털 장서 구축은 비용 효율성, 접근성 확대, 지속가능성 측면에서 디지털도서관 운영의 필수 전략으로 자리 잡고 있으며, 앞으로도 기관 간 협력 모델과 기술 기반의 통합 방식은 더욱 다양해지고 발전할 것이다.

2.5.5 디지털 장서의 납본

디지털 시대의 출판 환경 변화는 국가가 지식자원을 수집하고 보존하는 방식에도 중대한 전환을 요구하고 있다. 과거 인쇄 기반의 출판물만을 대상으로 하던 납본 제도는 더 이상 국가 지식자원의 총체를 온전히 포괄할 수 없다. 오늘날 주요 정보 생산의 중심은 전자책, 전자저널, 웹 콘텐트, 학술 데이터, 디지털 영상 및 음원 등 다양한 형태의 디지털 콘텐트로 이동하고 있으며, 많은 자료가 처음부터 인쇄 형태 없이 온라인에서만 생산되고 유통된다. 이러한 환경적 변화 속에서 디지털 장서 납본 제도는 국가 차원의 문화자료, 학술 자료 보존 체계를 유지하기 위한 필수 장치로 자리 잡고 있다.

디지털 장서 납본이 필요한 가장 중요한 이유는 디지털 자료의 취약성과 소멸 가능성 때문이다. 인쇄물은 물리적 손상이 없다면 장기간 보존이 가능하지만, 디지털 자료는 매우 짧은 시간 안에 사라지거나 접근이 불가능해질 수 있다. 웹사이트 폐쇄, 서버 이전, 파일 포맷 변경, 유료 플랫폼 전환 등 다양한 요인으로 디지털 정보는 지속적으로 위험에 노출된다(British Library, 2025). 이러한 특성 때문에, 디지털 자료는 생산 즉시 국가가 체계적으로 수집하지 않으면 영구적으로 접근할 수 없게 되는 사례가 빈번하다. 따라서 디지털 납본 제도는 국가 지식자원의 공백을 방지하고, 미래 세대가 활용할 수 있는 형태로 보존 기반을 마련하는 데 핵심적 역할을 한다. 또한 디지털 자료 납본은 국가의 문화적 기록과 학술적 기록의 완전성을 보장하는 장치로 기능한다. 디지털 도서관은 개별 기관이 직접 디지털 자원을 생산하거나 구독하는 방식으로는 국가 전체에서 생산되는 방대한 자료를 확보할 수 없다. 상업 출판사의 전자저널과 데이터베이스, 민간 기업이 제공하는 전자책, 공공기관의 웹 기반 기록물, 연구자의 학술논문 및 데이터 등은 개별 도서관이 모두 구독하거나 수집하기에는 비용과 기술적 부담이 크다(Johnson et al., 2012). 이러한 한계를 보완하기 위해 납본제도는 국가가 국내에서 생산된 디지털 콘텐트를 포괄적으로 수집하여 공공의 자산으로 축적하게 함으로써, 디지털도서관 장서의 기반을 형성한다.

국내에서도 이러한 필요성을 반영하여 전자자료 납본 제도를 단계적으로 구축해 왔다. 국내의 전자자료 납본은 「도서관법」 제21조에 근거하며, 아래와 같이 국립중앙도서관을 중심으로 디지털 출판물과 온라인 자료를 수집하도록 규정하고 있다.

도서관법

[시행 2025. 11. 11.] [법률 제21090호, 2025. 11. 11., 일부개정] (일부발췌)

제21조(도서관자료의 납본) ① 누구든지 도서관자료(온라인 자료는 제외한다. 다만, 온라인 자료 중 제23조에 따라 국제표준자료번호를 부여받은 온라인

자료는 포함한다. 이하 이 조에서 같다)를 발행 또는 제작한 경우 그 발행일 또는 제작일부터 30일 이내에 그 도서관자료를 국립중앙도서관에 납본하여야 한다. 수정증보판인 경우에도 또한 같다. 〈개정 2023. 8. 8.〉

② 국가, 지방자치단체 및 그 밖에 대통령령으로 정하는 공공기관이 제1항에 따라 도서관자료를 국립중앙도서관에 납본하는 경우에는 대통령령으로 정하는 바에 따라 디지털파일 형태로도 납본하여야 한다.

③ 국립중앙도서관은 제1항 및 제2항에 따라 도서관자료를 납본한 자에게 지체 없이 납본 증명서를 발급하여야 하며 납본한 도서관자료의 전부 또는 일부가 판매용인 경우에는 그 도서관자료에 대하여 정당한 보상을 하여야 한다.

④ 납본 대상 도서관 자료의 선정 · 종류 · 형태 · 부수와 납본 절차 및 보상 등에 필요한 사항은 대통령령으로 정한다.

주요 전자자료 납본 대상은 전자책, 온라인 학술지, 웹 기반 간행물, 멀티미디어 자료 등으로 확대되었고, 웹사이트 전체를 자동으로 수집하는 국가 웹 아카이브도 함께 운영되고 있다(국립중앙도서관, 2023). 이러한 웹 아카이빙은 영국, 프랑스 등 주요 국가의 납본 방식과 동일하게, 디지털자료 납본을 제출 중심에서 자동 수집 중심으로 확장한 대표적 사례라 할 수 있다. 또한 국내에서는 국립중앙도서관의 OAK(OA Korea) 리포지토리 운영 외에도 한국과학기술정보연구원의 ScienceON과 DataON, 한국교육학술정보원의 dCollection 등 다양한 기관이 참여하는 분산형 납본 생태계를 갖추고 있다. 이는 강제 납본과 자발적 납본, 기관 협력 기반 수집이 결합된 혼합형 모델로서, 학술기관의 연구성과물, 오픈액세스 자료, 기관 리포지토리의 메타데이터를 적극적으로 수집하며 국가 디지털 기록 축적을 확대하고 있다.

결론적으로, 디지털 장서 납본 제도는 디지털 시대 국가 지식자원의 장기적 보존과 접근성을 보장하는 데 핵심적인 기틀을 제공한다. 디지털 자료는 기술적 변화와 플랫폼 종속성으로 인해 쉽게 소멸할 수 있기 때문에, 국가 차원의 체계적 수집과 보존 정책이 없다면 후대 연구는 커다란 공백에 직면하게 될 것이다. 전자자료 납본 제도는 이러한 위험을 최소화하고, 국가 차원에서 생산되는 디지털 자원을 공적 자산으로 보호하는 중요한 장기적 전략이라고 할 수 있다.

참고문헌

[외국문헌]

ALA. 1997. Principles for Licensing Electronic Resources. https://www.arl.org/wp-content/uploads/1997/07/licensing-principles-1997.pdf

Arora, J. 2018. Digital Libraries. INFLIBNET Centre.

Arora, J., and Kannan, P. 2018. Collection Development in Digital Library. https://ebooks.inflibnet.ac.in/lisp8/chapter/collection-development-in-digital-library/

Ashikuzzaman. 2018. Library Collection Development in Digital Age. https://www.lisedunetwork.com/library-collection-development-in-digital-age

Ashikuzzaman. 2024. Benefits of Library Consortia: Why Library Consortia Are Essential. https://www.lisedunetwork.com/benefits-of-library-consortia-why-library-consortia-are-essential/

Ashikuzzaman. 2025. What is a Library Consortium, and Why Are They Formed? https://www.lisedunetwork.com/what-is-a-library-consortium-and-why-are-they-formed/

Channar, W. A., Rind, M. A., Bhatti, A. A., and Abbasi, M. W. 2025. Perception of LIS Professionals towards Digital Libraries and Digital Curation: Managing Digital Collection. Journal of Regional Studies Review, 4(1): 82-93.

Harun Ar Rashid. 2025. Different Models of Library Consortia. https://limbd.org/different-models-of-library-consortia/

Johnson, S., Evensen, O. G., Gelfand, J., Lammers, G., Sipe, L., and Zilper, N. 2012. Key Issues for E Resource Collection Development: A Guide for Libraries. IFLA. https://www.ifla.org/wp-content/uploads/2019/05/assets/acquisition-collection-development/publications/Electronic-resource-guide.pdf

Library of Congress. 2021. Digital Collections Strategy Overview 2022 to 2026. https://www.loc.gov/acq/devpol/Digital%20Collections%20Strategy%20Overview_final.pdf

Libretti, L. 2021. Transformative Agreements in Academic Libraries. https://scholarlykitchen.sspnet.org/2019/04/23/transformative-agreements/

Mangrum, S., and Pozzebon, M. E. 2012. Use of Collection Development Policies in Electronic Resource Management. Collection Building, 31(3): 108-114. https://doi.org/10.1108/01604951211243506

NISO. 2007. A Framework of Guidance for Building Good Digital Collections (3rd ed.). https://groups.niso.org/apps/group_public/download.php/13361/Framework3.pdf

Park, E. G., and Nam, Choi H. 2006. Korean Electronic Site License Initiative: Archiving of Electronic Journals. Online Information Review, 30(6): 731-736. https://doi.org/10.1108/14684520610716199

[웹사이트]

Academic Library System. 2024. Understanding Library Consortia: Concepts, Benefits, and Objectives. https://lis.academy/academic-library-system/understanding-library-consortia-benefits/

ALA ACRL. Keeping Up With Patron Driven Acquisitions. https://www.ala.org/acrl/publications/keeping_up_with/pda

British Library. 2025. Legal Deposit and Web Archiving. https://www.bl.uk/services/legal-deposit/web-archiving

De Gruyter. 2011. Patron Driven Acquisitions: History and Best Practices. https://www.degruyterbrill.com/document/doi/10.1515/9783110253030/html

Europeana. https://www.europeana.eu/

Europeana. (2013). Europeana data model primer. Europeana Foundation. https://pro.europeana.eu/files/Europeana_Professional/Share_your_data/Technical_requirements/EDM_Documentation/EDM_Primer_130714.pdf

Europeana. (2017). Definition of the Europeana data model. Europeana Foundation. https://pro.europeana.eu/files/Europeana_Professional/Share_your_data/Technical_requirements/EDM_Documentation/EDM_Definition_v5.2.8_102017.pdf

First Monday. https://firstmonday.org

ICOLC. 2024. Korean Electronic Site License Initiative (KESLI). https://icolc.net/participating-consortia/korean-electronic-site-license-initiative

Ionio Open eClass. https://openeclass.ionio.gr

KESLI. 2024. About KESLI. https://kesli.or.kr

LIS Academy. 2024. Different Types of Digital Libraries and Their Applications.

https://lis.academy/ict-in-libraries/digital-libraries-types-applications/
OCLC. In WorldShare Acquisitions, what is the overall workflow for Demand Driven Acquisitions (DDA) https://help.oclc.org/Library_Management/WorldShare_Acquisitions/Troubleshooting/What_is_the_overall_workflow_for_Demand-Driven_Acquisitions_DDA] (https://help.oclc.org/Library_Management/WorldShare_Acquisitions/Tr

PANGAEA. https://www.pangaea.de/

RISS. https://www.riss.kr/

ScienceON. https://scienceon.kisti.re.kr/

UNT Digital Library. https://digital.library.unt.edu

University of Arizona Repository. https://repository.arizona.edu

WIPO. https://www.wipo.int

국립중앙도서관a. 2025. 국립중앙도서관 OA 정책. https://oak.go.kr/nl-ir/about/oa-policy

국립중앙도서관b. 2025. Legal Deposit. https://www.nl.go.kr/EN/contents/EN40201000000.do

미국 디지털 공공도서관(DPLA). https://dp.la/

3

디지털 객체 관리

디지털도서관 운영론

3. 디지털 객체 관리

3.1 디지털 객체 정의

디지털 환경에서 문헌을 이해하고 관리하기 위한 기본 단위는 디지털 객체이다. 디지털 객체는 디지털도서관 시스템이 문헌을 저장하고 처리하며 조직하고 제공하기 위해 설정한 최소 단위로, 시스템 내부에서 관리되는 정보의 기본 관리 대상이 된다. 일반적으로 디지털 객체는 비트열 또는 바이트열로 구성되며, 하나의 파일로 이루어진 단순 객체일 수도 있고, 여러 파일이나 멀티미디어 요소가 결합된 복합 객체 형태로 존재하기도 한다. 단순 객체의 대표적인 예로는 하나의 PDF 파일로 제공되는 학술논문이나 보고서, 단일 이미지 파일로 구성된 디지털 사진, 하나의 오디오 파일로 저장된 음원 자료 등을 들 수 있다. 반면 복합 객체는 여러 파일이 구조적으로 결합된 형태로, 예를 들어 웹페이지를 구성하는 문서 파일과 그 안에 포함된 이미지, 스타일 정보, 스크립트 파일이 함께 묶인 경우, 페이지 단위로 스캔된 이미지 파일과 이를 연결하는 구조적 메타데이터로 이루어진 디지털화된 고서, 또는 영상 파일과 자막 파일, 설명 문서가 결합된 멀티미디어 강의 자료 등이 이에 해당한다. 이처럼 디지털 객체는 구성 방식과 내부 구조에 따라 다양한 형태로 존재하며, 디지털도서관에서는 이러한 객체를 체계적으로 관리하기 위해 메타데이터와 식별자, 보존 전략을 함께 적용한다.

디지털 객체 중 디지털 문헌은 인쇄 자료와 달리 기술적 변화에 민감하게 영향을 받는다. 인쇄 자료는 인간의 시각 기능만으로도 오랜 기간 활용할 수 있지만, 디지털 문헌은 특정 소프트웨어나 하드웨어가 없으면 내용을 확인하기 어렵고, 저장 매체의 손상이나 포맷 변화, 버전 업그레이드 등으로 인해 접근성이 쉽게 위협받는다(Beagrie, 2002). 이러한 위험성 때문에 디지털 문헌의 장기 보존은 디지털도서관의 가장 중요한 과제로 인식되고 있으며, OAIS 모델과 같은 국제 보존 표준이 디지털 객체 관리의 중심 틀로 활용되고 있다(CCSDS, 2024).

한편, 디지털 객체는 컴퓨팅 환경에서 널리 사용되는 객체 개념을 기반으로 하며, 속성과 행위로 정의된다. 여기서 속성은 메타데이터로 표현되며, 서명과 저자, 출판 연도와 같은 서지 정보, 파일 형식과 용량, 매체 유형과 같은 기술적 정보, 보존과 저작권, 관리 목적과 관련된 관리적 정보 등 다양한 범주를 포함한다. 행위는 수집과 조직, 저장과 접근, 배포와 같은 디지털도서관 시스템의 처리 기능을 구성하는 요소로, 디지털 객체가 어떤 방식으로 관리되고 활용되는지를 결정한다(Gartner, 2008).

디지털 객체는 고유 식별자를 부여받아 주소를 표현할 수 있으므로 다른 정보자원과 명확히 구별된다. 이러한 특성은 웹 기반 환경에서 객체의 지속적인 접근성과 장기 관리에 중요한 역할을 한다. 디지털 객체를 지칭하는 명칭은 디지털 미디어, 전자기록물, 전자 출판물, 전자 텍스트, 디지털 자원, 디지털 지식정보 등 다양하게 사용되는데, 이는 관리 주체와 응용 영역, 문헌의 장르 차이에서 비롯된다. 전자저널, 학위논문, 원자료, 기술보고서, 웹페이지 등으로 구분되는 디지털 문헌 유형 역시 디지털 객체가 갖는 다양한 실체를 보여준다.

디지털 객체는 물리적 파일인 비트열과 바이트열뿐 아니라 문장과 단락, 장과 절로 구성되는 논리적 구조를 함께 포함한다. 인코딩 방식에 따라 텍스트와 이미지, 멀티미디어 등으로 구분되며, 텍스트는 아스키나 유니코드와 같은 문자코드를 기반으로 표현된다. 이미지는 스캐너나 디지털 촬영을 통해 생성된 비트맵 형태의 데이터이며, 멀티미디어는 텍스트와 이미지, 음성, 영상 등 여러 요소가 결합된 형태로 현대 디지털도서관에서 가장 복합적인 관리 대상에 해당한다.

디지털 객체는 생산 방식에 따라 두 가지 유형으로 구분된다. 첫째는 처음부터 디지털 형식으로 생산된 디지털 객체로, 전자책과 전자저널, 웹사이트, 디지털 사진처럼 물리적 실체가 없는 자원이다. 이러한 객체는 하드웨어와 소프트웨어, 운영체제 등 특정 기술 환경이 사라질 경우 원본에 대한 접근이 불가능해질 위험을 지닌다. 둘째는 기존의 아날로그 자료를 디지털 방식으로 변환하여 생성된 디지털 재생산 객체이다. 앞에서는 이를 디지털 변환 객체라고 명명하였다. 도서와 기록물, 영상자료 등을 디지털화한 결과물로, 이 역시 적절한 기술 환경이 유지되어야만 내용 접근이 가능하다.

NISO의 2004년 보고서는 디지털 객체가 하나 이상의 디지털 장서에 속할 수 있음을 전제로 하면서 그 형태를 세 가지로 제시한다. 하나의 파일로 구성된 단일 객체, HTML 페이지와 이미지처럼 다수의 파일이 링크로 연결된 객체, 그리고 여러 파일과 이를 조직하는 구조적 메타데이터로 구성된 복합 객체가 그것이다. 또한 NISO는 디지털 객체를 보존용 객체와 서비스용 객체로 구분하는 것이 효율적이라고 제안한다. 보존용 객체는 가장 고품질의 원본으로 장기 보존의 기준이 되며, 서비스용 객체는 접근성과 활용 목적을 중심으로 파생된 형태이다.

한편, NISO는 우수한 디지털 객체를 구축하기 위해 필요한 여섯 가지 원칙을 제시한다.

첫째, 우수한 디지털 객체는 상호운용성과 재사용성을 충족하는 품질 수준을 유지하면서 장서의 우선순위를 반영하는 방식으로 생산되어야 한다. 둘째, 이러한 객체는 기술적 변화에도 불구하고 장기적으로 보존될 수 있어야 하며, 이용자의 접근성이 지속적으로 보장되어야 한다. 셋째, 현재와 미래의 이용을 지원하는 적절한 형식으로 생성되어야 하며, 플랫폼 간 교환 가능성을 갖춘 표준적 방식과 모범사례를 따르는 것이 바람직하다. 넷째, 객체에는 변경되지 않는 영구적이고 고유한 식별자가 부여되어야 하며, 파일명이나 URL처럼 쉽게 변할 수 있는 주소 체계에 의존해서는 안 된다. 다섯째, 우수한 디지털 객체는 원본성, 구조, 개발 이력 등을 통해 진본성을 검증할 수 있어야 하고, 이용자가 객체가 인가되지 않은 방식으로 수정되지 않았다는 점을 확인할 수 있어야 한다. 여섯째, 모든 객체는 기술 메타데이터와 관리 메타데이터를 포함해야 하며, 복합 객체의 경우 구조적 메타데이터도 함께 제공되어야 한다.

오늘날 디지털 객체는 단순한 정보 단위를 넘어 디지털도서관 장서의 핵심 구성요소이자 장기 보존 체계의 기반으로 작용한다. 또한 상호운용성, 장기 접근성, 플랫폼 독립성, 메타데이터 기반의 관리 등 현대 디지털도서관이 요구하는 다양한 기준과 깊은 관련성이 있으며, 그 중요성은 디지털 정보환경이 확장될수록 더욱 깊어지고 있다.

3.2 디지털 객체 유형

디지털 객체의 유형은 디지털도서관에서 다양한 정보자원을 체계적으로 관리하기 위하여 사용되는 기본적인 구분 기준이다. 이러한 유형 분류는 정보의 생산 과정이나 내용적 성격이 아니라, 디지털 객체가 지닌 기술적 특성과 형태적 특성을 기준으로 이루어진다. 디지털 문헌은 텍스트, 이미지, 사운드, 동영상, 멀티미디어 등 다양한 형태로 생산되며, 단일 파일로 이루어진 단순 객체부터 여러 파일이 결합된 복합 객체까지 다양한 구조를 가진다. 이러한 특성 때문에 디지털 객체 유형의 정확한 정의는 디지털도서관 시스템의 조직, 검색, 보존 전략을 설계하는 데 핵심적인 역할을 한다.

1) MARC 21에서의 디지털 객체 유형

서지 레코드 형식인 MARC 21에서는 디지털 객체의 유형을 메타데이터 구조의 기본 요소로 간주하며, 리더(Leader)의 06필드(Type of record)에서 자료의 기본 형태를 정의한다. MARC 21이 제공하는 주요 유형값은 다음과 같다.

- a – 문자로 된 인쇄자료 (Language material)
- c – 인쇄악보 (Notated music)

- d – 필사악보 (Manuscript notated music)
- e – 인쇄지도 (Cartographic material)
- f – 필사지도 (Manuscript cartographic material)
- g – 평면영사자료 (Projected medium)
- i – 비음악자료 (Nonmusical sound recording)
- j – 음악자료 (Musical sound recording)
- k – 평면비영사자료 (Two-dimensional nonprojectable graphic)
- m – 컴퓨터 파일 (Computer file)
- o – 키트 (Kit)
- p – 혼합 자료 (Mixed material)
- r – 입체자료 (Three-dimensional artifact or naturally occurring object)
- t – 문자로 된 필사자료 (Manuscript language material)

이 중 m-컴퓨터 파일(Computer file)은 다양한 디지털 객체를 포괄하는 범주로, 텍스트 파일, 데이터 파일, 소프트웨어, 멀티미디어 파일 등 디지털도서관에서 다루는 핵심 객체가 여기에 포함된다.

2) Dublin Core의 Type Vocabulary

더블린 코어(Dublin Core)는 디지털 자원의 포괄적 기술을 위한 대표적인 메타데이터 표준으로, 15개 기본 요소 중 하나로 유형(type)을 포함한다. 요소 Type은 자원의 일반적 성격, 기능적 형태, 장르 등을 표현하며, DCMI Type Vocabulary는 다음과 같은 12가지 권장 유형값을 제시하고 있다.

- Collection (장서)
- Dataset (데이터세트)
- Event (사건)
- Image (이미지)
- Interactive Resource (대화식 자원)
- Service (서비스)
- Software (소프트웨어)
- Sound (사운드)
- Still Image (정지화상)
- Text (텍스트)

- Moving Image (동영상)
- Physical Object (물리적 객체)

이러한 유형은 디지털 객체의 형태적 특성을 명확히 표현하며, 상호운용성 및 검색 효율성을 높이기 위해 전 세계적으로 널리 사용된다.

3) MODS의 typeOfResource

MODS(Metadata Object Description Schema)는 웹 기반 디지털 자원 기술에 특화된 서술형 메타데이터 표준으로, MARC의 구조적 복잡성을 완화하면서도 표현력을 향상시키기 위해 개발되었다. MODS에서는 typeOfResource 요소를 통해 다음과 같은 자원 유형을 정의한다.

- text (텍스트)
- cartographic (지도)
- notated music (악보)
- sound recording – musical (녹음자료 – 음악)
- sound recording – nonmusical (녹음자료 – 비음악)
- sound recording (녹음자료/혼합)
- still image (정지화상)
- moving image (동영상)
- three – dimensional object (입체자료)
- software, multimedia (소프트웨어, 멀티미디어)
- mixed material (혼합 자료)

필요한 경우 genre 요소를 추가로 사용하여 보다 세부적인 유형을 기술할 수 있어, 복잡한 디지털 객체의 구조를 표현하기에 적합하다.

3.3 디지털 객체 포맷

3.3.1 디지털 포맷 유형

디지털 객체는 기본적으로 파일로 존재하며, 이 파일은 특정한 디지털 포맷에 따라 구성된다. 파일 포맷은 흔히 확장자로 알려져 있으며, 해당 포맷을 읽고 처리할 수 있는 소프트웨어나 하드웨어가 갖춰져 있어야만 재현될 수 있다. 이러한 이유로 디지털 문헌에서 포맷은 단순한 기술적 요소를 넘어, 장기적인 정보 접근성과 보존 가능성을 좌우하는 핵심 요소가 된다. 더블린코어(Dublin Core)에서도 포맷(format)을 핵심 메타데이터 요소로 정의하며, 이를 자원의 물리적 또는 디지털 형식, 매체 유형, 그리고 재현에 필요한 기술적 요구사항을 포함하는 개념으로 설명한다(DC, 웹페이지).

디지털 포맷의 분류는 일반적으로 디지털 매체 유형(media type)에 따라 이루어지며, 현재 가장 널리 사용되는 기준은 MIME(Multi－purpose Internet Media Type)이다. MIME은 웹환경에서 파일 형식을 식별하고 전달하기 위한 사실상의 국제 표준이며, 더블린코어나 MODS 메타데이터에서도 이를 채택하고 있다. MIME은 application, audio, image, text, video 등 여덟 가지 상위 유형과 다양한 하위 유형으로 구성되며, 예를 들어 video 유형 아래에는 AVI, MPEG, MOV 등이 포함된다(RFC 2045, RFC 2046). 그러나 현대 디지털도서관의 장기보존 관점에서 보면 MIME은 필요한 만큼 세밀한 구분을 제공하지 못한다는 비판도 있다. 예컨대 PDF는 일반 PDF부터 인쇄전문용 PDF/X, 장기보존용 PDF/A 등 여러 버전과 표준이 존재하지만 MIME에서는 모두 동일한 application/pdf로 분류된다. 이러한 단순화는 장기보존 체계에서 파일의 호환성, 뷰어의 적합성, 마이그레이션 전략 수립 등에 불리하게 작용할 수 있다. 이를 보완하기 위해 최근에는 디지털 포맷 등록기(digital format registry)가 주목받고 있으며, 대표적으로 PRONOM(영국 국립기록원)이 제공하는 포맷 레지스트리나, 미 의회도서관의 Sustainability of Digital Formats 지침이 널리 활용되고 있다. 이러한 등록기와 지침은 포맷의 버전, 내부 구조, 위험 요소, 지속 가능성 등을 체계적으로 평가해 장기보존 정책에 반영할 수 있도록 돕는다.

한편, 콘텐트 표현 방식에 따라 디지털 포맷은 텍스트, 이미지, 멀티미디어 등으로 구분된다. 텍스트 포맷에는 단순 텍스트(TXT), 구조화된 텍스트(RTF), 워드프로세서 파일(HWP, DOC), 조판용 문서(TeX, LaTeX), 인쇄용 문서(PDF, PostScript) 등이 있다. 텍스트 포맷은 학문 분야, 지역과 문화적 관습, 소속 공동체의 업무 방식에 따라 크게 달라지기도 한다. 국내에서는 한글(HWP)이 학술논문이나 행정문서의 대표적인 포맷으로 활용되고, 해외 학술문화권에서는 MS Word(DOCX)가 주류를 이룬다. 과학과 기술 분야에서는 TeX와 LaTeX 포맷이 널리 쓰이며, 인문학과 사회과학 분야에서는 HWP나 DOCX가 흔하다. 이러한 문화적 차이와 학문적 차이를 이해하는 것도 디지털 장서 관리의 실제 업무에서 중요한 요소이다. 또한 XML, HTML과 같은 마크업 기반 포맷은 텍스트의 내용과 구조 및 의미를 함께 표현할 수 있어, 현대 디지털도서관에서 검색과 가공, 재사용성 측면에서 매우 중요한 위치를 차지한다. 이미지 포맷은 비압축(BMP, PCX), 손실 압축(JPG), 무손실 압축(GIF), 장기보존 및 아카이빙에 적합한 TIFF 등으로 나뉜다. 비트맵 포맷은 품질은 유지되지만 용량이 크며, 압축 포맷은 저장 공간을 절약하는 반면 포맷에 따라 이미지 품질이 손상될 수 있다. 멀티미디어 포맷은 오디오(WAV, MIDI, MP3), 동영상(MPEG, AVI, QuickTime), 컴퓨터 그래픽(CGM), 가상현실(VRML) 등 다양한 유형을 포함한다.

현대 디지털도서관에서는 파일 포맷을 선택할 때 단순한 기술적 호환성뿐 아니라, FAIR 원칙(Findable, Accessible, Interoperable, Reusable)이나 오픈 포맷 여부 등이 중요한 기준이 되고 있다. 장기보존에 적합한 포맷으로는 개방형 표준을 기반으로 한 PDF/A, TIFF, XML 등이 권장되며, 이는 폐쇄적 포맷과 독점적 포맷이 시간이 흐르면서 지원이 중단되거나 뷰어 호환성을 잃을 위험이 크기 때문이다. 또한 최근 디지털도서관은 단순 텍스트 자료뿐 아니라 연구데이터(research data), 소프트웨어, 학습용 영상, 3D 모델 등 새로운 유형의 자원까지 다루고 있다. 이에 따라 CSV, JSON, NetCDF, HDF5, STL, OBJ 등 과학과 공학 분야 특화 포맷도 장서 관리의 중요한 대상이 되고 있다. 더 나아가 클라우드 환경 확산으로 인해 파일 자체의 포맷뿐 아니라, API 기반 데이터 접근 방식이나 컨테이너 기반 포맷(Docker image 등)도 디지털 자원으로 간주해야 하는 흐름이 형성되고 있다.

이상에서 살펴본 바와 같이, 디지털 포맷은 단순히 파일에 지정된 형식이 아니라,

디지털 문헌의 생산, 처리, 보존, 재사용, 기술적 지속 가능성을 규정하는 핵심 요인이다. 현대 디지털도서관에서는 파일 포맷 정책을 장기보존 체계, 기술 환경, 도서관의 미션, 학문 분야의 요구와 연계하여 전략적으로 설계하는 것이 필수적이며, 이에 따라 디지털 포맷은 장서 구축의 기술적 기반이자 정책적 기반으로 동시에 기능한다.

TIP

- 컨테이너 기반 포맷은 소프트웨어를 실행하는 데 필요한 모든 요소로서 프로그램, 라이브러리, 설정, 운영 환경을 하나의 묶음으로 패키징해 두는 포맷이다. 대표적으로 Docker 이미지 같은 형태가 있다. 이러한 포맷을 사용하면 어떤 컴퓨터에서 실행하더라도 동일한 환경을 재현할 수 있기 때문에, 배포가 쉽고 오류가 적으며 연구나 서비스 운영에서 재현성을 높여준다. 특히 연구 분야에서는 Singularity처럼 단일 파일 형태로 묶여 보존성과 재현성을 강화한 컨테이너 포맷도 많이 사용한다. 요약하면, 컨테이너 포맷은 소프트웨어 실행 환경 전체를 하나의 파일로 만든 것이며, 이 파일만 있으면 어디서나 동일한 결과를 얻을 수 있도록 하는 현대적 패키징 기술이다.

- FAIR 원칙은 연구데이터가 단순히 저장되는 수준을 넘어서 찾기 쉽고(Findable), 접근 가능하며(Accessible), 서로 호환되고(Interoperable), 재사용 가능하게(Reusable) 만들어야 한다는 국제적인 데이터 관리 기준이다. 이 원칙은 2016년에 네덜란드 라이덴 대학, GO FAIR 이니셔티브, 유럽 연구자들이 중심이 되어 발표한 FAIR Guiding Principles for Scientific Data Management and Stewardship 논문에서 처음 제안되었다. 대량의 연구데이터가 쏟아지는 데이터 중심 과학 시대에 기존의 단순 보존 방식으로는 연구 재현성과 공유가 어렵다는 문제의식에서 출발했다. FAIR 원칙이 강조하는 핵심은 다음과 같다.
  데이터는 잘 찾을 수 있어야 하고(식별자 및 메타데이터 필요), 누구나 접근할 수 있어야 하며(명확한 접근 조건), 다른 시스템과 연동될 수 있어야 하고(표준화된 형식과 용어), 장기적으로 재사용 가능해야 한다(명확한 라이선와 품질 유지). 요약하면, FAIR 원칙은 2010년대 이후 연구데이터가 폭발적으로 증가하면서 연구데이터가 흩어지고 사라지지 않도록, 그리고 미래 연구자가 다시 활용할 수 있도록 만들기 위해 등장한 현대 연구데이터 관리의 핵심 철학이다.

3.3.2 디지털 포맷과 보존

디지털 포맷은 디지털 보존의 성패를 좌우하는 가장 핵심적인 요소 중 하나이다. 디지털 객체가 어떤 포맷으로 제작되었는지는 원본을 미래에도 재현할 수 있는지 여부를 결정하며, 경우에 따라서는 재현이 불가능하거나 지나치게 높은 변환 비용을 요구할 수도 있다. 따라서 디지털 아카이빙에서는 파일 포맷을 제출포맷(submission format), 보존포맷(preservation format), 배포포맷(dissemination format)의 세 가지 관점에서 구분하여 접근하는 것이 일반적이다.

1) 제출포맷

제출포맷은 생산자가 디지털 객체를 제작할 때 사용하는 포맷을 의미한다. 생산자들은 전공 영역, 선호 소프트웨어, 기술 환경에 따라 서로 다른 포맷을 사용하기 때문에 제출되는 포맷은 매우 다양할 수 있다. 제출포맷은 크게 공개 표준 포맷과 워드프로세서 및 모델링 도구 등에서 사용하는 전용 포맷으로 나눌 수 있으며, 또한 단일 포맷으로 구성된 객체도 있지만 여러 포맷이 결합된 복합 객체도 많다. 이러한 다양성은 아카이빙 기관이 장기적으로 관리해야 할 포맷 종류를 급격히 증가시킨다는 점에서 문제를 야기한다.

이 때문에 많은 기관에서는 접수 단계에서부터 제출포맷을 일정 범위로 제한하고자 하는 요구가 발생한다. 제출 단계의 포맷 제한은 장기보존이 용이하고 변환 부담이 적으며, 배포 과정에서도 문제가 없는 포맷을 우선적으로 수용하기 위한 조치이다. 현대 디지털 아카이빙 환경에서는 개방형 표준 또는 비독점적 포맷이 제출포맷으로 권장되고 있으며, 이는 기술적 지속 가능성과 재현 가능성을 높이는 중요한 전략적 기준이다.

2) 보존포맷

보존포맷은 제출된 객체가 장기보존에 적합하지 않거나, 기술적 변화로 인해 향후 재현이 어려워질 것으로 예상될 때 아카이빙 기관이 선택하여 변환하는 포맷을 의미한다. 포맷 변환은 객체의 접수 단계에서 이루어지기도 하고(migration on ingest), 기술적 변경이나 파일 포맷의 퇴화가 발생할 때 보존 단계에서 주기적으로 수행되기도 한다. 따라서 기관은 포맷에 대한 명확한 보존정책을 수립하고, 어떤 포맷을 허용하고 어떤 포맷을 지원하지 않을 것인지 사전 판단이 필요하다. 예를 들어 DSpace는 포맷을 지원(supported), 인정(known), 지원 불가(unsupported)의 세 영역으로 구분하여 관리한다(Smith, 2003). 이는 특정 포맷이 장기보존될 수 있는지 여부를 시스템이 판단할 수 있도록 돕는 체계이다. 또 다른 예로 하버드 대학 도서관은 보존 수준을 세 가지로 구분한다.

- 수준 1 ASCII, TIFF, RGB 등 보존에 적합하고 신뢰할 수 있는 포맷
- 수준 2 JPEG, GIF, XML 등 보존 가능성이 있으나 추가 검토가 필요한 포맷
- 수준 3 Word, PDF처럼 장기보존에 적합하지 않다고 평가되는 포맷

디지털 파일 보존의 성공 여부는 파일 포맷의 개방성과 표준성에 크게 의존한다. Hodge와 Frangakis(2004)는 지속가능한 보존을 위해서는 포맷의 상세 사양이 공개되어 있어야 하며, 특정 하드웨어나 소프트웨어에 종속되지 않아야 한다고 강조한다. 이러한 관점에서 어도비시스템즈의 PDF나 마이크로소프트의 Office 문서, 한글과컴퓨터의 한글 포맷은 장기보존 관점에서는 권장 포맷으로 보기 어렵다. 반면 PDF/A, XML, TIFF처럼 사양이 공개되고 장기간 유지될 가능성이 높으며, 다양한 도구에서 접근 가능한 포맷은 보존포맷으로 널리 채택되고 있다. 이렇듯 보존포맷의 가장 중요한 요건은 표준 기반 포맷, 즉 사양이 공개되어 있고 오랜 기간 지속될 가능성이 높은 포맷이어야 한다는 점이다. 포맷의 내부 구조와 버전 정보, 변환 시 고려해야 할 기술적 제약 등을 유지하는 것도 필수적이다. 이러한 정보를 체계적으로 관리하는 도구가 바로 디지털 포맷 등록기와 재현정보 시스템이다. 대표적으로 PRONOM(영국 국립기록원), 미 의회도서관의 Sustainability of Digital Formats 지침 등이 널리 활용되고 있으며, 이는 현대 디지털도서관에서 필수적인 참고 자료이다.

디지털 시대에 학술 문헌과 기록물을 장기적으로 보존하기 위해서는 적절한 파일포맷의 선택이 핵심적인 요소가 된다. The National Archives(2008)는 장기보존을 전제로 한 파일포맷의 선택 기준을 제시하면서, 이상적인 파일포맷은 단순히 현재

사용이 편리한 포맷이 아니라 미래에도 지속적으로 접근, 이용, 재현될 수 있는 구조적 안정성을 갖추어야 한다고 강조한다. 이에 따르면 장기보존에 적합한 파일포맷은 보편적으로 널리 사용되고, 다양한 소프트웨어 환경에서 폭넓게 지원되며, 기술 명세가 공개되어 있어 분석과 재현이 용이해야 한다. 또한 신뢰할 수 있는 문서화가 제공되고, 지적재산권의 제한이 없으며, 내장 메타데이터를 지원하여 보존 과정에서 필요한 기술적 정보와 관리적 정보를 안정적으로 담을 수 있어야 한다. 파일 구조는 지나치게 복잡하지 않아야 하며, 다양한 시스템에서 상호운용이 가능하고, 오류 검출 기능을 갖추어 파일의 손상 여부를 명확히 확인할 수 있어야 한다. 마지막으로, 데이터의 재사용성과 포맷 전환 시 호환성을 보장할 수 있는지 역시 중요한 평가 기준으로 제시된다.

한편, 학술 문헌의 파일포맷을 결정할 때 고려해야 할 사항 역시 이러한 원칙과 맥락을 공유한다. 우선 특정 파일포맷이 미래에 보존과 접근 측면에서 위험을 초래할 가능성을 평가하고, 기술적 종속성을 최소화할 수 있도록 개방형 표준 포맷을 우선적으로 선택해야 한다. 또한 텍스트, 구조, 관리 메타데이터를 풍부하게 기록할 수 있도록 XML 기반 포맷의 사용을 검토하고, 기술 환경이 변화할 경우를 대비해 포맷 전환(migration) 전략을 사전에 마련해야 한다. 이와 더불어 파일포맷의 버전 정보나 기술 명세 등 관련 문서와 정보를 장기적으로 관리해야 하며, 학술문헌 저장소는 파일포맷을 자동으로 식별하고 검증할 수 있는 기능을 갖추어야 안정적인 보존 환경을 구축할 수 있다. 이러한 일련의 기준들은 궁극적으로 디지털 문헌이 시간의 경과와 기술 변화 속에서도 지속적으로 활용될 수 있도록 보장하기 위한 국제적 모범 원칙으로 평가된다.

3) 배포포맷

배포포맷은 최종 이용자가 파일을 문제없이 열람 및 다운로드, 재사용할 수 있는 포맷을 의미한다. 보존포맷이 그대로 배포되는 경우도 있지만, 이용자 환경을 고려해 변환된 포맷으로 제공되기도 한다. 후자는 요청 시 포맷 전환이라 불리며, 이용자 친화적 접근 방식을 제공하기 위한 전략으로 널리 사용된다. 배포포맷의 핵심 요건은 특별한 소프트웨어 없이도 콘텐트를 확인할 수 있다는 점이며, 가능한 한 보편적으로 접근 가능한 포맷이 선호된다. 예를 들어 TIFF는 고품질 보존 파일이지만, 배포 시에는 용량이 작은 JPEG로 변환하는 경우가 많다.

한편, JISC의 연구(Hamish et al., 2003)에서는 디지털 학술 문헌에서 널리 사용되는 주요 파일포맷을 보존 관점에서 평가하여 위험 요소와 장단점을 〈표 3.1〉과 같이 제시하고 있다.

〈표 3.1〉 파일포맷의 비교

	강점	약점
PDF	-파일포맷 사양이 공개되어 있음 -널리 사용 중임 -파일포맷이 플랫폼과 독립적임 -변환도구 사용이 용이	-한 회사에서 개발한 전용포맷임 -자주 새로운 버전 발표됨 -파일포맷 생성 도구가 많지 않음
RTF	-파일포맷 사양이 공개되어 있음 -널리 사용 중임 -파일포맷이 플랫폼과 독립적임 -다른 S/W와 호환이 용이	-한 회사에서 개발한 전용포맷임 -MS가 새로운 S/W를 발표할 때마다 RTF 사양을 변경시킴 -파일에서 각 버전의 구분이 쉽지 않음
TeX	-파일포맷 사양이 공개되어 있음 -파일포맷이 플랫폼과 독립적이며 포팅이 쉬움	-원본 파일포맷은 전용이며, 개인이나 관심있는 집단에 의해 여러 가지 버전이 존재 가능 -이 포맷의 파일을 생산하고 내용을 재현하는데 특정한 S/W가 필요
Plain Text	-파일포맷 사양이 공개표준임 -파일포맷이 플랫폼과 독립적이며 포팅이 쉬움 -다른 S/W와 호환 가능	-텍스트 포맷팅 정보를 보유하지 않음 -한정된 처리도구 사용 가능
Mark-up	-파일포맷 사양이 공개표준임 -파일포맷이 플랫폼과 독립적이며 포팅이 쉬움 -간단한 도구로 파일구조의 표현이 가능하며, 가독성이 높음 -파일포맷이 plain text를 사용하므로 장기적 보존이 용이 -파일포맷은 다른 S/W와 호환 가능	-빠른 속도로 파일포맷 표준이 개발되고 새로운 특성이 가미됨 -대부분의 경우 텍스트파일을 보존하기 위하여 DTD를 필요로 함 -텍스트 보존용으로 사용 가능하며, 다른 유형의 객체나 데이터는 보존을 위하여 특별한 조치가 필요 -파일은 함께 보존되지 않은 외부 객체와 연동이 가능
MS Office	-널리 사용되는 파일포맷임 -다른 S/W와 호환 가능 -XML로 변환하는 도구가 개발 중임	-공개포맷이 아닌 전용포맷임 -파일포맷이 너무 자주 개발, 변경됨

현대의 디지털도서관에서는 다음과 같은 요소도 파일 포맷 선정 기준으로 고려할 필요가 있다.

- FAIR 원칙(Findable, Accessible, Interoperable, Reusable)에 부합 여부
- 포맷의 오픈 여부 및 특허와 라이선스 위험성
- 포맷의 생태계 규모와 장기 지원 가능성
- 연구데이터, 3D 모델, 소프트웨어 등 새로운 디지털 자원 유형에 대한 적합성
- 클라우드, API 기반 서비스 환경에서의 지속가능한 접근성

즉, 파일 포맷은 단순한 기술적 선택이 아니라 디지털 장서의 보존과 활용, 서비스 전략 전반을 결정하는 정책적 요소로 인식되고 있다.

3.3.3 포맷의 뷰어

디지털도서관에서 제공하는 자료는 텍스트, 이미지, 오디오, 비디오와 같은 전통적 디지털 콘텐트뿐 아니라, 학술 연구에서 생산되는 다양한 연구데이터로 확장되고 있다. 연구데이터는 사회과학의 표 형식 데이터(CSV, TSV), 자연과학과 공학 분야의 계측 데이터(NetCDF, HDF5, FITS), 3D 스캔 및 CT 영상과 같은 구조화된 과학 데이터, 문화유산 분야의 3D 모델, 시뮬레이션 데이터 등 다양한 형식으로 구성된다. 이러한 연구데이터는 단순 열람을 넘어 분석, 가시화, 탐색 기능이 요구되기 때문에, 디지털도서관은 전통적인 문헌 뷰어와 함께 데이터 시대에 적합한 데이터 뷰어를 제공해야 한다.

텍스트 자료는 웹 기반 PDF나 문서 뷰어를 통해 쉽게 열람할 수 있으며, 이미지 자료는 IIIF 표준을 기반으로 한 Mirador, Universal Viewer 등 고해상도 이미지 뷰어를 통해 국제적 상호운용성을 확보한다. 동영상과 오디오 자료는 스트리밍 기반 플레이어를 통해 안정적으로 제공된다. 그러나 연구데이터는 더 높은 수준의 탐색 기능이 필요하다. 예를 들어 Harvard Dataverse, ICPSR, CESSDA 등 국제 연구데이터 저장소는 웹에서 바로 데이터 테이블 미리보기, 변수 구조 탐색, 기술통계 계산 기능을 제공하며, 디지털도서관 역시 이러한 기능을 점차 도입하고 있다. 또한 연구

데이터는 분석 맥락을 이해하기 위한 시각화 도구와 밀접하게 연결된다. 이를 위해 디지털도서관은 D3.js, Plotly, Tableau Public 등과 연계한 인터랙티브 가시화 뷰어를 제공하고, 공간적 특성을 지닌 데이터를 위해 Leaflet, Mapbox 기반 GIS 뷰어를 활용한다. 문화유산과 건축, 과학기술 연구에서 증가하는 3D 데이터는 Sketchfab, CesiumJS, WebXR 기반 3D 및 XR 뷰어를 통해 탐색할 수 있으며, 이는 연구데이터의 중요한 하위 유형으로 자리 잡고 있다.

최근에는 AI 기술이 결합된 멀티모달 뷰어가 등장하여 텍스트, 이미지, 영상, 오디오, 표형 데이터 등 다양한 유형의 연구데이터를 하나의 인터페이스에서 연계해 보여주고, OCR 기반 텍스트 인식, 자동 캡션 생성, 요약, 개념 연결, 지식그래프 생성 등 고도화된 해석 기능을 제공한다. 이러한 뷰어는 디지털도서관이 단순 자료 제공을 넘어 지식 분석, 생성 플랫폼으로 확장되는 데 중요한 역할을 한다. 요컨대 현대의 연구 환경에서 디지털도서관의 뷰어는 자료를 열람하는 도구에 그치지 않고, 연구데이터의 탐색과 분석, 가시화 및 해석을 지원하는 핵심 인프라로 발전하고 있으며, 이는 디지털도서관이 데이터 기반 학술활동을 지원하는 지식 생태계의 중심 플랫폼으로 기능하는 데 필수적 요소가 되고 있다.

3.4 디지털 객체 관리 주요 기능

3.4.1 객체모델링

어떤 시스템을 설계하거나 이해하기 위해서는 그 구조와 요소, 그리고 요소들 간의 관계를 명확하게 표현할 필요가 있다. 이와 같이 현실 세계의 복잡한 대상이나 과정을 핵심 요소만 추려 구조적으로 표현하는 활동을 모델링이라고 한다. 모델링은 설계도와 같은 역할을 하며, 예를 들어 도서관에서 대출 프로세스를 도식으로 표현하는 것, 또는 웹사이트의 화면 구성을 미리 그려보는 와이어프레임도 일종의 모델링이다. 이 가운데 정보 모델링은 정보시스템 안에서 다루어지는 데이터와 객체의 구조, 속성, 관계, 흐름을 체계적으로 정의하는 작업을 말한다. 즉 시스템이 어떤 정보를 저장하고, 그 정보를 어떻게 설명하며, 어떤 방식으로 처리하고 보존하며 제공할 것인지를 설계하는 과정이다. 예를 들어 도서관 시스템에서 책, 저자, 이용자 사이의 관계를 개체 관계 다이어그램으로 표현하거나, 데이터베이스에서 도서 식별자, 제목, 발행연도와 같은 속성을 정의하는 것이 정보 모델링의 대표적인 사례이다.

디지털도서관 맥락에서 특히 중요한 것이 정보객체 모델링이다. 이는 디지털 객체(파일, 구조 정보, 메타데이터 등)가 시스템 안에서 어떤 구성 요소를 가지고 어떤 방식으로 동작하는지를 개념적으로 표현하는 모델링 방식이다. 예를 들어, 하나의 PDF 파일이 본문파일과 기술 메타데이터(제목, 저자), 보존 메타데이터(생성일, 체크섬)로 구성되어 있다는 것을 구조화해 보여주는 것이 정보객체 모델링이다. 대표적인 정보객체 모델이 바로 OAIS(Open Archival Information System) 정보객체 모델이다. OAIS는 디지털 자원의 장기 보존을 위해 널리 쓰이는 국제 표준이며, 그 핵심 구성요소 중 하나가 정보객체 모델이다. 이 모델은 디지털 객체가 보존 시스템 안에서 어떤 형태로 제출되고(SIP), 어떤 구조로 보관되고(AIP), 어떻게 이용자에게 제공되는지(DIP)를 체계적으로 설명한다. 예를 들어, 연구자가 제출한 ZIP 파일(SIP)이 디지털 보관소에서 장기보존 패키지(AIP)로 변환되며, 이용자가 검색할 때는 PDF와 함께 메타데이터가 포함된 형태(DIP)로 제공되는 것이 OAIS 정보객체모델의 대표적인 흐름이다(OCLC/RLG Working Group. 웹페이지).

OAIS 정보모델은 디지털 객체가 장기적으로 보존되고 이해될 수 있도록, 해당 객체에 어떤 정보가 함께 제공되어야 하는지를 체계적으로 정리한 개념 모델이다. 〈그림 3.1〉은 OAIS 정보모델의 전체 구성을 나타내고 있다. 첫째 영역은 정보객체를 구성하는 기본 세 가지 요소로서, 지식정보(Knowledge Information), 데이터객체(Data Object), 재현정보(Representation Information)로 이루어진다. 데이터객체는 PDF, TIFF 같은 디지털 파일, 또는 책이나 사진처럼 디지털화되지 않은 물리적 객체를 포함한다. 이는 있는 그대로의 내용 그 자체이며, 가장 기본적인 보존 단위이다. 그러나 데이터객체만으로는 의미를 이해하기 어렵기 때문에 이를 해석하기 위한 정보가 필요하다. 데이터객체가 의미 있게 이해되기 위해서는, 이를 해석할 수 있도록 돕는 재현정보와 해석 주체가 갖는 배경지식인 지식정보가 함께 제공되어야 한다. 예를 들어, TIFF 파일을 열기 위해 필요한 포맷의 기술 사양은 재현정보에 해당하며, 영어 문서를 이해하기 위한 언어 지식은 지식정보에 해당한다. 지식정보는 개인이 가진 배경지식이므로 시스템이 보존할 대상은 아니지만, 재현정보는 장기적 보존을 위해 반드시 관리해야 한다.

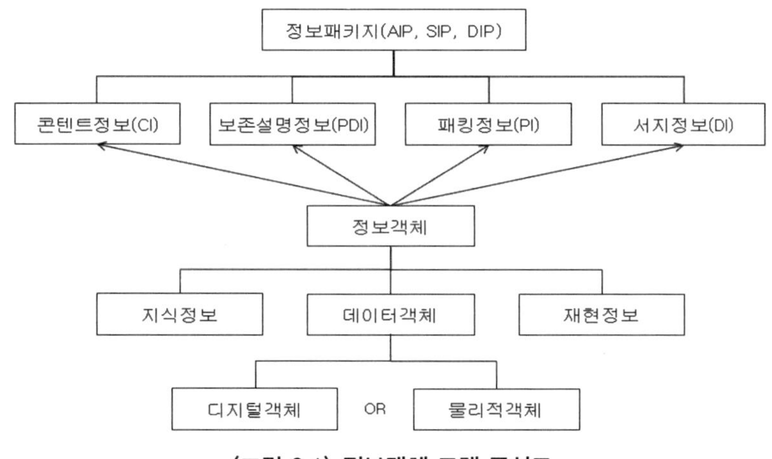

〈그림 3.1〉 정보객체 모델 구성도

둘째 영역은 정보객체를 포함하여 정보 패키지(Information Package)를 구성하는데 필요한 정보 요소들이다. OAIS에서는 정보객체를 보존하고 전달하기 위해 다음 네 가지 정보 유형을 정의한다.

- 콘텐트정보(Content Information, CI): 보존 대상이 되는 실제 데이터객체와 이를 이해하기 위한 재현정보
- 보존설명정보(Preservation Description Information, PDI): 출처, 변경 이력, 문맥, 인증 정보 등 객체의 신뢰성과 진본성을 보증하는 정보
- 패킹정보(Packaging Information, PI): 여러 정보를 하나의 패키지로 묶어주는 구조적 정보
- 서지정보(Descriptive Information, DI): 검색과 식별을 위해 제공되는 서술적 메타데이터

이 네 가지 요소가 결합된 것이 바로 OAIS에서 말하는 정보패키지이다. OAIS는 목적에 따라 세 가지 유형의 정보패키지를 구분한다.

- SIP(Submission Information Package): 생산자로부터 수집하는 단계의 패키지
- AIP(Archival Information Package): 장기 보존을 위해 관리되는 핵심 패키지
- DIP(Dissemination Information Package): 이용자에게 제공되는 배포용 패키지

이 가운데 AIP는 장기보존과 직접적으로 연관되며, 〈그림 3.2〉는 AIP를 구성하는 핵심 요소를 보여준다. 그림에서 알 수 있듯, AIP는 콘텐트정보(CI)와 보존설명정보(PDI)를 중심으로 구성되며, 패킹정보와 서지정보가 이를 하나의 논리 단위로 묶어준다. 그러므로 보존 메타데이터는 보존설명정보와 재현정보가 된다. AIP로 패키징되는 정보대상은 콘텐트 데이터객체와 보존 메타데이터, 그리고 이들을 패키징하는 패킹정보, 서지정보인 것이다(Lavoie, 2004).

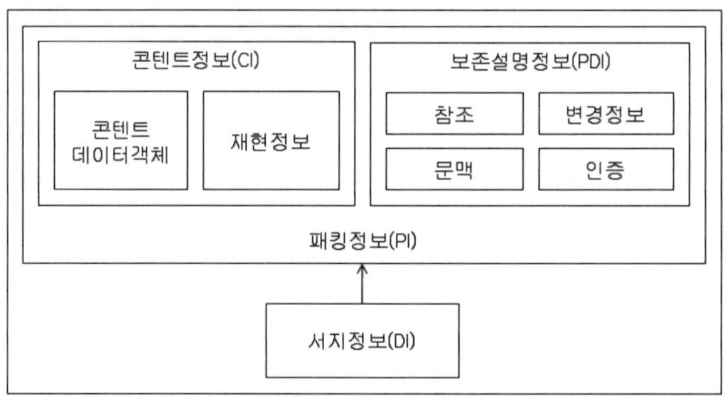

〈그림 3.2〉 AIP 구성요소

1) 콘텐트정보

콘텐트정보는 OAIS에서 정의하는 보존해야 할 대상 그 자체에 해당한다. 즉, 데이터객체와 그 데이터를 이해하기 위한 재현정보로 구성된다.

• 데이터객체는 PDF, TIFF, WAV, CSV와 같은 디지털 파일 또는 인쇄문서처럼 아날로그 형태의 물리적 객체를 의미한다.
• 재현정보는 이러한 데이터객체가 의미 있게 해석될 수 있도록 필요한 기술적, 구조적, 언어적 정보를 제공한다.

예를 들어, TIFF 이미지 파일을 올바르게 해석하려면 TIFF 포맷의 구조, 인코딩 방식, 색 공간, 필요한 소프트웨어 등을 이해해야 한다. 이러한 정보들이 바로 재현정보에 해당한다. 따라서 콘텐트정보는 해당 공동체가 시간의 흐름과 기술 변화 속에서도 데이터를 올바로 이해할 수 있도록 기반을 제공하는 핵심 요소이다.

2) 보존설명정보

보존설명정보는 콘텐트정보가 장기적으로 유지될 수 있도록 지원하는 보존 메타데이터로 구성된다. 이는 콘텐트정보의 진본성, 정체성, 이력, 관계성을 설명하며, 네 가지 요소로 구성된다.

• 참조정보(reference information): 콘텐트정보를 고유하게 식별하는 정보로서, DOI, Handle, 시스템 내부 식별자 등이 여기에 해당한다.
• 문맥정보(context information): 콘텐트정보가 다른 자료들과 어떤 관계를 갖는지를 설명한다. 예를 들어, 이 파일은 A 프로젝트의 하위 실험 데이터이며, 특정 연구보고서와 연계되어 있다는 정보이다.
• 변경정보(provenance information): 콘텐트정보가 생성된 과정과 이후 수정, 이동, 포맷 변환 등 모든 변화에 대한 이력을 기록한다. 이는 연구데이터의 검증, 데이터 신뢰도 확보에 핵심적이다.
• 인증정보(fixity information): 콘텐트정보가 변조되지 않았음을 확인하기 위한 정보이다.

체크섬(SHA–256), 디지털 서명, 워터마크 등이 대표적 방법이다.

이처럼 보존설명정보는 콘텐트정보의 진본성과 무결성을 보장하며, 디지털 보존의 신뢰 기반을 형성한다.

3) 패킹정보

패킹정보는 콘텐트정보와 보존설명정보를 하나의 논리적 패키지(AIP)로 결합하는 데 필요한 정보이다. 이는 보존대상 전체를 시스템이 하나의 단위로 인식하고 처리할 수 있도록 구조를 규정한다. 예를 들어, METS(Metadata Encoding and Transmission Standard) 문서가 여러 파일과 메타데이터를 하나의 패키지로 묶는 방식이 패킹정보의 대표적 사례이다. 패킹정보는 보존 패키지의 경계를 정의하고, 패키지가 일관되게 저장, 이동, 전송될 수 있도록 한다.

4) 서지정보

서지정보는 이용자가 보존된 자료를 검색 발견할 수 있도록 지원하는 탐색 메타데이터이다. 일반적으로 Dublin Core, MODS, MARC 등의 표준 서지 스키마가 사용된다.

- 제목, 저자, 발행일, 주제, 기술 등, 이용자 관점에서 검색 가능한 특성이 여기에 포함된다.

서지정보는 콘텐트정보 자체의 보존과는 직접적인 관련은 없지만, 이용자가 보존된 정보를 찾고 접근하는 데 필수적인 구성요소이다.

TIP

- 정보모델링의 대표적 유형
  1) 개념모델링(Conceptual Modeling)
     현실 세계의 개념, 객체, 관계를 추상화하여 표현하는 모델이다.
     예 ERD(Entity–Relationship Diagram), 개념적 데이터모델, 정보구조도
     디지털도서관에서는 장서–객체–메타데이터–서비스 관계를 전체적으로 설

계하는 데 사용된다.

2) 논리모델링(Logical Modeling)

개념 모델을 기반으로 실제 데이터베이스 구조에 맞게 논리적으로 정교화하는 단계이다.

예 관계형 모델(Relational Model), RDF/트리플 구조(Logical Graph Model)

3) 물리모델링(Physical Modeling)

논리 모델을 실제 저장 방식에 맞추어 구현하는 단계이다.

예 인덱스 구조, 파일 저장 구조, 데이터베이스 테이블 구성

- 정보패키지 모델(Information Package Modeling)

디지털 보존 분야에서 중요한 모델로, 정보객체를 패키지 형태로 구성하고 기술한다.

대표 사례: OAIS 정보객체모델

이 모델은 디지털 객체가 보존 주기 동안 어떻게 저장되고 보존, 제공되는지를 체계적으로 정의한다.

- 메타데이터 모델링(Metadata Modeling)

데이터를 설명하는 구조와 스키마를 설계하는 작업이다.

예 Dublin Core, MODS, METS, PREMIS, EDM(Europeana Data Model)

디지털도서관에서는 기술 메타데이터, 구조 메타데이터, 관리 메타데이터, 보존 메타데이터를 함께 모델링한다.

- 지식모델링(Knowledge Modeling)

정보를 개념 단위로 표현하고, 개념 간의 의미적 관계를 구조화하는 방식이다.

예 온톨로지(Ontology). 지식그래프(Knowledge Graph), SKOS 기반 개념모델

생성형 AI와 LLM의 확산으로 지식그래프를 이용한 의미모델링은 디지털도서관에서 점점 더 중요해지고 있다.

3.4.2 정보객체 패키징

디지털 객체는 여러 파일과 다양한 유형의 메타데이터가 결합된 복합 객체 형태로 존재하는 경우가 많다. 이러한 객체를 다른 시스템과 안전하게 교환하고 장기보존용 패키지로 구성하기 위해서는, 파일과 메타데이터를 하나의 논리적 구조로 묶어 표현하는 표준화된 방식이 필요하다. 이러한 역할을 수행하는 것이 METS(Metadata Encoding and Transmission Standard)이다. METS는 본문 4장 메타데이터 관리에서 다루어야 하지만, 디지털 객체의 패키징 구조와 밀접하게 연관되므로 이번 장에서

함께 살펴본다.

METS는 XML 스키마 기반의 표준으로, 디지털 객체를 구성하는 파일과 그 객체를 설명하는 다양한 메타데이터를 하나의 패키지로 인코딩하고 전송하기 위한 국제적 표준 명세이다. 즉 METS는 허브 문서 역할을 한다. 허브 문서는 서로 다른 위치에 분산되어 있는 파일과 콘텐트를 하나의 논리적 패키지로 묶어주는 문서로, 다른 시스템에서도 동일한 구조로 객체를 해석하도록 돕는다.

METS는 미국 디지털도서관연맹(Digital Library Federation, DLF)의 지원으로 1997년에 시작된 MOA2 프로젝트에서 그 기원을 찾을 수 있다. MOA2(Making of America II) 프로젝트는 텍스트와 이미지 중심의 디지털 객체를 체계적으로 관리하기 위해, 하나의 객체에 기술 메타데이터, 관리 메타데이터, 구조 메타데이터를 통합하여 기술할 수 있는 공통 표준의 필요성을 제기하였다. 이러한 요구를 바탕으로 초기에는 XML DTD 기반의 인코딩 규칙이 개발되었으나, 이 방식은 오디오와 비디오와 같은 시간 기반 미디어에 대한 지원이 부족하고, 외부 자원을 연결하는 기능이 제한적이며, 메타데이터 확장성이 떨어지는 문제점을 드러냈다. 이러한 한계를 해결하기 위해 기존 DTD 구조를 대체할 수 있도록 더 확장 가능한 XML 스키마 기반 표준이 재설계되었고, 그 결과물이 METS이다. 이후 METS의 개발과 공식적인 유지관리는 미국 의회도서관이 맡게 되었으며, 의회도서관 산하 Network Development and MARC Standards Office가 현재까지 METS를 지속적으로 개선하고 관리하고 있다. METS의 첫 번째 베타 버전은 2001년에 공개되었고, 이후 지속적인 발전을 통해 전 세계 디지털도서관, 리포지토리, 아카이브 환경에서 널리 활용되는 사실상의 국제 표준으로 자리 잡게 되었다.

오늘날 METS는 디지털 보존과 아카이빙 환경 전반에서 핵심 표준으로 자리 잡았으며, 다양한 분야에서 필수적인 역할을 수행하고 있다. 먼저 METS는 OAIS(Open Archival Information System) 모형에서 제시하는 AIP를 구현하기 위한 대표적인 패키징 도구로 활용된다. SIP, AIP, DIP의 정보 패키지 구조를 구성할 때 METS는 디지털 객체의 구조 정보와 메타데이터를 하나의 패키지 안에 통합하는 중심 역할을 담당하며, OAIS 기반 저장 시스템에서는 사실상의 표준으로 기능하고 있다. 또한

METS는 도서관, 기록관, 박물관 등 이른바 LAM(Libraries, Archives, Museums) 기관이 운영하는 장기보존 시스템의 핵심 구성요소로 활용된다. Rosetta, Preservica, Archivematica와 같은 대표적 디지털 보존 솔루션은 METS를 기본 AIP 구조로 채택하고 있으며, 이를 통해 다양한 유형의 디지털 객체를 일관된 방법으로 패키징하고 관리할 수 있도록 지원한다. 더 나아가 Europeana, DPLA, HathiTrust와 같은 대규모 디지털 아카이브에서도 METS는 상호운용성을 보장하는 주요 패키징 표준으로 활용된다. 이러한 기관은 방대한 규모의 디지털 객체를 기관 간에 교환하고 공유해야 하므로, 구조 정보와 메타데이터를 일관되게 표현할 수 있는 METS가 필수적인 기술 기반이 된다.

최근에는 연구데이터 관리 분야에서도 METS의 활용이 확대되고 있다. 특히 METS는 OAI ORE, PREMIS와 같은 메타데이터 스키마와 결합하여 연구데이터 리포지토리에서 디지털 객체의 패키징을 지원하고, 관리 메타데이터를 통합하며, 보존 처리 기록을 관리하는 역할을 수행하고 있다. 이러한 활용은 전통적인 문헌 중심의 디지털 보존을 넘어 데이터 중심의 연구 환경에서도 METS가 중요한 위치를 차지하고 있음을 보여준다.

지금부터는 2025년 3월에 공식 발표된 METS 2를 기준으로 그 구조와 특징을 상세하게 살펴보자. METS 2는 기존 METS 1이 지난 20여 년 동안 디지털 객체 패키징 표준으로 축적해 온 실무적 경험과 성과를 바탕으로 설계된 차세대 모델이다. 새로운 버전의 가장 중요한 지향점은 표현 요소 간의 일관성을 강화하여 문서 구조를 더욱 명확하게 만들고, 디지털 보존 워크플로우에서 발생하는 해석상의 혼란을 줄이는 데 있다. 또한 실무에서 거의 사용되지 않던 일부 개념은 제거하여 스키마의 불필요한 복잡성을 해소하고, 보다 단순하고 직관적인 구조를 추구하였다.

스키마 구조에서도 큰 변화가 있었다. METS 1에서는 외부 스키마나 표준에 대한 의존이 많아 구현과 검증 과정에서 어려움이 발생하곤 했는데, METS 2에서는 이러한 외부 종속성을 크게 줄여 구조를 간소화하고 유지 관리 효율성을 확보하였다. 나아가 속성과 속성 값에 대한 제약을 완화하여 기관과 시스템별 다양한 요구를 수용할 수 있는 표현상의 유연성을 대폭 확대한 점도 중요한 개선 사항이다. 이러한 변화는 METS 2가 단순한 스키마 개정 차원을 넘어 현대 디지털 보존 환경의 요구를 반영한 새로운 패키징 프레임워크임을 보여준다.

TIP

- OAI-ORE(Open Archives Initiative-Object Reuse and Exchange)는 디지털도서관에서 여러 개의 디지털 객체를 하나의 논리적 단위로 묶어 표현하고, 그 관계를 표준적으로 기술하고 교환하기 위한 모델이다. OAI-ORE는 디지털 환경에서 하나의 문헌이나 자원이 단일 파일이 아니라 여러 개의 파일과 구성요소로 이루어지는 경우가 많다는 점에서 출발한다. 예를 들어 논문 한 편은 PDF 본문뿐 아니라, 보조 자료, 데이터셋, 이미지, 동영상, 메타데이터 파일 등이 함께 존재할 수 있다. OAI-ORE는 이러한 여러 디지털 객체들의 집합을 하나의 묶음으로 표현하고, 그 구성 관계를 명확히 기술하는 표준이다. 이 표준에서 핵심 개념은 Aggregation(집합)이다. Aggregation은 여러 개의 디지털 자원(Resource)을 논리적으로 묶은 단위이며, 이 집합 자체도 하나의 식별 가능한 디지털 객체로 취급된다. 즉 이 논문은 이 PDF, 이 데이터셋, 이 이미지들로 구성된다라는 관계를 기계가 이해할 수 있는 방식으로 표현하는 것이 OAI-ORE의 목적이다. OAI-ORE에서는 먼저 Aggregation이 중심이 된다. Aggregation은 하나의 디지털 문헌이나 복합 객체 전체를 대표하며, 그 안에 포함된 개별 자원들은 Aggregated Resource로 표현된다. 또한 이 집합과 구성 요소들 사이의 관계를 기술하기 위해 Resource Map(ReM)이라는 메타데이터 문서가 사용된다. Resource Map은 이 Aggregation에는 어떤 자원들이 포함되어 있는가를 RDF 기반으로 기술한 설명서 역할을 한다. 쉽게 말해, Aggregation은 묶음 자체이고 Aggregated Resource는 묶음에 포함된 개별 파일들이며 Resource Map은 그 묶음의 구성도를 설명한 문서라고 이해할 수 있다.

3.4.2.1 METS 2 핵심 섹션

METS 문서는 디지털 객체를 완전하게 표현하기 위해 네 가지 핵심 섹션으로 구성된다. 〈그림 3.3〉은 하나의 디지털 객체가 서로 다른 파일 형식과 버전, 그리고 관련 메타데이터를 포함하고 있을 때, 이를 METS 2 문서 구조로 어떻게 통합하여 표현할 수 있는지를 시각적으로 보여주는 예시이다. 상단에는 디지털 객체를 구성하는 개별 자료들이 나열되어 있다. 하나는 paper 문서로서 원본은 DOCX 파일이고, 변환된 보존용 파일은 PDF/A 형식이다. 또 다른 하나는 presentation이라는 PPTX 형식의 발표 자료이며, 이들과 연결되는 서지 기술 메타데이터(Dublin Core 형식)가 별도로 존재한다. 그림의 중앙과 하단에는 이러한 자료들이 METS 2의 네 가지 핵심 영역인 METS Header(metsHdr), 메타데이터 섹션(mdSec), 파일 섹션(fileSec), 구조 섹션(structSec)에 어떻게 배치되는지를 보여준다.

네 가지 핵심 섹션 중, 첫 번째는 METS 헤더(METS Header)로, 이는 디지털 객체가 아니라 METS 문서 자체에 대한 메타데이터를 기술한다. 예를 들어 문서를 생성한 주체, 편집자, 문서가 마지막으로 수정된 날짜 등 문서의 관리적 속성이 포함된다. 두 번째는 메타데이터 섹션(Metadata Section)이다. 이 영역은 디지털 객체에 적용되는 다양한 메타데이터를 담을 수 있도록 설계되어 있다. 구체적으로는 객체에 대한 기술 메타데이터(descriptive metadata), 파일 생성 및 저장 방식에 관한 기술 메타데이터(technical metadata), 저작권 및 권리 정보를 설명하는 지적 재산권 메타데이터, 디지털 객체가 생성되기 이전의 원본 자료에 대한 소스 메타데이터, 그리고 디지털 객체가 생성, 변환, 이관되는 과정에서 나타나는 변경 이력과 관계를 기록하는 프로비넌스(provenance) 메타데이터를 포함할 수 있다. 메타데이터 섹션의 특징은 매우 유연하다는 점이다. 〈md〉 요소를 활용하여 OPAC의 MARC 레코드와 같은 외부 메타데이터를 참조할 수도 있고, 내부에 메타데이터를 직접 포함할 수도 있으며, 필요에 따라 내·외부 메타데이터를 동시에 사용하는 것도 가능하다. 여러 개의 메타데이터 블록을 복수로 구성할 수 있어 복잡한 디지털 객체도 정교하게 기술할 수 있다. 세 번째 구성 요소는 파일 섹션(File Section)이다. 이 영역에는 디지털 객체를 구성하는 모든 실제 콘텐트 파일 목록이 포함된다. 〈file〉 요소가 개별 파일을 나타내며, 파일들은 〈fileGrp〉 단위로 묶어 버전별 혹은 유형별로 구분할 수 있다. 예를 들어 원본 파일, 접근용 파일, 썸네일 파일 등을 각 그룹으로 나누어 관리할 수 있다. 마지막은 구조 섹션(Structural Section)으로, 여기에는 〈structMap〉 요소가 포함된다. 구조맵은 디지털 객체의 구성 요소를 계층적으로 조직화한 구조를 제공하며, 각 구조 요소가 어떤 파일과 어떤 메타데이터와 연관되어 있는지를 링크하는 역할을 한다. 하나의 METS 문서 안에는 여러 개의 구조맵을 포함할 수 있으며, 이는 동일한 디지털 객체를 물리적 구조, 논리적 구조, 또는 다른 관점에서 표현해야 할 때 유용하게 활용된다.

이 네 가지 섹션은 디지털 객체의 기술, 관리, 구조 정보를 통합적으로 패키징하는 METS의 기본 골격을 이루며, METS 2에서도 이러한 기본 구성은 더욱 단순하고 일관된 형태로 재정비되어 유지되고 있다.

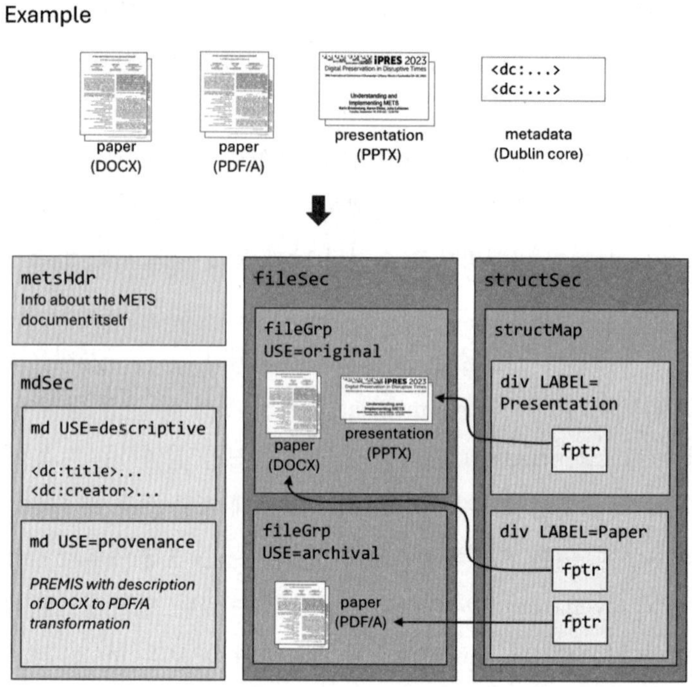

〈그림 3.3〉 METS 네 가지 핵심 섹션(METS Editorial Board. https://mets.github.io/)

지금부터는 METS의 네 가지 핵심 섹션을 구체적으로 알아보자.

1) METS 헤더

METS Header 요소는 METS 문서 내부에서 METS 객체 자체를 기술하기 위한 최소한의 서지적 메타데이터와 관리적 메타데이터를 기록하는 영역이다. 이 섹션에는 METS 문서가 언제 생성되었는지, 마지막으로 언제 수정되었는지, 그리고 현재 문서가 어떤 상태에 있는지 등을 명시할 수 있다. 또한 METS 문서의 작성, 편집, 검토 등의 과정에 관여한 여러 에이전트의 이름을 기록하고, 그들이 수행한 역할과 활동에 대한 간단한 설명을 덧붙일 수도 있다. 이와 더불어 METS Header에서는

METS 문서의 기본 식별자(OBJID 속성) 외에도 대체 식별자를 여러 개 추가하여 문서의 추적과 관리가 용이하도록 할 수 있다. 이러한 추가 식별자는 외부 시스템과의 연계나 장기보존 환경에서의 문서 관리에 유용하게 활용된다.

다음은 간단한 METS Header의 예시이다.

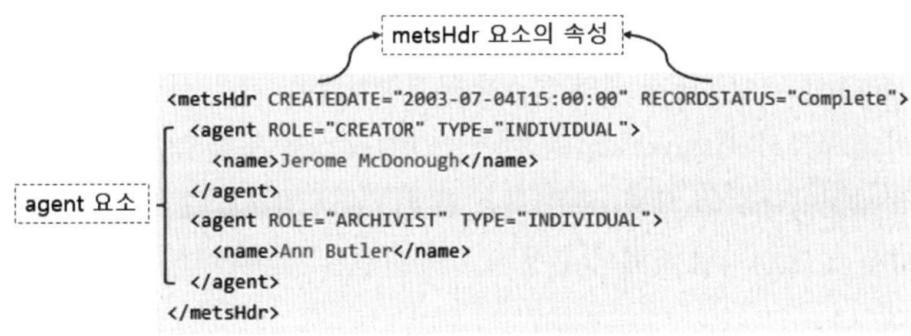

〈그림 3.4〉 METS Header의 예시
(https://mets.github.io/metsoverview.html)

예시 〈그림 3.4〉는 〈metsHdr〉 요소에 두 가지 속성, 즉 CREATEDATE와 RECORDSTATUS가 포함된 형태를 보여준다. CREATEDATE는 METS 문서가 언제 생성되었는지를 나타내며, RECORDSTATUS는 해당 METS 문서가 현재 어떤 처리 상태에 있는지를 기술하기 위해 사용된다. 이러한 정보는 METS 문서 자체의 관리 이력을 추적하는 데 중요한 역할을 한다. 예시에는 또한 두 명의 에이전트가 기록되어 있다. 첫 번째 에이전트는 METS 문서를 실제로 작성한 사람이고, 두 번째 에이전트는 원본 자료의 관리 및 기술을 담당한 기록관리 전문가이다. 〈agent〉 요소에는 ROLE과 TYPE 속성을 지정할 수 있는데, 이 속성들은 가능하면 표준화된 통제어휘를 사용하여 기술하는 것이 바람직하다. 이렇게 하면 기관 간 상호운용성이 높아지고, 디지털 보존 시스템에서 메타데이터를 일관성 있게 해석할 수 있는 기반이 마련된다(METS Version 2: An Overview & Tutorial, 웹페이지).

2) 메타데이터 섹션

METS 문서의 메타데이터 섹션은 디지털 객체와 그 구성 요소, 그리고 디지털 객체가 생성되기 전에 존재했던 원본 자료에 대한 모든 메타데이터를 포함하는 영역이다. 이 영역은 〈mdSec〉 요소로 표현되며, 〈mdSec〉 안에는 하나 이상의 〈md〉 요소가 포함된다. 또한 필요에 따라 〈md〉 요소들을 〈mdGrp〉로 묶어 그룹화할 수 있다. 모든 〈mdSec〉, 〈mdGrp〉, 〈md〉 요소는 반드시 ID 속성을 가지고 있어야 한다. 이 ID는 METS 문서 내부에서 해당 요소를 구별하기 위한 고유 식별자로, 파일 섹션(fileSec)이나 구조 섹션(structMap 등)에서 MDID 속성을 통해 특정 메타데이터 요소를 특정 파일이나 파일 그룹, 혹은 구조 단위(div)와 연결할 수 있게 한다. 즉, 이 ID 시스템을 통해 디지털 객체의 구성 요소와 관련된 메타데이터를 정밀하게 매핑할 수 있다.

〈md〉 요소 내부의 메타데이터는 다음 세 가지 수준에 적용될 수 있다.

- METS 문서 전체가 표현하는 디지털 객체 전체에 대한 메타데이터
- 디지털 객체의 생성 기반이 된 원본 자료
- 디지털 객체를 구성하는 개별 파일 단위에 대한 메타데이터

일반적으로 METS 문서에서 활용될 수 있는 메타데이터 유형은 다음의 다섯 종류로 구분된다.

- 기술적 메타데이터(Descriptive metadata): 객체의 내용과 본질적인 속성을 설명한다. 예 MARC, MODS, EAD, Dublin Core 등
- 지적 재산권 메타데이터: 저작권, 사용 허가, 라이선스 정보를 기술한다. 예 PREMIS, ODRL 등
- 소스 메타데이터: 디지털 객체로 변환되기 이전의 아날로그 원본 자료에 대한 기술 및 관리 정보.
- 디지털 프로비넌스 메타데이터: 파일 간의 원본 및 파생 관계, 변환 및 이관 과정, 변경 이력을 기술한다. 예 PREMIS

- 기술적 메타데이터(Technical metadata): 파일의 생성 방식, 포맷 속성, 기술적 특성 등을 기술한다. 예 PREMIS, NISOIMG 등

이 다섯 가지 메타데이터 유형은 ⟨md⟩ 요소의 USE 속성을 통해 구분되며, 권장값은 DESCRIPTIVE, TECHNICAL, RIGHTS, SOURCE, PROVENANCE이다. 하나의 METS 문서에서 ⟨md⟩ 요소는 필요한 만큼 여러 번 등장할 수 있고, USE 속성값은 다양한 형태로 조합될 수 있다. 또한 ⟨md⟩ 요소는 다음 두 가지 방식으로 메타데이터를 표현할 수 있다. 두 방식은 독립적으로 사용할 수도 있고, 하나의 ⟨md⟩ 요소 안에서 함께 사용할 수도 있다.

- 외부 메타데이터 참조(mdRef): ⟨mdRef⟩ 요소를 사용하여 외부 메타데이터 문서를 URI로 연결한다. 예를 들어 특정 디지털 객체의 탐색 도구를 외부 링크로 연결할 수 있다.
- 내부 메타데이터 포함(mdWrap): 메타데이터 내용을 METS 문서 내부에 직접 포함한다.

```
<md USE="DESCRIPTIVE" ID="dmd001">
  <mdRef MIMETYPE="application/xml" MDTYPE="EAD"
    LABEL="Berol Collection Finding Aid" LOCTYPE="URI" LOCREF="urn:x-nyu:fales1735" />
</md>
```

⟨그림 3.5⟩ METS External Metadata (mdRef) 예시 (출처 동일)

⟨mdRef⟩ 요소는 외부에 존재하는 메타데이터를 참조하기 위한 구성 요소로, 이를 기술하기 위해 총 다섯 개의 속성을 사용할 수 있다. 먼저 MIMETYPE 속성은 참조하고자 하는 외부 메타데이터의 MIME 유형을 명시하며, MDTYPE 속성은 해당 메타데이터가 어떤 종류의 메타데이터인지 그 형식을 지정하는 데 사용된다. METS 2에서는 MDTYPE에 사용할 수 있는 권장 값 목록을 별도로 제공하고 있으며, 이는 METS Wiki의 METS2 Suggested Attribute Values 항목에서 확인할 수 있다.

또한 LABEL 속성은 해당 메타데이터 블록의 의미를 사람에게 읽기 쉬운 방식으로 설명하는 용도로 사용되며, 예를 들어 METS 문서를 목차 형태로 표시하는 인터페이스에서 블록의 용도를 직관적으로 파악할 수 있도록 돕는다. 외부 메타데이터

의 위치는 LOCTYPE과 LOCREF의 속성쌍으로 표현된다. LOCTYPE은 참조 방식이 URI인지, URL인지, 데이터베이스 경로인지, 혹은 상대 경로인지 등을 나타내고, LOCREF에는 실제 경로나 식별자를 기록하여 외부 메타데이터 문서를 직접 가리키게 한다.

```
<md ID="dmd002" USE="DESCRIPTIVE">
  <mdWrap MIMETYPE="text/xml" MDTYPE="DC" LABEL="Dublin Core Metadata">
    <xmlData>
      <dc:title>Alice's Adventures in Wonderland</dc:title>
      <dc:creator>Lewis Carroll</dc:creator>
      <dc:date>between 1872 and 1890</dc:date>
      <dc:publisher>McCloughlin Brothers</dc:publisher>
      <dc:type>text</dc:type>
    </xmlData>
  </mdWrap>
</md>
```

```
<md ID="dmd003" USE="DESCRIPTIVE">
  <mdWrap MIMETYPE="application/marc" MDTYPE="MARC" LABEL="OPAC Record">
    <binData>MDI0ODdjam0gIDIyMDA1ODkgYSA0NU0wMDAxMDA...(etc.)</binData>
  </mdWrap>
</md>
```

〈그림 3.6〉 METS Internal Metadata (mdWrap) 예시 (출처 동일)

한편, 〈그림 3.6〉과 같이 〈mdWrap〉 요소는 내부 메타데이터를 METS 문서 안에 직접 포함할 때 사용하는 요소이다. 내부 메타데이터는 두 가지 방식으로 표현될 수 있다. 첫 번째는 XML로 인코딩된 메타데이터를 포함하는 방식으로, 이때 포함되는 XML은 반드시 METS 문서의 네임스페이스와는 다른 네임스페이스를 선언하여야 한다. 두 번째 방식은 비XML 형태의 바이너리 또는 텍스트 메타데이터를 포함하는 경우인데, 이때는 해당 데이터를 Base64 방식으로 인코딩하여 〈binData〉 요소 안에 넣고, 이것을 〈mdWrap〉 안에 감싸 포함시키는 방식으로 표현한다. 아래 예시는 〈mdWrap〉 요소를 활용하여 기술 메타데이터가 아닌 서지적 기술 메타데이터를 포함하는 방식을 보여주는 사례이다. 기술 메타데이터(technical metadata), 저작권 메타데이터, 소스 메타데이터, 디지털 프로비넌스 메타데이터 역시 동일한 방식으로 〈mdRef〉 또는 〈mdWrap〉 요소를 사용하여 METS 문서에 포함할 수 있다. 즉, 외부에 존재하는 메타데이터는 〈mdRef〉를 통해 URI 등으로 연결할 수 있으며, 내부에 직접 포함해야 하는 경우에는 〈mdWrap〉 요소 안에 XML 형태 또는 Base64로 인코딩된 바이너리 데이터를 삽입하는 방식으로 표현한다. 이러한 메타데이터 유형들은 각각 서로 다른 목적과 기능을 갖고 있지만, METS 구조에서는 동일한 기술 메커니즘을 통해 일관성 있게 다룰 수 있도록 설계되어 있다.

〈fileGrp〉 요소 안에 포함된 〈file〉 요소는 특정 파일에 대응하는 기술 메타데이터(technical metadata)를 지정해야 할 때, 〈그림 3.7〉과 같이 MDID 속성을 사용하여 〈그림 3.8〉과 같이 정의된 해당 메타데이터 블록(〈md〉 요소)을 가리킬 수 있다. 즉, 파일 요소가 이 파일에는 이 기술 메타데이터가 적용된다라는 의미를 갖도록 〈md〉 요소의 ID 값을 MDID 속성에 명시하면 된다. 이를 통해 METS 문서 내부에서 파일과 그 파일에 대응하는 메타데이터를 정확하게 연결할 수 있으며, 구조적 및 기술적 일관성이 요구되는 디지털 보존 환경에서 매우 중요한 기능을 수행한다.

```
<file ID="FILE001" MDID="techmd001">
  <FLocat LOCTYPE="URL" LOCREF="http://dlib.nyu.edu/press/testimg.tif" />
</file>
```

〈그림 3.7〉 METS file 요소에서 MDID 사용 예시 (출처 동일)

```
<md USE="TECHNICAL" ID="techmd001">
  <mdWrap MIMETYPE="text/xml" MDTYPE="NISOIMG" LABEL="NISO Img. Data">
    <xmlData>
      <niso:MIMEtype>image/tiff</niso:MIMEtype>
      <niso:Compression>LZW</niso:Compression>
      <niso:PhotometricInterpretation>8</niso:PhotometricInterpretation>
      <niso:Orientation>1</niso:Orientation>
      <niso:ScanningAgency>NYU Press</niso:ScanningAgency>
    </xmlData>
  </mdWrap>
</md>
```

〈그림 3.8〉 METS Technical 메타데이터 예시 (출처 동일)

3) 파일 섹션

〈fileSec〉 요소는 디지털 객체를 구성하는 실제 파일들을 체계적으로 나열하고 관리하기 위한 영역으로, 하나 이상의 〈fileGrp〉 요소를 포함할 수 있다. 〈fileGrp〉

는 이름 그대로 서로 관련된 파일들을 하나의 그룹으로 묶는 역할을 하며, 필요에 따라 디지털 객체의 여러 버전을 각각 독립된 그룹으로 구성할 수 있다. 예를 들어 썸네일 이미지, 마스터 원본 이미지, PDF 버전, TEI 인코딩 텍스트 등 다양한 표현 형태가 존재하는 디지털 객체라면, 각 버전별로 별도의 〈fileGrp〉를 두어 파일들을 분류할 수 있다.

아래 〈그림 3.9〉 사례는 구술사(oral history) 디지털 객체를 예로 들어 〈fileSec〉의 구조를 보여준다. 이 객체는 다음과 같이 세 가지 버전으로 구성되어 있다.

- TEI로 인코딩된 전사(transcript)
- WAV 형식의 마스터 오디오 파일
- MP3 형식의 파생(derivative) 오디오 파일

이 경우 〈fileSec〉 안에는 세 개의 〈fileGrp〉가 각각의 버전을 나타내며, 해당 그룹 안의 〈file〉 요소는 각 파일의 MIME 유형, 식별자, 접근 위치 등을 기술한다. 이를 통해 이용자나 시스템은 어떤 파일이 어떤 버전이며, 어떤 목적(보존용, 접근용, 단순 미리보기 등)에 해당하는지를 명확하게 파악할 수 있다.

```
<fileSec>
  <fileGrp ID="VERS1">
    <file ID="FILE001" MIMETYPE="application/xml" SIZE="257537" CREATED="2001-06-10T00:00:00Z">
      <FLocat LOCTYPE="URL" LOCREF="http://dlib.nyu.edu/tamwag/beame.xml" />
    </file>
  </fileGrp>
  <fileGrp ID="VERS2">
    <file ID="FILE002" MIMETYPE="audio/wav" SIZE="64232836"
      CREATED="2001-05-17T00:00:00Z" GROUPID="AUDIO1">
      <FLocat LOCTYPE="URL" LOCREF="http://dlib.nyu.edu/tamwag/beame.wav" />
    </file>
  </fileGrp>
  <fileGrp ID="VERS3" VERSDATE="2001-05-18T00:00:00Z">
    <file ID="FILE003" MIMETYPE="audio/mpeg" SIZE="8238866"
      CREATED="2001-05-18T00:00:00Z" GROUPID="AUDIO1">
      <FLocat LOCTYPE="URL" LOCREF="http://dlib.nyu.edu/tamwag/beame.mp3" />
    </file>
  </fileGrp>
</fileSec>
```

〈그림 3.9〉 METS File 섹션 예시 (출처 동일)

이 예시에서 〈fileSec〉 요소는 디지털 객체의 세 가지 버전을 표현하기 위해 각 버전마다 개별 〈fileGrp〉 요소를 포함하고 있다. 첫 번째 그룹은 XML로 인코딩된 전사(transcription) 파일을, 두 번째 그룹은 WAV 형식의 마스터 오디오 파일을, 세 번째 그룹은 MP3 형식의 파생 오디오 파일을 나타낸다. 이처럼 단순한 사례에서는 버전을 구분하기 위한 〈fileGrp〉의 필요성이 크게 느껴지지 않을 수도 있다. 그러나 대량의 스캔 이미지로 구성된 디지털 객체와 같이, 하나의 버전이 여러 개의 파일로 구성되는 경우에는 〈fileGrp〉가 필수적이다. 〈file〉 요소들을 버전별로 그룹화함으로써, 각 버전에 속한 파일들을 쉽게 식별하고 관리할 수 있기 때문이다.

파일의 위치 정보는 〈FLocat〉 요소에 기록된다. 이때 참조 유형은 LOCTYPE 속성에, 실제 위치값은 LOCREF 속성에 기술해야 한다. 예를 들어 LOCTYPE에는 URL, DATABASE, RELATIVE PATH 등 참조 방식이 들어가며, LOCREF에는 파일이 실제로 저장된 주소나 경로가 기록된다. LOCTYPE 속성의 권장값은 METS Wiki의 METS2 Suggested Attribute Values에서 제시하고 있다. 또한 두 개의 오디오 〈file〉 요소에는 동일한 GROUPID 값이 지정되어 있는데, 이는 두 파일이 서로 다른 버전에 속하더라도 동일한 기본 콘텐트를 공유한다는 사실을 표현하기 위한 것이다. 이 방법은 여러 장의 스캔 이미지로 구성된 디지털 객체에서 서로 다른 해상도의 이미지 파일들을 연결할 때도 유용하게 사용된다. 모든 〈file〉 요소가 고유한 ID 속성을 반드시 가져야 한다는 점도 중요하다. 이 ID는 METS 문서 내에서 해당 파일을 식별하는 내부 이름으로 사용되며, 구조 섹션(structural section) 등 문서의 다른 부분에서 파일을 참조할 때 활용된다. 이후 구조맵(structMap)을 설명할 때 이러한 참조 방식이 어떻게 기능하는지 자연스럽게 확인할 수 있다.

한편, 〈file〉 요소는 〈FLocat〉 대신 〈FContent〉 요소를 포함할 수도 있다. 〈FContent〉는 파일의 실제 내용을 METS 문서 내부에 직접 포함할 때 사용하는데, 이 방식은 파일이 XML 형식이거나 Base64로 인코딩된 경우에만 가능하다. METS 문서를 통해 이용자에게 디지털 객체를 제공하는 일반적인 서비스 상황에서는 파일을 직접 내장하는 방식은 잘 사용되지 않는다. 그러나 레포지터리 간 디지털 객체 이전, 백업 및 오프사이트 장기보존과 같은 시나리오에서는 파일 내용을 METS 문서 내부에 포함시키는 방식이 매우 유용할 수 있다.

4) 구조 섹션

METS 문서의 구조 섹션(structural section)은 디지털 객체를 구성하는 콘텐트의 계층적 구조를 정의하는 영역으로, 이용자가 객체를 탐색하고 이해할 수 있도록 하는 핵심 역할을 한다. 구조 섹션은 〈structSec〉 요소로 시작되며, 이 안에는 하나 이상의 〈structMap〉 요소가 포함된다. 〈structMap〉은 디지털 객체의 구조를 다양한 관점에서 표현할 수 있도록 설계되어 있어, 하나의 METS 문서 안에 여러 개의 구조 표현이 공존할 수 있다. 예를 들어, 하나의 구조맵은 디지털 파일의 실제 물리적 배열(디스크 상의 저장 구성)을 보여줄 수 있고, 다른 하나는 장, 절, 페이지와 같은 논리적 구조와 지적 구조를 보여줄 수 있다.

〈structMap〉 내부에서는 계층 구조가 〈div〉 요소의 중첩 구조로 표현된다. 각 〈div〉는 해당 계층 단위가 무엇인지 알려주는 속성으로 TYPE과 LABEL 등을 포함할 수 있으며, 필요에 따라 METS 포인터(〈mptr〉) 또는 파일 포인터(〈fptr〉)를 포함할 수 있다.

- 〈mptr〉 – METS 포인터 〈mptr〉는 다른 METS 문서에 저장된 파일 또는 메타데이터를 참조하기 위한 요소이다. 매우 큰 컬렉션, 예를 들어 하나의 학술지 전권을 여러 METS 문서로 분리하여 관리할 때 유용하다. 이를 통해 개별 METS 문서의 크기를 작게 유지할 수 있다.
- 〈fptr〉 – file 포인터 〈fptr〉는 현행 METS 문서의 〈fileSec〉에 정의된 특정 파일, 파일 그룹, 또는 파일 내 특정 위치를 가리킨다. 즉, 현재 〈div〉가 표현하는 구조적 단위, 예를 들어 책의 챕터, 페이지, 오디오 파일의 특정 구간 등과 실제 파일을 연결하는 기능을 한다.

예를 들어, 디지털 책 객체의 경우 〈structMap〉은 다음과 같은 계층 구조를 표현할 수 있다. 각 〈div〉는 적절한 〈fptr〉을 통해 해당 콘텐트가 저장된 파일을 가리키게 된다.

```
<structMap TYPE="logical">
  <div ID="div1" LABEL="Oral History: Mayor Abraham Beame" TYPE="oral history">
    <div ID="div1.1" LABEL="Interviewer Introduction" ORDER="1">
      <fptr FILEID="FILE001">
        <area FILEID="FILE001" BEGIN="INTVWBG" END="INTVWND" BETYPE="IDREF"/>
      </fptr>
      <fptr FILEID="FILE002">
        <area FILEID="FILE002" BEGIN="00:00:00" END="00:01:47" BETYPE="TIME"/>
      </fptr>
      <fptr FILEID="FILE003">
        <area FILEID="FILE003" BEGIN="00:00:00" END="00:01:47" BETYPE="TIME"/>
      </fptr>
    </div>
    <div ID="div1.2" LABEL="Family History" ORDER="2">
      <fptr FILEID="FILE001">
        <area FILEID="FILE001" BEGIN="FHBG" END="FHND" BETYPE="IDREF"/>
      </fptr>
      <fptr FILEID="FILE002">
        <area FILEID="FILE002" BEGIN="00:01:48" END="00:06:17" BETYPE="TIME"/>
      </fptr>
      <fptr FILEID="FILE003">
        <area FILEID="FILE003" BEGIN="00:01:48" END="00:06:17" BETYPE="TIME"/>
      </fptr>
    </div>
    <div ID="div1.3" LABEL="Introduction to Teachers' Union" ORDER="3">
      <fptr FILEID="FILE001">
        <area FILEID="FILE001" BEGIN="TUBG" END="TUND" BETYPE="IDREF"/>
      </fptr>
      <fptr FILEID="FILE002">
        <area FILEID="FILE002" BEGIN="00:06:18" END="00:10:03" BETYPE="TIME"/>
      </fptr>
      <fptr FILEID="FILE003">
        <area FILEID="FILE003" BEGIN="00:06:18" END="00:10:03" BETYPE="TIME"/>
      </fptr>
    </div>
  </div>
</structMap>
```

〈그림 3.10〉 METS Structural map 예시 (출처 동일)

〈그림 3.10〉 구조맵(structural map) 예시는 하나의 구술사(oral history) 객체(뉴욕시 시장을 지낸 Abraham Beame과의 인터뷰)가 세 개의 하위 구성을 포함하고 있음을 보여준다. 첫 번째는 인터뷰어의 도입부, 두 번째는 Beame 시장의 가족사에 대한 이야기, 세 번째는 그가 뉴욕 교사노조(teachers union)와 관계를 맺게 된 배경을 설명하는 부분이다. 이러한 하위 구성들은 각각 〈div〉 요소로 표현되며, 각각의 〈div〉는 앞서 정의한 세 가지 파일(XML 전사파일, WAV 형식의 마스터 오디오 파일, MP3 파생 오디오 파일)과 연결되어 있다.

각 〈fptr〉 요소 내부에는 〈area〉 요소가 사용되는데, 이는 현재 〈div〉가 전체 파일이 아닌 파일의 특정 부분만을 참조한다는 사실을 명시하기 위한 것이다. 다시 말해 〈area〉는 연결된 파일 안에서 해당 구간이 정확히 어디에 위치하는지를 기술하는 역할을 한다. 예를 들어 첫 번째 〈div〉인 인터뷰어의 도입부는 XML 전사 파일(FILE001) 내에서 ID="INTVWBG" 태그와 ID="INTVWND" 태그 사이에 위치한 구간을 가리킨다. 즉, 〈area〉 요소는 XML 파일 내부의 특정 노드 범위를 참조하는 방식으로 구조적 대응 관계를 표현한다.

오디오 파일의 경우에는 파일 내부 요소에 ID가 존재하지 않기 때문에, 〈area〉 요소에는 파일의 시작 시간과 종료 시간을 단순한 시간 코드(HH:MM:SS 형식)로 기록한다. 예시에서는 인터뷰어 도입부가 두 개의 오디오 파일 모두에서 00:00:00부터 00:01:47까지의 구간에 해당함을 보여준다. 이와 같은 방식은 긴 오디오 파일이나 비디오 파일을 여러 개의 의미 단위로 논리적으로 분절하여 설명할 때 매우 유용하다. 이 구조맵을 통해 METS가 단순히 파일을 나열하는 수준을 넘어, 디지털 객체의 논리적 구조와 파일 내 특정 구간을 정교하게 연결할 수 있는 강력한 매핑 도구임을 확인할 수 있다.

지금까지 살펴본 내용은 METS 스키마의 주요 기능과 핵심 구조를 개괄적으로 설명한 것이다. 그러나 METS가 제공하는 기능은 이보다 훨씬 폭넓기 때문에, 스키마 자체와 함께 제공되는 문서와 예제, 그리고 관련 표준을 면밀하게 검토하는 과정이 필요하다. 이를 통해 METS가 지원하는 표현 범위, 확장성, 상호운용성의 수준을 충분히 이해하고 실제 디지털 보존 및 서비스 환경에 효과적으로 적용할 수 있을 것이다.

마지막으로 METS 1과 METS 2의 차이점을 설명하고 METS에 대한 소개를 마치고자 한다. 〈그림 3.11〉은 METS 1과 METS 2의 전체 문서 구조를 나란히 비교함으로써, 두 버전 사이의 핵심적인 변화가 무엇인지 직관적으로 보여준다. METS 2는 METS 1의 장기간 실무 적용 경험을 바탕으로 스키마를 전반적으로 단순화하고, 메타데이터 표현 방식을 더욱 일관적이고 유연하게 재설계하였다. 이를 통해 기관 간 상호운용성, 유지 보수성, 그리고 실제 구현 편의성이 크게 향상되었다.

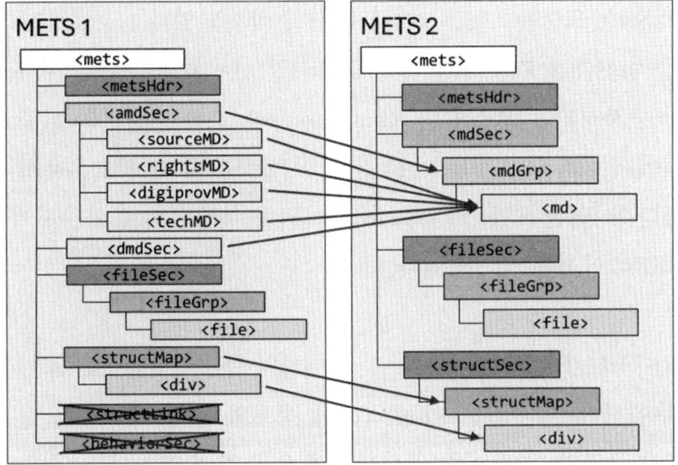

〈그림 3.11〉 METS 1과 METS 2의 차이(METS Editorial Board. https://mets.github.io/)

첫째, METS 1에서 관리 메타데이터는 〈amdSec〉 아래에 〈sourceMD〉, 〈rightsMD〉, 〈digiprovMD〉, 〈techMD〉와 같이 여러 하위 요소로 구분되어 존재하였다. 이들은 모두 메타데이터 블록이라는 동일한 기능을 수행함에도 불구하고 구조적으로 분산되어 있었고, 서지 메타데이터(〈dmdSec〉)와의 연결 방식도 일관되지 않아 문서 구조가 불필요하게 복잡했다. 그러나 METS 2에서는 이러한 하위 요소들을 통합하여 하나의 단일한 메타데이터 구조(mdSec) 안에서 관리하도록 재편되었다. 〈mdGrp〉와 〈md〉 요소를 중심으로 필요한 메타데이터를 자유롭게 묶고 연결할 수 있도록 구조가 단순화됨으로써, 이전보다 훨씬 명확하고 유연한 표현이 가능해졌다.

둘째, METS 1에서 기술 메타데이터(techMD)와 서지 메타데이터(dmdSec)는 서로 다른 구조 규칙을 갖고 있었으며, 두 메타데이터 사이의 관계를 문서 구조만으로 파악하기 어려운 경우가 많았다. METS 2는 이러한 이원적 구조를 과감히 제거하고, 모든 메타데이터를 동일한 〈md〉 요소로 분류하였다. 그 결과 메타데이터를 통합하고 연결하는 방식이 단순해졌고, PREMIS, MODS, Dublin Core 등 다양한 외부 메타데이터 스키마를 문서 내에 일관된 방식으로 포함할 수 있게 되었다. 이는 구현 과정에서 파싱 규칙을 명확하게 하고, 메타데이터 처리의 복잡성을 줄이는 중요한 진전이다.

셋째, 구조 섹션에서도 중요한 변화가 있었다. METS 1에서 제공되던 〈structLink〉와 〈behaviorSec〉 요소는 METS 2에서 완전히 삭제되었다. 〈structLink〉는 구조 단위 간 비계층적 관계를 기술하기 위해 도입되었으나 실제 활용 사례가 거의 없었고 구현 부담만 증가시키는 요소였다. 〈behaviorSec〉 또한 콘텐트와 실행 동작을 연결하려는 목적에서 설계되었지만, 기관 간 정의 방식이 달라 상호운용성 측면에서 한계가 뚜렷했다. 이러한 요소들은 METS의 범위를 불필요하게 확장시키는 기능으로 판단되어 METS 2에서는 제거되었다.

넷째, 파일 구조(〈fileSec〉, 〈fileGrp〉, 〈file〉)와 구조맵(〈structMap〉)은 METS 1과 METS 2 모두에서 유지되었다. 이는 디지털 객체의 물리적 표현 및 논리적 표현을 정의하는 핵심 구조가 이미 검증된 실무 표준으로 자리 잡았다는 의미이다. METS 2는 이러한 기반 구조를 유지하면서도, 메타데이터 구조를 통합하여 전체 스키마를 보다 일관된 모델로 발전시키는 방향을 선택하였다.

결국 METS 2는 기존의 METS 1이 가진 중심 설계를 그대로 계승하면서도, 불필요한 요소는 제거하고 복잡하게 분산되어 있던 메타데이터 구조를 하나로 묶어 단순성과 명확성을 확보한 버전이라 할 수 있다.

3.5 객체관리 워크플로우

수명주기(lifecycle)는 디지털 객체가 생성된 이후 어떤 과정을 거쳐 보존되고 활용되는지를 체계적으로 이해하기 위한 중요한 기준이 된다. 특히 디지털 보존 분야에서는 이러한 수명주기 개념이 보존 워크플로우를 설계하고 운영하는 데 핵심적인 역할을 한다. 본 책에서는 이러한 관점을 바탕으로, 서로 다른 단계와 목적을 가진 네 가지 보존 워크플로우를 구분하여 설명하고 있으며, 이를 통해 디지털 객체의 관리 과정이 어떻게 구조화될 수 있는지를 보다 명확하게 이해하도록 돕고자 한다.

3.5.1 스웨트랜드의 디지털 객체 수명주기

스웨트랜드(Anne J. Gilliland-Swetland)는 디지털 정보시스템에서 디지털 객체가 생성된 이후 어떤 과정을 거쳐 활용되고 보존되는지를 설명하기 위해, 디지털 객체의 수명주기를 다섯 단계로 구분하여 〈그림 3.12〉와 같이 제시하고 있다. 스웨트랜드의 모델에 따르면 디지털 객체는 생산, 조직, 검색, 활용, 보존이라는 연속적인 흐름을 통해 관리되며, 각 단계는 디지털 객체의 안정적 활용과 장기적 보존을 위해 필수적인 기능을 수행한다(Gilliland-Swetland, 2000).

첫 번째 단계인 생산(creation and multi-versioning)은 디지털 객체가 새롭게 만들어지거나 기존의 아날로그 자료가 디지털 포맷으로 변환되어 디지털 정보시스템에 등록되는 과정이다. 이때 객체는 목적에 따라 여러 버전으로 생성될 수 있으며, 이는 보존, 연구, 배포 또는 제품 개발과 같은 다양한 요구를 충족시키기 위한 것이다. 생산 단계에서는 등록과 함께 필요한 관리 메타데이터와 기술 메타데이터가 함께 부여된다.

두 번째 단계인 조직(organization)은 디지털 객체가 시스템 내에서 활용될 수 있도록 구성하고 정돈하는 과정이다. 이 단계에서 객체는 등록, 목록 작성, 색인 등의 절차를 거치며, 검색 및 접근성을 높이기 위한 추가 메타데이터가 생성된다.

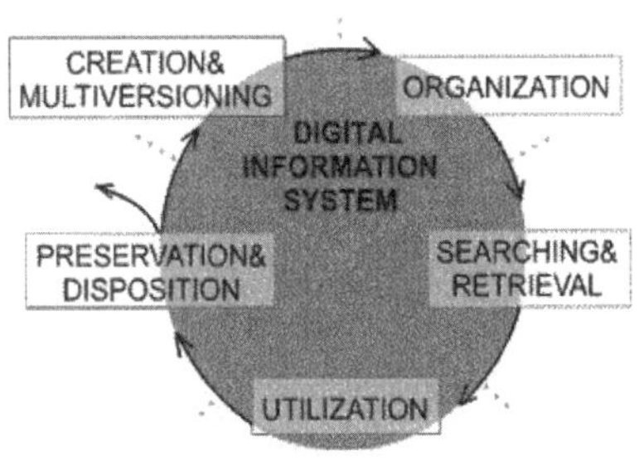

〈그림 3.12〉 디지털 객체의 수명주기

세 번째 단계는 검색(searching and retrieval)으로, 이용자가 원하는 디지털 객체를 탐색하고 해당 콘텐트에 접근하는 과정을 의미한다. 이 단계는 디지털 정보자원의 활용성을 판단하는 중요한 시점이기도 하다. 네 번째 단계인 활용(utilization)은 검색된 디지털 객체를 실제로 사용하는 단계이다. 이용자는 객체를 조회하고 분석하거나, 필요한 경우 재가공하거나 수정하여 새로운 용도로 활용할 수 있다. 이 과정에서 객체의 사용 가치는 재평가되며, 추가 메타데이터가 생성되기도 한다. 마지막 단계는 보존(preservation and disposition)이다. 디지털 객체는 포맷의 노후화, 저장매체의 손상, 기술 환경의 변화 등으로 인해 장기적 접근이 어려워질 수 있기 때문에, 재생, 포맷 전환, 무결성 검증 등 다양한 보존 조치를 수행해야 한다. 더 이상 보존 가치가 없다고 판단되는 경우 객체는 정책에 따라 폐기되기도 한다.

3.5.2 JISC 보고서의 디지털 객체 수명주기

JISC 보고서는 디지털 문헌(e-print)이 생성된 이후 어떤 과정을 거쳐 활용되고 폐기되는지를 설명하기 위해, 그 수명주기를 일곱 단계로 세분화하여 〈그림 3.13〉과 같이 제시하고 있다. 이 모델은 디지털 문헌이 생애 전반에서 경험할 수 있는 주요 활동을 체계적으로 정리한 것으로, 생산에서 시작하여 기술적 퇴화와 최종 폐기에 이르기까지 데이터가 겪는 변화를 단계적으로 보여 준다(Hamish 외, 2005). 첫 번째 단계인 생산은 특정한 소프트웨어 패키지를 활용하여 디지털 문헌이 처음 생성되는 과정이다. 연구자나 저자는 이 단계에서 원본 디지털 객체를 만들어내거나, 기존 자료를 디지털 형태로 변환하여 새롭게 디지털 콘텐트를 생산한다. 두 번째 단계는 제출로, 저자나 생산자가 디지털 문헌을 리포지토리에 직접 제출(self-archiving)하는 과정이다. 이 단계는 디지털 객체가 공식적인 관리 체계 안으로 들어오는 진입점을 의미한다.

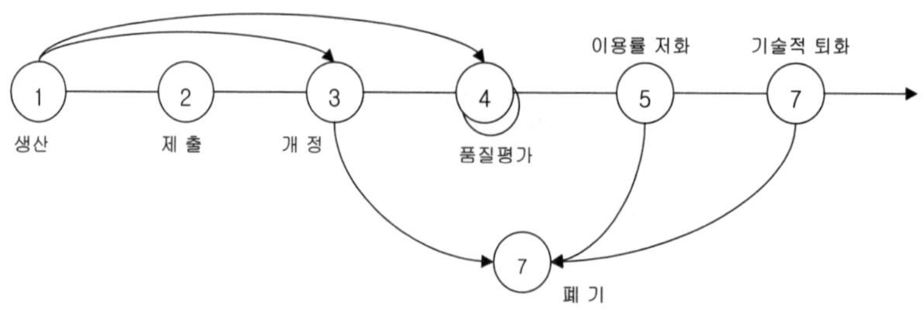

〈그림 3.13〉 디지털 객체의 수명주기

세 번째 단계인 개정에서는 디지털 문헌이 여러 버전으로 존재할 가능성을 고려한다. 예를 들어, 인쇄 전 원문(pre-print)과 인쇄 후 원문(post-print)이 모두 존재하는 경우, 시스템 관리자는 최신 버전을 선택하거나 오래된 버전을 폐기하는 등의 의사결정을 해야 한다. 즉, 문헌의 버전 관리가 핵심적인 역할을 한다. 네 번째 단계는 품질평가이다. 이 과정에서는 제출된 디지털 문헌이 시스템의 기준에 부합하는지, 출판 또는 공개가 가능한 상태인지 여부를 평가한다. 이러한 품질평가는 연구품질의 보장뿐 아니라 시스템 신뢰성 확보에도 중요한 절차이다. 다섯 번째 단계는 이용률 저하로, 디지털 문헌의 활용 빈도나 조회 수가 눈에 띄게 감소하는 시기이다. 문헌이 더 이상 활발히 이용되지 않는다는 의미는, 향후 관리 방식이나 보존 정책을 다시 고려해야 할 시점임을 나타낸다. 여섯 번째 단계인 기술적 퇴화는 문헌이 생성되었던 기술 환경이 더 이상 유지되지 않거나, 사용된 파일 포맷, 소프트웨어, 저장 매체가 노후화되어 접근이 어려워지는 상황을 의미한다. 이는 디지털 보존에서 가장 중요한 위험 요소 중 하나로, 포맷 전환이나 마이그레이션 같은 보존 조치가 필요해진다. 마지막 단계는 폐기로, 더 이상 활용 가치가 없다고 판단된 디지털 문헌을 영구적으로 삭제함으로써 수명주기가 종결된다. 이러한 폐기 결정은 정책적, 법적, 관리적 판단을 통해 이루어지며, 장기보존의 범위와 우선순위를 유지하는 데 필수적인 절차이다.

3.5.3 아카이빙 워크플로우

디지털 객체의 수명주기를 기반으로 한 아카이빙 워크플로우는 〈그림 3.14〉와 같이 생산, 제출, 접수, 처리, 저장, 보존, 배포의 일곱 단계로 구분할 수 있다. 이 워크플로우는 OAIS 참조모델이 제시하는 여섯 가지 표준 기능요소를 보존업무 관점에서 재구성한 것으로, 특히 보존 관련 활동을 별도의 단계로 분리하여 보다 체계적인 관리가 가능하도록 한 것이 특징이다.

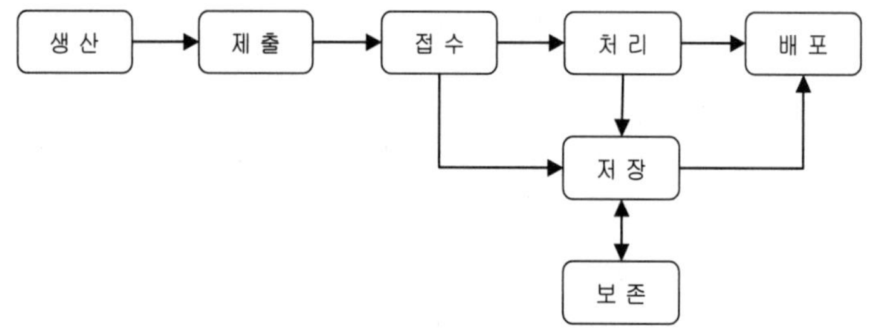

〈그림 3.14〉 아카이빙 워크플로우

① 생산 단계

생산 단계는 디지털 객체가 만들어지는 초기 과정으로, 디지털 형태로 직접 생산(born digital)되거나 기존 아날로그 자료가 스캐닝과 이미지화 등을 통해 디지털 포맷으로 변환(being digital)되는 작업을 포함한다. 이 과정은 시스템 외부에서 이루어지더라도, 생산 시점에서 선택되는 파일포맷, 소프트웨어, 하드웨어 등의 기술적 의사결정이 향후 보존 전략 전체에 영향을 미치기 때문에 매우 중요하다. 다시 말해, 디지털 객체의 생산부터 이미 보존 가능성에 대한 고려가 포함되어야 한다.

② 제출 단계

제출 단계에서는 생산된 디지털 객체가 시스템에 직접 제출되거나 관리자에 의해 일괄 제출되는 과정이 이루어진다. 제출자는 제출 인증, 장서 선택, 제출용 메타데이터 입력, 파일 업로드, 제출 확인 등으로 구성된 제출 워크플로우를 따르게 된다. 제출된 정보는 OAIS의 제출용 정보패키지(SIP) 형식으로 구성되며, 메타데이터, 디지털 파일, 제출자 정보 등이 포함된다.

이 단계에서 가장 중요한 쟁점은 제출되는 파일포맷을 제한할 것인지 여부이다. 이상적으로는 원본을 그대로 수집하는 것이 바람직하나, 보존의 위험을 줄이기 위해 특정 개방형 포맷을 제시하는 경우도 있다. 또한 단일 파일만 허용할 것인지, 복수 파일을 허용할 경우 파일 간 구조정보를 어떻게 기술할 것인지도 중요한 고려 요소이다.

③ 접수 단계

접수 단계는 제출된 객체를 시스템 관점에서 검토하고 검증하는 과정이다. 제출된 파일이 요구된 포맷이나 버전인지 확인하고, 장서관리 정책에 따라 수집 대상인지 평가하는 품질검증 절차가 포함된다. 문제가 없을 경우 제출된 SIP를 수정하고 보완하여 OAIS 저장용 정보패키지(AIP)를 생성한다. 또한 디지털 파일에서 기술정보 메타데이터(포맷 정보, 구조 정보 등)를 자동 추출하거나, 필요 시 수동으로 정제한다. 이 단계의 쟁점은 크게 정책적 쟁점과 시스템적 쟁점으로 나눌 수 있다. 정책적으로는 수집 기준, 품질평가 기준, 검증자의 역할 등이 있으며, 시스템적으로는 포맷등록기를 통한 포맷정보 관리, 저장용 정보패키지 구조, 식별자 부여 방식 등이 포함된다.

④ 처리 단계

처리 단계는 이용자에게 제공될 검색 및 열람 서비스를 위한 데이터 처리 과정으로, 서지 메타데이터 편집, 검색 색인 생성, 화면 출력 처리, 인증 및 접근 제어, 통계 처리 등이 이루어진다. 보존 활동과 직접적인 연관성은 적지만, 디지털 객체가 실제 활용되기 위한 핵심 서비스 단계이다.

⑤ 저장 단계

저장 단계는 접수를 통해 생성된 AIP를 저장장치에 안전하게 보관하는 과정이다. 저장된 객체는 이용자의 요청에 따라 배포용 정보패키지(DIP) 형태로 전달된다. 저장 단계에서 논의되는 주요 쟁점은 다음과 같다.

- 디지털 객체 파일 저장방식(비트열 저장 또는 특정 포맷 저장)
- 원본 파일과 메타데이터 분리 저장 또는 패키지화
- 체크섬, 압축, 암호화, 백업 등 무결성과 안전성 확보 방법

이 단계는 보존의 기반을 구성하는 핵심적 역할을 수행한다.

⑥ 보존 단계

보존 단계에서는 디지털 객체의 장기적 접근성을 보장하기 위한 다양한 보존 작업이 수행된다. 파일포맷 전환(migration)과 에뮬레이션이 대표적이며, 보존 작업의 실행 시점은 기술 감시기(triggering monitor), 예약 스케줄러, 또는 이용자의 요청에 의해 결정될 수 있다. 또한 포맷의 특성과 의미를 유지하기 위한 재현정보시스템 구축이 필수적이며, 포맷 사양이나 소프트웨어 동작 방식, 구조 정보 등 보존 작업에 필요한 지식을 저장하고 제공한다. 각 기관은 자신에게 적합한 보존전략을 선택해야 하며, 어떤 방식으로 보존 작업을 기록하고 추적할 것인지도 결정해야 한다.

⑦ 배포 단계

배포 단계는 저장 또는 보존 작업을 통해 유지되고 있는 디지털 객체를 이용자의 요청에 따라 제공하는 과정이다. 단순한 검색 지원뿐 아니라, 배포용 패키지(DIP) 생성, 다운로드 지원, 외부 반출 기능 등이 포함된다. 특히 디지털 객체를 어떤 방식으로 보여줄지는 중요한 쟁점이다.

- 원본 포맷 그대로 제공
- 개방 포맷으로 변환 후 제공
- 통합뷰어를 통해 제공

또한 저작권 제어, OAI-PMH 기반 메타데이터 및 원문 공유, 기관 간 정보객체 교환 등도 이 단계에서 이루어진다.

3.5.4 DCC 큐레이션 수명주기

DCC(Digital Curation Centre)가 제시한 큐레이션 수명주기 모델은 디지털 데이터가 생성되거나 수집되는 초기 단계부터 장기 보존과 활용에 이르기까지 필요한 모든 관리 과정을 체계적으로 설명하는 모델이다. 이 모델은 데이터가 연구기관과 도서관, 기록관 등 다양한 환경에서 생성되고 수집되며, 시간이 흐르면서 그 가치가 변화하거나 기술 환경이 달라지더라도 지속적인 접근성과 신뢰성을 유지할 수 있도록 관리되어야 함을 강조한다. 다음 〈그림 3.15〉는 DCC에서 제공하는 큐레이션 수명주기 모델이다.

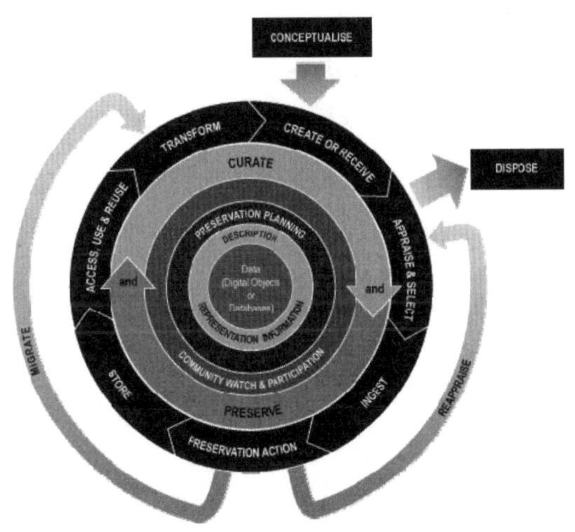

〈그림 3.15〉 DCC 큐레이션 수명주기 모델(https://www.dcc.ac.uk)

이 모델은 단순히 단계를 나열하는 데 그치지 않고 데이터의 흐름을 순환적 구조로 표현함으로써, 특정 단계가 끝나면 관리가 종료되는 것이 아니라 필요에 따라 반복적으로 재평가하고 수정하며 보완해야 함을 보여준다. 또한 기관이나 컨소시엄이 각 단계에서 수행할 활동을 계획하고, 필요한 역할과 책임을 정의하며, 적용할 표준과 기술 요소를 설계하는 데 활용할 수 있다. DCC 큐레이션 수명주기 모델은 디지털 데이터의 생애 전반에 걸쳐 이루어지는 관리 과정을 세 가지 유형의 활동으로 구분한다. 〈표 3.2〉는 DCC 큐레이션 수명주기에서 제시하는 활동을 구분별로 정리하여 보여주는 것으로, 데이터가 생성되거나 수집된 이후 어떤 절차를 거쳐 관리되고 보존되며 활용되는지를 단계별로 이해할 수 있도록 구성되어 있다. 이 표는 생애주기 전반에 걸쳐 반복적으로 수행되는 활동과 순차적으로 진행해야 하는 핵심 단계, 그리고 특정 상황에서 필요에 따라 수행되는 활동을 명확히 구분해 제시함으로써 디지털 데이터 관리 체계를 설계하고 운영하는 데 중요한 기준을 제공한다.

첫 번째는 전체 생애주기 반복 수행 활동으로, 데이터가 존재하는 동안 지속적으로 수행되어야 하는 핵심 관리 활동을 의미한다. 문서화, 접근성 보장, 보안과 무결성 유지, 메타데이터 관리는 데이터의 생성 시점부터 보존과 폐기에 이르기까지 모든 단계에서 반복적으로 이루어져야 한다. 이러한 활동은 단발적인 업무가 아니라 데이터 관리 체계의 기반을 형성하는 상시적이고 반복적인 관리 요소라고 할 수 있다. 두 번째 유형은 순차적 단계 활동이다. 이는 데이터의 생애주기 속에서 순차적으로 진행되어야 하는 주요 단계를 의미한다. 예를 들어 데이터 생산 단계에서의 개념화, 기관이나 시스템으로 데이터를 수집하는 단계, 이후 장기 보존을 위한 전략을 수립하는 단계, 데이터를 안전하게 저장하는 단계, 그 데이터를 실제로 제공하고 이용하는 활동, 그리고 그 이후의 재사용 단계가 이에 해당한다. 이러한 단계들은 데이터가 안전하게 관리되고 지속적으로 활용될 수 있도록 하는 데 필수적인 절차로서, 데이터가 생성되거나 수신된 시점부터 장기 보존 단계로 이어지는 전체 관리 체계의 골격을 구성한다.

〈표 3.2〉 DCC 큐레이션 수명주기 구분 별 활동

구분	용어	설명
전체 생애주기 반복 수행	Description and Representation Information	데이터 전체에 걸쳐 지속적으로 문서화 작업을 수행
	Preservation Planning	장기보존을 위한 정책, 전략, 기술 계획 활동
	Community Watch & Participation	기술 변화, 표준 동향, 커뮤니티 활동을 지속적으로 모니터링
	Curate and Preserve	데이터를 보존하고 유지하는 핵심 활동 전체
순차적 단계 활동	Conceptualise	데이터 생산 이전 단계에서 개념, 구조, 요구사항을 기획
	Create or Receive	데이터를 새로 생성하거나 외부로부터 수신
	Appraise & Select	보존할 데이터와 폐기할 데이터를 평가 및 선택
	Ingest	리포지토리와 보존시스템에 데이터 수집 및 등록
	Store	데이터를 안전하게 저장하고 무결성을 유지
	Access, Use & Reuse	데이터를 제공하고 활용하며 재사용 가능하도록 관리
	Transform	데이터 마이그레이션 과정 또는 원본 데이터 중 일부를 선택하거나 쿼리를 수행하여 하위 집합 생성, 분석 결과나 파생 데이터를 생성하여 출판 등에 활용하는 경우 등

구분	용어	설명
조건적 또는 필요 시 수행	Dispose	보존 대상이 아닌 데이터를 안전하게 폐기 또는 이관
	Reappraise	유효성 검증 실패 등으로 인한 재평가 및 보존 여부 재결정
	Migrate	기술 노후화에 대비하여 데이터 포맷을 새로운 형식으로 변환

세 번째 유형은 조건적 또는 필요시 활동으로, 모든 데이터에서 반드시 수행되는 것은 아니며 특정 상황이나 평가 결과에 따라 선택적으로 이루어지는 활동들이다. 대표적인 예가 폐기이다. 장기 보존 대상에서 제외된 데이터는 정책적 판단이나 법적 요구에 따라 안전하게 폐기되거나, 경우에 따라 다른 기관이나 아카이브로 이관되기도 한다. 일부 데이터는 법적 요건으로 인해 완전 삭제가 요구되기도 한다. 또한 데이터가 유효성 검증 절차를 통과하지 못할 경우 다시 평가하는 재평가 과정이 필요하다. 기술 환경 변화에 대응하기 위해 데이터를 새로운 파일 포맷으로 전환하는 포맷 전환 역시 대표적인 조건적 또는 필요시 활동에 해당하며, 이는 하드웨어나 소프트웨어의 노후화로 인해 데이터 접근이 어려워지는 상황을 방지하기 위한 장기보존의 핵심 절차다.

이처럼 DCC 큐레이션 수명주기 모델은 기관이 보유한 디지털 자원을 안정적으로 관리하기 위한 전략적 로드맵으로 활용될 수 있다. 이 모델은 조직 내부의 역할과 책임을 명확하게 정의하는 데 도움이 되며, 필요한 표준과 기술적 기반을 마련하는 과정에서도 방향성을 제공한다. 또한 특정 학문 분야나 자료 유형에 맞추어 추가적인 관리 단계를 도입하거나 조정해야 할 때 실질적인 판단 기준을 제시하며, 데이터 관리 정책과 절차를 문서화하는 과정에서도 핵심적인 참조틀로 기능한다. 결국 이 모델은 데이터 관리가 단순한 단일 작업이 아니라 데이터의 생성에서 활용, 장기보존, 재평가에 이르기까지 반복적이고 지속적인 관리 활동임을 강조하는 대표적인 디지털 큐레이션 프레임워크라고 할 수 있다.

3.6 디지털 콘텐트의 평가

디지털 콘텐트는 인쇄자료와 달리 물리적으로 대출하거나 도서관 상호대차를 통해 이동시키는 방식이 적용되지 않는다. 따라서 서가에서 자료를 직접 확인하거나, 상호대차 요청량을 활용하는 등 전통적인 장서평가 기법은 디지털 환경에서는 적절한 방법이 되기 어렵다. 이러한 특성 때문에 디지털 콘텐트의 평가에서는 기존 인쇄자료 평가 방식으로는 충분하지 않으며, 새로운 평가 관점과 방법론이 필요하다.

사서들은 전통적인 장서평가 틀을 유지하면서도 디지털 환경에 적합한 평가 기준을 적용하기 위해 다양한 시도를 계속해 왔다. 특히 이용자 중심적 평가 방법이 디지털 장서 평가에서 중요한 접근 방식으로 자리 잡고 있다. 이용자 설문조사, 이용자 행동 관찰, 포커스 그룹 인터뷰 등과 같은 평가 방식은 디지털 콘텐트의 포괄성, 수록 범위의 깊이, 접근성과 이용 편의성 등 이용자 경험 전반에 대한 정보를 제공하며, 이용자의 기대와 실제 서비스 간 차이를 분석하는 데 효과적이다. 한편, 이용통계에 기반한 평가 방법도 있다. 디지털 자원은 이용자의 접근과 사용 행태가 시스템 로그에 정량적으로 기록되기 때문에, 이용통계는 장서 구성과 구독 유지 여부를 판단하는 중요한 근거가 된다. 그러나 현실적으로 출판사나 벤더는 이용통계를 제공하는 데 소극적이거나, 경우에 따라서는 로그 수집 기능 사용료를 별도로 요구하기도 한다. 더 근본적인 문제는 제공되는 통계 수치가 기관별, 자원별로 비교 가능한 형태가 아니어서 평가를 표준화하기 어렵다는 점이다(송영희 외, 2005).

이러한 문제를 해결하기 위해 국제적 협력기구들이 표준 통계 기준 마련에 적극 나서고 있다. 그중 ICOLC(The International Coalition of Library Consortia)는 디지털 콘텐트 평가를 위한 기본 통계 요소를 규정하고, 벤더가 책임 있게 이용통계를 제공하도록 압력을 행사하는 역할을 해 왔다. ICOLC는 1998년 「Guidelines for Statistical Measures of Usage of Web－Based Information」을 발표하고, 2001년 개정판을 통해 벤더가 반드시 제공해야 할 공통 기본통계 세트를 제안하였다. 이 기준은 단일 도서관 내부의 이용 분석뿐만 아니라, 여러 도서관 간의 비교 연구가 가능하도록 하는 데 중요한 기반이 된다. 비슷한 맥락에서 미국 연구도서관협회(ARL)는 E－

Metrics Initiative를 통해 전자정보원의 효과적인 평가 지표 개발의 필요성을 제기했고, 국제적 이니셔티브인 COUNTER(Counting Online Usage of NeTworked Electronic Resources)는 온라인 정보자원의 이용통계를 표준화하기 위한 「Code of Practice」를 개발하여 오늘날 대부분의 출판사와 도서관이 준수하는 사실상의 국제 표준으로 자리 잡았다.

이와 더불어, 도서관은 자체 시스템의 로그데이터를 활용하여 디지털 콘텐트의 이용 통계를 수집할 수 있다. 로그데이터는 특정 서버를 통한 이용자의 접근 경로, 다양한 시간대별 이용량, 특정 IP 또는 도메인 기반의 이용 행태 등을 포착할 수 있어 이용자 행동 분석에 매우 유용하다. 특히 일정 기간 반복적으로 데이터를 수집하면 이용패턴의 변화와 장기적 동향을 파악하는 데 도움이 된다. 그러나 로그데이터는 추출과 분석 과정이 복잡하며, 소음 데이터가 많아 패턴 분석이 어려울 수 있다는 한계도 존재한다. 이처럼 디지털 콘텐트의 평가는 이용자 중심적 접근, 표준화된 이용통계, 시스템 로그 기반 데이터 분석을 중심으로 이루어지며, 이는 디지털 시대 장서관리 전략을 수립하는 데 핵심적인 역할을 담당한다.

3.7 디지털 콘텐트의 보존

디지털 콘텐트는 매체가 불안정하여 인쇄매체에 비해 훼손되기 쉽고, 축적된 정보가 수정이 가능하다. 그리고 정보기술의 발전에 따라 기존의 기술과 매체가 충분히 활용되기 전에 신기술에 의해 퇴출되거나 교체되어 장기적인 보존이 어렵다. 기존의 정보매체가 시장에서 사라지거나 가독용 드라이브가 더 이상 생산되지 않으면, 그리고 드라이브를 통제하고 매체에 사용된 인코딩을 판독할 수 있는 접근 프로그램이 새로운 컴퓨터에서 사용되지 않으면 그 디지털 콘텐트는 더 이상 이용될 수 없을 것이다. 또한 디지털 콘텐트의 안정성을 강화하기 위한 과정이나 신기술의 개발로 인한 포맷변환 과정에서 데이터가 손실될 수도 있다(방준필, 2004; 서은경, 2003).

현대 디지털도서관 관점에서는 이러한 위험이 오히려 더욱 심화되고 있다. 전자저널, 전자책, 데이터베이스 등 대부분의 디지털 자원이 이제는 출판사나 플랫폼 사업자의 클라우드 서버에서 제공되기 때문에 도서관이 원본 파일을 직접 소장하지 않는 경우가 대부분이다. 이로 인해 소유권 기반 보존 모델이 약화 되었으며, 출판사의 서비스 중단, 플랫폼 변경, 기업 인수합병과 같은 외부 요인에 따라 접근권이 불안정해지는 사례가 증가하고 있다. 또한 DRM(디지털 권한관리)이 적용된 포맷은 장기보존을 위한 포맷전환이나 에뮬레이션이 불가능한 경우가 많아, 보존 전략 수립이 더욱 복잡해졌다. 이와 더불어 연구데이터 관리(RDM)가 확산되면서, 전자문헌뿐 아니라 데이터셋, 코드, 실험 로그 등 다양한 자료에 대한 장기 보존이 요구되는 등 보존 대상 범위도 크게 확대되고 있다.

디지털 콘텐트의 보존전략은 디지털 콘텐트의 생산방법에 따라 달리 할 수 있다. 자관에서 아날로그 콘텐트를 디지털화한 자료의 경우 디지털 콘텐트로 변환한 그 도서관이 우선적으로 책임을 져야 한다. 이에 따른 보존전략을 수립하기 위하여 영국의 CEDARS 프로젝트의 전개방향을 참고할 수 있을 것이다. CEDARS는 첫째, 신뢰할 수 있는 디지털 아카이빙 모형을 선정한다. OAIS 모형은 많은 로컬 사이트와 용어를 통일할 수 있어 유리하다고 판단된다. 둘째, 디지털 자원을 기술하는 메타데이터는 매우 중요한 문제이므로 구성요소를 분명히 하여야 한다(서술요소, 관리요소, 기술요소, 저작권 등). 셋째, 경우에 따라서는 보존과 접근을 별개로 처리한다. 검색과 접근을 지나치게 의식한 나머지 보존을 엄두도 내지 못하는 경우도 많은데, 검색과 접근은 매체와 정보기술이 발달하면서 얼마든지 바뀔 수 있다는 것을 염두에 두고 보존문제는 별도로 처리하는 방안도 충분히 검토해야 할 것이다. 넷째, 가장 좋은 보존전략을 세우기보다는 가장 합리적인 방안을 찾는 수준으로 목표를 삼는 것이 바람직하다. 다섯째, 모든 자원을 전부 디지털로 보존할 수는 없으므로 디지털 자원을 선정하는 과정을 반드시 포함시켜야 한다. 여섯째, 이 프로젝트는 인쇄본과 상보적으로 실시하는 등 당초의 계획보다 확장되어 수행될 가능성이 있는 만큼 확실한 장서관리지침의 설정이 선행되어야 한다. 일곱째, 보존 협의체를 이룰 수 있는 여러 기관과의 공동노력을 기울일 필요가 있다.

현대 디지털 환경에서는 CEDARS의 원칙이 다음과 같은 방식으로 확장되고 재해석될 수 있다.

- 디지털 아카이빙 모형 선정과 관련하여 OAIS 기반 보존은 이제 TRAC과 ISO 16363과 같은 신뢰할 수 있는 디지털 저장소 인증과 결합되어 기관의 책임성과 지속가능성을 평가하는 기준으로 발전하였다.
- 메타데이터 구성에서는 PREMIS를 중심으로 한 보존 메타데이터 프레임워크가 사실상의 표준이 되었으며, 포맷 기술정보는 포맷등록기인 PRONOM 등과 연동하여 자동으로 추출하는 기능이 중요하게 여겨진다.
- 보존과 접근의 분리는 더욱 강조되고 있으며, 웹과 모바일, 인공지능 기반 서비스의 변화 속도에 대응하기 위해 보존 계층을 독립적으로 설계하는 것이 필요하다.
- 모든 자원을 보존할 수 없다는 원칙은 연구데이터 시대에 더욱 중요해졌으며, 인공지능을 활용한 보존 대상 자동 선별과 정책 기반 자동화 등 새로운 접근이 필요하다.
- 국가 단위뿐 아니라 국제적 협력에 기반한 보존 네트워크가 핵심 보존 인프라로 자리 잡았으며, LOCKSS와 Portico 등이 대표적인 사례다.

원본 없이 디지털 매체로 제작된 콘텐트의 경우에는 다른 보존 전략을 세워야 한다. 예를 들어, 대표적인 디지털 콘텐트인 전자저널은 도서관이 소유권을 확보하기보다 라이선스만 획득해 이용자에게 제공하는 경우가 대부분인데, 이런 환경에서는 소유권이 없는 도서관이 보존의 책임을 지기 어렵다. 또한 단일 도서관이 디지털 콘텐트 출판사처럼 서버나 기술 인력을 확보하는 일도 현실적으로 쉽지 않으므로, 출판사가 보존의 책임을 부담하는 방식이 필요하다. 출판사는 데이터 파일을 백업하고 복제본을 분산 소장하여 사고 위험을 줄여야 한다. 그러나 출판사가 영업을 지속하는 기간에만 콘텐트를 보존하는 구조라면 보존이 장기적으로 유지되기 어렵다. 따라서, 디지털도서관은 이 문제를 해결하기 위해 새로운 보존 메커니즘을 활용하고 있다. 대표적으로 LOCKSS(Lots of Copies Keep Stuff Safe), CLOCKSS, Portico와 같은 국제 보존 네트워크는 출판사가 사라지더라도 콘텐트가 장기적으로 보존될 수 있도록 하는 안정장치 역할을 수행한다. 또한 전자자원 라이선스 계약에서 영구 접근권 조항을 명시적으로 요구하는 것이 일반화되었으며, 국가도서관은 법정 납본제도를 디지털 자료까지 확대하여 장기 보존의 책임을 명확히 하고 있다.

참고문헌

[외국문헌]

Gilliland-Swetland, J. A. 2000. "Setting the Stage." in Introduction to Metadata: in Pathways to Digital Information. [online] http://www.getty.edu/research/institute/standards/intrometadata/.

Hamish, James. et al.. 2003. Feasibility and Requirements Study on Preservation of E-prints. Report Commissions by the Joint Information Systems Committee (JISC). [online] http://www.jisc.ac.uk/uploaded_documents/e-prints_report_final.pdf.

Hodge, Gail and Frangakis, Evelyn. 2004. Digital Preservation and Permanent Access to Scientific Information: The State of the Practice. A Report Sponsored by The International Council for Scientific and Technical Information (ICSTI) and CENDI US Federal Information Managers Group. [online] 〈www.dtic.mil/cendi/publications/04-3dig_preserv.pdf .

Lavoie, F. B. 2004. The Open Archival Information System Reference Model: Introductory Guide. DPC Technology Watch Series Report 04-01. [online] http://www.dpconline.org/docs/lavoie_OAIS.pdf.

Smith, MacKenzie. 2003. "DSpace: An Open Source Dynamic Digital Repository." D-Lib Magazine, 9(1). [online] http://www.dlib.org/dlib/january03/smith/01smith.html.

[웹사이트]

Archivematica. https://www.archivematica.org/

Beagrie, N. 2002. Maintaining Access to Digital Materials.

CCSDS. 2024. Reference Model for an Open Archival Information System (OAIS). https://ccsds.org/Pubs/650x0m3.pdf

DSpace. 2025. https://github.com/DSpace

Gartner, R. 2008. Metadata for Digital Libraries: State of the Art and Future Directions.

LC. Sustainability of Digital Formats: Planning for Library of Congress Collections. https://www.loc.gov/preservation/digital/formats/intro/intro.shtml

METS Version 2: An Overview and Tutorial. https://mets.github.io/metsoverview.html

METS2 Suggested Attribute Values. https://github.com/mets/METS-schema/wiki/METS2-Suggested-Attribute-Values

NISO. 2004. A Framework of Guidance for Building Good Digital Collections.

Preservica. https://preservica.com/

Rosetta. https://rosettaproject.org/

The DCC Curation Lifecycle Model.
https://www.dcc.ac.uk/search/content?search_api_views_fulltext=digital%20curation%20lifecycle

The National Archives. 2008. Selecting File Formats for Long Term Preservation (Digital Preservation Guidance Note 1).
https://www.nationalarchives.gov.uk/documents/information-management/dpselectingfileformats.pdf

Wilkinson, M., Dumontier, M., Aalbersberg, I., et al. 2016. The FAIR Guiding Principles for Scientific Data Management and Stewardship. https://doi.org/10.1038/sdata.2016.18

4

메타데이터 관리

디지털도서관 운영론

4. 메타데이터 관리

4.1 메타데이터 개념

4.1.1 메타데이터 정의

자원의 속성을 기술하는 구조화된 데이터로서 메타데이터는 디지털도서관에서 다루는 다양한 정보자원을 기술하고 조직하는 핵심 요소이며, 이용자의 검색과 탐색, 추천, 접근 제어, 보존 등 거의 모든 기능의 기반이 된다. NISO는 메타데이터를 정보자원을 기술하고 설명하며 그 위치를 식별하기 위한 구조화된 정보로 정의하고, 메타데이터가 정보자원의 검색과 이용, 관리 과정을 보다 효율적이고 편리하게 지원하는 역할을 수행한다고 설명한 바 있다(NISO, 2004). 오늘날에는 디지털도서관이 다루는 자원의 범위가 텍스트와 이미지, 오디오, 비디오를 넘어 연구데이터와 지식그래프까지 확장되면서, 메타데이터의 역할 역시 단순한 목록 작성 기능을 넘어 지식 조직과 연결, 보존, 서비스 자동화, 인공지능 기반 활용으로까지 확대되고 있다.

메타데이터 생성 방식은 크게 네 가지로 구분할 수 있다. 첫째는 자동 생성 방식이다. 초기에는 HTML 구조를 분석하여 더블린 코어 요소를 추출하는 도구와 같이 비교적 단순한 자동화 방식이 활용되었으나, 최근에는 자연어 처리와 이미지 분석, 머신러닝 기술의 발전으로 자동 메타데이터 생성이 다양한 영역에서 널리 적용되고 있다. 다만 자동 생성된 메타데이터는 자료의 맥락을 충분히 반영하지 못하거나 오류를 포함할 가능성이 있으므로, 생성 이후 검증과 보완 과정이 필수적으로 요구된다. 둘째는 정보자원의 저자나 생산자가 직접 메타데이터를 작성하는 방식이다. 연구자나 콘텐트 생산자가 제출 과정에서 제목, 초록, 키워드, 소속, 연구비 정보 등을 입력하는 형태가 이에 해당한다. 이 방식은 작성자가 자료의 내용을 가장 잘 알고 있다는 점에서 정확성을 기대할 수 있으나, 메타데이터 작성 원칙이나 표준에 대한 이해가 부족한 경우 용어 사용의 불일치나 정보 누락으로 인해 품질이 저하될 수 있다. 셋째는 사서나 메타데이터 전문가가 작성하는 방식이다. 전문 인력이 표준과 규칙을 적용하여 일관성 있게 기술하기 때문에 일반적으로 가장 높은 품질의 메타데이터를 확보할 수 있다. 그러나 디지털도서관 환경에서는 처리해야 할 자원의 규모가 방대하고 갱신 속도도 빠르기 때문에, 이 방식만으로 모든 자원을 처리하기에는 시간과 비용 부담이 크다는 한계가 있다. 넷째는 이용자 참여 기반의 메타데이터 생산 방식이다. 이용자가 태그나 키워드 부여, 주제 분류, 오류 제보, 주석 작성 등의 형태로 보조적인 메타데이터 생성에 참여하는 방식으로, 대규모 컬렉션에서 메타데이터를 풍부하게 만들고 오류를 줄이는 데 기여할 수 있다. 최근에는 인공지능 기반 인터페이스를 활용해 참여를 유도하거나, 이용자 기여 데이터를 학습과 검증 과정에 반영하는 방식, 커뮤니티 기반 플랫폼에서 지속적으로 메타데이터를 보완하는 방식으로 발전하고 있다. 이러한 참여형 메타데이터는 전문적으로 작성된 메타데이터를 대체하기보다는 검색성과 접근성을 높이는 보완적 정보로서 의미를 갖는다. 한편, 현대 디지털도서관에서는 메타데이터 품질 관리가 중요한 이슈로 부각되고 있다. 정확성, 일관성, 완전성, 상호운용성을 핵심 품질 기준으로 삼아, 자동 생성된 메타데이터를 전문가가 검증하고 보정하는 인간 개입 기반 품질 관리 체계가 점차 확산되고 있다. 이러한 접근은 메타데이터의 양적 확대와 품질 확보를 동시에 달성하기 위한 현실적인 전략으로 이해할 수 있다.

도서관 분야에서는 오랫동안 MARC가 포괄적 메타데이터 표준으로 사용되어 왔으나, 방대하고 복잡한 구조는 웹 환경과 비정형 데이터 기반 서비스에는 적합하지 않은 측면이 있다. 이에 따라 최근에는 응용 영역별로 특화된 메타데이터 표준이 활용되는 방향으로 변화하고 있다. 예를 들어 학술문헌에는 Dublin Core나 MODS가, 문화유산 자원에는 CDWA나 VRA Core가, 연구데이터에는 DataCite 표준이 적용되는 사례가 늘고 있다. 그러나 다양한 표준을 병행해 사용하면 스키마 간 상호운용성 문제가 발생하며, 이는 현대 디지털도서관에서 중요한 기술적 과제로 남아있다. 이러한 스키마 간 상호운용성 문제를 해결하기 위한 노력은 과거부터 존재해 왔다. 베이커는 서로 다른 메타데이터 스키마를 사용하는 공동체 간 상호운용성을 확보하기 위한 개념으로 피진(pidgin) 메타데이터를 제안하였다(Baker, 2000). 이는 복잡한 스키마 요소를 단순한 공통 요소로 변환(dumb－down)하여 상호 이해 가능하게 만드는 최소 공통 메타데이터 언어이다. 베이커는 Dublin Core를 이러한 피진 메타데이터의 대표적 예로 제시하였다. 현대의 웹 환경에서는 Schema.org가 링크드 데이터 환경에서 피진 메타데이터와 유사한 역할을 수행하면서 글로벌 정보 자원의 상호연결성을 높이는 방향으로 확장되고 있다.

일반적으로 메타데이터 유형 모델은 계층 모델과 개체관계 모델로 구분된다. 계층 모델은 단일 수준의 단순 구조에서 다계층 구조까지 다양하게 구성되며, Dublin Core는 대표적인 단일 계층 모델이다. 반면 개체관계 모델은 FRBR(Functional Requirements for Bibliographic Records)에서 제시된 방식으로, 자원 간 관계를 구조적으로 표현해야 하는 멀티미디어, 기록물, 문화유산 자원의 기술에 특히 유리하다. 이 모델은 이후 LRM(Library Reference Model)과 RDA(Resource Description and Access), BIBFRAME 등으로 발전하여 현대 웹 기반 서지체계의 기본 개념구조로 자리 잡고 있다(FRBR, 1998).

4.1.2 메타데이터 유형

IFLA의 보고서(IFLA, 2003)는 디지털 환경에서 활용되는 메타데이터를 여섯 가지 유형으로 구분하여 제시하고 있다. 이러한 구분은 디지털 객체의 기술과 관리, 접근, 이용 통제 등 다양한 측면에서 메타데이터가 수행하는 기능을 보다 명확하게 이해하는 데 도움이 된다. 첫 번째 유형은 관리적 메타데이터(administrative metadata)이다. 이는 특정 레코드 자체에 관한 관리 정보를 의미하며 레코드 생성과 수정 이력, 레코드 번호, 담당자 또는 검토자의 식별 정보, 레코드 언어, 주기 사항, 다른 레코드와의 관계 등 관리 운영에 필요한 요소를 포함한다. 관리적 메타데이터는 시스템 운영 과정에서 레코드의 상태와 변화를 추적하고 유지하기 위한 핵심 데이터이다. 두 번째 유형은 기술적 메타데이터(descriptive metadata)이다. 이는 디지털 아이템 또는 객체의 물리적 특성과 지적 특성, 그리고 내용을 서술하는 데 사용되는 메타데이터로, 가장 전통적인 의미의 서지 메타데이터에 해당한다. 서명과 대등서명, 저작자 정보(저자, 작곡가, 만화가 등), 출판 정보, 날짜, 고유 식별자(ISBN, URL 등), 요약과 설명, 리뷰, 이용 대상층, 물리적 매체나 포맷, 언어, 버전 정보 등이 포함된다. 세 번째는 분석적 메타데이터(analytical metadata)이다. 이는 자원의 내용에 더 깊이 접근하기 위해 필요한 정보를 제공하는 메타데이터로, 일반적으로 주제 메타데이터(subject metadata)라고 불린다. 통제된 주제명표목이나 디스크립터 같은 표준화된 주제어, 자유 키워드, 초록과 목차, 분류 코드, 기관별 중요 요소 등이 이에 해당한다. 이러한 메타데이터는 자원의 주제 분석과 탐색 효율성을 높이는 데 중요한 역할을 한다. 네 번째는 권한관리 메타데이터(rights management metadata)이다. 이는 디지털 자원의 접근과 이용을 어떻게 제한하거나 허용할 것인지에 관한 정보를 담고 있으며 이용 조건, 라이선스 요금, 이용 건별 과금 여부, 저작권 공시, 감사 정보, 보유 계획, 품질 검사 결과 등이 포함된다. 디지털 자원이 다양한 법적 환경과 제도적 환경 속에서 관리되는 현대 디지털도서관에서 권한관리 메타데이터는 필수적인 요소로 부상하고 있다. 다섯 번째는 기술적 메타데이터(technical metadata)이다. 이는 자원을 디지털 형태로 변환하고 저장하며 재현하기 위한 하드웨어 및 소프트웨어 관련 정보를 포괄한다. 예를 들어 디지털화 장비 규격, 카메라 위치와 촬영 조건, 이미지 변환 장비, 광학 스캐너 사양, 코딩 파라미터, 오디오와 비디오 재생 조건, 파일 유형, 변환 소프트웨어 정보 등이 이에 포함된다. 이러한 기술적 메타데이터는 디지털 객체의 장기 보존과 재현 가능성을 확보하는 데 매우 중요한 역할을 한다. 마지막으로 여섯 번째 유형은 기타 메타데이터로, 특정 기관이나 지역적 요구, 혹은 국가적 표준에 의해 필수적으로 포함되어야 하는 특별한 요소를 의미한다. 예를 들어 특정 국가의 법적 요구에 따른 기록물 관리 메타데이터나 기관별 정책에 따라 추가되는 고유 요소 등이 이에 해당된다.

한편, 게티 정보연구소는 또 다른 관점에서 메타데이터 유형을 제시한 바 있는데, 이는 〈표 4.1〉과 같으며(Baca, 2000), 문화예술과 박물관 분야의 자원을 중심으로 메타데이터의 기능과 역할을 보다 세분화한 틀을 제공한다.

〈표 4.1〉 게티 연구소의 메타데이터 유형 구분

유형	정의	사례
관리 (administrative)	정보자원을 관리하는데 사용하는 메타데이터	-수집정보 -권한과 복제 추적 -법률적 접근 요건 명세 -소장처 정보 -디지털화 선택 기준 -유사한 정보객체들간 제어 버전 제어와 구분 -레코드 보유 시스템에 의해 생산된 감시추적
기술 (descriptive)	정보자원의 기술(서술) 또는 식별에 사용하는 메타데이터	-목록 레코드 -탐색도구 -특수 색인 -자원들간 하이퍼링크된 관계 -이용자 주석 -레코드 관리시스템에서 생성한 메타데이터
보존 (preservation)	정보자원의 보존관리와 관련있는 메타데이터	-자원의 물리적 조건에 관한 명세 -자원의 물리적 및 디지털 버전을 보존하는 행동에 관한 명세(데이터 변환, 마이그레이션 등)
기술 (technical)	시스템 기능 또는 메타데이터가 행동하는 방법과 관련있는 메타데이터	-H/W와 S/W 명세 -디지털화 정보(포맷, 압축율, 축소율 등) -시스템 응답시간 추적 -인증과 보안 데이터(암호키, 패스워드 등)
이용(use)	정보자원 이용의 수준과 유형과 관련있는 메타데이터	-진열(exhibit) 레코드 -이용과 이용자 추적 정보 -콘텐트 재이용과 정보의 복수버전에 대한 정보

일반적으로 메타데이터는 〈표 4.2〉와 같이 그 기능과 활용 목적에 따라 기술적 메타데이터, 관리적 메타데이터, 구조적 메타데이터의 세 가지 유형으로 크게 구분된다. 이러한 구분은 다양한 정보자원이 디지털 환경에서 어떻게 기술되고, 관리되며, 조직되는지를 이해하는 데 유용한 기준을 제공한다.

〈표 4.2〉 메타데이터의 일반적 유형 구분

유형	목적	주요 관련 요소들	구현 사례
기술적 (descriptive)	정보자원의 검색, 식별	–고유 식별자들 –물리적 속성들(포맷, 크기, 차원 등) –서지적 속성들(서명, 저자, 언어 키워드 등)	Dublin Core MODS MARC 21 BIBFRAME VRA Core Schema.org 등
관리적 (administrative)	정보자원의 단기적/장기적 관리와 처리에 사용	–스캐너 유형과 모델, 해상도, 컬러크기, 파일포맷, 압축, 소유권자, 저작권날짜, 저작 및 배포 제한, 라이선스 정보, 보존활동(변환주기, 마이그레이션 등) 등과 같은 기술적인 데이터	–Dublin Core DCMI Administrative Metadata –PREMIS –MIX –TextMD, AudioMD, VideoMD –ODRL / RightsStatements.org
구조적 (structural)	디지털 객체의 구성 요소와 그들의 순서 및 관계를 기술하는 정보	–서명 페이지, 목차, 챕터, 파트, 색인, 페이지 번호, 섹션/하위 섹션, 파일과 페이지의 매핑 정보 등과 같은 구조적인 태그들	–METS의 〈structMap〉 –EPUB 3의 Navigation Document

한편, 디지털도서관 교육 현장에서 학생들이 가장 자주 혼동하는 부분 중 하나는 SGML이나 XML 자체가 구조적 메타데이터라고 생각하는 것이다. SGML, XML은 구조적 메타데이터를 표현하기 위한 마크업 기술이지 구조적 메타데이터 그 자체는 아니다. XML 문서를 보면 〈fileGrp〉, 〈file〉, 〈FLocat〉처럼 계층적 구조를 이루는 태그들이 등장하기 때문에, 이러한 형식적 구조가 곧 구조적 메타데이터라고 오해하기 쉽다. 그러나 실제로 XML은 단지 메타데이터를 표현하기 위한 문법적 형식(encoding syntax)일 뿐이며, 태그 내부에 기술되는 내용이 구조적 메타데이터에 해당한다. 구조적 메타데이터(structural metadata)는 디지털 객체가 어떤 구성 요소로 이루어져 있는지, 각 구성 요소가 어떤 순서와 계층으로 조직되는지, 그리고 구성 요소들 사이가 어떻게 연결되는지를 설명하는 정보이다. 즉 구조적 메타데이터는 디지털 객체의 논리적 구조와 지적 구조를 기술하는 것이며, XML은 이러한 구조 정보를 기록하기 위한 하나의 표기법으로 활용될 뿐이다. 예를 들어, METS의 〈structMap〉 안에 기록된 〈div〉 요소들은 제목–장–절과 같은 문헌의 계층 구조

를 표현한다. 이때 구조적 메타데이터는 이 파일은 Chapter 1의 특정 부분에 해당한다라는 의미적 정보이지 〈div〉라는 태그 자체가 아니다. 태그는 단지 이 정보를 표현하는 역할만 수행한다. 이처럼 XML이 종종 구조적 메타데이터처럼 보이는 이유는 XML 문서가 원래 트리 구조를 기반으로 작성되기 때문이다. XML 문서의 계층구조를 보고 이것이 구조적 메타데이터인가라고 생각하기 쉽지만, XML 태그의 형태는 단지 외형적 구조이며, 디지털 객체가 실제로 어떤 구조를 가지는지는 그 안에 담긴 내용이 결정한다. 따라서 문서 구조를 표현하는 기술(XML)과 디지털 객체의 구조에 대한 정보(구조적 메타데이터)는 명확히 구분해야 한다. 이를 보다 쉽게 이해하기 위해 METS의 파일 섹션(fileSec)을 정의하는 XML 스키마의 예를 살펴보면 도움이 된다. XSD는 XML 문서가 따라야 하는 문법적 규칙을 정의하는 것으로, 어떤 요소가 포함될 수 있는지, 어떤 속성이 필요한지를 규정한다. 예를 들어 다음과 같은 선언은 〈file〉 요소가 반드시 하나 이상의 〈FLocat〉 요소를 가져야 한다는 규칙을 정의한다.

```
〈xsd:complexType name="fileType"〉
  〈xsd:sequence〉
    〈xsd:element name="FLocat" type="mets:fLocatType" minOccurs="1"
maxOccurs="unbounded"/〉
  〈/xsd:sequence〉
  〈xsd:attribute name="ID" type="xsd:ID" use="required"/〉
  〈xsd:attribute name="MIMETYPE" type="xsd:string" use="optional"/〉
〈/xsd:complexType〉
```

이 스키마는 형식적 구조를 나타낼 뿐이며, 여기에 기록되는 실제 정보가 구조적 메타데이터가 된다. 예를 들어 아래 XML 문서는 특정 디지털 객체가 어떤 파일로 구성되었는지를 설명하는 구조적 메타데이터를 포함한다.

```
〈mets:file ID="FILE001" MIMETYPE="image/tiff"〉
  〈mets:FLocat LOCTYPE="URL" LOCREF="https://example.org/files/image001.tif"/〉
〈/mets:file〉
```

여기서 구조적 메타데이터는 이 파일의 식별자(FILE001), 파일 형식(MIMETYPE), 실제 파일의 위치(LOCREF)와 같은 정보로 구성되며, XML 태그는 단지 이를 표현하는 그릇 역할을 수행한다. 이처럼 메타데이터는 정보이고, XML은 그 정보를 표현하는 방식이라는 점을 이해하는 것은 구조적 메타데이터를 정확히 파악하는 데 매우 중요하다. 구조적 메타데이터를 올바르게 이해하면, METS나 EPUB, IIIF Manifest와 같은 현대 디지털 객체 패키징 기술이 어떻게 디지털 콘텐트의 논리적 구조를 기술하고 전달하는지를 훨씬 명확하게 이해할 수 있다. 이상을 그림으로 표현하면 다음 〈그림 4.1〉과 같다.

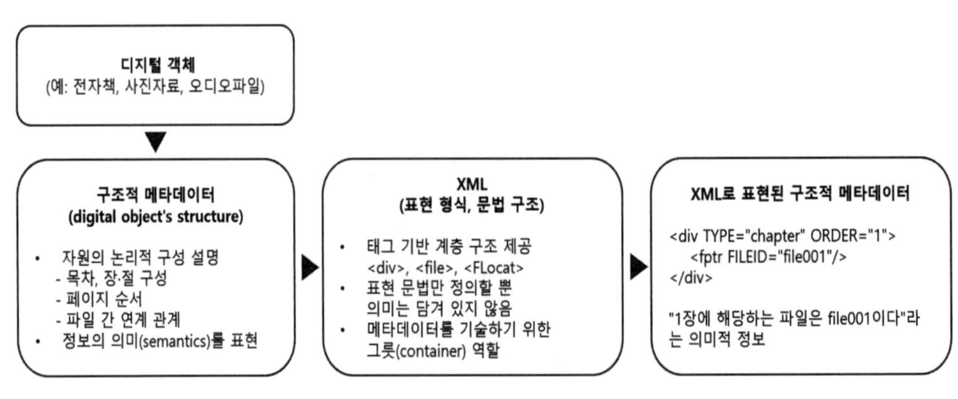

〈그림 4.1〉 구조적 메타데이터와 XML 관계

이러한 메타데이터 유형의 구분은 개념적 측면과 이론적 측면에서는 매우 유용하지만, 실제 디지털도서관 환경에서 더 중요한 것은 특정 응용 영역에서 어떤 메타데이터 스키마를 선택하고 활용할 것인가에 대한 전략적 판단이다. 기관은 기존에 널리 사용되는 표준 스키마를 그대로 적용할 것인지, 아니면 자관의 목적과 자료 특성에 맞게 조정한 응용 프로파일을 사용할 것인지를 결정해야 한다. 응용 프로파일이란, 여러 표준 메타데이터 스키마에서 필요한 요소만을 선택하거나, 요소의 의미와 사용 규칙을 재정의하여 특정 조직이나 서비스 환경에 최적화된 메타데이터 구조를 만드는 방식이다. 즉, 표준 스키마를 그대로 사용하는 것이 아니라 자관의 자료 특성과 서비스 요구에 맞게 맞춤형 메타데이터 환경을 구성하는 방법이다. 결국 메타데이터 스키마 선택은 시스템 구축 방식, 상호운용성 요구 수준, 대상 자료의 특성 등 실무적 조건과 밀접하게 연관되기 때문에, 이러한 결정은 디지털도서관 운영 전략의 핵심 요소라고 할 수 있다.

4.1.3 메타데이터 기능

메타데이터는 정보자원의 구조적 형태와 속성(attribute)을 기술하는 자원기술을 주된 목적으로 한다. 이를 통해 이용자는 검색된 정보자원의 레코드에서 원하는 정보를 식별할 수 있으며, 다양한 서비스 기능의 기반을 마련할 수 있다. 이러한 메타데이터의 기능은 여러 모델과 표준에서 정의되어 왔는데, 대표적으로 FRBR 모형과 NISO에서 제시한 구분이 널리 알려져 있다.

먼저 FRBR 모형은 메타데이터의 기능을 이용자의 행동 흐름에 따라 네 가지로 제시한다. 첫째, 검색 기능(find)은 이용자의 검색 기준에 부합하는 정보자원을 찾아 제시하는 기능이다. 둘째, 식별 기능(identify)은 검색된 자원 중에서 이용자가 원하는 정확한 객체를 판별하도록 돕는다. 셋째, 선택 기능(select)은 여러 후보 중 이용자의 요구에 가장 적합한 자원을 선택하도록 지원하는 것으로, 자원의 내용, 포맷, 언어 등의 조건을 고려한다. 넷째, 획득 기능(obtain)은 선택한 자원에 실제로 접근하거나 획득할 수 있도록 지원하는 기능으로, 온라인 접근, 구매, 대여 등의 형태를 포함한다.

NISO(2004)는 보다 시스템 중심적이고 기술적인 관점에서 메타데이터의 기능을 설명한다. 첫째, 자원 탐색 기능은 적합성 기준에 따른 검색, 자원의 식별, 유사 자원의 배열과 구분, 소장처 정보 제공 등을 포함한다. 둘째, 전자자원 조직 기능은 이용대상층이나 주제 영역에 따라 자원을 조직하고, 메타데이터를 기반으로 웹페이지나 검색 화면을 동적으로 구성하는 기능을 수행한다. 셋째, 상호운용성 기능은 다양한 메타데이터 스키마, 전송 프로토콜, 변환 도구(crosswalk)를 활용하여 네트워크에 분산된 자원을 통합적으로 검색할 수 있도록 돕는다. Z39.50 기반의 분산 검색이나 OAI-PMH 기반의 메타데이터 수확 등이 여기에 해당한다. 넷째, 디지털 식별 기능은 ISBN과 같은 표준번호, 파일명, URL, PURL, DOI 등 영구식별자를 통해 디지털 객체를 고유하게 식별하는 역할을 한다. 다섯째, 아카이빙과 보존 기능은 기술 변화로 인해 디지털 정보가 손상되거나 접근 불능이 되는 상황을 예방하기 위한 기능이다. 포맷전환, 에뮬레이션과 같은 전략은 이러한 위험을 최소화하기 위해 활용되며, 메타데이터는 디지털 객체의 기술적 특성, 변환 이력, 출처를 문서화하여 장기적인 접근성을 보장한다.

이와 함께 최근 디지털도서관 환경에서는 메타데이터와 관련된 새로운 요구가 부각되고 있다. 바로 오픈 사이언스와 오픈 데이터 시대에 필수적인 데이터 재사용을 보장하는 메타데이터 기능이다. 연구데이터와 디지털 객체는 단순히 일회성으로 소비되는 자원이 아니라, 다른 연구나 분석에서 반복적으로 재활용되는 순환적 지식자원으로 인식되고 있다. 이 때문에 데이터의 생산, 처리, 분석 과정에서 발생하는 맥락정보(context information)를 충분히 기록하는 것이 매우 중요해졌다. 이 때문에 데이터가 언제, 어떻게, 어떤 절차와 도구를 사용해 생산되었는지, 어떤 전처리 과정과 품질 관리 과정을 거쳤는지, 어떤 버전 규칙과 라이선스를 따르는지 등은 모두 미래의 재사용을 위해 반드시 필요한 정보이다. 이러한 맥락정보는 국제적으로 널리 확산된 FAIR 원칙에서도 핵심 요소로 강조된다. 특히 재사용성은 데이터가 미래에도 해석 가능하고 신뢰성 있게 활용될 수 있도록 충분한 메타데이터가 제공되어야 한다는 점을 분명히 한다. 결국 현대의 디지털도서관에서 메타데이터는 전통적으로 강조되어 온 FRBR의 이용자 중심 기능과 NISO의 기술적 기능과 관리적 기능을 넘어, 데이터의 투명성, 재현성, 재사용성을 보장하는 맥락 정보의 기록이라는 새로운 역할까지 포함하게 되었다. 이는 메타데이터가 단순한 자원 기술을 넘어, 지식 생산과 확산, 재사용의 전 과정에서 지속성을 보장하는 핵심 인프라로서 기능하고 있음을 보여준다.

4.1.4 메타데이터 기술 수준

메타데이터의 요소들은 다양한 수준에서 제공되며, 이는 디지털 객체들 간의 계층적 관계를 표현하고, 이용자가 자원에 보다 효율적으로 접근할 수 있도록 지원하기 위한 구분이다. 일반적으로 메타데이터의 기술 수준은 장서 수준과 아이템 수준으로 나누어 설명한다. 장서 수준 메타데이터는 특정한 주제나 특성을 공유하는 자원의 집합 전체를 대상으로 하는 기술로, 개별 자원에 대한 상세한 기술보다는 장서 전체의 특성, 범위, 목적 등을 기록한다. 반면 아이템 수준 메타데이터는 하나의 장서나 집합을 구성하는 개별 자원을 단위로 기술하는 것으로, 이용자가 직접 접근하거나 검색해야 하는 구체적인 자원에 대한 상세한 기술을 포함한다. 그러나 실제 디지털도서관에서 다루는 자원은 단순한 장서, 아이템의 이분법보다 훨씬 더 복잡한 구조적 특성을 지니고 있다. 이에 따라 미국 의회도서관은 메타데이터 기술 수준을 보다 세분화하여 다음 〈그림 4.2〉와 같이 다섯 가지 계층으로 구분하고 있다.

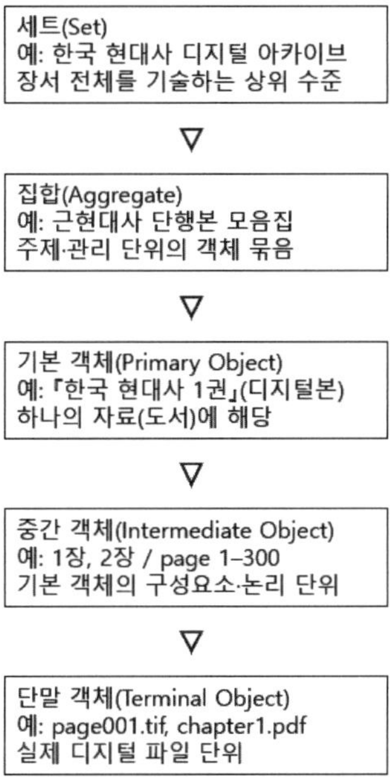

세트(Set)
예: 한국 현대사 디지털 아카이브
장서 전체를 기술하는 상위 수준

▽

집합(Aggregate)
예: 근현대사 단행본 모음집
주제·관리 단위의 객체 묶음

▽

기본 객체(Primary Object)
예: 『한국 현대사 1권』(디지털본)
하나의 자료(도서)에 해당

▽

중간 객체(Intermediate Object)
예: 1장, 2장 / page 1–300
기본 객체의 구성요소·논리 단위

▽

단말 객체(Terminal Object)
예: page001.tif, chapter1.pdf
실제 디지털 파일 단위

〈그림 4.2〉 미국 의회도서관(LC)은 메타데이터 기술 수준 5계층

첫째, 세트(set) 수준은 장서 수준 메타데이터와 동일하며, 디지털 장서 전체를 아카이빙 목적이나 주제적 특성에 따라 기술하는 단계이다. 하나의 세트는 여러 개의 집합(aggregates)으로 구성될 수 있다. 둘째, 집합 수준은 관리적 책임과 기술적 책임 단위에 따라 구분되는 디지털 객체의 조직 단위이다. 하나의 집합은 하나의 장서가 될 수 있으며, 여러 집합이 모여 하나의 장서를 구성할 수도 있다. 집합은 기본 객체(primary objects)의 모임으로 이루어진다. 셋째, 기본 객체는 단행본, 음성자료, 영화, 지도, 사진과 같은 물리적 도서관 자료의 디지털 원본에 해당하는 최상위 디지털 객체이다. 기본 객체는 온라인 장서 시스템에서 하나의 단위로 식별되며,

이용자가 실제로 접하게 되는 핵심 단위이다. 넷째, 중간 객체(intermediate object)는 기본 객체의 한 구성요소나 뷰(view)를 나타내는 단위로, 디지털 객체의 구조적 특성을 세분화하여 표현한다. 예를 들어, 단행본 기본객체는 페이지 이미지 시퀀스로 구성될 수 있으며, 음성자료는 여러 구간으로 나누어 중간 객체로 표현될 수 있다. 이러한 중간 단위 역시 독립적인 메타데이터가 필요할 수 있다. 다섯째, 단말 객체(terminal object)는 디지털 객체를 구성하는 실제 파일 단위로, 각 객체는 최소 1개의 단말 객체를 가진다. 이 수준의 메타데이터에는 파일 크기, 포맷, 확장자, 인코딩 방식 등 구조적 속성이 주로 기술된다. 이처럼 디지털 환경에서 메타데이터 기술 수준은 단순한 상위와 하위 관계를 넘어서, 자원의 논리적 특성과 구조적 특성을 반영한 다층적 구조로 세분화되고 있다. 이러한 세분화는 복잡한 디지털 객체를 정확하게 기술하고, 이용자 요구와 서비스 방식에 맞는 정교한 접근을 가능하게 한다는 점에서 현대 디지털도서관 운영의 중요한 기반을 이룬다.

4.1.5 메타데이터 선정 원칙

NISO(2004)는 디지털 객체를 기술하고 관리하기 위해 메타데이터를 선택하고 구현할 때 반드시 고려해야 할 여섯 가지 기본 원칙을 제시하고 있다. 이 원칙들은 개별 디지털 객체의 기술적 특성을 정확하게 표현할 뿐 아니라, 장기적 보존과 활용까지 포함한 전 생애주기적 관점에서 메타데이터의 품질을 보장하기 위한 기준이 된다. 기본 원칙을 살펴보면 첫째, 우수한 메타데이터는 해당 장서의 특성, 장서를 이용하는 이용자 집단의 요구, 그리고 디지털 객체의 현재와 미래 활용 목적에 적합해야 한다. 즉, 메타데이터는 장서와 이용 맥락에 맞게 설계되어야 한다. 둘째, 우수한 메타데이터는 상호운용성을 지원해야 한다. 다양한 시스템, 플랫폼, 서비스 간의 데이터 흐름과 교환이 가능하도록 구조적 호환성 및 기술적 호환성을 갖추어야 한다는 의미다. 셋째, 우수한 메타데이터는 전거통제나 통제어휘와 같은 콘텐트 표준을 활용한다. 이를 통해 이용자는 특정 객체뿐 아니라 의미적으로 관련된 객체를 함께 탐색할 수 있다. 넷째, 우수한 메타데이터는 저작권, 접근 제한, 라이선스 조건 등과 같은 디지털 객체의 이용 조건을 명확하게 제시해야 한다. 이는 이용자 권리 보호와 적절한 접근 관리에 필수적이다. 다섯째, 우수한 메타데이터는 장서 내 객체들의 장기적 관리를 지원해야 한다. 즉, 보존, 포맷전환, 장기 접근성 보장 등을 수행하는 데 필요한 정보가 포함되어 있어야 한다. 여섯째, 메타데이터 레코드 자체도 하나의 디지털 객체이므로, 다른 객체와 동일하게 권위성, 진본성, 보존성, 영속성, 그리고 유일한 식별성을 확보해야 한다. 다시 말해, 메타데이터는 스스로 고품질 정보객체가 되는 것이 필수적이다.

특히 오늘날처럼 데이터가 연구의 핵심 도구로 활용되는 데이터 사이언스 시대에는, 메타데이터의 역할이 단순한 검색과 식별을 넘어 데이터 관리와 재사용을 체계적으로 보장하는 기반 인프라로 확장되고 있다. 이 때문에 대학도서관과 연구기관은 메타데이터 선정 시 소속 연구자들이 각 연구 분야에서 데이터를 효과적으로 관리하고 재사용할 수 있도록, 분야별 데이터 표준, 기관 정책과 저장소 정책, 데이터 출판에 요구되는 핵심 메타데이터 요소를 종합적으로 고려해야 한다. 또한 연구데이터의 DOI 부여와 인용 구조를 지원하는 DataCite 메타데이터 스키마를 비롯한 최신 메타데이터 동향을 지속적으로 파악하고 검토하는 일은 현대 디지털도서관 및 연구지원 조직이 반드시 수행해야 할 중요한 업무로 평가된다.

4.2 표준 메타데이터 스키마

메타데이터 스키마란 특정 목적을 위해 정의된 메타데이터 요소와 그 요소들을 적용하는 규칙의 집합을 의미한다. 메타데이터가 일정한 구조와 기준을 갖춘 상태로 정의되면 흔히 메타데이터 스킴(scheme) 또는 요소세트라고도 부르지만, 그보다 더 완전한 형태로 의미, 내용, 구문 규칙을 모두 갖춘 경우 해당 용어를 사용한다.

메타데이터 스키마는 크게 의미구조(semantics), 내용규칙(content rules), 구문구조(syntax)의 세 가지 요소로 구성된다. 첫째, 의미구조는 스키마를 구성하는 각 요소의 의미를 정의한다. 예를 들어 Dublin Core에서 dc:title 요소는 자원의 이름을 의미하며, dc:creator는 자원의 생성 책임이 있는 사람 또는 기관을 의미한다. 의미구조에는 요소 이름, 정의, 설명뿐만 아니라 필수 여부, 반복 가능 여부 등의 규칙도 포함된다. 둘째, 내용규칙은 요소에 입력되는 값의 선정 기준과 표현 방법을 규정한다. 예를 들어 creator 요소에 들어갈 저자명은 성과 이름 순서로 기록할 것인지, ORCID와 같은 식별자를 함께 기록할 것인지, 로마자 표기를 사용할 것인지 등을 내용규칙에서 정한다. 이 규칙이 명확할수록 메타데이터의 품질과 일관성이 높아진다. 셋째, 구문구조는 메타데이터를 기계가 읽고 시스템 간 교환할 수 있는 형식으로 인코딩하는 방식을 정의한다. 예를 들어 Dublin Core 요소를 XML로 표현할 경우 다음과 같은 구문이 사용된다.

```
<dc:title>Machine Learning for Social Science</dc:title>
<dc:creator>Kim, Haeun</dc:creator>
```

이처럼 XML, JSON, RDF/XML 등은 메타데이터의 내용을 특정 형식에 맞춰 구조화된 데이터로 표현할 수 있도록 한다. 구문구조는 저장 방식이 아닌, 서로 다른 시스템 간 상호 교환을 위한 공통 포맷이라는 점에서 중요하다. 마지막으로 Dublin Core 메타데이터 스키마의 date 요소를 스키마 관점에서 정리하면 〈표 4.3〉과 같다.

〈표 4.3〉 스키마 관점에서 바라본 Dublin Core 메타데이터 스키마의 date 요소

구성 요소	예시 설명
의미구조	dc:date은 자원의 날짜 정보(생성일, 발행일 등)를 의미함
내용규칙	날짜 형식을 ISO 8601(YYYY-MM-DD)로 기록할 것
구문구조	〈dc:date〉2024-07-15〈/dc:date〉 또는 "date": "2024-07-15"

이처럼 메타데이터 스키마는 무엇을 기술할 것인가(의미), 어떻게 기술할 것인가(내용), 어떤 형식으로 교환할 것인가(구문)를 모두 정의하는 완전한 구조적 규격이다. 이러한 구조를 통해 디지털도서관은 안정적이고 일관된 자원 기술이 가능해지고, 기관 간 상호운용성도 보장할 수 있다.

4.2.1 메타데이터 핵심요소

메타데이터 레코드의 핵심요소란, 어떤 메타데이터 스키마를 사용하더라도 공통적으로 포함되어야 하는 최소한의 요소 집합을 의미한다. 이는 디지털 자원을 기술하고 탐색하기 위해 반드시 필요한 기본 요소들로 구성되며, 특정 응용 영역이나 자료 유형을 초월하여 보편적으로 적용 가능하다는 특징을 지닌다. 예컨대 디지털 자원의 저자나 출판사가 서지 레코드를 작성할 때 사용하는 기본적인 정보들이 여기에 해당한다. 이와 같이 핵심요소의 필요성은 메타데이터 스키마를 설계하는 과정에서 뿐만 아니라, 서로 다른 시스템과 기관 간의 상호운용성을 높이기 위한 전략으로 중요한 위치를 차지한다. 이러한 논의는 국제기구를 중심으로 지속적으로 이루어져 왔으며, 대표적 사례가 IFLA의 메타데이터 활용 워킹그룹의 작업이다. 이 그룹은 FRBR 모형의 기능적 요구사항과 Dublin Core의 요소 구조를 참조하여, 다양한 디지털 자원에 적용 가능한 10개의 핵심요소 세트를 제안하였고, 이는 〈표 4.4〉와 같이 여러 IFLA 회의에서 공식적으로 발표되며 널리 공유되었다.

〈표 4.4〉 IFLA 제안의 핵심요소

핵심요소		내용
Name assigned to the resource	자원명	제목과 같이 자원에 부여된 이름
Resource identifier	자원식별자	다른 자원과 구별이 되는 고유한 이름, 알파벳코드, 숫자 등
Subject	주제	자원의 지적인 내용을 표현하는 키워드나 문장
Date	날짜	자원과 관련된 연, 월, 일의 표시
Condition of use	이용조건	자원의 접근을 제한하거나 접근 이후에 사용되는 방법에 관한 법률적 규정의 표시
Publisher	출판사	자원의 이용에 관한 책임을 지는 실체의 이름, 위치 등의 표시
language/mode of expression	언어/표현방식	자원의 지적 내용에 관한 언어 또는 스크립트, 보조언어 등을 표시
Resource type	자원유형	내용의 유형과 매체의 유형
Author/creator	저자	자원의 지적인 내용을 생산하거나 편집한 기관명 또는 개인명
Version	버전	버전, 판사항 등에 관한 정보 제공

Dublin Core가 제시한 15개 기본요소(Dublin Core Simple Elements)는 이러한 핵심요소 개념을 가장 대표적으로 구현한 사례이다. DC의 기본요소는 다양한 자료유형을 기술할 수 있도록 범용성을 확보한 것이 특징이며, 앞서 소개한 피진 메타데이터 개념과도 유사한 목적을 지닌다. 즉, 서로 다른 메타데이터 스키마 간 최소한의 상호운용성을 보장하는 공통 요소로 기능할 수 있다는 점에서 핵심요소의 역할과 일맥상통한다. 이처럼 핵심요소는 어떤 메타데이터 레코드에서도 자원에 대한 색인, 접근, 식별을 가능하게 하기 위해 반드시 포함되어야 하는 기본 정보를 의미한다. 핵심요소는 자원의 본질적인 속성을 가장 단순한 형태로 표현하면서도, 이용자가 필요한 자원을 찾고(검색), 구별하며(식별), 적합한 것을 선택하고(선택), 실제로 접근할 수 있도록(획득) 하는 데 필수적인 역할을 한다. 따라서 핵심요소가 제대로 정의되고 적절히 활용되는가는 곧 FRBR 모형이 제시한 네 가지 기능(검색, 식별, 선택, 획득)을 얼마나 충실하게 지원할 수 있는지를 좌우한다. 〈표 4.5〉는 이러한 관계를 정리한 것으로, 핵심요소 각각이 FRBR 기능 중 어느 부분을 뒷받침하는지 명확하게 보여준다.

〈표 4.5〉 IFLA 제안의 핵심요소와 FRBR 기능간 관계

핵심요소	검색	식별	선택	획득
자원명	O	O	O	O
자원 식별자	O	O		O
주제	O	O	O	
날짜	O	O	O	
이용조건				O
출판사	O	O	O	
언어/표현형식	O	O	O	
자원유형	O	O	O	
저자	O	O	O	
버전	O	O	O	O

아래 〈표 4.6〉은 대표적인 표준 메타데이터 스키마들이 공통적으로 채택하고 있는 핵심요소들이 무엇인지 비교하여 정리한 것이다. 이 표를 통해 스키마 간 핵심요소의 유사성과 차이점을 파악할 수 있으며, 특정 응용 환경에서 어떤 스키마를 선

택해야 하는지 판단하는 데에도 중요한 기초 자료로 활용될 수 있다.

〈표 4.6〉 IFLA 제안의 핵심요소와 표준 메타데이터 스키마들간의 관계

핵심요소	MARC21	UNIMARC	DC	TEI	EAD	VRA	CSDGM/FGDC	CIMI	GILS	ONIX	DataCite
자원명	O	O	O	O	O	O	O	O	O	O	O
자원식별자	O	O	O	O		O	O	O	O	O	O
주제	O	O	O	O	O	O	O	O	O	O	O
날짜	O	O	O	O	O	O	O	O	O	O	O
이용조건	O	O	O		O		O	O		O	O
출판사	O	O	O	O	O		O	O	O	O	O
언어/표현형식	O	O	O	O	O				O	O	O
자원유형	O	O	O	O	O	O	O	O	O	O	O
저자	O	O	O	O	O	O	O	O	O	O	O
버전	O	O	O	O			O			O	O

4.2.2 응용 프로파일

응용 프로파일(application profiles)은 하나 이상의 기존 메타데이터 스키마 네임스페이스(namespace)에서 필요한 요소만을 선별하여 재구성한 메타데이터 스키마를 의미한다. 즉, 특정 응용 영역의 목적에 최적화된 새로운 메타데이터 스키마를 만들기 위한 방식으로, 기존 표준을 기반으로 하되 해당 환경의 기능적 요구사항을 충족하도록 요소와 규칙을 재배치하는 개념이다. 예를 들어 박물관, 교육, 웹자원, 전자저널 등 특정 도메인을 위한 디지털도서관을 구축할 때, 해당 도메인이 요구하는 특성에 맞게 메타데이터 스키마를 정의하는 과정에서 응용 프로파일이 활용된다.

응용 프로파일이라는 개념은 영국의 UKOLN이 주도한 DESIRE 프로젝트에서 처

음 제시되었으며, 이후 DCMI가 Dublin Core를 기반으로 다양한 응용 프로파일을 개발하면서 널리 알려지게 되었다. 다시 말해, 응용 프로파일은 특정 응용 영역을 위해 정의된 메타데이터 요소, 정책, 지침의 집합으로서, 여러 요소의 세트로 구성되며, 특정 도메인이 요구하는 기능적 요구사항을 만족하는 스키마를 의미한다. 예를 들어 교육 자원을 관리하는 디지털도서관의 메타데이터 응용 프로파일을 구축한다고 가정해보자. 이 경우 기존 표준 스키마 중 DC, LOM, vCard 등 교육 및 학습 자원에 활용 가능한 네임스페이스를 검토한 뒤, 다음과 같은 절차로 응용 프로파일을 작성하게 된다. 첫째, 기존 네임스페이스에서 해당 도메인에 필요한 요소만을 선별하고, 요소 기술에 필요한 통제어휘를 선택한다. 둘째, 도서관 및 박물관 등 유사 도메인에서 이미 정의된 응용 프로파일에 포함된 요소나 통제어휘를 참고하여 재사용 가능성을 검토한다. 셋째, 실제 서비스 환경에 맞도록 요소와 통제어휘를 상세화하고, 적용지침을 개발하여 구체적인 사용 규칙을 확립한다.

이처럼 응용 프로파일을 설계할 때는 몇 가지 조건이 중요하다. 우선, 메타데이터가 웹 환경에서 활용 가능해야 하며, 가능한 한 기존의 표준 메타데이터 요소를 재사용해야 한다. 또한 서비스 구현 시 상호운용성이 확보되어야 하며(Duval 외, 2002), 필요한 경우 요소 간 연결 규칙이나 스키마 간 변환 규칙(crosswalk)도 정의해야 한다. Heery와 Patel(2000)은 응용 프로파일의 기본 특성을 다음과 같이 정리하였다.

- 하나 이상의 기존 네임스페이스에서 요소를 추출
- 새로운 요소의 무분별한 도입을 지양
- 인증된 스킴과 값을 사용
- 기존 표준 요소를 응용 영역에 맞게 구체화

정리하면, 응용 프로파일을 생성한다는 것은 기존 표준 네임스페이스의 요소를 재활용하되, 목적에 맞게 의미적 정의와 기술 규칙을 조정하여 특정 환경에 적합한 메타데이터 스키마를 구성하는 작업이다. 이를 통해 데이터 요소의 집합, 사용 지침, 정책 등이 체계적으로 정리되며, 실제 시스템에서는 이러한 프로파일을 기반으로 일관된 메타데이터 생성과 활용이 가능하게 된다.

한편, 응용 프로파일을 작성하고 유지하는 주체는 크게 두 부류로 나뉜다. 첫 번째는 표준 메타데이터 작성자로, 응용 분야에서 표준으로 활용될 요소들을 도출하고 선택하는 역할을 한다. 두 번째는 시스템 개발자로, 제공해야 하는 서비스 요구사항에 따라 표준 요소를 선택하거나 변형하여 시스템에 최적화된 프로파일을 구축하며, 관련 스킴을 관리한다. 이 두 역할은 구분되지만 실제 응용 프로파일 개발 과정에서는 상호 협력적 관계로 함께 참여한다.

예를 들어 교육 영역의 응용 프로파일을 설계한다고 가정하면, 먼저 교육 분야에서 널리 사용되는 메타데이터 표준을 조사하게 된다. 이 과정에서 교육용 메타데이터는 DC 기반 또는 IMS 기반 스키마가 많이 활용된다는 사실을 확인할 수 있다. 〈그림 4.3〉은 DC 기반 메타데이터 스키마의 하나의 사례를 보여준다.

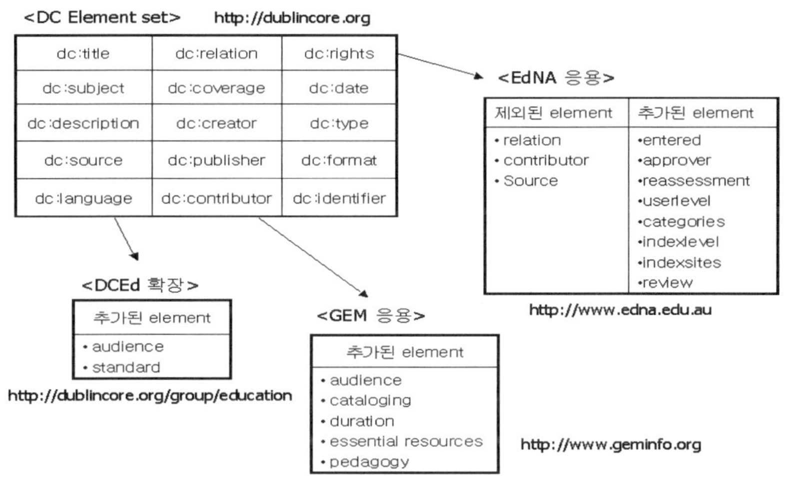

〈그림 4.3〉 DC기반의 메타데이터 스키마 사례

〈그림 4.3〉에서 보듯이, DC 기반의 메타데이터 스키마는 교육 분야에서 특히 다양하게 확장되고 응용되어 왔다. 먼저 가장 기본이 되는 것은 DC Element Set으로, dc:title, dc:subject, dc:description 등 DC의 15개 핵심 요소가 해당된다. 이러한 기본 요소들은 범용적이며 여러 응용 분야의 공통 기반 역할을 한다. 이 기본 요소 위에, 교육 분야의 특성을 반영하기 위한 확장 스키마가 등장하였다. 대표적인 것이 DCEd(Dublin Core Education) 확장으로, 교육 자료의 특성을 기술하기 위해 audience, standard와 같은 요소가 추가되었다. 또 다른 예로, GEM(Gateway to

Educational Materials) 응용 스키마는 audience, cataloging, duration, essential resources, pedagogy 등 교육 콘텐트의 교육적 활용 맥락을 보다 구체적으로 설명하는 요소들을 추가하여 DC를 확장한 구조를 보여준다.

그림 우측의 EdNA(Education Network Australia) 메타데이터 세트는 DC를 기반으로 하되 교육적 활용이 적은 요소(relation, contributor, source 등)를 제외하고, entered, approver, userlevel, categories와 같은 교육 행정과 교육 현장 중심의 요소를 추가한 형태를 보여준다. 이는 DC를 기반으로 하는 여러 응용 스키마가 각 지역, 기관, 서비스 목적에 따라 서로 다르게 변형될 수 있음을 잘 보여주는 사례이다.

한편, 교육 영역의 국제 표준으로 널리 활용되는 또 하나의 중요한 계열이 IMS 기반의 메타데이터 스키마, 즉 IEEE LOM(Learning Object Metadata)이다. LOM은 학습객체의 구조와 맥락을 체계적으로 기술하기 위해 개발된 표준으로, 이후 CanCore, iLumina 등 다양한 파생 스키마가 등장하여 교육 자원의 기술과 공유에 폭넓게 활용되고 있다. 따라서 어떤 교육용 디지털도서관 또는 교육 콘텐트 관리 시스템을 구축할 때에는, DC 기반의 확장 스키마(DCEd, GEM, EdNA 등)와 IMS/LOM 기반 스키마 중에서 해당 응용 영역에 적합한 요소들을 선별하여 조합한 응용 프로파일을 구성하는 것이 일반적이다. 즉, DC의 범용성과 LOM의 교육 특화 요소를 조합함으로써, 교육 자원의 특성과 이용 환경에 적합한 메타데이터 스키마를 설계할 수 있는 것이다.

4.2.3 메타데이터 표준 스키마의 사례

다음 〈표 4.7〉은 디지털 장서와 콘텐트 관리를 위해 널리 활용되는 메타데이터 표준 스키마의 대표 사례를 영역별로 정리한 것이다. 메타데이터 스키마는 자원의 유형과 서비스 목적에 따라 도서관, 기록관, 박물관, 연구데이터, 출판유통 등 서로 다른 분야에서 정의되고 발전해 왔으며, 오늘날에는 기관이 운영하는 디지털도서관이 어떤 자원을 어떤 방식으로 수집, 관리, 공유, 보존할 것인지에 따라 적절한 스키마 조합을 선택하여 활용하는 것이 일반적이다. 따라서 〈표 4.7〉은 특정 스키마의 우열을 제시하기보다, 응용 영역별로 어떤 표준 스키마가 관행적으로 사용되는지를 한눈에 파악할 수 있도록 구성한 참고 목록으로 이해하면 된다.

〈표 4.7〉 영역별 표준 메타데이터 스키마 사례

대상 영역	메타데이터 스키마
도서관(서지/링크드 데이터)	BIBFRAME, MARC 21, MODS, Dublin Core(DCMES)
기록물(아카이브)	EAD, EAC-CPF, (기관에 따라 Dublin Core 병행)
디지털 보존/장기관리	PREMIS(보존 메타데이터 스키마)
연구데이터/데이터 출판	DataCite Metadata Schema, DDI, (분야별 커뮤니티 스키마 병행)
오픈데이터/데이터 카탈로그	DCAT(데이터셋 기술 및 공개 포털에서 표준적으로 사용)
박물관/미술관(문화유산)	CIDOC CRM(개념모델/온톨로지이지만 사실상 핵심 서술 스키마로 활용), VRA Core, LIDO
출판유통(서지)	ONIX
권리/이용조건	ODRL
지리정보(공간데이터)	ISO 19115(및 계열), (전통적으로 CSDGM/FGDC도 존재)
멀티미디어(방송/AV)	PBCore, MPEG-7
웹/일반(검색)	schema.org(Dataset/CreativeWork 등)
에이전트(인물/기관)	vCard, FOAF

〈표 4.7〉의 대상 영역 중 에이전트 영역은 디지털도서관에서 다루는 자원 자체를 설명하기보다는, 그 자원을 둘러싼 사람과 기관을 체계적으로 기술하기 위한 메타데이터 범주를 의미한다. 디지털 자원은 누가 생산했는지, 누가 수정하고 관리했는지, 어떤 기관이 제공하고 배포하는지, 그리고 권리와 책임이 누구에게 있는지를 함께 기록해야 신뢰할 수 있는 관리와 서비스가 가능해진다. 따라서 에이전트 메타데이터에는 저자나 연구자와 같은 생산자뿐 아니라, 편집자와 번역자, 기여자처럼 콘텐트 생성에 관여한 주체, 출판사나 플랫폼 사업자처럼 유통과 제공을 담당하는 주체, 저작권자나 라이선스 권리자처럼 이용 조건을 결정하는 주체, 그리고 큐레이터나 데이터 스튜어드처럼 장기 보존과 품질 관리를 수행하는 주체까지 폭넓게 포함된다.

에이전트 정보를 별도의 영역으로 다루는 이유는 디지털 환경에서 자원이 복제되고 변형되며 재배포되는 일이 흔하고, 그 과정에서 책임과 권리 관계가 쉽게 복잡해지기 때문이다. 예를 들어 동일한 연구데이터라도 최초 생산자는 연구팀일 수 있고, 저장소에 등록하고 검증한 기관이 따로 있을 수 있으며, 장기 보존을 수행하는 기관이 또 존재할 수 있다. 이때 각 단계의 책임 주체를 명확히 식별하고 서로 연결해 두지 않으면 권리 확인과 인용, 접근 통제, 변경 이력 관리, 보존 책임 분담과 같은 핵심 업무가 불안정해진다. 결국 에이전트 영역은 디지털 자원을 누가 생산하고 누가 책임지며 어떤 조건에서 이용되는가라는 맥락을 구조화함으로써 자원의 신뢰성, 추적 가능성, 재사용 가능성을 높이는 기반이 된다. 이러한 맥락에서 vCard나 FOAF 같은 스키마가 언급되는 것도 자연스럽다. 이들은 사람과 기관을 이름과 소속, 연락처, 식별자와 같은 속성으로 표현하여, 다른 메타데이터 스키마에서 저자나 제공기관, 권리자처럼 에이전트를 지칭할 때 일관된 방식으로 연결할 수 있게 해 준다. 다시 말해 에이전트 메타데이터는 서지 메타데이터나 기술 메타데이터, 권리 메타데이터, 보존 메타데이터와 분리된 별도의 부가 정보라기보다, 이러한 메타데이터가 제대로 작동하도록 책임 주체를 분명히 세우는 연결 축으로 이해할 수 있다.

4.2.3.1 더블린 코어

더블린 코어는 네트워크 자원을 폭넓게 기술하기 위해 만들어진 대표적인 메타데이터 표준 스키마이다. 여기서 Dublin은 DC 메타데이터 워크숍이 개최된 미국 오하이오주의 도시 이름을 가리키며, Core는 다양한 자원에 공통으로 적용될 수 있는 핵심 요소 집합이라는 의미를 담고 있다. 더블린 코어는 도서관, 전산, 문서 인코딩, 박물관 등 여러 분야의 전문가들이 함께 참여해 개발되었고, 단순성과 확장성, 구문 독립성 등의 특성을 바탕으로 다양한 환경에서 유연하게 활용될 수 있도록 설계되었다(Weibel, 1995).

이러한 성격 덕분에 더블린 코어는 텍스트, 이미지, 오디오, 비디오 같은 단일 매체 자원뿐 아니라 웹페이지와 같은 복합 매체 자원에도 비교적 쉽게 적용할 수 있다. 물론 디지털도서관 구축, 교육 콘텐트 관리, 연구데이터 기술처럼 풍부한 기술이 필요한 분야에서는 15개 기본 요소만으로는 표현력이 부족하다는 비판도 존재한다. 그럼에도 더블린 코어는 단순한 구조의 시스템을 빠르게 설계할 때, 기관 간 교환과 통합을 위한 공통 메타데이터로 사용할 때, 더 정교한 응용 프로파일을 설계할 때의 기반 요소 세트로서 여전히 높은 유용성을 갖는다(Society of American Archivists, 웹페이지). 더블린 코어의 15가지 기본 요소는 〈표 4.8〉에 제시한 바와 같으며, 이 요소 집합은 ISO 15836과 ANSI NISO Z39.85 등으로 표준화되어 있다.

〈표 4.8〉 더블린 코어의 15개 기본요소

요소명	설명
Title(표제)	자원에 부여되는 이름
Creator(제작자)	자원의 내용물을 만드는 데 일차적인 책임을 가지는 개체(엔터티)
Type(유형)	자원의 내용물의 성격이나 장르
Contributor (기타제작자)	자원의 내용물에 기여한 책임을 가지는 개체
Publisher(발행처)	자원을 이용할 수 있도록 만드는 데 책임을 가지는 개체
Date(날짜)	자원의 존재 기간 동안 발생하는 이벤트에 관련된 일자
Language(언어)	자원의 지적 내용의 언어
Format(형식)	자원의 물리적 구현 형식 또는 디지털 구현 형식
Description(설명)	자원의 내용물에 대한 설명
Subject(주제)	자원의 내용물에 대한 주제
Relation(관계)	관련 자원에 대한 참조
Identifier(식별자)	특정 맥락 내에서의 자원에 대한 명백한 참조
Rights(권한)	자원이 가지는 권리나 자원에 대한 권리에 관한 정보
Source(출처)	현재 자원이 파생된 자원에 대한 참조
Coverage(범위)	자원의 내용물의 수량이나 범위

DC 메타데이터는 Dublin Core Metadata Initiative가 관장한다. Dublin Core Metadata Initiative는 정보자원을 기술하기 위한 국제 표준을 개발하고 유지하며, 전 세계 이용자와 개발자 커뮤니티를 지원하고, Dublin Core 기반 솔루션의 보급과 확산을 담당하는 조직이다. 또한 이 조직은 열다섯 가지 핵심 요소뿐 아니라 메타데이터 어휘와 이를 구현하기 위한 기술 사양을 지속적으로 개발하고 관리한다. 이러한 어휘 체계는 특정 주제 영역이나 응용 환경에 맞춘 응용 프로파일을 설계할 때 재사용될 수 있는 공통 기반을 제공한다.

Dublin Core Metadata Initiative가 관리하는 메타데이터 용어 체계는 기본 요소, 확장 요소, 인코딩 스킴, 유형 어휘로 구성된다. 먼저 기본 요소는 열다섯 개의 핵심 요소 집합을 의미하며, 이는 Dublin Core Metadata Element Set으로 알려져 있다. 다음으로 확장 요소는 기본 요소를 보완하기 위해 추가로 정의된 용어들로, 기본 요소의 의미를 보다 좁히거나 정밀하게 표현하기 위해 한정어로 사용되거나, 경우에 따라서는 독립적인 요소로 활용되기도 한다. 인코딩 스킴은 각 메타데이터 요소의 값을 기록할 때 통제된 어휘나 표준 형식을 적용하도록 돕는 규칙 체계로, 날짜 표기 방식이나 언어 코드, 주제 분류처럼 값의 형식을 일관되게 유지하는 데 사용된다. 마지막으로 유형 어휘는 자원의 일반적인 범주를 나타내는 통제 어휘로, 컬렉션, 데이터셋, 이벤트, 이미지, 상호작용 자원, 동영상, 물리적 객체, 서비스, 소프트웨어, 사운드, 정지 이미지, 텍스트의 열두 가지 유형을 규정하고 있다. 유형 어휘가 필요한 가장 큰 이유는 디지털도서관에서 자원을 기술할 때 해당 자원이 무엇인지를 사람마다 서로 다른 표현으로 기록할 경우 검색과 집계, 연계가 어려워지기 때문이다. 예를 들어 어떤 이는 동영상이라고 쓰고, 어떤 이는 비디오나 영상자료, 무비와 같이 표현할 수 있다. 이러한 혼란을 줄이기 위해 유형 값을 통제 어휘로 표준화해 두면, 서로 다른 기관과 시스템, 언어 환경에서도 자원의 큰 범주를 일관되게 분류하고 교환할 수 있다. 유형 어휘는 보통 메타데이터의 type 요소 값으로 사용되며, 여러 실무 환경에서 중요한 역할을 한다. 검색과 필터링 환경에서는 이용자가 텍스트 자료만 보거나 이미지 자료만 보는 것처럼 자료 유형을 기준으로 손쉽게 범위를 좁혀 탐색할 수 있게 한다. 메타데이터 수확과 통합 서비스 환경에서는 기관마다 서로 다른 표현을 사용하더라도, 수집된 데이터를 공통된 유형 값으로 정리함으로써 통합 검색의 품질을 높일 수 있다. 통계와 장서 관리 측면에서는 리포지토리 내 데이터셋의 비중이나 동영상 자료의 증가 추세처럼 유형별 현황 분석이 용이해진다. 또한 서비스 정책과 업무 흐름을 설계할 때에도 자료 유형에 따라 이미지 뷰어나 영상 재생기와 같은 서비스 도구, 선호 포맷을 반영한 보존 정책, 라이선스와 권한에 따른 접근 정책을 달리 적용하는 규칙을 체계적으로 구성할 수 있다.

간단한 사용 예시는 다음과 같다.

- 학술논문 PDF: dc:type = Text
- 연구데이터(통계 테이블과 CSV 묶음): dc:type = Dataset
- 온라인 강의 동영상: dc:type = MovingImage
- 전시와 행사 기록: dc:type = Event
- 여러 항목으로 구성된 디지털 컬렉션 페이지: dc:type = Collection

이상과 같이 유형 어휘를 이용해 메타데이터를 구축하는 경우, 유형 필터와 정렬 기능이 안정화되어 검색 정확도와 사용성이 개선되고, 통합과 교환 과정에서도 의미가 흔들리지 않아 기관 간 상호운용성이 강화된다. 또한 유형별 통계 산출과 정책 적용이 쉬워져 품질관리와 분석 효율이 높아지며, 장기적으로는 링크드 데이터 환경에서 자원 간 관계를 더 명확하게 표현할 수 있다는 점을 들 수 있다.

한편, Dublin Core 메타데이터는 다양한 환경에서 활용될 수 있도록 여러 방식으로 표현하고 교환할 수 있다. 가장 널리 알려진 방식은 HTML 메타 태그로 표현하는 방법이며, 웹페이지에 간단히 삽입해 자원 기술 정보를 노출하는 데 유용하다. 또한 링크드 데이터 환경에서는 DC 용어를 RDF 데이터 모델로 표현할 수 있으며, 이때 RDF/XML, Turtle, JSON–LD 등 다양한 RDF 직렬화 형식으로 유통된다. XML 환경에서도 DC를 담기 위한 XML 문서 구조를 정의할 수 있는데, 이는 데이터 모델 자체라기보다 교환과 검증을 위한 XML 기반 표현 규칙을 의미한다. 즉 Dublin Core는 특정한 한 가지 형식에 묶인 표준이 아니라, 메타데이터 어휘를 중심으로 HTML, RDF, XML 등 다양한 기술 환경에서 연계하고 교환할 수 있도록 설계된 생태계를 제공한다고 이해하는 것이 정확하다. 다음 〈그림 4.4〉와 〈그림 4.5〉는 Dublin Core 메타데이터를 각각 HTML 메타 태그 방식과 XML 기반 방식으로 인코딩한 사례를 보여준다. 〈그림 4.4〉는 웹페이지의 〈head〉 영역에 meta 요소로 DC 요소를 삽입하여 문서의 제목과 저자 등 기본 기술 정보를 기계가 읽을 수 있는 형태로 제공하는 예이다. 반면 〈그림 4.5〉는 동일한 DC 요소들을 XML 문서 구조 안에서 명시적으로 표현한 예로, 메타데이터를 다른 시스템과 교환하거나 저장소와 레코드 관리 환경에서 구조적으로 다루는 데 더 적합하다.

```
〈html〉
〈head〉
  〈!-- 이 문서가 사용할 스키마(어휘)를 선언 --〉
  〈link rel="schema.DC" href="http://purl.org/dc/elements/1.1/" /〉 ………………… ㉠
  〈link rel="schema.DCTERMS" href="http://purl.org/dc/terms/" /〉

  〈!-- 메타데이터 값 자체 --〉
  〈meta name="DC.title" content="Expressing Dublin Core in HTML" /〉 ………… ㉡
  〈meta name="DC.creator" content="Andy Powell" /〉
〈/head〉

… 〈하략〉 …
```

〈그림 4.4〉 DC 레코드의 HTML 인코딩 사례

```
〈?xml version="1.0" encoding="UTF-8"?〉
〈rdf:RDF
  xmlns:rdf="http://www.w3.org/1999/02/22-rdf-syntax-ns#" …………………… ㉢
  xmlns:dc="http://purl.org/dc/elements/1.1/"〉

  〈rdf:Description rdf:about="https://example.org/resource/1"〉 ……………………… ㉣
    〈dc:title〉Expressing Dublin Core in RDF〈/dc:title〉
    〈dc:creator〉Andy Powell〈/dc:creator〉
  〈/rdf:Description〉
〈/rdf:RDF〉
```

〈그림 4.5〉 DC 레코드의 RDF 기반의 XML 인코딩 사례

HTML에서 ㉠ 〈link rel="schema.DC" href="…"〉는 이 문서가 사용할 메타데이터 어휘가 무엇인지, 그리고 문서 안에 등장하는 같은 이름이 어떤 표준 스키마를 가리키는지를 기계가 알 수 있도록 스키마 선언 역할을 한다. 즉 본문에 ㉡ 〈meta name="DC.title" …〉처럼 적혀 있으면 사람에게는 익숙한 표기이지만 컴퓨터 입장에서는 단순한 문자열에 불과하므로, 〈link rel="schema.DC" href="…"〉를 통해 이 문서에서 DC가 더블린 코어 요소 어휘를 의미한다는 해석 기준을 함께 제공하는 것이다. 이 점이 중요한 이유는 HTML의 〈meta name="…"〉 방식이 XML이나 RDF처럼 네임스페이스 문법에 의해 자동으로 URI에 결합되는 구조가 아니기 때문이다. 다시 말해 RDF/XML에서는 dc:title에서 dc가 네임스페이스 URI와 결합되어 의미가 엄격하게 정해지지만, HTML의 DC.title은 그런 문법적 장치가 없어서 해석기가 DC가 무엇을 뜻하는지 문서 안에서 확인할 수 있어야 한다. 이때 〈link rel="schema.DC" href="http://purl.org/dc/elements/1.1/"〉 같은 선언이 있으면 수집기나 크롤러는 DC.title을 임의의 문자열이 아니라 표준 더블린 코어 어휘에 속한 title 요소로 안정적으로 해석할 수 있다. 따라서 DC.title에서 DC는 XML 네임스페이스 접두어처럼 언어가 강제하는 문법 요소라기보다, HTML 메타데이터 표현 관행에서 사용되는 관례적 접두어에 가깝다. 그리고 그 접두어가 무엇을 의미하는지는 바로 위의 〈link rel="schema.DC" href="…"〉가 대응 관계를 제공함으로써 결정된다. 결과적으로 link 태그는 DC 접두어를 꾸며주는 장식이 아니라 문서 밖의 표준 어휘와 문서 안의 메타데이터 이름을 연결해 주는 연결고리라고 이해할 수 있다.

이 구조는 디지털도서관 실무에서도 의미가 크다. 디지털도서관 자원을 널리 공개하고 확산하려면, 이용자가 포털이나 검색엔진에서 자원을 발견할 가능성을 높여야 하는데, 그때 효과적인 방법 중 하나가 검색엔진이 읽기 쉬운 웹페이지를 만드는 것이다. 웹페이지의 본문은 다양한 방식으로 작성될 수 있지만, 〈meta〉로 제목과 생산자 같은 핵심 정보를 구조화해 두면 수집기가 자원의 기본 정보를 더 정확하고 일관되게 이해할 수 있다. 결국 〈link rel="schema.DC" href="…"〉와 〈meta name="DC.title" …〉 같은 표현은 디지털도서관 자원을 웹에 올려두는 것을 넘어, 자원이 더 잘 찾아지고 인용되며 재사용되는 환경을 만드는 데 기여하는 장치라고 정리할 수 있다.

〈그림 4.5〉는 RDF 형식으로 한 자원에 대한 메타데이터를 표현한 예시다. 문서 상단 ㉢ 에서 네임스페이스를 선언하여 rdf: 와 dc: 접두사를 사용할 수 있게 한다. rdf: 네임스페이스는 RDF 문법 요소를 나타내는 데 쓰이고 dc: 네임스페이스는 Dublin Core 요소를 술어로 나타내는 데 쓰인다. 예시에서는 ㉣ rdf:Description이 하나의 자원을 설명한다: rdf:about 속성이 그 자원의 식별자를 지정한다. 그리고 dc:title 과 dc:creator 가 술어로 사용되어 그 자원에 제목과 작성자 값을 연결한다. 즉 dc:title 같은 표기는 네임스페이스 선언을 바탕으로 긴 URI 대신 접두사와 로컬 이름을 결합해 술어를 간단히 쓰는 방식이다.

4.2.3.2 MODS

MODS(Metadata Object Description Schema)는 미국 의회도서관이 2002년에 개발한 XML 기반 자원 기술용 메타데이터 스키마로, 디지털도서관 환경에서 다양한 자원을 비교적 정밀하면서도 유연하게 기술하기 위해 설계되었다. MODS는 서지요소 집합이라는 성격을 가지며, 특히 도서관 응용에 적합하도록 MARC 21 레코드에서 선택된 핵심 데이터를 담을 수 있게 하면서도 XML 문법에 맞춘 가독성 높은 태그 기반 구조를 제공한다. 실제로 MODS는 MARC의 일부 필드를 포함하되, 245나 260과 같은 숫자 태그 대신 titleInfo, originInfo와 같은 의미 중심의 태그를 사용하며, 경우에 따라 MARC의 여러 요소를 하나의 MODS 요소로 재구성하기도 한다. 또한 MODS는 더블린 코어보다 요소가 풍부하고, 출판 유통 중심의 ONIX보다 도서관 데이터와의 적합성이 높으며, MARC 전체 구조에 비해서는 상대적으로 단순하다는 장점을 지닌다. 다만 MODS는 MARC를 그대로 XML로 옮긴 형식이 아니기 때문에, MARC에서 MODS로의 변환은 가능하더라도 MODS에서 다시 MARC로 되돌릴 경우에는 세부 태깅의 정밀성이 일부 손실되거나, 동일한 필드로 정확히 복원되지 않거나, 일부 정보가 누락될 수 있다. 즉 MODS는 MARC와의 완전한 왕복 변환을 목표로 하는 스키마는 아니다.

한편, MODS와 함께 자주 언급되는 형식이 MARCXML인데, 두 스키마의 목적은 분명히 다르다. MARCXML은 MARC 레코드의 구조인 리더, 컨트롤 필드, 데이터 필드와 서브필드를 그대로 유지한 채 이를 XML 형태로 표현한 것이다. 따라서 MARCXML에서는 245나 100과 같은 숫자 필드 구조가 그대로 사용된다. 반면 MODS는 MARC 구조를 XML로 복제하는 방식이 아니라, 사람이 읽고 이해하기 쉬운 서지 요소 중심의 태그 체계를 통해 자원을 기술하는 모델이다. 다시 말해 MARCXML은 MARC의 XML 표현형이고, MODS는 MARC의 의미 구조를 상당 부분 계승하되 자원 기술을 위해 새롭게 설계된 별도의 XML 스키마로 이해하는 것이 적절하다. 이러한 차이는 실제 예시에서 더욱 분명해진다. 예를 들어 제목과 저자, 발행 정보를 기술할 때 MARCXML은 MARC 필드 구조를 그대로 유지하여 〈그림 4.6〉과 같이 표현되지만, 동일한 내용을 MODS로 기술하면 숫자 태그 대신 의미 기반 요소를 사용하여 〈그림 4.7〉과 같은 형태로 표현된다.

```
<record xmlns="http://www.loc.gov/MARC21/slim">
  <leader>00000nam a2200000 a 4500</leader>
  <controlfield tag="001">12345</controlfield>

  <datafield tag="245" ind1="1" ind2="0"> ................................ > 245 태그 및 지시기호
    <subfield code="a">Digital preservation basics :</subfield>  ··· > 245 태그 식별기호
    <subfield code="b">a practical guide</subfield>
  </datafield>

  <datafield tag="100" ind1="1" ind2=" ">
    <subfield code="a">Kim, Minsoo.</subfield>
  </datafield>

  <datafield tag="264" ind1=" " ind2="1">
    <subfield code="a">Seoul</subfield>
    <subfield code="b">Example Press</subfield>
    <subfield code="c">2025</subfield>
  </datafield>
</record>
```

〈그림 4.6〉 MARC 필드 구조를 그대로 유지하는 MARCXML 예시

```
<mods xmlns="http://www.loc.gov/mods/v3" version="3.8">
  <titleInfo>  .................................................................. > 서명정보 (245 태그관련)
    <title>Digital preservation basics</title>
    <subTitle>a practical guide</subTitle>
  </titleInfo>

  <name type="personal">
    <namePart>Kim, Minsoo</namePart>
    <role>
      <roleTerm type="text">author</roleTerm>
    </role>
  </name>

  <originInfo eventType="publication">
    <place>
      <placeTerm type="text">Seoul</placeTerm>
    </place>
    <publisher>Example Press</publisher>
    <dateIssued>2025</dateIssued>
  </originInfo>
</mods>
```

〈그림 4.7〉 숫자 태그 대신 MODS의 의미 기반 요소를 사용한 XML 인코딩 문서

이상과 같이, MARCXML은 MARC를 변경하지 않은 채 XML 형식으로 감싼 구조이고, MODS는 자원 기술을 위해 의미 중심으로 재구성한 XML 스키마이다. 따라서 디지털도서관에서 MODS를 선택하는 이유는 MARC 데이터를 일정 부분 계승하면서도 웹과 XML 환경에서 활용하기 쉬운 자원 기술 레코드를 만들고자 하는 요구와 맞닿아 있다.

4.2.3.3 DataCite

데이터 시대의 디지털도서관에서 연구데이터는 더 이상 논문과 보고서의 부가 자료가 아니라 그 자체로 수집하고 조직하며 서비스해야 할 핵심 자원으로 자리 잡았다. 오늘날 연구는 데이터를 바탕으로 재현되고 검증되며, 다른 연구자가 동일 데이터를 재분석하여 새로운 성과를 도출하는 일이 점차 일반화되고 있기 때문이다. 이러한 변화 속에서 데이터 출판이란 단순히 데이터를 공개하는 수준을 넘어 데이터를 정식 연구 산출물로서 인용 가능하게 만들고 장기적으로 접근 가능하도록 보장하는 일련의 절차를 의미한다. 이 절차가 성립하기 위해서는 무엇보다 데이터에 대한 지속 가능한 식별자와 그 식별자를 매개로 데이터가 검색되고 연결되며 인용되고 재사용될 수 있도록 하는 표준 메타데이터가 필수적으로 요구된다.

이러한 목적을 지원하기 위해 국제적으로 널리 활용되는 DOI 등록기관 중 하나가 DataCite이며, DataCite는 연구데이터를 포함한 다양한 연구 산출물에 DOI를 부여하고 관리하기 위한 메타데이터 표준으로 DataCite 메타데이터 스키마를 유지하고 제공한다. 현재의 DataCite Metadata Schema(버전 4.6) 문서는 스키마의 속성(properties)을 의무 수준에 따라 Mandatory(M), Recommended(R), Optional(O)로 구분하고, 실제 상호운용성과 외부 노출도를 높이기 위해서는 Mandatory뿐 아니라 Recommended까지 충실히 제공하는 것이 바람직하다고 강조한다. 특히 DataCite 메타데이터 스키마가 제시하는 필수 요소는 Identifier, Creator, Title, Publisher, PublicationYear, ResourceType의 여섯 가지로 정리된다. 이 가운데 Identifier는 보통 DOI로 제공되며, Creator에는 개인뿐 아니라 기관도 포함될 수 있고 ORCID나 ROR과 같은 식별자를 함께 명시할 수 있도록 구조가 마련되어 있다.

한편 대학도서관과 연구지원 조직이 DataCite 메타데이터 스키마를 중요하게 다루는 이유는 명확하다. 첫째, DOI와 표준 메타데이터는 연구데이터를 학술 생태계에서 정식 성과로 인용 가능하게 만들어 데이터 생산의 가시성과 인정 체계를 강화한다. 둘째, Title, Creator, Publisher, PublicationYear, ResourceType과 같은 핵심 맥락 정보는 해당 데이터가 무엇이며 누구의 책임 아래 언제 어떤 형태로 공개되었는지를 분명히 하여 재사용과 검증을 가능하게 한다. 셋째, RelatedIdentifier나 FundingReference와 같은 권장 요소와 선택 요소를 활용하면 논문, 데이터, 연구비, 프로젝트를 서로 연결하는 그래프를 구축할 수 있어 디지털도서관의 서비스가 단순 검색을 넘어 연계와 추적, 평가 기능으로 확장될 수 있다.

결국 DataCite 메타데이터 스키마는 단순한 데이터 목록을 넘어 연구데이터를 인용 가능한 연구 산출물로 출판하고 장기적으로 발견 가능하며 접근 가능하고 재사용 가능하게 만드는 표준적 언어라고 할 수 있다. 따라서 이 표준을 이해하고 기관 환경에 맞게 적용하는 일은 현대 디지털도서관이 수행해야 할 연구데이터 관리와 데이터 출판 지원의 핵심 역량 가운데 하나로 정리될 수 있다.

다음 〈표 4.9〉는 앞서 살펴본 MODS 상위요소와 DC, DataCite 메타데이터 요소의 대응 관계를 보여준다.

〈표 4.9〉 MODS 상위요소와 DC, DataCite 요소 대응 관계

MODS	MODS 한글명	DC	DC 한글명	DataCite	DataCite 한글명
titleInfo	서명사항	Title	표제	Title	자원명
name	저자사항	Creator / Contributor	제작자 / 기타 기여자	Creator / Contributor	제작자 / 기여자
typeOfResource	자료유형	Type	유형	ResourceType	자원유형
genre	장르	–	–	ResourceType / Subject(선택)	자원유형(세부) / 주제(선택)
originInfo	발행사항	Publisher / Date	발행처 / 날짜	Publisher / PublicationYear / Date	발행처 / 발행연도 / 날짜(유형별)
language	언어	Language	언어	language	언어

MODS	MODS 한글명	DC	DC 한글명	DataCite	DataCite 한글명
physicalDescription	형태사항	Format	표현형식	Format / Size / Version(선택)	포맷 / 크기 / 버전(선택)
abstract	초록	Description	내용기술	Description (예 Abstract)	설명(초록)
tableOfContents	목차	Description	내용기술	Description (예 Other)	설명(목차/기타)
targetAudience	이용대상	Audience	이용대상자	–	–
note	주기	Description	내용기술	Description (예 Other)	설명(주기/기타)
subject	주제	Subject	주제	Subject	주제
classification	분류	Subject	주제	Subject(또는 scheme 포함)	주제(분류체계 포함 가능)
relatedItem	관련정보	Relation	관계	RelatedItem	관련 자원
identifier	식별기호	Identifier	식별기호	Identifier	식별자
location	소장위치	–	–	GeoLocation (제한적)/ –	지리정보(제한적) / –
accessCondition	이용제한	Rights	권리관리	Rights	권리/라이선스
part	물리적파트	–	–	–	–
extension	로컬정보	–	–	FundingReference(또는 관련 로컬 확장)/ –	(펀딩정보 등) / –
recordInfo	레코드정보	–	–	–	–

국내에서도 DataCite 메타데이터 스키마를 참고하여 연구데이터에 적합한 메타데이터 응용프로파일을 개발하고 적용한 사례를 확인할 수 있다. 대표적으로 「연구데이터 관리 및 공유를 위한 메타데이터」(표준번호 TTAK.KO-10.0976, 제정 및 개정일 2017-03-30)는 연구데이터를 효율적으로 관리하고 공유하기 위한 목적으로 메타데이터의 관리 체계를 정의하고, 표준 요소와 요소별 기술 원칙을 제시한 TTA 표준이다. 즉 연구데이터를 수집하고 보존하며 제공하는 전 과정에서 어떤 항목을 어떤 규칙으로 기술해야 하는지에 대한 공통 기준을 마련함으로써, 기관 간 상호운용성과 데이터 재사용 기반을 강화하려는 성격을 가진다.

또한 연구데이터는 분야별로 요구되는 맥락 정보와 기술 관행이 서로 다르기 때문에, 공통 표준만으로는 충분하지 않은 경우가 많다. 이러한 필요에 따라 「생태 분야의 연구데이터를 관리하고 공유하기 위한 세부적인 메타데이터 표준」(TTAK.KO-10.1249)처럼 특정 도메인의 특성을 반영하여 요소와 기술 방식을 더 세밀하게 규정한 분야 특화형 표준도 마련되어 있다. 이는 연구데이터 메타데이터가 하나의 스키마로 일괄 적용되기보다, 공통 기반 위에서 분야 요구에 맞게 확장하고 조정하는 응용프로파일 방식으로 발전해 왔음을 보여준다. 한편 현장 적용을 위한 실무 지침으로는 DataON의 「연구데이터 관리 · 활용 가이드라인 메타데이터 설계 지침서」를 들 수 있다. 이 지침서는 연구자와 기관의 자산인 데이터를 체계적으로 보존하고 데이터의 재활용을 보장하기 위해, 기관이 메타데이터 스키마를 설계할 때 참고할 수 있도록 작성되었다. 특히 이 지침서는 2017년 TTA 표준인 「연구데이터 관리 및 공유를 위한 메타데이터」를 준용하면서도, 기관 연구데이터 관리에 필요한 메타데이터를 중심으로 요소를 재정의하고 기술 지침을 구체화함으로써 표준을 실제 운영 환경에 구현하는 데 필요한 설계 관점과 방법을 제공한다.

4.2.3.4 PREMIS

PREMIS(Preservation Metadata: Implementation Strategies)는 디지털 객체의 장기 보존을 위해 필요한 핵심 메타데이터 요소를 체계적으로 정의한 국제 표준이다. PREMIS의 정식 명칭은 디지털 보존 메타데이터 구현 전략을 위한 데이터 사전(PREMIS Data Dictionary for Preservation Metadata)으로, 디지털 자원이 시간의 경과와 기술 환경의 변화 속에서도 진본성과 무결성, 이용 가능성을 유지할 수 있도록 어떤 정보를 기록해야 하는지를 제시한다(Library of Congress, 2015). 디지털 환경에서 정보자원은 파일 포맷의 노후화와 소프트웨어 및 하드웨어의 단종, 저장 매체의 물리적 손상 등 다양한 위험에 노출된다. 따라서 단순히 파일 자체만을 보존해서는 해당 자원이 언제, 누구에 의해, 어떤 과정을 거쳐 현재 상태에 이르렀는지를 설명할 수 없다. PREMIS는 이러한 문제의식에서 출발하여, 디지털 객체의 생애주기 전반에서 발생하는 행위와 상태 변화를 기록함으로써 장기적인 신뢰성을 확보하는 것을 목적으로 한다(PREMIS Editorial Committee, 2015).

PREMIS 메타데이터 모델은 네 가지 핵심 엔터티(entity)로 구성된다. 첫째, Object(객체)는 보존 대상이 되는 디지털 객체 자체를 의미한다. PREMIS는 객체를 지적 단위(Intellectual Entity), 표현(Representation), 파일(File) 또는 비트스트림(Bitstream) 수준으로 구분하여 기술하도록 한다. 이를 통해 하나의 개념적 자원이 여러 형식이나 파일로 구현되는 현실을 체계적으로 반영할 수 있으며, 파일 포맷과 크기, 체크섬과 같은 정보는 객체의 동일성과 무결성을 검증하는 근거로 활용된다(Library of Congress, 2015). 둘째, Event(이벤트)는 디지털 객체에 대해 수행된 모든 보존 행위를 기록한다. 예를 들어 포맷 전환과 무결성 검사, 백업, 복제, 접근 제공과 같은 행위가 이벤트로 기록된다. 이벤트 메타데이터에는 행위의 유형과 발생 시점, 대상 객체, 수행 결과 등이 포함되며, 이를 통해 디지털 객체가 어떤 과정을 거쳐 현재 상태에 이르렀는지를 추적할 수 있다. 이러한 이력 정보는 장기 보존 환경에서 객체의 신뢰성을 입증하는 핵심 근거가 된다(PREMIS Editorial Committee, 2015). 셋째, Agent(행위자)는 이벤트를 수행한 주체를 의미한다. 행위자는 개인이나 기관, 소프트웨어 또는 시스템일 수 있으며, PREMIS는 보존 행위의 책임 주체를 명확히 기록하도록 한다. 이를 통해 누가 어떤 권한과 책임 하에 해당 행위를 수행했는지를 분명히 할 수 있고, 보존 과정의 투명성과 책임성을 확보할 수 있다. 넷째, Rights(권리)는 디지털 객체에 대해 수행 가능한 보존 및 이용 행위의 법적이고 관리적인 근거를 기술한다. PREMIS에서 권리 정보는 저작권 일반을 설명하기보다는, 포맷 전환이 허용되는지, 복제가 가능한지, 이용자에게 접근을 제공할 수 있는지와 같이 보존 활동 수행 여부를 판단하기 위한 권한 정보에 초점을 둔다(Library of Congress, 2015).

PREMIS는 Dublin Core나 MARC와 같은 서지 메타데이터를 대체하는 표준이 아니다. 서지 메타데이터가 자료가 무엇에 관한 것인지를 설명한다면, PREMIS는 해당 디지털 객체가 어떻게 관리되고 보존되어 왔는지를 설명하는 역할을 담당한다. 실제 디지털도서관과 아카이브 환경에서는 PREMIS가 구조적 메타데이터 표준인 METS와 결합되어, 하나의 디지털 객체 패키지 안에서 서지 정보와 구조 정보, 보존 정보가 함께 관리되는 경우가 많다(PREMIS Editorial Committee, 2015). 이와 같이 PREMIS는 디지털 객체를 단순한 저장 파일이 아니라, 설명 가능하고 검증 가능한 정보자원으로 유지하기 위한 핵심 메타데이터 표준이라 할 수 있다. 디지털도서관과 기록관에서 PREMIS를 적용한다는 것은 장기 보존을 기술적 문제에 국한하지 않고, 신뢰와 책임, 증거의 문제로 다루는 체계적 접근을 채택하는 것을 의미한다.

이제 구체적인 사례를 설정하고 실제 PREMIS 메타데이터를 살펴보자.

1) PREMIS 적용 사례 설정

대학 도서관이 학내 학술지 논문 PDF 한 편을 기관 리포지토리에 수집하여 장기 보존한다고 가정해 보자. 디지털 자료는 시간이 지나면서 파일 포맷이 노후화되거나 저장 매체가 손상되거나 시스템이 교체되는 과정에서 이용이 어려워질 수 있으며, 무엇보다 현재 보관 중인 파일이 최초 수집된 그 파일과 동일한가라는 신뢰성 문제가 지속적으로 제기된다. PREMIS는 이러한 장기 보존 환경에서 디지털 객체의 신뢰성과 관리 이력을 설명하기 위해 필요한 정보를 체계적으로 기록하도록 돕는 보존 메타데이터 표준이다.

도서관이 논문 파일을 수집할 때 PREMIS 관점에서 가장 먼저 수행하는 일은 보존 대상 객체에 대한 기본 정보를 기록하는 것이다. 예컨대 파일의 식별자, 파일 크기, 포맷 정보, 생성일자와 같은 기술 정보뿐 아니라 파일이 이후에 변조되거나 손상되지 않았음을 확인하기 위한 체크섬 값이 함께 기록된다. 체크섬은 동일한 파일로부터 동일한 값이 계산된다는 특성을 갖기 때문에 장기 보존 과정에서 파일의 무결성을 점검하는 핵심 근거로 활용된다. 즉 PREMIS의 객체 정보는 무엇을 보존하고 있는가를 명확히 하고, 나중에 동일성을 검증할 수 있는 기준을 제공한다.

그 다음 도서관은 일정 주기로 파일의 무결성을 점검하는데, 이 과정은 PREMIS에서 이벤트(Event)로 기록된다. 무결성 검사 이벤트에는 점검 수행 일시, 대상 객체, 사용한 알고리즘, 계산 결과와 같은 내용이 포함된다. 만약 체크섬이 일치하면 해당 시점까지 파일이 변조되지 않았다는 증거가 축적되고, 불일치가 발생하면 즉시 복구 절차로 이어질 수 있다. 이처럼 PREMIS의 이벤트 정보는 장기 보존 과정에서 실제로 어떤 관리 행위가 이루어졌는지를 보여 주는 이력 기록으로 기능한다.

시간이 더 흐른 뒤 특정 PDF 규격이 노후화되거나 열람 소프트웨어 호환성 문제가 발생하여 이용 서비스가 어려워졌다고 하자. 이때 도서관은 원본 파일을 유지하되 장기적 열람을 위해 PDF/A와 같은 보존 친화적 포맷으로 변환본을 생성할 수 있다. 이러한 포맷 변환 또한 PREMIS에서는 이벤트로 기록되며 변환 수행 시점, 변환 대상인 원본 객체, 변환 결과로 생성된 새로운 객체인 변환본, 변환 도구와 설정, 성공 여부 등이 남는다. 이를 통해 이용자는 물론 보존 담당자도 원본이 그대로 보존되었는지, 언제 어떤 근거로 어떤 변환이 수행되었는지, 현재 제공되는 파일이 원본인지 변환본인지를 명확하게 구분할 수 있다.

또한 PREMIS는 이벤트를 수행한 주체를 에이전트(Agent)로 기록하도록 한다. 무결성 검사나 포맷 변환이 담당 사서에 의해 수행되었는지, 특정 보존 시스템이나 변환 소프트웨어에 의해 자동으로 수행되었는지와 같은 정보가 에이전트로 남으면 보존 행위의 책임성과 신뢰성이 강화된다. 더 나아가 PREMIS의 권리(Rights) 정보는 보존을 위한 복제, 포맷 변환, 접근 제공 같은 행위가 어떤 정책과 계약, 법적 근거 하에서 수행되는지를 기록함으로써 보존 활동의 정당성을 뒷받침한다. 결과적으로 PREMIS는 디지털 객체를 단순히 저장된 파일로 남기는 것이 아니라, 객체(Object), 행위(Event), 주체(Agent), 권한(Rights)의 구조로 관리 이력과 근거를 축적하여 시간이 지나도 해당 디지털 자원의 진본성과 무결성을 설명하고 검증할 수 있게 하는 보존 메타데이터 체계라고 할 수 있다. 이러한 기록이 갖추어질 때 디지털 도서관의 장기 보존은 파일 보관을 넘어 신뢰할 수 있는 정보자원을 지속적으로 제공하는 전문적 관리 활동으로 성립한다.

2) PREMIS 메타데이터 구현

```
〈premis:premis
  xmlns:premis="http://www.loc.gov/premis/v3"
  xmlns:xsi="http://www.w3.org/2001/XMLSchema-instance"
  version="3.0"〉
〈!-- ==================== --〉
〈!-- 1. Object: 원본 파일
```

이 부분은 premis 네임스페이스를 사용해 하나의 파일 객체를 설명한 부분이다. premis:object 요소에서 파일 유형의 객체를 정의하고 premis:objectIdentifier 로 로컬 식별자를 제시한다. premis:objectCharacteristics 에서는 구성 수준과 무결성 정

```
보 그리고 파일 크기와 형식이 PDF 임을 기술한다. --〉

  〈premis:object xsi:type="premis:file"〉
   〈premis:objectIdentifier〉
    〈premis:objectIdentifierType〉local〈/premis:objectIdentifierType〉
    〈premis:objectIdentifierValue〉repo:12345〈/premis:objectIdentifierValue〉
   〈/premis:objectIdentifier〉

   〈premis:objectCharacteristics〉
    〈premis:compositionLevel〉0〈/premis:compositionLevel〉
    〈premis:fixity〉
     〈premis:messageDigestAlgorithm〉SHA-256〈/premis:messageDigestAlgorithm〉
     〈premis:messageDigest〉9f2c3a…abcd〈/premis:messageDigest〉
    〈/premis:fixity〉
    〈premis:size〉2413567〈/premis:size〉
    〈premis:format〉
     〈premis:formatName〉PDF〈/premis:formatName〉
    〈/premis:format〉
   〈/premis:objectCharacteristics〉
  〈/premis:object〉

  〈!-- ==================== --〉
  〈!-- 2. Agent: 보존 시스템
  이 부분은 premis 네임스페이스를 사용해 하나의 에이전트를 설명한 부분이다.
premis:agent 요소 안에서 소프트웨어 에이전트를 정의하고 premis:agentIdentifier
로 식별 정보와 유형을 나타낸다. 또한 premis:agentName 과 premis:agentType 을
통해 에이전트의 이름과 소프트웨어 유형을 명확히 기술한다. -〉

  〈premis:agent〉
   〈premis:agentIdentifier〉
```

```
    〈premis:agentIdentifierType〉software〈/premis:agentIdentifierType〉
   〈premis:agentIdentifierValue〉
    repository－preservation－system
   〈/premis:agentIdentifierValue〉
   〈/premis:agentIdentifier〉
   〈premis:agentName〉
    Institutional Repository Preservation System〈/premis:agentName〉
   〈premis:agentType〉software〈/premis:agentType〉
  〈/premis:agent〉

 〈!－ － ==================== － －〉
 〈!－ － 3. Event: 무결성 검사
 이 부분은 premis 네임스페이스를 사용해 하나의 이벤트를 설명한 부분이다.
premis:event 요소 안에서 무결성 점검 이벤트를 정의하고 premis:eventIdentifier 로
이벤트의 식별 정보를 제시한다. premis:eventType 과 premis:eventDateTime 을 통
해 이벤트의 유형과 발생 시점을 나타내며 premis:eventOutcomeInformation 으로
점검 결과가 성공이었음을 설명한다. 또한 premis:linkingObjectIdentifier 와
premis:linkingAgentIdentifier 를 사용해 해당 이벤트가 어떤 객체와 어떤 소프트웨
어 에이전트에 의해 수행되었는지를 연결한다. － －〉
 〈!－ － ==================== － －〉

  〈premis:event〉
   〈premis:eventIdentifier〉
    〈premis:eventIdentifierType〉local〈/premis:eventIdentifierType〉
    〈premis:eventIdentifierValue〉event－2025－fixity〈/premis:eventIdentifierValue〉
   〈/premis:eventIdentifier〉
   〈premis:eventType〉fixity check〈/premis:eventType〉
   〈premis:eventDateTime〉2025－12－16T10:30:00〈/premis:eventDateTime〉
   〈premis:eventOutcomeInformation〉
    〈premis:eventOutcome〉success〈/premis:eventOutcome〉
```

```
      〈premis:eventOutcomeDetail〉Checksum match〈/premis:eventOutcomeDetail〉
    〈/premis:eventOutcomeInformation〉

    〈premis:linkingObjectIdentifier〉
      〈premis:linkingObjectIdentifierType〉local〈/premis:linkingObjectIdentifierType〉
      〈premis:linkingObjectIdentifierValue〉
        repo:12345
      〈/premis:linkingObjectIdentifierValue〉
    〈/premis:linkingObjectIdentifier〉

    〈premis:linkingAgentIdentifier〉
      〈premis:linkingAgentIdentifierType〉
        software
      〈/premis:linkingAgentIdentifierType〉
      〈premis:linkingAgentIdentifierValue〉
        repository-preservation-system
      〈/premis:linkingAgentIdentifierValue〉
    〈/premis:linkingAgentIdentifier〉
  〈/premis:event〉

〈!-- ==================== --〉
```

〈!-- 4. Event: 포맷 변환

이 부분은 premis 네임스페이스를 사용해 하나의 형식 마이그레이션 이벤트를 설명한 부분이다. premis:event 요소 안에서 포맷 변환 이벤트를 정의하고 premis:eventIdentifier 로 이벤트의 로컬 식별자를 제시한다. premis:eventType 과 premis:eventDateTime 을 통해 형식 마이그레이션의 종류와 발생 시점을 나타낸다. premis:eventOutcomeInformation 에서는 변환이 성공적으로 이루어졌으며 PDF 가 PDF A 형식으로 변환되었음을 설명한다. 또한 premis:linkingObjectIdentifier 와 premis:linkingAgentIdentifier 를 사용해 이 이벤트가 특정 객체와 보존 시스템 소프트웨어에 의해 수행되었음을 연결한다. --〉

```
<!-- ==================== -->

<premis:event>
  <premis:eventIdentifier>
    <premis:eventIdentifierType>local</premis:eventIdentifierType>
    <premis:eventIdentifierValue>
      event-2028-migration
    </premis:eventIdentifierValue>
  </premis:eventIdentifier>
  <premis:eventType>format migration</premis:eventType>
  <premis:eventDateTime>2028-03-10T14:00:00</premis:eventDateTime>
  <premis:eventOutcomeInformation>
    <premis:eventOutcome>success</premis:eventOutcome>
    <premis:eventOutcomeDetail>
      PDF to PDF/A conversion</premis:eventOutcomeDetail>
    </premis:eventOutcomeInformation>
  <premis:linkingObjectIdentifier>
    <premis:linkingObjectIdentifierType>
      local
    </premis:linkingObjectIdentifierType>
    <premis:linkingObjectIdentifierValue>
      repo:12345
    </premis:linkingObjectIdentifierValue>
  </premis:linkingObjectIdentifier>

  <premis:linkingAgentIdentifier>
    <premis:linkingAgentIdentifierType>
      software
    </premis:linkingAgentIdentifierType>
    <premis:linkingAgentIdentifierValue>
```

```
repository－preservation－system
〈/premis:linkingAgentIdentifierValue〉
〈/premis:linkingAgentIdentifier〉
〈/premis:event〉

〈!－－ ==================== －－〉
〈!－－ 5. Rights: 보존 권한
이 부분은 premis 네임스페이스를 사용해 권리 정보를 설명한 부분이다. premis:rights 요소 안에서 권리 선언을 정의하고 premis:rightsBasis 로 기관 정책에 근거한 권리임을 나타낸다. 또한 premis:act 를 통해 복제와 마이그레이션 행위가 허용됨을 명시한다. －－〉
〈!－－ ==================== －－〉

〈premis:rights〉
  〈premis:rightsStatement〉
    〈premis:rightsBasis〉institutional policy〈/premis:rightsBasis〉
    〈premis:act〉
      〈premis:actType〉replicate〈/premis:actType〉
      〈premis:permission〉allowed〈/premis:permission〉
    〈/premis:act〉
    〈premis:act〉
      〈premis:actType〉migrate〈/premis:actType〉
      〈premis:permission〉allowed〈/premis:permission〉
    〈/premis:act〉
  〈/premis:rightsStatement〉
〈/premis:rights〉

〈/premis:premis〉
```

위에 제시된 PREMIS 메타데이터는 학술논문 PDF 한 편을 장기보존하는 과정에서 무엇을 보존했고(Object), 어떤 행위가 언제 수행되었으며(Event), 그 행위를 누가 수행했는지(Agent), 그 행위가 어떤 권한 하에서 이루어졌는지(Rights)를 구조적으로 기록한 예이다. 특히 무결성 검사와 포맷 변환이 각각 이벤트로 남아 있어, 시간이 지나도 해당 디지털 객체가 변조되지 않았으며, 기술 환경 변화에 대응해 합리적으로 관리되었음을 설명할 수 있다. 이와 같이 PREMIS 메타데이터는 디지털도서관의 장기보존 활동을 검증 가능하고 설명 가능한 기록으로 남기기 위한 핵심 수단이다.

4.2.3.5 RSLP Collection Description 스키마

RSLP(Research Support Libraries Programme) Collection Description 스키마는 장서 수준 메타데이터를 대표하는 사례로 알려져 있다. 장서 수준 메타데이터는 개별 자료를 상세하게 기술하기보다는, 특정 주제와 범위, 관리 책임을 공유하는 장서 전체의 성격과 접근 정보를 기술함으로써 이용자의 탐색과 선택을 지원한다. 구체적으로 장서 수준 메타데이터는 첫째, 이용자가 관심 있는 장서를 발견하고 해당 장서의 소장처 또는 제공처를 확인하도록 돕는다. 둘째, 여러 장서를 대상으로 통제된 방식의 검색을 가능하게 하여, 이용자가 서로 다른 장서들을 비교하고 선택할 수 있도록 한다. 셋째, 후보 장서들의 특성 정보를 바탕으로 분산 검색을 원활하게 수행할 수 있도록 지원한다. 넷째, 이용자 맞춤 정보를 활용해 소프트웨어가 이용자를 대신하여 탐색과 선별 작업을 수행할 수 있는 기반을 제공한다(Powell 외, 2000). 요컨대 장서 제공자가 장서의 핵심 정보를 표준화된 방식으로 노출하면, 이용자는 관심 장서의 범위와 특성을 빠르게 파악하고 적절한 접근 경로를 선택할 수 있게 된다.

RSLP Collection Description 스키마는 RSLP의 다른 관련 프로젝트들과 연계하여 장서 수준 정보를 일관되게 기술하기 위해 개발되었으며, 그 표현은 RDF(Resource Description Framework) 데이터 모델을 통해 인코딩된다. 여기서 RDF에 의해 인코딩된다는 것은 장서 기술 정보를 단순한 서술문이나 고정된 레코드 구조로 기록하는 것이 아니라, 자원과 자원 사이의 관계를 주어, 서술어, 목적어를 구성된 트리플 형태로 구조화하여 표현한다는 뜻이다. 이러한 방식은 서로 다른 시스템 간에 장서 정보를 연계하고 재사용하기에 유리하며, 링크드 데이터 환경에서 장서 단위의 자원 발견성과 상호운용성을 높이는 데 기여한다. 다음 〈그림 4.8〉은 이러한 RSLP 장서기술 모델의 구성 요소와 관계를 도식화한 것이다.

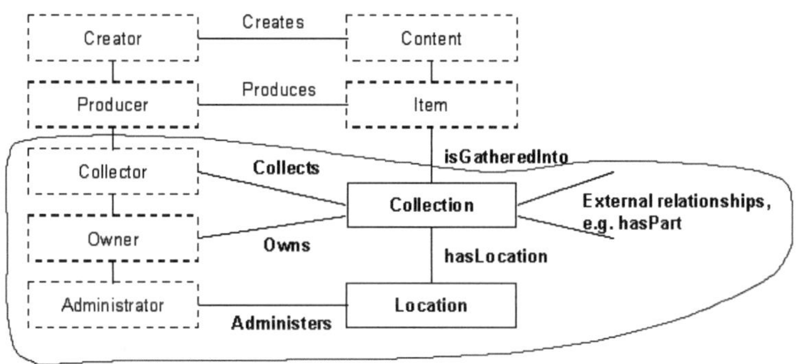

〈그림 4.8〉 RSLP CD 스키마 모델

〈그림 4.8〉은 RSLP Collection Description 스키마가 장서를 중심으로, 그 장서를 둘러싼 콘텐트와 아이템, 주체인 사람과 기관, 소장처, 외부 관계를 개체 간 관계로 표현하는 방식을 보여준다. 즉 장서를 하나의 독립된 대상으로 두고, 누가 무엇을 만들고 수집하며 소유하고 관리하는지를 관계로 연결하여 장서 수준 메타데이터를 구조화한다. 그림의 오른쪽에는 장서가 담고 있는 정보 대상을 두 층위로 구분하여 제시한다. 먼저 Content는 장서가 제공하는 지식과 정보의 내용, 즉 지적 대상을 의미하고, Item은 그 내용이 실제로 담겨 제공되는 개별 자료 단위, 즉 파일이나 객체, 레코드 등을 의미한다. 이 두 요소는 Creator와 Producer와 연결되어 장서에 포함된 내용과 아이템이 어떤 주체에 의해 생성되고 생산되었는지를 나타낸다. 다시 말해 이 모델은 장서에 어떤 콘텐트와 아이템이 포함되는가뿐 아니라, 그것을 누가 만들었는가까지 장서 수준에서 함께 기술할 수 있게 한다. 그림의 왼쪽에는 장서를 둘러싼 다양한 역할의 주체가 배치되어 있다. Collector는 장서를 수집하는 주체이고, Owner는 장서를 소유하는 주체이다. Administrator는 장서의 운영과 유지관리를 담당하는 주체로, 실제 서비스 제공과 정책 집행의 책임을 갖는 역할에 해당한다. 이처럼 동일한 기관이라도 상황에 따라 수집자와 소유자, 관리자의 역할이 분리될 수 있으며, RSLP 모델은 이러한 역할 구분을 명시적으로 표현하여 책임과 권한의 구조

를 분명히 한다.

장서의 제공과 접근 경로를 설명하는 요소로는 Location이 제시된다. 장서는 hasLocation 관계를 통해 위치 정보와 연결되는데, 이는 장서가 물리적으로 또는 디지털적으로 어디에 존재하는지, 그리고 이용자가 어디를 통해 접근해야 하는지를 표현하기 위한 장서 수준 메타데이터의 핵심 축이 된다. 장서가 실제로 제공되는 기관과 시스템, 사이트, 접근 지점, 접근 주소나 엔드포인트와 같은 정보가 이 위치 개념과 결합될 수 있다. 또한 그림의 오른쪽에는 isGatheredInto와 외부 관계, hasPart가 함께 표시되어 하나의 장서가 더 큰 단위로 묶이거나, 반대로 여러 하위 구성요소를 가지는 등 장서 간 관계와 장서 내부 관계를 확장하여 표현할 수 있음을 보여준다. 예를 들어 isGatheredInto를 이용해 특정 장서가 상위 포털 컬렉션에 편입될 수도 있고, hasPart를 이용해 하나의 장서가 여러 하위 장서 또는 부분 컬렉션을 포함할 수도 있다. 이러한 관계 표현을 통해 장서의 경계와 구성, 그리고 다른 장서와의 연결성이 구조적으로 기술된다.

결국 이 모델은 장서를 단순한 자료 묶음으로 보는 것이 아니라, 콘텐트와 아이템의 구성, 생성과 생산, 수집과 소유, 관리의 책임 주체, 소장처와 접근 위치, 장서 간의 구조적 관계를 함께 기술하는 대상으로 정의한다. 따라서 RSLP Collection Description 스키마는 장서 수준에서 이용자가 관심 장서를 발견하고 소장처를 파악하도록 돕는 것은 물론, 장서의 특성과 관계에 기반한 분산 검색이나 연계 서비스가 가능하도록 하는 장서 기술의 구조적 기반을 제공한다. 다음 〈그림 4.9〉는 RSLP Collection Description 메타데이터 생성기를 보여준다. 해당 항목을 입력하면 〈그림 4.10〉과 같이 RDF/XML로 자동 인코딩된 컬렉션 정보가 생성된다.

RSLP Collection Description

Tool

Collection Use this form to describe a collection, its location and associated owner(s) and collector(s), and administrator(s).
Use the 'Re-display' buttons to update the RDF and text versions of the collection description (below).
Use the '+' buttons to repeat attributes as required.

Clear all | Help | Load | Save | Show example | Re-display

Title	The name of the collection.
Description	A brief description of the collection.
Concept(s) + / Scheme	Keyword(s) associated with items in the collection. Use separate fields for each keyword or concept term.
Object(s) + / Scheme	Object name(s) associated with items in the collection.
Name(s) + / Scheme	Agent (person or corporate body) name(s) associated with items in the collection.
Place(s) + / Scheme	The spatial coverage of items in the collection.
Time(s) + / Scheme	The temporal coverage of items in the collection.

〈그림 4.9〉 RSLP Collection Description 메타데이터 생성기
(https://www.ukoln.ac.uk/metadata/rslp/tool/index.html)

```
<rdf:RD ······························································· ㉠
  xmlns:rdf="http://www.w3.org/1999/02/22-rdf-syntax-ns#"
  xmlns:dc="http://purl.org/dc/elements/1.1/"
  xmlns:dcterms="http://purl.org/dc/terms/"
  xmlns:dcmitype="http://purl.org/dc/dcmitype/"
  xmlns:vcard="http://www.w3.org/2001/vcard-rdf/3.0#"
  xmlns:cld="http://purl.org/rslp/terms#">
  <dcmitype:Collection rdf:about="urn:x-cld:..."> ······················· ㉡
    ...
  </dcmitype:Collection>
</rdf:RDF>
```

〈그림 4.10〉 RSLP Collection Description 메타데이터 생성기를 통해 RDF/XML로 자동 인코딩 된 컬렉션 정보

〈그림 4.10〉 ㉠ 부분은 RDF 문서에서 사용할 여러 네임스페이스를 선언한 영역이다. xmlns:rdf 는 RDF 기본 문법 요소와 속성을 사용하기 위한 네임스페이스다. xmlns:dc 와 xmlns:dcterms 는 Dublin Core 메타데이터 요소와 확장 용어를 술어로 사용하기 위한 것이다. xmlns:dcmitype 는 자원의 유형을 표현하는 Dublin Core 유형 어휘를 제공한다. xmlns:vcard 는 개인이나 기관 같은 주체 정보를 표현하기 위한 네임스페이스다. xmlns:cld 는 컬렉션과 디지털 객체 관련 용어를 정의한 별도의

어휘를 사용하기 위해 선언된 네임스페이스다. ⓒ 부분은 앞에서 선언된 네임스페이스 접두사를 활용해 자원의 유형과 식별자를 표현한 것이다. dcmitype 네임스페이스는 Dublin Core에서 정의한 자원 유형 어휘를 제공하며 dcmitype:Collection 은 해당 자원이 컬렉션 유형임을 의미한다. 즉 Collection 이라는 로컬 이름 앞에 dcmitype 접두사를 붙여 어떤 네임스페이스의 개념인지를 명확히 한다. 또한 rdf:about 속성에서 rdf 네임스페이스를 사용해 이 컬렉션 자원의 식별자를 지정한다. 결과적으로 네임스페이스 접두사를 통해 자원의 유형과 식별 방식이 서로 다른 표준에 근거하고 있음을 분명히 드러낸다. 다음 〈표 4.10〉, 〈표 4.11〉, 〈표 4.12〉는 RSLP CD 스키마의 Collection, Location, Agent 개체의 속성을 보여준다.

〈표 4.10〉 RSLP CD 스키마의 Collection 개체의 속성

속성	RDF 속성	정의
General attributes		
Title	dc:title	장서의 이름
Identifier	dc:identifier	장서의 공식적 식별자
Description	dc:description	장서의 설명
Strength	cld:strength	장서의 강점 표시
Physical Characteristics	dc:format	장서의 물리적 전자적 특성
Language	dc:language	장서의 아이템에서 사용된 언어
Type	dc:type	장서의 유형
Access Control	cld:accessControl	장서에 부여된 접근 제한 사항
Accrual Status	cld:accrualStatus	장서의 증가 정책, 방법, 주기 등에 대한 사항
Legal Status	cld:legalStatus	장서의 법률적 상태에 대한 사항
Custodial History	cld:custodial History	장서의 소유권 및 보관의 변경에 대한 사항
Note	cld:note	장서에 대한 일반적인 정보(주기사항)
Location	cld:hasLocation	장서의 소장처에 대한 식별자
Subject		
Concept	dc:subject	장서에 포함된 아이템의 개념(키워드)

속성	RDF 속성	정의
Object	cld:objectName	장서에 포함된 아이템과 관련된 객체 이름
Name	cld:agentName	장서에 포함된 아이템과 관련된 개인 또는 단체의 이름
Place	dcq:spatial	장서에 포함된 아이템의 시대 정보
Time	dcq:temporal	장서에 포함된 아이템의 장소 정보
Dates		
Accumulation Date Range	cld:accumulationDateRange	장서의 축적 시기 범위
Contents Date Range	cld:contentsDateRange	장서 내의 개인 아이템의 시기 범위
Associated agents		
Collector	dc:creator	장서 내에 아이템들을 수집하는 에이전트에 대한 식별자
Owner	cld:owner	장서의 법적 소유권을 지닌 에이전트에 대한 식별자
External relationships		
Sub-collection	dcq:hasPart	현재의 장서 내에 포함되는 또 다른 장서의 식별자나 이름
Super-collection	dcq:isPartOf	현재의 장서를 포함하는 또 다른 장서의 식별자나 이름
Catalogue or description	cld:hasDescription	현재의 장서를 기술하는 또 다른 장서의 식별자나 이름(예 현재의 장서에 대한 목록)
Described collection	cld:isDescriptionOf	현재의 장서에 의해 기술되는 또 다른 장서의 식별자나 이름
Associated collection	cld:hasAssociation	현재의 장서와 출처상 연관이 있는 또 다른 장서의 식별자나 이름
Associated publication	cld:hasPublication	장서의 이용, 연구 또는 그 분석하는 내용의 출판물의 식별자 또는 이름

〈표 4.11〉 RSLP CD 스키마의 Location 개체의 속성

속성	RDF 속성	정의
General attributes		
Name	dc:title	소장처의 이름
Identifier	dc:identifier	소장처에 대한 공식적인 식별자
Access Conditions	cld:accessConditions	접근 시간, 허락된 이용자의 등급 등
Held collection	cld:isLocationOf	물리적 또는 온라인(디지털)상에 위치한 장서의 식별자
See also	cld:seeAlso	현재의 소장처에 대한 추가적 정보를 제공하는 자원의 식별자(예 조직의 홈페이지 주소의 URL)
Associated agents		
Administrator	cld:administrator	장서를 소장하는 물리적 또는 전자적 환경에 대한 책임을 가지는 에이전트의 식별자
Physical location		
Postal address	cld:address	물리적 장서의 물리적 위치에 대한 완전한 우편주소
Post/zip code	cld:postcode	장서의 물리적 위치를 위한 우편번호
Country	cld:country	장서가 물리적으로 위치하는 나라
Online location		
Locator	cld:locator	온라인(디지털) 장서의 온라인 소장처(URL)

〈표 4.12〉 RSLP CD 스키마의 Agent 개체의 속성

속성	RDF 속성	정의
General attributes		
Name	vcard:fn	에이전트의 이름
Identifier	dc:identifier	에이전트의 공식적 식별자
Organization name	vcard:org	에이전트와 관계가 있는 기관의 이름
Role	vcard:role	에이전트의 조직체적 역할
Telephone number	vcard:voice	에이전트의 전화번호
Fax number	vcard:fax	에이전트의 팩스번호
Email address	vcard:email	에이전트의 이메일 주소
Agent History	cld:agentHistory	에지전트의 역사적 또는 서지적 상세정보

4.2.3.6 DC Collection AP

DC Collection AP는 RSLP 장서 기술 스키마를 기반으로 DCMI가 제안한 장서 메타데이터로, 2003년 제안 당시에는 DC CD AP(Dublin Core Collection Description Application Profile)로 불렸으며 2007년 버전부터 DC Collection AP로 명칭이 변경되었다. 초기 더블린 코어는 더블린 코어 요소 세트를 장서 수준 기술에 적용하는 방식을 구체화하기 위해 장서에 초점을 두고 관련 속성을 제안하였다. 이후에는 장서 자체를 설명하는 기술과 장서를 찾기 위해 활용되는 목록 또는 색인을 기술하는 일이 목적과 범위 면에서 다르다는 점을 분명히 인식하고, 두 대상에 대한 기술을 구분하여 정의하는 방향으로 발전하였다. 이러한 맥락에서 DC Collection AP는 장서의 탐색과 선정을 기본적으로 지원하면서도, 장서 관리와 같은 운영 기능까지 함께 지원할 수 있도록 설계되었다. DC Collection AP에서 장서와 다른 개체들 사이의 관계를 나타내는 개체 관계 모델은 〈그림 4.11〉과 같다.

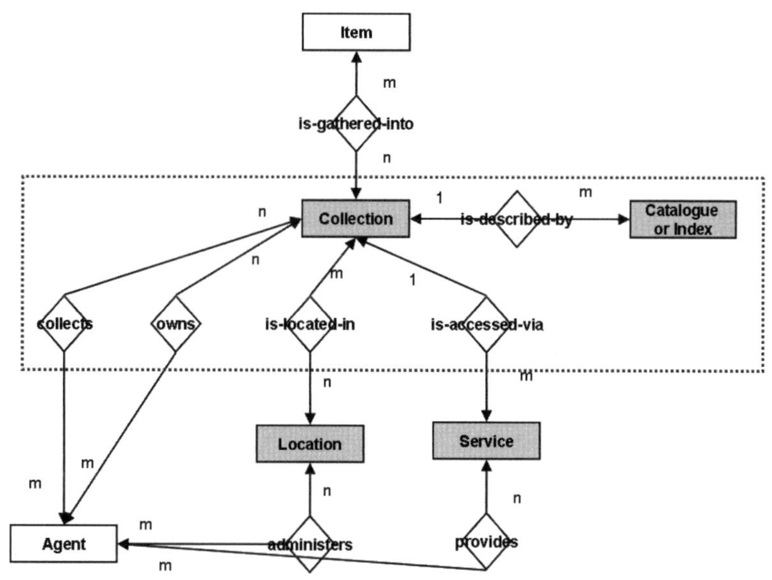

〈그림 4.11〉 DC Collection AP 데이터 모델

〈그림 4.11〉의 데이터 모델은 장서를 고립된 자료 묶음이 아니라 여러 관련 개체와 연결되는 관리와 서비스의 단위로 보고, 그 관계를 구조적으로 표현한다. 먼저 하나의 아이템은 하나 이상의 장서에 포함될 수 있으며, 반대로 하나의 장서는 여러 아이템을 포함할 수 있다. 또한 하나의 장서는 하나 이상의 소장처에 위치할 수 있는데, 이는 특정 장서가 외부 링크 기반 장서처럼 물리적 소장처를 갖지 않거나, 여러 기관에 분산되어 존재할 수 있음을 반영한다. 하나의 장서는 하나 이상의 서비스와 연결되며, 이용자는 이러한 서비스를 통해 해당 장서에 접근한다. 따라서 장서 기술에는 장서의 존재 여부뿐 아니라, 어떤 경로와 방식으로 제공되는지에 대한 서비스 정보가 함께 포함되어야 한다. 더불어 장서는 목록이나 색인에 의해 기술되는데, 이는 이용자가 장서의 존재를 발견하고 탐색할 수 있도록 하는 장서 기술 레코드가 별도의 개체로 존재하며 장서와 연계되어야 함을 의미한다. 마지막으로 하나의 장서는 하나 이상의 에이전트에 의해 소유되거나 수집될 수 있으며, 여기서 에이전트는 개인이나 기관처럼 장서의 책임과 역할을 지는 주체를 포괄한다. 이 모델은 장서를 중심으로 무엇이 포함되는지, 어디에 위치하는지, 어떤 서비스로 제공되는지, 어떤 기술 레코드로 안내되는지, 그리고 누가 책임지는지를 관계망으로 표현함으로써 장서 기술의 기본 틀을 제시한다.

이러한 데이터 모델을 바탕으로 DC Collection AP는 장서에 대해 30가지 속성을, 목록이나 색인에 대해 26가지 속성을 제시한다. 즉 장서 자체의 성격과 범위를 기술하기 위한 속성 집합과, 장서를 탐색하고 안내하기 위한 목록과 색인 레코드의 성격을 기술하는 속성 집합을 분리하여 제공함으로써, 장서 기술과 검색 및 발견 지원이라는 두 가지 목적을 동시에 충족하도록 구성하였다. 〈표 4.13〉은 DC Collection AP에서 제시하는 장서 속성 30가지를 정리한 것이다.

〈표 4.13〉 DC Collection AP의 장서 속성

속성	Qualified Name	정의
Type	dc:type	장서의 유형
Collection Identifier	dc:identifier	장서에 대한 국제적 식별자
Title	dc:title	장서의 명칭

속성	Qualified Name	정의
Alternative Title	dcterms:alternative	공식적인 장서명에 대한 대체명 또는 이명
Description	dcterms:abstract	장서의 콘텐트에 대한 요약
Size	dcterms:extent	장서의 크기
Language	dc:language	장서에 소속된 아이템 콘텐트의 언어
Item Type	cld:itemType	장서에 소속된 아이템 콘텐트의 유형
Item Format	cld:itemFormat	장서에 소속된 아이템 콘텐트의 포맷
Rights	dc:rights	장서에 부여된 권한에 대한 명세
Access Rights	dcterms:accessRights	허용된 이용자, 요금 등의 장서에 부가된 접근제한에 대한 명세
Accrual Method	dcterms:accrualMethod	장서에 아이템 콘텐트가 누적되는 방법
Accrual Periodicity	dcterms:accrualPeriodicity	장서에 아이템 콘텐트가 누적되는 주기
Accrual Policy	dcterms:accrualPolicy	장서에 아이템 콘텐트가 누적되는 정책
Custodial History	dcterms:provenance	장서의 소유권과 관리자 변경 내력
Audience	dcterms:audience	장서의 이용대상자
Subject	dc:subject	장서내의 아이템 콘텐트에 대한 주제
Spatial Coverage	dcterms:spatial	장서내의 아이템 콘텐트의 장소범위
Temporal Coverage	dcterms:temporal	장서내의 아이템 콘텐트의 시간범위
Date Collection Accumulated	dcterms:created	장서가 축적하고 있는 시기범위
Date Item Created	cld:dateContentsCreated	장서내의 아이템 콘텐트의 날짜범위
Collector	dc:creator	아이템을 장서로 수집한 객체
Owner	marcrel:OWN	장서의 법적인 소유자 객체
Is Located At	gen:isLocatedAt	장서의 소장처
Is Accessed Via	gen:isAccessedVia	장서에 접근을 제공하는 서비스
Sub-Collection	dcterms:hasPart	현재의 장서에 포함된 이차장서
Super-Collection	dcterms:isPartOf	현재의 장서를 포함하는 이차장서
Catalogue or Index	cld:collectionDescription	현재의 장서를 기술하는 다른 장서
Associated Collection	cld:associatedCollection	관련 자원으로의 참조
Associated Publication	dcterms:isReferencedBy	장서의 이용, 연구, 분석에 관한 출판물

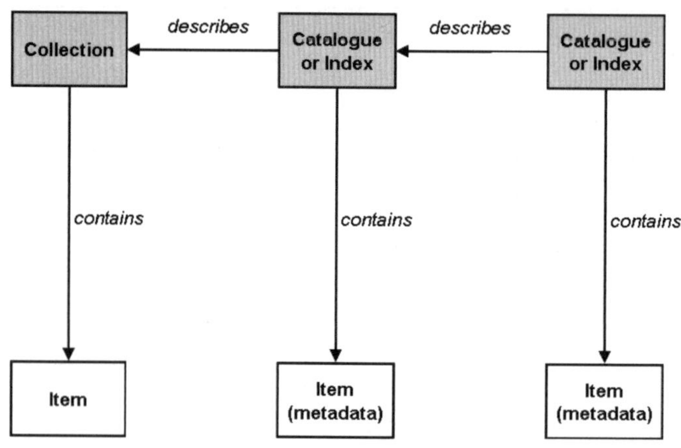

〈그림 4.12〉 장서, 목록, 색인과 아이템 대응 관계

〈그림 4.12〉는 장서와 이를 기술하는 목록과 색인이 각각 어떤 아이템을 포함하는지, 그리고 두 아이템 사이의 대응 관계가 얼마나 다양하게 나타날 수 있는지를 요약한다. 장서는 물리적 자원과 디지털 자원인 아이템을 포함하는 반면, 목록과 색인은 장서를 설명하기 위해 만든 메타데이터 아이템, 즉 메타데이터 레코드들의 집합이다. 다만 목록과 색인에 들어 있는 메타데이터 아이템이 장서의 실제 아이템을 어떤 방식으로 기술하는지는 목록과 색인의 성격에 따라 달라진다. 어떤 경우에는 목록의 레코드 하나가 장서의 아이템 하나를 기술하는 방식으로 비교적 단순한 일대일 대응이 성립할 수 있다. 그러나 다른 경우에는 목록과 색인의 메타데이터 아이템이 개별 아이템뿐 아니라 장서 내부의 부분 집합을 단위로 기술할 수도 있으며, 경우에 따라서는 장서의 개별 아이템들이 전혀 기술되지 않고 장서 전체 수준에서만 기술이 제공될 수도 있다. 또한 목록과 색인 자체도 하나의 자원 집합, 즉 컬렉션으로 간주될 수 있으므로, 어떤 목록과 색인이 다시 다른 상위 목록과 색인에 의해 기술되는 구조도 가능하다. 이는 실제 환경에서 기관 단위 목록이 국가 단위 포털이나 통합 색인에 의해 재수집되고 재기술되는 상황과 연결된다.

4.2.3.7 EAD

EAD(Encoded Archival Description)는 기록물과 관련된 탐색도구로서 인벤토리와 가이드, 색인 등을 웹 환경에서 교환하고 공유하며 서비스할 수 있도록 XML로 구조화해 표현하는 표준으로 개발되었다. 탐색도구는 개별 기록물 한 건을 기술하는 레코드라기보다, 기록물 장서와 기록군, 시리즈, 철, 건처럼 위계적으로 조직된 기록물의 맥락을 유지한 채 이용자가 전체 구조를 이해하고 필요한 단위까지 단계적으로 접근하도록 돕는 설명서에 가깝다. 또한 EAD는 기록물 기술이 지니는 다계층적 성격을 표현하고, 기관 간 탐색도구의 상호 교환을 가능하게 함으로써 분산된 기록 서비스 환경에서도 이용자가 기록물을 발견하고 이해하며 활용할 수 있도록 하는 데 목적이 있다.

현재 EAD는 EAD3 체계로 운영되고 있으며, 이는 XML 기반 표준으로서 기록물 탐색도구를 일관된 구조로 인코딩할 수 있도록 지원한다. EAD는 미국 기록관리학회 산하 표준 기술위원회와 미국 의회도서관의 협력 체계 아래에서 유지되고 관리되고 있다. 버전 측면에서 공식 EAD 사이트는 현재 EAD3의 최신 정보를 GitHub와 함께 제공하고 있으며, 스키마와 구현을 지원하는 다양한 자료를 안내한다. 특히 2023년 6월에 공개된 자료를 기준으로 보면, EAD3 태그와 속성의 의미와 사용 방법을 설명하는 EAD3 태그 라이브러리가 최신판으로 정리되어 있어, 실무에서 요소를 선택하고 적용할 때 참고하는 핵심 지침으로 활용된다. 이제부터 EAD3의 주요 요소와 속성을 살펴보자.

1) EAD3의 대표 요소

- 〈ead〉는 EAD 문서 전체를 감싸는 최상위 요소로, 하나의 탐색도구를 구성하는 모든 정보를 포함하는 컨테이너 역할을 한다. 이 요소 안에는 탐색도구 자체의 관리 정보를 담는 영역과, 기록물에 대한 실제 기술 본문이 함께 포함된다.

- 〈control〉은 탐색도구, 즉 기술 레코드 자체를 관리하기 위한 영역이다. 여기에는 레코드 식별자, 작성 기관, 작성 및 수정 이력과 같은 관리 정보가 기록되며,

이 안내서가 누가 언제 어떤 절차를 거쳐 작성되었는지를 명확히 남기는 기능을 수행한다.

- 〈archdesc〉는 기록물, 즉 컬렉션 자체에 대한 기술 본문을 담는 요소이다. 컬렉션의 제목과 생산자, 범위와 내용, 배열 방식, 이용 조건 등 기록물 전체를 이해하는 데 필요한 핵심 정보를 포함하며, 기술 수준은 개별 기록이 아니라 컬렉션 전체를 대상으로 한다.

- 〈did〉는 핵심 식별 정보를 묶어 제공하는 기본 기술 정보 블록이다. 이 요소는 〈archdesc〉 내부나 하위 구성요소를 나타내는 〈c〉 요소 안에 위치하며, 제목과 식별자, 날짜, 물리적 기술, 언어, 소장 기관 등 화면이나 목록에서 가장 먼저 제시되는 기본 정보를 제공하는 역할을 한다.

- 〈dsc〉와 〈c〉는 컬렉션의 계층 구조를 전개하는 영역이다. 〈dsc〉는 하위 구성요소를 기술하는 영역으로, 컬렉션의 전체 목차나 구성을 나타낸다. 그 안에서 〈c〉는 시리즈, 철, 건, 아이템 등 각 계층 단위를 표현하는 요소로 사용된다. 이 구조를 통해 컬렉션 내부의 조직 체계를 단계적으로 펼쳐 보여주며, 이용자가 전체 맥락을 유지한 채 필요한 수준까지 내려가 접근할 수 있도록 돕는다.

2) EAD3에서 자주 쓰는 속성(Attributes)

- @level은 기술 대상의 계층 수준을 표시하는 속성이다. 예를 들어 collection, series, file, item과 같은 값을 사용해 기술 단위가 어떤 수준에 해당하는지를 나타내며, 기관의 기술 규칙에 따라 값의 범위를 통제할 수도 있다. 주로 〈archdesc〉와 〈c〉에 부여되며, 이 기술 단위가 컬렉션인지 시리즈인지 파일인지 아이템인지와 같은 수준 정보를 명확히 해 준다.

- @id는 문서 내부에서 특정 요소를 고유하게 식별하기 위한 식별자 속성이다. 내부 링크나 참조, 화면 내 이동을 위한 앵커, 다른 요소가 참조하는 대상 식별자로 활용되며, 같은 문서 안에서는 중복되지 않도록 부여하는 것이 원칙이다.

- @normal은 날짜 관련 요소에서 자주 사용되는 속성으로, 사람이 읽는 날짜 표기와 별도로 기계 처리를 위한 정규화 값을 제공한다. 값은 보통 ISO 8601 형식을 따르며 2023－06－01처럼 단일 날짜로 쓰이기도 하고 1990부터 1999까지처럼 기간을 나타내는 형태로 쓰이기도 한다. 이를 통해 정렬, 기간 필터링, 범위 검색과 같은 기능을 안정적으로 지원할 수 있다.

다음 〈그림 4.13〉은 EAD3 XSD의 일부를 보여준다. EAD3 XML 문서는 EAD3 XSD 규칙을 준용하여 작성되어야 한다. 〈그림 4.13〉은 〈control〉 요소의 하위 요소에 대한 XSD 문서의 일부를 제시한 것이다. EAD3에서 〈control〉 요소는 탐색도구 자체를 어떻게 만들고 관리해 왔는지를 기록하는 관리와 통제 영역이며, 그 하위에 배치될 수 있는 〈maintenancehistory〉는 해당 탐색도구의 생성과 수정 등 유지관리 이력을 사건 단위로 남기기 위한 요소이다. 〈maintenancehistory〉는 기술 레코드가 언제 어떤 이유로 어떤 방식으로 변경되었는가라는 메타데이터 생성과 관리의 맥락을 구조화하여 제공한다. 제시된 XSD 규칙에 따르면 〈maintenancehistory〉는 하나 이상의 〈maintenanceevent〉를 포함할 수 있으며, 각 〈maintenanceevent〉는 생성과 수정, 삭제 등 개별적인 관리 이벤트를 표현하는 단위가 된다. 이때 〈maintenanceevent〉 내부에는 이벤트의 성격을 나타내는 〈eventtype〉과 이벤트가 발생한 시점을 나타내는 〈eventdatetime〉 같은 하위 요소가 올 수 있고, 특히 〈eventtype〉에는 value 속성이 부여되어 그 값이 created, revised, deleted, canceled, derived, updated, unknown과 같이 스키마가 허용하는 값으로 제한된다. 다시 말해 EAD3의 유지관리 이력은 자유로운 서술이 아니라, 어떤 요소가 어디에 오고 몇 번 반복될 수 있으며 어떤 속성 값을 쓸 수 있는지가 XSD에 의해 명시된 구조를 따르도록 설계되어 있다.

이처럼 XSD는 EAD XML 문서가 따라야 할 규칙의 집합이며, 실제 EAD3 문서는 이러한 스키마 규칙을 충족하는 방식으로 생성되고 작성되어야 한다. 이때 XML 문서의 품질과 적합성은 보통 well formed와 valid라는 두 수준으로 구분해 설명한다. well formed XML은 태그의 시작과 끝이 정확히 짝을 이루고 요소의 중첩 관계가 문법적으로 올바르며, 속성 표기와 루트 요소 같은 XML 자체의 문법 규칙을 만족하는 문서를 말한다. 반면 valid XML은 well formed 조건을 전제로 하면서, 추가로 XSD

또는 DTD가 정의한 구조와 제약까지 만족하는 문서를 의미한다. 예를 들어 〈maintenanceevent〉 아래에 올 요소의 순서가 XSD에서 정해져 있다면, 문법적으로는 문제가 없는 XML이라도 그 순서를 어기면 valid하지 않다. 또한 〈eventtype value="modify"〉처럼 스키마가 허용하지 않는 값을 쓰는 경우도 문법적으로는 well formed일 수 있지만, 스키마 검증에서는 유효하지 않은 것으로 판정된다. 결국 EAD3에서 XSD 기반 제약을 준수한다는 것은 탐색도구의 관리 이력을 비롯한 모든 기술 요소가 표준이 기대하는 구조와 값 체계를 갖춘 유효한 EAD3 XML로 작성되어, 시스템 간 교환과 자동 처리, 검색과 변환의 안정성을 확보한다는 뜻이다.

〈그림 4.13〉 EAD3 XSD 일부

다음 〈그림 4.14〉는 EAD3 스키마를 준용해서 작성된 XML 인코딩 문서의 일부이다.

```
〈!- - 이 부분은 EAD 문서의 시작부로 네임스페이스 선언과 기술 레코드의 관리 정보를 담고 있
다. ead 요소에서 기본 네임스페이스를 선언해 이후 접두사 없이 사용하는 요소들이 모두 EAD
스키마에 속함을 의미한다. 또한 xmlns:xlink 선언을 통해 외부 자원과의 연결을 표현할 수 있는
네임스페이스를 준비한다. - -〉

〈ead xmlns="http://ead3.archivists.org/schema/"
      xmlns:xlink="http://www.w3.org/1999/xlink"〉

〈!- -  1) 기술 레코드(탐색도구) 자체의 관리 정보  - -〉
〈!- - control 요소 아래에서는 탐색도구 자체에 대한 관리 메타데이터를 기술한다. recordid 는
기록 기술 단위의 식별자를 나타내고 maintenanceagency 는 이 기록을 관리하는 기관을 명시
한다. maintenancehistory 와 maintenanceevent 는 이 기술 레코드가 언제 생성되었는지를
관리 이력으로 기록한다. 이렇게 네임스페이스 선언을 통해 각 요소가 어떤 표준에 근거한 것인지
가 분명해진다.  - -〉

  〈control〉
    〈recordid〉KAU - ARCH - 0001〈/recordid〉
    〈maintenanceagency〉
      〈agencyname〉가상대학교 기록관〈/agencyname〉
    〈/maintenanceagency〉
    〈maintenancehistory〉
      〈maintenanceevent〉
        〈eventtype〉created〈/eventtype〉
        〈eventdatetime  normal="2025 - 12 - 03"〉2025 - 12 - 03〈/eventdatetime〉
      〈/maintenanceevent〉
    〈/maintenancehistory〉
  〈/control〉

〈!- -  2) 컬렉션(기록물군) 기술  - -〉
〈!- - 이 부분은 EAD 문서에서 컬렉션 단위의 기록 기술을 나타낸다. archdesc 요소는 기술 대
상의 계층 수준이 컬렉션임을 level 속성으로 밝히고 id 속성으로 해당 기술 단위를 식별한다.
did 요소 안에서는 핵심 기술 정보를 묶어 제시한다. unittitle 은 컬렉션의 명칭을 나타내고
unitid 는 관리용 식별자를 제공한다. unitdate 는 컬렉션이 생성된 기간을 정상화된 값과 표시
값으로 함께 제시한다. physdesc 와 extent 는 물리적 분량을 설명하고 langmaterial 과
language 는 기록의 사용 언어를 나타낸다. repository 와 corpname 은 이 컬렉션을 소장하고
관리하는 기관을 명시한다. 이어서 scopecontent 는 컬렉션의 내용과 범위를 서술적으로 설명하
고 총장 재임 기간 동안 생산된 다양한 기록 유형이 포함되어 있음을 밝힌다. accessrestrict 는
이용과 접근에 대한 제한 사항을 설명해 일부 기록에 열람 제한이 있을 수 있음을 알린다. - -〉
```

```
<archdesc level="collection" id="col1">
  <did>
    <unittitle>가상대학교 총장기록 컬렉션</unittitle>
    <unitid>COL-001</unitid>
    <unitdate normal="1990/2005">1990-2005</unitdate>
    <physdesc><extent>12 boxes</extent></physdesc>
    <langmaterial><language langcode="kor">Korean</language></langmaterial>
    <repository><corpname>가상대학교 기록관</corpname></repository>
  </did>

  <scopecontent>
    <p>총장 재임 기간 중 생산된 공문서, 연설문, 사진 등을 포함한다.</p>
  </scopecontent>

  <accessrestrict>
    <p>개인정보 포함 기록은 열람 제한이 있을 수 있다.</p>
  </accessrestrict>

<!-- 3) 계층 구조(Series/File/Item) -->
<!-- 이 부분은 EAD 문서에서 기록의 계층 구조를 표현한 영역이다. dsc 요소는 기술 단위들 사이의 구조를 나타내며 그 안에서 c 요소들이 계층적으로 중첩된다. 바깥쪽 c 는 level 값이 series 로 지정되어 시리즈 단위를 나타내고 그 안에 다시 level 이 file 인 c 가 포함되어 파일 단위를 표현한다. 각 c 요소 안의 did 에서는 해당 계층의 제목과 연대 정보를 제시한다. 이를 통해 컬렉션 아래에 시리즈가 있고 시리즈 아래에 파일이 배치되는 기록 계층 구조가 명확하게 드러난다. -->

  <dsc>
    <c level="series" id="ser1">
      <did>
        <unittitle>연설문 시리즈</unittitle>
        <unitdate normal="1995/2005">1995-2005</unitdate>
      </did>

      <c level="file" id="file1">
        <did>
          <unittitle>2001년도 연설문 묶음</unittitle>
          <unitdate normal="2001">2001</unitdate>
        </did>
      </c>
    </c>
  </dsc>
</archdesc>

</ead>
```

〈그림 4.14〉 EAD 스키마를 준용하는 XML 인코딩 문서

4.2.3.8 MPEG－7

멀티미디어 정보검색 분야에서는 국제표준화기구와 국제전기기술위원회를 중심으로 여러 기관과 전문가 집단이 협력하여 표준을 개발하고 개정해 왔다. 그중 가장 대표적인 조직이 MPEG(Moving Picture Experts Group)이며, 디지털 오디오, 비디오, 이미지 등 멀티미디어의 부호화와 압축, 전송과 시스템, 표현과 관련 메타데이터에 이르는 폭넓은 표준 체계를 구축해 왔다. MPEG 표준은 일반적으로 MPEG－1, MPEG－2, MPEG－4, MPEG－7, MPEG－21 등으로 구분하여 설명된다. 이 가운데 MPEG－7은 멀티미디어 콘텐트 기술 인터페이스로 불리며, 멀티미디어 콘텐트 자체를 압축하는 규격이라기보다 콘텐트를 기술하기 위한 메타데이터 표준이라는 점에서 MPEG－1, MPEG－2, MPEG－4와 성격이 다르다. 즉 MPEG－7은 이미지, 오디오, 비디오, 3차원 장면 등 멀티미디어 자원과 그 공간적 구간과 시간적 구간을 대상으로 검색과 관리에 활용할 수 있는 특징 기반 기술 정보와 구조화된 서술 체계를 제공한다.

MPEG－7은 ISO IEC 15938이라는 국제표준 번호로 제정되어 있으며, ISO IEC JTC 1 SC 29, 즉 코딩 관련 표준화 분과의 작업 범위 안에서 발전해 왔다. 이 표준은 멀티미디어 메타데이터를 어떻게 표현하고 교환할 것인가에 초점을 두고 있으며, 이용자가 원하는 정보를 효율적으로 찾을 수 있도록 멀티미디어 자료로부터 얻을 수 있는 다양한 속성 정보를 표준화된 형식으로 표현함으로써 시스템 간 상호운용성과 기술적 일관성을 확보하는 데 목적이 있다.

한편, 멀티미디어 검색 과정은 개념적으로 콘텐트로부터 특징을 얻는 특성 추출 단계, 추출된 특징을 일정한 규칙에 따라 기술하는 단계, 기술된 정보를 이용해 질의와 매칭을 수행하는 검색 시스템 처리 단계로 나누어 설명할 수 있다. 이 가운데 MPEG－7이 직접적으로 표준화하는 중심 영역은 주로 기술 단계로, 추출된 주석 정보를 표준 기술자와 스키마를 사용해 구조화하여 표현하고 교환하는 부분이다. 반면 특징을 어떻게 추출할 것인지, 또는 검색 시스템이 이를 어떻게 학습하고 순위를 매기며 매칭할 것인지는 구현 기술과 경쟁 영역으로 남는 경우가 많다.

MPEG－7에서 멀티미디어 콘텐트를 설명하는 핵심 단위는 디스크립터와 디스크립션 스킴으로 정리된다. 디스크립터는 색상, 질감, 형태, 움직임과 같은 저수준 특징부터 일정한 의미를 부여한 속성까지 다양한 특징을 표현하기 위한 기술 요소이며, 디스크립션 스킴은 여러 디스크립터와 구조 요소를 조합하여 콘텐트, 구간, 객체, 이벤트 등의 관계를 체계적으로 표현하는 구성 체계에 해당한다. 이를 실제 데이터로 기술하고 교환할 수 있도록 MPEG-7은 기술 정의 언어, 스키마 정의, 그리고 질의와 교환을 위한 질의 형식 등도 파트 체계로 제공한다.

또한 MPEG-7은 전통적인 디스크립터와 스킴 중심의 메타데이터 표준이라는 틀을 유지하면서도, 최근에는 표준 문서 확장을 통해 신경망 기반 분석 결과의 교환과 활용을 보조하는 요소까지 범위를 넓혀 왔다. 예를 들어 ISO IEC 15938의 일부 파트에서는 멀티미디어 기술과 분석에 활용되는 신경망 표현의 압축과 활용에 관한 규격이 최신판으로 개정되어 발행되고 있다.

4.2.3.9 BIBFRAME

BIBFRAME(Bibliographic Framework Initiative)은 기존 MARC 체계를 대체하기 위해 미국 의회도서관이 개발한 링크드 데이터(Linked Data) 기반 서지 모델이다. 디지털 객체는 복잡한 구조와 다양한 관계성을 지니는데, BIBFRAME은 이러한 특성을 웹 환경에서 보다 유연하고 정교하게 표현하도록 설계되었다는 점에서 중요한 의미를 가진다. 기존의 MARC은 자료 유형을 단일 코드나 고정된 값으로 표현했지만, BIBFRAME은 RDF(Resource Description Framework)를 기반으로 한 클래스와 속성 구조를 활용하여 자원을 기술한다.

클래스는 자원이 어떤 종류의 것인지를 나타내는 개념적 분류이며, 속성은 그 자원이 지닌 특징이나 관계를 표현하는 요소이다. RDF와 온톨로지 분야에서는 사람이 읽을 때도 직관적이고 기계가 자동으로 구문을 분석하기 쉬운 구조를 제공하기 위해 클래스 이름은 대문자로 시작하고, 속성 이름은 소문자로 시작하는 것이 일반적인 관례이다. 예를 들어 bf:Text는 텍스트 유형의 자원이라는 클래스를 의미하고, bf:format은 해당 자원의 파일 형식을 기술하는 속성이다. 여기서 bf라는 접두사는 BIBFRAME 어휘를 나타내는 네임스페이스(namespace)를 의미한다. 네임스페이스는 특정 용어가 어떤 온톨로지에서 정의된 것인지 구별하기 위한 일종의 주소

(identifier)이다. 같은 이름을 가진 용어가 여러 체계에서 사용될 경우 혼동될 수 있기 때문에, RDF에서는 반드시 네임스페이스를 사용하여 용어의 출처를 명확히 밝힌다. BIBFRAME 서지 모델에서 정의된 온톨로지 용어 사용을 위한 네임스페이스는 다음과 같다.

- *네임스페이스: http//id.loc.gov/ontologies/bibframe/*
- *네임스페이스를 가리키는 접두사(prefix): bf*

따라서 bf:Text, bf:Work, bf:format과 같은 표현은 이 용어가 BIBFRAME 온톨로지에서 정의되었다는 의미를 가진다. 네임스페이스는 링크드 데이터 환경에서 용어 충돌을 방지하고, 다양한 기관의 메타데이터가 상호 연계될 수 있도록 하는 필수 기술이다.

한편, BIBFRAME이 다루는 자원(Resource)은 매우 포괄적인 개념으로, 디지털 객체를 포함하되 그보다 훨씬 넓은 범위를 가진다. 자원에는 인쇄자료, 시청각 자료, 실물자료, 웹 콘텐트, 데이터세트, 소프트웨어 등 도서관이 기술해야 하는 다양한 지식 산출물과 문화적 산출물이 모두 포함된다. 이러한 자원을 구조적으로 기술하기 위해 BIBFRAME은 Work, Instance, Item이라는 세 계층 모델을 사용한다. 〈표 4.14〉는 디지털 객체와 BIBFRAME의 용어인 Resource의 의미 차이를 보여준다.

〈표 4.14〉 디지털 객체와 BIBFRAME의 Resource 차이

개념	의미	관계
디지털 객체 (digital object)	디지털 파일 단위(파일 또는 파일 묶음)	BIBFRAME의 Instance/Item에서 표현되는 구체적 자원
BIBFRAME의 Resource	도서관이 기술해야 하는 모든 자원(실물, 디지털, 이벤트 등 포함)	디지털 객체를 포함하는 상위 개념

첫 번째 계층인 Work는 자원의 지적 개념과 예술적 개념을 나타내는 추상적 층위로, 콘텐트의 본질적 성격을 표현한다. 이 단계에서는 디지털인지 아날로그인지 여부는 중요하지 않으며, 자원이 어떤 개념적 유형인지가 중점적으로 기술된다. 예를 들어

bf:Text, bf:StillImage, bf:MovingImage, bf:Sound, bf:Cartography, bf:NotatedMusic, bf:Multimedia, bf:Dataset 등과 같은 클래스가 Work 수준에서 사용된다. 이는 Dublin Core의 Type Vocabulary처럼 자원의 내용적 특성과 개념적 특성을 구분하는 역할을 한다.

두 번째 계층인 Instance는 Work가 실제 세계에서 구현된 구체적인 형태를 의미한다. 디지털 객체의 유형은 이 Instance 계층에서 구체적으로 나타난다. 예를 들어 PDF 형식의 전자책은 bf:Electronic 클래스에 해당하며, JPEG 파일의 디지털 사진이나 MP4 형식의 온라인 강의 영상도 Instance 수준에서 기술된다. Instance에서는 또한 bf:format(파일 형식), bf:media(미디어 유형), bf:carrier(전달 매체)와 같은 속성을 함께 사용하여 디지털 객체의 구체적 특성을 명확하게 설명한다.

세 번째 계층인 Item은 Instance의 개별 단위, 즉 실제 이용자가 접근할 수 있는 디지털 파일이나 복본을 의미한다. 디지털 환경에서 Item은 특정 서버에 저장된 MP4 파일이나 특정 URL을 통해 접근 가능한 PDF 파일처럼 개별 접근 경로를 가지는 자원으로 표현된다. 이 단계에서는 디지털 객체에 대한 실제 접근 경로나 이용 조건을 표현하기 위해 bf:electronicLocator(디지털 접근 URL), bf:usageAndAccessPolicy(이용 제한 정책)과 같은 속성이 사용된다. 이러한 속성들은 개별 디지털 파일이 어디에 위치하며 어떤 방식으로 접근할 수 있는지를 명확히 기술하는 역할을 한다. 예를 들어, 도서관이 제공하는 인쇄본 1권을 BIBFRAME의 Work, Instance, Item으로 살펴보면 다음과 같다. 본서 『디지털도서관 운영론』 책의 지적 내용(주제, 서술, 구성)은 Work에 해당한다. 이 단계에서는 전자책인지 종이책인지보다 이것이 텍스트 자료인가가 중요하므로, 예를 들어 bf:Text 같은 유형으로 표현된다. 그 책이 인쇄본 형태로 제작되어 배포되는 구체적 구현물은 Instance에 해당한다. 여기서는 인쇄 형태가 드러나므로 bf:Print로 기술할 수 있고, 책의 물리적 형태와 전달 방식이 인쇄물 제공이라는 점을 bf:media, bf:carrier 등의 속성으로 함께 설명한다. 마지막으로, 그 인쇄본이 도서관 서가에 실제로 비치되어 이용자가 접근할 수 있는 개별 실물은 Item에 해당한다. 이때 Item에는 도서관 소장자료로서의 식별 정보가 기록되며, 예를 들어 청구기호나 바코드 같은 항목으로 구체적 관리 정보를 표현하고, 관내 열람만 가능 같은 이용 조건이 있으면 bf:usageAndAccessPolicy로 표현한다.

아래는 저자 김선태 · 이수상의 『디지털도서관 운영론』 단행본을 대상으로 Work, Instance, Item 개념을 적용한 예시이며, 터틀(Turtle) 형식으로 직렬화하였다.

▷ 저자 김선태, 이수상의 『디지털도서관 운영론』 인쇄본의 RDF 그래프

```
@prefix bf: http://id.loc.gov/ontologies/bibframe/ .
@prefix ex: http://example.org/resource/ .
@prefix rdf: http://www.w3.org/1999/02/22-rdf-syntax-ns# .

# Work: 지적내용과 개념적 내용

ex:work1 a bf:Work ;  ········································ ㉠
bf:title "디지털도서관 운영론"@ko ;
bf:contribution ex:contrib1 ;
bf:content bf:Text .

ex:contrib1 a bf:Contribution ;
bf:agent ex:author1, ex:author2 ;
bf:role bf:Author .

ex:author1 a bf:Person ;
bf:label "김선태"@ko .

ex:author2 a bf:Person ;
bf:label "이수상"@ko .

# Instance: 구체적 구현(인쇄본)  ································ ㉡

ex:instance1 a bf:Instance ;
bf:instanceOf ex:work1 ;
bf:media bf:unmediated ;
```

```
bf:carrier bf:volume .

# Item: 실제 접근 가능한 개별 실물 자료 ······················································ ㉢
ex:item1 a bf:Item ;
bf:itemOf ex:instance1 ;
bf:shelfMark "123.45 김54ㄷ" ;
bf:usageAndAccessPolicy "관내 열람 가능"@ko .
```

위의 예시는 『디지털도서관 운영론』이라는 인쇄본을 BIBFRAME의 Work, Instance, Item 구조로 나누어 표현한 것이다. 이 구조의 핵심은 하나의 단행본을 단일한 객체로 다루지 않고, 내용의 층위, 구현의 층위, 실제 접근의 층위로 구분하여 기술한다는 점에 있다.

먼저 ㉠ Work는『디지털도서관 운영론』이라는 책의 지적 내용과 개념적 내용을 나타낸다. 이 단계에서는 해당 자원이 전자책인지 인쇄본인지와 같은 구현 형태는 고려하지 않으며, 책의 제목과 저자, 그리고 텍스트 자료라는 내용적 성격이 중심이 된다. 따라서 Work 수준에서는 김선태와 이수상이 저자로 기여한 하나의 텍스트 작품이라는 점이 기술된다.

다음으로 ㉡ Instance는 이 Work가 실제로 구현된 구체적인 형태를 의미한다. 여기서는『디지털도서관 운영론』이 인쇄본으로 제작되어 오프라인 환경에서 제공되고 있음을 표현한다. Instance 수준에서는 해당 자원이 인쇄물 매체를 통해 제공되며, 물리적인 책 형태로 접근 가능한 구현물이라는 특성이 함께 기술된다. 이는 동일한 Work가 향후 전자책이나 다른 판형으로 제공될 경우, 서로 다른 Instance로 구분될 수 있음을 전제로 한다.

마지막으로 ㉢ Item은 이용자가 실제로 접근하는 개별 단위를 의미한다. 인쇄 환경에서 Item은 도서관이 실제로 소장하고 있는 한 권의 책으로 표현된다. 이 단계에서는 서가 위치를 나타내는 청구기호와 같은 실제 관리 정보, 그리고 관내 열람 가능과 같은 구체적인 이용 정보가 함께 기술된다. 즉 Item은 추상적인 구현물이 아니라, 이용자가 실제로 대출하거나 열람하는 실물 객체를 가리킨다. 이처럼 Work, Instance, Item 구조는 하나의 단행본을 개념적 내용, 구현 형태, 개별 접근 단위로 나누어 표현함으로써, 디지털도서관 시스템에서 다양한 형태의 자료를 일관되게 관리하고 서비스할 수 있도록 해 준다.

TIP

- 네임스페이스는 RDF, XML, 온톨로지에서 용어의 출처를 구별하기 위한 고유한 URI이다. 쉽게 말해, 이 용어는 어느 기관, 어떤 온톨로지에서 정의한 것인지 나타내는 식별자라고 이해할 수 있다. 다양한 메타데이터 체계가 동시에 사용될 때 명칭이 같은 단어가 충돌하는 것을 방지하기 위해 존재한다.
- bf:는 긴 네임스페이스 URI를 대신해 사용하는 프리픽스(prefix, 접두사)이다. 〈http://id.loc.gov/ontologies/bibframe/Text〉 태그를 적을 때, 매번 이렇게 긴 네임스페이스 URI를 적는 것은 너무 불편하기 때문에, bf:Text 라고 축약해서 사용하는 것이 바로 prefix의 역할이다. 즉, 다음과 같이 해석된다.
  bf = http://id.loc.gov/ontologies/bibframe/,
  bf:Text = http://id.loc.gov/ontologies/bibframe/Text
- XML 네임스페이스 표기 규칙:
  XML에서는 다음과 같은 형식으로 네임스페이스 접두사를 선언한다.

  xmlns:bf="http://id.loc.gov/ontologies/bibframe/

  그리고 문서 안에서 네임스페이스에 속한 요소나 속성을 사용할 때는 '접두사:요소명' 형태로 반드시 콜론(:)을 포함하여 표기한다.

  예

  〈bf:Work〉
  　〈bf:title〉The Art of Jazz〈/bf:title〉
  〈/bf:Work〉

구분	의미
bf	네임스페이스 prefix
:	XML 네임스페이스 연결 기호
Work, title	요소 이름
bf:Work, bf:title	bf 네임스페이스에 속한 실제 요소

4.3 메타데이터 상호운용성

4.3.1 메타데이터 상호운용성 정의

디지털도서관 시스템에서 상호운용성(interoperability)은 서로 다른 기관과 시스템, 플랫폼에 분산되어 있는 디지털 자원과 서비스를 연계하여 이용자 관점에서는 하나의 통합된 환경에서 검색과 접근, 활용이 가능하도록 만드는 개념이자 핵심 기능 요구사항이다. 과거에는 특정 프로토콜을 동일하게 구현해 연결하는 것 자체가 목표였다면, 오늘날에는 이기종 데이터와 검색, 원문 제공, API, 분석, 보존 등 다양한 서비스가 함께 작동하도록 데이터와 의미, 권리, 식별자, 서비스 수준까지 포괄하는 상호운용성이 요구된다. 특히 클라우드 기반 리포지토리, 오픈 사이언스 인프라, 연구정보시스템(CRIS), 지식그래프, 인공지능 기반 발견 서비스가 확대되면서 디지털도서관의 상호운용성은 기관 간 연동을 넘어 학술 생태계 전반의 연결성을 좌우하는 전략적 요소로 자리 잡았다.

상호운용성을 구현하는 기능 요구 수준은 몇 가지 층위로 구분해 설명할 수 있다. 첫째는 연합(federation) 수준으로, 참여 시스템들이 공통의 표준 규약과 질의 및 응답 방식에 합의해 실시간으로 연동되는 형태이다. 전통적으로는 Z39.50과 같은 분산 검색 프로토콜이 대표적이며, 오늘날에는 표준 기반 API와 인증 및 권한 체계를 포함한 연계 방식으로 확장되어 이해할 수 있다. 둘째는 수확(harvesting) 수준으로, 각 기관이 보유한 메타데이터를 외부 수확기가 주기적으로 모아 통합 색인과 검색 서비스를 구축하는 방식이다. 이 모델은 기관 간 느슨한 협력만으로도 비교적 쉽게 구현할 수 있으며, OAI－PMH 기반 수확이 대표적인 사례이다. 다만 최근에는 단순한 수확을 넘어 REST API, 리소스 덤프, 이벤트 기반 동기화 등으로 기술적 범위가 넓어지고 있다. 셋째는 수집(gathering) 수준으로, 기관이 별도의 연동 프로토콜을 제공하지 않더라도 검색엔진 크롤링이나 웹 기반 수집을 통해 정보를 모아 서비스하는 방식이다. 이 방식은 구현 장벽은 낮지만 데이터 품질과 구조화 수준이 낮아지기 쉬워, 최근에는 구조화된 메타데이터를 노출해 검색엔진이 보다 정확하게 자원을 이해하도록 하는 방향으로 발전하고 있다.

통합 환경에서 정보자원 서비스를 안정적으로 제공하기 위해서는 메타데이터 상호운용성이 핵심 기반이 된다. 통합 대상 리포지토리와 시스템에는 MARC, MODS, 더블린 코어, EAD, LOM, DataCite, ONIX 등 다양한 메타데이터 스키마가 공존하며, 이러한 차이를 어떻게 흡수하느냐에 따라 서비스 품질이 크게 달라진다. 이를 위한 접근 방식은 하나의 스키마로 통일하는 방식과 다양한 스키마를 인정하고 연결하는 방식으로 나눌 수 있다. 단일 스키마 통합 방식은 기준이 되는 스키마를 합의하고 참여 기관의 메타데이터를 그 스키마로 수렴시키는 형태이다. 예를 들어 특정 커뮤니티가 학위논문 메타데이터 표준과 같은 공통 스키마를 채택해 메타데이터를 공유하는 경우처럼, 표준 스키마를 중심으로 운영 규칙을 통일하면 검색과 품질 관리, 서비스 설계가 단순해진다. 국내에서도 기관형 리포지토리 통합 과정에서 공통 메타데이터 세트를 사용하거나, 수확 단계에서 더블린 코어 기반 공통 형식으로 메타데이터를 제공하는 방식이 활용되어 왔다. 그러나 이 접근은 참여 기관 간의 합의와 지속적인 운영 관리가 전제되어야 하며, 기존 레코드를 기준 스키마로 변환하는 과정에서 세부 표현의 손실이나 분야 특화 정보가 희석될 수 있다. 또한 최근 디지털도서관이 다루는 자원이 논문과 학위논문을 넘어 연구데이터, 소프트웨어, 멀티미디어, 전시와 기록물까지 확장되면서, 하나의 스키마에 모든 자원을 포괄하려는 방식은 장기적으로 한계를 드러내기 쉽다.

반대로 다양한 스키마를 인정하고 이를 연결하는 방식은 현대 디지털도서관에서 더욱 일반적인 전략으로 자리 잡고 있다. 이때 핵심적인 접근은 메타데이터 변환, 메타데이터 등록기와 용어 관리, 그리고 식별자와 어휘, 권리 정보를 포함한 의미 기반 연계로 나누어 설명할 수 있다. 첫째, 메타데이터 변환은 한 스키마의 요소와 구조, 의미를 다른 스키마로 매핑하여 통합 검색이나 데이터 교환을 가능하게 하는 방식이다. MARC와 Dublin Core, MODS와 MARCXML, 학습 객체 메타데이터와 Dublin Core, 시각자원 메타데이터와 Dublin Core 등 다양한 조합에서 활용되며, 이기종 시스템 간 상호운용성을 확보하는 가장 널리 쓰이는 접근이다. 다만 변환은 항상 일대일 대응이 가능한 것은 아니어서, 요소가 풍부한 스키마를 단순한 스키마로 옮길 경우 세분된 책임 관계나 복합 서명 구조, 상세한 권리 조건과 같은 정보가 손실될 수 있다. 또한 요소의 의미 범위가 서로 다르거나 값으로 사용하는 통제 어휘가 다를 경우, 형식상 매핑은 되었으나 의미가 어긋나는 문제가 발생하기도 한다. 더불어 스키마 개정이나 기관별 로컬 요소 추가가 이루어질 때마다 변환 규칙을 지속적으로 유지하고 관리해야 하므로 운영 부담이 커진다. 이러한 한계로 인해 최근에는 단순한 필드 간 대응을 넘어, 연구자와 기관 식별자, 디지털 객체 식별자, 통제 어휘, 권리 표현, 관계 표현을 함께 활용하는 의미 중심의 매핑이 중요해지고 있다.

둘째, 메타데이터 등록기 방식은 다양한 스키마의 요소와 용어, 정의, 사용 맥락, 값 제약, 매핑 관계 등을 등록하고 관리하여, 서로 다른 스키마 간 변환과 응용 프로파일 설계를 지원하는 접근이다. 특히 새로운 요소나 한정어, 기관별 확장 요소가 지속적으로 증가하는 환경에서, 무엇을 어떤 의미로 사용하는지를 공유하는 기반이 되며, 이는 기관 간 협력뿐 아니라 기관 내부의 메타데이터 품질 관리에도 효과적이다. 메타데이터 등록기의 개념과 기능은 데이터 요소의 의미와 표현, 구문을 체계화하기 위한 국제 표준에서 제시되어 왔으며, 최근의 디지털도서관 환경에서는 여기에 더해 용어를 고유 식별자로 관리하고 링크드 데이터 관점에서 재사용하며, 스키마 간 관계를 기계가 처리할 수 있도록 지원하는 방향으로 그 역할이 확대되고 있다.

셋째, 현대 디지털도서관에서의 상호운용성은 단순히 메타데이터 필드가 서로 대응되는가의 문제를 넘어, 식별자와 관계 정보, 권리 조건, 접근 경로, 서비스 응용 프로그램 인터페이스까지 포괄하는 통합적 설계로 발전하고 있다. 이러한 흐름 속에서 디지털도서관의 메타데이터 상호운용성은 개별 레코드의 교환을 넘어서, 연구 산출물과 자원, 주체를 연결하는 지식 그래프를 구성하는 핵심 기반으로서 그 중요성이 점차 커지고 있다.

지금까지 디지털도서관 시스템의 상호운용성을 확보하기 위한 다양한 방법을 살펴보았다. 이상의 내용을 살펴보았을 때, NISO가 제시한 상호운용성 달성 방식은 오늘날에도 유효하지만, 현대 환경에 맞게 해석을 확장할 필요가 있다. 첫째, 표준 메타데이터 스킴 사용은 여전히 가장 명료한 방법이며 특히 커뮤니티 합의가 강한 영역에서는 효과적이다. 둘째, 스키마 간 매핑(crosswalk)은 다양한 자원을 통합 서비스해야 하는 디지털도서관에서 필수적이며, 최근에는 식별자, 통제어휘, 관계, 권리정보를 포함하는 의미 기반 매핑이 강조된다. 셋째, 수확 프로토콜 지원은 OAI-PMH로 대표되어 왔으나, 최근에는 API 기반 수확, 증분 동기화, 리소스 덤프 등 다양한 방식으로 구현될 수 있다. 넷째, 분산통합 검색(메타검색)은 Z39.50 같은 전통 프로토콜에서 출발했지만, 오늘날에는 표준 API, 통합 인증, 서비스 브로커, 페더레이티드 서치 기술 등으로 재구성되고 있다. 이 모델은 메타데이터를 중앙에 모으지 않고 원천 시스템에 남겨 둔 채 질의를 분산 실행한다는 점에서 데이터 거버넌스와 최신성 측면의 장점이 있으나, 응답 성능과 정렬 및 랭킹, 권한 통합, 중복 제거 등의 과제가 함께 따른다. 결론적으로 현대 디지털도서관의 상호운용성은 프로토콜 하나로 연결한다는 수준을 넘어, 다양한 자원 유형과 서비스 맥락을 포괄하여 발견, 접근, 재사용, 추적, 보존으로 이어지는 생애주기 전 과정에서 일관된 연결을 가능하게 하는 역량으로 확장되고 있다. 그리고 그 중심에는 여전히 메타데이터가 있으며, 단일 스키마 통합과 다중 스키마 연계 전략을 적절히 조합하되 표준 식별자와 통제어휘, 권리정보, 관계표현을 함께 설계하는 방향으로 메타데이터 상호운용성을 고도화하는 것이 디지털도서관 구축과 운영의 핵심 과제가 된다.

4.3.2 메타데이터 모델링

응용 프로파일에서 정의한 메타데이터 요소를 실제 시스템에서 구현 가능한 형태로 구조화하고 표현하는 과정을 메타데이터 모델링이라 할 수 있다. 이때 다양한 메타데이터 간 연계와 상호운용성을 확보하기 위해서는 메타데이터의 의미, 데이터 모델로서의 구조, 그리고 표현 구문 또는 직렬화 방식에 대한 공통 규칙을 함께 고려해야 한다. 즉 정의된 메타데이터 요소 집합의 의미를 어떻게 기술할 것인지, 데이터의 구조를 어떤 모델로 설계할 것인지, 이를 어떤 표현 방식으로 인코딩할 것인지가 핵심 쟁점이 된다.

최근에는 〈그림 4.15〉에서 보듯 RDF 그래프 기반 데이터 모델을 중심으로, 이를 표현하기 위한 다양한 직렬화 방식과 데이터의 제약과 검증을 위한 스키마 또는 제약 언어가 함께 논의되고 있다. 예를 들어 Turtle, JSON-LD, RDF/XML과 같은 직렬화 방식이 RDF를 표현하는 대표적 방법으로 활용되며, SHACL과 같은 제약 언어는 RDF 데이터의 구조와 값이 규칙을 충족하는지 점검하는 장치로 활용된다.

참고로 SHACL(Shapes Constraint Language)은 RDF 그래프 데이터가 정해진 규칙을 만족하는지 자동으로 검사하기 위한 표준 언어이다. RDF는 주어, 술어, 목적어의 트리플로 정보를 유연하게 연결할 수 있어 상호 연계와 확장에 강점이 있지만, 그만큼 필수 요소 누락, 값 형태 오류, 허용되지 않은 값 입력과 같은 데이터 품질 문제를 사전에 통제하기가 어렵다. SHACL은 이러한 문제를 해결하기 위해 RDF 데이터에 대한 구조적 제약 조건을 셰이프로 선언하고, 실제 데이터가 그 제약을 만족하는지 검증할 수 있게 해준다. 따라서 SHACL은 메타데이터 모델링에서 의미, 데이터 모델, 표현 방식 가운데 특히 제약과 검증 층을 담당하며, 스키마 언어로서의 역할을 수행한다.

예를 들어 도서관 메타데이터에서 자료에는 제목이 반드시 존재해야 하고, 발행연도는 정수여야 하며, 주제어는 최소 한 개 이상 존재해야 한다와 같은 규칙을 생각해볼 수 있다. RDF로 데이터를 표현하면 다음 〈그림 4.15〉와 같이 Turtle 직렬화 방식으로 트리플을 기술할 수 있다. 〈그림 4.15〉는 네임스페이스 접두사를 사용해 자원과 술어를 간단히 표현한 것이다. 먼저 ㉠에서 ex: 와 dct: 접두사를 선언해 각각 예시용 어휘와 Dublin Core Terms 어휘를 사용할 수 있게 한다. ㉡ ex:book1 은 하나의 자원을 나타내며 a 키워드를 통해 ex:Book 유형의 자원임을 선언한다. 이어서 ㉢ dct:title 과 ex:year 그리고 ex:subject 가 술어로 사용되어 이 책의 제목 연도 주제 정보를 연결한다. 즉 네임스페이스 접두사를 통해 긴 식별자 대신 짧은 이름으로 자원의 성격과 속성을 명확히 표현한다.

```
@prefix ex: <http://example.org/> .  ·································· ㉠
@prefix dct: <http://purl.org/dc/terms/> .

ex:book1 a ex:Book ;  ·································· ㉡
  dct:title "Understanding Metadata" ;  ·································· ㉢
  ex:year 2020 ;
  ex:subject "Metadata" .
```

〈그림 4.15〉 Turtle 직렬화 트리플

이때 SHACL을 사용하면 ㉠과 ㉡에 의해 ex:Book에 대해 제목(dct:title)은 반드시 1개 이상 존재해야 하며 문자열이어야 한다, 그리고 ㉢에 의해 발행연도(ex:year)는 정수형이어야 하며, ㉣에 의해 주제어(ex:subject)는 최소 1개 이상 존재해야 한다와 같은 제약을 다음 〈그림 4.16〉과 같이 정의할 수 있다.

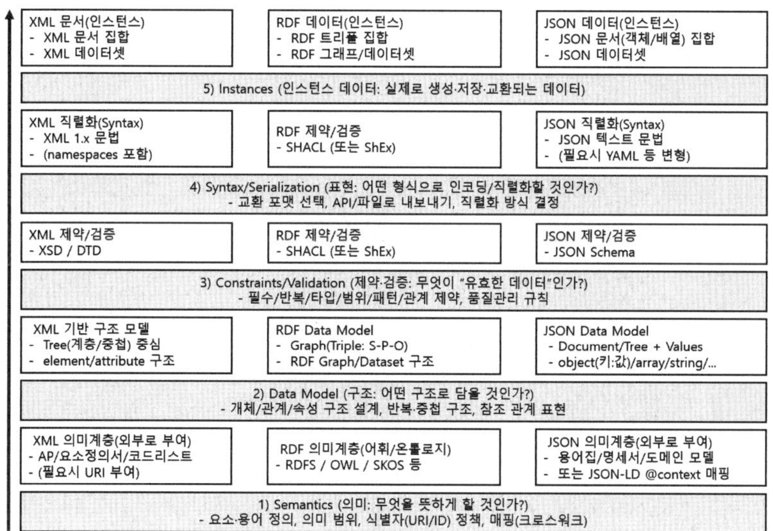

〈그림 4.16〉 메타데이터 모델링 과정

```
@prefix sh: <http://www.w3.org/ns/shacl#> .
@prefix ex: <http://example.org/> .
@prefix dct: <http://purl.org/dc/terms/> .
@prefix xsd: <http://www.w3.org/2001/XMLSchema#> .

ex:BookShape a sh:NodeShape ;
  sh:targetClass ex:Book ;

  sh:property [
    sh:path dct:title ;
    sh:minCount 1 ;                 ········· ㉠
    sh:datatype xsd:string ;        ········· ㉡
  ] ;

  sh:property [
    sh:path ex:year ;
    sh:datatype xsd:integer ;       ········· ㉢
  ] ;

  sh:property [
    sh:path ex:subject ;
    sh:minCount 1 ;                 ········· ㉣
  ] .
```

〈그림 4.17〉 SHACL 예시

만약 어떤 데이터가 제목을 누락하거나 발행연도에 문자열을 넣는다면, 예컨대 아래 〈그림 4.18〉과 같은 RDF 데이터는 ㉠에서 규칙 위반으로 판정된다. 〈그림 4.17〉의 ㉢에서 숫자로 지정되어 있기 때문이다. 즉, SHACL은 RDF 데이터가 응용 프로파일이나 메타데이터 규정에서 요구하는 필수 요소와 값의 형식을 만족하는지 기계적으로 확인하게 해주며, 이를 통해 데이터 품질을 체계적으로 관리하고 시스템 간 교환 시 오류를 줄일 수 있다. 이러한 특성 때문에 SHACL은 RDF 기반 메타데이터 환경에서 XSD/JSON Schema가 수행하는 구조 제약 및 검증 역할을 RDF 그래프에 맞게 제공하는 핵심 표준으로 활용된다.

```
@prefix ex: <http://example.org/> .

ex:book2 a ex:Book ;
  ex:year "twenty twenty" .  ……………………………… ㉠
```

〈그림 4.18〉 SHACL 제약조건을 위반한 RDF 직렬화 문서(Turtle 문서) 예시

이제 본격적으로 메타데이터 모델링을 위해 메타데이터의 의미와 데이터 모델로서의 구조, 그리고 표현과 직렬화 구문에 대한 공통 규칙을 차례대로 살펴보자.

1) 시맨틱

시맨틱 영역은 응용 프로파일에서 선정한 메타데이터 요소가 각각 무엇을 의미하는지, 즉 의미와 범위, 사용 의도를 명확히 규정하는 부분이다. 이 영역에서는 메타데이터 요소의 명칭과 정의, 네임스페이스 또는 용어 관리 체계와 같은 의미적 특성을 중심으로 정리한다. 이러한 내용은 메타데이터 명세서 형태로 체계화되며, Dublin Core나 MARC와 같은 표준 메타데이터와의 대응 관계, 적용 사례 등의 정보도 함께 포함되어 요소의 의미와 사용이 일관되게 유지되도록 한다. 예를 들어 title, creator, date와 같은 요소는 단순한 필드명이 아니라, 각각 자원의 명칭, 창작 주체, 시간적 속성이라는 개념을 담고 있다. 시멘틱 설계에서는 요소의 정의(정의문, 범위), 동일 개념에 대한 용어 통일, 다른 개념과의 관계(상위, 하위, 동등, 연관) 등이 다루어진다. 이 단계는 이 요소가 무엇을 의미하는가를 규정하는 것으로, Dublin Core, schema.org, BIBFRAME, CIDOC CRM과 같은 온톨로지 어휘 수준의 작업에 해당한다.

이처럼 시맨틱 영역을 명세서로 정리할 때에는 요소를 어떤 항목들로 기술할 것인지에 대한 공통 틀이 필요하다. 실제로 Dublin Core 버전 1.1의 요소 명세는 ISO/IEC 11179에서 제시한 데이터요소 기술 속성 체계를 참고하여, 요소를 일정한 항목 구조로 설명하는 방식을 취한다. 따라서 Dublin Core의 각 요소는 이름, 식별자, 버전, 등록기관, 기술 언어, 정의, 제약조건, 데이터형식, 최대출현수, 부가정보와 같은 항목을 통해 체계적으로 기술된다. 〈그림 4.19〉는 DC 메타데이터 명세에서 Creator와 Date 요소에 대해 이러한 속성들이 어떻게 정의되어 있는지를 일부 예

시로 보여준다.

Element : Creator
· Name : Creator
· Identifier : Creator
· Definition : An entity primarily responsible for making the content of the resource.
· Comment : Examples of a Creator include a person, an organisation, or a service. Typically, the name of a Creator should be used to indicate the entity.

Element: Date
· Name : Date
· Identifier : Date
· Definition : A date associated with an event in the life cycle of the resource.
· Comment : Typically, Date will be associated with the creation or availability of the resource. Recommended best practice for encoding the date value is defined in a profile of ISO 8601 [W3CDTF] and follows the YYYY-MM-DD format.

〈그림 4.19〉 DC의 시맨틱 정의 일부분

2) 데이터 모델

데이터 모델(data model)은 처리 대상 자원에 대한 정보를 어떤 개념적 구조로 조직하여 표현할 것인지를 규정하는 추상적 모형이다. 다시 말해 메타데이터 요소들이 어떤 단위로 존재하며, 서로 어떤 관계를 맺는지를 정의하는 설계 수준의 틀이라고 할 수 있다. 메타데이터 모델링에서는 동일한 의미를 가진 요소 집합이라 하더라도, 이를 계층 구조로 표현할지, 관계 중심의 그래프 구조로 표현할지에 따라 데이터 모델이 달라질 수 있다. 다시말해, 각 요소의 의미와 속성을 유지한 채 이를 하나의 레코드 단위로 구성할지, 개별 자원을 노드로 연결하는 방식으로 구성할지와 같은 구조적 결정을 먼저 수행한다. 이 단계에서 핵심은 어떤 문법으로 표현할 것인가가 아니라 무엇을 어떤 구조로 표현할 것인가를 정하는 데 있다. 즉, 데이터 모델은 시멘틱을 구조적으로 실현하는 설계도이며, 이 단계에서 메타데이터의 확장성, 관계 표현력, 처리 방식이 결정된다. 예를 들어 전통적인 XML 기반 메타데이터는 상위와 하위 요소 관계가 분명한 트리 구조에 적합한 반면, RDF 기반 메타데이터는 자원 간의 다대다 관계를 유연하게 표현하는 그래프 구조에 적합하다.

앞에서 살펴본 바와 같이, 데이터 모델은 정의된 의미들을 어떤 구조로 조직할 것인가를 결정하는 층위이다. 즉, 시멘틱이 무엇인가를 말한다면, 데이터 모델은 어떻게 묶이고 연결되는가를 다룬다. 이 단계에서는 요소 간 관계를 계층 구조로 표현할 것인가, 자원과 자원 사이의 다대다 관계로 표현할 것인가, 반복 가능성, 필수나 선택 여부, 참조 관계는 어떻게 설정할 것인가와 같이 생성될 메타데이터 문서의 구조적 문제가 중심이 된다.

3) 신택스

메타데이터의 신택스(syntax)는 앞에서 정의한 데이터 모델을 실제로 기술하고 저장하며 교환하기 위해 사용하는 표현 구문, 즉 직렬화 형식을 의미한다. 신택스는 메타데이터의 의미나 구조를 새로 정의하는 것이 아니라, 이미 설계된 데이터 모델을 어떤 문법으로 외부에 표현할 것인가를 선택하는 문제이다. 동일한 데이터 모델이라 하더라도 XML, JSON, RDF 직렬화 방식인 Turtle, RDF/XML, JSON-LD 등과 같은 다양한 신택스로 표현할 수 있다. 예를 들어 Dublin Core 메타데이터는 XML로도 표현될 수 있고, RDF 기반의 Turtle이나 JSON-LD로도 표현될 수 있으며, 이 경우 의미와 구조는 같지만 표현 형식만 달라진다.

신택스의 선택은 상호운용성과 시스템 환경에 큰 영향을 미친다. XML은 문서 교환과 구조 검증에 강점이 있는 반면, JSON 계열은 웹 기반 서비스와 API 연계에 적합하다. RDF 직렬화 형식은 시맨틱 웹 환경에서 자원 간 관계 표현과 연계에 유리하다. 따라서 디지털도서관에서는 운영 목적과 연계 대상 시스템을 고려하여 적절한 신택스를 선택하게 된다.

아래 〈그림 4.20〉은 메타데이터 내용을 XML 신택스로 표현한 사례를 보여주며, 이는 데이터 모델이 실제 레코드 형태로 구현된 예에 해당한다. ㉠에서 XML문서를 선언하고 ㉡에서 record 요소가 루트 요소로 선언되고 그 안에 여러 네임스페이스가 xmlns 속성으로 정의된다. 기본 네임스페이스가 선언되어 접두사가 없는 요소인 record 는 해당 네임스페이스에 속하게 된다. 또한 dc 와 ims 는 접두사 네임스페이스로 선언되어 ㉢에서 dc:title 같은 형태로 요소 이름 앞에 접두사를 붙여 다른 어휘의 요소를 사용할 수 있다. xsi 접두사는 XML Schema 관련 속성을 쓰기 위해 선언되며 xsi:schemaLocation 속성은 이 문서가 어떤 스키마 위치와 연관되는지를 지정한다. 문서에서는 dc:title dc:identifier dc:description 이 각각 시작 태그와 종료 태그로 값을 감싸는 단순 요소 형태로 나타난다. ims:typicallearningtime 요소 안에 ims:datetime 요소가 중첩되어 계층 구조를 이루며 시간 값이 텍스트로 들어간다. 전체적으로 이 문서는 네임스페이스 접두사를 포함한 정규화된 요소 이름과 중첩 구조 그리고 속성 표현을 통해 XML 문법에 맞게 메타데이터를 기술한다.

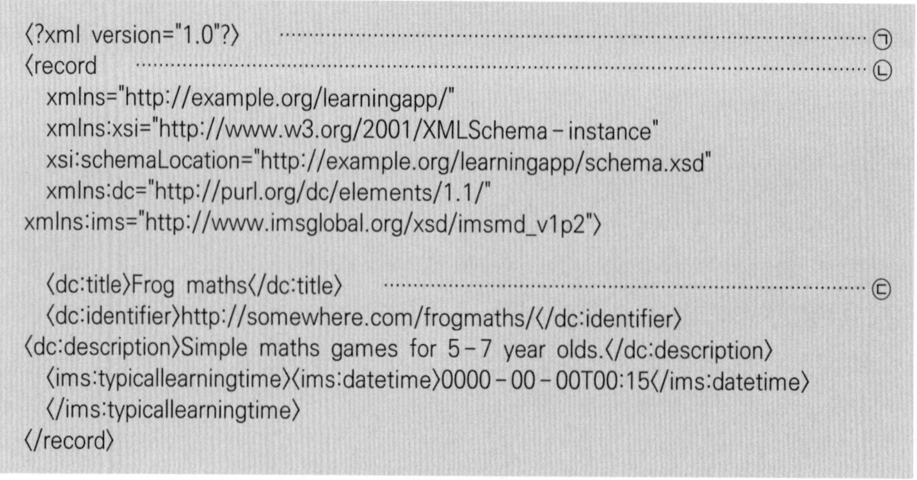

```
〈?xml version="1.0"?〉 ……………………………………………………… ㉠
〈record ……………………………………………………………………… ㉡
  xmlns="http://example.org/learningapp/"
  xmlns:xsi="http://www.w3.org/2001/XMLSchema-instance"
  xsi:schemaLocation="http://example.org/learningapp/schema.xsd"
  xmlns:dc="http://purl.org/dc/elements/1.1/"
xmlns:ims="http://www.imsglobal.org/xsd/imsmd_v1p2"〉

  〈dc:title〉Frog maths〈/dc:title〉 …………………………………………… ㉢
  〈dc:identifier〉http://somewhere.com/frogmaths/〈/dc:identifier〉
〈dc:description〉Simple maths games for 5-7 year olds.〈/dc:description〉
  〈ims:typicallearningtime〉〈ims:datetime〉0000-00-00T00:15〈/ims:datetime〉
  〈/ims:typicallearningtime〉
〈/record〉
```

〈그림 4.20〉 XML로 표기된 메타데이터 사례
(출처 : http://www.ukoln.ac.uk/metadata/dcmi/dc-xml-guidelines/)

TIP

- 데이터 모델
  1) 개념적 데이터 모델: 모형 또는 틀, 추상 모델이고 함. 설계를 만드는 규칙 또는 형식 자체로서 표현의 틀이지 특정 시스템의 산출물이 아님
     예: 관계형 모델, 그래프 모델(RDF 데이터 모델), 문서 모델(JSON 문서)
  2) 특정 시스템의 데이터 모델(설계 산출물): 현업/설계 문맥에서는 산출물
     예 JBNU 디지털도서관 DB의 데이터 모델(ERD/논리 스키마)
     현업/설계 문맥에서는 이렇게 산출물(ERD, 스키마)을 "데이터 모델"이라고 부름

- 데이터 모델링(Data Modeling): 정보시스템의 데이터 설계를 만드는 것
  - 목적: 시스템이 다룰 데이터를 어떻게 저장, 관리, 처리할지 설계
  - 대상: 학생, 강의, 주문, 고객 같은 업무 객체와 관계, 속성, 제약조건
  - 결과물 예: ERD, 관계형 스키마(테이블/키), 객체 모델, NoSQL 스키마 등

- 메타데이터 모델링(Metadata Modeling): 자원/데이터를 설명하기 위한 기술 규칙과 구조 설계를 하는 것
  - 목적: 데이터(또는 자원)를 설명하는 메타데이터를 어떤 요소, 규칙, 구조로 기록하고, 공유 및 연계가 가능하게 설계
  - 대상: 서지정보, 기록물 기술, 데이터셋 설명, 권한, 출처, 주제어, 식별자 같은 설명 요소와 의미 규정
  - 결과물 예: 메타데이터 요소 집합(스키마), 응용 프로파일(AP), 값 표준/코드, RDF 어휘/온톨로지, XML/JSON 스키마, 크로스워크

참고문헌

[국문문헌]

한국정보통신기술협회(TTA). 2017.03.30. 연구데이터 관리 및 공유를 위한 메타데이터(The Integrated metadata for the scientific data) (표준번호: TTAK.KO-10.0976). 한국정보통신기술협회.

한국정보통신기술협회(TTA). 2020.12.10. 생태 분야의 연구데이터를 관리하고 공유하기 위한 세부적인 메타데이터 표준 (표준번호: TTAK.KO-10.1249). 한국정보통신기술협회.

[외국문헌]

Duval, Eric. et al.. 2002. "Metadata Principles and Practicalities." D-Lib Magazine, 8(4). [online] http://www.dlib.org/dlib/ april02/weibel/04weibel.html .

Heaney, Michael. 2000. An Analytical Model of Collections and their Catalogues. https://www.ukoln.ac.uk/metadata/rslp/model/amcc-v31.pdf

Library of Congress. 2015. PREMIS data dictionary for preservation metadata (Version 3.0). Washington, DC: Library of Congress. https://www.loc.gov/standards/premis/

Heery, Rachel and Patel, Manjula. 2000. "Application Profiles: mixing and matching metadata schemas." ariadne 25. [online] http://www.ariadne.ac.uk/issue25/app-profiles/ .

IFLA. 2003. Guidance on the Structure, Content, and Application of Metadata Records for Digital Resources and Collections.

Powell, Andy. 2000. RSLP Collection Description Schema. https://www.ukoln.ac.uk/metadata/rslp/schema/index.html

PREMIS Editorial Committee. 2015. PREMIS Data Dictionary for Preservation Metadata, Version 3.0. Library of Congress. https://www.loc.gov/standards/premis/v3/premis-3-0-final.pdf

Weibel, S. 1995.07. Metadata: The foundations of resource description. D Lib Magazine. https://www.dlib.org/dlib/July95/07weibel.html

[웹사이트]

DataCite. DataCite Metadata Schema. https://schema.datacite.org/meta/kernel-4.6/

DataON. DataON 연구데이터 관리 · 활용 가이드라인: 메타데이터 설계 지침서.

https://doi.org/10.22711/10

MPEG. https://www.mpeg.org/

MPEG-7. https://mpeg.chiariglione.org/standards/mpeg-7.html

RSLP Collection Description Tool. https://www.ukoln.ac.uk/metadata/rslp/tool/index.html

Society of American Archivists. Dublin Core Metadata Element Set (DCMES). https://www2.archivists.org/groups/standards-committee/dublin-core-metadata-element-set-dcmes

The Library of Congress. MODS: Uses and Features. https://www.loc.gov/standards/mods/mods-overview.html

The Library of Congress. Approved Changes MODS 3.8 (May 5th, 2022). https://www.loc.gov/standards/mods/changes-3-8.html

The Library of Congress. MODS Elements and Attributes (MODS Guidelines are currently being updated to reflect MODS 3.8). https://www.loc.gov/standards/mods/userguide/generalapp.html

The Technical Subcommittee for Encoded Archival Standards of the Society of American Archivists. Encoded Archival Description Tag Library Version EAD3 1.1.2. https://www.loc.gov/ead/EAD3taglib/EAD3-TL-eng.html

5

정보서비스

디지털도서관 운영론

5. 정보서비스

5.1 정보서비스 정의

디지털도서관의 정보서비스는 도서관이 구축하고 수집하며 관리하는 전자자원과 물리적 장서를 포함한 도서관 자원 전반을 기반으로, 이용자가 필요로 하는 정보를 웹과 모바일 등 네트워크 환경에서 통합적으로 제공하는 서비스 환경을 의미한다. 오늘날의 디지털도서관은 단순한 인터넷 기반 포털을 넘어, 검색과 접근 제공을 넘어선 데이터와 플랫폼, 그리고 외부 시스템과의 연계를 포함하는 서비스 인프라로 확장되고 있다. 이러한 맥락에서 디지털도서관이 자원의 수집, 조직, 보존, 제공은 물론 운영 정책과 업무 체계까지 포괄하는 총체적 시스템이라면, 도서관 포털은 이용자가 이러한 디지털도서관과 외부 정보자원에 접근하도록 돕는 통합 진입점이자 이용자 인터페이스로 기능한다. 즉, 도서관 포털은 도서관 내부 자원뿐 아니라 인쇄자료와 같은 물리적 자원, 전자저널, 학술 데이터베이스, 오픈액세스 자원, 기관 리포지토리, 지역 및 공공 데이터 등 다양한 외부 자원까지 아우르는 통합 탐색과 접근의 창구로서 이용자에게 일관된 접근 경험을 제공한다. 이처럼 도서관 포털은 디지털도서관을 구성하는 핵심 요소이지만, 개념적으로 디지털도서관 전체와 동일한 의미로 이해되지는 않는다.

특히 최근 디지털도서관 정보서비스는 전통적인 논문, 저널,학술DB 중심의 학술 정보 서비스에서 한 걸음 더 나아가 연구데이터 중심 서비스로 확대되고 있다. 연구데이터 서비스가 다수 출현하고 있으며, 논문과 보고서 등 전통적인 학술정보가 DOI, ORCID 등 식별자를 매개로 데이터셋과 상호 연계되는 사례도 나타나고 있다. 또한 기관의 IR(Institutional Repository)은 연구성과물 중심의 수집과 보존 기능을 넘어 연구데이터까지 포괄하는 IDR(Institutional Data Repository)로 확장되는 추세이며, 이에 따라 도서관 정보서비스는 RDSS(Research Data Storage Service)와 같은 연구데이터 저장 및 공유 인프라 제공으로 범위를 넓히고 있다. 더 나아가 도서관은 데이터관리계획(DMP) 작성을 지원하는 컨설팅 서비스를 제공하고, 연구 전 과정에서의 데이터 수집 및 정리, 공유 및 재사용을 지원하는 연구데이터 서비스(Research Data Service, RDS), 그리고 정책과 표준, 보존과 거버넌스를 포함하는 연구데이터 관리 서비스(Research Data Management Service, RDMS)로까지 기능을 확대하는 방향으로 발전하고 있다.

이러한 확장된 정보서비스 환경에서 도서관 포털은 학술정보 서비스, 연구데이터 서비스, 연구지원 서비스로의 접근을 통합적으로 매개하는 게이트웨이로 기능한다. 이를 위해 도서관 포털은 첫째, 도서관 자원 전반을 대상으로 서지정보, 원문, 멀티미디어, 데이터와 컬렉션 등을 하나의 흐름에서 찾을 수 있도록 통합 탐색과 통합검색, 발견 기능을 제공한다. 둘째, 이용자의 정보활용을 지원하기 위해 이용자 태그와 리뷰, 추천, 문의와 상담, 협업형 학습과 연구 지원 등 참여와 커뮤니케이션 기능을 제공한다. 또한 이러한 서비스는 이용자 범위와 제공 방식에 따라, 모든 이용자를 대상으로 탐색, 열람, 안내, 접근을 제공하는 일반 서비스와 이용자 맥락을 반영하여 관심 주제 기반 추천, 개인 서재와 즐겨찾기, 알림, 접근성 지원 등을 제공하는 개인화 맞춤 서비스로 구분할 수 있다. 나아가 현대 디지털도서관 정보서비스는 인공지능 기반 추천과 요약, 이용 데이터 분석을 통한 서비스 개선, 접근성 강화, 그리고 다양한 시스템 간 상호운용성을 확보하기 위한 표준 기반 연계까지 포함하는 방향으로 고도화되고 있다. 이하에서는 이러한 관점에서 도서관 포털 서비스의 구성과 도서관 포털 구현 사례를 중심으로 살펴본다.

5.1.1 도서관 포털 서비스

인터넷이 등장한 이래 일반인들에게 친숙해진 단어 중 하나는 포털(portal)일 것이다. 포털은 인터넷 기반 서비스에 접근하기 위한 관문으로서 다양한 유형과 용도로 구분된다. 운영 주체에 따라 민간포털, 상용포털, 공공포털, 기업포털 등으로 구분될 수 있으며, 제공 서비스의 내용에 따라 검색포털, 교육포털, 동영상포털, 취업포털, 도서관포털 등으로도 분류된다. 오늘날에는 웹 환경뿐 아니라 모바일 앱, 클라우드 기반 서비스, 소셜 플랫폼을 포함한 다양한 채널에서도 포털적 기능이 구현되며, 이용자는 자신이 원하는 검색, 학습, 커뮤니케이션 등의 정보활동의 시작점으로 특정 서비스 환경을 선택한다.

사전적 의미에서 포털은 정문, 현관, 입구, 시작점 등의 뜻을 지니며, 인터넷 포털은 이용자가 인터넷에서 어떤 행위를 시작하는 출발점을 의미한다. 동일한 목적을 수행하는 서비스가 다수 존재하므로 포털은 이용자의 선택을 받기 위해 경쟁하며, 그 경쟁은 포털 서비스가 콘텐트 품질, 서비스 편의성, 신뢰성, 연계성을 지속적으로 강화하도록 만든다. 경쟁력이 약한 포털은 이용자의 습관적 접근점으로 자리 잡기 어렵고, 결과적으로 영향력을 유지하기 힘들다. 한편 포털은 특정 이용자 집단이나 주제에 한정하여 구성될 수 있으며, 이 경우 전문포털이라 한다. 전문포털은 흔히 수직적 포털(vertical portal, vortal)로, 종합포털은 다양한 행위가 한 곳에서 가능한 수평적 포털(horizontal portal)로 구분할 수 있다.

도서관 포털은 전문포털의 한 유형으로 분류되며, 웹과 모바일을 포함한 네트워크 환경에서 도서관 서비스가 일관되게 이루어지도록 하는 통합 접근점을 제공한다. 즉, 도서관 포털은 전자자원의 기술과 발견, 통합검색, 문맥 기반 연계 서비스, 인증과 권한 관리, 개인화 서비스 등을 핵심 기능으로 제공한다. 최근에는 기관 리포지토리, 오픈액세스 자원, 연구데이터, 디지털 컬렉션 등 다양한 유형의 디지털 자원과 외부 플랫폼을 연계하는 방향으로 그 범위가 확장되고 있다. 아울러 이용자의 정보활용 과정을 실질적으로 지원하기 위해 추천과 알림, 개인 서재, 인용관리 도구 연계, 원문과 데이터의 접근 경로 안내와 같은 기능의 중요성도 커지고 있다.

도서관 포털이라는 용어는 초기에는 학술 데이터베이스 검색을 위한 Dialog나 FirstSearch와 같은 서비스가 그 출발점으로 언급되기도 한다. 그러나 오늘날의 도서관 포털은 단일 접근점에서 통합검색과 일부 부가 서비스를 제공하는 수준을 넘어, 도서관 내부 소장자원은 물론 외부 라이선스 자원과 오픈 자원, 더 나아가 기관 및 국가 단위 플랫폼까지 포괄하는 통합 접근 환경을 제공한다. 전통적으로 도서관 웹사이트가 도서관 서비스 안내와 내부 자원 중심의 제공에 초점을 두었다면, 도서관 포털은 이용자의 목적 달성을 보다 적극적으로 지원하기 위해 통합, 연계, 개인화 기능을 강화한 서비스 환경을 지향한다.

도서관 포털을 구성하는 콘텐트 유형은 대체로 다음과 같이 구분할 수 있다(Morgan, 2004). 첫째, 직원 명단과 연락처를 정리한 디렉토리, 부서에 대한 소개, 도서관의 위치, 이용 가능한 시간 등과 같은 도서관의 일반 정보를 제공한다. 둘째, 온라인 튜토리얼 제공, 대출 연장 신청, 상호대차 서비스 이용, 자료 구입 요청, 온라인 참고서비스, 가상 투어 등 전통적인 도서관 서비스를 네트워크 환경에서 이용할 수 있도록 온라인 형태로 제공한다. 셋째, 도서관 포털의 핵심 기능으로서 도서관 목록과 색인 정보, 원문 자료, 디지털 컬렉션, 전자책, 정부 문서, 인터넷 자원, 전자사전류, 벤더와 계약된 라이선스 콘텐트 등 다양한 정보자원에 대해 통합적인 접근 환경을 제공한다. 오늘날에는 여기에 더해 기관 리포지토리에 수록된 연구성과물, 예를 들어 논문과 보고서, 연구 과정에서 생성된 연구데이터, 그리고 멀티미디어 아카이브와 같은 연구와 학습 생태계 자원에 대한 통합 접근이 중요한 구성요소로 포함된다.

한편, 미국의회도서관은 도서관 커뮤니티를 위한 포털의 기능을 연구개발하는 LCPAIG(LC Portal Application Issues Group)를 통해, 포털의 14가지 기능 리스트를 다음과 같이 제시하였다.(LCPAIG. 2003)

① 전자자원을 계층적으로 구성	⑧ 도움기능과 에러메시지 기능
② 분산된 메타데이터를 검색	⑨ 관리자를 위한 문서화
③ 이용자 맞춤서비스	⑩ 대상 서버에 대한 지식 DB

④ 키워드 검색
⑤ 브라우징
⑥ 검색결과의 표시
⑦ 검색결과의 출력
⑪ 인증과 접근의 관리
⑫ 패스워드 관리
⑬ 통계와 보고
⑭ 벤더 지원

이상의 14가지 기능은 오늘날에도 포털의 기본 기능 범주로 충분히 활용될 수 있다. 다만 위 기능에 덧붙여, 접근성과 이용자 경험의 개선, 모바일 환경에 대한 최적화, OpenURL과 OAI－PMH와 같은 연계 표준의 적용이 함께 중요해졌다. 또한 ORCID와 DOI와 같이 연구자와 자원을 안정적으로 식별하기 위한 식별자 체계의 활용이 강조되며, 이용 로그와 분석 결과를 기반으로 서비스를 지속적으로 개선하는 데이터 기반 운영도 핵심 요소로 부상하고 있다. 나아가 인공지능 기술을 활용한 검색, 추천, 요약 기능까지 포털의 주요 구성요소로 포함되면서, 포털 서비스의 고도화 방향을 규정하고 있다.

LibPortal 프로젝트의 최종보고서는 도서관 포털이 정적인 웹 페이지 기능을 넘어, 전자자원의 검색과 브라우징, 교차검색, 통합 인터페이스 제공, 인증, 이용자 프로파일링과 개인화 옵션, 보고서 생성 기능을 수행한다고 제시하였다(LISU, 2004). 또한 주제별 구성과 전자저널 관리, OpenURL 해석, 메타데이터 수확, 채널과 포틀릿 기반의 구성 기능까지 포털의 핵심 기능으로 포함하였다. 이러한 기능은 오늘날에도 통합발견서비스와 서비스 플랫폼의 구성요소로 이어지고 있으며, 특히 디지털 자원의 규모가 확대되고 라이선스 자원과 오픈액세스 자원이 함께 제공되는 환경에서는 통합 접근과 문맥 기반 연계의 중요성이 더욱 커지고 있다.

브리딩(Breeding, 2025)은 최근 도서관 시스템과 디스커버리 시장의 동향을 정리하면서, 도서관 포털이 기업용 정보 포털처럼 범용 업무를 포괄하기보다는 학술, 연구 정보의 탐색과 제공에 최적화된 전문 포털로 진화하고 있음을 보여준다. 이 관점에서 포털의 핵심 기능은 여전히 통합검색과 탐색, 공통 인터페이스 제공, 인증과 권한 기반 접근, 관심 주제나 최근 이용 기반 추천 등 탐색부터 제공까지의 흐름을 끊김 없이 이어주는 데 있다. 다만 최근에는 포털이 독립 서비스로 존재하기보다,

도서관 서비스 플랫폼과 기관 리포지토리, 연구정보시스템 등과 결합하여 업그레이드된 플랫폼 단위의 생태계로 재구성되고, 운영 자동화와 분석, 그리고 AI 기능이 본격적으로 포함되는 경향이 두드러진다. NISO(2020)의 ODI(Open Discovery Initiative) 권고안은 이러한 변화 속에서, 포털 발전의 핵심 과제로 투명성과 표준 기반 상호운용성을 강조한다. 특히 분산된 콘텐츠 제공자와 디스커버리 제공자, 도서관이 함께 참여하는 구조에서, 무엇이 색인되며 어떻게 노출되는가, 원문 접근 경로가 어떻게 연결되는가가 불명확하면 이용자 경험이 흔들리고 신뢰가 약화될 수 있다. 따라서 포털은 메타데이터 교환과 링크 해상도, 수록 범위와 검색결과 노출 순위 랭킹에 대한 설명 가능성을 확보하고, 적절한 운영 체크리스트를 통해 지속적으로 품질을 관리해야 한다. 이는 과거에 제시되었던 검색결과 표현의 표준화, 자원 기술 방식의 표준화, 용어서비스 연계, 기관 포털과의 통합 과제를 오늘날의 투명한 디스커버리 운영이라는 언어로 다시 표현한 것으로 볼 수 있다.

한편 현대의 포털 아키텍처는 전통적 계층 구분(표현－응용－프로토콜－콘텐츠)이라는 큰 틀을 유지하면서도, 구현 방식은 API 중심 연계, OAI－PMH, REST 등과 같은 표준 프로토콜 기반 연결, DOI와 ORCID, ROR와 같은 식별자와 권위데이터 기반의 정합성 강화 쪽으로 무게가 옮겨가고 있다. 그 결과 포털은 단순한 통합검색 화면을 넘어, 기관 내외 자원을 느슨하지만 안정적으로 엮어 주는 허브가 되며, 검색과 클릭, 원문접근 로그 등과 같은 서비스 이용 데이터를 바탕으로 UI와 랭킹, 연계 품질을 개선하는 지속적 최적화가 운영의 핵심 역량으로 자리잡고 있다. 최근에는 이러한 구조 위에 외부 플랫폼과의 연계를 위한 API 기반 연결 방식, 클라우드 인프라, 데이터 분석 기능, 인공지능 서비스 모듈이 결합되면서 현대 디지털도서관 포털의 서비스 역량을 확장하는 방향으로 발전하고 있다.

이상을 종합해 보면, 디지털도서관의 포털 서비스는 이용자 친화적인 인터페이스를 통해 도서관이 보유하고 구독하며 수집하고 연계하는 디지털 자원과 서비스를 하나의 접근점에서 제공하고, 이용자의 상황과 목적에 맞춘 개인화 및 맞춤형 정보서비스를 수행한다. 오늘날 디지털도서관 포털은 단순한 웹사이트 수준을 넘어, 통합검색과 원문 및 데이터 접근, 학습과 연구 워크플로 지원, 외부 플랫폼과의 연계, 서비스 데이터 기반 개선까지 포함하는 서비스 플랫폼으로 발전하고 있다. 이러한 관점에서 디지털도서관 포털의 기본적 특징과 서비스는 다음과 같이 정리할 수 있다. 첫째, 디지털도서관 포털은 통합 접근 게이트웨이로 기능한다. 단일 로그인 기반의 접근 체계와 연합 인증, 권한 및 라이선스 관리, 원격 접속 지원, 그리고 도서관 시스템, 전자자료관리 시스템, 기관 리포지토리, 디지털 아카이브 등 다양한 레거시 분산 시스템을 하나의 흐름으로 통합하는 것이 핵심이다. 또한 연중무휴 서비스 운영을 전제로 장애 대응과 안정적 서비스 제공이 요구되며, 이를 위해 클라우드 기반의 확장성과 가용성 확보가 중요해졌다. 둘째, 디지털도서관 포털은 다양한 정보자원의 통합 발견과 연계 서비스를 제공한다. 하이브리드 정보자원은 물론 전자저널, 학술 데이터베이스, 전자책, 오픈액세스 자원, 기관 리포지토리, 연구데이터, 멀티미디어 컬렉션 등으로 포털의 대상 범위가 확대되면서, 통합검색뿐 아니라 문맥 기반 링크 서비스, 식별자 기반 연결, 그리고 원문과 데이터, 관련 서비스로의 원활한 라우팅이 핵심 기능으로 부상한다. 예를 들어 OpenURL 기반의 문맥 링크 제공, DOI와 ORCID를 활용한 자원 및 연구자 연결은 이용자의 탐색과 접근 경험을 실질적으로 개선한다. 셋째, 디지털도서관 포털은 이용자 중심의 개인화 서비스를 강화한다. 개인화된 인터페이스 제공, 맞춤 추천과 신착자료 안내, 구독 저널 목차 제공, 키워드 기반 알림 등 다양한 알림 서비스, 개인 서재와 즐겨찾기, 검색 이력과 저장 검색 기능이 포함된다. 또한 인용관리 도구와의 연계, 온라인 상담 서비스, 채팅이나 챗봇을 포함한 실시간 지원, 학습과 연구 커뮤니티 지원 기능도 중요한 구성 요소로 자리 잡고 있다. 이와 함께 접근성 강화와 다국어 지원, 모바일 환경 최적화 등 이용자 경험의 개선은 포털 설계에서 필수 요소가 되었다. 넷째, 디지털도서관 포털은 데이터 기반 운영과 지능화를 통해 부가가치를 높인다. 서비스 로그와 이용 데이터 분석을 통해 서비스 품질을 개선하고, 이용자 집단별로 서비스를 최적화하며, 이용 통계와 성과 관리 대시보드를 제공하는 방식이 대표적이다. 더 나아가 자원 이용 현황을 기반으로 구독 정책과 장서 전략을 지원하는 기능도 중요해지고 있다. 또한 인공지능 기반 기능이 도입되면서 포털은 단순한 접근 창구를 넘어 지능형 정보지원 환경으로 확장되고 있다. 여기에는 검색 보조, 질의 확장, 추천, 요약, 메타데이터 보완과 같은 기능이 포함된다. 다섯째, 디지털도서관 포털은 표준과 상호운용성을 기반으로 외부 생태계와 연결된다. 메타데이터 표준과 교환 프로토콜의 적용, API 기반 연계, 메타데이터 수확과 동기화, 권한 체계와 식별자 체계의 연계를 통해 도서관 내부 시스템뿐 아니라 대학 또는 기관 포털, 학습관리시스템, 연구정보시스템, 지역 및 국가 단위 플랫폼과의 통합 서비스가 가능해진다. 이와 같이 현대 디지털도서관 포털은 통합 접근, 통합 발견, 개인화, 데이터 기반 지능화, 표준 기반 연계를 핵심축으로 하여, 이용자의 학습 · 연구 · 업무 맥락에서 실제 문제 해결을 지원하는 플랫폼으로 재정의되고 있다.

5.1.2 도서관 포털 사례

도서관 포털은 단순히 목록(OPAC)에 접근하기 위한 웹 인터페이스에 머무르지 않고, 인쇄자료와 전자자원을 포괄하는 하이브리드 도서관 환경에서 통합적인 탐색과 접근, 이용을 매개하는 게이트웨이이자 서비스 플랫폼으로 기능한다. 또한 도서관 포털은 이용자 인터페이스의 역할을 넘어, 사서가 참고서비스와 연구지원, 연계 서비스를 효율적으로 제공할 수 있도록 상담과 요청 관리, 연계 및 인증 관리, 데이터 관리 지원 등 업무와 서비스 운영을 뒷받침하는 운영 인터페이스로 확장될 수 있다는 특징을 지닌다. 도서관 포털을 통해 제공할 수 있는 서비스로는 공지 제공과 이메일 알림, 온라인 상담, 발급과 복사 신청, 연체료 납부 등 각종 신청과 결제 기능이 포함되며, 화상회의 기반 참고서비스 제공이나 교육 프로그램과 온라인 튜토리얼 연계도 중요한 서비스 범주로 자리 잡고 있다. 최근에는 연구데이터 서비스와의 연계가 강화되면서 데이터관리계획 작성 지원, 연구데이터의 저장과 공유 지원, 기관 리포지토리 기반 서비스 제공 등으로 서비스 범위가 확대되는 추세이다.

한편 도서관 포털의 주요 기능인 맞춤형 개인화 서비스는 이용자에게 적합한 정보와 기능을 제공할 수 있다는 장점이 있지만, 개인정보 활용과 프라이버시 침해에 대한 우려를 동반할 수 있으므로 신중한 설계가 요구된다. 또한 포털이 다양한 기능을 갖추고 있더라도 실제 이용에서는 일부 기능만 집중적으로 사용되거나, 가입자 가운데 일부만이 유용성을 높게 평가하는 등 이용 패턴이 제한적으로 나타날 수 있다. 따라서 효율적이고 지속 가능한 서비스 제공을 위해서는 로그와 이용 통계, 만족도 조사와 같은 자료를 바탕으로 지속적인 이용자 분석을 수행하고, 그 결과에 따라 기능을 조정하며, 이용자 경험과 접근성을 꾸준히 개선하려는 노력이 필요하다.

도서관 포털의 개발은 아키텍처 모형에 대한 연구, 표준화와 상호운용성 확보, 인증과 연계, 검색과 같은 주요 요소 기술의 구현, 통합검색과 다양한 부가서비스의 설계와 구현 등 복합적인 활동으로 구성된다. 한편 디지털도서관 포털의 대표 사례는 운영 주체와 서비스 범위에 따라 국가 단위, 대학도서관 단위, 공공도서관 단위, 그리고 연구 커뮤니티 단위로 구분하여 설명할 수 있다. 먼저 국가 단위 포털은 국가 또는 초국가적 수준에서 여러 기관이 보유한 디지털 자원을 통합적으로 수집하고 연계하여 제공하는 성격이 강하다. 유럽연합의 Europeana는 유럽 각국의 도서관과 박물관, 아카이브가 소장한 문화유산 자료를 메타데이터 기반으로 집계하여 통합 탐색과 접근을 지원하는 대표적인 국가 단위 포털이다. 호주의 Trove는 호주 국립도서관을 중심으로 다양한 기관의 소장 정보를 통합 검색할 수 있도록 제공하는 국가급 포털로, 인쇄자료뿐 아니라 디지털 자료까지 폭넓게 발견할 수 있도록 구성되어 있다. 프랑스국립도서관의 Gallica는 자관 디지털 컬렉션을 대규모로 구축하고 제공하는 전형적인 국가도서관 디지털도서관 포털 사례이며, 미국의 Library of Congress Digital Collections 또한 국가 대표 기관이 집중적으로 구축한 디지털 컬렉션을 통합적으로 탐색하고 활용할 수 있도록 제공한다.

대학 분야의 디지털도서관 포털은 대체로 통합발견 기능을 중심으로 발전해 왔다. 즉, 대학도서관이 구독하는 전자저널과 학술 데이터베이스, 인쇄 장서, 기관 리포지토리, 디지털 컬렉션 등 이질적인 자원을 하나의 인터페이스에서 탐색하고, 인증 절차를 거쳐 원문이나 관련 서비스로 연결하는 게이트웨이 성격이 강하다. 특히 Primo, Summon, EDS와 같은 상용 발견서비스 계열은 세계 여러 대학도서관에서 채택되며 대학도서관 포털을 구현하는 대표적인 방식으로 자리 잡았다. 이와 함께 최근 대학도서관 포털은 연구지원 서비스와 결합되면서 연구데이터 저장소와 데이터 지원 기능을 포털 체계 안에 포함시키는 경향이 두드러지고 있다. 예를 들어 에든버러 대학교의 Research Data Service는 연구데이터의 계획과 관리, 공유를 지원하는 체계로 운영되며, 그 핵심 구성요소인 Edinburgh DataShare를 통해 대학 연구자가 생산한 연구데이터셋을 공개하고 공유함으로써 장기적인 접근을 가능하게 한다.

공공 분야의 디지털도서관 포털은 지역사회 이용자를 대상으로 공공 접근성을 강화하는 방향으로 구성된다. 미국의 DPLA는 전미 단위로 도서관과 아카이브, 박물관 자료를 통합 제공하는 대표적인 공공 포털로, 공공 지식 접근의 관문 역할을 수행한다. 또한 대형 공공도서관이 구축한 디지털 컬렉션 포털도 중요한 사례에 해당하는데, 뉴욕공공도서관의 NYPL Digital Collections는 대규모 디지털 컬렉션을 일반 이용자가 손쉽게 탐색하고 활용할 수 있도록 제공한다. 뉴질랜드의 DigitalNZ 역시 다양한 기관의 자료를 집계하여 통합 검색을 제공하는 공공 포털로, 분산된 문화 및 지식 자원의 발견을 지원한다.

연구 분야 포털은 논문과 데이터, 연구자, 연구기관을 식별자 기반으로 연결하여 연구활동 전반을 지원하는 경향이 강하다. 생명과학과 의생명 분야의 Europe PMC는 논문 등 연구성과의 탐색을 중심으로 하면서 관련 자원과의 연계를 강화한 연구 커뮤니티 포털로 활용되고 있다. 또한 Zenodo와 같은 오픈 리포지토리는 연구데이터와 소프트웨어, 논문 등 다양한 연구성과를 저장하고 공유하며, DOI를 부여함으로써 연구성과의 인용과 재사용을 촉진하는 인프라형 포털로 기능한다. 더 나아가 지구 및 환경과학 분야에서는 PANGAEA가 장기 보존과 출판, 배포를 담당하는 데이터 퍼블리셔 역할을 수행하며, 지구시스템 연구에서 생산되는 지리 참조 데이터의 아카이빙과 공개, 그리고 인용 가능한 DOI 기반 데이터 출판을 지원한다.

이와 같이 디지털도서관 포털의 대표 사례는 국가와 공공 영역에서는 대규모 자원 집계와 공공 접근성 강화에, 대학 영역에서는 통합발견과 인증 기반 접근 제공 및 연구지원 기능의 결합에, 연구 분야에서는 식별자 기반 연구성과 연계와 데이터 중심 서비스 확장에 각각 상대적인 무게를 두며 발전해 왔다. 이하에서는 이러한 관점을 바탕으로 국내외의 대표적인 도서관 포털 구현 사례를 살펴보고자 한다.

5.1.2.1 Europeana

Europeana는 유럽연합 차원에서 추진된 유럽 문화유산 통합 포털 서비스로서, 유럽 전역의 도서관, 박물관, 기록관, 시청각 컬렉션 등 다양한 문화유산 기관이 보유한 디지털화 자료를 한곳에서 발견하고 활용할 수 있도록 지원한다. 이 서비스는 단일 기관이 원자료를 중앙에 모아 저장하는 디지털도서관이라기보다, 분산된 소장기관의 자료를 통합적으로 가시화하고 서로 연결하는 관문형 포털에 가깝다. 이용자는 Europeana 포털에서 메타데이터와 미리보기를 기반으로 통합 검색과 탐색을 수행하며, 원문이나 원 이미지 등 실제 원자료는 소장기관의 웹사이트로 이동해 이용하는 흐름으로 설계되어 있다.

포털 운영은 Europeana 재단이 담당한다. 재단은 네덜란드 법에 따른 비영리재단 형태로 운영되며, 인력과 프로젝트를 기반으로 포털의 지속적 운영과 기능 고도화를 지원한다. 또한 유럽 각지의 문화유산 기관 및 관련 커뮤니티와 협력 네트워크를 유지하며, 다수 기관이 제공하는 방대한 디지털 문화유산 레코드를 단일 포털에서 통합적으로 제공하는 역할을 수행한다. 그 결과 Europeana는 수천만 건 규모의 레코드를 대상으로 주제, 유형, 제공 기관 등 다양한 관점에서 탐색할 수 있는 포털 서비스를 제공한다.

Europeana 포털은 유럽 문화유산의 디지털 접근성 강화를 촉구한 2005년의 정책적 문제의식에서 출발해, 유럽 차원의 디지털도서관 정책 흐름 속에서 구체화되었다. 2008년에는 EDLnet을 기반으로 프로토타입이 공개되었고, 2009년 Europeana 1.0이 시작되면서 통합 포털로서의 서비스가 본격화되었다. 이후 번역 도구 도입과 외부 플랫폼으로의 검색 확장 등 이용 기능이 점진적으로 고도화되었다.

이 포털이 실질적으로 작동하기 위한 핵심 기반은 표준화와 상호운용성이다. 유럽의 문화유산 기관들은 국가와 기관 유형에 따라 서로 다른 목록 규칙과 메타데이터 표준을 사용해 왔기 때문에, 이를 그대로 두고서는 단일 포털에서 통합 검색과 탐색을 제공하기 어렵다. 이에 Europeana는 참여 기관의 메타데이터를 공통 규칙으로 매핑하여 제공하는 방식을 취했으며, 초기에는 Dublin Core 기반의 Europeana Semantic Elements를 활용해 최소 수준의 매핑을 수행하였다. 이후 더 풍부하고 유연한 기술과 서비스 구현을 위해 2010년 Europeana Data Model을 도입했고, 이는 포털 내에서 자료의 맥락과 관계를 보다 정교하게 표현하고 연결하는 기반으로 기능하게 되었다.

이러한 관점에서 Europeana는 포털 아키텍처, 표준화, 서비스 흐름이 결합된 모델로 이해할 수 있다. 원자료는 소장기관에 두되 메타데이터를 집계해 포털에서 통합 탐색을 제공하는 분산형 구조를 채택했고, 상이한 메타데이터를 공통 모델로 매핑해 상호운용성을 확보했으며, 이용자가 포털에서 자료를 발견한 뒤 소장기관으로 이동해 원자료를 이용하도록 검색 · 연계 · 이용의 흐름을 일관되게 설계함으로써 유럽 문화유산 통합 포털로서의 기능을 구현하였다(Europeana, 웹페이지).

5.1.2.2 Trove

Trove는 호주국립도서관(National Library of Australia, NLA)이 운영하는 호주 대표 통합 포털로, 호주 내외 다양한 GLAM 기관인 도서관, 박물관, 기록관, 갤러리 등과의 파트너십을 통해 분산된 자원을 한 곳에서 통합 검색할 수 있도록 제공하는 서비스이다. 위키피디아는 Trove를 호주 온라인 도서관 데이터베이스 집계 서비스로 소개하면서, 디지털 원문뿐 아니라 디지털로 제공되지 않는 자료의 소장 정보와 서지 정보까지 포함하여 폭넓게 탐색할 수 있는 무료 패싯 기반 검색 도구로 설명한다. 운영과 조직 측면에서 Trove는 NLA가 소유하고 운영하며, National and State Libraries Australia(NSLA) 등 주요 콘텐트 제공 기관들과 협력하는 형태로 구축되었다. Trove는 단일 기관의 컬렉션만을 보여주는 디지털도서관이라기보다, 여러 기관의 컬렉션과 메타데이터를 집계하고 정규화하며 색인화하여 통합적으로 제시하는 국가 단위 지식 인프라의 성격이 강하다.

역사적으로 Trove는 1990년대부터 호주국립도서관이 운영해 온 여러 온라인 서비스의 흐름을 통합하는 과정에서 등장했다. Trove의 선행 기반으로는 1981년에 시작된 공동목록인 ABN이 있으며, 1996년 이후 1997년부터 2008년 사이에 개발된 다양한 발견 서비스들이 축적되어 왔다. 여기에는 PANDORA 웹 아카이브, RAAM, PictureAustralia, Libraries Australia, Music Australia, People Australia, Australian Newspapers Beta 등이 포함된다. 이러한 흐름을 하나의 공공 접근점으로 통합하기 위해 2008년에 Single Business Discovery Project가 추진되었고, 그 결과물인 서비스는 내부적으로 Girt로도 불리다가 2009년 말 Trove 초기 버전이 공개되었으며, 2009년이 Trove의 공식 출범 시점으로 제시되었다.

메타데이터 표준과 상호운용성 측면에서 Trove의 핵심은 파트너 기관이 유지하는 컬렉션의 메타데이터를 수집하고 색인화하여 검색 결과로 통합 제공한다는 점에 있다. 디지털화 신문을 제외한 다수 콘텐트는 Trove가 원문을 직접 호스팅하기보다는 파트너 기관의 메타데이터를 포맷팅하고 관리한 뒤 관련도 기반으로 제시하는 방식으로 제공된다. 또한 Trove는 개발자용 공개 API를 제공하여 검색과 메타데이터 재사용을 지원하며, API 응답 인코딩으로 XML과 JSON을 사용하였다.

Trove는 책과 저널 등 도서관 소장 기록에 대한 서지 정보와 소장 정보, 디지털 이미지와 지도, 원문 검색이 가능한 디지털화 신문, 정부 관보, 기록과 원고 자료인 일기와 편지, 아카이브, 사람과 기관 정보, 음악과 음원, 영상과 라디오 프로그램 전사문, 아카이브된 웹사이트 등 다양한 유형을 포괄한다. 특히 디지털화 신문 영역은 Trove의 대표 기능으로 널리 알려져 있으며, 이용자가 텍스트 검색과 정정 및 수정과 같은 참여 기능을 통해 자료 품질 향상에 기여할 수 있도록 설계되어 왔다고 정리된다.

Trove의 구축과 운영을 정리하면 다음과 같다. 첫째, 여러 서비스와 자원을 하나의 접근점으로 묶기 위한 아키텍처 통합이 핵심이었다. 즉 1990년대부터 2000년대에 걸쳐 분산적으로 존재하던 다양한 발견 서비스들을 단일 포털로 통합한다는 목표가 프로젝트 차원에서 제시되었고, 그 결과 Trove가 국가 단위 통합 접근점으로 자리 잡았다. 둘째, 기관과 유형별로 분산된 데이터를 통합하기 위해 메타데이터 집계, 포맷 관리, 색인과 랭킹 등을 수행함으로써 표준화와 상호운용성을 확보하였다. 셋째, 핵심 요소기술로서 패싯 기반 검색, 파트너 기관 자료로의 연결, 그리고 API 제공을 구현하였다. 넷째, 통합검색 외에도 이용자 계정 기반의 Lists 기능, 태그와 댓글, 정정과 같은 참여 기능이 도입되었고, 2020년 이용자 인터페이스 개편과 2023년 필기체 인식(HTR) 파일럿과 같은 지속적 고도화가 이어지면서 통합검색을 기반으로 한 부가서비스의 설계와 구현이 병행되어 왔다. 마지막으로 Trove는 정부 예산 삭감으로 인해 콘텐트 흐름과 갱신을 유지하는 데 어려움이 있었기에, 국가 단위 포털이 지속가능성을 확보하기 위해서는 기술적 구현뿐 아니라 재원과 거버넌스, 협력 네트워크의 유지가 함께 요구됨을 시사한다(Trove. 웹페이지).

5.1.2.3 DPLA

DPLA(Digital Public Library of America)는 미국 전역의 도서관, 기록관, 박물관 등 문화유산 기관이 보유한 디지털 자료를 한곳에서 발견하고 탐색할 수 있도록 하는 국가 단위의 디지털 문화유산 포털 서비스이다. DPLA는 원문을 중앙에 모아 저장하는 중앙집중형 디지털도서관이라기보다, 전국 각지 기관이 구축한 디지털 컬렉션의 메타데이터를 집계하여 단일 검색과 탐색 환경을 제공하는 발견 중심 포털로 설명된다. 이용자는 DPLA 포털에서 통합 검색을 통해 자료를 발견하고, 레코드에 포함된 링크를 따라 소장기관의 원 사이트로 이동해 원자료를 이용하는 흐름으로 서비스가 구성된다.

DPLA 포털은 미국 내 디지털 컬렉션이 주 단위 프로젝트나 개별 저장소로 분산되어 존재하는 상황에서, 이를 하나의 공공 접근점으로 묶어 누구나 탐색할 수 있게 하려는 목적에서 기획되었다. 논의는 2010년 하버드대학교 Berkman Center에서 시작되었고, 준비 과정을 거쳐 2013년 4월 18일 공식 출시되면서 전국 단위 통합 탐색 창구로서의 포털 기능을 본격화하였다.

포털 서비스가 안정적으로 작동하기 위한 핵심 기반은 메타데이터 표준화와 상호운용성이다. DPLA는 도서관, 기록관, 박물관 등 기관 유형에 따라 서로 다른 기술 방식과 메타데이터를 사용한다는 현실을 전제로, 이를 단일 포털에서 통합 제공할 수 있도록 DPLA Metadata Application Profile(MAP)을 운영해 왔다. 또한 DPLA는 허브 네트워크를 통해 기관 메타데이터를 수집하고 정규화하며, 동일한 형식으로 변환한 뒤 품질 개선을 적용해 포털의 통합 검색에 반영하는 구조를 갖추고 있다. 이 과정에서 지역 단위 서비스 허브가 기관 데이터를 모아 DPLA로 제공하는 역할을 수행함으로써, 분산된 자원이 포털에서 하나의 탐색 경험으로 통합된다.

운영 측면에서 DPLA는 보스턴에 본부를 둔 501(c)(3) 비영리 조직으로, 파트너와 협력 체계를 안내하는 DPLA Pro를 통해 허브 네트워크, 문화유산, 교육, 전자책 등 주요 프로그램을 서비스 관점에서 제시한다. 이 포털은 이용자에게 통합검색 인터페이스를 제공하는 동시에, 개발자와 파트너를 위해 API 기반의 재사용 환경을 마련하여 검색과 연계, 재활용이 가능한 포털 생태계를 구축해 왔다. 결과적으로 DPLA는 미국의 문화유산 디지털 자원에 대한 단일 접근점을 목표로, 표준화된 메타데이터 체계와 협력 네트워크를 결합해 운영되는 대표적인 국가형 디지털도서관 포털 서비스로 정리할 수 있다(DPLA. 웹페이지).

5.1.2.4 Europe PubMed Central

Europe PMC는 생명과학과 의생명 분야 연구성과를 대상으로 하는 오픈액세스 기반의 전문 문헌 및 원문 플랫폼으로, 수백만 건의 논문 원문과 인용정보를 무료로 제공하는 것을 목표로 한다. Europe PMC는 2007년에 처음 출시되었으며, 2012년 11월 1일 이전에는 UK PubMed Central(UKPMC)이라는 이름으로 운영되다가 이후 Europe PubMed Central로 확대 · 개편되었다. 운영과 조직 측면에서 Europe PMC는 EMBL-EBI가 관리하고 개발한다. 또한 Europe PMC는 미국 PubMed Central과 연계되는 국제적 아카이브 네트워크인 PMC International의 일부로 출발한 첫 번째 미러 사이트라는 역사적 맥락을 가진다.

서비스 구성과 기능을 보면, Europe PMC는 방대한 원문과 인용정보를 제공하는 동시에 텍스트 마이닝 기반의 마크업을 통해 분자 정보나 의학 데이터셋 등 외부 데이터 자원으로의 링크를 제공한다. 아울러 Grant Lookup과 같은 기능을 통해 연구비 지원 정보의 조회를 지원하는 점도 특징으로 언급된다. 콘텐트 유입 구조 측면에서 Europe PMC의 다수 콘텐트는 PubMed Central에서 미러링되며, 동시에 연구자가 직접 원고를 제출할 수 있도록 Europe PMC plus라는 제출 시스템도 제공한다. 또한 펀더 그룹은 자신들이 지원한 연구성과 논문이 출판 후 일정 기간인 6개월 이내에 Europe PMC에서 공개되도록 요구함으로써 연구성과의 확산과 접근성을 높이려 한다. 역사적으로는 2007년 미러로서의 출범, 2012년 UKPMC에서 Europe PMC로의 전환, 그리고 2013년 2월 15일 CiteXplore의 Europe PMC 통합이 주요 전환점으로 정리된다.

이러한 특징을 종합하면 Europe PMC는 의생명 및 생명과학 분야에서 통합 발견과 접근을 제공하는 포털로서, 대규모 문헌과 원문 데이터의 집계 및 제공, 연구성과 공개를 촉진하는 펀더 기반 거버넌스, 텍스트 마이닝과 외부 데이터셋 연계를 통한 문헌과 데이터의 연결 강화, 제출 시스템과 같은 요소기술을 통한 콘텐트 확장이라는 측면에서 전문 연구 커뮤니티의 지식 인프라로 기능한다고 정리할 수 있다 (Europe PMC. 웹페이지).

5.1.2.5 PANGAEA

PANGAEA는 지구 및 환경, 즉 지구시스템 연구 분야의 연구데이터를 대상으로 한 디지털 데이터 라이브러리이자 데이터 퍼블리셔로서, 이용자가 연구데이터를 쉽게 발견하고 접근하며 재사용할 수 있도록 하는 포털형 데이터 서비스의 성격을 갖는다. 이용자는 PANGAEA 포털에서 관측데이터와 분석 데이터와 이에 대한 상세 메타정보를 함께 탐색할 수 있으며, 단순히 파일을 내려받는 수준을 넘어 데이터셋의 맥락, 생성 과정, 공간·시간 범위, 변수 정보 등을 바탕으로 검색과 이해가 가능하도록 서비스가 구성되어 있다. 이러한 포털 기능은 연구데이터를 파일 묶음으로 제시하는 저장소 방식이 아니라, 데이터와 메타정보를 구조화해 관리하는 편집·큐레이션 체계를 기반으로 구현된다.

PANGAEA 포털이 제공하는 핵심 서비스는 표준화된 메타데이터와 지속식별자를 기반으로 한 발견성과 인용 가능성 강화에 있다. 데이터셋은 ISO 19115에 부합하는 메타데이터로 기술되며, 필요에 따라 Dublin Core 등 여러 형식으로도 제공되어 외부 서비스와의 연계가 용이하다. 또한 각 데이터셋에는 인용을 위한 서지 정보가 포함되고 DOI가 부여되어, 이용자가 포털에서 발견한 데이터를 안정적으로 참조하고 반복적으로 접근할 수 있도록 한다. 이와 함께 웹 서비스를 통해 표준 형식으로 데이터가 제공되며, 다양한 검색 엔진과 외부 포털에서 PANGAEA 데이터셋이 발견될 수 있도록 하는 연계 구조를 갖춘다.

운영 측면에서 PANGAEA는 Alfred Wegener Institute와 Center for Marine Environmental Sciences가 호스팅하며, 다양한 국제 연구 프로젝트가 데이터 저장과 공유를 위해 활용한다. 또한 장기 아카이브로서의 기능을 수행하면서, 연구데이터가 포털을 통해 장기적으로 접근 가능하도록 유지하는 데 초점을 둔다. 시스템 개발은 1987년부터 진행되었고, 1995년부터 인터넷 기반 서비스로 운영되면서 연구자 커뮤니티의 데이터 유통과 재사용을 지원하는 포털로 자리 잡았다.

이상과 같이, PANGAEA는 지구시스템 연구데이터를 대상으로 검색과 탐색, 접근과 다운로드, 인용과 재사용이 하나의 흐름으로 이어지도록 설계된 포털 서비스라고 할 수 있다. 관계형 데이터베이스와 편집 및 큐레이션 체계를 기반으로 데이터와 메타정보를 구조화해 제공하고, 표준 메타데이터와 DOI 기반의 지속적 식별을 통해 외부 서비스와의 연계를 강화하며, 저장소를 넘어 데이터 출판까지 지원하는 통합형 연구데이터 포털 사례로 정리할 수 있다(PANGAEA. 웹페이지).

5.1.2.6 Edinburgh DataShare

Edinburgh DataShare는 에든버러 대학교가 운영하는 오픈 연구데이터 리포지토리로서, 대학 연구자가 생산한 연구데이터를 등록하고 공유하며 보존하고, 다른 연구자가 이를 발견하고 재사용할 수 있도록 제공하는 기관 데이터 저장소이다. DataShare는 에든버러 대학교 연구데이터 서비스 체계 안에서 활용되며, 연구자가 데이터셋을 공개하고 학술 커뮤니케이션과 연결할 수 있도록 하는 주요 채널로 기능한다. DataShare의 핵심 목적은 연구데이터를 단순히 파일로 보관하는 수준을 넘어, 연구 결과를 뒷받침하는 데이터셋을 체계적으로 공개함으로써 학술적 재현성과 재사용 가능성을 높이는 데 있다.

연구자는 서비스에 접속하여 데이터셋을 등록하는 과정에서 데이터의 내용, 생산 배경과 방법, 활용 조건 등을 설명하는 메타데이터를 입력하고, 공개 여부를 선택하거나 필요한 경우 적절한 접근 조건을 설정할 수 있다. DataShare는 이러한 방식으로 등록된 데이터셋이 다른 연구자에게 발견되도록 하는 한편, 연구자가 향후 소속을 옮기더라도 자신의 데이터셋을 지속적으로 활용할 수 있다는 점을 강조한다. 또한 DataShare는 연구데이터의 인용 가능성을 강화하기 위해 각 데이터셋에 DOI를 부여하고, 데이터 인용을 위한 권장 인용문을 제공함으로써 학술성과와의 연계를 지원한다. 아울러 데이터 재사용을 촉진하기 위해 데이터셋에 적용할 라이선스를 지정하도록 하며, 이용자는 각 데이터셋 레코드에서 라이선스와 이용 조건을 확인할 수 있다.

서비스 구성 측면에서 DataShare는 대학 내 학문 분야나 조직 단위에 맞춘 컬렉션 구조를 통해 데이터셋을 체계적으로 모아 제공하며, 기관 차원의 연구데이터 공유 거점으로 기능한다. 종합하면 Edinburgh DataShare는 연구자가 만든 데이터셋을 등록하고 공개하며 장기적으로 보존하는 동시에, DOI와 메타데이터, 라이선스 체계를 통해 발견성과 인용 가능성, 재사용 가능성을 높이는 기관형 연구데이터 리포지토리 서비스로 정리할 수 있다.

5.1.2.7 국립중앙도서관 디지털도서관

국립중앙도서관 포털은 국립중앙도서관이 제공하는 국가 대표 지식정보 서비스의 통합 관문으로, 이용자가 도서관이 소장하고 수집한 자료뿐 아니라 여러 연계 시스템의 지식정보 자원까지 통합적으로 탐색하고 접근할 수 있도록 구성된 포털이다. 메인 화면과 주요 메뉴에는 통합검색을 중심으로 온나루 통합검색, 국가자료종합목록, 한국고문헌종합목록, 국가서지 LOD, 국가리포지토리(OAK), 웹자원아카이브 등 국가 단위 연계 서비스가 함께 배치되어 있으며, 국가 지식정보를 모으고 담고 잇는 플랫폼 지향을 드러낸다.

디지털도서관 포털의 관점에서 보면 국립중앙도서관 포털은 단순한 안내 웹사이트를 넘어 통합 검색과 발견, 그리고 연계 서비스의 게이트웨이 역할을 수행한다. 예를 들어 통합검색 영역에서는 국립중앙도서관 자체 자료뿐 아니라 외부 연계 시스템의 지식정보까지 함께 탐색할 수 있는 온나루 통합검색을 제공하고, 전국 공공도서관 소장 자료를 통합 데이터베이스로 제공하는 국가자료종합목록, 전국의 고전적 소장처를 연계하여 목록과 해제, 원문 등을 제공하는 한국고문헌종합목록 등 국가 단위 통합 접근 서비스를 연결한다. 또한 국립중앙도서관은 디지털 자원의 확충과 접근성 강화를 위해 디지털화 서비스를 지속적으로 추진해 왔다고 설명한다. 영문 안내 페이지에서도 정보기술 발전에 대응하여 이용자에게 도서관 자원과 정보에 대한 신속하고 쉬운 접근을 제공하기 위해 디지털화 서비스를 제공해 왔음을 밝히고, 소장 자료 가운데 일부인 고문헌과 귀중본 등을 디지털화하여 제공한다고 안내한다. 아울러 이 포털은 디지털 환경에서의 수집과 보존 기능도 포함한다. 국립중앙도서관은 웹자원 수집과 보존을 목적으로 OASIS를 운영하고 있으며, 국제 인터넷 보존 컨소시엄 소개 자료에서는 국립중앙도서관이 2004년부터 OASIS를 통해 온라인 자료를 수집하고 보존하여 미래 세대에 디지털 지적문화유산으로 전승하는 활동을 수행한다고 정리한다.

이상을 정리하면 국립중앙도서관 디지털도서관은 국가 대표 도서관의 소장자료와 디지털 콘텐트를 제공하는 기능, 여러 국가 단위 및 기관 간 협력 시스템을 연결하는 통합검색과 연계 게이트웨이 기능, 디지털화와 웹자원 아카이빙 등 디지털 환경의 보존 기능을 포괄하는 국가 수준의 디지털도서관 포털로 설명할 수 있다(국립중앙도서관. 웹페이지).

5.1.2.8 ScienceON과 DataON

ScienceON(사이언스온)은 한국과학기술정보연구원(KISTI)이 운영하는 과학기술 지식인프라 통합 포털로서, 연구자가 필요한 정보를 한곳에서 발견하고 관련 서비스로 이동해 활용할 수 있도록 설계된 관문형 포털 서비스이다. ScienceON 포털은 통합검색을 핵심 기능으로 삼되, 논문 중심의 학술검색에 머물지 않고 과학기술정보, 연구데이터, 정보분석 서비스, 연구 인프라를 함께 연결하는 통합 접근 환경을 지향한다. 이용자는 포털에서 통합검색을 통해 자료를 탐색한 뒤, 연구 목적과 단계에 맞춰 연계된 내부 · 외부 서비스로 이동하면서 필요한 자원을 이어서 활용하는 흐름으로 서비스를 경험한다.

ScienceON 포털의 운영 방식은 통합 로그인과 연계 이동에 초점이 있다. ScienceON에 로그인하면 연합인증을 통해 NTIS, DataON, EDISON 등 관련 서비스로 자연스럽게 이동하며 이용할 수 있도록 구성되어, 포털이 단일 사이트가 아니라 연구지식 인프라를 연결하는 접점 역할을 수행하도록 설계되어 있다. 또한 이용자가 자주 수행하는 탐색 과정을 워크플로우, 즉 시나리오 형태로 제시하여, 단순 검색을 넘어 연구자의 실제 업무 흐름에 맞춘 서비스 진입 경로를 제공한다.

포털의 검색 경험을 강화하기 위한 기능 고도화도 특징적이다. ScienceON은 요약과 번역, 인용 및 피인용 관계 분석 등 핵심 정보를 빠르게 파악하도록 돕는 기능을 포털 내에 결합해 왔으며, 최근에는 대화형 질의를 기반으로 답변을 제공하고 관련 자원으로 연결하는 대화형 인공지능 통합검색 서비스인 ScienceON AI를 운영함으로써, 포털의 발견과 이해, 연계 흐름을 강화하는 방향으로 발전하고 있다. 결과적으로 ScienceON은 연구개발 전 주기에 걸쳐 필요한 지식 자원을 한 화면에서 탐색하고, 인증과 연계를 통해 관련 인프라로 이어주는 통합 포털로 정리할 수 있다(ScienceON. 웹페이지).

한편, DataON은 KISTI가 운영하는 국가연구데이터플랫폼으로서, 국내외 다양한 기관과 출처의 연구데이터를 한곳에서 발견하고 접근할 수 있도록 구성된 연구데이터 포털이다. DataON 포털은 데이터셋 통합검색과 탐색을 중심으로, 분산된 데이터 자원을 단일 창구에서 찾을 수 있게 하며, 운영 현황을 포털 화면에서 제시하는 방식으로 서비스 규모와 축적 상황을 가시화한다. 이용자는 포털에서 기관이나 분야, 키워드 등 다양한 관점으로 데이터셋을 탐색하고, 데이터셋 상세 정보에서 메타데이터를 확인한 뒤 내려받기나 연계 경로를 통해 활용으로 이어갈 수 있다.

DataON 포털은 발견 기능뿐 아니라 연구데이터 활용 흐름을 포털 메뉴 구조로 확장하고 있다. 이용자 가이드와 자주 묻는 질문을 통해 접근 장벽을 낮추고, 개인 작업공간 성격의 마이드라이브를 제공해 데이터 관리와 활용을 이어가게 하며, 데이터 분석을 지원하는 CANVAS와 커뮤니티 기능을 통해 분석과 공유까지 포털 내에서 연결되도록 구성한다. 또한 데이터의 발견성과 재사용성을 높이기 위해 식별자, 유형, 버전, 포맷, 크기, 제목, 설명, 키워드, 분류, 생산자 등 데이터셋 기술 항목을 안내함으로써, 포털 차원의 표준화된 기술과 품질 관리가 병행되도록 설계되어 있다.

이상과 같이, ScienceON은 과학기술 지식인프라를 통합검색과 인증 및 연계를 통해 연구 서비스로 이어주는 관문형 포털이며, DataON은 분산된 연구데이터를 통합검색으로 발견하게 하고 개인 작업공간과 분석 및 공유 환경까지 연결하는 연구데이터 포털로 이해할 수 있다(DataON. 웹페이지).

5.1.2.9 RISS

RISS는 한국교육학술정보원(KERIS)이 운영하는 학술정보 포털로, 국내외 학술자료를 한곳에서 통합적으로 검색하고 발견하며 이용할 수 있도록 설계된 서비스이다. RISS는 학술자료 접근을 위한 단일 진입점, 즉 게이트웨이를 지향하며, 이용자가 하나의 화면에서 다양한 자료 유형을 탐색한 뒤 원문 이용이나 신청 서비스로 자연스럽게 이어지도록 지원한다. RISS의 핵심 기능은 통합검색으로, 실제 서비스 메뉴에서도 통합검색을 중심으로 학위논문, 국내학술논문, 해외학술논문, 학술지, 단행본, 연구보고서, 공개강의 등 자료 유형별 검색이 함께 제공된다. 이는 전통적인 도서관 자원인 단행본과 학술지는 물론, 연구성과와 학습자원까지 포괄하여 연구와 학습 전반의 탐색을 지원하려는 구성으로 이해할 수 있다.

RISS는 검색 결과를 단순히 제시하는 데 그치지 않고, 실제 이용으로 이어지도록 하는 다양한 부가 기능을 함께 제공한다. 복사 및 대출 신청과 같은 이용자 요청 기반 서비스가 마련되어 있으며, 자료 현황 통계, 주제별 활용 통계, 학술지 활용도 분석, 복사 및 대출 제공기관 분석, 신청기관 분석 등 서비스 운영과 의사결정을 지원하는 분석 기능도 제공된다.

해외 학술자원 제공과 관련해서는 해외전자정보서비스 영역을 별도로 두고, 전자저널과 학술 데이터베이스 등 해외 자원의 검색과 이용 안내를 제공한다. 이때 이용 권한은 이용자 유형과 소속 기관의 구독 여부, IP 대역 등록 여부 등에 따라 달라질 수 있음을 명시하고 있다. 이는 RISS가 단순한 공개 포털이 아니라, 국내 대학과 연구기관의 라이선스 환경과 연동하여 접근을 중개하는 학술정보 게이트웨이로 기능하고 있음을 보여준다.

아키텍처와 구축 활동의 관점에서 보면 RISS는 다양한 기관과 유형의 학술자원을 통합 제공하기 위해, 자료 유형별로 상이한 데이터 소스를 하나의 통합검색 경험으로 묶는 구조를 채택하고 있다. 또한 검색 결과가 원문 제공처, 신청 서비스, 해외 라이선스 자원 등으로 연결되도록 연계 흐름을 설계하고, 이용자 권한과 기관 구독 조건을 반영하는 인증과 접근 제어, 통계와 분석, API 제공과 같은 부가 기능을 함께 운영하는 복합적 포털 구현 사례로 설명할 수 있다. 실제로 RISS는 검색과 연계 활용을 위한 RISS 검색 API, KOCW 강의정보 API, WILL 연계 API, Rinfo 통계정보 API 등 다양한 API를 제공하여, 포털이 검색과 접근을 넘어 외부 시스템과의 연계와 재사용까지 고려하고 있음을 보여준다(RISS. 웹페이지).

이상에서 살펴본 바와 같이, 현대적 디지털도서관 포털은 더 이상 도서관 웹사이트나 목록 화면의 다른 이름이 아니다. Europeana, Trove, DPLA와 같은 국가 및 공공 차원의 통합 포털, Europe PMC와 PANGAEA처럼 연구분야 커뮤니티를 중심으로 구축된 전문 포털, Edinburgh DataShare와 DataON처럼 기관 또는 국가 차원의 연구데이터 리포지토리, 그리고 RISS와 ScienceON처럼 학술정보와 연구지원 기능을 결합한 포털 사례를 종합해 보면, 디지털도서관 포털은 분산된 자원과 서비스를 한 화면에서 발견하고, 접근하며, 재사용하도록 매개하는 통합 진입점이자 서비스 플랫폼으로 진화하고 있음을 확인할 수 있다.

특히 최근의 흐름은 전통적인 문헌 중심의 학술정보 서비스에서 한 걸음 더 나아가, 연구데이터와 연구자, 연구기관, 연구과제 정보까지 포괄함으로써 연구 활동 전 주기를 지원하는 방향으로 확장되고 있다. 이러한 포털의 성격과 목적은 무엇을 한 곳에 모아두는가가 아니라, 이질적인 자원을 어떻게 하나의 이용 경험으로 연결하는가에 의해 규정된다. Europeana와 DPLA는 원자료를 중앙에 저장하기보다, 각 기관이 보유한 콘텐트는 기관에 두고 메타데이터를 집계하여 통합적으로 제시한 뒤 소장기관으로 연결하는 모델을 취한다. Trove 역시 국가 차원에서 다양한 자원을 집계해 통합 탐색을 제공하는 대표 사례로, 이러한 유형의 포털은 콘텐트 저장소라기보다 발견 도구나 통합목록의 성격이 강하다.

반면 Europe PMC는 의생명 분야에서 원문과 인용 정보를 중심으로 전문 커뮤니티의 지식 인프라를 구축하고, 문헌과 데이터, 연구비 정보 간의 연결을 강화한다. PANGAEA나 DataShare는 데이터셋을 단순한 파일이 아니라 인용 가능한 연구성과로 다루는 데이터 퍼블리셔와 기관 데이터 리포지토리의 성격을 보여준다. 이처럼 현대 포털의 목적은 단순 검색을 넘어, 연계와 재사용, 출판이 가능한 지식 인프라를 구현하는 데까지 확장되고 있다.

운영과 조직 측면에서도 중요한 시사점이 도출된다. 대규모 포털은 기술만으로 유지되지 않는다. Europeana는 재단 중심의 거버넌스를, Trove는 국립도서관 중심의 국가 운영 모델을, DPLA는 비영리 조직 기반의 네트워크형 협력 모델을 보여준다. Europe PMC는 연구비 지원기관 컨소시엄과 운영기관의 결합을 통해 지속성을 확보하고 있으며, DataON과 ScienceON, RISS는 국가기관이 운영하는 플랫폼으로서 정책과 권한 관리, 서비스 연계가 함께 작동한다. 즉 현대 포털은 전담 조직과 파트너십 구조, 재원 확보 방식, 저작권과 개인정보, 데이터 라이선스 등 정책적 기반을 포함한 거버넌스 설계가 필수적이다. 특히 집계형 포털일수록 데이터 제공 주체가 많기 때문에, 표준 준수와 품질 관리, 책임 범위, 갱신 주기를 포함하는 운영 규칙이 서비스 품질을 좌우한다.

규모와 구성 측면에서는 규모의 확대가 곧 복잡성의 확대를 의미한다. Europeana, Trove, DPLA처럼 수천 개 기관과 수천만 건의 레코드를 전제로 하는 포털에서는 방대한 자원을 이용자가 실제로 탐색하고 이해할 수 있도록 하는 정보구조 설계가 핵심이 된다. 반대로 DataShare나 PANGAEA처럼 특정 기관이나 분야 중심의 포털이라 하더라도, 큐레이션과 메타데이터 품질, DOI 기반 인용과 재사용 설계를 통해 높은 영향력을 확보할 수 있음을 보여준다. 이는 현대 포털이 양적 확대만을 추구하기보다, 이용자 목적에 맞는 구조화와 다양한 자원 유형을 아우르는 다형적 설계가 필요로 함을 시사한다.

역사적으로도 대표적인 포털들은 대체로 장기적인 진화의 산물이었다. Europeana는 정책적 논의와 프로토타입을 거쳐 성장했고, Trove는 분산된 여러 서비스를 하나의 포털로 통합하는 프로젝트의 결과로 출범했다. DPLA 역시 기획과 커뮤니티 논의를 축적한 뒤 공식 출범과 허브 확장을 이어 왔다. 이러한 과정은 현대 포털이 단발성 개발로 완성되는 것이 아니라, 핵심 기능을 통해 신뢰를 확보한 뒤 표준과 품질, 파트너를 단계적으로 확장하고, 이후 참여 기능과 분석, 인공지능 기반 기능을 도입하는 로드맵 기반 발전이 필요함을 보여준다.

무엇보다 사례들이 공통으로 강조하는 핵심은 메타데이터와 표준, 즉 상호운용성이다. Europeana의 ESE에서 EDM으로의 발전, DPLA의 메타데이터 응용 프로파일을 통한 기관 간 기술 차이 흡수, PANGAEA의 ISO 19115 기반 메타데이터와 DOI를 통한 데이터 인용 체계 구축, DataShare의 DOI와 라이선스, 설명 정보를 갖춘 데이터셋 레코드는 상호운용성이 포털의 부가 요소가 아니라 핵심 기반임을 보여준다. 현대적 디지털도서관 포털에서 메타데이터는 단순한 검색용 표지를 넘어, 자원 간 관계를 연결하고 재사용 조건을 명확히 하며 이용 흐름을 구성하는 연계의 언어로 기능한다. 이때 DOI와 ORCID와 같은 식별자, 라이선스, 응용 프로파일은 문헌과 데이터, 연구자, 기관을 연결하는 핵심 장치가 된다. 이러한 상호운용성 요구는 포털 아키텍처 모형에도 직접 반영된다. 사례들은 크게 두 가지 축으로 구분할 수 있다. 하나는 Europeana, DPLA, Trove처럼 분산된 기관 콘텐트를 집계해 통합 발견을 제공하는 집계형 발견 포털이고, 다른 하나는 Europe PMC, PANGAEA, DataShare처럼 특정 커뮤니티에 필요한 품질 관리와 출판, 인용을 강화하는 전문 또는 기관 리포지토리형 포털이다. 현대 디지털도서관 포털은 이 둘을 대립적으로 보기보다, 디지털도서관 생태계 안에서 발견 기능과 제공 기능, 관리와 출판 기능을 연결하는 구조로 설계될 필요가 있다. 기관 리포지토리가 연구데이터 리포지토리로 확장되고, 연구데이터 저장과 관리, 계획과 지원으로 기능이 확대되는 흐름은 포털이 검색창이 아니라 연구 활동 전 주기를 지원하는 플랫폼으로 재구성되고 있음을 보여준다.

요소기술 구현 측면에서도 현대 포털의 핵심은 여전히 인증과 연계, 검색의 결합이다. RISS처럼 기관의 구독 환경과 이용자 권한을 반영한 접근 제어, ScienceON처럼 연합인증을 통해 다수 서비스로의 이동을 자연스럽게 만드는 설계는 중요한 역량이다. 특히 연계는 결정적 요소로, 많은 포털이 원문을 직접 보유하지 않기 때문에 이용자가 검색 결과에서 실제 제공처로 끊김 없이 이동하도록 링크 해결과 API 연동, 식별자 기반 연결을 정교하게 설계해야 한다. 검색 또한 키워드 중심 탐색을 넘어 패싯 탐색과 주제, 유형, 기관 기반 브라우징, 나아가 대화형 인공지능 검색까지 결합되고 있다. 다만 인공지능 기반 검색과 추천이 확산될수록 출처 제시와 권리 표시, 신뢰성 확보를 위한 설계의 중요성은 더욱 커진다.

마지막으로 통합검색 이후의 부가서비스 설계는 포털을 실제로 활용하게 만드는 핵심 요소이다. Trove의 이용자 참여 기능, Europeana의 참여와 확산 전략, DPLA의 교육과 커뮤니티 지향, DataShare와 PANGAEA의 DOI와 인용, 라이선스 기반 재사용 촉진 기능은 모두 검색 이후의 이용 경험을 설계하는 것이 현대 포털에서 중요함을 보여준다. 특히 연구데이터 영역에서는 저장과 공개를 넘어 데이터관리계획 지원과 컨설팅, 표준 적용과 품질 관리, 장기 보존과 재사용 촉진까지 서비스가 확장되고 있다. 따라서 현대 디지털도서관 포털의 개발은 아키텍처 설계와 표준화, 상호운용성 확보, 핵심 요소기술 구현, 부가서비스 구성, 이용자 분석 기반의 지속적 개선을 포함하는 장기적이고 복합적인 활동으로 이해되어야 한다.

요컨대 현대 디지털도서관 포털은 검색창을 만드는 일이 아니라, 표준과 식별자, 조직과 파트너십, 기술과 서비스가 결합된 지식과 데이터 연계 생태계를 설계하고 운영하는 일이다. 이러한 관점에서 디지털도서관 포털은 도서관 내부 자원뿐 아니라 외부 학술정보와 오픈액세스 자원, 기관 리포지토리와 연구데이터, 연구지원 서비스까지 연결하여 이용자에게 일관된 접근 경험을 제공하는 핵심 인프라로 자리매김하고 있다.

5.1.3 도서관 포털 서비스 유형

인터넷 기반의 도서관 포털 서비스는 이용자가 도서관 자원에 접근하는 통합 진입점으로 기능하며, 그 핵심은 검색과 발견 기능에 있다. 여기서 검색서비스는 디지털도서관이 수집하고 관리하는 전자자원, 즉 디지털 장서뿐 아니라 인쇄자료와 같은 물리적 장서를 포함한 도서관 자원 전반을 통합적으로 탐색하고 필터링하며 연계하여, 이용자가 원문 또는 관련 서비스로 이어지도록 지원하는 기능을 의미한다. 필요에 따라 전자저널, 학술 데이터베이스, 오픈액세스 자원, 기관 리포지토리와 연구데이터 등 외부 학술정보원까지 탐색 범위를 확장하여, 분산된 자원을 하나의 이용 흐름으로 연결하는 것도 검색서비스의 중요한 역할에 해당한다.

한편, 검색서비스가 자원 발견과 접근을 중심으로 한 기능이라면, 이를 보완하고 이용자의 정보활용을 촉진하는 나머지 포털 기능은 참여서비스로 묶어 설명할 수 있다. 참여서비스는 도서관이 구축하거나 연계한 장서와 콘텐트를 기반으로 이용자와의 쌍방향 상호작용을 가능하게 하며, 이용자 문의와 상담, 댓글과 태그, 리뷰와 같은 참여형 메타데이터 생성, 추천과 공유, 개인 서재와 목록 관리, 알림 등 이용자 맥락을 반영한 기능을 포함한다. 즉 도서관 포털 서비스 유형은 통합검색과 발견 서비스, 그리고 이용자 참여와 커뮤니케이션 서비스라는 두 축으로 개괄할 수 있다.

5.1.3.1 통합 검색 서비스

디지털도서관 포털의 검색서비스는 기본적으로 통합검색을 지향한다. 통합검색은 도서관이 보유하고 구독하며 연계하는 다양한 자원을 하나의 인터페이스에서 탐색하고 검색하게 하며, 검색 결과가 실제 원문 또는 원자원 이용으로 이어지도록 연계와 접근 기능까지 함께 제공하는 서비스이다. 현대 디지털도서관 환경에서 통합검색은 더 이상 목록 검색의 단순 확장이 아니라, 이용자가 논문, 도서, 학위논문, 전자저널, 학술 데이터베이스, 오픈액세스 자원, 기관 리포지토리, 연구데이터, 웹아카이브, 멀티미디어 등 이질적인 자원을 하나의 발견 경험으로 연결하는 핵심 인프라로 이해된다.

통합 검색 서비스는 기능적으로 장서조망 서비스와 콘텐트 검색 서비스로 구분할 수 있다. 장서조망 서비스는 디지털도서관에서 접근 가능한 장서를 식별하고 정리하는 기능으로, 장서 수준에서 수행된다. 주요 기능으로는 전자저널과 전자책 등 자원군을 목록 형태로 제공하는 리스트 서비스, 주제나 기관, 제공처 기준으로 자원을 분류하여 탐색하도록 하는 디렉토리 서비스, 그리고 장서 단위의 범위와 제공 조건, 이용 제약 등을 검색하는 장서정보검색이 있다. 장서조망은 이용자에게 무엇을 어디에서 어떤 조건으로 이용할 수 있는가를 알려 주어, 이후의 콘텐트 검색과 실제 이용을 가능하게 하는 기반이 된다. 반면 콘텐트 검색 서비스는 장서 내부의 논문, 도서, 학위논문, 보고서, 멀티미디어, 데이터셋 등 개별 콘텐트를 대상으로 수행되는 검색 기능이다. 이는 범위에 따라 전체 자원군을 대상으로 하는 통합검색, 이용자가 선택한 일부 자원군만을 대상으로 하는 선별검색, 특정 데이터베이스나 특정 장서 하나를 대상으로 하는 단위검색으로 구분된다. 또한 특정 주제 영역에서 이용자가 탐색 경로를 쉽게 잡도록 돕는 주제별 디렉토리 기능도 중요하다. 현대 통합검색에서는 검색 결과를 자료 유형, 주제, 발행연도, 언어, 제공처, 접근 가능 여부 등으로 좁혀가는 패싯 탐색과, 관련도와 최신성, 권위를 반영한 랭킹과 추천 기능이 결합되어 이용자의 탐색 효율을 높인다.

특히, 현대 디지털도서관 통합검색은 구현 방식에서도 몇 가지 뚜렷한 특징을 가진다. 첫째, 전통적 동시질의형 분산검색을 넘어, 여러 정보원의 메타데이터나 초록, 일부 원문을 미리 수집하고 정규화하여 색인을 구축하는 통합 인덱스 기반 검색이 일반화되었다. 이를 통해 응답 속도와 패싯 탐색의 품질을 높이고, 서로 다른 제공처의 결과를 하나의 결과 목록으로 통합하여 제시할 수 있다. 둘째, 단순 서지 검색을 넘어 원문 검색이 강조되며, 초록과 목차, 키워드, 원문 내 용어까지 활용하여 발견 가능성을 확대한다. 셋째, 논문과 데이터셋, 코드, 연구자, 기관을 DOI나 ORCID와 같은 식별자로 연결하여, 검색 결과에서 관련 연구데이터나 연구성과를 함께 제시하는 방식이 증가하고 있다. 이 점에서 통합검색은 문헌 중심을 넘어 연구정보 생태계 탐색으로 확장된다.

통합검색의 성패는 검색 결과가 실제 접근 가능한 원문 또는 원자원으로 끊김 없이 연결되는가에 달려 있다. 이를 위해 포털은 DOI와 ISBN, ISSN과 같은 고유 식별자나 OpenURL 표준을 이용하여, 검색된 결과에 대해 원문자원으로의 최적 접근 경로를 식별하고 제공하는 연계 기능을 갖추어야 한다. 연계는 단순히 링크를 제공하는 수준을 넘어, 동일 자원이 구독 플랫폼과 오픈액세스 버전, 기관 리포지토리 등 여러 경로에 존재할 때 이용자에게 가장 적절한 버전을 우선 제시하거나 대체 경로를 안내하는 기능까지 포함한다. 또한 식별된 원문자원은 원문전달 기능을 통해 이용자가 실제로 접근하게 되는데, 여기서 핵심은 접근 라이선스 제어이다. 구독 기반 전자자료는 이용자의 소속과 자격, 접속 환경에 따라 이용 가능 범위가 달라지므로, 포털은 이용자별 접근 권한을 판단하여 직접 열람과 다운로드, 인증 안내, 상호대차나 복사 신청, 대체 오픈액세스 경로 제시 등 적절한 서비스 흐름으로 연결해야 한다. 필요에 따라 디지털 권리 관리와 같은 접근 제어 기술이 적용될 수 있으며, 이는 발견이 이용으로 이어지기 위한 필수 조건이 된다.

한편, 현대 통합검색은 기본 검색 외에도 이용자의 탐색을 고도화하기 위한 특별 검색 기능을 포함할 수 있다. 예를 들어 주제어와 개념, 관계 탐색을 강화하는 토픽맵 또는 지식그래프 기반 의미검색, 저작과 표현, 구현, 개별자료의 계층을 반영하는 관점의 계층별 탐색, 다국어 자원을 대상으로 하는 다국어 검색 등이 이에 해당한다. 최근에는 이용자의 자연어 질문에 대해 결과를 요약하고 정리하거나 관련 근거를 제시하는 인공지능 보조 탐색이 도입되기도 한다. 다만 이 경우에는 출처 제시와 권리 및 라이선스 표시, 오류 가능성 안내, 개인정보와 이용 로그 관리 등 신뢰성과 책임성 설계가 함께 요구된다.

5.1.3.2 참여 · 커뮤니케이션 서비스

네트워크 환경에서 이용자를 지원하는 도서관 참고봉사인 디지털 참고서비스는 디지털 참고정보, 가상 참고정보, 전자 참고정보, 인터넷 정보서비스, 실시간 참고정보 등 다양한 명칭으로도 사용되며, 컴퓨터와 네트워크 기술을 활용해 참고정보서비스를 제공한다는 점에서 상호 교환적으로 이해될 수 있다. 오늘날 디지털 참고서비스는 단순히 웹에서 사서가 답변하는 상담에 머물지 않고, 옴니채널 기반의 통합 접점으로 고도화되는 추세다. 즉 이용자는 이메일, 웹폼, 게시판, 실시간 채팅, 화상상담과 같은 다양한 채널을 통해 문의할 수 있고, 필요한 경우 전화 상담까지 포함하여 접근 경로를 확장할 수 있다. 도서관은 이러한 채널별 응대를 분절적으로 운영하기보다 하나의 서비스 흐름으로 연결하여 제공함으로써, 시간과 장소의 제약을 낮추고 접근성을 높인다. 동시에 이용자의 질문과 답변 기록이 지식베이스로 축적되어 이후 서비스에 재사용될 수 있다는 점이 디지털 환경에서의 중요한 특성으로 강조된다(국립중앙도서관, 2019).

운영 형태 역시 변화하고 있다. 운영시간 안내, 시설 이용 안내, 간단한 소장 및 이용 안내와 같은 기본 질의는 자주 묻는 질문과 응대 스크립트, 챗봇 등을 통해 신속히 처리하고, 복잡한 탐색이나 연구지원, 윤리 문제, 법과 정책 관련 문의는 사서 또는 주제전문가가 심층 상담으로 전환하여 대응하는 하이브리드 구조가 확산되는 추세다. 일부 연구에서는 챗봇이 도서관 질의응답 데이터를 축적하고 분석하여 서비스 품질을 높일 수 있으며, 일상적 질문을 자동화 도구에 위임할 경우 사서가 난이도 높은 업무에 집중할 수 있다는 논의를 제시한다(박동아, 2017; Vincze, 2017). 실제 사례로는 〈그림 5.1〉, 〈그림 5.2〉와 같이 국립중앙도서관의 LODi 챗봇과 UC Irvine Libraries의 ANTswers 등이 언급된다(국립중앙도서관, 2019). 다만 자동화 도구의 도입은 효율성뿐 아니라 편향과 기술 오류, 프라이버시 침해와 같은 위험을 동반할 수 있으므로, 투명한 절차 마련과 윤리 및 법제 정비, 단계적 도입 전략이 함께 요구된다는 지적도 제기된다(윤상오, 2018).

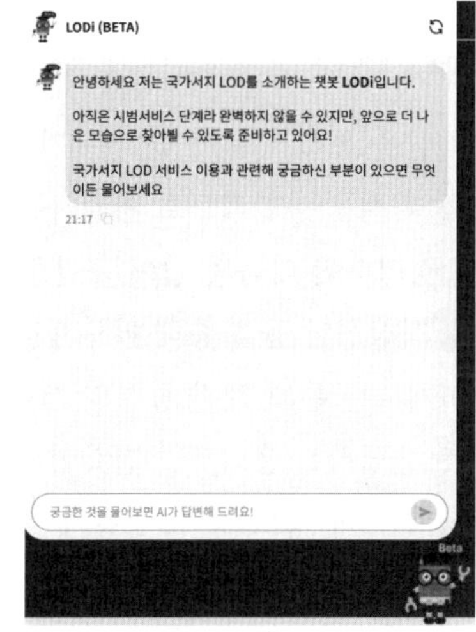

〈그림 5.1〉 국립중앙도서관 LODi 챗봇 서비스 (https://lod.nl.go.kr/)

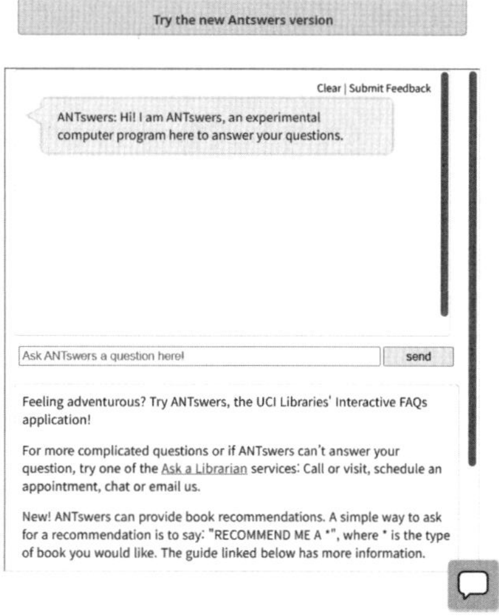

〈그림 5.2〉 UC Irvine Libraries ANTswers 서비스 (https://www.lib.uci.edu/antswers)

5.1.4 디지털 참고서비스

5.1.4.1 개념과 범위

디지털 참고서비스는 이용자가 네트워크 환경에서 제기하는 질문을 도서관이 디지털 채널을 통해 접수하고 분석한 뒤 응답하는 참고봉사로 정의할 수 있으며, 국제적으로도 디지털 환경에서의 참고봉사 표준과 운영 원칙을 정리한 가이드라인에서 핵심적인 공공서비스로 다루어진다(IFLA Reference and Information Services Section, 2014). 최근 디지털 참고서비스의 범위는 전통적인 질의응답 기능을 넘어 상담과 교육, 연구지원을 결합한 구조로 확장되는 경향이 뚜렷하다. 특히 코로나19 이후 원격 및 온라인 환경에서 참고서비스가 확대되고 재구성되면서, 채팅과 이메일, 화상상담 등 다양한 형태의 디지털 응대가 일상적인 서비스 방식으로 자리 잡았다(Charbonneau & Vardell, 2022). 또한 이용자 경험 관점에서 가상 참고서비스가 학습 과정의 여러 단계에 기여한다는 분석이 제시되면서, 단순한 답변 제공을 넘어 학습과 연구 과정 전반을 지원하는 서비스로 확장될 수 있는 근거도 강화되고 있다(Tsang & Chiu, 2022).

이와 같이 현대의 디지털 참고서비스는 개별 채널을 통해 질문에 답하는 기능에 머무르지 않고, 이용자의 정보활용과 학습 및 연구 과정을 종합적으로 지원하는 서비스로 이해할 필요가 있다. 이를 범위 측면에서 정리하면 다음과 같이 구분할 수 있다. 첫째, 상담 영역에서는 채팅과 이메일, 웹폼, 화상상담 등을 통해 이용자의 질문을 해결하고, 고난도의 질의는 주제전문가로 연계하는 문제 해결 중심의 서비스를 제공한다. 이 과정에서 여러 채널을 통합적으로 운영하는 옴니채널 전략이 중요한 역할을 한다. 둘째, 교육 영역에서는 정보 탐색 전략과 정보 평가, 인용과 표절, 데이터 활용 등 정보활용 능력에 관한 교육을 참고상담과 연계하여 제공함으로써 이용자의 정보 리터러시 향상을 지원한다. 셋째, 연구지원 영역에서는 오픈액세스와 저작권, 학술 출판, 연구성과 관리, 계량정보와 평가 지표에 대한 이해 등 연구생애주기를 고려한 지원이 이루어진다. 다만, 이러한 세 가지 범위가 실제 서비스로 안정적으로 구현되기 위해서는, 특히 고난도이면서 전문적인 질의를 지속적으로 처리할 수 있는 운영 기반이 필수적이다. 이 지점에서 디지털 참고서비스는 단일 기관의 응대만으로는 한계에 직면하게 되며, 다음 절에서 다루게 될 협력형 운영모형과 연구지원형 참고서비스가 중요한 실행 전략으로 부상한다.

5.1.4.2 협력형 참고서비스

협력형 디지털 참고서비스는 개별 도서관이 단독으로 처리하기 어려운 전문 질의를 기관 간 컨소시엄 또는 분야별 전문 네트워크가 분담하여 제공하는 운영모형이다. 여기에는 전문 주제 질의뿐 아니라 법과 저작권, 데이터와 통계, 의료, 특허 등 고난도 영역이 포함된다. 디지털 환경은 공동 운영과 자원 공유에 유리하므로 협력형 모델이 효율성과 확장성을 갖는다는 점은 IFLA 가이드라인에서도 강조된다(IFLA Reference and Information Services Section, 2014).

협력형 모델의 핵심은 단순히 기관을 연결하는 수준을 넘어, 상담과 교육, 연구지원 전 범위를 뒷받침하는 업무흐름을 표준화하는 데 있다. 즉 이용자 문의가 접수되면 주제와 난이도, 긴급도를 기준으로 질의를 분류하고, 분류 결과에 따라 담당기관 또는 적절한 전문가에게 배정한다. 이후에는 답변 제공에서 절차를 종료하지 않고, 추가 자료 안내나 관련 교육과 가이드로 연결하는 후속 조치를 수행하며, 최종적으로는 해당 사례를 자주 묻는 질문이나 지식베이스로 정리하여 재사용 가능한 형태로 축적한다. 이러한 표준 프로세스가 갖춰질 때 협력형 운영은 참여 기관과 처리 규모가 확대되더라도 서비스 품질을 안정적으로 유지할 수 있다. 협력 운영의 품질을 높이기 위해서는 공동 지식베이스의 구축이 중요하다. 반복적으로 제기되는 질문과 검증된 답변을 공동으로 축적하면 기관 간 응답의 일관성과 정확성이 강화되고, 상담 과정에서 축적된 경험과 전문성이 조직 차원에서 누적된다. 따라서 지식베이스는 단순한 자주 묻는 질문 모음에 그치지 않고, 협력형 참고서비스의 품질관리 인프라로 기능하게 된다. 아울러 협력형 참고서비스는 책무성과 위험관리를 전제로 하므로 고위험 질의에 대한 경계 설정이 필수적이다. 예를 들어 저작권과 법률, 의료처럼 이용자에게 직접적인 손해를 초래할 수 있는 문의에서는 정보 제공과 전문 자문의 범위를 구분하고, 도서관이 제공할 수 있는 응답 수준을 사전에 명확히 해야 한다. 동시에 필요할 경우 전문기관이나 해당 분야 전문가에게 이관하거나 연계하는 기준과 절차를 마련함으로써 서비스의 안전성과 신뢰성을 확보할 수 있다. 이러한 협력형 운영 기반은 특히 다음 절에서 다루는 연구지원 서비스에서 중요성이 더욱 커진다. 연구지원은 문의 내용이 복합적이며 정책과 윤리, 저작권, 평가 지표 등 전문성과 위험도가 높은 영역을 포함하므로, 협력형 업무흐름과 지식베이스, 역할 경계의 설정이 서비스의 성패를 좌우하기 때문이다.

5.1.4.3 연구지원형 참고서비스

최근 디지털 참고서비스의 가장 큰 확장 축은 연구지원형 참고서비스라고 할 수 있다. 즉 자료를 찾아주는 서비스에서 연구 수행을 가능하게 하는 서비스로 무게중심이 이동하고 있다. 특히 생성형 AI의 등장 이후 온라인 참고서비스에서 AI의 적용 가능성과 한계를 검토하는 연구가 축적되고 있으며, AI가 일부 질문 유형에서는 유용하더라도 정확성과 맥락 이해, 정책과 윤리 판단 영역에서는 전문 사서의 역할을 대체하기 어렵다는 분석도 제시된다(Li & Coates, 2024; Yang, 2024). 다만 생성형 AI의 지속적인 모델 고도화와 서비스 적용 범위의 확대를 고려하면, 향후에는 전문 사서의 업무 중 일부가 AI 기반 도구로 보완되거나 자동화되는 방식으로 역할 재구성이 진행될 가능성이 크다.

이러한 변화 속에서 연구지원 서비스는 다음과 같은 내용으로 확장하여 설계할 필요가 있다. 첫째, 오픈액세스 경로 안내 기능이 강화되어야 한다. 이는 기관 정책, 학과 또는 연구비 조건, 저널 선택 시 유의점 등을 포함하여 연구자가 합리적인 공개 전략을 수립하도록 돕는 지원을 의미한다. 둘째, 저자 권리와 출판계약에 관한 기본 안내가 필요하다. 저작권 이전 여부, 2차 배포 가능 범위, 라이선스 선택과 같은 핵심 쟁점을 이해하도록 돕는 것이 포함된다. 셋째, 출판윤리와 표절 예방 교육을 참고상담과 연계할 필요가 있다. 가이드 제공, 워크숍 운영, 일대일 컨설팅을 통해 연구윤리 실천을 지원하는 방식이 적절하다. 넷째, 생성형 AI 활용이 확대되면서 AI가 생성한 참고문헌과 인용의 오류 가능성이 교육 이슈로 부각되고 있으므로, 연구윤리 교육과 정보평가 교육을 결합하여 운영하는 접근이 요구된다. 다섯째, 기관 리포지토리 등록 지원 기능이 포함되어야 한다. 제출 절차 안내, 메타데이터 품질 관리, 공개범위 설정, 저작권 확인 등 실무적 지원이 여기에 해당한다. 여섯째, 식별자 연계 지원도 중요하다. 기관 시스템 정책에 따라 ORCID와 DOI 등을 활용하도록 안내하고, 연구성과의 추적과 연결성을 높일 수 있도록 지원해야 한다. 마지막으로 후속 활용 지원이 필요하다. 연구업적 정리, 개인 또는 연구실 페이지 연동, 학내 평가 자료 준비 등 연구성과 관리 업무가 여기에 포함된다(Li & Coates, 2024; Yang, 2024).

5.1.5 개인화 서비스

5.1.5.1 SDI

도서관의 콘텐트는 매체와 형태를 가리지 않고 폭발적으로 증가하고 있으며, 그 결과 이용자들은 방대한 정보 가운데 무엇을 선택하고 무엇을 배제해야 하는지에 대해 혼란을 겪고 있다. 도서관은 업무 전산화와 디지털 콘텐트 개발, 온라인 목록 구축 등 정보환경 변화에 대응하기 위해 다양한 노력을 기울여 왔으나, 이러한 조치만으로 이용자가 원하는 정보에 쉽고 빠르게 도달하도록 돕는 완전한 해법을 제시하기에는 한계가 있었다. 여전히 이용자는 원하는 정보를 찾는 데 많은 시간과 노력을 들여야 하며, 검색 결과의 적합성 또한 지속적인 문제로 지적되어 왔다. 이러한 배경 속에서 이용자의 특성과 이용 행태를 적극적으로 고려하여 도서관 서비스를 재구성하려는 흐름이 점차 강화되었다.

이와 함께 학술 주제와 관심 분야가 세분화되고 온 · 오프라인 문헌의 양이 급증하면서, 이용자가 온라인 정보시스템에 직접 접속하여 자신에게 적합한 정보를 선별해 내는 일은 점점 더 어려워지고 있다. 더불어 새로운 학술문헌이 지속적으로 생산되는 환경에서는 최신 정보를 추적하고 인지하는 데 추가적인 노력이 요구되며, 이러한 요구는 기존의 최신정보주지 서비스와 선택적 정보배포 서비스, 즉 SDI를 디지털 환경에 맞게 재구성하도록 만들었다. 전통적으로 최신정보주지 서비스와 SDI는 이용자의 특성과 이용 행태를 바탕으로 우편이나 전자메일을 통해 개인화된 정보를 제공해 왔으나, 디지털도서관 환경에서는 전자메일뿐 아니라 개인 페이지와 모바일 기기 등 다양한 개인 매체로 제공 방식이 확장되었다. 최신정보주지 서비스는 도서관이 새롭게 입수한 자료를 알리는 속보적 성격이 강하며, 특정 개인이나 집단보다는 불특정 다수를 대상으로 일방적으로 제공된다는 점에서 SDI와 구별된다(남궁황, 2003). 반면 SDI 서비스는 최신정보주지 서비스를 포괄하면서도 알림 서비스 또는 푸시 서비스로 불리며, 이용자가 탐색을 원하는 데이터베이스를 선택하고 탐색 전략을 미리 설정해 두면 데이터베이스가 갱신될 때마다 또는 지정한 주기에 따라 자동 탐색이 수행되고 그 결과가 이용자에게 제공되는 방식이다(노영

희, 2003). 또한 SDI는 이용자 프로파일에 설정된 키워드와 분류, 저자, 저널, 수업이나 과제 주제 등 관심 주제에 따라 신규 자료와 업데이트, 이벤트를 자동으로 감지해 알리는 방식으로 구현되며, 알림 채널 역시 전자메일을 넘어 웹과 모바일 푸시 등으로 다변화되는 경향을 보인다(Omeluzor & Oyovwe – Tinuoye, 2022).

개인화 서비스의 핵심은 이용자의 관심 주제와 이용 맥락을 바탕으로 필요한 정보를 선별적으로 전달하는 데 있으며, SDI와 최신정보주지 서비스는 이러한 개인화 제공의 대표적인 기반으로 기능해 왔다. 다만 SDI가 기술적으로 구현 가능하다는 점과 실제 현장에서 안정적으로 운영된다는 점은 구분되어야 하므로, 서비스 설계 단계에서부터 운영 원칙을 함께 마련할 필요가 있다. 구체적으로는 이용자 프로파일과 관심 주제의 지속적인 갱신, 알림 과다로 인한 피로도를 줄이기 위한 빈도와 우선순위, 묶음 발송 관리, 그리고 개인화에 필요한 데이터 범위를 최소화하는 원칙이 중요하다. 이러한 기준은 이용자 경험을 보호하는 동시에 기관 차원의 책임성을 확보하기 위한 핵심 요소로 작용한다(NISO, 2019).

SDI 서비스의 강점은 개인화된 정보 제공이 자동화된 운영 방식으로 구현된다는 점에 있다. 데이터베이스가 갱신될 때마다 이용자가 반복적으로 시스템에 접속하거나 검색식을 재입력하지 않아도 탐색 결과를 자동으로 받아볼 수 있어 시간과 노력을 절감할 수 있다. 일반적인 SDI 운영 과정은 자료 입수, 정보 검색, 정보 제공, 정보 전송 확인의 단계로 구성된다. 자료 입수 단계에서는 이용자가 웹이나 전자메일을 통해 프로파일 신청서를 제출하고, 관심 주제 분야와 불리언 검색이나 시소러스 확장검색, 절단검색, 확률검색 등의 검색 방식, 제공받을 자료 유형과 제공 형태, 제공 채널과 제공 주기 등을 등록한다. 정보 검색 단계에서는 등록된 프로파일을 기반으로 선택된 검색 기법에 따라 탐색이 수행되며, 정보 제공 단계에서는 이용자가 설정한 주기에 맞추어 결과를 전송하거나 신규 자료가 입수되는 즉시 프로파일과 대조하여 적합한 문헌을 제공한다. 마지막으로 전송 확인 단계에서는 검색된 정보가 해당 이용자에게 정상적으로 전달되었는지를 확인함으로써 서비스의 신뢰성을 유지한다.

5.1.5.2 개인화 UI

개인화는 알림만으로 완성되지 않으며, 이용자가 스스로 자료를 축적하고 재사용할 수 있는 개인 작업공간 이용자 인터페이스를 통해 효과가 더욱 커진다. 따라서 현대 도서관 포털의 개인화 이용자 인터페이스는 내 서재와 같은 개인 컬렉션, 즐겨찾기, 검색이력, 저장과 내보내기, 공유 기능을 기본으로 제공하고, 이러한 데이터를 바탕으로 관련 자료나 다음 행동을 제안하는 추천 기능과 자연스럽게 연결되는 구성이 바람직하다. 추천 기능은 기술적으로 지식그래프 기반 연관관계 분석, 딥러닝 기반 표현학습과 순위학습, 하이브리드 추천 등 다양한 방식으로 고도화되고 있다. 예를 들어 학술정보 환경에서는 논문 간 인용 관계, 주제어와 초록, 키워드의 의미적 유사성, 공저자 네트워크, 이용자의 탐색과 열람, 다운로드 이력 등을 결합하여 관련 논문이나 다음에 읽을 자료를 제안하는 학술논문 추천 모델이 연구되고 적용되고 있다.

다만, 실제 서비스 관점에서 추천의 품질은 추천 결과의 정확도나 클릭률만으로 평가되기 어렵다. 이용자에게 왜 특정 자료가 추천되었는지 근거를 제시하는 설명가능성, 특정 관점이나 주제만 반복적으로 노출되어 이용자의 탐색 범위를 좁힐 수 있는 편향과 필터 버블의 위험, 그리고 추천을 위해 수집되고 활용되는 이용 로그가 개인정보 침해로 이어질 수 있는 프라이버시 위험이 함께 논의되어야 한다(Ali et al., 2024; W3C, 2023). 따라서 도서관 개인화 서비스를 위한 이용자 인터페이스에서의 추천 기능은 개인정보를 가능한 한 많이 수집하여 정교하게 맞추는 방식이 아니라, 이용자가 신뢰할 수 있는 방식으로 운영되도록 설계되어야 한다. 이를 위해서는 추천이 제공하는 편의성과 함께 이용자의 제어권을 결합하는 접근이 필요하다. 첫째, 이용자에게 어떤 이유로 특정 자료가 추천되었는지를 간단히 제시해야 한다. 예를 들어 관심 주제 프로필, 최근에 저장하거나 열람한 자료, 현재 많이 이용되는 인기 주제와 같은 추천 근거를 짧은 문장으로 표시하는 방식이 이에 해당한다. 둘째, 이용자가 원하지 않을 경우 추천을 끄거나, 추천의 범위를 특정 주제 또는 특정 자료 유형으로 제한할 수 있도록 설정 기능을 제공해야 한다. 셋째, 대출 내역과 열람 기록, 검색어와 같이 민감할 수 있는 이용 기록을 추천에 활용하는지 여부는 이용자가 명시적으로 선택할 수 있어야 하며, 기본적으로는 동의하지 않는 상태에서 시작하고 이용자가 원할 때에만 동의하도록 하는 방식이 적절하다(ALA, 2022; NISO, 2019).

5.1.5.3 프라이버시와 신뢰

개인화는 이용자 데이터에 기반하므로, 설계의 출발점은 기술 기능이 아니라 프라이버시와 신뢰를 담보하는 거버넌스가 되어야 한다. NISO의 이용자 디지털 프라이버시 원칙은 도서관, 출판사, 시스템 제공자가 함께 고려해야 할 핵심 기준으로서 투명성, 데이터 수집과 이용의 최소화, 익명화, 선택권과 충분한 동의, 익명 이용 지원, 자기 데이터 접근권, 책임성과 지속적 개선 등을 제시한다(NISO, 2019). ALA 역시 온라인 목록, 통합검색 시스템, 도서관 웹사이트에서 개인화 기능을 제공할 때에는 동의 기반 참여와 참여 거부가 보장되어야 하며, 보관 기간을 제한하고 무기한 보관을 금지해야 하고, 분석 데이터는 익명화되어야 한다고 강조한다. 더불어 제3자 웹 분석 도구를 사용할 경우, 제3자가 이용자 활동 데이터를 수집하고 활용할 수 있는 위험이 발생할 수 있음을 이용자에게 명시적으로 경고해야 한다고 지적한다(ALA, 2022). 따라서 개인화 서비스의 로그 거버넌스는 최소한 다음 항목을 문서화하고 실제로 구현해야 한다(NISO, 2019; ALA, 2022).

- 어떤 데이터가 수집되는지와 필수 항목 및 선택 항목의 구분
- 데이터가 어떤 목적으로 사용되는지, 예를 들면 알림, 추천, 통계, 서비스 개선 등 목적의 범주
- 데이터가 누구와 공유되는지, 내부 활용인지 벤더 제공인지 제3자 제공 가능성이 있는지의 범위
- 보관 기간과 파기 방식, 파기 시점과 절차의 명확화
- 이용자의 통제권, 즉 열람과 수정, 삭제, 동의 철회가 가능한 범위와 방법

한편, 개인화는 모든 이용자가 동등하게 사용할 수 있어야 실질적 효과가 발생하므로, 접근성과 다언어 지원을 함께 설계해야 한다. 웹 접근성 측면에서 WCAG 2.2는 장애가 있는 이용자를 포함해 다양한 이용자가 콘텐트를 이용할 수 있도록 하는 국제적 기준으로서 2023년 W3C Recommendation으로 확정되었고(W3C, 2023), 이

후 ISO와 IEC 표준으로도 채택되었다(W3C, 2025). 따라서 개인화 이용자 인터페이스는 WCAG 관점에서 키보드 접근, 입력 폼 보조, 인증 과정의 접근성, 도움 제공의 일관성 등 최신 요구사항을 반영해야 한다(W3C, 2023). 또한 ALA의 지침은 프라이버시 고지와 정책이 이해하기 쉬운 언어로 제공되어야 하며, 주요 서비스 인구집단의 언어로 제시될 필요가 있음을 강조한다. 이 점에서 다언어 지원은 개인화 설정, 동의, 알림 관리 화면과 같이 이용자 통제권이 직접 작동하는 화면부터 우선 적용하는 것이 타당하다(ALA, 2022).

TIP

로그 거버넌스는 개인화나 분석을 위해 생성되는 이용 로그 데이터를 도서관이 어떻게 책임 있게 다룰지 정하는 정책과 운영 체계를 말한다. 즉 로그를 모을 수 있느냐가 아니라, 무엇을 어떤 규칙으로 수집하고, 어디에 저장하고, 누가 볼 수 있고, 얼마나 보관하고, 어떻게 익명화하며, 언제 삭제하고, 외부로 제공하는지까지를 문서화하고 실제로 관리하는 체계이다.

조금 더 구체적으로 말하면 로그 거버넌스에는 보통 다음이 포함된다.

- 범위 정의: 어떤 로그를 말하는지 정한다. 예를 들어 검색어, 클릭, 열람, 다운로드, 대출, 예약, 로그인, 기기 정보 등
- 목적 제한: 로그를 왜 쓰는지 목적을 명시한다. 예를 들어 추천 고도화, 서비스 개선 통계, 오류 분석, 보안 감사 등
- 최소수집과 최소보관: 필요한 것만 수집하고, 정해진 기간만 보관하며, 무기한 보관을 금지한다.
- 익명화와 비식별화: 통계나 분석용 로그는 개인을 식별하기 어렵게 처리하고 재식별 위험을 관리한다.
- 동의와 선택권: 개인화에 민감 로그를 쓰는지 이용자가 알 수 있게 하고, 동의 기반으로 선택하게 한다.
- 접근 통제: 로그에 접근할 수 있는 사람과 권한을 제한하고, 열람 기록도 남긴다.
- 제3자 관리: 외부 분석 도구나 벤더가 로그를 가져가는지, 가져가면 어떤 조건인지 통제한다.
- 투명성: 이용자에게 무엇을 수집하며 왜 수집하는지 알기 쉬운 언어로 고지한다.
- 책임과 점검: 담당자와 절차를 정하고, 정기적으로 점검하고 개선한다.

한 문장으로 요약하면, 로그 거버넌스는 이용 로그의 생애주기 전체를 규율하는 관리 체계이다.

5.2 현대 디지털도서관의 확장 서비스

현대 디지털도서관은 통합검색과 포털 기능을 기반으로 하면서도, 데이터 상호운용성과 자동화된 지식 처리 역량을 강화하기 위해 지식그래프와 시맨틱 웹, 즉 링크드 오픈 데이터 기반 서비스를 적극적으로 확장하고 있다. 이 흐름은 단순히 메타데이터를 RDF로 바꾼다는 차원을 넘어, 자원과 사람과 기관과 주제를 식별자 중심으로 연결하고, 의미를 기계가 처리 가능한 규칙으로 표현하며, 품질 검증과 교환까지 포함하는 전 주기 체계를 구축하려는 시도라고 볼 수 있다. (W3C, 2014a; W3C, 2012; W3C, 2017)

5.2.1 지식그래프 기반 서비스

지식그래프 기반 서비스는 도서관의 서지, 전거, 주제, 소장, 접근, 이용 맥락 데이터를 표 형태의 레코드가 아니라 엔터티와 관계의 그래프로 모델링하고 활용하는 접근이다. 이때 LOD는 웹에서 재사용 가능한 방식으로 데이터를 공개하거나 연계하기 위해, URI 기반 식별, RDF 기반 표현, 표준 어휘와 온톨로지, 그리고 표준 직렬화를 사용하여 데이터 간 연결 가능성을 극대화한다(W3C, 2014a; W3C, 2020). 도서관 분야에서는 링크드 데이터가 전거 통제와 상호운용성을 강화하고, 외부 지식원과 연결해 도서관 데이터가 웹 전체의 지식 공간 속에서 이해되도록 돕는다는 점이 지속적으로 강조되고 있다(Library of Congress, n.d.; Ebrahimy et al., 2022).

5.2.1.1 지식그래프 기반 서비스의 기술 구조

지식그래프 기반 서비스는 URI, RDF, RDFS와 OWL, SHACL, 다양한 직렬화 형식을 단순히 나열하여 구현되는 기술 집합이 아니라, 디지털도서관의 데이터가 생산되고 유통되며 검증되고 서비스로 제공되는 전 과정을 지탱하는 구성요소들의 결합 구조로 이해해야 한다(W3C, 2014a; W3C, 2017). 시맨틱 기반 서비스의 기술 구조를 단계별로 살펴보면 다음과 같다.

첫째, 지식그래프 기반 서비스의 출발점은 식별자 체계와 네임스페이스 설계이다. 도서관이 다루는 핵심 엔터티인 자료, 저자, 기관, 주제, 소장, 접근, 데이터셋 등을 전역적으로 구분 가능하게 식별해야 하며, 이를 위해 URI 또는 IRI 기반의 식별자를 적용한다. 이때 식별자는 단순한 링크 주소가 아니라, 동일한 엔터티를 시스템 내부와 외부에서 일관되게 지칭하기 위한 기준점으로 기능한다(W3C, 2014a).

둘째, 데이터 모델과 어휘 선택, 그리고 매핑 설계 단계가 필요하다. 기존의 서지 형식이나 레코드 기반 메타데이터를 그대로 두고 출력만 RDF로 변환하는 방식으로는 연계성과 재사용성이 제한된다. 따라서 레코드 내부의 값들을 엔터티와 관계 중심으로 재구성하고, 어떤 속성과 관계를 어떤 어휘로 표현할지를 정의하는 매핑 정책이 요구된다. 이 과정에서 RDF는 그래프 모델로서 데이터를 표현하는 공통 틀이 되며, RDFS와 OWL은 클래스와 속성의 의미를 기술하여 데이터의 해석 가능성과 추론 가능성을 높인다(W3C, 2014a; W3C, 2014b; W3C, 2012).

셋째, 지식그래프 기반 서비스에는 연계성과 정합성을 확보하기 위한 정규화와 링크 생성 계층이 포함된다. 예를 들어 저자명이나 기관명처럼 문자열로 기록된 값은 중의성과 변이가 크기 때문에, 전거 식별자나 연구자 식별자와의 매칭을 통해 동일 인물이나 동일 기관을 안정적으로 식별해야 한다. 이 단계에서의 링크 생성은 단순히 같은 문자열을 묶는 작업이 아니라, 외부 권위 자원이나 식별자 체계를 참조하여 엔터티 간 관계를 명시적으로 연결하고, 그 결과가 실제 서비스에서 활용되도록 하는 과정이다(IFLA, 2017).

넷째, 운영 환경에서는 데이터 품질 검증과 제약 관리 계층이 필수적이다. RDF는 개방 세계 가정을 전제로 하므로, 값이 누락되었다고 해서 자동으로 오류로 간주되지 않는다. 그러나 디지털도서관 서비스에서는 검색과 연계가 안정적으로 이루어져야 하므로 필수 값, 값의 범위, 반복 가능성, 형식과 같은 제약을 명시적으로 관리할 필요가 있다. 이때 SHACL은 지식그래프가 충족해야 할 조건을 셰이프 형태로 기술하고, 데이터가 해당 조건을 만족하는지 검증하여 결과를 보고하는 표준 메커니즘을 제공한다(W3C, 2017).

다섯째, 데이터가 생성되고 검증되면 지식그래프 저장소와 질의, 그리고 서비스 제공 계층이 마련되어야 한다. 일반적으로 RDF 트리플 저장소나 그래프 데이터베이스가 활용되며, 서비스는 SPARQL과 같은 질의 인터페이스 또는 응용 서비스용 API 형태로 제공된다. 중요한 점은 이용자 서비스가 반드시 SPARQL을 직접 노출할 필요는 없다는 것이다. 실제 포털 환경에서는 검색과 브라우징, 추천과 연계 기능이 이용자 요구에 맞게 API로 추상화되고, 내부적으로 지식그래프 질의와 추론이 활용되는 구조가 일반적이다(W3C, 2014a).

여섯째, 지식그래프 기반 서비스는 교환과 공개를 위한 직렬화와 배포 계층을 갖는다. RDF 데이터 모델은 하나이지만, 활용 목적과 환경에 따라 적절한 직렬화 방식은 달라진다. 예를 들어 Turtle은 사람이 읽고 작성하기 쉬워 관리와 문서화, 예시 제공에 유리하며, RDF/XML은 XML 기반 환경과의 호환성을 제공한다. JSON-LD는 웹 개발 환경과 친화적이어서 API 기반 서비스에 적합하다. 즉 직렬화는 데이터 모델 자체가 아니라, 동일한 모델을 외부로 전달하고 교환하기 위한 표현 형식이라는 점을 명확히 인식할 필요가 있다(W3C, 2014a; W3C, 2020).

이상에서 살펴본 바와 같이, 지식그래프 기반 서비스의 기술 구조는 URI와 RDF, RDFS와 OWL, SHACL, 직렬화와 같은 기반 표준을 토대로 하되, 디지털도서관 관점에서는 이를 식별자 설계, 의미 어휘와 매핑, 링크 생성, 품질 검증, 그래프 저장과 질의, API와 서비스 제공, 직렬화와 배포라는 운영 가능한 구성요소 체계로 조직하는 것이 핵심이라고 정리할 수 있다(W3C, 2014a; W3C, 2017).

5.2.1.2 시맨틱 웹 환경에서의 디지털도서관

시맨틱 웹 환경에서 디지털도서관은 더 이상 자료를 제공하는 시스템에 머물지 않고, 지식과 데이터 생태계 안에서 수행하는 역할을 기준으로 재정의된다.

첫째, 디지털도서관은 연결 허브로 기능한다. 도서관이 보유한 고품질 서지 데이터와 전거 데이터는 외부 지식원과 연결되면서 의미적 맥락이 확장되고, 이용자는 한 기관의 포털을 넘어 주제와 인물, 기관, 연구성과의 관점에서 지식을 탐색할 수 있게 된다. 이때 링크드 데이터는 도서관 데이터를 웹의 개방 지식 공간 속에 위치시키는 핵심 수단으로 논의된다(Ebrahimy et al., 2022).

둘째, 디지털도서관은 지식그래프 기반 탐색과 서비스 고도화의 기반을 확보한다. 그래프 기반 데이터는 관계 탐색과 연관 추천, 전거 기반 탐색 확장, 주제 네트워크 브라우징과 같은 고급 탐색을 가능하게 한다. 즉 검색 결과를 단순한 목록으로 제시하는 방식에서 나아가, 저자 네트워크나 주제 계층, 관련 데이터셋과 출판물의 연결처럼 관계 중심의 발견 경험을 제공할 수 있다(W3C, 2014a).

셋째, 운영의 관점에서는 품질과 신뢰를 뒷받침하는 검증 체계의 중요성이 커진다. 링크드 데이터는 연결이 쉬운 만큼 오류도 함께 확산될 수 있으므로, 스키마 수준에서 의미를 정의하는 것만으로는 충분하지 않다. 실제 데이터가 운영 규칙을 충족하는지 지속적으로 점검하고 개선하는 체계가 필요하다. SHACL은 이러한 운영 요구에 부합하는 대표적인 표준으로, 데이터 그래프가 사전에 정의된 제약 조건과 검증 규칙을 만족하는지 확인하고 품질 개선을 지원한다(W3C, 2017).

넷째, 시스템 설계 관점에서 디지털도서관은 상호운용성을 우선하는 아키텍처로 전환된다. 내부 데이터 모델을 엔터티 중심으로 재구성하고, 표준 어휘와 식별자를 활용하며, 직렬화 형식과 API를 통해 외부 서비스와 연결하는 것이 기본 전략이 된다. 이러한 변화는 단발성 개발 과제가 아니라 표준화와 모델링, 구현, 운영, 품질관리까지 포함하는 복합적 활동으로 다루어진다(Library of Congress, n.d.; Aagaard, 2020).

한편, 디지털도서관의 지식그래프와 링크드 오픈 데이터 기반 접근은 다음과 같은 영역에서 특히 효과가 크게 나타난다.

㉠ 연계

전통적 메타데이터는 레코드 단위로 완결된 정보를 담는 방식이 강했지만, 시맨틱 기반 접근은 저작, 판, 표현형, 소장, 접근권, 관련 사건 등 다양한 요소를 엔터티와 관계로 분해해 연결한다. 이 방식은 동일 저작의 다양한 구현물, 동일 인물의 다양한 역할, 동일 주제의 다양한 표기 문제를 그래프 상에서 유연하게 표현할 수 있다 (Riva et al., 2017).

ⓛ 전거 통제의 현대화

전거 통제는 이름과 주제의 일관성을 확보하는 핵심 기능인데, 최근에는 내부 정비만으로는 한계가 있어 VIAF나 LC Linked Data Service 같은 외부 권위 자원을 활용해 문자열을 엔터티로 정합시키는 방식이 확산되었다. 실제로 API 기반 자동 매칭과 링크 부여를 통해 레거시 레코드의 이름과 주제 문자열을 외부 LOD 식별자와 연결하는 사례 연구가 보고되었다 (VIAF, n.d.; Park & Tosaka, 2021).

ⓒ 기관과 연구자 식별자

현대 학술 커뮤니케이션에서 연구자와 기관을 안정적으로 연결하려면 ORCID 같은 연구자 식별자, ROR 같은 기관 식별자, 표준 이름 식별 체계가 중요해진다. 연구 데이터나 논문, 소프트웨어, 프로젝트를 사람과 연결할 때 이름 중의성 문제가 커지기 때문에, 식별자 기반 연결은 디지털도서관 서비스의 신뢰도를 좌우한다. 데이터셋 지식그래프 구축 연구에서도 데이터셋과 출판물 연결 과정에서 저자명 중의성 문제를 다루고 ORCID 링크를 활용해 그래프를 보강하는 접근이 이루어지고 있다 (Farber et al., 2021).

ⓔ도서관 서지 모델의 전환과 LOD 구현

도서관 분야에서는 MARC 중심 환경에서 링크드 데이터 모델로의 전환이 지속적으로 추진되어 왔고, BIBFRAME은 그 대표적 시도 중 하나이다 (Library of Congress, n.d.). 국가 단위 시스템에서도 링크드 데이터 전환이 실질적으로 진행되었는데, 스웨덴의 국가 공동목록 시스템은 BIBFRAME과 링크드 오픈 데이터 기반으로 구축되어 데이터 개방과 외부 연계를 강화한 대표적 사례이다 (Aagaard, 2020; Andersson & Fallgren, 2019).

5.2.2 데이터 플랫폼

디지털도서관 포털은 그동안 참여 플랫폼으로 진화해 왔다. 즉 이용자가 단순히 자료를 검색하는 수준을 넘어, 태그와 리뷰, 리스트, 주석 등을 통해 자료에 맥락을 부여하고, 커뮤니티 기반 큐레이션을 통해 지식을 공동으로 축적하는 구조가 강화되어 왔다. 이러한 흐름은 이용자를 수동적 소비자가 아니라 지식 생산과 해석의 주체로 포함시키는 방향에서 중요한 의미를 지닌다. 그러나 최근에는 이러한 참여 기반 위에서, 도서관이 보유하거나 연계하는 다양한 데이터를 체계적으로 관리하고 활용하며, 인공지능 기술을 통해 서비스의 품질과 운영 효율을 확장하려는 데이터 플랫폼으로의 전환이 뚜렷하게 나타나고 있다. 다시 말해 이용자의 참여를 통해 축적된 지식과, 데이터와 알고리즘을 기반으로 작동하는 지능형 지식서비스가 결합되면서, 디지털도서관 포털의 중심 기능이 참여 촉진에서 데이터 기반 지능화로 확장되는 흐름으로 이해할 수 있다.

5.2.2.1 도서관 2.0 계승

도서관 2.0은 웹 2.0의 영향 아래에서 도서관 서비스가 이용자 참여와 상호작용, 개방, 공유를 핵심 원리로 재구성되던 시기를 설명하는 개념적 표현이었다. 이 개념의 핵심은 블로그나 위키, RSS, 태그와 같은 기술 자체에만 있는 것이 아니라, 도서관을 완성된 서비스를 제공하는 주체로 보기보다 이용자와 함께 서비스를 지속적으로 개선해 나가는 운영체계로 이해했다는 점에 있다. 이 시기에는 태그와 리뷰, 추천목록과 같은 이용자 생성 콘텐트가 활성화되고, 공유와 댓글 같은 소셜 기능과 커뮤니티 운영이 강화되었다. 그 결과 도서관은 단순한 자료의 보존과 제공 기능을 넘어, 학습과 연구, 지역 지식이 축적되고 공유되며 순환하는 공간으로 역할이 확대되었다.

5.2.2.2 AI 기반 서비스 확대

현대 도서관 포털에서 대표적인 인공지능 기반 서비스는 다음과 같은 유형으로 정리할 수 있다.

첫째, 추천과 요약, 질의응답 서비스이다. 추천은 이용자의 관심 주제와 이용 이력, 유사 이용자 패턴, 자료 간 관계를 바탕으로 다음에 볼 자료를 제안한다. 요약은 긴 문헌과 보고서, 정책자료의 핵심을 빠르게 파악하도록 돕고, 질의응답은 이용자의 자연어 질문을 이해하여 적절한 자료와 가이드, 규정, 이용 방법으로 연결한다. 이 세 가지 기능은 이용자 관점에서 즉각적인 효용이 크지만, 동시에 오류나 환각이 발생하기 쉬우므로 정보의 출처를 확인할 수 있게 하는 설계가 중요하다.

둘째, 자동 주제분류와 자동 색인이다. 분류와 색인은 전통적으로 비용이 크고 일관성 유지가 어려운 영역인데, 인공지능은 초안 수준의 분류와 키워드 부여를 자동화하여 처리량을 크게 늘릴 수 있다. 특히 대규모 자료 수집 환경에서 자동 분류는 실무적 가치가 크다. 다만 자동 분류는 도메인 편향, 학문 분야별 용어 차이, 다의어 문제로 오류가 발생하기 쉬우므로, 인공지능이 제안하고 사람이 확정하는 하이브리드 흐름이 안전하다.

셋째, 메타데이터 보강이다. 인공지능은 초록 생성과 주제어 추천, 저자와 기관명 표기 정리, 초록과 목차 추출, 원문에서 인명과 기관, 지명과 같은 개체명 추출, 관계 추론 등 다양한 작업에 활용될 수 있다. 이 영역은 도서관 포털의 검색 품질을 직접 개선한다는 점에서 전략적 가치가 높다. 특히 메타데이터가 빈약하여 검색이 어려운 문제를 완화하고, 자료 간 연결성을 높여 탐색 경험을 개선하는 데 기여할 수 있다.

넷째, 검색 증강 생성 기반의 지능형 검색과 응답 생성 서비스이다. 이 방식은 검색과 생성을 결합하여, 인공지능이 답을 생성하기 전에 도서관이 보유한 신뢰 가능한 근거 문서를 먼저 찾아오고, 그 근거를 바탕으로 요약되고 정리된 답변을 제공한다. 이를 활용하면 동의어와 관련 개념, 상위와 하위 주제 제안, 전문용어와 일반어 변환 등을 통해 이용자의 질문 의도를 반영한 질의어 확장이 가능해져 검색 누락을 줄일 수 있다. 또한 키워드 기반 검색과 벡터 기반 검색을 함께 적용하여 관련 자료를 더 잘 찾아낼 수 있고, 검색된 결과를 인공지능이 이용자 수준과 목적, 맥락에 맞게 맞춤형 답변으로 재구성할 수 있다. 이때 벡터 스토어는 문서를 의미 기반 벡터로 변환하여 저장해 두는 저장소로, 이용자의 질문 또한 같은 방식으로 변환한 뒤 의미적으로 가까운 문서를 빠르게 찾아오는 역할을 한다. 따라서 단어가 정확히 일치하지 않더라도 의미가 유사한 자료를 찾아주는 데 강점이 있다. 다만 검색 단계에서 부적절한 근거를 가져오면 답변 품질이 저하될 수 있으므로, 근거 문서의 출처 제시와 인용 구간 표시, 최신성과 권위 기준의 필터링, 이용자 확인 절차를 함께 설계하는 것이 중요하다.

5.2.3 워크플로우형 서비스

디지털도서관에서 유비쿼터스의 의미는 과거처럼 언제 어디서나 접속 가능이라는 접근성 슬로건에 머물지 않는다. 오늘날의 유비쿼터스는 이용자가 처한 맥락(context)을 이해하고, 그 순간에 필요한 정보와 기능을 자연스럽게 제공하는 서비스 운영 방식으로 재해석된다. 특히 모바일 중심의 이용 행태, 실내 · 외 위치기술, IoT와 센서 및 로그 데이터, 개인화 및 추천 알고리즘, AI 인터페이스가 결합하면서 유비쿼터스는 디지털도서관 포털에서 모바일, 공간, 상황인지 서비스라는 구체적 형태로 구현된다(Gao et al., 2022). 즉 이용자가 도서관 안팎에서 처한 장소와 시간, 행동 맥락, 기기 상태, 이용 목적을 종합적으로 고려하여 서비스가 적시에 제공되는 것이 핵심이다.

이러한 현대적 유비쿼터스 해석의 실무적 중심에는 상황인지(context-awareness)가 있다. 최근 도서관과 스마트 라이브러리 연구에서도 컨텍스트 인지 기술을 도입하여 서비스 모델을 고도화하려는 논의가 이어지고 있으며, 특히 IoT 기반 환경에서 이용자 수용과 개인화 추천을 컨텍스트 관점에서 모형화하려는 시도가 보고되고 있다(Gao et al., 2022). 디지털도서관 맥락에서 컨텍스트는 보통 다음 요소들의 결합으로 구체화될 수 있다. 이용자 맥락은 관심 주제와 전공, 정보활용 수준, 접근 권한, 선호 언어와 형식을 포함한다. 공간 맥락은 도서관 내부의 층과 서가, 시설, 캠퍼스 및 협력기관, 원격 접속 환경으로 구성된다. 시간 맥락은 학사일정, 운영 시간, 반납일 임박 여부, 프로그램 신청 마감과 같은 요소로 나타난다. 행동 맥락은 반복 검색, 원문 접근 실패, 서지 내보내기 시도, 좌석과 시설 이용과 같은 이용 행태를 반영한다. 기기 · 환경 맥락은 모바일 또는 PC 사용 여부, 네트워크 상태, 인증 수단과 같은 조건을 포함한다.

이와 같은 컨텍스트 요소를 서비스 설계에 반영하면 디지털도서관 포털은 기능을 많이 제공하는 시스템이 아니라 이용자가 과업을 완수하도록 돕는 워크플로우형 서비스로 전환된다. 그럼 지금부터 워크플로우형 서비스 사례를 살펴보자.

첫째, 모바일 우선 관점에서는 검색과 원문 접근, 대출과 예약, 서지 관리 등 핵심 과업이 모바일 환경에서 끊김 없이 수행되도록 이용자 경험을 재구성해야 한다. 예를 들어 통합검색 결과에서는 핵심 메타데이터를 우선적으로 노출하고, 원문 접근 과정에서는 기관 인증과 프록시, 단일 로그인 경로를 최소 단계로 단순화하며, 대출과 반납, 연장, 예약은 원터치 흐름으로 제공하는 방식이 이에 해당한다. 또한 네트워크 상태나 기기 성능에 따라 경량 모드, 오프라인 저장, 이어보기와 같은 기능을 제공하면 언제 어디서나의 이용 경험이 실제 이용 행동으로 구현될 수 있다(Gao et al., 2022).

둘째, 공간인지(location-aware) 서비스는 디지털 포털을 물리적 도서관 경험과 결합함으로써 검색, 서가, 실물 자료 사이의 단절을 줄인다. 도서관 내부에서는 BLE 비콘과 Wi-Fi, QR 코드나 NFC, 실내 지도 등을 활용하여 층별 공간과 서가, 시설 위치를 안내하고, 검색 결과를 동선 안내와 시설 예약, 장비 대여와 연결함으로써 이용자의 현장 과업을 단순화할 수 있다. 다만 공간인지 서비스는 위치기반서비스의 확장과 함께 프라이버시와 통제권 문제가 중요해지므로, 이용자의 사전 동의, 최소한의 정보 수집, 목적 제한, 보관 기간 설정, 익명화 또는 가명화와 같은 운영 원칙이 설계 단계에서 전제되어야 한다(Huang et al., 2018).

셋째, 상황인지(context-aware) 서비스는 단순한 위치 정보만으로는 설명되지 않는 이용 목적과 시간대, 행동 맥락을 이해하는 방향으로 발전한다. 예를 들어 시험 기간이나 야간 시간대에는 열람실과 시설 이용, 운영 시간, 혼잡도와 같은 실용 정보가 우선 제공될 수 있으며, 연구나 논문 작성 맥락에서는 주제 확장 제안, 핵심 저널과 키워드 정리, 접근 실패 시 상호대차나 원문 복사와 같은 대체 경로 안내, 인용 관리와 서지 관리 도구 연동이 전면에 배치되는 것이 합리적이다. 이때 개인화와 추천 기능은 유사한 이용 이력을 가진 이용자의 선택을 따르는 수준을 넘어, 상황에 따라 달라지는 선호를 반영하는 방식으로 강화된다. 실제로 컨텍스트 인지 추천은 이용자의 선호가 상황에 따라 변화한다는 점을 전제로 하여, 다양한 컨텍스트 속성을 추천 시스템에 통합하는 설계와 기술 동향으로 정리되어 왔다(Kulkarni et al., 2020).

넷째, 이러한 흐름은 푸시 알림과 마이크로 인터랙션을 통해 적시성을 완성한다. 반납일 임박 안내, 예약 도서 도착 알림, 신청 처리 상태 변화, 접근 권한 변경, 프로그램 마감 정보 등은 이용자가 포털에 직접 접속하기 전에 전달될 때 효용이 극대화된다. 다만 알림 과다로 인한 피로감과 감시감을 방지하기 위해, 주제와 빈도, 시간대 조절 기능을 제공하고, 알림 유형별 수신 동의와 거부 설정, 알림 근거 제시가 함께 이루어져야 한다(Huang et al., 2018).

이상을 종합하면 디지털도서관 분야에서 유비쿼터스의 현대적 해석은 기술의 확산 그 자체가 아니라, 컨텍스트 기반의 연결과 적시 제공에 있다. 모바일을 중심으로 공간과 상황을 함께 고려하는 서비스 설계는 이용자의 실제 과업 흐름을 단축하고, 검색 품질과 접근성, 이용 만족도를 동시에 향상시킬 수 있다(Gao et al., 2022; Kulkarni et al., 2020).

5.2.4 연구데이터 서비스

최근 연구 생태계에서 연구데이터는 단순한 연구 부산물이 아니라 연구의 재현가능성과 검증가능성, 후속 연구의 효율을 좌우하는 핵심 연구성과로 자리 잡고 있다. 특히 데이터의 발견 가능성과 재사용성을 높이기 위한 원칙으로 FAIR가 확산되면서, 기관은 연구데이터를 찾을 수 있게 하고, 접근 가능하게 하며, 연계와 결합이 가능하도록 만들고, 재사용 가능한 형태로 관리하는 체계를 요구받는다(Wilkinson et al., 2016). 이에 따라 디지털도서관과 기관 리포지토리는 논문과 보고서 중심의 성과 수집을 넘어, 연구 과정에서 생성되는 데이터를 장기적으로 관리하고 공유하는 방향으로 확장되고 있으며, IR을 기반으로 연구데이터 관리를 구현하는 아키텍처 논의도 활발해지고 있다(He & Fang, 2025).

이 변화는 RDSS, DMP, RDS, RDMS가 각각의 역할을 분명히 하면서도 서로 연결되는 방식으로 설명할 수 있다. 먼저 RDSS(Research Data Storage Service)는 연구데이터를 안전하게 저장하고 공유하며 보관하기 위한 기관 차원의 저장 서비스 계층이다. 대학 정보기술 조직들이 제공하는 RDSS는 대체로 연구데이터의 백업과 아카이빙, 장기 저장, 규제 데이터와 비규제 데이터에 대한 보안 구역의 분리, VPN이나 프로젝트 멤버 기반 접근을 위한 접근통제 등을 핵심으로 하며, 연구자를 위한 관리형 대용량 저장 서비스로 운영되는 경우가 많다(University of Iowa ITS, n.d.; UCL Advanced Research Computing, n.d.; Northwestern University, n.d.). 즉 RDSS는 리포지토리의 공개와 배포 이전 단계부터 연구데이터가 사라지지 않도록 신뢰 가능한 저장 기반을 제공한다.

다음으로 DMP(Data Management Plan)는 연구 시작 단계에서 데이터의 생성과 정리, 보안, 보존, 공유, 윤리, 책임을 계획서로 명시하는 장치다. 연구비 지원기관의 요구와 함께 DMP의 중요성이 커졌고, 이에 대응해 대학 도서관의 연구데이터 서비스(Research Data Service)가 DMP 작성 피드백과 컨설팅을 제공하는 운영 모델도 일반화되고 있다(University of Illinois Library, n.d.). DMP가 단순 문서로 끝나지 않고 이후 보존기간, 공개 시점과 엠바고, 접근 수준, 민감정보 처리 방식 등을 실제 운영 워크플로우와 시스템 규칙으로 연계되도록 설계하면, 연구자는 계획에 따라 데이터를 체계적으로 관리할 수 있고 기관은 정책 준수와 책임소재를 명확히 하면서 데이터의 공유와 보존, 재사용을 안정적으로 지원할 수 있다. RDS는 도서관 또는 연구지원 조직이 제공하는 연구데이터 지원 서비스 묶음으로, DMP 지원뿐 아니라 메타데이터와 문서화(README나 코드북), 민감정보 처리, 라이선스와 인용 안내, 저장소 선택 자문, 교육과 워크숍 등을 포함한다(University of Illinois Library, n.d.).

마지막으로 RDMS는 연구데이터의 업로드와 버전관리, 메타데이터 입력, 검색, 접근 권한, 승인 워크플로우 등을 제공하는 관리 시스템이며, 기술적 구성요소뿐 아니라 조직과 정책, 이해관계자 조정까지 포괄하는 체계로 이해된다. 대학과 연구기관에서 RDMS 도입의 필요성과 이해관계자 및 요구사항을 정리한 체계적 문헌고찰 연구는 RDMS가 기술과 조직의 결합임을 강조한다(Donner, 2023). 이때 RDSS는 RDMS가 의존하는 저장 기반이 되고, RDS는 RDMS 운영 품질, 특히 메타데이터와 문서화, 준수 수준을 끌어올리며, DMP는 RDMS의 설정을 정당화하고 표준화하는 근거가 된다. 여기에서 RDMS 설정이라는 표현을 사용하는 이유는 DMP에 기재된 내용의 상당 부분이 운영 현장에서 시스템의 값과 규칙으로 구현되어야 하는 운영 규칙이기 때문이다. DMP가 관리 방식에 대한 계획과 약속을 담은 문서라면, RDMS(Research Data Management System)는 그 약속을 실제로 실행하고 강제하며 기록하는 관리 시스템이므로, 두 체계를 연결할 때 RDMS 설정이라는 표현이 자연스럽게 적용된다. 예를 들어 DMP의 주요 항목은 RDMS에서 보존 정책과 만료 알림, 폐기 또는 영구보존 규칙으로 구현될 수 있고, 공개 시점과 엠바고는 엠바고 종료일과 자동 공개 전환, 공개 범위로 설정된다. 접근 수준은 역할과 그룹 기반 접근 제어 및 다운로드 제한으로, 민감정보 처리 방식은 비식별화 여부와 제한공개 워크플로우, IRB나 승인 기록, 보안등급 태깅으로, 버전관리와 변경이력은 버전 정책과 감사 로그로, 메타데이터와 표준은 필수 입력 항목과 스키마 선택, 지속식별자 발급 조건으로 구체화된다. 즉 RDMS 설정은 DMP의 텍스트가 운영 현장에서 자동으로 이행되도록 시스템 규칙으로 전환한다는 뜻이다. 다만 기관마다 구조가 달라 어떤 곳은 RDMS가 없고 리포지토리 기능이 그 역할을 대신하기도 한다.

이 체계가 디지털도서관과 만나는 지점은 IR이 기관 데이터 리포지토리(IDR)로 확장되는 것에 있다. 전통적 IR이 논문과 학위논문, 보고서 중심이었다면, 오늘날에는 데이터의 규모와 다양성, 민감성까지 고려한 관리가 요구되며 이를 수용하기 위해 리포지토리 아키텍처를 데이터 레이크하우스 관점으로 재구성하려는 접근도 제안된다(He & Fang, 2025). 즉 기관은 단순 업로드 기능을 넘어 대용량과 다형식 데이터의 관리 구조, 장기보존, 접근통제와 엠바고, 검증 가능한 이력을 갖춘 IDR로 전환할 필요가 있다.

또한 연구데이터 서비스의 실질적 효과는 저장 자체가 아니라 연결과 재사용에서 발생한다. 이를 위해 데이터셋과 논문, 연구자 간 관계를 안정적으로 연결하는 지속식별자(PID) 전략이 중요하다. 데이터셋에는 DOI를 부여하고 DataCite 스키마와 같은 메타데이터 표준을 활용해 인용과 검색 가능성을 높이며(DataCite, 2021), 연구자는 ORCID로 식별하여 동명이인 문제를 줄이고 기관 리포지토리와 ORCID 간 워크플로우를 통해 성과 연계를 강화할 수 있다(ORCID, n.d.). 이러한 연계는 데이터가 논문의 부속물이 아니라 독립적으로 인용 가능한 연구성과가 되도록 돕고, 궁극적으로 FAIR 목표를 현실화한다(Wilkinson et al., 2016).

참고문헌

[국문문헌]

박동아. 2017. 인공지능 기반 대화형 공공 행정 챗봇 서비스에 관한 연구. 멀티미디어학회논문지, 20(8): 1347-1356.

윤상오. 2018. 인공지능 기반 공공서비스의 주요 쟁점에 관한 연구. 한국공공관리학보, 32(2): 83-104.

[외국문헌]

Aagaard, H. 2020. National library implementation Sweden the last year. BIBFRAME Workshop in Europe 2020. https://www.bfwe.eu/attachments/bfwe-20-aagaard.pdf

American Library Association. 2022. Library privacy guidelines for library management systems. https://www.ala.org/advocacy/privacy/guidelines/library-management-systems

American Library Association. 2022. Library privacy guidelines for library websites, OPACs, and discovery services. https://www.ala.org/advocacy/privacy/guidelines/OPAC

Berggren, A., and Wennerlund, B. 2019. Leaving comfort behind: A national union catalogue transition to linked data. WLIC 2019. IFLA Repository. https://repository.ifla.org/items/9f9de176-e2c7-44b5-8d41-257d18e23a96

Campbell, Jerry D. 2000. "The Case for Creating a Scholars Portal to the Web: A White Paper." ARL: A Bimonthly Report on Research Library Issues and Actions from ARL, CNI, and SPARC, no.211: 1-4. [online] http://www.arl.org/newsltr/211/portal.html

Candela, L. et al. 2007. "Setting the Foundations of Digital Libraries: The DELOS Manifesto." D-Lib Magazine, 13(3/4). [online] http://www.dlib.org/dlib/march07/castelli/03castelli.html.

Charbonneau, D. H., and Vardell, E. 2022. The impact of COVID-19 on reference services: A national survey of academic health sciences librarians. Journal of the Medical Library Association. https://doi.org/10.5195/jmla.2022.1322

DataCite. 2021. DataCite metadata schema documentation for the publication and citation of research data and other research outputs (Version 4.4). DataCite.

Davies, Ron. 2004. "Library portals-today and tomorrow." Online Information 2004 Proceedings: 237-241.

Donner, E. K. 2023.02.01. Research data management systems and the organization of universities and research institutes: A systematic literature review. Journal of Librarianship and Information Science. https://doi.org/10.1177/09610006211070282

Ebrahimy, R., Sharifabadi, S. R., and Alipour－Hafezi, M. 2022. Linked data for libraries: Creating a global knowledge space, a systematic literature review. Journal of Information Science. https://doi.org/10.1177/01655515221084645

Farber, M., and Lamprecht, D. 2021. The data set knowledge graph: Creating a linked open data source for data sets. Quantitative Science Studies, 2(4): 1324－1345. https://doi.org/10.1162/qss_a_00161

Gao, W., Xi, H., and Park, G. Y. 2022. Context Aware Service Model of a Mobile Library Based on Internet of Things. Intelligent Automation and Soft Computing, 33(3).

Haosheng Huang, Georg Gartner, Jukka M. Krisp, Martin Raubal and Nico Van de Weghe. 2018. Location based services: ongoing evolution and research agenda. Journal of Location Based Services, 12(2): 63－93. https://doi.org/10.1080/17489725.2018.1508763

He, Z., and Fang, W. 2025. Research data management in institutional repositories: An architectural approach using data lakehouses. Digital Library Perspectives.

IFLA. 2017. IFLA Library Reference Model: A conceptual model for bibliographic information. International Federation of Library Associations and Institutions.

IFLA Reference and Information Services Section. 2014. IFLA digital reference guidelines. https://repository.ifla.org/handle/20.500.14598/719

International Organization for Standardization. 2025. ISO/IEC 40500:2025: Information technology — W3C Web Content Accessibility Guidelines (WCAG) 2.2. https://www.iso.org/standard/91029.html

Kulkarni, S., and Rodd, S. F. 2020.08. Context Aware Recommendation Systems: A review of the state of the art techniques. Computer Science Review. https://doi.org/10.1016/j.cosrev.2020.100255

LCPAIG. 2003. "List of Portal Application Functionalities for the Library of Congress." [online] http://cendicites.infointl. com/item432.html .

Li, L., and Coates, K. 2024. Academic library online chat services under the impact of artificial intelligence. Information Discovery and Delivery. https://doi.org/10.1108/IDD－11－2023－0143

LISU. 2004. LibPortal Project: Access to Library Provided Resources－A Survey and Review of Library－oriented Portals in Higher and Further Education. [online]

http://www.lboro.ac.uk/departments/ls/lisu/downloads/LibPortal_final_report.pdf
NISO. 2019. NISO consensus principles on users' digital privacy in library, publisher, and software－provider systems (NISO privacy principles). https://www.niso.org/publications/privacy－principles
Northwestern University. Research Data Storage Service (RDSS). Northwestern University IT Services.
Omeluzor, S. U., and Oyovwe－Tinuoye, G. O. 2022. Assessment of information and communication technology for selective dissemination of information and current awareness services: A case study of university libraries in the South－West Zone of Nigeria. Evidence Based Library and Information Practice. https://doi.org/10.18438/B84X09
ORCID. Repository systems (ORCID workflows documentation). ORCID.
Riva, P., Le Bœuf, P., and Žumer, M. 2017. IFLA Library Reference Model: A conceptual model for bibliographic information. https://repository.ifla.org/items/214c74cb－c075－4428－a138－39f8d06c55aa
Tian, C. T., Cole, T. W., and Yu, K. 2021. Name and subject heading reconciliation to linked open data authorities using VIAF and LC Linked Data Service APIs: A case study featuring Emblematica Online. Library Resources and Technical Services, 65(4). https://doi.org/10.5860/lrts.65n4.132
Tsang, A. L. Y., and Chiu, D. K. W. 2022. Effectiveness of virtual reference services in academic libraries: A qualitative study based on the 5E learning model. The Journal of Academic Librarianship, 48(4): 102533. https://doi.org/10.1016/j.acalib.2022.102533
UCL Advanced Research Computing. Research Data Storage Service. University College London.
University of Illinois Library. Data management planning. Research Data Service.
University of Iowa Information Technology Services. Research Data Storage Service (RDSS).
Vincze, J. 2017. Virtual reference librarians (Chatbots). Library Hi Tech News, 34(4): 5－8.
W3C. 2025.10.21. W3C Web Content Accessibility Guidelines 2.2 approved as ISO/IEC international standard. https://www.w3.org/press－releases/2025/wcag22－iso－pas/
Wilkinson, M. D., et al. 2016. The FAIR Guiding Principles for scientific data management and stewardship. Scientific Data, 3: 160018. https://doi.org/10.1038/sdata.2016.18
World Wide Web Consortium. 2014. RDF 1.1 concepts and abstract syntax. https://www.w3.org/TR/rdf11－concepts/
World Wide Web Consortium. 2017. Shapes Constraint Language (SHACL).

https://www.w3.org/TR/shacl/

Yang, S. Q. 2024. ChatGPT: Unleashing the power of conversational AI for library reference services. International Journal of Librarianship, 9(1). https://doi.org/10.23974/ijol.2024.vol9.1.375

[웹사이트]

DataON. https://scienceon.kisti.re.kr/

Digital Public Library of America. https://en.wikipedia.org/wiki/Digital_Public_Library_of_America

Digital Public Library of America. https://pro.dp.la/

DLF Metadata Assessment Working Group. https://dlfmetadataassessment.github.io/

Edinburgh DataShare. https://datashare.ed.ac.uk/

Europe PubMed Central. https://en.wikipedia.org/wiki/Europe_PubMed_Central

Europeana. https://en.wikipedia.org/wiki/Europeana

IFLA Digital Reference Guidelines. 2002. https://www.ifla.org/publications/ifla-digital-reference-guidelines

Library of Congress. PREMIS data dictionary for preservation metadata (Version 3.0). https://www.loc.gov/standards/premis/

Library of Congress. BIBFRAME bibliographic framework initiative. Retrieved 2025.12.05. https://www.loc.gov/bibframe/

National Information Standards Organization. 2020. NISO RP-19-2020: Open Discovery Initiative: Promoting Transparency in Discovery. https://www.niso.org/publications/rp-19-2020-odi

PANGAEA (data library). https://en.wikipedia.org/wiki/PANGAEA_(data_library)

RISS. https://www.riss.kr/index.do

Trove. https://en.wikipedia.org/wiki/Trove

Virtual International Authority File. VIAF: The Virtual International Authority File. Retrieved 2025.12.05. https://viaf.org/

W3C. 2012. OWL 2 Web Ontology Language document overview (Second Edition). World Wide Web Consortium. https://www.w3.org/TR/owl2-overview/

W3C. 2014a. RDF 1.1 Concepts and Abstract Syntax. World Wide Web Consortium. https://www.w3.org/TR/rdf11-concepts/

W3C. 2014b. RDF Schema 1.1. World Wide Web Consortium. https://www.w3.org/TR/rdf-schema/

W3C. 2017. Shapes Constraint Language (SHACL). World Wide Web Consortium. https://www.w3.org/TR/shacl/

W3C. 2020. JSON LD 1.1. World Wide Web Consortium. https://www.w3.org/TR/json-ld11/

W3C. 2023.10.05. Web Content Accessibility Guidelines (WCAG) 2.2 is a W3C Recommendation. https://www.w3.org/news/2023/web-content-accessibility-guidelines-wcag-2-2-is-a-w3c-recommendation/

국립중앙도서관. https://www.nl.go.kr/

온라인 디지털지적문화유산의 아카이빙. https://netpreserve.org/about-us/members/national-library-korea/

Breeding, M. 2025.05.01. 2025 Library Systems Report: Companies see platform upgrades, new leadership, and AI enhancements. American Libraries. https://americanlibrariesmagazine.org/2025/05/01/2025-library-systems-report/

6

요소기술

디지털도서관 운영론

6. 요소기술

6.1 개요

현대 디지털도서관은 단순히 디지털 자료를 수집하고 저장하여 열람하게 하는 시스템을 넘어, 방대한 이종 콘텐트를 연결하고 발견 가능하게 만들며 신뢰할 수 있는 방식으로 접근하도록 지원하는 통합 플랫폼으로 진화하고 있다. 이용자는 더 이상 자료의 위치와 소장처를 알고 들어오지 않으며, 하나의 창에서 검색하고 곧바로 접근하기를 기대한다. 또한 자료의 범위는 논문과 전자저널, 전자책에 그치지 않고 데이터셋과 소프트웨어, 강의자료, 멀티미디어, 기관 생산물 등으로 확대되고 있으며, 제공 채널 역시 웹을 넘어 모바일과 외부 플랫폼, API 연계로 확장되었다. 이러한 환경에서 디지털도서관 서비스 품질은 개별 기능의 유무보다, 기능을 지탱하는 요소기술의 조합과 상호운용성에 의해 결정된다.

본 장에서 다루는 요소기술은 특정 벤더 제품이 아니라 디지털도서관을 구성하는 기반 컴포넌트를 의미한다. 첫째, 식별자 처리기는 DOI와 OpenURL을 중심으로 자료와 원문 접근 경로를 연결하고, 나아가 ORCID와 같은 연구자 식별자까지 확장되어 자료와 연구자, 기관을 안정적으로 연계하는 기반이 된다. 둘째, 검색엔진은 자료의 수집과 정제, 색인, 랭킹을 통해 이용자가 원하는 정보를 빠르게 발견하도록 하며, 최근에는 키워드 중심 검색을 보완하는 의미 기반 검색, 즉 벡터 검색과 AI 기반 검색 보강, 예를 들어 RAG까지 포함하여 발견과 이해, 활용을 하나의 흐름으로 통합하는 방향으로 발전하고 있다. 셋째, 다국어 처리기는 다언어 콘텐트 환경에서 교차언어 검색과 표현 차이를 완화하여 이용자 접근성을 높이는 핵심 요소이며, 전통적인 번역 기반 접근, 즉 문서 번역과 질의어 번역과 함께 다국어 의미 공간을 활용하는 방식의 중요성이 커지고 있다. 넷째, 이용자 인증은 디지털도서관이 제공하는 자원의 상당 부분이 구독과 라이선스 기반이라는 점에서 서비스의 출발점이자 제약 조건이다. LDAP와 Shibboleth 같은 전통적 구성요소뿐 아니라 단일 로그인과 권한부여 체계를 통해 누가 어떤 자원에 어떤 조건으로 접근할 수 있는지를 결정하며, 이는 링크리졸버와 원문 접근, 통합검색 동선과 직접적으로 결합된다. 다섯째, 통합검색 요소기술은 서로 다른 시스템과 데이터 소스를 묶어 하나의 검색 경험을 제공하기 위한 상호운용 기술로, Z39.50 계열 프로토콜과 OAI 기반 수집 방식뿐 아니라 오늘날에는 API 기반 연계까지 포괄하는 개념으로 이해할 필요가 있다. 여섯째, 디지털 장서 관리는 전자자료, 특히 전자저널과 학술 데이터베이스의 라이선스와 접근권한, 이용통계 등을 바탕으로 수집과 제공, 평가, 갱신으로 이어지는 운영 사이클을 가능하게 하며 서비스 품질과 예산 효율성에 직결된다. 마지막으로 보존처리 기술은 디지털 장서의 지속가능성을 확보하는 영역으로, 기술보존과 에뮬레이션, 포맷전환 등 다양한 전략을 통해 장기 접근성과 무결성을 유지한다.

이상과 같이 6장은 각 요소기술을 독립적으로 설명하는 데 그치지 않고, 실제 서비스에서 이들이 어떻게 결합되어 이용자 경험을 형성하는지, 그리고 어떤 설계 선택이 운영의 안정성과 서비스 품질을 좌우하는지를 중심으로 정리한다.

6.2 식별자 처리기

디지털도서관 영역에서 식별자는 디지털 콘텐트를 효율적으로 식별하고 안정적으로 접근하며 체계적으로 관리하기 위해 부여되는 식별기호, 식별주소, 식별코드를 의미한다. 특히 인터넷 환경에서는 디지털 콘텐트가 네트워크를 통해 유통되므로 콘텐트를 가리키는 식별 체계가 필수적이며, 이러한 식별은 URI(Uniform Resource Identifier)라는 큰 틀 안에서 다양한 형태로 만들어져 사용된다. 통일된 자원을 식별한다는 의미의 URI는 인터넷으로 유통되는 콘텐트 자원을 나타내는 유일한 식별자로, 크게 URL(Uniform Resource Locator)과 URN(Uniform Resource Name)으로 구분된다.

먼저 URL은 인터넷에서 자원에 접근하기 위한 실제적인 네트워크 경로, 즉 주소를 말한다. 일반적으로 URL은 프로토콜, 서버 주소, 디렉토리, 파일의 순서로 구성된다. 이때 프로토콜은 대부분 http이며 필요에 따라 ftp, gopher, telnet 등이 사용되기도 한다. 서버 주소는 www.w3schools.com과 같은 도메인 이름 형태이거나 23.192.191.203과 같은 IP 주소로 표현되며, 해당 자원에 접근하기 위한 서버의 위치 정보를 포함한다. 마지막으로 디렉토리와 파일 부분은 mylibrary/index.html처럼 특정 파일이 위치한 디렉토리 경로와 파일명을 의미한다. 요컨대 URL은 자원이 어디에 있는지를 알려주는 위치 기반 식별자라고 할 수 있다.

반면 URN은 URL보다 영구적인 주소체계를 지향한다. URL이 자원이 저장된 위치에 대한 식별자라면, URN은 자원 그 자체에 부여되는 위치 독립적인 이름이다. 즉 URN은 자원의 위치가 변경되더라도 동일한 식별기호로 자원을 지칭할 수 있도록 하는 영구적 고유 식별을 목표로 한다. URN은 보통 urn, 이름공간 식별자(NID), 이름공간 내부에서 자원을 구별하는 고유 값(NSS)으로 구성되며, 일반적으로 urn:NID:NSS 형식으로 표현된다.

디지털도서관 영역에서 대표적인 URN 기반 식별자로는 DOI와 ISBN 등이 있으며, 이러한 식별자를 실제 서비스에서 해석하고 연결하기 위한 요소기술이 요구된다. 예를 들어 978-89-7678-114-7이라는 ISBN은 urn:isbn:978-89-7678-114-7과 같이 URN 형태로 표현될 수 있으며, 이 경우 도서관 시스템은 해당 URN을 바탕으로 자원 정보의 조회와 연계, 접근을 수행할 수 있어야 한다.

6.2.1 DOI 변환기

DOI(Digital Object Identifier)는 디지털 콘텐트에 한 번 부여되면 변경 없이 장기간 유지되는 지속식별자로서, 인터넷 환경에서 유통되는 콘텐트를 안정적으로 식별하고 접근을 연결하기 위한 식별자 처리 체계를 전제로 한다. DOI는 콘텐트 자체를 직접 가리키는 방식이므로 콘텐트의 저장 위치, 즉 URL이 변경되더라도 식별자는 그대로 유지되며, 결과적으로 위치와 독립적으로 디지털 콘텐트를 관리할 수 있는 구조를 제공한다. 또한 DOI는 공개적인 식별자를 기반으로 다양한 응용을 허용하고, 특정 응용에 종속되지 않도록 설계되어 여러 이용자가 비교적 자유롭게 활용할 수 있다.

DOI의 관리와 변환을 위한 기술로 CNRI의 핸들시스템(Handle System)이 도입되었으며, 이 시스템은 초기의 핸들시스템 및 단순한 URN 방식의 식별 체계를 넘어 더 넓은 기능을 갖춘 형태로 발전해 왔다. 핸들시스템은 본래 고유한 식별기호를 생성하고 이를 변환하기 위한 메커니즘을 제공하는데, 여기에 객체의 내용이나 관련 데이터까지 수록하여 데이터베이스를 확장함으로써 단순한 식별기호 이상의 의미를 갖는 DOI 체계가 형성되었다고 볼 수 있다.

DOI의 구문은 접두어(prefix)와 접미어(suffix) 두 부분으로 구성되며, 이 둘은 슬래시 기호로 구분된다. 접두어는 다시 두 요소로 나뉜다. 하나는 DOI를 관리하고 접두어 할당을 담당하는 디렉토리 관리자 코드이며, 다른 하나는 디렉토리 관리자가 디지털 객체를 보유한 기관에 부여하는 등록기관 코드이다. 한 기관이 여러 개의 등록기관 번호를 가질 수도 있다. 한편 접미어는 접두어를 부여받은 기관, 즉 등록자가 개별 자원에 대해 부여하는 식별기호로, 실제 대상 콘텐트를 구분하는 항목 식별자 역할을 한다.

prefix / suffix

10.1001 / 123456

디렉토리.등록기관번호 / [코드]항목ID

위에 제시된 예에서처럼, 접두어가 10.1001이고 접미어가 123456인 경우, 전체 DOI는 10.1001 다음에 구분 기호를 두고 123456을 붙여 표현된다. 여기서 10.1001은 디렉토리 관리자 코드인 10과 등록기관 번호인 1001을 의미하며, 그 뒤의 123456은 등록기관이 대상 콘텐트에 부여한 항목 식별자이다. 이 항목 식별자는 단순한 일련번호일 수도 있고, 경우에 따라 ISBN이나 ISSN과 같은 국제표준번호를 활용할 수도 있다.

DOI는 도서에 부여하는 ISBN과 유사하게 디지털 환경의 정보자료에 부여되는 고유 식별기호라는 성격을 지닌다. DOI는 urn:NID:NSS 형식의 URN 자체는 아니지만, URN이 지향하는 위치 독립적 식별 목적을 구현하는 대표적인 지속식별자이며, 콘텐트가 존속하는 한 동일한 식별코드를 유지한다. 따라서 이를 통해 언제든지 접근이 가능하고 전 세계적으로 통용된다는 특징을 갖는다. 아래의 〈그림 6.1〉은 DOI의 변환 과정을 도식화한 것으로, DOI가 실제 원문 URL로 연결되는 흐름을 보여준다. 그림에 표기된 숫자와 해당 시점에 무엇이 발생하는지를 설명하면 다음과 같다.

(1) 이용자가 웹브라우저에서 DOI, 예를 들어 doi:10.1001/123을 요청한다.
(2) 시스템은 해당 DOI를 핸들시스템에 전달하여 해석, 즉 해결을 요청한다.
(3) 핸들시스템은 DOI에 매핑된 URL 정보를 반환한다.

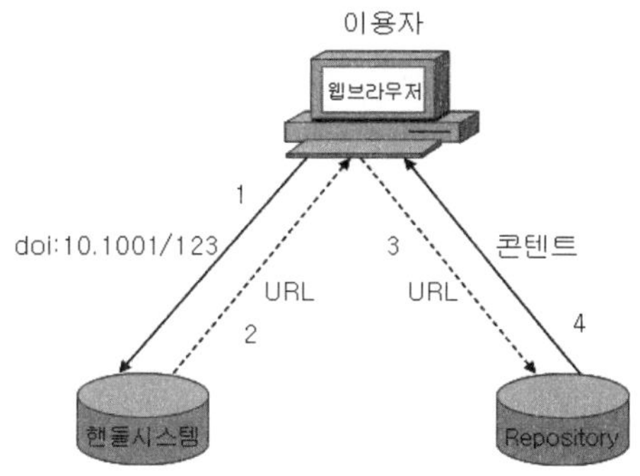

〈그림 6.1〉 DOI 변환과정

(4) 반환된 URL을 통해 이용자는 최종적으로 콘텐트 저장소에 있는 실제 콘텐트에 접근한다.

TIP

- CNRI(Corporation for National Research Initiatives)의 핸들시스템(Handle System)은 이름(식별자)과 실제 주소(URL)를 서로 연결해 주는 전 세계적인 주소록 서비스라고 이해하면 쉽다. 웹 환경에서 URL은 자원이 놓인 현재 위치를 가리키기 때문에 서버가 바뀌거나 디렉토리 구조가 변경되면 링크가 쉽게 깨질 수 있다. 핸들시스템은 이러한 문제를 줄이기 위해, 위치와 무관하게 유지될 수 있는 고유한 식별자(Handle)를 먼저 부여하고, 그 식별자가 현재 어떤 URL로 연결되어야 하는지를 별도의 레지스트리(데이터베이스)에서 관리한다. 작동 방식은 간단하다. 우선 콘텐트에 핸들(예: 10.1001/123과 같은 형태)을 부여한 뒤, 핸들시스템의 레지스트리에 이 핸들은 현재 이 URL로 연결된다라는 매핑 정보를 저장해 둔다. 이용자가 해당 핸들을 요청하면(Resolve), 핸들시스템은 레지스트리에서 매핑된 URL을 찾아 반환하고, 브라우저는 그 URL로 이동하여 최종적으로 콘텐트가 저장된 저장소의 실제 자원에 접근하게 된다. 따라서 콘텐트의 위치가 바뀌더라도 핸들 자체는 그대로 유지되고, 레지스트리에 저장된 연결 정보만 갱신하면 되기 때문에 이용자는 동일한 핸들로 지속적으로 콘텐트에 접근할 수 있다.

6.2.2 OpenURL 변환기

URL은 분산 웹 환경에서 자원에 접근하기 위한 핵심 기술이지만, 실제 운용에서는 몇 가지 구조적 한계가 반복적으로 발생한다. 첫째, URL은 위치 의존적이어서 자원의 서버나 경로가 바뀌면 해당 자원을 가리키는 URL도 함께 갱신해야 한다. 그러나 링크를 생성하고 관리하는 측에서 자원 위치 변경을 즉시 반영하기는 어렵기 때문에, 시간이 지나면서 네트워크 상에 절단링크(broken links)가 누적된다. 둘째, URL은 자원 자체를 식별하기보다 자원의 위치를 지시하는 데 초점이 있어, 동일한 자원이 여러 곳에 존재할 수 있는 분산 환경에서 한계를 드러낸다. 예를 들어 동일한 전자저널 논문의 원문이 출판사 웹사이트에도 있고, 통합 서비스 제공자 웹사이트에도 존재할 수 있으며, 동일 내용이라도 PDF, HTML, XML, HWP, DOC 등 다양한 인코딩 형식으로 제공되기도 한다. 이 경우 URL은 여러 표현물 가운데 한 위치만을 지시할 뿐이므로, 각각의 표현물을 연결하려면 개별 URL 링크가 필요해진다. 더 나아가 모든 정보자원이 네트워크에서 접근 가능한 전자 형태로만 존재하는 것도 아니므로, 비전자적 형태의 자원까지 포괄적으로 식별할 수 있는 메커니즘이 요구된다. 셋째, URL 링크는 자원에 접근하려는 이용자의 상황을 고려하지 않는다. 즉 URL이 정확한 위치를 가리키더라도 이용자가 접근 권한을 갖지 못하면, 그 링크는 이용자에게 사실상 데드링크(dead-links)가 된다. 예컨대 이용자가 전자저널 논문 원문에 포함된 참조인용의 URL을 따라 출판사 사이트로 이동했지만, 소속기관이 해당 저널을 구독하지 않았다면 인증을 통과할 수 없고 결과적으로 원문 이용이 불가능해진다. 반대로 이용자 소속기관이 구독 계약을 맺고 있는 다른 제공자의 동일 원문 주소로 연결되거나, 기관이 선호하는 문헌전달 서비스 또는 원문보기별 지불방식으로 안내되는 편이 이용자에게는 더 적합하다. 이러한 문제를 일반적으로 적합자원(appropriate copy) 문제라고 부르며, 이용자에게 부여된 접근권한, 기관의 소유 및 구독 상태, 기관이 선호하는 정보서비스를 반영하여 이용자에게 적합한 링크만을 제공할 수 있는 상황인식연계(context-sensitive linking)의 필요성이 여기서 제기된다.

이러한 한계를 해결하기 위해 발전한 대표적 기술이 OpenURL 프레임워크이다. OpenURL은 참조 대상 자원을 직접 가리키는 고정된 위치를 제공하는 대신, 해당 자원을 식별할 수 있는 메타데이터와 식별자를 전달하고, 이를 이용자 정보환경에 맞는 적합자원의 위치정보로 변환하여 제공하는 아키텍처다. 다시 말해 OpenURL은 링크 생성자가 개별 URL의 연결 상태를 지속적으로 관리해야 하는 부담을 줄이고, 보다 안정적인 자원 연결 서비스를 가능하게 한다.

OpenURL의 초기 개념은 겐트대학의 좀펠(Herbert Van de Sompel)과 호츠스텐바(Patrick Hochstenbach), 그리고 ExLibris 사의 베이트 아리(Oren Beit Arie)에 의해 구상되었고, 이들은 상황인식연계를 수행하는 SFX라는 OpenURL 변환 시스템을 개발하였다. 이후 여러 연구 프로젝트와 시스템 개발사들이 OpenURL 명세서를 연구 및 상업적 제품 개발에 활용하였으며, 2001년에는 NISO가 OpenURL 구문에 대한 미국 표준 개발을 위해 표준화 위원회를 발족하여, SFX를 위해 개발된 OpenURL 명세서를 토대로 표준화와 발전 방향을 모색해 왔다.

OpenURL 프레임워크의 기본 전제는 연결 대상 정보자원이 ISSN, 서명, 발행연도, 권, 쪽수와 같은 특정 메타데이터 집합 또는 DOI와 같은 하나 이상의 고유 식별자로 식별 가능하다는 것이다. 따라서 OpenURL은 위치정보가 아니라 자원 자체의 식별에 필요한 정보인 메타데이터와 식별자를 이용해 연결을 수행한다. OpenURL이 포함하는 핵심 요소는 (1) OpenURL을 입력값으로 받는 OpenURL 변환기의 주소, (2) 이용자 소속을 식별하는 메타데이터, (3) 연결 대상 자원을 식별하기 위한 정보로 정리할 수 있다. 이때 연결 대상 자원을 식별하는 정보는 특정 표현물의 위치를 지시하는 것이 아니라, 정보자원 자체를 식별한다는 점에서 URL과 구별된다.

결국 상황인식연계를 구현하는 핵심은 〈그림 6.2〉가 보여주듯이 소스에서 생성된 메타데이터와 식별자 기반 OpenURL을 OpenURL 변환기가 해석하여 이용자의 정보환경인 권한, 구독, 선호 서비스에 맞는 적합자원의 URL로 변환하고, 그 결과를 이용자에게 제공하는 데 있다. 이 그림은 이용자가 어떤 정보자원에 접근할 때 URL 방식과 OpenURL 방식이 어떻게 다르게 작동하는지를 대비해 보여준다. 왼쪽의 소스는 이용자가 검색결과나 메타데이터를 얻는 출발점으로, 도서관 검색시스템이나 학술 데이터베이스 등이 이에 해당하며, 여기서 타깃 자원으로 연결되는 링크가 생성된다. 먼저 그림 위쪽 ㉠ 경로는 소스가 특정 자원의 위치정보를 그대로 제공해 이용자가 타깃으로 직접 이동하는 방식이다. 그러나 URL은 자원의 위치에 의존하는 고정 주소이기 때문에 서버나 경로가 변경되면 링크가 쉽게 끊어져 절단링크(broken link)가 될 수 있다. 또한 URL이 정확하더라도 이용자가 해당 자원에 대한 구독이나 접근권한이 없다면 실제로는 접근이 불가능해 데드링크(dead link)처럼 작동한다. 이처럼 URL 기반 연결은 이용자의 소속기관, 구독 여부, 선호 서비스 같은 이용자 상황을 고려하지 못한다는 점에서 상황 비고려 연결로 표현된다.

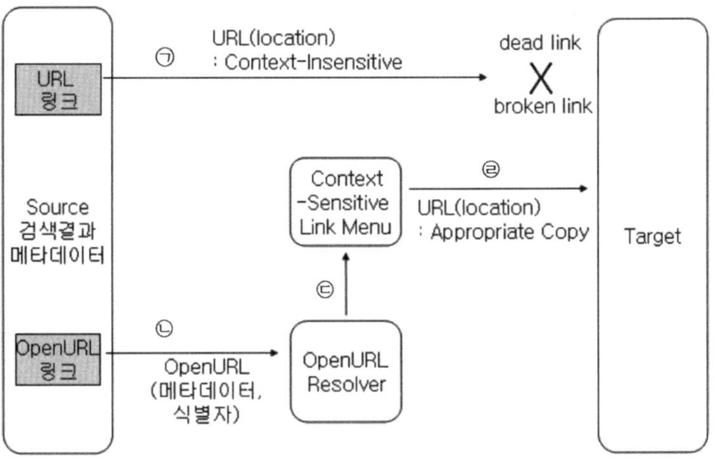

〈그림 6.2〉 URL과 OpenURL을 통한 자원접근의 개념도

반면 아래쪽 ㉡ 경로는 소스가 고정된 위치정보를 직접 제공하지 않고, 자원을 식별할 수 있는 메타데이터와 식별자인 OpenURL을 생성해 OpenURL 변환기로 전달하는 방식이다. OpenURL에는 ISSN, 저널명, 발행연도, 권과 호, 페이지와 같은 서지 메타데이터나 DOI와 같은 고유 식별자가 포함될 수 있으며, 이는 특정 표현물의 위치가 아니라 정보자원 자체를 식별하기 위한 정보다. OpenURL 변환기는 이 입력값을 해석한 뒤, 이용자의 소속기관 정보와 구독 상태, 접근권한, 기관이 선호하는 원문 제공 경로 등을 반영하여 상황인식 링크 메뉴를 생성한다. 그리고 그 결과로 이용자에게 ㉢과 같이 실제로 접근 가능한 원문 제공처, 대체 제공처, 문헌전달 서비스 등 가능한 선택지 또는 최적 경로를 제시한다. 최종적으로 ㉣과 같이 이용자는 자신에게 적합한 제공처의 URL로 연결되는데, 그림에서는 이를 URL(location): appropriate copy로 표시한다.

요컨대 이 개념도는 URL 방식이 고정된 위치로 바로 연결하는 구조라서 링크 단절이나 권한 문제에 취약한 반면, OpenURL 방식은 자원 식별 정보를 기반으로 변환기가 이용자 맥락을 반영해 접근 가능한 적합자원으로 연결함으로써 더 안정적이고 이용자 친화적인 자원 접근을 가능하게 함을 설명한다.

OpenURL 프레임워크를 구성하는 요소는 소스 정보원, OpenURL 서버, 타깃 정보원으로 설명할 수 있다. 첫째, 소스 정보원은 이용자가 정보를 획득한 최초의 전자정보 서비스를 뜻한다. 예를 들어 디지털도서관 시스템에서 검색한 결과를 통해 외부 전자정보 서비스 제공자의 학술지 정보로 접근한다면, 디지털도서관 시스템이 소스 정보원에 해당한다. 둘째, OpenURL 서버는 소스 정보원으로부터 전달받은 OpenURL을 해석하고, 이용자 환경에 적합한 전자정보 목록을 산출한 뒤 타깃으로 연결하기 위한 링크를 생성한다. OpenURL 서버를 링크서버, 링킹서버, 또는 링킹 리졸버라고도 한다. 셋째, 타깃 정보원은 최종적으로 이용자가 접근하게 되는 전자정보 서비스 제공자의 웹사이트로, 전자저널 서비스, 웹 기반 학술 데이터베이스, 인용색인 정보, 인터넷 서점, 도서관 서지정보, 원문복사 서비스 기관 등 다양한 형태가 포함될 수 있다.

한편, OpenURL 기반의 상황인식연계를 기관 단위로 안정적으로 운영하려면, OpenURL 변환기를 상시 가동하고 지속적으로 관리할 수 있는 인프라가 필요하다. 이와 관련해 국내에서는 한국과학기술정보연구원이 OpenURL 서버 호스팅을 위한 인프라 제공과 관리를 담당하는 방식으로 운영 부담을 분산하는 모델을 생각해 볼 수 있다. 즉 개별 도서관이 자체적으로 OpenURL 서버를 구축하고 운영하기보다, 중앙에서 제공하는 호스팅 환경을 활용함으로써 서비스의 연속성과 운영 안정성을 확보하는 접근이다. 이러한 중앙 호스팅 방식은 무엇보다 서버, 네트워크, 백업 시스템과 같은 기반 인프라를 공동으로 활용할 수 있다는 점에서 효과가 크다. 참여기관 입장에서는 변환기 운영에 필요한 하드웨어를 직접 구입하지 않아도 되므로 초기 하드웨어 구입 비용을 줄일 수 있고, 운영 과정에서도 장애 대응, 보안 패치, 백업과 복구 체계 유지 등과 관련된 유지보수 비용을 절감할 수 있다. 동시에 기술 운영이 중앙에서 일괄적으로 처리되면, 현장 도서관은 시스템 가동 자체보다 서비스 품질인 링크 타깃 구성, 구독과 접근 정책 반영, 이용자 안내와 같은 핵심 업무에 집중할 수 있게 된다. 특히 도서관 실무 관점에서 가장 큰 변화는 링크 오류 점검이나 접근 경로 안내 같은 반복 업무가 OpenURL 서버의 적합자원 결정 로직으로 흡수되면서 사서들의 업무 부담이 크게 감소한다는 점이다. 다시 말해 개별 URL의 연결 상태를 지속적으로 확인하고 수정하거나, 이용자별 접근 가능 경로를 일일이 안내하는 부담이 줄어들고, 이용자 소속기관의 구독, 권한, 선호 서비스에 맞춘 링크 제공이 체계화되면서 전반적인 원문 접근 지원 업무가 효율화될 수 있다.

6.3 검색엔진

포괄적인 의미에서 검색엔진은 인터넷 네트워크, 독립된 데이터베이스, 개인 컴퓨터 등에 존재하는 정보자원 가운데 이용자가 찾고자 하는 데이터인 정보레코드를 추출하고 정렬하여 제시하는 기능, 또는 이를 수행하는 핵심 알고리즘과 프로그램을 의미한다. 오늘날 검색엔진은 단순히 정보를 찾아주는 도구를 넘어, 방대한 콘텐트를 대상으로 수집, 정제, 색인, 검색, 랭킹, 제공에 이르는 전 과정을 담당하는 디지털 서비스의 핵심 구성요소로 자리 잡았다.

검색엔진이라는 용어는 크게 두 가지 맥락에서 사용된다. 첫째, 인터넷상에 흩어져 있는 정보를 미리 수집해 체계적으로 저장한 뒤, 이용자가 필요할 때마다 검색할 수 있도록 하는 인터넷 검색 포털형 시스템을 가리킨다. 웹에 산재한 정보자원은 조직적으로 관리하고 검색하기 어렵기 때문에, 검색엔진은 이를 수집해 데이터베이스로 구축하고 검색 가능한 정보환경을 제공한다. 둘째, 특정 조직이나 기관이 보유한 데이터베이스 또는 저장소에 축적된 정보를 대상으로 검색 요구를 효율적으로 처리해 주는 기술적 의미의 검색엔진을 뜻한다. 디지털도서관의 요소기술로서 검색엔진은 주로 후자, 즉 기관이 보유한 자원을 빠르고 정확하게 찾도록 지원하는 검색 소프트웨어를 의미한다.

정보검색에서 검색엔진은 이용자가 원하는 정보를 찾아주는 핵심 구성요소이므로, 시스템 성능과 이용 경험을 직접 좌우한다. 전통적으로 검색엔진은 키워드형 검색과 디렉토리형 검색으로 구분되어 설명되어 왔다. 키워드형 검색은 이용자가 입력한 질의어를 바탕으로 일치하거나 유사한 문서를 찾아주는 방식이며, 디렉토리형 검색은 분류체계에 따라 자원을 범주화하고 이용자가 범주를 따라 탐색하도록 지원하는 방식이다. 실제 디지털도서관 서비스에서는 두 방식이 상호 보완적으로 결합되는 경우가 많다. 즉 키워드 검색이 빠른 도달을 지원한다면, 분류와 주제 기반 탐색은 정보의 확장과 이해를 돕는 방식으로 함께 제공된다.

요소기술 관점에서 검색엔진을 바라보면, 검색엔진은 특정 제품명보다 기능적 구성요소로 이해하는 것이 중요하다. 과거에는 레이다(한국정보공학), KRISTAL-II(한국과학기술정보연구원), K2, 잉크토미 엔터프라이즈 서치, 루신(Lucene) 등 다양한 검색엔진이 활용되어 왔다. KRISTAL과 레이다는 국산 솔루션, K2와 잉크토미는 외산 솔루션, 루신은 자바 기반 오픈소스 솔루션이라는 점에서 구현 방식과 도입 형태에 차이가 있었다. 최근에는 검색엔진 기술이 발전하면서 의미 기반 검색, 다국어 처리 검색, 멀티미디어 검색 등으로 적용 범위가 확대되었으며, 특히 디지털도서관 포털에서는 전통적인 키워드 중심 검색을 강화하는 동시에 의미 기반 탐색과 개인화 기능까지 포함하는 방향으로 고도화되고 있다.

검색엔진의 가장 중요한 구성요소는 일반적으로 색인기와 검색기이며, 인터넷 검색 포털형 시스템에서는 여기에 수집기가 추가된다. 색인기는 수집된 정보자원에서 검색에 필요한 용어를 추출하고 색인 데이터베이스를 구축하는 기능을 담당한다. 또한 이용자가 입력한 검색 질의를 분석해 필요한 검색어를 추출하고, 이를 검색기에 전달해 검색이 수행되도록 한다. 색인 과정에서는 형태소 분석 방식이나 엔그램 방식과 같은 알고리즘이 사용될 수 있으며, 어형 변환과 활용형 처리를 통해 검색어와 문서 용어 간의 불일치를 줄인다. 색인기의 처리 성능과 품질은 검색 결과의 정확도와 속도에 직접적인 영향을 미치므로, 검색엔진 전체 성능을 좌우하는 핵심 요소로 간주된다.

검색기는 색인기가 구축한 색인 데이터베이스를 기반으로 검색 알고리즘과 랭킹 알고리즘을 적용해 이용자의 질의와 일치하거나 유사한 정보자원을 찾아 제시하는 역할을 한다. 이를 위해 질의 분석을 위한 파싱 처리 능력과 대량의 데이터에서 빠르게 결과를 산출하는 검색 알고리즘 처리 능력이 요구된다. 또한 검색 결과는 단순히 검색 성공 여부를 제시하는 데 그치지 않고, 적합성에 따라 순위화되어 제공되므로 랭킹 로직은 검색기의 핵심 기능 중 하나가 된다. 한편, 앞에서 서술했듯이 인터넷 검색 포털에서 검색엔진은 색인기와 검색기 외에도 웹 페이지를 자동으로 수집하는 수집기 기능을 필요로 한다. 수집기는 웹 상의 페이지를 탐색하고 수집해 검색 데이터베이스에 반영함으로써, 포털형 검색엔진이 최신 정보를 지속적으로 제공할 수 있도록 한다.

6.3.1 색인 파이프라인

현대 디지털도서관의 검색엔진은 단일 프로그램이라기보다, 다양한 출처의 콘텐트를 검색 가능한 형태로 바꾸는 파이프라인으로 이해하는 것이 적절하다. 먼저 데이터는 도서관 OPAC, ILS, 전자저널, 학술 데이터베이스, 기관 리포지토리(IR), 디지털 아카이브, 외부 메타데이터 공급원 등에서 수집된다. 수집된 데이터는 그대로는 검색에 적합하지 않기 때문에 중복 제거, 필드 정규화, 문자 인코딩 통일, 언어 감지, 권한과 공개 범위 표시 같은 정제 단계를 거친다. 이후 색인 단계에서 제목, 초록, 키워드, 저자, 주제어, 발행정보 등 주요 필드가 검색 가능한 구조로 저장되며, 문서 유형과 서비스 목적에 따라 필드별 가중치가 부여되기도 한다. 이 과정이 안정적으로 설계될수록 검색 품질은 일관되게 유지되고, 데이터가 지속적으로 유입되는 환경에서도 최신성이 확보된다(Robertson & Zaragoza, 2009).

6.3.2 질의 처리와 형태 분석

검색기는 이용자 질의를 받아 단순 매칭을 수행하는 것을 넘어, 질의를 검색 가능한 표현으로 바꾸기 위한 전처리를 수행한다. 한국어 환경에서는 형태소 분석이나 n그램 방식이 사용될 수 있으며, 복합명사 처리, 동의어 확장, 불용어 처리, 오타 교정과 같은 기능이 질의 단계에서 함께 적용되기도 한다. 또한 이용자 질의는 짧고 모호한 경우가 많아 자동완성, 추천 질의어, 연관 검색어 같은 기능이 검색 경험을 좌우한다. 결과적으로 질의 처리는 이용자가 입력한 언어와 색인에 저장된 언어의 간극을 줄여 검색 실패를 감소시키는 핵심 단계다(Robertson & Zaragoza, 2009).

6.3.3 하이브리드 검색

전통적인 키워드 기반 검색은 정확한 용어가 포함될 때 강력하지만, 이용자가 적절한 용어를 모르거나 동의어, 번역어, 표현 차이가 큰 경우에는 한계가 나타난다(Robertson & Zaragoza, 2009). 이를 보완하기 위해 최근에는 문서와 질의를 임베딩으로 변환한 뒤 의미 유사도를 계산하는 벡터 검색이 활용되며, 많은 서비스는 키워드 검색과 벡터 검색을 결합한 하이브리드 검색을 채택한다(Karpukhin et al., 2020). 하이브리드 검색은 정확한 일치와 의미적 유사를 동시에 고려하므로, 이용자가 정확한 서지 정보를 알지 못하더라도 주제와 의도를 중심으로 관련 자료를 찾는 데 유리하다. 특히 디지털도서관처럼 자료 유형이 다양하고 메타데이터 품질이 균일하지 않은 환경에서는 하이브리드 접근이 검색 누락을 줄이는 데 효과적이다.

6.3.4 순위화와 품질평가

검색 결과는 단순한 일치 여부가 아니라 적합성에 따라 정렬된다. 랭킹은 보통 제목, 초록, 키워드 등 서지 및 내용 필드에 서로 다른 가중치를 부여하고, 자료의 최신성, 학술논문과 단행본, 보고서와 같은 자료 유형, 이용자의 클릭이나 다운로드 같은 이용 기록, 그리고 기관이 정한 운영 정책상의 우선순위를 함께 반영하는 방식으로 구현된다(Robertson & Zaragoza, 2009). 예를 들어 운영 정책에는 소장 또는 구독 여부에 따라 원문 접근이 가능한 자원을 우선 노출하는 기준, 기관 리포지토리, 학위논문, 학술지 등 기관이 전략적으로 확산을 원하는 콘텐트를 상위에 배치하는 기준, 중복 레코드가 존재할 경우 대표 레코드를 하나로 통합하고 가장 신뢰도 높은 출처의 레코드를 우선 선택하는 기준, 일정 기간의 최신 신착 자료에 가중치를 부여해 노출을 강화하는 기준, 그리고 오픈액세스로 즉시 접근 가능한 자료를 우선 제시하는 기준 등이 포함될 수 있다. 디지털도서관에서는 특히 이용자가 실제로 접근할 수 있는 자원을 상위에 배치하는 것이 중요하다. 또한 랭킹 품질을 체계적으로 점검하기 위해 정보검색 분야에서는 DCG(Discounted Cumulative Gain)와 NDCG(Normalized DCG) 같은 순위 기반 평가 지표가 널리 활용되어 왔다(Järvelin & Kekäläinen, 2002).

6.3.5 RAG 기반 검색

현대 검색엔진은 문서를 찾는 단계에서 더 나아가, 이용자가 원하는 정보를 이해하고 정리해 주는 방향으로 확장되고 있다. 이때 활용되는 대표적 접근이 RAG(Retrieval–Augmented Generation)이다. RAG는 먼저 전통적인 키워드 기반 검색과 의미 유사도를 활용하는 벡터 검색을 수행하거나, 두 방식을 결합한 하이브리드 검색을 적용하여 근거 문서를 가져오고, 그 범위 안에서 생성 모델이 요약, 정리, 답변을 생성하는 방식이다(Lewis et al., 2020). 디지털도서관 맥락에서는 이용자의 질문에 대해 관련 문헌, 정책, 이용 안내를 근거와 함께 제시할 수 있으며, 무엇보다 답이 어디서 왔는지를 확인할 수 있도록 문서, 구간, 링크와 같은 출처를 함께 제공하는 설계가 중요하다. 이는 편리성을 높이면서도 환각을 줄이기 위한 실무적 안전장치가 된다. <그림 6.3>은 RAG 기반 검색 보강 절차를 보여준다. 이용자 질문에 대한 응답 절차를 요약하면 다음과 같다.

1) 질문 입력 2) 질의 분석 및 전처리 3) 키워드, 벡터, 하이브리드 검색 4) 근거 문서 수집 5) 재랭킹과 권한 반영 6) 근거 구간 추출 7) 생성 모델이 답변 생성 8) 문서, 구간, 링크 출처 제시 9) 응답 제공

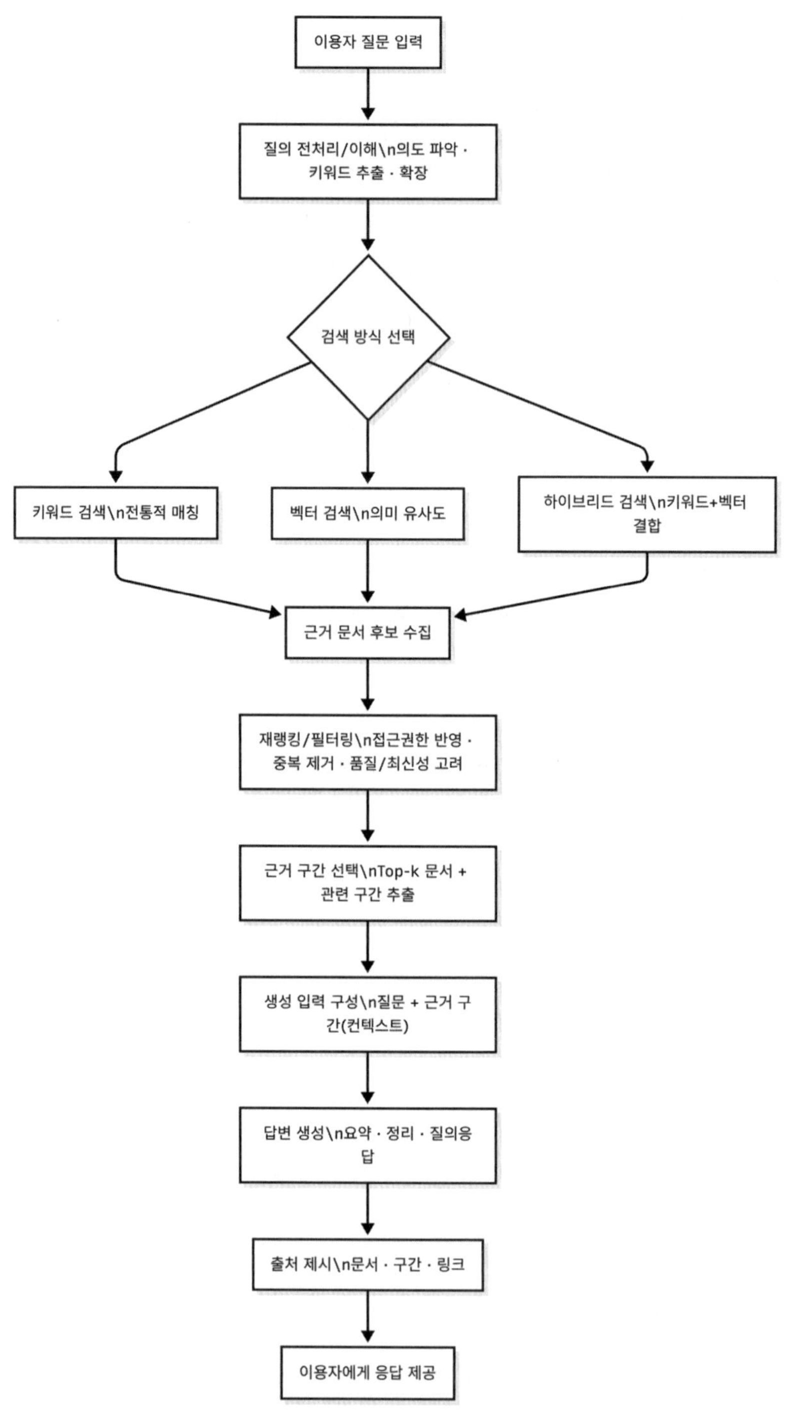

〈그림 6.3〉 RAG 기반 검색 보강 절차도

6.4 다국어 처리기

6.4.1 다국어 정보검색

다국어 정보검색은 이용자가 입력한 질의어의 언어와 관계없이, 서로 다른 언어로 작성된 문서까지 함께 찾아주는 검색을 말한다. 전통적으로는 텍스트 중심의 검색이 핵심이며, 이미지나 음성 자료도 캡션이나 메타데이터와 같은 텍스트 정보를 통해 검색 범위에 포함될 수 있다(Croft, Broglio, & Fujii, 1995; Oard & Dorr, 1996). 예를 들어 이용자가 한국어로 잠수함을 검색했을 때, 시스템이 영어, 독일어, 프랑스어 등 다른 언어의 문서 중에서도 동일한 의미를 담은 표현을 찾아 관련 자료를 반환하는 것이 다국어 정보검색의 기본 목표다(Croft et al., 1995; Oard & Dorr, 1996).

다국어 정보검색이 필요한 이유는 크게 두 가지로 정리된다. 첫째, 인터넷과 디지털 정보기술의 발달로 자국어 이외의 언어로 작성된 온라인 문서에 대한 접근이 쉬워졌고, 이에 따라 다언어 자원을 실제로 활용할 수 있도록 지원하는 검색 기능의 요구가 커졌다(Croft et al., 1995; Oard & Dorr, 1996). 둘째, 이용자의 정보요구가 다국어 환경을 전제로 다양화되었다. 예컨대 익숙하지 않은 언어로 캡션이 달린 이미지 자료를 찾아야 하는 이용자, 특정 주제에 대해 해외에서 어떤 연구가 수행되는지 파악하려는 연구자, 또는 검색된 문헌을 자신이 이해할 수 있는 언어로 번역해 활용하려는 이용자에게 다국어 정보검색은 특히 유용하다(Croft et al., 1995; Oard & Dorr, 1996).

최근 다국어 정보검색의 구현은 전통적인 사전 기반 변환을 넘어 다음과 같은 흐름으로 고도화되고 있다. 첫째, 번역 기반 접근은 여전히 유효한 전략으로 활용된다. 즉 질의어 또는 문서를 기계번역으로 변환한 뒤 검색을 수행해 언어 장벽을 낮추는 방식이며, 실무에서는 번역 비용, 처리 지연, 검색 품질 간의 균형을 고려해 선택적으로 적용된다(Oard & Dorr, 1996). 둘째, 의미 유사도를 활용하는 다국어 임베딩 기반 검색이 널리 연구되고 적용되고 있다. 이 접근은 서로 다른 언어의 문장이나 문서를 동일한 의미 공간에 임베딩하여, 용어가 정확히 일치하지 않아도 의미가 가까운 문서를 찾을 수 있도록 한다(Feng, Yang, Cer, Arivazhagan, & Wang, 2022). 셋째, 실제 서비스에서는 키워드 기반 검색의 정밀함과 임베딩 기반 검색의 의미 포괄성을 함께 취하기 위해 두 방식을 결합한 하이브리드 검색이 활용되며, 필요에 따라 신경망 기반 재랭킹이나 지식 증류 방식으로 성능을 보강하는 접근도 결합된다. 넷째, 다국어 환경에서는 언어별 학습 데이터의 불균형이 성능을 좌우하기 때문에, 최근에는 대규모 언어 모델을 이용해 합성 학습데이터를 생성하고 이를 통해 다언어 검색 학습을 보강하려는 시도도 활발하다. 한편, 지식 증류는 성능이 뛰어난 대형 모델의 지식을 더 가볍고 빠른 소형 모델로 이전하여, 실제 서비스 환경에서 효율적으로 활용할 수 있도록 하는 학습 방법이다. 여기서 모델은 주로 신경망 기반 정보검색 랭킹 모델을 의미한다. 일반적으로 대형 모델은 정확도가 높지만 연산 비용이 크고 응답 속도가 느리기 쉬운 반면, 소형 모델은 빠르고 운영 비용이 낮지만 성능이 상대적으로 떨어질 수 있다. 지식 증류는 이러한 상충관계를 완화하기 위해, 대형 모델을 교사, 소형 모델을 학생으로 두고 학생 모델이 교사 모델의 판단을 모방하도록 학습시키는 방식으로 이해할 수 있다. 지식 증류의 핵심은 학생 모델이 정답만 맞히는 데 그치지 않고, 교사 모델이 출력하는 풍부한 신호를 함께 학습한다는 점이다. 예를 들어 교사 모델은 여러 후보 답에 대해 확률 또는 점수를 부여하며, 이는 어떤 선택이 정답인지뿐 아니라 다른 후보들이 얼마나 가까운지, 무엇이 더 그럴듯한지에 대한 상대적 판단을 포함한다. 학생 모델은 이러한 정답의 분포나 점수 차이까지 함께 따라 학습함으로써, 단순한 암기형 학습보다 더 세밀한 구분 능력을 갖추게 되고 일반화 성능도 향상될 수 있다. 정보검색의 랭킹 문제에서도 지식 증류는 유용하게 활용된다. 검색 서비스에서는 질의에 대해 문서 후보들을 점수화하고 순위를 매기는 랭커가 중요한데, 고성능 랭커는 계산량이 커서 실시간 서비스에 부담이 될 수 있다. 이때 교사 역할을 하는 강력한 랭커가 질의와 문서 쌍에 대해 산출한 점수나 순위를 학습 데이터로 삼아, 학생 모델이 유사한 순위를 빠르게 재현하도록 훈련할 수 있다. 그 결과 운영 환경에서는 학생 모델을 사용해 처리 속도와 비용을 낮추면서도, 교사 모델에 가까운 품질을 확보하는 방식으로 시스템을 구성할 수 있다.

이상과 같이 현대의 다국어 정보검색은 번역을 통해 언어 장벽을 낮춘다는 전통적 접근을 토대로 하되, 실제 구현에서는 다국어 임베딩을 활용한 의미 기반 검색을 결합하고, 하이브리드 검색과 재랭킹, 증류와 같은 학습 기법을 통해 품질을 끌어올리는 방향으로 발전하고 있다(Feng et al., 2022; Santhanam et al., 2024; Asai et al., 2024).

6.4.2 다국어 정보검색 방법

다국어 정보검색에서 핵심 과제는 서로 다른 언어로 표현된 질의와 문서를 비교 가능한 형태로 맞추는 것이다. 이를 위해 전통적으로는 언어 변환의 관점에서 접근해 왔으며, 변환을 문서에 적용하는 방식과 질의어에 적용하는 방식으로 구분된다(Croft, Broglio, & Fujii, 1995; Oard & Dorr, 1996). 다만 현대 시스템에서는 두 방식이 단독으로 쓰이기보다, 기계번역과 의미 기반 임베딩을 함께 활용해 성능과 비용의 균형을 맞추는 형태로 결합되는 경우가 많다.

6.4.2.1 문서 번역 방식

문서 번역 방식은 검색 대상 문서를 이용자가 입력한 질의어의 언어 또는 기준 언어로 먼저 번역한 뒤, 번역된 문서 집합을 대상으로 일반적인 단일언어 검색을 수행하는 방법이다. 이 과정에서는 기계번역 시스템이 활용된다. 문서 단위 번역은 질의어 번역에 비해 문맥과 언어적 단서가 풍부하므로 번역 품질이 상대적으로 안정적이며, 그 결과 검색 정확도도 높아질 가능성이 크다. 특히 제한된 주제 영역에서 사용되는 전문 문서이거나 언어 구조가 유사한 언어 간 번역에서는 비교적 양호한 수준의 성과를 기대할 수 있다. 반면 웹처럼 자료 규모가 방대하고 지속적으로 증가하는 환경에서는 문서 전체를 수집하고 번역하며 저장하고 갱신하는 데 드는 처리량과 비용이 매우 커 운영 부담이 커진다. 또한 언어쌍에 따라 번역 품질의 편차가 발생할 수 있으며, 과거에는 한국어와 영어 간 번역 품질이 낮아 검색 품질까지 저하되는 문제가 지적되기도 했다. 이러한 한계를 완화하기 위해 실무에서는 모든 문서를 전면적으로 번역하기보다 제목, 초록, 키워드 등 핵심 필드만 번역하거나 상위 랭킹 결과 문서에 한해 부분 번역을 적용하는 방식으로 번역 범위를 조절해 효율과 품질의 균형을 맞추기도 한다.

6.4.2.2 질의어 번역 방식

질의어 번역 방식은 이용자가 입력한 질의어를 검색 대상 문서의 언어로 변환한 뒤, 각 언어의 컬렉션에서 검색을 수행하고 그 결과를 통합하는 접근이다. 문서 전체를 번역하지 않기 때문에 상대적으로 비용이 낮고, 웹처럼 컬렉션 규모가 크거나 갱신이 잦은 환경에서도 적용이 용이하다는 장점이 있다. 반면 질의어는 대체로 짧고 문맥 정보가 부족하므로 번역 과정에서 의미가 흔들리기 쉽고, 특히 다의어, 동형이의어, 전문용어, 고유명사 처리에서 품질 변동이 커질 수 있다. 또한 웹 환경에서는 이용자 질의가 구절이나 문장보다 세 단어 이내의 단순 나열 형태로 입력되는 경우가 많아, 단어 간 연결성이 약한 만큼 모호성 문제가 더욱 두드러진다.

질의어 번역 방식은 질의어가 통제 어휘 중심인지, 자유 어휘까지 폭넓게 허용하는지에 따라 구현 방식이 달라진다. 통제 어휘 기반의 다국어 검색은 미리 정해진 어휘 체계를 중심으로 문서를 수작업으로 색인하고, 이용자 질의도 동일한 통제 어휘로 표현해 검색하는 방식이다. 이 접근은 소규모의 제한된 영역에서는 일관성과 정확도가 높아 좋은 결과를 보일 수 있으나, 일반 환경에서는 대량의 문서를 통제어휘를 기반으로 지속적으로 수작업 색인해야 하는 부담이 커 확장성이 제한된다.

반면 자유 어휘 기반 질의어 번역은 이용자가 입력한 자연어 질의를 그대로 받아들이고, 이를 다른 언어로 변환하고 확장하는 데 활용하는 언어 자원의 종류에 따라 사전 기반 방법, 시소러스 기반 방법, 코퍼스 기반 방법으로 구분된다. 사전 기반 방법은 단어 단위의 번역 후보를 생성하는 데 강점이 있지만, 다의어 문제를 충분히 해결하기는 어렵다. 시소러스 기반 방법은 동의어, 상위어, 하위어, 관련어 관계를 활용해 번역 후보를 확장하고 의미를 보정할 수 있으나, 시소러스 자체의 구축 범위와 최신성에 따라 성능이 크게 좌우된다. 코퍼스 기반 방법은 병렬 코퍼스나 비교 코퍼스에서 관찰되는 공기와 대응 관계를 통해 번역 가능성을 추정하므로, 도메인에 적합한 코퍼스가 확보될수록 효과가 커진다.

병렬 코퍼스와 비교 코퍼스는 다국어 정보검색에서 언어 간 대응 관계를 학습하거나 추정할 때 활용되는 대표적인 말뭉치 유형이다. 병렬 코퍼스는 두 언어의 문장이 번역 관계로 짝지어진 자료를 의미한다. 즉 동일한 내용이 서로 다른 언어로 번역되어 문장 단위로 대응되므로, 특정 단어나 표현이 다른 언어에서 어떻게 번역되는지를 비교적 직접적으로 확인할 수 있다. 이러한 특성 때문에 병렬 코퍼스는 번역어 추출, 용어 대응 사전 구축, 교차언어 검색과 같은 과제에서 강한 근거 자료로 활용된다. 반면 비교 코퍼스는 문장 단위의 번역 짝이 존재하지는 않지만, 두 언어의 문서들이 동일하거나 유사한 주제, 도메인, 시기를 공유하도록 구성된 자료를 말한다. 예를 들어 같은 기간의 경제 기사, 동일 분야의 학술 초록, 또는 서로 다른 언어의 위키 문서처럼 내용이 유사한 문서 집합이 이에 해당한다. 비교 코퍼스에서는 정확한 번역 대응을 직접 활용할 수는 없지만, 두 언어에서 함께 나타나는 단어의 공기 패턴이나 주제적 유사성을 이용해 용어 간 대응 가능성을 통계적으로 추정할 수 있다. 따라서 병렬 코퍼스를 확보하기 어려운 상황에서도 비교 코퍼스는 다국어 검색을 위한 언어 자원으로 유용하게 활용될 수 있다. 이러한 자유 어휘 기반 접근에서는 질의어 번역 후보를 단순히 생성하는 데서 그치지 않고, 모호성을 줄이기 위한 후보 선택과 가중치 부여, 질의 확장, 그리고 경우에 따라 이용자 피드백을 결합하는 설계가 중요하다. 최근에는 이러한 번역 중심 접근을 보완하기 위해, 질의와 문서를 다국어 임베딩으로 표현하고 동일한 의미 공간에서 유사도를 계산하는 의미 기반 접근이 함께 활용되기도 한다(Feng et al., 2022).

㉠ 사전 기반 방법

사전 기반 방법은 질의어 번역에 대역사전을 사용하는 접근으로, 필요한 자원을 비교적 쉽게 확보할 수 있고 구현이 단순하다는 이유로 오래전부터 널리 이용되어 왔다(Ballesteros & Croft, 1996). 이 방식은 기본적으로 질의어의 각 단어에 대해 사전이 제시하는 번역 후보를 생성한 뒤, 이를 이용해 검색을 수행한다. 그러나 사전 기반 번역은 단어 수준 대응에 의존하기 때문에 질의가 짧거나 문맥 단서가 부족한 경우 의미가 흔들리기 쉽고, 그 결과 단일언어 검색에 비해 검색 성능이 낮아질 수 있다는 점이 반복적으로 지적되어 왔다(Oard & Dorr, 1996).

대역사전 기반 질의어 번역에서 핵심 쟁점은 번역 후보를 어떻게 고르고 선택하며, 후보를 검색에 어떻게 반영할 것인가 하는 가중치 설계다. 가장 단순한 방식은 사전에서 제시되는 대표 번역어를 선택하는 것이지만, 이는 다의어 문제를 해결하기 어렵다. 그래서 사전에 포함된 여러 대역어를 함께 채택해 질의를 확장하는 방식이 자주 사용되는데, 이 경우에는 검색어가 과도하게 늘어나 잡음이 증가할 수 있으므로 후보들 가운데 어떤 번역이 더 적합한지 판단하고 후보별 비중을 조절하는 설계가 필요하다(Ballesteros & Croft, 1996). 예를 들어 기술이라는 단어가 skill, art, technique, description처럼 다양한 후보로 변환될 때 이용자가 의도한 의미가 숙련인지 기법인지에 따라 적합한 번역어가 달라지며, 단어 단위 번역만으로는 이 선택을 안정적으로 수행하기 어렵다(Oard & Dorr, 1996).

다만, 현대의 다국어 검색에서는 사전 기반 방법을 단독 해결책으로 두기보다 다른 신경망 기반 기술과 결합해 약점을 보완하는 방향으로 활용하는 경우가 많다. 첫째, 기계번역이 발전하면서 질의어 번역 단계에서 신경망 기계번역 기반 질의 번역을 적용하거나 사전 번역 후보를 신경망 기계번역 결과로 교정하고 재정렬하는 방식이 연구되고 있다(Yao et al., 2020). 둘째, 키워드 검색의 정확성과 의미 기반 검색의 포괄성을 함께 취하기 위해 사전 기반 또는 번역 기반으로 생성된 질의로 수행한 결과와 다국어 임베딩 기반 검색 결과를 결합하는 하이브리드 검색이 활용된다(Saleh & Pecina, 2020). 셋째, 최종 단계에서는 신경망 재랭커가 상위 후보 문서를 다시 정렬하여 번역 오류로 인한 순위 손실을 완화하는 설계가 결합되기도 한다(Saleh & Pecina, 2020). 넷째, 최근에는 교사 모델의 판단을 이용해 학생 모델을 학습시키는 번역 증류 같은 방식으로 다국어 검색 성능을 높이면서도 서비스 운영 비용을 낮추려는 접근도 제안되고 있다(Oard & Miller, 2024). 요컨대 사전 기반 방법은 여전히 구현이 쉽고 해석이 명확한 장점을 갖지만, 현대 환경에서는 다의어와 문맥 부족으로 인한 오류를 줄이기 위해 번역 품질 보강, 의미 기반 검색 결합, 재랭킹, 증류 학습 등을 함께 적용하는 방향으로 발전하고 있다(Yao et al., 2020; Saleh & Pecina, 2020; Oard & Miller, 2024).

㉡ 시소러스 기반 방법

다국어 시소러스 기반 방법은 언어에 종속되지 않는 개념을 중심으로 여러 언어의 용어를 연결해 두고, 이용자 질의를 해당 개념으로 매핑한 뒤 동의어, 유의어, 상하위어 등 의미 관계를 이용해 질의어를 확장하고 번역 후보를 생성하는 방식이다. 즉 단순히 단어를 기계번역으로 바꾸는 것이 아니라, 같은 개념에 속하는 표현들을 활용해 다른 언어의 검색어 후보를 만들고, 필요하면 더 넓은 개념인 상위어 또는 더 좁은 개념인 하위어로 탐색 범위를 조절한다는 점에서 의미 기반 질의어 확장에 강점을 가진다.

다국어 시소러스는 한 언어의 시소러스를 다른 언어로 번역해 확장하는 방식으로 구축될 수도 있고, 언어별로 존재하던 단일어 시소러스들을 공통 개념 구조에 맞춰 정렬한 뒤 통합하는 방식으로도 구축될 수 있다. 오늘날에는 단순한 시소러스 파일 형태를 넘어 서로 다른 어휘체계가 상호운용되도록 설계하는 것이 중요해지면서, 시소러스 구축, 교환, 연계를 위한 국제 표준인 ISO 25964가 강조된다(NISO, n.d.). 또한 시소러스와 주제명표목, 분류체계, 온톨로지 등 다른 지식조직체계와의 연계가 필요해지면서, 링크드 데이터 방식으로 어휘를 공개하고 연계하는 실무도 확산되고 있다(LC Linked Data Service, n.d.).

전통적으로 시소러스 기반 접근을 대표하는 자원으로는 프린스턴 대학의 WordNet 계열 자원과 이를 유럽의 여러 언어로 확장한 EuroWordNet이 자주 언급된다(EuroWordNet, n.d.). 그러나 최근에는 WordNet 계열 자원만으로는 다언어 범위와 최신성, 곧 신조어, 고유명사, 신흥 개념을 충분히 포괄하기 어렵다는 한계가 지적되면서, WordNet을 Wikipedia, Wikidata 등과 결합해 대규모 다국어 개념망을 구성한 자원이 널리 활용된다. 그 대표 사례가 BabelNet이며, 이 자원은 WordNet의 의미 관계와 Wikipedia, Wikidata의 개념 및 개체 정보를 연결해 다언어 동의어 집합과 풍부한 의미 관계를 제공하는 방향으로 발전해 왔다(Navigli & Ponzetto, 2012; Navigli et al., 2021).

이러한 시소러스 기반 접근은 고품질의 개념 중심 탐색을 지원하기 때문에, 특히 전문 영역에서 용어를 정교하게 확장하고 주제 간 관계를 따라가며 탐색하도록 돕는 데 유리하다. 또한 동일 개념을 중심으로 다언어 표현을 묶어 두므로, 언어가 달라도 같은 개념을 일관되게 검색할 수 있다는 점에서 단일 언어 검색에 가까운 경험을 제공할 수 있다. 반면 시소러스의 구축과 유지에는 상당한 비용이 들고, 적용 범위를 어디까지로 설정할지, 즉 도메인, 언어, 갱신 주기를 결정해야 하며, 새로운 용어의 등장과 의미 변화에 지속적으로 대응해야 한다는 운영 부담이 있다(NISO, n.d.). 따라서 현대 시스템에서는 전통적인 시소러스 구축만으로 해결하려 하기보다, 표준 기반 어휘 관리와 링크드 데이터 공개 및 연계, 그리고 대규모 다국어 의미 자원을 함께 활용해 유지비용과 최신성 문제를 완화하는 방향으로 설계하는 경우가 많다(Navigli et al., 2021; LC Linked Data Service, n.d.).

ⓒ 코퍼스 기반 방법

코퍼스 기반 방법은 시소러스처럼 사람이 미리 정의한 의미 관계를 활용하기보다, 실제 언어 사용 데이터인 코퍼스에서 관찰되는 통계적 패턴을 이용해 교차언어 정보검색을 수행하는 접근이다. 여기서 코퍼스는 텍스트의 집합을 뜻하지만, 현대의 코퍼스는 단순히 텍스트를 모아 둔 자료가 아니라 특정 연구나 서비스 목적에 맞게 균형성과 대표성을 고려해 수집하고 컴퓨터가 처리할 수 있도록 전자 형태로 구축한 자료를 가리키는 경우가 많다.

코퍼스 기반 방법에서 특히 중요한 자원은 병렬 코퍼스이다. 병렬 코퍼스는 동일하거나 매우 유사한 내용을 서로 다른 언어로 번역해 놓은 자료로, 보통 문서 쌍 또는 문장 쌍 단위로 정렬되어 있다. 이러한 병렬 코퍼스는 전통적으로 예제 기반 기계번역이나 통계적 번역 모델에서 핵심 자원으로 활용되어 왔으며, 교차언어 검색에서도 언어 간 용어 대응과 의미 연결을 학습하는 근거로 사용된다.

코퍼스 기반 교차언어 검색의 전통적 대표 기법으로는 단어 벡터 변환과 잠재 의미 색인이 자주 언급된다. 먼저 단어 벡터 변환은 병렬 코퍼스에서 대응되는 문서 쌍을 이용해 단어들의 공기 관계를 추정하고, 이를 바탕으로 한 언어의 용어 벡터를 다른 언어의 용어 벡터로 변환하는 방식이다. 구체적으로는 병렬 문서 쌍에서 단어들이 함께 등장하는 빈도를 기반으로 공기 테이블을 구성하고, 공기 빈도에 따라 임계값을 두어 번역 후보를 선택하거나 확률적으로 가중치를 부여해 질의어를 변환한다. 즉 어떤 단어가 함께 자주 쓰였는가라는 통계를 이용해 번역과 확장을 수행하는 접근이라고 정리할 수 있다. 잠재 의미 색인은 단일언어 정보검색에서도 활용되는 기법으로, 문서 용어 행렬을 구성한 뒤 특이치 분해를 통해 고차원의 표현을 더 작은 차원의 의미 공간으로 축소하고, 그 공간에서 문서 간 유사도를 계산해 검색을 수행한다. 교차언어 환경에서는 병렬 코퍼스를 활용해 언어별 문서 용어 행렬을 구성하고 두 언어가 공유하는 잠재 의미 공간을 유도하여 질의와 문서를 같은 공간에서 비교하는 방식으로 확장할 수 있다. 결과적으로 잠재 의미 색인 기반 접근은 표면적 단어 일치가 아니라 잠재 의미 구조에 기반해 언어 간 유사도를 계산한다는 점에서 교차언어 검색에 적용될 수 있다. 다만, 현대의 다국어 정보검색에서는 단어 벡터 변환이나 잠재 의미 색인 같은 전통적 통계 기법을 그대로 쓰기보다, 코퍼스에서 언어 간 대응을 학습한다는 문제의식을 계승하면서도 신경망 기반 임베딩과 결합해 더 안정적으로 의미를 매칭하는 방법이 널리 확산되고 있다.

6.5 이용자 인증

디지털도서관에서 이용자 인증은 특정 이용자가 본인임을 주장할 때, 이를 확인하는 검증자가 그 주장을 확인하고 시스템 이용을 허용하는 절차를 말한다. 인증 환경에는 이용자, 서비스를 제공하는 시스템, 그리고 이용자의 신원을 확인하는 인증 기관이 등장하며, 인증 기관은 일반적으로 여러 서비스로부터 신뢰받는 주체로 전제된다. 인증은 이용자가 서비스에 본인임을 증명하는 단일 인증 형태로 운영되는 경우가 많지만, 보안 요구 수준이 높은 환경에서는 서비스 역시 자신이 정당한 서비스임을 이용자에게 증명하는 상호 인증이 적용되기도 한다. 이를 일상적으로 비유하면, 이용자가 행사장 입구에서 초대받은 사람임을 확인받기 위해 입장권과 같은 자격 증명을 제시하고, 이를 확인한 뒤 입장이 허가되는 과정으로 이해할 수 있다.

디지털도서관에서 이용자 인증은 이용 편의성과 보안 요구를 함께 만족시키기 위해 가능한 한 단일 로그인 방식으로 구성하는 것이 일반적이다. 단일 로그인은 이용자가 한 번 로그인하면 이후에는 동일한 인증 상태를 재활용해 여러 서비스에 반복 로그인 없이 접근할 수 있도록 하는 구조를 의미한다. 이는 여러 출입문을 각

각 따로 통과해야 하는 방식이 아니라, 한 번의 확인으로 여러 공간에 접근할 수 있게 해 주는 통합 출입증에 가깝다. 포털 서비스에서 한 번 로그인한 뒤 검색, 메일, 클라우드 등 다양한 기능을 연속적으로 이용할 수 있는 경험이 이러한 방식의 직관적인 예다. 〈그림 6.4〉는 기존 환경에서 이용자가 서비스마다 각각 인증을 수행해야 했던 방식과 달리, 단일 로그인 환경에서는 중앙의 인증 서비스가 이용자를 한 번 확인한 뒤 그 결과를 여러 서비스에 전달함으로써 이용자의 인증 부담을 줄이는 흐름을 도식적으로 보여준다.

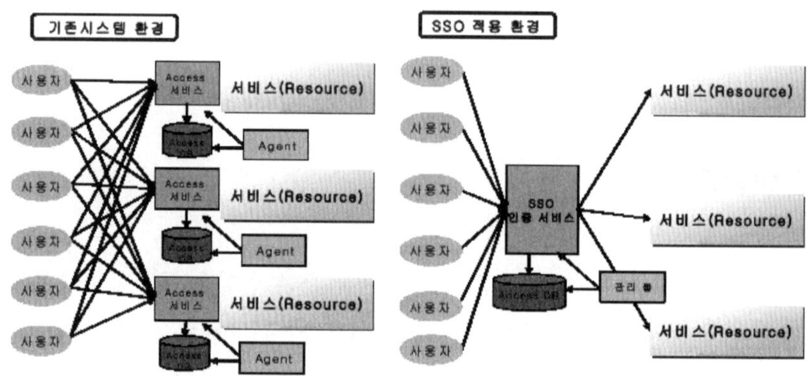

〈그림 6.4〉 SSO 인증의 개념도

다만, 단일 로그인을 구현하기 위해 뒤에서 살펴볼 LDAP(Lightweight Directory Access Protocol)이 반드시 필요하다고 보기는 어렵다. LDAP는 단일 로그인 자체의 프로토콜이라기보다, 기관 내 계정 정보인 아이디, 소속, 역할, 권한 등을 저장하고 조회하기 위한 디렉터리 서비스와 접근 프로토콜로 이해하는 편이 정확하다. 즉 LDAP는 조직 내부의 계정과 속성 정보를 일관되게 관리하고, 인증과 인가 시스템이 이를 참고하도록 해 주는 기반 기술로 널리 활용되지만, 단일 로그인을 실제로 성립시키는 핵심은 중앙 인증 서비스와 각 서비스가 그 인증 결과를 신뢰하고 받아들이도록 연동하는 방식에 있다. 현대의 단일 로그인은 운영 환경에 따라 SAML, OAuth 2.0, OpenID Connect(OIDC) 등 다양한 연동 표준을 사용한다. 또한 디지털도서관은 기관 내부 자원뿐 아니라 외부 전자자원인 전자저널, 학술 데이터베이스, 협력기관 콘텐트 등에 접근해야 하므로, 기관 경계를 넘어 신원 확인을 연계하는 연합인증이 중요해진다. 이 맥락에서 Shibboleth는 기관 간 연합인증을 대표적으로 구현해 온 기술로, 이용자의 소속기관이 발급한 인증 정보인 소속, 신분, 자격 속성을 바탕으로 외부 서비스가 접근을 허용할 수 있게 해 준다. 따라서 디지털도서관의 이용자 인증 요소기술은 기관 내부의 계정 관리와 더불어, 외부 전자자원 연동을 위한 연합인증과 최근 표준을 함께 고려해 설계하는 것이 현실적이다.

6.5.1 LDAP

LDAP(Lightweight Directory Access Protocol)은 조직 내에 흩어져 있는 이용자 계정과 속성 정보를 디렉터리 형태로 저장해 두고, 이를 표준화된 방식으로 조회, 검색, 갱신할 수 있도록 해 주는 통신 규약이다. 여기서 이용자 계정과 속성 정보에는 이름, 소속, 이메일, 역할, 권한 등이 포함된다. 디지털도서관 환경에서 LDAP은 인증을 직접 수행하는 기술이라기보다, 인증과 인가 시스템이 참고할 수 있는 통합된 계정 및 속성 정보원을 제공한다는 점에서 실무적으로 중요하다. 즉 여러 시스템이 각각 이용자 정보를 따로 관리할 때 발생하는 중복과 불일치 문제를 줄이고, 중앙 디렉터리를 통해 이용자 정보를 일관되게 관리하면서 다양한 서비스가 이를 공통으로 활용할 수 있게 해 준다.

LDAP은 ITU-T의 X.500 디렉터리 서비스 개념을 바탕으로 발전한 것으로 알려져 있다. X.500은 분산 환경에서 조직, 사람, 장비와 같은 다양한 객체를 체계적으로 관리하고 검색할 수 있도록 표준화된 디렉터리 서비스 모델을 제시했으며, 계층적 구조와 풍부한 기능을 제공한다. 다만 X.500은 구현이 복잡하고 시스템 자원 요구가 커서 일반적인 운영 환경이나 경량 클라이언트에서 활용하기에는 부담이 컸다. 이런 배경에서 LDAP은 X.500의 핵심 아이디어인 디렉터리를 기반으로 한 표준화된 정보 관리는 유지하되, 실제 네트워크 환경에서 더 가볍고 효율적으로 적용할 수 있도록 접근 절차와 연동 방식을 단순화한 경량 프로토콜로 이해할 수 있다. 또한 LDAP 디렉터리는 주소록처럼 단일 서버에만 존재할 수도 있지만, 조직 규모가 커지면 여러 디렉터리 서버가 연동되어 동작하기도 한다. 이때 한 서버가 처리할 수 없는 질의는 다른 서버로 넘겨 확인하는 방식이 사용될 수 있으며, 그 결과를 다시 이용자에게 돌려주는 흐름이 가능하다. 〈그림 6.5〉는 LDAP이 인증을 대신 해주는 단일 서비스라기보다 조직 안의 여러 시스템이 공통으로 참고하는 중앙 디렉터리 역할을 한다는 점을 보여준다. 왼쪽의 업무용 애플리케이션이 이용자 정보를 확인하거나 조직 정보를 조회해야 할 때 각 시스템이 이용자 계정을 따로 저장하고 관리하는 대신 가운데의 LDAP 디렉터리에 질의한다. LDAP 디렉터리는 이용자 계정과 같은 기본 신원 정보뿐 아니라 권한 부여에 필요한 소속, 역할, 그룹 정보, 이메일 시스템에서 쓰는 주소와 계정 속성, 그리고 기관 내 라이선스 관리처럼 누가 어떤 서비스를 사용할 수 있는가를 판단하는 데 필요한 속성 데이터를 한곳에서 일관되게 제공한다.

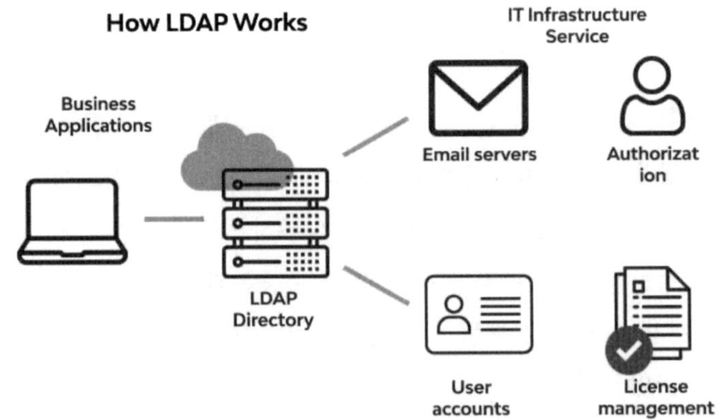

〈그림 6.5〉 LDAP 중앙 디렉토리
(https://zuzukamoshi.tistory.com/50#google_vignette)

즉, 이 구조에서는 이메일 서버, 권한 관리 시스템, 라이선스 관리 시스템 등 여러 정보기술 인프라 서비스가 LDAP 디렉터리를 공통 참조원으로 삼아 계정과 속성 정보를 공유하므로 이용자 정보의 중복 입력을 줄이고 변경 사항이 전체 서비스에 비교적 빠르게 반영된다. 예를 들어 부서 이동이나 역할 변경과 같은 정보 수정이 중앙 디렉터리에 반영되면, 이를 참조하는 여러 시스템에도 일관되게 적용된다. 결과적으로 LDAP는 조직 전체의 계정과 속성 정보를 표준 방식으로 조회할 수 있게 해주어, 여러 서비스가 동일한 이용자 정보를 기반으로 인증과 인가, 그리고 운영 정책을 안정적으로 적용할 수 있도록 한다.

6.5.2 십볼릿

십볼릿(Shibboleth)은 대학이나 연구소 같은 기관이 보유한 이용자 신원 정보를 외부로 그대로 넘기지 않으면서도, 외부 전자자원 제공자에게 해당 이용자가 접근 자격을 갖추었는지를 표준 방식으로 증명할 수 있게 해 주는 연합인증 기반 솔루션이다. 〈그림 6.6〉은 이용자가 전자자원에 접근할 때 도서관 포털과 자원 제공자 사이에서 인증과 권한 부여가 어떤 흐름으로 이루어지는지를 보여준다(Gourley, 2003). 〈그림 6.6〉의 구성 요소는 크게 세 주체로 정리된다. 첫째, 브라우저 이용자는 전자자원을 이용하려는 도서관 고객이다. 둘째, 원시 사이트(Shibboleth Origin Site)는 이용자가 소속된 기관으로, 이용자 로그인과 신원 확인을 담당한다. 원시 사이트 내부에는 인증 이후 이용자의 속성 정보를 발급하는 속성기관(Attribute Authority, AA)과 인증 흐름을 처리하는 구성요소가 포함된다. 여기서 속성 정보에는 소속, 신분, 역할 등이 포함된다. 셋째, 대상 사이트(Shibboleth Target Resources)는 전자저널과 학술 데이터베이스 같은 자원 제공자로, 원시 사이트가 제공한 속성 정보를 근거로 접근을 허용할지 결정한다(Gourley, 2003).

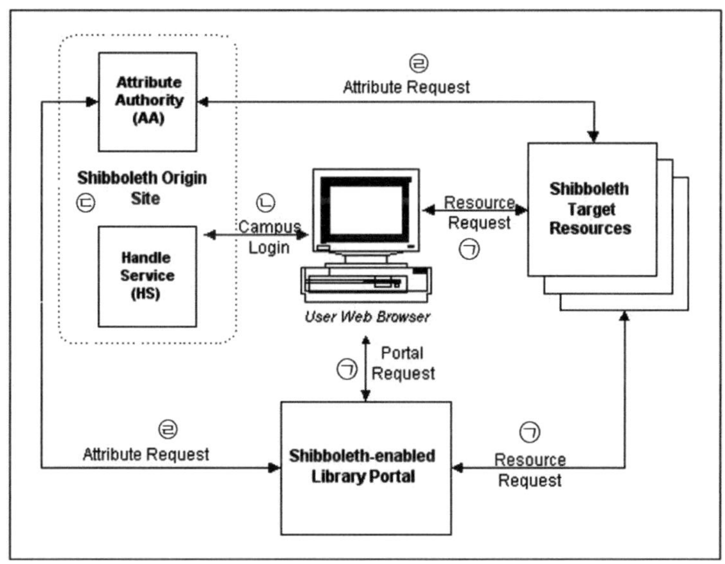

〈그림 6.6〉 십볼릿 프로토콜 환경에서 포털의 접근관리 개념도

절차는 다음과 같은 흐름으로 이해할 수 있다. ㉠과 같이 이용자가 웹브라우저로 십볼릿 연동 도서관 포털 또는 전자자원을 요청하면, 대상 사이트는 먼저 이용자가 누구이며 자격이 있는지를 확인해야 한다. 이때 ㉡과 같이 대상 사이트는 이용자를 소속기관 로그인 경로인 Campus Login 으로 유도한다. 이용자가 소속기관의 로그인 화면에서 인증을 완료하면, ㉢과 같이 원시 사이트에서는 인증이 완료된 이용자에 대해 우리 기관 소속 여부, 교직원 또는 학생 여부, 구독 대상 그룹 등 접근 판단에 필요한 최소한의 속성을 내부적으로 준비한다. 이후 ㉣과 같이 대상 사이트는 원시 사이트의 속성기관에 속성 요청을 보내고, 원시 사이트는 정책에 따라 필요한 범위의 속성만 응답한다. 대상 사이트는 전달받은 속성을 바탕으로 해당 이용자가 구독 대상인지와 접근 수준을 판단하여 최종적으로 전자자원에 대한 접근을 허용하거나 거부한다(Gourley, 2003).

〈그림 6.6〉에서 보여주는 구조의 실무적 의미는 도서관 게이트웨이인 포털이 전자자원 제공자마다 별도의 계정과 인증을 직접 처리하지 않고도, 소속기관이 인증하고 자원 제공자가 허가하는 역할 분담을 통해 접근관리를 단순화할 수 있다는 점이다. 또한 자원 제공자는 개인의 상세 신원정보가 아니라 접근 판단에 필요한 속성 기반 정보를 받아 정책적으로 통제할 수 있고, 소속기관은 어떤 속성을 어떤 자원 제공자에게 제공할지 결정함으로써 개인정보 노출을 최소화하면서도 전자자원 이용을 가능하게 한다(Gourley, 2003).

6.5.3 이용자 인증 방법

이용자 인증을 논할 때 SSO와 LDAP은 흔히 함께 언급되지만, 이 둘은 그 자체로 로그인 방식을 제공한다기보다 인증 체계를 구성하는 기반 개념과 구성요소에 가깝다. SSO는 한 번의 인증으로 여러 서비스에 반복 로그인 없이 접근하도록 하는 운영 방식, 즉 인증 경험의 설계이고, LDAP은 이용자 계정과 소속, 역할, 그룹 같은 속성 정보를 저장하고 조회하는 디렉터리 서비스 프로토콜이다. 즉 SSO는 여러 서비스가 하나의 인증 결과를 공유하는 구조를 의미하며, LDAP은 그 구조에서 필요한 이용자 정보를 일관되게 관리하기 위한 기반 저장소로 활용될 뿐 로그인 절차 자체를 LDAP이 직접 수행하는 것은 아니다. 실제 로그인은 별도의 인증 서버가 담당하고, LDAP은 그 과정에서 계정 검증이나 속성 조회에 참고되는 형태로 사용되는 것이 일반적이다.

현대의 디지털도서관에서 이용자 인증 방식은 크게 지식 기반, 소지 기반, 생체 기반, 그리고 표준 프로토콜을 이용한 인증 연동 방식이라는 축으로 정리할 수 있다. 먼저 가장 널리 쓰이는 방식은 아이디와 비밀번호를 입력하는 전통적인 지식 기반 인증이다. 다만 이 방식은 비밀번호 재사용, 유추 공격, 피싱 등에 취약해질 수 있으므로 단독으로 사용되기보다는 복잡도 규칙, 시도 횟수 제한, 비정상 로그인 탐지 같은 보안 정책과 함께 운영되거나, 다른 요소를 추가한 다중요소인증으로 확장되는 경우가 많다. 두 번째는 이용자가 소지한 기기나 인증 수단을 함께 사용하는 소지 기반 인증이다. 과거에는 인증서 중심의 공개키 기반 방식이 강조되었지만, 최근에는 모바일 환경을 전제로 일회용 비밀번호, 인증 앱 푸시 승인, 하드웨어 보안키 등 다양한 형태로 발전하였다. 일회용 비밀번호는 매번 다른 코드를 요구함으로써 비밀번호 유출 위험을 낮추며, 인증 앱 기반 방식은 이용자 경험을 유지하면서도 추가적인 보안 수준을 제공한다. 특히 구독 전자저널, 연구데이터 시스템, 학내 행정 정보와 같은 중요 자원에 대해서는 비밀번호만으로 접근을 허용하기보다 다중요소인증을 결합하는 것이 점점 보편화되고 있다. 세 번째는 지문, 얼굴, 홍채와 같은 생체정보를 이용한 인증이다. 생체 인증은 잊어버리거나 빼앗기기 어렵다는 특성을 활용한다는 장점이 있어 모바일 기기 잠금 해제나 인증 보조 수단으로 널리 쓰인다. 다만 생체정보는 한 번 유출되면 변경이 어렵고, 센서 품질이나 조명, 인식 오차 등 환경에 따라 성능 편차가 발생할 수 있으므로 실제 서비스에서는 단독 방식보다는 다른 인증 요소와 결합해 사용하는 경우가 일반적이다. 네 번째는 과거에 활용되던 클라이언트 다운로드 방식처럼 별도의 프로그램을 설치해 로그인 통로를 만드는 접근이다. 이러한 방식은 보안과 운영 측면에서 설치와 업데이트, 호환성 부담이 커 현대 환경에서는 점차 축소되고 있으며, 대신 웹 표준 기반 인증과 기기 기반 인증으로 대체되는 흐름이 강하다. 일부 높은 수준의 보안 환경에서는 전용 에이전트가 여전히 사용되기도 하지만, 도서관 서비스처럼 폭넓은 이용자를 대상으로 하는 환경에서는 설치 부담을 줄이는 방향이 더 우세하다.

마지막으로 디지털도서관에서 중요한 것은 개별 로그인 방식 자체보다 기관 내부와 외부 서비스를 인증 체계로 어떻게 연결하느냐이다. 기관 내부 시스템 중심으로는 SSO 구현을 위해 SAML, OAuth 2.0, OpenID Connect 같은 표준 기반 연동이 활용되며, 전자저널과 학술 데이터베이스처럼 기관 외부 자원에 대해서는 앞에서 살펴본 Shibboleth 기반의 연합인증이 널리 적용된다. 연합인증에서는 소속기관이 이용자를 인증하고, 자원 제공자는 소속기관이 전달한 속성 정보를 근거로 접근을 허용한다. 이 방식은 도서관이 자원 제공자별로 계정을 따로 관리하지 않으면서도 기관의 구독과 권한 정책에 맞춰 적합한 이용자에게 적합한 접근을 제공할 수 있다는 점에서 실무적 효용이 크다.

6.6 통합검색 요소기술

디지털도서관의 통합검색은 다른 기관이나 조직에서 운영하는 통합도서관시스템(ILS), 기관 리포지토리, 전자저널과 데이터베이스 플랫폼, 학술검색 API, 오픈액세스 저장소 등에 흩어진 데이터를 이용자에게 하나의 검색창과 하나의 결과 목록으로 제공하는 것을 목표로 한다. 이를 위해서는 이기종 시스템 간에 검색 질의와 결과를 주고받는 표준 프로토콜, 수집과 동기화를 통해 검색 품질을 높이는 수집과 동기화 프로토콜, 결과를 합치고 정렬하는 통합검색 기법이 함께 필요하다. 전통적으로는 원격 데이터베이스에 질의를 보내 결과를 모으는 연합검색 방식이 중심이었고, 오늘날에는 수집과 색인 기반을 결합한 통합 색인 방식이 주류가 되었지만, 표준 프로토콜은 여전히 상호운용성의 기반으로 활용된다.

6.6.1 Z39.50

인터넷의 급속한 성장으로 교육, 학술, 오락, 상업 등 전 영역에서 온라인 정보자원의 중요성이 커졌지만, 정보가 늘어날수록 검색 환경은 오히려 복잡해졌다. 많은 인터넷 정보자원은 메타정보가 충분하지 않았고, 서비스마다 검색 구문 규칙이 달라 이용자가 매번 새로운 질의 문법을 익혀야 했으며, 이용자 인터페이스도 서로 달라 일관된 검색 경험을 제공하기 어려웠다. 이러한 조건에서는 이용자 관점에서 통합적이고 일관된 정보서비스를 구현하기가 쉽지 않았고, 이러한 문제의식 속에서 이기종 시스템 간 검색을 표준화하려는 필요가 제기되었다.

이러한 배경에서 개발된 Z39.50은 서로 다른 두 시스템이 정보검색을 위해 통신할 때 따라야 할 표준화된 규칙과 절차를 정의한다. Z39.50은 1988년에 미국국가표준으로 채택되어 운영되어 왔다. 표준 문서에는 데이터베이스 탐색과 정보검색을 수행하는 두 시스템이 어떤 절차로 연결하고, 어떤 방식으로 검색 요청을 표현하며, 검색 결과를 어떤 형식으로 주고받는지에 관한 규정이 포함된다. 따라서 Z39.50을 적용하면 개별 시스템마다 제각각이던 검색 절차가 일정 수준으로 정리되어, 대규모 분산 데이터베이스 환경에서의 정보 접근이 더 단순해진다. Z39.50은 특히 분산형 클라이언트 서버 환경에서의 정보검색을 전제로 한다. 이용자 측 클라이언트는 Z39.50 규약에 맞춰 검색 요청을 서버로 전달하고, 서버는 하나 이상의 데이터베이스를 탐색하여 요청을 만족하는 검색 결과를 다시 클라이언트에 반환한다. 이 과정에서 핵심은 어떤 데이터베이스 관리 시스템을 쓰는지, 어떤 운영체제인지, 어떤 검색엔진인지와 관계없이 서로 다른 시스템들이 같은 규약으로 검색 요청과 결과를 교환할 수 있다는 점이다. 그 결과 Z39.50을 구현한 환경에서는 운영체제, 하드웨어, 검색엔진, 데이터베이스 관리 시스템이 서로 달라도 상호작용이 가능해지고, 여러 데이터베이스를 동시에 검색하더라도 이용자에게는 단일한 인터페이스를 제공할 수 있다. 이용자는 서비스마다 다른 검색 명령어나 탐색 기법을 새로 배울 필요 없이 익숙한 방식으로 검색을 수행하면서도 여러 시스템의 정보를 통합적으로 활용할 수 있게 된다.

6.6.2 ZING

Z39.50은 네트워크를 통한 데이터베이스 탐색과 레코드 검색을 위해 클라이언트와 서버가 어떤 메시지를 어떤 절차로 주고받아야 하는지를 규정한 표준으로, 도서관 영역에서 오랫동안 안정적으로 활용되어 왔다. 그러나 웹 환경이 주류가 되면서 개발과 서비스 운영의 중심이 HTTP, URL, 웹 API로 이동했고, 그 과정에서 Z39.50은 구현이 상대적으로 복잡하고 웹 개발 생태계와의 친화성이 낮다는 평가를 받게 되었다. 다시 말해 표준의 개념과 기능은 유용하지만, 웹 기반 시스템이 선호하는

방식으로 쉽게 연동하기 어렵다는 문제가 제기된 것이다.

이러한 배경에서 등장한 ZING은 이름 그대로 차세대 Z39.50을 지향하며 수행된 여러 실험적 연구와 프로젝트를 포괄하는 용어로 이해할 수 있다(이지원, 2004). ZING은 Z39.50을 완전히 부정하거나 대체하려는 접근이라기보다, Z39.50이 축적해온 검색 개념과 의미 구조를 보존하면서도 웹 환경에서 더 쉽게 구현하고 연동할 수 있도록 표현 방식과 전송 방식의 부담을 줄이는 방향으로 확장하고 재구성하려는 시도에 가깝다. ZING의 공식 설명 역시 구현상의 어려움을 완화하고 정보제공자, 개발자, 업체, 이용자들이 Z39.50의 지적 개념을 더 넓게 활용할 수 있도록 돕는 활동을 포함한다고 밝히고 있다(이지원, 2004).

ZING의 논의에서 자주 언급되는 핵심은 검색 기능을 웹 기술로 재배치하는 것이다. 즉 기존의 Z39.50이 제공하던 검색과 조회 기능을 유지하되, 웹 서비스, URL 기반 요청, XML 기반 기술, 객체지향 모델 등 당시의 웹 기술 흐름에 맞춰 구현과 연동을 쉽게 만드는 작업이 추진되었다. 그 결과 ZING에서는 다음과 같은 주제들이 실험적 연구 항목으로 제시되었다(이지원, 2004).

- SRW와 SRU: 웹 서비스와 URL 기반 서비스의 검색과 조회 방식
- CQL: 검색 질의를 표준적으로 표현하기 위한 공통 질의 언어
- ZOOM: Z39.50 기능을 객체지향적으로 다루기 위한 모델
- ZeeRex: Z39.50 Explain 정보를 XML로 재구성해 서비스 이해와 연동을 돕는 접근

SRW와 SRU는 Z39.50이 수행해 온 원격 데이터베이스에 질의를 보내고 결과 레코드를 돌려받는 기능을 웹 환경에서 구현하기 쉽도록 재구성한 검색과 조회 프로토콜이다. Z39.50은 도서관 분야에서 오랫동안 안정적으로 사용된 표준이지만, 웹이 주류 플랫폼이 된 이후에는 전용 프로토콜 기반 구현이 웹 개발 방식과 거리가 있어 적용 장벽이 있다는 지적을 받아 왔다. 이러한 문제의식 속에서 ZING이라는 흐름 아래 Z39.50이 축적해 온 검색의 핵심 개념을 유지하면서도 HTTP, URL, XML 같은 웹 기술로 연동과 구현 부담을 낮추려는 시도가 진행되었고, 그 대표적인 산출물이 SRU와 SRW이다(이지원, 2004).

SRU는 클라이언트가 검색 요청을 URL 매개변수에 인코딩해 HTTP로 전달하고, 서버가 그 결과를 정의된 XML 형식으로 반환하는 방식이다. 즉 SRU는 웹에서 호출 가능한 형태로 검색 요청과 결과 반환을 표준화한 프로토콜이며, 질의 표현에는 사람이 읽기 쉬운 공통 질의 언어인 CQL을 사용한다. SRU는 버전이 발전해 왔는데, 현재 미국 의회도서관 표준 안내에서는 SRU 1.2가 현행 버전으로 안내되고 있으며, SRU 2.0은 OASIS 표준으로 정리되어 있다.

반면 SRW는 SRU의 변형으로, 메시지를 URL로 보내는 대신 SOAP을 이용해 XML 메시지를 HTTP로 전달하는 방식이다. 즉 SRU가 URL 기반 호출 방식이라면, SRW는 SOAP을 사용해 요청과 응답을 교환하는 웹 서비스 방식의 구현이며, 기능적으로는 동일한 검색과 조회 목적을 갖되 메시지 전달 방식이 다르다고 이해하면 된다. 정리하면 SRU와 SRW는 모두 Z39.50의 검색 개념을 웹 친화적으로 재구성한 표준이며, SRU는 URL 기반 요청 모델을, SRW는 SOAP 기반 메시지 모델을 통해 같은 목적의 검색과 조회 기능을 제공한다(이지원, 2004; LoC SRU SRW 문서).

CQL은 SRU와 SRW에서 검색을 요청할 때 쓰는 공통 질의 언어다. 쉽게 말해 서로 다른 시스템이라도 같은 문법으로 검색 조건을 표현할 수 있게 만든 검색식 규칙이다. 예를 들어 단순 키워드 검색만이 아니라 제목에서 찾기, 저자에서 찾기, AND와 OR 같은 조건 결합, 특정 연도 이후 자료만 찾기 같은 필드 기반 검색을 비교적 읽기 쉬운 형태로 표현할 수 있다. 즉 SRU와 SRW가 검색 요청을 웹으로 보내는 통로라면, CQL은 그 통로로 전달하는 검색식의 표준 문법이다.

ZOOM은 Z39.50 표준이 제공하는 여러 기능 가운데 일부를 개발자가 더 쉽게 구현할 수 있도록 객체지향 방식의 추상 API로 정리한 것이다. 핵심은 Z39.50 자체를 새로 정의하는 것이 아니라, Z39.50 서버에 접속해 검색하고 결과를 받는 작업을 구현 언어나 구현체가 달라도 비슷한 형태로 코딩할 수 있게 만드는 데 있다. 즉 Z39.50 프로토콜의 복잡한 세부 메시지 교환을 개발자가 직접 다루지 않도록 공통된 개발 인터페이스를 제공하려는 접근이다. ZOOM 문서에서 말하는 객체지향은 Z39.50 연결 위로 객체를 전송하거나 원격 호출을 하겠다는 뜻이 아니라, API가 객체지향 스타일로 제공된다는 의미라는 점이 강조된다.

ZeeRex는 Z39.50 환경에서 반복적으로 등장하는 두 가지 문제를 해결하기 위해 제안된 명세다. 첫째, 클라이언트가 활용할 만한 Z39.50 자원인 서버와 데이터베이스를 어떻게 발견할 것인가. 둘째, 특정 서버를 알게 된 뒤 그 서버가 어떤 데이터베이스를 제공하고 어떤 검색 필드, 옵션, 인증 등을 지원하는지, 즉 능력을 어떻게 정확히 파악할 것인가. 이를 위해 ZeeRex는 서버와 데이터베이스의 설정과 능력을 기술하는 XML 레코드를 제공한다. 즉 ZeeRex 레코드는 이 서버는 어떤 호스트와 포트로 접속하고, 어떤 데이터베이스가 있으며, 어떤 검색을 지원하고, 인증이 필요한지 같은 정보를 사람이 읽을 수 있을 뿐 아니라 시스템이 해석할 수 있도록 구조화해 담는다.

현대 관점에서 보면 ZING은 Z39.50을 웹 시대에 맞게 다루기 위한 전환기적 노력으로 해석할 수 있다. 이후 실제 서비스 환경에서는 REST와 JSON 기반 API, 통합색인 중심의 아키텍처가 확산되면서 SRU와 SRW 같은 웹 친화적 표준이나 메타데이터 수집 기반인 OAI-PMH 방식이 더 널리 활용되는 흐름이 나타났지만, ZING은 전통 도서관 표준이 웹과 연결되기 위해 어떤 방향의 기술적 재구성이 필요했는지를 보여주는 대표적인 사례로 의미가 있다.

6.6.4 OAI 프로토콜

최근 학술커뮤니케이션에서는 개방접근이 중요한 흐름으로 자리 잡았고, 이를 안정적으로 뒷받침하기 위해 서로 다른 저장소들이 메타데이터를 교환하고 재활용할 수 있는 상호운용성 기술이 필요해졌다. 이러한 요구 속에서 출발한 조직이 OAI이며, OAI의 핵심 역할은 디지털 콘텐트의 유통과 활용을 촉진하기 위해 상호운용 가능한 표준을 제안하고 보급하는 데 있다(openarchives 웹페이지).

OAI-PMH는 2001년 1.x 계열을 거쳐 버전 2.0이 2002년 6월 14일에 안정 명세로 발표되었고, 현재까지 OAI 측에서 제공하는 핵심 표준은 2.0을 중심으로 유지되고 있다. 또한 시간이 흐르면서 메타데이터 수확만으로는 부족한 요구가 커졌고, 이를 보완하기 위한 확장 노력도 나타났다. 예를 들어 OAI 계열의 후속 상호운용성 노력 중 하나인 ResourceSync(ANSI NISO Z39.99-2017)는 웹 리소스의 동기화와 변경

사항 공유를 더 체계적으로 지원하는 프레임워크를 제시한다. 즉 OAI-PMH가 메타데이터 수확에 강점이 있다면, ResourceSync는 변화하는 웹 리소스를 지속적으로 동기화하려는 요구를 더 정교하게 다루는 보완 표준으로 이해할 수 있다.

6.6.4.1 OAI-PMH 등장 배경

OAI-PMH는 분산된 오픈 저장소들이 각자 고립된 채 운영될 경우, 이용자 입장에서는 검색이 분절되고 서비스 제공자 입장에서는 연동 비용이 커지는 문제를 줄이기 위해 제안되었다. OAI-PMH는 구현 장벽을 낮추기 위해 HTTP와 XML 같은 웹 표준 위에서 동작하며, 저장소가 제공하는 메타데이터를 다른 주체가 주기적으로 수확하여 가져갈 수 있도록 단순한 절차를 제공한다. 또한 OAI-PMH는 정교한 원격 검색 프로토콜로 실시간 질의를 보내는 방식보다, 메타데이터를 미리 가져와 통합 인덱스를 구성하는 방식이 운영상 유리하다는 관점에 서 있다. 즉 연합검색이 원격 시스템에 실시간 부하를 줄 수 있는 반면, 수확검색은 서비스 제공자가 메타데이터를 로컬에 축적해 두고 자기 시스템에서 검색, 브라우징, 연계 같은 부가가치 서비스를 설계할 수 있어 원격 저장소의 부담을 줄이고 전체 서비스 품질을 안정화하는 데 유리하다(openarchives 웹페이지).

6.6.4.2 SP와 DP 모델

OAI-PMH는 참여 주체를 매우 단순하게 두 범주로 나눈다.

- DP(Data Provider)는 자신의 저장소에서 메타데이터를 노출하고 OAI-PMH 요청에 응답하는 역할을 한다.
- SP(Service Provider)는 여러 DP로부터 메타데이터를 수확하여, 이를 기반으로 통합검색, 브라우징, 연계, 분석 등 부가가치 서비스를 제공한다.

여기서 SP와 DP는 조직의 역할이기도 하고 시스템이 수행하는 기능이기도 하다. 예를 들어 기관 리포지토리나 박물관 아카이브는 DP로서 메타데이터를 제공하고, 통합 포털이나 국가 단위 검색 서비스는 SP로서 여러 DP의 메타데이터를 모아 이용자에게 통합 서비스를 제공한다고 이해할 수 있다.

6.6.4.3 OAI－PMH의 동작 방식

OAI－PMH의 통신 방식은 HTTP 요청과 XML 응답이라는 단순한 패턴으로 구성된다. 표준은 이를 위해 6개의 요청 동작을 정의한다. OAI－PMH의 요청 동작은 기능 성격에 따라 두 범주로 나눌 수 있다. Identify, ListSets, ListMetadataFormats는 저장소의 일반 정보와 구조, 지원 포맷을 확인하는 데 사용된다. 반면 ListIdentifiers, GetRecord, ListRecords는 실제 메타데이터 레코드를 수확하기 위한 동작으로, 식별자 목록을 조회하거나 단일 레코드 또는 복수 레코드를 가져오는 기능을 수행한다.

- Identify: 저장소의 기본 정보를 조회
- ListMetadataFormats: 지원하는 메타데이터 포맷 목록 조회
- ListSets: 저장소가 제공하는 세트 구조 조회
- ListIdentifiers: 수확 가능한 레코드의 식별자 목록 조회
- GetRecord: 특정 식별자의 단일 레코드 조회
- ListRecords: 복수의 레코드를 한꺼번에 수확하는 기능으로, 전체 수확 과정의 핵심

특히, ListIdentifiers와 ListRecords, ListSets 요청 동작처럼 대량 수확이 필요한 경우, 저장소는 한 번에 모든 결과를 주지 않고 resumptionToken을 통해 이어받기를

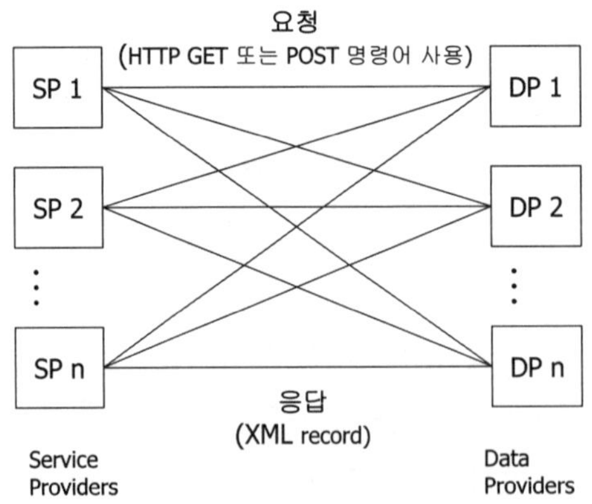

〈그림 6.7〉 SP/DP 커뮤니케이션 방식

제공할 수 있다. 이는 저장소가 과도한 요청을 조절할 수 있게 해 주는 흐름 제어 장치로서 실무적으로 중요하다. 다음 〈그림 6.7〉은 OAI-PMH 환경에서 서비스 제공자(SP)와 데이터 제공자(DP)가 어떻게 통신하는지를 단순화해 보여준다.

왼쪽의 서비스 제공자는 통합검색, 브라우징, 연계 같은 서비스를 제공하기 위해 여러 데이터 제공자로부터 메타데이터를 모아야 하며, 이를 위해 각 데이터 제공자에 요청을 보낸다. 이 요청은 OAI-PMH가 정한 규칙에 따라 HTTP GET 또는 POST 방식으로 전달되며, 요청에는 Identify, ListRecords 같은 요청 동작과 필요한 매개변수인 메타데이터 포맷, 날짜 범위, 세트 등이 포함된다. 오른쪽의 데이터 제공자는 기관 리포지토리나 아카이브처럼 자체 컬렉션을 보유한 저장소로, 서비스 제공자의 요청을 받으면 해당 조건에 맞는 결과를 XML 레코드 형태의 응답으로 반환한다. 즉 서비스 제공자는 여러 데이터 제공자를 대상으로 주기적으로 수확을 수행해 메타데이터를 축적하고, 데이터 제공자는 외부 요청에 응답할 수 있도록 표준화된 방식으로 메타데이터를 노출한다.

〈그림 6.7〉에 여러 개의 연결선이 교차하는 이유는 통신 구조가 일대일 고정 연결이 아니라 다대다 관계이기 때문이다. 하나의 서비스 제공자가 여러 데이터 제공자로부터 메타데이터를 수확할 수 있고, 반대로 하나의 데이터 제공자도 여러 서비스 제공자의 수확 요청에 응답할 수 있다. 이 구조 덕분에 서비스 제공자는 다양한 기관의 분산 컬렉션을 통합해 하나의 검색 서비스로 제공할 수 있고, 데이터 제공자는 개별적으로 운영되면서도 표준 프로토콜을 통해 여러 서비스로 메타데이터가 재유통될 수 있다.

다음 〈그림 6.8〉은 OAI-PMH 기반 통합형 디지털도서관의 서비스 제공자와 데이터 제공자 구조가 어떻게 작동하는지 보여준다.

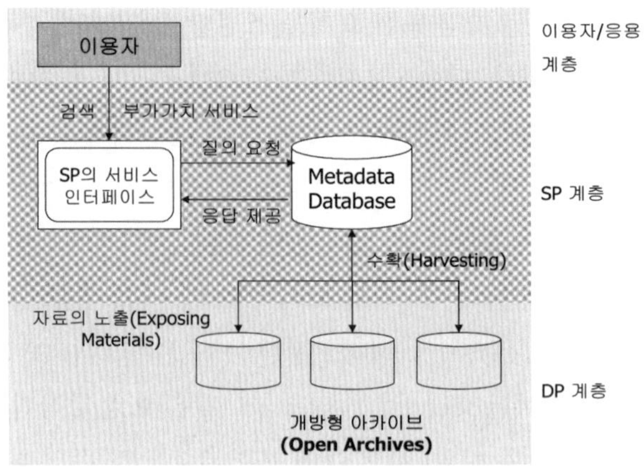

〈그림 6.8〉 통합형 디지털도서관의 SP/DP 모델

〈그림 6.8〉 상단에는 이용자와 응용 계층이 위치하며, 이용자는 통합검색이나 다양한 부가가치 서비스를 이용하기 위해 서비스 제공자의 인터페이스로 검색 질의를 보낸다. 이 인터페이스는 이용자에게 하나의 포털, 즉 단일 창구처럼 인식되는 부분이다. 서비스 제공자 계층의 중심에는 메타데이터 데이터베이스가 있다. 서비스 제공자는 여러 기관에 흩어져 있는 자료를 매번 실시간으로 검색하는 대신, 아래에 위치한 데이터 제공자들이 공개해 둔 메타데이터를 미리 수확해 축적하고, 이렇게 누적된 메타데이터를 대상으로 검색, 브라우징, 연계와 같은 서비스를 제공한다. 따라서 이용자가 질의를 보내면, 서비스 제공자는 원격 저장소에 직접 질의를 전달하는 것이 아니라 내부의 메타데이터 데이터베이스를 빠르게 검색해 결과를 반환할 수 있다. 데이터 제공자 계층에는 여러 개의 개방형 아카이브가 배치되어 있는데, 이는 각 기관, 즉 도서관, 기관 리포지토리, 아카이브 등이 운영하는 개별 저장소를 의미한다. 데이터 제공자는 자신의 자료를 그대로 외부로 전달하는 것이 아니라, 그림에 나타난 것처럼 노출 기능을 통해 서비스 제공자가 가져갈 수 있도록 메타데이터를 표준 형식으로 공개해 둔다.

6.6.5 통합검색 기법

디지털도서관에서 통합검색은 다양한 유형의 장서인 도서관 자체 소장, 구독 전자자원, 기관 리포지토리, 외부 데이터베이스 등을 하나의 도서관 포털에서 탐색할 수 있게 하는 기능을 말하며, 구현 방식은 크게 메타통합검색과 분산검색으로 정리할 수 있다. 이 두 방식은 〈그림 6.9〉처럼 메타데이터를 사전에 통합해 두고 검색하느냐, 아니면 질의 시점에 각 시스템에 직접 질의해 결과를 모으느냐에 따라 구분된다.

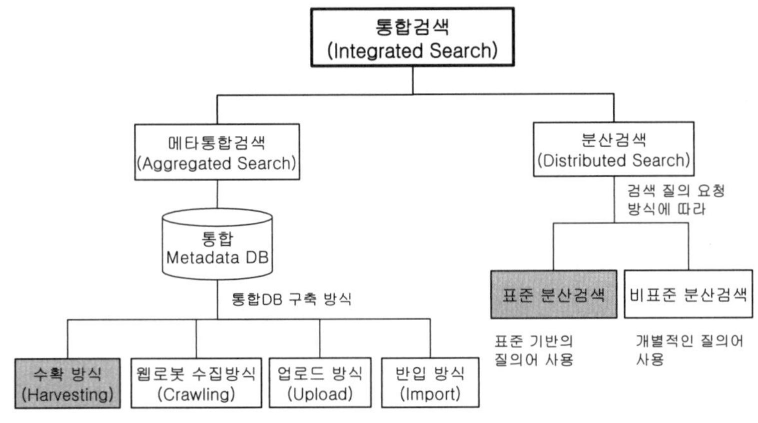

〈그림 6.9〉 통합검색 기법의 유형

먼저 메타통합검색은 통합 대상 장서와 데이터베이스에서 개별 자원의 메타데이터를 수집해 도서관 포털의 로컬 통합 데이터베이스, 즉 통합 인덱스를 구축한 뒤 그 로컬 데이터베이스를 색인하여 검색을 수행하는 방식이다. 검색 시점에는 이미 데이터가 한곳에 모여 있으므로 검색 과정이 단순하고 응답이 빠르며, 결과 정렬, 필터, 중복 제거 같은 기능을 포털에서 일관되게 제공하기 쉽다. 반면 장서별로 메타데이터 포맷과 필드 구성, 값의 표기 방식, 코드 체계가 달라 이를 하나의 통합 포맷으로 변환하고 표준화하며 정규화하는 작업이 부담이 될 수 있고, 최신성을 유지하려면 메타데이터 수집을 주기적으로 반복해야 한다. 메타데이터 수집은 OAI-PMH 같은 표준 수확 방식이 대표적이지만, 현실적으로는 크롤링, 제공자 업로드, 종합목록 반입, 시스템 간 자동 또는 반자동 적재 같은 다양한 방식이 함께 활용된다.

반대로 분산검색은 메타데이터를 로컬에 모으지 않고, 이용자의 질의를 내외부의 여러 장서 시스템에 전달하여 각 시스템에서 수행된 검색 결과를 받아 포털에서

취합하고 조합해 제공하는 방식이다. 이 방식은 연합검색, 메타검색, 교차검색으로도 불리며, 여러 시스템에 동시에 질의를 보낸다는 의미에서 병행검색이나 동시검색으로 설명되기도 한다. 분산검색의 장점은 메타데이터 수집과 통합에 필요한 사전 작업 부담이 적고, 원격 시스템의 최신 데이터가 비교적 즉시 반영될 수 있다는 점이다. 그러나 시스템마다 검색 문법과 필드, 응답 형식이 달라 질의를 변환하고 결과를 병합하고 정렬하는 과정이 복잡해지며, 응답 속도와 품질이 외부 시스템의 상태에 영향을 받는다. 또한 다수 시스템에 질의를 전달하는 구조 자체가 원격 장서 시스템에 부하를 줄 수 있다. 분산검색은 구현 방식에 따라 표준 기반 방식과 비표준 방식으로 나뉘는데, 표준 기반 방식은 Z39.50, SRU와 SRW, 웹서비스처럼 표준 프로토콜을 활용하는 방식이며, 비표준 방식은 대상 시스템별 전용 연동 방식이나 커넥터로 구현되는 방식이다(Sadeh, 2004). 이때 안정적인 운영을 위해서는 대상 장서의 범위, 언어, 데이터 유형, 접근 방식, 레코드 구조 같은 지식정보를 지속적으로 관리해야 한다.

한편, 도서관 포털의 통합검색은 위 두 방식만으로 끝나지 않고, 검색 결과의 이용 가능성과 접근 경로까지 함께 제공하는 방향으로 확장되고 있다. 대표적으로 참조연계는 이용자가 발견한 서지정보를 실제 원문 접근으로 연결해 주는 기능으로, OpenURL 표준을 이용한 링크 리졸버가 전형적인 구현 방식이다(이수상 · 이길신, 2003; 김성희, 2005). 또한 장서 자체에 대한 메타데이터인 컬렉션 메타데이터를 활용해 장서 수준의 브라우징과 관리 기능을 강화하려는 시도도 있으며, 이는 다양한 장서가 공존하는 환경에서 통합관리와 검색 편의성을 높이기 위한 설계로 이해할 수 있다.

6.7 디지털 장서의 관리

6.7.1 DLF ERMI

전자저널과 데이터베이스 등 전자자원이 폭발적으로 증가하면서, 도서관은 단순한 구독 목록 관리 수준을 넘어 라이선스, 접속 권한, URL과 프록시, 예산과 갱신, 이용통계까지 통합적으로 관리할 수 있는 새로운 시스템을 필요로 하게 되었다. 기존 통합도서관시스템은 인쇄 중심 구조에 맞춰 설계되어 있었기 때문에, 전자자원 특유의 라이선스 조건과 접속 방식, 패키지와 번들 구조를 체계적으로 다루기에는 한계가 있었다(Jewell et al., 2004). 이 문제의식을 바탕으로 DLF(Digital Library Federation)는 2001년 ERMI(Electronic Resource Management Initiative)를 출범시키고, 전자자원관리시스템(ERMS)이 수행해야 할 공통 사양을 정리하는 프로젝트를 추진하였다. ERMI 보고서는 기능 요구사항, 워크플로우 다이어그램, 데이터 사전, E-R 다이어그램, XML 기반 데이터 구조 등을 제시하면서, 라이선스, 접속, 관리 정보를 일관된 형식으로 기록하고 교환하기 위한 데이터 요소 약 200여 종을 체계화하였다(Jewell et al., 2004). 이 사양은 이후 상용 ERMS와 많은 대학도서관의 자체 개발 시스템 설계에 직접적인 기준점이 되었다(Sadeh & Ellingsen, 2005; Kim, 2010).

ERMI는 단일 시스템 개발 프로젝트라기보다, 전자자원 라이프사이클 전체를 지원하는 공통 모델을 만드는 데 초점을 두었다. 보고서에서 정의한 ERMS는 전자자원을 효율적으로 선택, 평가, 도입, 라이선스 협상, 접근, 유지, 평가, 보존하기 위해 필요한 정보와 워크플로우를 지원하는 시스템으로, 선택, 구독 및 구매, 라이선싱, 접근관리, 이용통계, 갱신 및 해지에 이르는 전 과정을 하나의 데이터 모델 안에서 연결하는 것을 이상형으로 제시한다(Jewell et al., 2004).

한편, 초기 ERMI가 무엇을 관리해야 하는가에 집중했다면, 이후 진행된 ERMI 2는 서로 다른 시스템 사이에서 그 정보를 어떻게 주고받을 것인가에 초점을 맞추었다. ERMI 2 작업반은 다음 내용을 주요 과제로 다루었다(Digital Library Federation,

2008; Sadeh & Ellingsen, 2005).

- 라이선스 조건을 기계가 읽을 수 있는 형태로 표현하기 위한 라이선스 표현 언어 적용(예 ONIX for Publications Licenses)
- 전자자원 이용통계를 공통 포맷으로 교환하기 위한 COUNTER와, 이를 자동 수확하기 위한 SUSHI(Standardized Usage Statistics Harvesting Initiative) 웹 서비스 프로토콜 연계
- ILS의 수서 및 예산 모듈과 ERMS 사이에서 주문, 구독, 예산 정보를 교환하기 위한 상호운용성 요구사항 정리

이상의 과제를 수행하며 ERMI는 전자자원 관리 업무를 정의한 모델을 넘어, 출판사와 콘텐트 제공자, 도서관, 시스템 벤더 사이에서 메타데이터, 라이선스, 이용통계가 흐르는 공통 인터페이스 역할을 하게 되었다. 이상을 요약하면, ERMI와 ERMI 2는 전자자원관리시스템(ERMS)의 데이터 요소, 기능, 상호운용성 요구사항을 정리한 사실상의 참조 모델로 자리 잡았고, 이후 COUNTER와 SUSHI, ONIX－PL 등 전자자원 관련 표준과 상용 ERMS, 지능형 컬렉션 분석 도구의 기반이 되었다(Jewell et al., 2004; Digital Library Federation, 2008; Sadeh & Ellingsen, 2005). 현대 디지털 도서관에서 전자자원 관리 기능을 설계하거나 평가할 때, ERMI가 제시한 데이터와 워크플로우 모델은 여전히 핵심적인 참조 틀로 활용되고 있다.

6.7.2 COUNTER

전자저널, 데이터베이스, 전자책 등 온라인 정보자원의 이용은 2000년대 이후 급속도로 증가해 왔다. 이에 따라 출판사, 플랫폼, 도서관마다 제각각 형식으로 제공되던 이용통계를 비교 가능하고 신뢰할 수 있는 공통 기준으로 맞추어야 한다는 요구가 커졌다. 이러한 배경에서 2002년 영국에서 시작된 국제 프로젝트가 바로 COUNTER이다. COUNTER는 영국의 학술정보 공동구매 기구와 학술출판사 단체, 출판협회, 도서관과 출판사, 중개업자 대표들이 함께 참여하는 비영리 조직으로, 온라인 자원 이용통계를 위해 일관되고 신뢰할 수 있으며 비교 가능한 지표를 제공하

는 시행 규범을 제정하고 유지하는 역할을 맡고 있다.

COUNTER 시행 규범은 어떤 이용 행위를 어떻게 셀 것인지, 예를 들어 검색, 세션, 성공한 전체 원문 요청의 정의와 같은 문제와, 어떤 형식의 표를 어떤 열 순서로 제공할 것인지, 중개 게이트웨이나 집계 서비스를 통해 발생하는 중복 집계를 어떻게 피할 것인지 등의 규칙을 상세히 규정한 보고서 형식의 표준이다. 그러나 COUNTER 형식이 표준화되었다고 하더라도, 사서가 각 출판사나 플랫폼의 관리 화면에 접속해 일일이 엑셀이나 CSV 보고서를 내려받아야 한다면 업무 부담은 여전히 크다. 이러한 수작업을 줄이기 위해 미국 국가정보표준기구는 이용통계 표준 수확 이니셔티브, 즉 SUSHI(Standardized Usage Statistics Harvesting Initiative)를 표준으로 제정했다. SUSHI는 COUNTER가 정의한 이용통계 보고서를 시스템 간 자동 교환 방식으로 주고받기 위한 프로토콜로, 2007년에 미국 국가표준으로 승인되었고 이후 여러 차례 개정되었다. 전통적인 SUSHI는 웹 서비스 기반 통신과 XML 스키마를 이용해, 도서관 시스템이 벤더에게 특정 기간의 COUNTER 보고서를 요청하면 벤더 서버가 해당 기간의 COUNTER 형식 보고서를 응답으로 전달하는 구조를 갖는다. 사서가 한 번 SUSHI 계정과 주소, 인증 정보를 설정해 두면 시스템이 매월 자동으로 보고서를 수확해 내부 통계 데이터베이스에 적재하므로, 통계 수집과 형식 변환에 들이던 시간을 컬렉션 분석과 의사결정에 집중할 수 있게 된다. 최근 COUNTER Release 5에서는 기존 방식과 함께 웹 환경에 적합한 방식의 인터페이스도 제시하여, 보다 간편하게 이용통계 자동 수확을 구현할 수 있도록 하고 있다.

이상에서 살펴본 바와 같이, COUNTER는 무엇을 어떤 형식으로 셀 것인가를 규정하는 내용 표준이며, SUSHI는 그 표준화된 보고서를 어떻게 자동으로 주고받을 것인가를 규정하는 전송 표준이다. 디지털도서관에서 전자자원관리시스템이나 분석 도구를 설계할 때 COUNTER와 SUSHI를 함께 채택하면 출판사, 플랫폼, 도서관 간 이용통계의 정의, 형식, 전송 방식을 모두 표준화할 수 있으며, 이는 전자자원 관리 데이터 모델이 지향하는 일관된 전자자원 관리를 실제 업무 환경에서 구현하기 위한 핵심 기반이 된다. 다음 〈그림 6.10〉은 COUNTER와 SUSHI 표준이 2002년부터 2016년까지 어떻게 발전해 왔는지를 한눈에 보여주는 연대표이다.

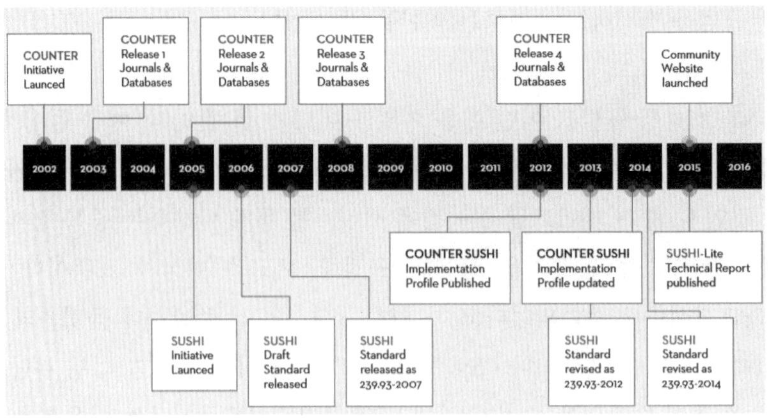

〈그림 6.10〉 COUNTER와 SUSHI 연대표

〈그림 6.10〉에서 살펴볼 수 있는 것과 같이, 2002년에 COUNTER 프로젝트가 시작되면서 전자자원 이용통계를 위한 국제적 표준화 논의가 본격화되었다. 초기에는 온라인 저널과 데이터베이스를 대상으로 한 Release 1이 2003년에, Release 2가 2006년에, Release 3이 2009년에, Release 4가 2013년에 순차적으로 발표되었고, 현재는 저널, 데이터베이스, 전자책, 멀티미디어 등 주요 전자자원 유형을 포괄하는 Release 5 계열이 최신 버전으로 운영되고 있다. Release 5는 보고서 종류를 간소화하고 지표 정의를 엄격히 표준화하여, 여러 벤더에서 받은 이용통계를 하나의 분석 시스템으로 통합하더라도 의미가 훼손되지 않도록 설계된 것이 특징이다. 예를 들어 OCLC, JSTOR, Ex Libris Alma와 같은 주요 시스템들은 모두 COUNTER Release 5 형식의 보고서를 제공하거나 수용하며, 도서관은 이를 활용해 자원별 또는 패키지별 비용 대비 이용도 분석이나 중복 구독 평가 등을 수행한다. 참고로 COUNTER는 프로토콜 이름이 아니다. COUNTER는 프로젝트 이름이자, 그 프로젝트가 제정한 Code of Practice라는 표준 문서의 이름이다.

초기 SUSHI 표준은 SOAP(Simple Object Access Protocol) 기반의 웹 서비스 방식으로 설계되었다. 이 구조에서는 XML 메시지를 사용하여 COUNTER 보고서를 요청하고 응답하는 방식이 채택되었으며 2012년 개정판과 2014년 개정판을 거치면서 프로토콜 안정성과 상호운용성이 강화되었다. 이 시기까지 SUSHI는 SOAP 기반 이용통계 자동 수확 프로토콜로 국제적 표준 지위를 확립하였다. 그러나 SOAP 기반

SUSHI는 구현과 유지 관리가 복잡하고 웹 환경의 경량 API 흐름과 부합하지 않는다는 한계가 지속적으로 제기되었다. 이에 따라 2016년에 SUSHI Lite 기술 보고서(NISO RP 27 2016)가 발표되면서 REST 방식과 JSON 방식의 보다 간결한 이용통계 수확 방식이 제안되었다. SUSHI Lite는 기존 Z39.93 표준을 곧바로 대체하기보다는 차세대 SUSHI 구현 방향을 제시하는 과도기적 모델의 성격을 가진다. 이러한 변화는 COUNTER Release 5(R5)의 도입과 함께 본격화되었다. COUNTER R5는 기존의 문서 중심 보고서 형식을 넘어 기본 데이터 교환 형식으로 JSON을 채택하였다. 이에 따라 COUNTER R5 환경에서의 SUSHI는 SOAP 그리고 XML 기반 메시지를 전제로 하지 않으며 REST 기반 요청 그리고 JSON 응답 구조를 중심으로 운영된다. 현재 통용되는 구현은 SUSHI for COUNTER R5 또는 SUSHI R5 API로 불리며 HTTP 기반 요청에 대해 JSON 형식의 COUNTER R5 이용통계 데이터를 반환하는 방식으로 정착하였다. 이렇듯, SUSHI는 역사적으로 SOAP 기반 표준에서 출발하였으나 COUNTER R5 이후의 운영 환경에서는 REST 방식과 JSON 방식으로 전환되었다고 볼 수 있다. 따라서 오늘날 SUSHI는 단일한 SOAP 프로토콜을 의미하기보다는 COUNTER R5 이용통계를 자동 수확하기 위한 표준화된 API 인터페이스 개념으로 이해하는 것이 타당하다.

6.7.3 장서등록기

장서등록기(Collection Registry)는 미국 박물관도서관 서비스 연구원(Institute of Museum and Library Services, IMLS)의 디지털 장서 및 콘텐트 프로젝트에서 처음 제안된 개념으로, 디지털 장서의 메타데이터를 체계적으로 관리하고 검색과 서비스 기능을 제공하기 위한 장서 단위 메타데이터 데이터베이스이다(Cole & Shreeves, 2004). IMLS은 국가 리더십 보조금 프로그램(National Leadership Grant, NLG)을 통해 수백 건의 디지털 장서를 구축해 왔으며, 이러한 장서들을 상호운용 가능하게 만들기 위해 2001년 디지털도서관 포럼에 네트워크 기반 디지털도서관 구축 방안을 자문하였다. 미국 박물관 · 도서관 서비스 연구원이 운영한 소규모 전문가 자문그룹인 디지털도서관 포럼은 기관이 투자한 장서를 통합 관리하는 장서등록기 구축을 권고하였고, 이에 따라 미국 박물관 · 도서관 서비스 연구원은 2002년 일리노이대학교 어바나 샴페인 캠퍼스에 장서등록기 개발을 위한 지원을 결정하였다.

IMLS 디지털 장서 및 콘텐트 프로젝트는 컬렉션 수준과 아이템 수준 메타데이터를 모두 다루는 이중 구조로 설계되었다. 우선 연구진은 OAI-PMH 기반 메타데이터 수확을 통해 국가 리더십 보조금 장서로부터 아이템 수준 메타데이터를 모으고 통합 검색하는 모델을 확립하였다. 동시에 장서등록기 자체의 개념적 구조를 정립하기 위해 연구도서관 서비스 프로그램 컬렉션 기술 스키마(RSLP Collection Description Schema와 Dublin Core Collection Description Application Profile)와 더블린 코어 컬렉션 기술 응용 프로파일(Dublin Core Collection Description Application Profile)을 기반으로 디지털 장서 및 콘텐트 컬렉션 기술 스키마(DCC Collection Description Schema, DCC CD Schema)를 개발하였다. 이 스키마는 장서, 관련 프로젝트, 기관, 장서 관리자라는 네 가지 주요 요소를 기술하며, 이러한 요소 간의 관계를 통해 장서의 속성과 맥락을 체계적으로 표현하도록 설계되었다(Cole & Shreeves, 2004). 다음 〈그림 6.11〉은 이 스키마가 단순한 장서 기술을 넘어 장서를 둘러싼 기관, 프로젝트, 하위 장서, 운영자 간의 관계를 체계적으로 모델링함으로써 장서의 맥락, 구조, 관리 체계를 풍부하게 표현하는 구조적 메타데이터 설계임을 보여준다.

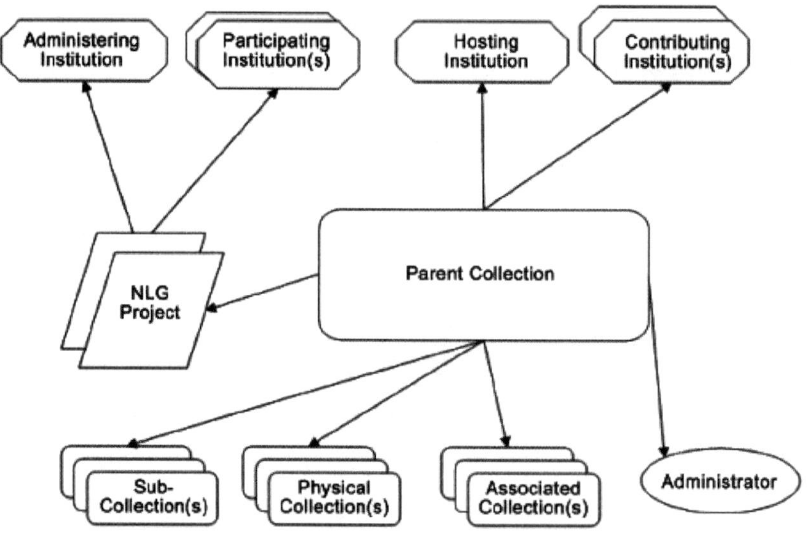

〈그림 6.11〉 IMLS DCC CD 스키마 요소 관계도

한편, IMLS DCC 장서등록기는 개발 과정에서 네 가지 핵심 성과를 얻었다. 첫째, IMLS DCC CD 스키마라는 표준화된 장서 기술 메타데이터를 확립하였다. 둘째, 주제 브라우징, 장서 간 관계 표현, 다양한 제한 검색 기능을 갖춘 장서등록기 베타 버전을 구축하였다. 셋째, 장서를 OAI 데이터 제공자로 쉽게 구현할 수 있도록 원격 설치 가능한 OAI 데이터 제공자 서비스를 개발하였다. 넷째, 수확된 아이템 수준 메타데이터를 저장하고 검색하기 위한 베타 리포지토리를 구축함으로써 연합 디지털 장서 검색의 기반을 마련했다. 이러한 성과는 이후 Opening History 등 미국 디지털문화유산 어그리게이션, 나아가 DPLA의 초기 프로토타입에도 활용되며 중요한 기반이 되었다. IMLS가 정의한 장서는 서로 결합 가능하며, 독립된 검색 단위를 형성하고, 유일한 접근점을 통해 식별 가능한 디지털 객체 집합으로 규정된다. 이는 이후 연합 디지털도서관에서 컬렉션 단위 기술이 중핵적 역할을 수행하게 되는 중요한 전환점이 되었다.

IMLS 이후의 발전 동향을 보면, 컬렉션 레지스트리는 단순한 장서 기술 도구를 넘어 연구데이터, 문화유산, 학술정보 인프라의 핵심 서비스 구성요소로 확장되고 있다. 특히 RDA(Research Data Alliance) 연구데이터 컬렉션 워킹그룹에서는 컬렉션을 고유 식별자를 지닌 디지털 객체로 정의하고, 이를 생성, 조회, 수정, 삭제 방식으로 관리하는 컬렉션 API 권고안(RDA, 2017)을 제시하여 범용적이고 표준화된 컬렉션 관리 모델을 수립하였다. 이러한 표준은 독일 KIT의 KIT 데이터 매니저나 헬름홀츠 메타데이터 협력체(HMC)의 컬렉션 레지스트리 서비스 개발로 이어지며, 현대적인 마이크로서비스 구조, 도커 배포 환경, 영속적 식별자 연계, 규칙 기반 스마트 컬렉션 등 보다 진보한 기능으로 구현되고 있다. 이처럼 현대의 장서등록기 개념은 특정 프로젝트에 종속된 시스템이 아니라 FAIR 원칙을 지원하며 다양한 리포지토리와 연계되는 범용 메타데이터 서비스로 진화하였다.

데이터셋 역시 디지털 장서의 개별 아이템으로 간주할 수 있다는 점에서, IMLS DCC 장서등록기와 RDA, HMC, KIT에서 말하는 컬렉션 레지스트리는 완전히 단절된 개념이라기보다는 공통의 뿌리를 가진 서로 다른 응용 형태로 이해할 수 있다. IMLS DCC 장서등록기가 주로 문화유산과 디지털 전시 자료와 같은 장서 단위 컬렉션을 기술하는 데 초점을 두었다면(Cole & Shreeves, 2004), RDA 연구데이터 컬렉션 작업반, HMC 컬렉션 레지스트리, 그리고 KIT 데이터 매니저의 컬렉션 레지스트리 서비스는 이러한 컬렉션 개념을 연구데이터셋의 묶음에 적용하여, 데이터 컬렉션을 정의하고 식별하며 관리하기 위한 API와 서비스 인프라로 확장한 사례라고 볼 수 있다. 결국 두 접근 모두 디지털 객체 집합에 대한 메타데이터를 구조화하고, 이를 통해 검색, 연계, 재사용성을 높인다는 점에서 장서등록기적 기능을 공유하지만, 적용 대상과 기술적 요구가 서로 다르다는 차이를 가진다.

이상과 같이, 장서등록기는 IMLS DCC에서 출발해 컬렉션 단위 기술 표준화의 기초를 마련하였고, 오늘날에는 RDA 및 HMC와 같은 연구데이터 인프라에서 FAIR한 데이터 생태계를 구성하는 핵심 요소로 자리 잡고 있다. 즉, 장서등록기는 디지털 장서의 기술, 검색, 통합 서비스뿐 아니라 연구데이터의 구조화, 지속가능성, 상호운용성 확보를 위한 필수 도구로 발전해 왔다.

6.8 보존처리 기술

보존처리기술은 계획된 보존전략을 실제로 수행하는 핵심 요소기술로서, 디지털 객체를 장기적으로 유지하기 위해 적용되는 일련의 기술적 접근을 의미한다. 하나의 아카이빙 시스템에서 단일 기술만 사용하는 경우는 드물며, 대상 자료의 포맷과 기술적 환경에 따라 여러 기술을 적절히 혼용하는 것이 일반적이다. 현재 널리 논의되는 보존전략은 크게 에뮬레이션(emulation) 과 포맷전환(migration) 방식으로 구분된다. 에뮬레이션은 미래의 이용을 위해 디지털 정보가 생성되던 시점의 하드웨어와 소프트웨어 환경을 재현하는 전략으로, 기술 자체를 보존하는 기술보존, 원래의 기술 환경을 모사하는 에뮬레이션, 가상 환경에서 원래의 시스템을 구현하는 가상기계 프로그램 등의 방식으로 세분된다. 반면 포맷전환 기술은 디지털 포맷의 기술적 퇴화로 인한 데이터 손실을 방지하기 위한 전략으로, 디지털 정보만을 가능한 개방형 표준 포맷으로 옮기는 파일재생, 아날로그 백업, 수집단계 포맷전환, 요청단계 포맷전환 등과, 디지털 객체뿐 아니라 그 접근에 필요한 기술적 정보와 맥락적 정보를 함께 보존하는 캡슐화(encapsulation) 방식으로 나누어 볼 수 있다. 〈그림 6.12〉는 이러한 보존처리기술의 유형과 하위 분류를 도식적으로 정리한 것이다.

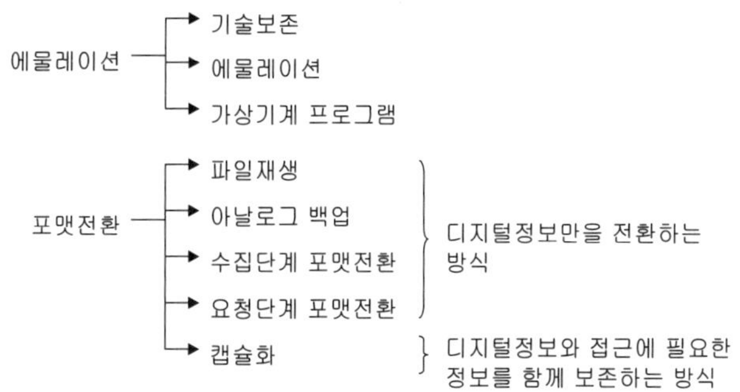

〈그림 6.12〉 보존처리기술 방식

〈표 6.1〉 디지털 객체 보존기술의 장단점

구분	장점	단점	대상 영역
에뮬레이션	-보고 느끼는 형태 그대로 유지	-에뮬레이션 기술사양의 구축이 복잡함 -많은 양의 정보를 보존하여야 함 -오래된 소프트웨어 사용	-응용 소프트웨어 -실행파일을 포함하는 복잡한 디지털 자원 -충분한 정보가 부족한 자원 -미래의 가치와 활용이 불확실한 자원
포맷전환	-원본의 응용 환경을 보유할 필요가 없음 -적극적인 접근과 관리활동을 지원	-많은 비용 소요 -정보내용의 퇴화 -보존 메타데이터의 부족 -관리자에 의한 지속적인 관심 요구	-과학데이터와 DB처럼 적극적인 접근과 관리가 필요한 자원 -충분히 알려진 포맷의 자원
캡슐화	-보존정보를 유지	-포맷에 관한 지식을 보존하여야 함 -디지털정보를 추출하는 기능 필요	-적극적인 접근과 관리가 요구되지 않는 자원 -잘 알려지지 않은 포맷의 자원

한편, 이경호(2002)는 대표적인 디지털 보존기술인 에뮬레이션, 포맷전환, 캡슐화 세 가지 방식의 장단점을 비교하고, 디지털 정보의 유형과 복잡성, 포맷, 사용 방식 등에 따라 어떤 보존기술을 선택할 것인지 결정하는 의사결정 다이어그램을 제

시하고 있다. 이 다이어그램은 자료의 특성과 활용 맥락에 따라 가장 적합한 보존 전략을 선택하도록 안내하는 도구이며, 그 내용은 앞에서 제시된 〈표 6.1〉과 같이 정리된다.

그럼 지금부터는 〈그림 6.12〉에 제시된 보존처리기술 방식을 구체적으로 살펴보자.

㉠ 기술보존

기술보존은 원본 디지털 객체에 접근하기 위해 필요한 운영체제와 하드웨어, 소프트웨어, 그리고 이를 구동하는 부가 기술까지 모든 기술적 환경을 함께 보존하는 방식이다. 이 전략은 과거의 컴퓨터 시스템을 그대로 유지하고 관리한다는 점에서 흔히 컴퓨터 박물관 방식이라고도 불린다. 그러나 필요한 장비와 환경을 장기간 유지해야 하므로 비용 부담이 크고, 노후화된 기술을 지속적으로 관리해야 한다는 점에서 기술적으로도 구현이 쉽지 않은 보존 방식에 속한다.

㉡ 에뮬레이션

에뮬레이션은 디지털 원본이 만들어질 당시의 기술적 조건이 변하더라도, 인코딩된 콘텐트를 그대로 재생할 수 있는 가상의 실행 환경을 소프트웨어로 구현하는 방식이다. IBM과 CAMiLEON 프로젝트에서 대표적으로 검토된 전략으로, 여전히 해결해야 할 기술적 과제가 많다. 이 방식은 과거의 하드웨어나 소프트웨어를 현재의 플랫폼 위에서 유사하게 구현해 동작시키므로, 디지털 문헌의 포맷이나 인코딩 방식을 바꾸지 않고 원본 형태를 그대로 유지할 수 있다는 장점이 있다. 그러나 목표로 하는 컴퓨팅 환경을 정확하게 재현하기 위해서는 매우 많은 기술 정보를 장기간 유지해야 하며, 이를 구현하고 운영하기 위해 고도의 전문 기술과 비용이 요구된다. 또한 다양한 파일 포맷을 처리하면서도 경제성을 확보해야 하므로, 에뮬레이션을 지원하는 소프트웨어와 시스템이 효과적으로 작동할 수 있도록 충분하고 체계적인 에뮬레이션 메타데이터를 함께 관리하고 보존하는 것이 필수적이다.

㉢ 가상기계 프로그램

가상기계 프로그램은 에뮬레이션을 한 단계 더 추상화한 디지털 보존 방식이다. IBM에서 설계한 범용 가상컴퓨터를 하나의 가상의 컴퓨터로 정해 두고, 디지털 파일을 어떻게 읽고 실행할지에 대한 방법을 이 가상컴퓨터가 이해하는 언어로 미리 프로그램해 두는 것이다. 이렇게 해 두면 시간이 지나 실제 하드웨어나 소프트웨어 환경이 완전히 바뀌더라도, 미래의 컴퓨터에서 범용 가상컴퓨터를 다시 구현하기만 하면 과거에 저장해 둔 디지털 파일을 계속 열어볼 수 있다는 점에서 이론적으로는 장기 디지털 보존에 매우 매력적인 전략으로 평가된다. 그러나 범용 가상컴퓨터를 설계하고 다양한 파일을 범용 가상컴퓨터가 처리할 수 있도록 프로그램으로 표현하며, 이 구조를 오랜 기간 재구현 가능하게 유지하는 일은 매우 복잡하고 어렵다. 따라서 가상기계 프로그램 방식은 개념적으로는 이상적인 해결책에 가깝지만, 실제 현장에서 적용하기에는 구현 난이도와 비용 부담이 크다는 실질적인 한계를 지닌다.

㉣ 파일재생

파일재생은 디지털 객체를 동일하거나 유사한 포맷으로 그대로 복사하여 최신 매체나 안정적인 매체로 옮겨 두는 방식이다. 일반적인 백업 작업과 유사해 장기보존 기술로서의 특성이 약하다고 평가되기도 하지만, 저장매체의 노후화나 물리적 손상에 대비한다는 점에서 중요한 역할을 한다. 이 방식에는 디지털 객체의 내용을 전혀 바꾸지 않고 그대로 복사하는 비트열 복사와, 한 저장매체에서 다른 매체로 디지털 정보를 단순 이전하는 작업이 포함된다. 예를 들어 4mm DAT 테이프에서 QIC 테이프로 복사하는 방식이 이에 해당한다.

㉤ 접수단계 포맷전환

접수단계 포맷전환은 디지털 객체가 보존시스템에 유입되는 시점에 전용 포맷을 보다 안정적인 공개 표준포맷으로 변환하는 방식이다. 이 전략은 보존관리 초기에 파일을 표준화함으로써 이후 처리 부담을 줄일 수 있어, 현재 가장 널리 활용되는 실용적 방법으로 평가된다. 다만 이 방식이 효과적으로 작동하려면, 선택된 표준포맷이 오랫동안 유지되고 호환성을 보장해야 한다. 표준포맷이 기술 변화나 이용자 선호의 변화로 사라지거나 바뀌면 그때마다 추가적인 포맷전환이 필요해지고, 그 결과 비용과 관리 부담이 커질 위험이 있다. 또한 표준포맷에 대한 국제적 또는 산업적 합의가 쉽지 않기 때문에, 포맷 자체가 불안정해지거나 변환 과정에서 정보 손실이 발생할 가능성도 존재한다.

ⓑ 요청단계 포맷전환

요청단계 포맷전환은 접수단계에서 즉시 포맷을 변환할 때 발생하는 비용과 장기 보존 리스크를 줄이기 위한 대안으로 제시된 방식이다. 이 전략은 CAMiLEON 프로젝트에서 활용되었으며, 이용자가 디지털 객체에 실제로 접근하는 시점, 즉 요청이 발생하는 순간에 필요한 포맷으로 변환을 수행한다. 이때 중요한 점은 원본 디지털 객체를 가능한 한 변경 없이 장기간 유지해야 하며, 이를 해석하는 데 필요한 도구와 정보 또한 함께 보존해야 한다는 것이다.

요청단계 포맷전환은 유사한 포맷을 가진 객체가 다수 보존되어 있을 경우 포맷전환 도구가 효율적으로 작동하므로 비용 측면에서 비교적 경제적인 방식이 될 수 있다. 또한 전환 과정이 이용자 요청 시점에 이루어지기 때문에 원본과 결과물 사이에 하나의 변환 단계만 존재하게 되어 다른 방식보다 정확성이 높을 수 있다. 다만 이 전략이 성공하려면 초기 구축 단계에서 포맷전환 도구와 환경을 매우 높은 품질로 구현해야 하며, 초기 구현이 미흡할 경우 시간이 지날수록 정확한 변환이 어려워질 위험이 있다. 그럼에도 불구하고 요청단계 포맷전환은 장기적으로 전체 보존 비용을 낮출 가능성을 가지고 있어 전략적 가치가 높은 방식으로 평가된다.

파일재생과 포맷전환은 모두 디지털 정보를 주기적으로 전환하거나 복사한다는 공통점이 있지만, 목적과 성격은 분명히 다르다. 포맷전환은 하드웨어나 소프트웨어의 변화 또는 기술 세대의 교체로 인해 기존 포맷을 더 이상 사용하기 어려워질 때 파일 자체를 새로운 포맷으로 변환하는 기술적 대응이다. 반면 파일재생은 포맷을 그대로 유지한 채 저장매체의 노후화, 오류, 손상에 대비하여 동일한 비트열을 새로운 매체로 옮겨 저장하는 방식이다. 즉 포맷전환이 기술 환경 변화에 대응하는 전략이라면, 파일재생은 저장매체의 안전성 확보에 초점을 둔 전략이라고 할 수 있다.

㉦ 아날로그 백업

아날로그 백업은 디지털 객체를 보존성이 높은 아날로그 매체로 변환해 저장하는 방식이다. 예를 들면 디지털 문서를 종이에 인쇄해 보관하거나, 디지털 이미지 파일을 마이크로필름이나 마이크로피시와 같은 형태로 만들어 보존하는 경우가 이에 해당한다. 이러한 방식은 다소 고전적이지만, 디지털 환경이 급변하거나 기술이 퇴화하더라도 콘텐트 자체를 읽고 이해할 수 있게 한다는 점에서 일정한 안전장치 역할을 한다. 다만 디지털 문헌에 포함된 하이퍼링크, 상호작용 요소, 동적 기능, 이용 과정에서 생성되는 행위 정보 등은 아날로그 형태로 옮기는 과정에서 상당 부분 소실될 수 있으므로 주의가 필요하다.

㉧ 캡슐화

캡슐화는 포맷전환과는 다른 접근으로, 디지털 문헌의 원본 파일은 그대로 유지한 채 그 원본을 해석하고 재현하는 데 필요한 세부 절차와 기술적 정보까지 함께 묶어서 보존하는 방식이다. 다시 말해 파일 자체를 다른 포맷으로 바꾸지 않고, 그 파일을 이해하는 데 필요한 소프트웨어와 환경 정보, 처리 절차 등을 함께 캡슐처럼 묶어 보존함으로써 나중에 이 캡슐을 열었을 때 원본에 최대한 가깝게 재현할 수 있도록 하는 전략이다. 이러한 아이디어를 한 단계 더 확장하여 실행 가능한 가상 환경과 프로그램까지 구성한 것이 가상기계 프로그램 방식이라고 할 수 있다.

참고문헌

[국내문헌]

김용, 조수경. 2010. 대학도서관 전자자원관리시스템(ERMS) 구축에 관한 연구. 한국문헌정보학회지, 44(4): 249－276.

[외국문헌]

Ballesteros, L., and Croft, W. B. 1996. Dictionary methods for cross－lingual information retrieval. In Proceedings of the 7th International Conference on Database and Expert Systems Applications (DEXA'96): 791－801. Springer.

Cole, T. W., and Shreeves, S. L. 2004. The IMLS Digital Collections and Content project: Collection registry and metadata repository. University of Illinois at Urbana－Champaign.

Feng, F., Yang, Y., Cer, D., Arivazhagan, N., and Wang, W. 2022. Language agnostic BERT sentence embedding. ACL 2022: 878－891. https://doi.org/10.18653/v1/2022.acl－long.62

Gourley, Don. 2003. "Library Portal Roles in a Shibboleth Federation." [online] http://shibboleth.internet2.edu/docs/gourley－shibboleth－library－portals－200310.html.

Jewell, T. D., Anderson, I., Chandler, A., Farb, S. E., Parker, K., Riggio, A., and Robertson, N. D. M. 2004. Electronic resource management: Report of the DLF ERM initiative. Digital Library Federation.

Järvelin, K., and Kekäläinen, J. 2002. Cumulated gain based evaluation of IR techniques. ACM Transactions on Information Systems, 20(4): 422－446.

Karpukhin, V., Oguz, B., Min, S., Lewis, P., Wu, L., Edunov, S., Chen, D., and Yih, W.－t. 2020. Dense passage retrieval for open domain question answering. EMNLP 2020: 6769－6781. Association for Computational Linguistics.

Lewis, P., Perez, E., Piktus, A., Petroni, F., Karpukhin, V., Goyal, N., Küttler, H., Lewis, M., Yih, W.－t., Rocktäschel, T., Riedel, S., and Kiela, D. 2020. Retrieval augmented generation for knowledge intensive NLP tasks. NeurIPS 2020.

Navigli, R., and Ponzetto, S. P. 2012. BabelNet: The automatic construction, evaluation and application of a wide coverage multilingual semantic network. Artificial Intelligence, 193: 217－250.

Navigli, R., et al. 2021. Ten years of BabelNet: A survey. IJCAI 2021. https://www.ijcai.org/proceedings/2021/0620.pdf

Needleman, Mark H. 2006. The NISO standardized usage statistics harvesting initiative (SUSHI). Serials Review, 32(3): 216-217. https://doi.org/10.1016/j.serrev.2006.05.002

Robertson, S., and Zaragoza, H. 2009. The probabilistic relevance framework: BM25 and beyond. Foundations and Trends in Information Retrieval, 3(4): 333-389.

Research Data Alliance. 2017. Research Data Collections: A Recommendation of the RDA Research Data Collections Working Group. https://doi.org/10.15497/RDA00022

Sadeh, Tamar. 2004. "The challenge of metasearching." New Library World, 105(1198/1199): 104-112.

Sadeh, T., and Ellingsen, M. 2005. Electronic resource management systems: The need and the realization. New Library World, 106(5/6): 208-218.

Saleh, Shadi, and Pecina, Pavel. 2020. Document Translation vs. Query Translation for Cross Lingual Information Retrieval in the Medical Domain. ACL 2020: 6849-6860.

Yang, E., Lawrie, D., Mayfield, J., Oard, D. W., and Miller, S. 2024. Translate Distill: Learning Cross Language Dense Retrieval by Translation and Distillation. ECIR 2024. https://doi.org/10.1007/978-3-031-56060-6_4

Yao, L., Yang, B., Zhang, H., Luo, W., and Chen, B. 2020. Exploiting neural query translation into cross lingual information retrieval. arXiv.

[웹사이트]

COUNTER. 2017. COUNTER code of practice: Release 5. Project COUNTER. https://projectcounter.org

COUNTER. 2025. COUNTER code of practice release 5.1.0.1. COUNTER Metrics. https://cop5.countermetrics.org

EuroWordNet. EuroWordNet: Building a multilingual database with wordnets for several European languages. Retrieved 2025.12.10. https://slpl.science.uva.nl/EuroWordNet/

Helmholtz Metadata Collaboration. Collection Registry. Helmholtz Association. https://helmholtz-metadaten.de/

KIT Data Manager. Collection API and Registry Services. Karlsruhe Institute of Technology. https://kit-dm-documentation.readthedocs.io/en/latest/

Library of Congress. LC Linked Data Service: Authorities and Vocabularies. Retrieved 2025.12.10. https://id.loc.gov/

Digital Library Federation. 2008. White paper on interoperability between acquisitions modules of integrated library systems and electronic resource management systems (DLF ERMI Phase II). https://old.diglib.org/standards/ERMI_Interop_Report_20080108.pdf

NISO. 2014. ANSI NISO Z39.93−2014: The standardized usage statistics harvesting initiative (SUSHI) protocol. National Information Standards Organization. https://niso.org

NISO. 2015. A brief history of COUNTER and SUSHI. National Information Standards Organization. https://niso.org

NISO. ISO 25964−the international standard for thesauri and interoperability with other vocabularies. Retrieved 2025.12.10. https://www.niso.org/schemas/iso25964

OCLC. 2025.08.20. COUNTER. OCLC Usage Statistics Help. OCLC Support.

Open Archives Initiative. https://www.openarchives.org/pmh/

7

이용자

디지털도서관 운영론

7. 이용자

7.1 이용자 연구

오늘날 인공지능과 데이터 기반 서비스를 제공하는 디지털도서관에서 이용자 연구는 다음과 같은 측면에서 중요한 의미를 가진다. 첫째, 정보요구와 정보추구 과정을 심층적으로 이해함으로써 검색 인터페이스, 추천 시스템, 탐색 기능의 설계 원리를 마련할 수 있다. 둘째, 텍스트, 멀티미디어, 연구데이터 등 다양한 데이터 유형을 이용하는 실제 행태를 분석해 메타데이터 구조와 표시 방식, 연계 서비스를 개선할 수 있다. 셋째, 알고리즘과 추천, 개인화 서비스가 정보 노출과 선택에 미치는 영향을 평가하고, 정보 접근의 공정성과 투명성, 프라이버시와 같은 윤리적 쟁점을 함께 검토할 수 있다. 1980－1990년대 정보학 분야에서는 정보이용과 이용자 행태에 관한 연구가 매우 활발하게 이루어졌다. 당시에는 온라인 데이터베이스, OPAC, 전문 검색시스템 등이 확산되면서, 이용자가 어떤 상황에서 어떤 정보원을 선택하고 어떤 방식으로 정보를 찾고 사용하는지에 대한 이용자 연구가 중요한 연구 분야로 자리 잡았다. 정보요구 분석, 다양한 집단의 정보이용행태 비교, 정보추구 모형의 이론적 정립은 이후 디지털도서관 이용자 연구의 기초가 되었다.

이용자 연구는 전통적으로 정보요구, 정보추구, 정보이용을 중심으로 전개되어 왔다. 이는 어떤 계기와 맥락에서 정보가 필요해지는지, 그 요구를 충족하기 위해 어떤 경로와 전략으로 정보를 찾는지, 획득한 정보를 실제로 어떻게 해석하고 적용하며 재사용하는지를 포괄적으로 다루는 연구를 의미한다. 초기 연구는 주로 연구자, 의사, 엔지니어와 같은 특정 직업군이나 도서관, 직장, 학교와 같은 특정 환경에 초점을 두고, 정보요구의 유형과 정보추구 과정의 공통 패턴을 밝히는 데 목적을 두었다(Case & Given, 2016).

1990년대 이후에는 이용자 연구라는 용어와 함께 정보이용행태, 정보추구행태, 정보행태와 같은 개념이 함께 사용되기 시작했다. Wilson은 정보행태를 정보원과 정보채널과 관련된 인간 행동 전체로 정의하며, 능동적 또는 수동적 정보추구와 정보이용을 모두 포함하는 상위 개념으로 제시하였다(Wilson, 1997, 1999). Bates는 사람들이 정보를 찾고, 접하고, 활용하는 다양한 방식 전체를 가리키는 대표 용어로 정보행태를 정리하면서, 지난 수십 년간의 정보추구 연구를 정보행태 연구의 역사 속에 위치시켰다(Bates, 2010).

이와 같이, 정보행태라는 개념은 오늘날 이용자 연구를 포괄적으로 지칭하는 핵심 용어가 되었으며, 이 장에서도 이용자 연구를 정보행태 연구와 거의 동의어로 사용한다. 즉 이용자 연구는 개별 시스템의 만족도 조사에 국한되지 않고, 이용자의 맥락, 역할, 사회적 관계, 정서 상태, 과업 특성 등을 포함하여 사람이 정보와 상호작용하는 전 과정을 연구 대상으로 삼는다(Fisher, Erdelez, & McKechnie, 2005; Case & Given, 2016).

한편 디지털도서관과 웹 환경이 보편화되면서 이용자 연구의 대상과 방법도 크게 확장되었다. 웹 검색엔진, 소셜 미디어, 모바일 기기, 온라인 학술 플랫폼 등이 일상적인 정보환경이 되면서 연구의 관심은 전통적인 도서관 내 이용행태를 넘어 일상생활에서의 정보행태, 온라인 커뮤니티에서의 정보공유, 학술 커뮤니케이션과 연구데이터 이용, 학습, 시민참여, 건강 영역의 정보행태 등으로 넓어졌다(Case & Given, 2016). 로그 데이터, 이용 통계, 클릭 패턴과 같은 디지털 흔적을 활용한 정량 분석과 인터뷰, 관찰, 일기 연구를 활용한 질적 연구가 함께 사용되면서, 정보행태를 이해하기 위한 혼합 방법 연구가 일반화되고 있다(Bates, 2010; Fisher et al., 2005).

정리하면, 디지털도서관 맥락에서의 이용자 연구는 정보요구, 정보추구, 정보이용을 포함하는 정보행태 전반을 이론적으로 설명하고, 그 결과를 디지털도서관의 설계와 운영, 평가에 반영하기 위한 이용자 중심 연구 활동이라 할 수 있다. 구체적인 정보요구의 개념과 유형은 7.1.1에서, 정보추구 모형은 7.1.2에서 윌슨 모형, 더빈(Dervin) 모형, 쿨타우(Kuhlthau) 모형을 중심으로 이어서 살펴본다.

7.1.1 정보요구

정보요구(information needs)에서 요구란 어떤 목표를 달성하거나 현재의 불확실한 상황을 벗어나기 위해 발생하는 상태를 의미한다. 따라서 개인의 정보요구는 특정한 목표를 갖게 되거나, 자신이 현재 보유한 정보가 불충분하거나 불확실하다고 판단될 때 발생한다. 정보요구의 개념은 종종 정보욕구(information wants)와 정보요구로 구분되기도 한다. 정보욕구는 불확실성을 해소하기 위해 정보를 원하는 상태를 가리키며, 정보요구는 개인이 명시적으로 인식하지 못하고 있는 문제를 해결하기 위해 사실상 정보가 필요한 상황을 의미한다. 이용자는 특정한 정보를 원하지만, 실제로 그 정보를 얻기 위해서는 추가적인 탐색, 조정, 해석 등의 과정이 필요하다는 사실을 뒤늦게 깨닫게 된다.

이러한 관점에서 정보요구는 특정 사안에 대해 자신의 지식이나 이해가 부족함을 자각하고, 정보의 필요성을 인식하며, 정보를 구해야겠다는 의지와 동기가 형성되는 상태를 뜻한다. 정보요구는 매우 개인적이고 맥락 의존적인 행위로, 무엇인가를 알고자 하는 욕구에서부터 새로운 것을 발견하려는 시도에 이르기까지 다양한 문제해결 활동과 관련된다. 이러한 활동은 개인의 연구, 강의, 학습, 오락과 같은 전문적 영역뿐 아니라 일상생활에서 요구되는 과제와도 밀접하게 연결된다. 다만, 개인의 입장에서 정보요구를 목표 달성이나 불확실한 상황 해소를 위해 정보의 필요성을 인식하는 행위로만 추상적으로 정의하기는 어렵다. 실제로 정보가 추구되기 위해서는 어떤 목적을 위해 어떤 유형의 정보가 필요한지가 어느 정도 구체적인 형식으로 표현되어야 하기 때문이다. 다시 말해 정보요구는 정보과제(information problem)로서 용도, 내용, 범위 등이 특정한 맥락 속에서 진술될 때 비로소 실질적인 의미를 갖는다. 따라서 정보요구는 정보의 필요성을 인식하는 단계와, 그 필요를 구체적인 정보과제로 표현하는 단계로 구분할 수 있다. 정보요구가 구체화되면 이용자는 그 정보과제를 해결하기 위해 정보추구 행위를 수행하고, 적합한 정보자원을 탐색하고 선택하며 획득하게 된다.

7.1.2 정보추구

정보추구는 정보요구를 포함하여 정보를 탐색하고 획득하는 행위로 설명할 수도 있고, 정보요구를 분리하여 정보추구 자체에 초점을 맞추어 설명할 수도 있다. 여기서는 후자의 입장을 취하여 정보요구와 정보추구를 구분한다. 이 경우 정보추구는 정보요구에 부합하는 정보자원을 탐색하고 선별하며 획득하고자 하는 의도적인 노력이며, 정보요구로부터 유발된 정보과제를 실질적으로 해결해 가는 과정이다. 따라서 정보추구는 넓은 의미에서 정보탐색 과정으로 이해할 수 있다.

정보추구는 또한 정보추구와 정보수집이라는 두 가지 기본 활동으로 구분할 수 있다. 정보추구는 관련 정보를 탐색함으로써 즉각적인 요구를 충족시키려는 시도이며, 정보수집은 관련 정보를 탐색하고 축적함으로써 지연된 요구를 충족시키려는 시도이다. 정보수집의 경우 현재 시점에서 직접적인 정보요구가 명확하지 않더라도, 향후 탐색이나 문제 해결 과정에서 활용할 수 있는 유용한 정보를 확보하려는 기대가 작동한다(구본영, 박미영, 2003).

일반적으로 개인은 특정 정보과제를 해결하기 위한 목적에서 정보추구 행위를 수행한다. 정보요구에 따라, 필요한 정보자원의 유형을 인식하고, 신문, 도서관, 온라인 검색사이트 등 다양한 정보매체와 상호작용하면서 정보를 탐색한다. 이어서 검색 결과를 검토하고 타당성과 적합성을 평가한 뒤 필요한 정보를 선택하고 획득하는 일련의 행동이 포함된다. 이러한 행동은 단계적 과정으로 나타나기도 하고 반복적으로 되돌아가며 진행되기도 하므로, 정보추구는 다양한 이론적 모형을 통해 설명될 수 있다. 대표적인 정보추구 모형은 다음과 같다.

7.1.2.1 윌슨 모형

윌슨의 정보추구 모형은 다양한 요소로 구성되어 다소 복잡하게 보일 수 있으나, 정보추구 행위를 거시적 관점에서 통합적으로 설명하는 일반화된 모형이라는 점에서 의의가 크다. 이 모형은 특정 정보시스템이나 환경에 한정되지 않고 다양한 정보환경과 분야에 적용할 수 있는 통합적 틀을 제공한다. 윌슨의 모형은 〈그림 7.1〉과 같이 정보요구가 발생하는 상황에서 출발하여 정보의 처리와 이용에 이르는 일련의 과정으로 구성된다.

이 모형에서 정보요구는 개인이 처한 특정한 상황에서 유발되는 행동으로 이해된다. 정보요구의 발생과 정보추구 행위의 개시는 스트레스 대처 이론의 영향을 받으며, 개인은 정보부족으로 인한 불확실성과 긴장을 해소하기 위해 정보추구를 시도하게 된다. 또한 개인이 특정 정보원을 선택하거나 자신의 능력과 효능에 대한 인식을 바탕으로 정보추구의 목표를 설정하는 과정에는 위험 보상 이론과 사회학습 이론이 적용된다.

이러한 이론적 배경은 정보추구 행동을 촉발하는 행동기제로 작용하며, 이 과정에는 다양한 개입변수가 영향을 미친다. 개입변수에는 개인의 심리적 특성, 인구통계적 요인, 사회적 역할과 대인관계, 환경적 조건, 정보원의 특성 등이 포함된다. 이들 변수는 정보추구가 실제로 수행되는 방식과 강도에 중요한 영향을 미친다.

행동기제와 개입변수의 상호작용 속에서 정보추구 행태가 형성되며, 이는 관련 정보자원에 대한 단순한 주의 집중에서부터 수동적 탐색, 능동적 탐색, 지속적 탐색에 이르기까지 다양한 형태로 나타난다. 이렇게 탐색되고 획득된 정보는 이후 처리와 이용의 단계를 거치며, 그 결과는 개인의 지식 상태를 변화시키고 새로운 정보요구를 다시 발생시키는 순환적 과정을 형성할 수 있다.

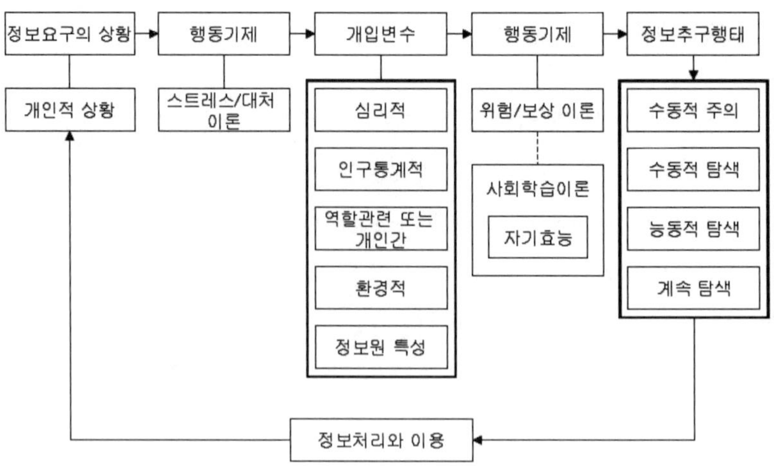

〈그림 7.1〉 윌슨의 정보행태 모형(Wilson, 1999)

7.1.2.2 더빈 모형

더빈(Brenda Dervin)의 모형은 센스 메이킹, 또는 의미형성 이론과 방법으로 널리 알려져 있다. 이 모형은 정보요구, 정보추구, 정보이용을 커뮤니케이션 과정으로 이해하고 분석하기 위해 개발되었다. 더빈의 접근에서 핵심이 되는 개념은 센스 메이킹이다. 센스 메이킹에서 말하는 센스란, 개인이 특정한 상황에 직면했을 때 형성하는 주관적 지각으로서 직관, 의견, 생각, 질문 등을 의미한다. 센스 메이킹은 이러한 주관적 지각이 시공간적 맥락 속에서 어떻게 형성되고 변화하며 의미로 구성되는지를 탐구하는 이론이자 연구 방법이다. 다시 말해 끊임없이 변화하는 일상 속에서 개인이 경험과 지각을 통해 의미를 구성해 가는 과정을 설명하고자 한다.

더빈 모형의 중요한 특징은 정보추구를 구성주의 관점에서 바라본다는 점이다. 이 관점에서 정보추구는 객관적으로 주어지는 정보의 속성에 의해 결정되는 것이 아니라, 개인이 처한 상황적 맥락 속에서 구성되는 행위로 이해된다. 더빈에 따르면 정보는 그 자체로 고정된 의미나 가치를 지니는 것이 아니라, 정보를 필요로 하는 사람에게만 의미를 갖는 주관적 산물이다. 따라서 정보가 요구되고 추구되는 이유는 정보 자체의 객관적 중요성 때문이 아니라, 각 개인이 처한 상황과 맥락 속에서 그 정보가 갖는 주관적 의미에 의해 결정된다.

더빈의 센스 메이킹 모형에서 정보추구는 상황, 격차, 이용이라는 단계적 과정으로 설명된다. 정보추구를 수행하는 개인은 특정한 상황에 놓여 있으며, 그 상황 속에서 자신의 지식이나 이해의 부족을 격차로 인식하고, 이를 해소하기 위해 정보를 활용하는 이용의 단계로 나아간다. 여기서 상황은 정보추구가 발생하는 시공간적 맥락으로, 개인의 연구, 강의, 학습, 업무 등 다양한 목적과 활동이 이루어지는 환경을 의미한다. 격차는 개인이 상황 속에서 인식하는 문제나 불확실성으로, 생각이나 질문의 형태로 표명된다. 이용은 이러한 격차를 해소하기 위한 행위로서, 획득한 정보를 해석하고 적용하는 과정을 의미하며, 그 방식과 결과는 개인의 상황적 조건에 따라 달라진다.

이와 같이, 더빈의 센스 메이킹 모형은 정보추구를 인간 중심적이고 경험 중심적이며 과정 중심적이고 상황 중심적인 현상으로 이해하도록 한다. 또한 정보요구와 정보추구를 개인의 주관적 경험과 의미 구성 과정 속에서 설명함으로써, 정보행태 연구에 구성주의적 이론과 방법을 제공하는 유용한 분석 틀로 평가된다.

7.1.2.3 쿨타우 모형

쿨타우(Carol C. Kuhlthau)의 모형은 정보추구 행태를 단계적으로 구조화하여 설명한다는 점에서 다른 정보추구 모형과 구별된다. 쿨타우는 이를 정보탐색과정(Information Search Process: ISP)이라 명명하였으며, 정보추구를 단순한 행동의 나열이 아니라 시간의 흐름에 따라 변화하는 인지적, 정서적, 행동적 과정으로 파악하였다. 정보탐색은 대체로 정보요구가 아직 막연하고 불확실한 상태에서 시작되며, 탐색 과정이 진행될수록 점차 초점이 명확해지고 탐색 범위는 좁아진다. 정보추구자가 거치는 정보탐색과정의 여섯 단계는 〈그림 7.2〉에 제시된 바와 같다(사공복희, 2003).

쿨타우의 ISP 모형은 각 단계에서 느낌, 사고, 행동이 함께 변화한다는 점을 강조한다. 초기 단계에서는 불확실성과 애매성이 지배적이지만, 점차 특정성과 관심의 증가, 자신감의 형성으로 이동하게 된다. 또한 정보추구 행위 역시 적합한 정보를 폭넓게 탐색하는 단계에서 점차 필요한 정보를 선별하고 집중적으로 추구하는 방향으로 전환된다.

<table>
<tr><td>단계</td><td>시작</td><td>선정</td><td>탐구</td><td>형성</td><td>수집</td><td>제시</td></tr>
<tr><td>느낌</td><td>불확실성</td><td>낙관</td><td>혼란
좌절감
의구심</td><td>명쾌</td><td>방향감
자신감</td><td>안도감
만족/불만족</td></tr>
<tr><td>사고</td><td colspan="6">애매성 ――――――――――――――〉 특정성
――――――――――〉 관심의 증가</td></tr>
<tr><td>행동</td><td colspan="6">적합정보추구 ――――――――――――――――――――〉 필요정보추구</td></tr>
<tr><td>행위</td><td>인식하기</td><td>확인하기</td><td>조사하기</td><td>형성하기</td><td>수집하기</td><td>끝내기</td></tr>
</table>

〈그림 7.2〉 쿨타우의 정보탐색과정

각 단계의 주요 특징은 다음과 같다.

▷ 제1단계: 시작

이 단계는 정보추구자가 어떤 지식이나 이해가 필요하다는 사실을 인식하는 시점으로, 강한 불확실성이 동반된다. 정보요구는 아직 명확하지 않으며, 주제나 접근 방법이 정해지지 않은 상태에서 주변 사람들과 가능한 탐색 방향을 논의하게 된다.

▷ 제2단계: 선정

정보추구자는 특정한 주제나 접근 방법을 선택하고, 그 정보요구를 충족하기 위한 초기 탐색을 시작한다. 이 단계에서는 비교적 낙관적인 감정이 나타나며, 주제에 대한 정보를 시험적으로 수집하려는 시도가 이루어진다.

▷ 제3단계: 탐구

탐구 단계에서는 주제와 관련된 다양한 정보를 접하면서 보다 본격적인 탐색이 이루어진다. 그러나 이 과정에서 정보가 서로 상충하거나 애매하게 인식되기 쉬워 혼란, 좌절감, 의구심과 같은 부정적인 감정이 자주 나타난다. 이 시점에서 정보추구자는 아직 필요한 정보의 유형을 명확히 규정하지 못한 상태에 머무른다.

▷ 제4단계: 형성

이 단계에서 정보추구자는 탐구의 초점을 점차 명확히 설정하고, 불확실성이 감소하기 시작한다. 단순한 정보 수집을 넘어 정보의 적합성과 가치를 비판적으로 평가하며, 부적합한 정보는 배제하고 핵심 정보를 선별하게 된다. 이와 함께 방향감과 자신감이 형성된다.

▷ 제5단계: 수집

주제와 초점이 확정된 이후에는 정보추구자가 필요한 정보만을 집중적으로 수집하게 된다. 이 단계에서는 요구되는 정보의 유형을 분명히 인식할 수 있으며, 탐색 과정도 한층 효율적으로 진행된다. 불확실성은 크게 줄어들고 자신감은 더욱 강화된다.

▷ 제6단계: 제시

정보탐색이 종료되는 단계로, 수집된 정보를 정리하고 종합하여 결과물을 완성한다. 탐색의 성공 여부는 정보의 획득 가능성, 사용한 정보시스템의 효율성, 정보추구자의 탐색 기술 등에 따라 달라질 수 있다. 이 단계에서는 수집된 정보의 요약과 통합, 공표를 위한 준비가 이루어지며, 최종적으로 만족 또는 불만족의 감정이 나타난다(구본영, 박미영, 2003).

쿨타우의 정보탐색과정 모형은 정보추구를 단계적이고 과정적인 활동으로 설명할 뿐만 아니라, 정보추구 과정에서 나타나는 정서적 변화의 중요성을 강조한다는 점에서 의의가 크다. 이러한 특징은 학습자 중심의 정보서비스 설계, 교육 현장에서의 정보활용 지도, 디지털도서관 이용자 지원 전략을 이해하는 데 특히 유용한 이론적 틀을 제공한다.

7.2 디지털도서관 이용자

디지털도서관에서 이용자란 디지털도서관이 제공하는 정보자원과 정보서비스를 통해 자신의 정보요구를 충족시키고자 하는 개인 또는 집단을 의미한다. 디지털도서관은 양질의 디지털 정보자원을 기반으로 다양한 정보서비스를 제공하며, 이용자는 이러한 서비스와의 상호작용을 통해 연구, 학습, 업무, 일상생활 등에서 발생하는 정보요구를 해결한다. 따라서 디지털도서관 이용자를 이해하기 위해서는 이용자의 범위와 유형, 이용 동기와 목적, 정보자원 및 정보서비스와의 관계를 종합적으로 고려할 필요가 있다.

디지털도서관 이용자는 크게 정보자원의 관점과 정보서비스의 관점에서 구분할 수 있다. 먼저 정보자원의 관점에서 정보자원과 이용자의 관계를 규정하는 방식은 두 가지로 나누어 볼 수 있다. 첫째, 메타데이터를 통해 정보자원의 이용 대상자를 명시하는 방법이다. 예를 들어 MODS(Metadata Object Description Schema)에서는 targetAudience 요소를 사용하여 개별 정보자원이 의도하는 이용대상자의 지적 수준이나 이용 집단을 기술할 수 있다. 이 요소는 통제된 데이터 값 또는 자유 텍스트 형식으로 표현할 수 있으며, 통제된 데이터 값을 사용할 경우 미국 의회도서관에서 유지하는 MARC Value List for Target Audience 코드표준을 준용한다. 해당 코드에는 청년(adolescent), 성인(adult), 일반(general), 어린이(juvenile), 미취학아동(preschool), 전문직(specialized) 등이 포함된다. 이러한 방식은 정보자원의 성격과 적합한 이용자 집단을 제시함으로써 정보의 적합성과 접근성을 높이는 데 기여한다. 둘째, 라이선스와 접근 권한에 따라 이용자를 구분하는 방법이다. 디지털도서관에서 정보자원의 접근 여부는 라이선스 조건에 의해 제한될 수 있으며, 이에 따라 접근이 허용된 이용자와 그렇지 않은 이용자로 구분된다. 접근 권한은 예를 들어 이용자의 위치에 따라 접근을 허용하는 방식, 특정 기간이나 시간대에만 접근을 허용하는 방식, 등록이용자와 비등록 이용자로 나누어 적용하는 방식, 또는 개방접근처럼 별도의 이용자 구분 없이 허용하는 방식 등으로 설정될 수 있다. 이러한 구분은 전자자원의 합법적 이용과 저작권 보호를 위한 중요한 관리 수단이다.

한편 정보서비스의 관점에서 보면 디지털도서관 이용자는 일반적으로 등록이용자와 일반이용자로 나눌 수 있다. 등록이용자는 디지털도서관 시스템에 이용자로 등록되어 있으며, 로그인 절차를 통해 개인화된 서비스와 확장된 기능을 이용할 수 있다. 반면 일반이용자는 별도의 등록 없이 공개된 정보자원이나 기본적인 서비스만 이용하는 경우가 많다. 또한 이용 목적에 따라 이용자를 연구이용자, 강의이용자, 학습이용자로 구분할 수 있으며, 이러한 구분은 서비스 설계와 기능 제공의 기준으로 활용될 수 있다. 아울러 디지털도서관의 이용자는 정보서비스를 직접 이용하는 최종 이용자에만 국한되지 않는다. 디지털도서관의 운영과 서비스 제공 과정에는 관리자와 콘텐트 제공자와 같은 다양한 이해당사자들이 참여한다. 이들 역시 디지털도서관 생태계를 구성하는 중요한 이용자 집단으로, 디지털도서관의 기획과 운영, 유지와 발전에 직간접적인 영향을 미친다.

7.2.1 이용자 특성

전통적인 정보환경에서의 이용자 연구는 오랜 기간 축적되어 왔으나, 오늘날의 디지털도서관 환경은 기술, 콘텐트, 서비스가 빠르게 변화하고 결합하는 방향으로 확장되면서 이용자 특성을 설명하는 개념체계 역시 지속적인 갱신이 요구된다. 특히 디지털도서관은 더 이상 도서관 웹사이트나 검색 데이터베이스에 한정되지 않고, 클라우드 기반 플랫폼, 외부 연구 및 학습 도구, 출판과 데이터 생태계와 결합된 복합 서비스 환경으로 진화하고 있다(IFLA, 2024). 이에 따라 이용자 연구는 보편적인 정보행태 이론을 참고하되, 구체적인 디지털도서관의 서비스 구성, 콘텐트 유형, 그리고 연구, 학습, 업무, 일상으로 이어지는 이용 맥락을 반영한 실증적 접근이 더욱 중요해지고 있다(Connaway 외, 2023).

현대 디지털도서관에서 이용자 연구를 복잡하게 만드는 이용자 특성은 다음과 같이 정리할 수 있다. 첫째, 디지털 포용성과 접근성이 핵심 요구로 부상하였다. 과거의 보편적 접근이 언제 어디서나 접속 가능함에 초점을 두었다면, 오늘날에는 디지털 격차, 정보취약계층, 다언어 및 다문화 환경, 고령층, 장애 이용자를 포괄하는 디지털 포용과 접근성이 중요한 과제로 확대되었다(IFLA, 2024). 특히 웹과 모바일 기반 서비스는 WCAG 2.2와 같은 국제 접근성 지침을 준거로 삼아 인지, 시각, 운동 등 다양한 접근성 요구를 체계적으로 반영해야 한다(W3C, 2023).

둘째, 플랫폼화와 분산화, 그리고 연계 서비스 이용이 일상화되고 있다. 디지털도서관은 분산된 정보자원에 대한 통합 접근을 제공해 왔으나, 최근에는 여기에 플랫폼화와 외부 서비스 연계가 더해졌다. 이용자는 디지털도서관 내부에만 머무르지 않고, 학습관리시스템, 연구노트, 참고문헌 관리 도구, 협업 도구, 기관 리포지토리, 출판 플랫폼과 연결된 흐름 속에서 정보를 탐색하고 활용한다. 그 결과 이용자 경험은 단일 인터페이스의 사용을 넘어, 연계된 서비스 생태계 속에서 이어지는 연속적 경험으로 나타나며, 이용자 특성 역시 개별 시스템의 사용성이 아니라 워크플로우 중심의 행태로 이해될 필요가 있다(IFLA, 2024).

셋째, 정보문제와 서비스 목적이 크게 확장되었다. 2000년대의 디지털도서관이 자료 탐색 중심이었다면, 현재는 연구, 학습, 업무 전 과정을 지원하는 역할이 전면에 등장하고 있다. 이용자는 특정 자료를 찾는 데 그치지 않고, 연구데이터 관리, 오픈액세스와 오픈사이언스 환경에서의 공유, 연구성과 정리, 수업 설계, 학습 성찰, 지역사회 프로그램 참여 등 다양한 목적을 위해 디지털도서관을 이용한다(Connaway 외, 2023). 이러한 변화는 이용자를 단순한 정보탐색자가 아니라 학습자, 연구자, 창작자, 참여자, 협력자로 동시에 이해할 것을 요구한다.

넷째, 개인화와 분석 기능의 확대와 함께 보호 요구가 상시화되고 있다. 현대 디지털도서관 서비스는 개인화, 추천, 이용 분석, 성과 측정 등 데이터 기반 기능이 강화되는 방향으로 발전하고 있다(IFLA, 2024). 동시에 이용자는 검색, 열람, 다운로드, 로그인과 같은 모든 상호작용이 데이터로 기록될 수 있다는 점에서 프라이버시 위험에 노출된다. 이에 따라 이용자 특성에는 편의성과 보호라는 이중의 요구가 함께 포함되며, 도서관은 이용 데이터의 수집, 이용, 공유, 보관 전 과정에서 이용자의 기대와 권리를 존중하는 원칙을 마련해야 한다(NISO, 2015).

다섯째, 인공지능 기반 서비스의 확산이 이용자 경험을 재구성하고 있다. 검색 보조, 추천, 요약, 질의응답 등 다양한 영역에 인공지능이 도입되면서 서비스 이용 방식이 크게 변화하고 있다. 그러나 인공지능은 편향, 감시, 투명성 부족, 전문성 약화와 같은 위험도 함께 수반한다. 따라서 인공지능 시대의 이용자는 단순히 기술을 사용하는 존재가 아니라, 결과의 신뢰성과 근거, 오류 가능성, 데이터 처리 방식에 민감한 주체로 이해되어야 하며, 도서관은 이에 대응하는 명확한 원칙과 역할을 제시할 필요가 있다(IFLA, 2020).

이러한 특성들은 디지털도서관을 설계하고 구축하며 운영하는 과정에서 이용자와의 상호작용 범위를 규정하는 핵심 기준이 된다. 즉, 해당 디지털도서관의 주요 이용자 집단이 누구인지, 그들의 주된 정보요구와 이용 맥락은 무엇인지, 그리고 데이터, 인공지능, 접근성, 프라이버시 요구를 포함한 정보 리터러시 과제를 어느 수준까지 지원할 것인지가 명확히 정의되어야 한다(IFLA, 2024; Connaway 외, 2023).

7.2.2 이용자 집단

특정한 디지털도서관을 설계하고 구축할 때에는 주된 이용 대상, 즉 고객의 범주를 명확히 설정해야 한다. 이용자 집단을 분명히 규정하지 못하면 서비스 정책의 방향과 우선순위를 정하기 어렵고, 그 결과 서비스 설계와 자원 배분의 기준도 흔들리게 된다. 이용자 범주는 현재의 고객뿐 아니라 미래의 고객까지 염두에 두어 설정할 필요가 있다. 특정 전문인을 위한 서비스인지, 일반 대중까지 포함할 것인지, 유아와 청소년 이용자를 어떤 방식으로 수용할 것인지와 같은 계층적 구분도 중요하다. 동시에 고객과 디지털도서관 간 상호작용의 유형에 따라 이용자 집단을 구분하는 접근도 유용하다. 또한 이용자들은 연령, 교육 수준, 문화적 배경, 정보기술 활용 경험, 정보문제 해결 능력 등에서 다양한 차이를 보이므로, 이러한 특성 역시 이용자 집단 정의와 서비스 설계에 반영되어야 한다.

일반적으로 상호작용의 유형에 따른 이용자 집단은 다음과 같이 구분할 수 있다. 첫째, 협력고객은 해당 디지털도서관의 정보서비스 운영에 협력하는 기관이나 개인을 의미하며, 콘텐트 제공자, 정보유통기관, 유관기관 등 서비스 이해관계자 집단이 이에 해당한다. 둘째, 선도고객은 디지털도서관의 비전과 방향성에 공감하고 사회적으로 영향력이 있는 기관이나 개인을 말한다. 셋째, 핵심고객은 전체 이용자 중에서도 이용 빈도가 높은 상위 집단으로, 예를 들어 상위 20퍼센트에 해당하며 서비스의 품질과 지속가능성에 큰 영향을 미치는 이용자층이다. 넷째, 일반고객은 이용 빈도가 최상위 집단에는 속하지 않지만 최근 해당 디지털도서관을 비교적 활발하게 이용하고 있는 집단을 의미한다. 다섯째, 휴면고객은 과거에는 이용 경험이 있으나 최근에는 이용이 중단된 이용자 집단을 말한다. 마지막으로 잠재고객은 정보서비스의 잠재적 이용 대상임에도 아직 해당 디지털도서관을 이용하지 않는 집단을 의미한다.

이용자 집단을 명확히 구분한 이후에는 이들의 정보서비스 수요를 주기적으로 조사하고 파악하며, 필요에 따라 적절한 마케팅 활동을 수행하는 것이 중요하다. 정보서비스 수요조사는 설문조사, 면담, 관찰, 사례조사, 이용 로그 분석 등 정량적 방법과 정성적 방법을 병행해 수행할 수 있다. 한편, 마케팅 활동은 해당 디지털도서관의 정보서비스를 이용자 집단에 효과적으로 알리기 위한 활동으로, 매스미디어 활용, 고객 커뮤니티의 구성과 운영, 홍보 프로그램, 교육과 훈련 활동 등을 통해 이루어질 수 있다.

7.3 정보 리터러시

이용자의 관점에서 디지털도서관의 유용성은 정보 리터러시 개념으로 설명될 수 있다. 이용자는 디지털도서관을 통해 자신의 정보문제를 해결하고자 하며, 디지털도서관의 정보서비스는 이러한 문제 해결에 실질적으로 기여해야 한다. 이 관계가 원활히 정립될수록 디지털도서관의 사회적 유용성은 높아진다. 오늘날 디지털도서관에서의 정보 리터러시는 단순히 자료를 찾는 능력에 그치지 않고, 정보요구의 명료화, 정보탐색과 평가, 정보의 윤리적 이용과 생산, 디지털 환경에서의 표현의 자유와 접근권, 프라이버시 등과 관련된 권리와 책임을 포괄하는 복합적 역량으로 이해된다(UNESCO, 2023; UNESCO, 2024). 또한 정보요구, 정보추구, 정보이용과 같은 정보행태 활동은 정보 리터러시의 핵심 구성요소로 간주된다.

정보 리터러시는 지식정보사회와 디지털 전환의 진전과 함께 국제적으로 지속적인 주목을 받아 왔다. 특히 정보 리터러시는 평생학습과 사회적 포용을 촉진하는 핵심 역량으로 강조되어 왔으며, 국제적 논의에서는 정보 리터러시를 디지털 세계에서의 기본 권리이자 사회발전의 토대로 보는 관점도 제시되어 왔다. 최근에는 정보 리터러시가 미디어 및 디지털 역량과 결합되는 경향이 뚜렷해졌고, 유네스코는 미디어 및 정보 리터러시를 정보 리터러시와 미디어 리터러시를 통합한 개념으로 설명하며, 인터넷을 포함한 정보 제공자와 콘텐트를 비판적으로 이해하고 정보를 탐색하며 평가하고 생산하는 역량을 강조한다(UNESCO, 2013; UNESCO, 2024).

국가 및 교육과 도서관 현장에서도 정보 리터러시 개념은 표준 중심 접근에서 핵심 개념과 실천 중심으로 발전해 왔다. 대표적으로 미국 대학도서관 분야에서는 대학도서관협회가 고등교육 정보 리터러시 프레임워크를 제시하여, 정보의 생성과 가치, 탐구 과정에 대한 핵심 개념과 학습자의 실제 실천을 강조한다(ACRL, 2015). 이러한 흐름은 디지털도서관 서비스가 단순한 검색 기술 훈련을 넘어, 비판적 평가 능력, 윤리적 이용, 학술 커뮤니케이션에 대한 이해까지 확장되어야 함을 시사한다.

한편, 우리나라의 경우 과거에는 정보 리터러시가 정보통신기술 활용이나 도서관 이용교육, 일부 대학의 정보활용 교육 수준에서 분절적으로 다루어진 측면이 있었으나, 최근에는 국가 차원의 교육과정 개정과 디지털 역량 강화 정책 흐름 속에서 관련 논의와 자료가 확대되고 있다. 교육부는 「2022 개정 교육과정」을 확정하고 디지털과 인공지능 기반 수업과 학습, 평가 개선 방향을 함께 제시하였다. 또한 디지털 교육 대전환을 위한 제7차 (2024～2028) 교육정보화 기본계획에서는 디지털 리터러시를 단순한 기기 활용 능력이 아니라 사회적 위험과 격차에 대응하기 위한 핵심 역량으로 위치시키고 있다. 이 계획은 디지털 환경에서의 역량 격차가 여전히 존재함을 전제로 하며, 연령 등 집단 간 격차 해소와 전 생애에 걸친 역량 함양의 필요성을 강조한다. 동시에 스마트폰과 사회관계망서비스 과의존, 딥페이크 범죄, 가짜뉴스 등 디지털 환경이 초래하는 사회적 문제와 윤리적 문제를 구체적으로 언급하며, 이에 대응하기 위한 체계적이고 종합적인 디지털 소양 교육의 필요성을 제기한다. 더 나아가 디지털 시민교육을 디지털 소양의 확장된 형태로 제시하면서, 그 내용이 디지털 및 미디어 리터러시와 디지털 윤리까지 포괄해야 함을 분명히 한다. 이는 정보에 대한 비판적 이해와 활용 역량뿐 아니라 디지털 환경에서의 책임 있는 행위와 윤리적 판단까지 교육 범주에 포함시키는 방향이다. 이를 실현하기 위해 해당 계획은 한국형 디지털 시민교육 프레임워크 개발을 추진하고, 전문가 협의와 기관별 교육자료 개발, 모니터링과 환류를 포함하는 체계를 마련하겠다고 제시한다. 아울러 디지털 리터러시를 제도적, 규범적 차원에서도 중요한 가치로 다루어, 디지털 역량 함양과 전 생애 디지털 교육, 디지털 리터러시 교육을 자유와 권리 보장의 핵심 요소로 명시한다. 이는 디지털 리터러시를 개인의 선택적 역량이 아니라 디지털 사회에서 권리 행사와 참여를 가능하게 하는 기반으로 위치시키는 것이다. 한편 한국교육학술정보원은 교육과정 연계 디지털 리터러시 교육 가이드라인 개발 연구를 발간하는 등, 디지털 환경에서 요구되는 역량을 체계화하려는 시도를 이어가고 있다(한국교육학술정보원, 2023).

7.3.1 정보 리터러시의 개념 정의

정보 리터러시는 다양한 관점에서 정의되어 왔지만, 가장 널리 인용되는 정의 가운데 하나는 ACRL(Association of College and Research Libraries)의 정의이다. ACRL은 정보 리터러시를 개인이 언제 정보가 필요한지를 알고, 필요한 정보를 식별하고, 평가하고, 효율적으로 사용하는 능력의 집합으로 함축적으로 설명한다(ACRL 웹페이지). 이에 비해 Bundy는 정보 리터러시를 참여적 시민의식, 사회적 포용, 새로운 지식의 창조, 개인의 역량 강화, 평생교육을 위한 필수요건으로 규정하면서, 정보 리터러시가 단지 개인의 학습기술이 아니라 사회적 의미와 함의를 갖는 역량임을 강조한다(Bundy, 2003). 한편, 국제적 차원에서 IFLA는 2002년 기존의 이용자 교육 라운드테이블을 정보 리터러시 섹션으로 변경하고, 모든 유형의 도서관에서 정보기술 교육 개발과 관련된 국제 협력을 강화해 왔다. 이 섹션의 의장인 Jesús Lau가 편찬한 「평생교육을 위한 정보 리터러시 지침서」는 정보 리터러시를 도서관 소장자료의 서지정보 이용 교육을 넘어서는 개념으로 설명한다. 즉 정보 리터러시는 정보전략에 초점을 두며, 정보추구 과정과 정보이용 역량을 설명하는 데 활용되는 개념이고, 학생들이 효율적인 학습자가 되기 위해 개발해야 하는 정보역량을 의미한다(IFLA, 2006).

이처럼 정보 리터러시는 개인의 생존능력으로서 도서관 이용, 연구, 학습과 관련된 역량을 가리킨다. 디지털 환경과 지식정보 기반 생활이 요구되는 21세기에는 이러한 역량이 더욱 필수적인 것으로 인식되면서, 국제적, 국가적, 기관적 수준에서 다양한 정보 리터러시 전략과 모형이 제시되어 왔다. 초중등학교와 대학교에서도 도서관 또는 교과과정을 중심으로 이러한 모형을 토대로 학생들의 정보 리터러시를 평가하고, 교육 프로그램을 개발하고 운영하고 있다.

여기서 정보 리터러시 모형이란 정보 리터러시를 갖춘 사람에게 요구되는 요건을 정의하고 구체적인 성과목표를 제시한 표준 또는 기준을 의미한다. 이러한 모형은 특정 대상에게 요구되는 역량 영역과 성과목표를 제시하고, 그에 기반하여 정보 리터러시 교육체제를 구성하거나 개인별 수준평가를 수행하도록 하는 데 사용된다. 대표적인 정보 리터러시 모형으로는 ACRL 모형, SCONUL 모형, ANZIIL 모형이 널리 알려져 있으며, 이들의 구성요소와 성과목표는 〈표 7.1〉과 같다. 이러한 모형들은 개인의 능력을 규정하는 데서 그치지 않고, 실제 교육 프로그램 개발과 운영으로 연결된다는 점에서 실천적 의의를 갖는다.

〈표 7.1〉 주요 정보 리터러시 모형의 내용 비교

<table>
<tr><th>ACRL 모형</th><th>SCONUL 모형</th><th>ANZIIL 모형</th></tr>
<tr><td rowspan="2">1. 필요한 정보의 특성과 범위 파악 능력</td><td>1. 정보요구의 인식 능력</td><td rowspan="2">1. 정보의 필요성 인식, 필요한 정보의 특성과 범위 결정 능력</td></tr>
<tr><td>2. 정보결손의 확인 능력</td></tr>
<tr><td rowspan="2">2. 필요한 정보에의 접근 능력</td><td>3. 검색전략의 구축 능력</td><td rowspan="2">2. 필요한 정보에의 접근 능력</td></tr>
<tr><td>4. 소재파악 및 검색 능력</td></tr>
<tr><td>3. 정보의 비판적 평가와 선택된 정보를 자신의 지식체계로의 결합 능력</td><td>5. 비교평가 능력</td><td>3. 정보와 정보원에 대한 비판적 평가 능력</td></tr>
<tr><td rowspan="2">4. 정보의 효과적인 이용 능력</td><td>6. 정보의 조직, 적용, 전달 능력</td><td>4. 축적, 수집, 생산된 정보의 관리 능력</td></tr>
<tr><td>7. 기존 정보의 종합 및 새로운 지식의 창조능력</td><td>5. 기존 정보와 새로운 정보의 적용 능력</td></tr>
<tr><td>5. 정보와 관련된 사회문화적 문제의 인식 능력</td><td></td><td>6. 정보의 이용과 관련된 사회문화적 문제의 인식 능력</td></tr>
</table>

정보 리터러시는 능력의 집합으로서 역량이라고 할 수 있으며, 이러한 역량은 선천적으로 주어지는 것이 아니라 학습활동과 경험을 통해 개발되고 개선된다. 따라서 개인의 역량 보유 정도에 따라 정보 리터러시 격차가 발생할 수 있다는 점도 함

께 내포한다. 또한 정보 리터러시는 교육과 학습을 통해 향상될 수 있기 때문에 학교는 도서관을 기반으로 정보 리터러시 역량을 강화하기 위한 다양한 노력을 기울이게 된다. 특히 대학에서의 정보 리터러시는 이전 학습 단계보다 더 강조되는데, 대학이 지식의 소비자이자 생산자, 즉 생산소비자(prosumer)로서 지식기반 사회의 핵심적 역할을 담당하기 때문이다. 이러한 맥락에서 Johnston과 Webber는 정보지성 대학(Information Literate University)이라는 개념을 제시하며, 대학 구성원 모두가 정보 리터러시의 소유자, 즉 정보지성인이 되도록 하는 비전을 강조하였다(Johnston & Webber, 2004). 이 관점에서 정보 리터러시는 총체적이며 평생학습의 필수 요소이고, 지식관리 활동의 기반이며, 정보 리터러시에 대한 관리는 외부의 복잡한 환경에 대학이 효율적으로 대응하기 위한 전략적 사고를 의미한다. 〈그림 7.3〉은 이러한 비전을 도식화한 것이다. 그림은 정보지성 대학이 단일한 교육 프로그램이 아니라 대학 전체의 구조와 활동 속에 통합되어야 한다는 방향을 제시한다. 그림의 중심에 위치한 정보지성 대학은 연구, 교육과정, 학생 성과, 구성원 역량, 제도적 운영 체계가 서로 연결되어 작동할 때 구현될 수 있는 상태로 표현된다. 즉 정보 리터러시는 특정 부서나 일부 교과의 역할에 머무르지 않고, 대학의 핵심 기능 전반에 스며드는 방식으로 자리 잡아야 한다.

이 비전에서 먼저 강조되는 것은 정보 리터러시에 대한 연구 영역이다. 정보 리터러시 연구는 개념과 이론을 정교화하고, 실제 교육과 정책을 뒷받침하는 근거를 생산함으로써 대학이 정보 리터러시를 체계적으로 발전시키는 기반이 된다. 동시에 교육과정 차원에서는 정보 리터러시를 하나의 학문적 영역으로 인식하고, 학습과 교수, 평가에 이르기까지 교육과정 전반에 반영하는 접근이 요구된다. 이러한 교육과정 운영의 결과는 궁극적으로 정보 리터러시 역량을 갖춘 학생과 졸업생의 배출로 이어지며, 이는 대학이 달성해야 할 핵심 성과로 제시된다. 또한 정보지성 대학은 교수자와 직원의 역량 개발을 필수 요소로 포함한다. 정보 리터러시 교육과 지원이 지속되기 위해서는 교직원이 관련 역량을 갖추고 이를 실행할 수 있도록 전문성 개발이 동반되어야 하기 때문이다. 마지막으로 대학 차원의 운영과 관리 체계가 이를 뒷받침해야 한다는 점이 강조된다. 전략 수립, 자원 배분, 정책 마련, 인프라 구축과 같은 관리 영역이 정비될 때 정보 리터러시는 일회성 활동이 아니라 지속 가능한 대학의 제도와 문화로 자리 잡을 수 있다. 결국 이 그림은 정보지성 대학이 연구와 교육, 사람과 제도, 성과와 지원이 서로 맞물리는 종합적 체계로 형성된다는 점을 보여준다.

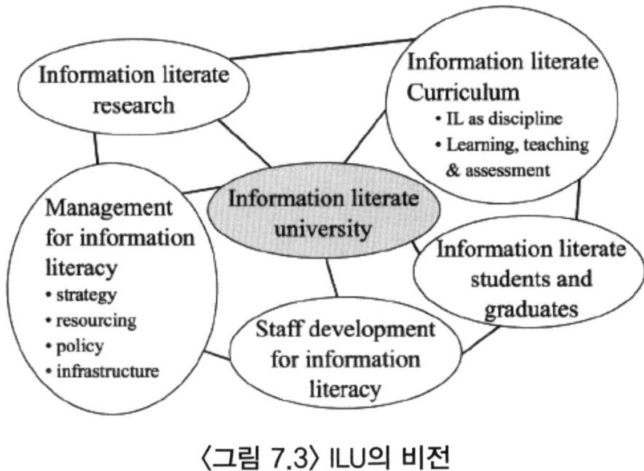

〈그림 7.3〉 ILU의 비전

한편, 2003년 9월 체코 프라하에서는 UNESCO의 지원 아래 미국 도서관정보학 국가위원회(NCLIS)와 정보 리터러시 국가포럼(NFIL)이 조직한 정보 리터러시 전문가 회의가 개최되었고, 23개국이 참가한 이 회의에서 정보 리터러시의 기본 원칙으로서 이른바 프라하 선언이 제안되었다. 프라하 선언은 정보사회에서 국가, 커뮤니티, 기관, 개인의 사회적, 문화적, 경제적 발전을 위해 정보 리터러시가 중요하다는 점을 전제로, 정보 리터러시를 정보를 인식하고 식별하며 평가하고 조직하여 효율적으로 생산하고 활용하며 소통하는 능력으로 규정하였다. 또한 정보 리터러시를 정보사회에 효과적으로 참여하기 위한 필수 요건이자 평생학습을 위한 인간의 기본권의 일부로 보았으며, 정보 접근과 정보통신기술의 효과적 사용을 포함해 국가와 개인 간 정보격차 해소, 다문화 및 다언어 환경에서의 상호 이해 증진에 기여한다고 강조하였다. 아울러 정부가 국가적 차원에서 정보 리터러시 향상 프로그램을 개발해야 하며, 정보 리터러시가 사회 각 부문과 관련되는 중요한 관심사로서 개인의 요구와 맥락에 따라 갖추어져야 하고, 모든 사람을 위한 교육의 핵심 부분이라는 점을 제시하였다.

7.3.2 정보 리터러시의 유형

다양한 학자와 기관들은 정보 리터러시를 단일한 능력으로 보기보다, 관련 개념들과의 관계 속에서 여러 유형과 수준으로 분화된 역량 체계로 설명해 왔다. 정보 리터러시와 연관된 용어로는 기술 리터러시, 디지털 리터러시, 미디어 리터러시, 시각 리터러시, 비즈니스 리터러시, 커뮤니티 리터러시, 컴퓨터 리터러시 등이 제시되며, 이들은 각기 고유한 내용과 범위를 갖는 동시에 정보 리터러시와 독립적으로 존재하거나 서로 계층적으로 또는 수평적으로 연결되는 관련 리터러시 범주로 이해된다.

이스톤(Denise G. Easton)은 현대 사회에서 요구되는 정보 리터러시를 최소한 네 가지 핵심 리터러시의 계층으로 파악하였다. 첫째, 도구 리터러시는 다른 모든 리터러시를 촉진하는 도구와 하드웨어를 사용할 수 있는 능력을 의미한다. 둘째, 정보 리터러시는 정보에 접근하고 이를 정렬하며 이해하고 통합하는 능력을 포함한다. 셋째, 소통 리터러시는 읽기, 쓰기, 이해의 능력을 뜻한다. 넷째, 문화 리터러시는 윤리적 맥락과 사회적 맥락 속에서 앞선 세 가지 리터러시가 집단과 개인에게 미치는 영향을 이해하는 능력을 의미한다. 이러한 구분은 정보 리터러시가 단순한 검색 기술을 넘어 도구 활용, 의사소통, 문화와 윤리적 이해까지 포괄하는 복합 역량임을 보여준다(Easton. 웹페이지).

한편, 대학 교육 현장에서는 정보 리터러시 역량을 학습 단계에 따라 구조화하려는 시도도 이루어졌다. 2003년 영국 더블린 시립대학교 사서들은 3계층 정보 리터러시 모형을 개발하여 수준별 학습목표와 성과를 제시하였다(Breen, Fallon. 2005). 1수준은 도서관 서비스와 공간 구조의 이해, 목록을 활용한 정보원 식별, 정보 조직 방식의 이해, 적합한 정보원 범위의 파악, 도서관 데이터베이스와 웹 자원의 탐색, 서지 수집 등 기초적인 탐색과 이용 능력에 초점을 둔다. 2수준은 대학 외부에서의 자원 접근, 도서관 목록 기능의 숙련된 활용, 정보 조직에 대한 이해 심화, 고급 검색기능과 검색전략 개발, 고급 웹검색 기술의 적용, 인용과 참고문헌 작성 등 보다 확장된 학습과 과제 수행 역량으로 구성된다. 3수준은 외부 지원 자원의 활용을 통한 연구 수행, 문헌 비평 과정의 이해, 주제 전문 자원에 대한 심층 지식 개발, 최신 연구 동향의 유지, 서지 소프트웨어를 활용한 인용문헌의 관리와 조직 등 연구 수행에 가까운 고급 역량을 포함한다. 이 모형은 교수진과의 협력을 전제로 정보 리터러시 강좌를 설계하고 개발하는 데 활용될 수 있는 수준별 체계를 제공한다.

샤피로와 휴지스(Shapiro & Hughes)는 대학 교과목에 포함되어야 할 정보 리터러시를 일곱 개의 영역으로 구분하여 제시하였다. 이들의 7계층 모형은 정보기술 도구의 이해와 활용을 뜻하는 도구 리터러시, 정보자원의 형태 및 조직, 접근 방식에 대한 이해를 뜻하는 자원 리터러시, 정보의 생산과 조직, 활용이 사회적 기관과 네트워크에서 이루어지는 방식에 대한 이해를 뜻하는 사회구조적 리터러시, 정보 분석과 시뮬레이션 등 연구에 적합한 도구의 이해와 활용 및 한계 인식을 포함하는 연구 리터러시, 연구와 아이디어의 편집과 출판 및 학술 커뮤니티에의 소개를 다루는 출판 리터러시, 새로운 정보기술을 지속적으로 학습하고 평가하며 사용하는 능력을 뜻하는 신기술 리터러시, 정보기술의 강점과 약점, 잠재력과 한계, 혜택과 비용을 평가하는 능력을 뜻하는 비판적 리터러시로 구성된다(Shapiro, Hughes. 1996). 이 구분은 정보 리터러시가 단지 정보 이용 기술이 아니라 연구와 출판, 기술 변화 대응, 비판적 성찰까지 포함하는 학문적이고 교육적 영역임을 강조한다.

이러한 다양한 분류를 종합하면, 정보 리터러시의 유형은 일반적으로 기본 영역과 전문 영역으로 크게 구분할 수 있다. 기본 영역의 정보 리터러시는 보편적이고 소양적인 수준에서 정보문제를 해결하는 능력을 의미하며, 여러 분야를 넘나들면서도 일상적이거나 학습적 상황에서 자신의 정보요구를 해결하는 데 초점을 둔다. 이는 특정 전문분야 수준에는 이르지 않더라도, 지식정보사회에서 시민으로 살아가기 위해 요구되는 필수 역량이라는 점에서 중요성이 강조된다. 반면 전문 영역의 정보 리터러시는 연구나 직업 활동에서 전문적 수준의 정보문제 해결이 요구되는 상황에서 발휘되는 전문가의 필수 능력으로 이해된다. 법률정보 리터러시, 경영정보 리터러시, 과학기술정보 리터러시, 간호정보 리터러시, 역사정보 리터러시, 철학정보 리터러시는 전문분야별로 요구되는 역량의 내용과 범위가 달라질 수 있음을 보여주는 사례다. 또한 정보 리터러시의 수준을 보다 정교하게 설명하기 위해, 기본과 전문의 2계층 구분을 넘어 3계층으로 확장해 설명할 수도 있다. 첫째, 소양 수준은 초중고 교과학습이나 일상생활 문제 해결을 위한 자기주도적 학습이 가능한 단계로서, 대학 이전 학습 수준에 해당한다. 둘째, 고등 수준은 대학의 교과학습을 수행하는 데 불편함이 없는 단계로, 대학 학습을 위한 역량 수준을 의미한다. 셋째, 전문 수준은 전문적인 연구과제나 기획과제를 수행할 수 있는 단계로서, 대학원 이상의 학습자나 연구자, 컨설턴트, 기획가 등 전문가의 직업 활동 수준에 해당한다. 이와 같은 구분은 정보 리터러시가 학습자 발달 단계와 과업의 복잡성에 따라 점진적으로 심화되고 확장되는 역량이라는 점을 설명하는 틀로 활용될 수 있다.

한편, 최근에는 통계 리터러시와 데이터 리터러시도 정보 리터러시와 밀접하게 연관된 핵심 유형으로 함께 논의된다. 통계 리터러시는 일상생활과 학습, 연구 상황에서 제시되는 통계 정보와 결과를 이해하고 해석하며, 그 타당성을 비판적으로 판단하고 의사결정에 활용하는 능력을 의미한다. 이는 평균, 분산, 상관계수 같은 개념을 아는 수준을 넘어, 통계가 생산된 맥락인 표본, 측정, 분석 방법, 오차, 편향을 고려해 결과를 읽어내고 통계적 주장에 내재한 한계와 함의를 평가하는 역량을 포함한다. 따라서 통계 리터러시는 정보의 신뢰성과 설득력을 판단하는 과정에서 정보 리터러시의 평가 영역을 강화하며, 사회과학, 보건, 정책 분야에서 특히 빈번히 요구된다. 데이터 리터러시는 데이터를 탐색하고 수집하며 정제하고 분석하고 표현하고 공유하는 전 과정에서, 데이터를 목적에 맞게 활용할 수 있는 능력을 의미한다. 여기에는 데이터의 출처와 품질을 점검하는 능력, 적절한 분석 방법을 선택하는 분석적 사고, 시각화와 스토리텔링을 통해 의미를 전달하는 소통 능력, 개인정보와 윤리, 보안과 같은 데이터 거버넌스 이슈를 고려하는 윤리적 활용 역량까지 포함된다. 데이터 리터러시는 디지털 환경에서 정보가 문헌뿐 아니라 데이터로 생산되고 유통되며 재사용된다는 점에서, 전통적 정보 리터러시를 확장하고 구체화하는 실천적 역량으로 이해될 수 있으며 연구와 직업 현장에서 전문 영역의 정보 리터러시와도 직접 연결된다.

이러한 관점에서 통계 리터러시와 데이터 리터러시는 정보 리터러시와 별개의 독립 영역으로 존재할 수 있으면서도, 정보의 평가와 이해, 통합과 활용이라는 정보 리터러시의 핵심 과정과 결합하여 계층적으로 또는 수평적으로 연계된다. 특히 데이터 기반 의사결정이 일상화된 환경에서는 정보 리터러시의 실천 범위가 데이터와 통계적 근거까지 확장되며, 대학 교육에서도 교과학습과 연구 수행, 사회적 참여 역량을 강화하는 핵심 요소로 포함될 필요가 있다.

7.4 이용자 인터페이스

인터페이스는 서로 다른 두 세계가 맞닿는 지점에서 형성되는 접점으로, 서로 다른 시스템, 장치, 소프트웨어 등을 연결해 주는 부분 또는 그 접속 장치를 의미한다. 특히 인간과 시스템, 즉 소프트웨어나 장치 사이의 접속 지점은 이용자 인터페이스라 하며, 이는 일차적으로 사람과 시스템의 접점을 뜻하고, 이차적으로는 이용자와 개별 시스템 사이에서 정보가 오가는 채널로 이해될 수 있다(이두영, 윤대진, 2003). 이용자 인터페이스는 인간과 소프트웨어 프로그램 사이의 상호작용을 가능하게 하는 소프트웨어 인터페이스와, 인간과 하드웨어 장치 사이의 상호작용을 가능하게 하는 하드웨어 인터페이스로 구분된다.

디지털도서관 맥락에서 주로 논의되는 것은 소프트웨어 기반 이용자 인터페이스로, 상호작용 방식에 따라 크게 세 가지 유형으로 설명할 수 있다. 첫째, 문자 기반 인터페이스는 명령어 입력이나 검색어 입력, 게시글 작성처럼 텍스트를 중심으로 상호작용이 이루어지는 방식이다. 둘째, 메뉴 기반 인터페이스는 화면에 제시된 선택지, 즉 메뉴나 버튼, 목록 등을 이용자가 선택함으로써 시스템과 상호작용하는 방식이다. 셋째, 그래픽 기반 인터페이스는 아이콘과 버튼, 시각적 구성요소를 활용하여 이용자가 조작과 선택을 수행하는 방식으로, 현재 가장 보편적으로 사용된다. 다만 아이콘과 같은 그래픽 요소는 본질적으로 은유에 기반하므로, 이용자의 경험과 맥락에 따라 의미 해석이 달라질 수 있으며, 이로 인해 다의성이나 오해가 발생해 사용성 저하로 이어질 가능성도 있다. 최근에는 터치, 제스처, 음성 입력, 대화형 인터페이스와 같은 다양한 상호작용 방식이 확산되면서, 문자, 메뉴, 그래픽 중심의 전통적 구분을 바탕으로 하되 이를 결합한 복합적 인터페이스로 발전하는 경향도 함께 나타나고 있다.

이용자 인터페이스 설계 원칙은 2000년대의 사용성 중심 논의를 넘어, 최근에는 인간 중심 설계, 상호작용의 질, 접근성과 포용성을 포괄하는 방향으로 정리되고 있다(ISO, 2019; ISO, 2020; W3C, 2023). 이러한 흐름을 반영하면 김성희(2006)가 제시한 인터페이스 설계 원칙은 다음과 같이 재구성할 수 있다. 첫째, 인터페이스는 기술 구현의 논리보다 이용자의 목표와 과업 수행을 중심으로 설계되어야 하며, 실제 이용 맥락에서 이용자의 요구를 지속적으로 반영하고 개선하는 인간 중심 설계 접근이 전제되어야 한다. 즉, 이용자가 무엇을 하려는지, 어떤 환경에서 사용하는지, 어떤 제약과 기대를 지니는지를 기준으로 설계와 평가가 이루어져야 한다(ISO, 2019). 둘째, 인터페이스는 학습 용이성, 자기설명성, 일관성, 통제감, 오류 허용성과 같은 상호작용의 질을 확보해야 한다. 이를 위해 이용자가 현재 상태를 쉽게 인식할 수 있도록 적절한 피드백을 제공하고, 다음 행동을 스스로 예측할 수 있으며, 사용 흐름을 이용자가 주도할 수 있도록 설계해야 한다. 또한 오류는 발생 이후의 처리뿐 아니라 예방과 회복까지 고려하여, 최소한의 조치로 목표를 달성할 수 있도록 지원해야 한다. 이러한 원칙은 ISO 9241－110에서 제시하는 대화 원칙과도 밀접하게 연결된다(ISO, 2020). 셋째, 인터페이스는 시각적 커뮤니케이션을 통해 이해를 돕되, 오늘날에는 접근성과 포용성을 기본 요건으로 포함해야 한다. 정보와 기능은 누구에게나 지각 가능해야 하고, 다양한 입력 방식에서 조작 가능해야 하며, 의미와 사용 방법이 이해 가능하고, 보조기술을 포함한 다양한 환경에서도 안정적으로 동작해야 한다. 이는 최신 웹 접근성 지침인 WCAG 2.2의 원칙과 직접적으로 연결된다(W3C, 2023).

이상에서 살펴본 바와 같이, 디지털도서관의 이용자 인터페이스는 정보서비스의 관문으로서, 이용자가 검색 서비스와 참여 서비스를 효과적으로 이용할 수 있도록 필요한 기능과 상호작용 구조를 제공해야 한다. 시각적 요소의 활용은 정보 탐색과 이해를 돕는 중요한 수단이지만, 인터페이스 설계의 핵심 요건은 무엇보다 이용자 친화성에 있다. 시각화가 과도하거나 표현 방식이 복잡해질 경우 오히려 이용자의 주의 집중을 분산시키고 이해도와 가독성을 저하시켜 서비스 이용을 방해할 수 있다. 따라서 시각적 설계는 정보 전달의 목적과 사용 맥락에 부합하도록 기능성, 명료성, 일관성을 유지하는 범위에서 적절히 조절되어야 한다. 결국, 디지털도서관의 이용자 인터페이스는 다양한 이용자 특성과 이용 환경을 고려한 이용자 중심 설계의 관점에서 개발되어야 하며, 그 적합성과 효과는 실제 이용자 집단을 대상으로 한 지속적인 평가를 통해 검증되고 개선되어야 한다. 이러한 이용자의 경험과 수행 결과를 근거로 인터페이스를 점검하고 개선하는 체계적 활동을 이용자 평가라 한다.

7.5 이용자 평가

디지털도서관은 이용자 커뮤니티를 위해 서비스를 제공하는 정보환경이며, 이용자와 그들의 정보요구는 디지털도서관의 존재 이유이자 설계와 운영의 출발점이다. 따라서 디지털도서관을 설계하고 구현하며 평가하는 모든 과정은 이용자의 정보요구와 특성, 그리고 이용자가 도서관을 활용하는 다양한 맥락인 학습, 연구, 업무, 여가 등에 기반해 이루어져야 한다. 그러나 현실의 디지털도서관은 규모와 유형이 매우 다양하고, 그에 따라 평가의 목적과 방법 또한 여러 양상으로 전개된다. 예컨대 평가 대상 디지털도서관이 정보기관으로서의 역할을 중심으로 하는지, 멀티미디어형 정보검색 시스템에 가까운지, 또는 다양한 디지털 콘텐트를 수집하고 관리하며 보존하고 제공하는 관리 시스템인지에 따라 평가의 관점과 접근 방법은 달라질 수 있다. 이 때문에 모든 유형의 디지털도서관에 일괄적으로 적용 가능한 범용 평가체제를 마련하는 일은 중요하면서도 동시에 어려운 과제로 남아 있다.

디지털도서관 평가는 디지털도서관이 이용자에게 얼마나 유용하게 활용될 수 있는지, 그리고 운영과 관리 측면에서 얼마나 효율적이고 경제적인지를 판단하는 활동으로서 시스템, 정보자원, 서비스 전반을 평가 대상으로 삼는다. 평가 결과는 단순한 성과 확인에 그치지 않고, 현재보다 더 나은 디지털도서관으로 발전하기 위한 설계, 개발, 운영 개선의 근거와 우선순위를 제공하는 전략적 지침으로 기능한다. 나아가 평가는 디지털도서관이 사회적으로 더 높은 유용성과 접근성을 갖춘 정보환경으로 자리 잡도록 지원하는 과정이라는 점에서도 중요한 의미를 가진다.

7.5.1 디지털도서관의 평가 방법

디지털도서관의 평가는 평가 목적과 대상, 환경에 따라 다양한 방식으로 수행될 수 있으며, 일반적으로는 평가를 어떤 기준으로 구분하느냐에 따라 여러 범주의 평가 방법으로 정리된다. 〈표 7.2〉는 이러한 평가 방법을 대표적인 구분 기준에 따라 체계화한 것이다. 지금부터는 구분 기준에 따른 평가 방법을 하나씩 살펴보자.

첫째, 평가 작업의 수행 주체에 따라 이용자 평가와 전문가 평가로 구분할 수 있다. 이용자 평가는 실제 서비스 이용자가 평가의 주체가 되어 디지털도서관의 사용 경험과 만족도, 문제점을 중심으로 판단하는 방식이다. 반면 전문가 평가는 사서와 전문직원, 평가 전문가가 평가를 수행하는 방식으로, 시스템 구조와 기능 설계, 서비스 구성의 적합성을 전문적 기준에 따라 진단하는 데 적합하다.

둘째, 평가의 주안점에 따라 이용자 중심 평가와 시스템 중심 평가로 나눌 수 있다. 이용자 중심 평가는 이용자의 관점에서 서비스가 얼마나 유용하고 편리하며 요구를 충족하는지를 살펴보는 데 초점을 둔다. 이에 비해 시스템 중심 평가는 기능, 성능, 안정성, 운영 효율 등 기술적 요소와 구조적 요소를 중심으로 평가한다. 동일한 디지털도서관이라도 평가의 관점이 어디에 놓이느냐에 따라 평가 항목과 결론은 달라질 수 있다.

셋째, 평가에 활용되는 데이터의 성격에 따라 정량적 평가와 정성적 평가로 구분된다. 정량적 평가는 이용량, 처리 시간, 클릭 수, 검색 성공률 등 수량화 가능한 지표를 통해 평가하는 방식이다. 반면 정성적 평가는 서비스와 정보자원이 이용자에게 미치는 영향, 경험의 질, 만족의 이유와 같은 질적 요소를 중심으로 하며, 수치로 포착하기 어려운 의미와 맥락을 이해하는 데 유용하다.

넷째, 평가의 초점에 따라 성능 평가와 서비스 품질 평가로 나눌 수 있다. 성능 평가는 효과성과 효율성 등 기능 수행 수준을 중심으로 시스템이 목표한 기능을 얼마나 잘 수행하는지를 점검한다. 서비스 품질 평가는 제공되는 서비스와 자원, 프로그램이 이용자에게 어떤 유용한 성과를 제공하는지를 평가하며, 이용자 관점의 가치 판단이 강조된다.

다섯째, 평가 목적에 따라 형성평가와 총괄평가로 구분된다. 형성평가는 설계와 개발, 운영 과정에서 문제를 조기에 발견하고 개선하기 위한 평가이며, 총괄평가는 일정 기간의 운영 결과를 바탕으로 성과와 책무성을 판단하는 평가이다. 이 구분은 평가가 개선 중심인지, 성과 판단 중심인지에 따라 지표 설정과 해석의 방향이 달라질 수 있음을 보여준다.

여섯째, 평가 시점에 따라 사전평가, 과정평가, 사후평가로 나눌 수 있다. 사전평가는 도입이나 개편 이전에 이용자 요구와 타당성, 위험 요인을 점검하는 데 초점을 둔다. 과정평가는 운영 중 수행 과정의 적절성과 문제를 확인해 즉각적인 조정과 개선에 활용된다. 사후평가는 운영 이후의 결과와 파급 효과를 정리해 향후 전략과 투자 판단의 근거를 제공한다.

일곱째, 평가의 준거에 따라 표준 및 준거 기반 평가, 목표 및 핵심성과지표 기반 평가, 벤치마킹 평가로 구분된다. 표준 및 준거 기반 평가는 접근성, 보안, 메타데이터 등 관련 표준이나 지침 충족 여부를 기준으로 삼는다. 목표 및 핵심성과지표 기반 평가는 사전에 설정한 목표와 성과 지표의 달성도를 중심으로 평가한다. 벤치마킹 평가는 유사 기관이나 경쟁 서비스와의 비교를 통해 상대적 수준과 개선 방향을 진단하는 데 유용하다.

여덟째, 평가 방법이나 도구에 따라 사용성 시험, 휴리스틱 평가, 로그 및 행동 분석, 실험 평가 등으로 나눌 수 있다. 사용성 시험은 이용자의 과제 수행을 관찰해 사용 흐름과 문제 지점을 파악하고, 휴리스틱 평가는 전문가가 사용성 원칙에 근거해 문제를 진단한다. 로그와 행동 분석은 이용 기록을 바탕으로 실제 사용 패턴과 병목을 분석하며, 실험 평가는 대안을 동시에 운영해 성과 차이를 검증함으로써 의사결정의 근거를 강화한다.

아홉째, 평가 환경에 따라 현장 기반 평가, 실험실 기반 평가, 원격 평가로 구분된다. 현장 기반 평가는 실제 이용 환경에서 자연스러운 사용 맥락을 반영할 수 있고,

실험실 기반 평가는 조건을 통제해 특정 기능이나 과업 수행을 정밀하게 측정할 수 있다. 원격 평가는 다양한 지역과 이용자 집단을 대상으로 효율적으로 평가를 수행할 수 있다는 장점이 있다.

열째, 평가 단위에 따라 기능 단위 평가, 서비스 여정 단위 평가, 이용자 집단 단위 평가로 나눌 수 있다. 기능 단위 평가는 검색이나 추천과 같은 개별 기능을 중심으로 점검하며, 서비스 여정 단위 평가는 탐색에서 선택, 이용, 저장과 공유에 이르는 이용 흐름 전체를 대상으로 한다. 이용자 집단 단위 평가는 학부생, 대학원생, 연구자, 지역주민 등 집단별 요구와 성과를 구분해 파악하는 데 적합하다.

열한째, 평가 지표의 유형에 따라 효과성 지표, 효율성 지표, 경험과 만족 지표로 구분할 수 있다. 효과성 지표는 과업 성공률이나 정확성과 같이 목표 달성 정도를 나타내며, 효율성 지표는 시간이나 단계 수 등 자원 투입 대비 수행 수준을 보여준다. 경험과 만족 지표는 만족도, 신뢰, 재이용 의도 등 이용 경험의 질을 반영한다.

열두째, 준수와 위험 관점의 포함 여부에 따라 준수성 평가와 위험 및 신뢰 평가로 나눌 수 있다. 준수성 평가는 개인정보 보호, 저작권, 접근성, 보안 등 법적 요구와 제도적 요구 충족 여부를 점검한다. 위험 및 신뢰 평가는 오류와 편향, 설명 가능성, 데이터 품질 등 서비스의 신뢰성과 잠재적 위험 요인을 함께 검토하는 접근이다.

이처럼 디지털도서관의 평가 방법은 단일한 방식으로 고정되기보다, 평가 주체와 관점, 데이터 유형뿐 아니라 목적과 시점, 준거, 방법, 환경, 단위, 지표, 준수 관점에 따라 다양한 범주로 구성된다. 실제 평가에서는 이러한 구분들이 개별적으로 적용되기보다는, 평가 목적과 대상의 성격에 맞추어 적절히 결합되어 활용되는 경우가 많다.

〈표 7.2〉 디지털도서관의 평가 방법 개요

구분 기준	접근방법	설명
평가작업의 수행자가 누구인가?	이용자 평가	평가작업을 이용자가 수행
	전문가 평가	사서 및 전문직원, 또는 평가전문가에 의한 평가
평가의 주안점이 무엇인가?	이용자 중심 평가	이용자의 관점에서 평가
	시스템 중심 평가	시스템의 관점에서 평가
평가 데이터가 무엇인가?	정량적 평가	서비스 행동들을 수량적으로 파악하여 평가
	정성적 평가	정보자원, 서비스 등의 영향력 평가
	성능 평가	효과성, 효율성과 같은 성능이나 기능 중심의 평가
	서비스 품질 평가	제공하는 서비스, 자원, 프로그램 등의 유용성의 성과 평가
평가의 목적이 무엇인가?	형성평가	설계 · 개발 · 운영 과정에서 문제를 발견하고 개선하기 위한 평가
	총괄평가	일정 기간 운영 결과를 바탕으로 성과와 책무성을 판단하는 평가
평가의 시점은 언제인가?	사전평가	서비스 도입 · 개편 전에 요구, 타당성, 위험요인을 점검하는 평가
	과정평가	운영 중 수행과정의 적절성, 진행상 문제를 점검하는 평가
	사후평가	운영 후 결과와 파급효과를 분석하여 성과를 정리하는 평가
평가의 준거는 무엇인가?	표준 · 준거 기반 평가	접근성, 메타데이터, 보안 등 표준/지침 충족 여부를 기준으로 평가
	목표 · KPI 기반 평가	사전에 설정한 목표와 핵심성과지표 달성도를 기준으로 평가
	벤치마킹 평가	유사 기관 · 서비스와 비교하여 상대적 수준을 진단하는 평가
평가의 방법(도구)은 무엇인가?	사용성 시험	과제 수행을 관찰하여 성공률, 문제 지점, 사용 흐름을 확인하는 평가
	휴리스틱 평가	전문가가 사용성 원칙에 따라 인터페이스 문제를 진단하는 평가
	로그 · 행동 분석	검색 · 클릭 · 이탈 · 세션 등 이용 로그를 분석하여 이용 패턴과 병목을 파악하는 평가
	실험 평가(A/B)	대안을 동시에 운영하여 성과 차이를 검증하는 평가
평가의 환경은 무엇인가?	현장 기반 평가	실제 이용 환경에서 자연스러운 사용과 맥락을 반영하여 평가
	실험실 기반 평가	조건을 통제하여 특정 기능 · 과업 수행을 정밀하게 측정하는 평가
	원격 평가	온라인 환경에서 분산된 이용자를 대상으로 평가를 수행
평가의 단위는 무엇인가?	기능 단위 평가	검색, 추천, 참여 기능 등 특정 기능을 단위로 평가
	서비스 여정 단위 평가	탐색 – 선택 – 이용 – 저장/공유 등 이용 흐름 전체를 단위로 평가
	이용자 집단 단위 평가	학부생 · 대학원생 · 연구자 · 지역주민 등 집단별 요구와 성과를 평가
평가 지표의 유형은 무엇인가?	효과성 지표	과업 성공률, 정확성 등 목표 달성 정도를 나타내는 지표
	효율성 지표	시간, 단계 수 등 자원 투입 대비 수행 정도를 나타내는 지표
	경험 · 만족 지표	만족도, 신뢰, 재이용 의도 등 이용 경험의 질을 나타내는 지표
준수 · 위험 관점이 포함되는가?	준수성 평가	개인정보, 저작권, 접근성, 보안 등 준수 요구 충족 여부를 점검
	위험 · 신뢰 평가	오류, 편향, 설명가능성, 데이터 품질 등 위험요인과 신뢰성을 점검

7.5.2 사라세빅의 평가체제

사라세빅(Tefko Saracevic)은 디지털도서관 평가를 단편적인 지표나 단일 방법으로 수행할 수 있는 활동이 아니라, 개념적으로 구조화된 평가체제로 이해해야 한다고 보았다. 그는 디지털도서관 평가의 개념적 틀을 네 가지 관점, 즉 평가대상, 평가상황, 평가기준, 평가방법론으로 구분하여 제시하였다(Saracevic, 2000; 2004).

첫째, 평가대상은 평가가 이루어지는 대상이 무엇인지를 의미한다. 사라세빅은 평가대상을 크게 디지털도서관의 실체(entities)와 프로세스(processes)로 구분하였다. 디지털도서관의 실체에 대한 평가는 첫째, 연구개발 프로젝트를 통해 구축된 특정 디지털도서관을 대상으로 하는 경우, 둘째, 현재 운영 중인 디지털도서관의 일부 측면을 대상으로 하는 경우, 셋째, 복수의 디지털도서관을 비교하고 분석하는 경우로 나눌 수 있다. 한편 디지털도서관의 프로세스에 대한 평가는 특정 시스템 하나에 국한되지 않고, 도구나 서비스의 작동 방식, 이용자의 정보추구 행태와 같은 과정 중심 요소를 대상으로 한다. 구체적으로 디지털도서관 평가의 대상이 될 수 있는 항목으로는 디지털 장서 및 정보자원, 보존과 영속성 문제, 검색과 접근, 서비스, 이용자와 커뮤니티, 안전, 보안, 정책, 법제도, 저작권 등과 관련된 운영 환경, 관리 및 운영, 비용과 경제성, 외부 시스템과의 통합 및 협업성 등이 포함된다.

한편, 최근 디지털도서관의 평가대상은 전통적인 장서, 서비스, 인터페이스를 넘어, 웹스케일 디스커버리와 그 안에 포함되는 AI 기능으로 확대되는 경향이 뚜렷하다. 특히 생성형 AI가 검색, 추천, 요약 등 발견 과정에 결합되면서, 평가대상은 단순히 한 시스템의 기능이 아니라 AI가 개입한 검색과 발견 프로세스로 이동하고 있다(NISO, 2025). ARL은 LibQUAL 프로그램을 2025년 말 종료하면서도 설문 애플리케이션의 오픈소스 전환을 공지하였다(ARL, 2025a, 2025b). 이는 평가대상을 도구 자체로 고정하기보다 기관별 평가 운영체계로 내재화하는 흐름으로 볼 수 있다(ARL, 2025a). 따라서 LibQUAL 계열과 같은 기존의 서비스 품질 측정 도구는 단일 서비스로 완결되기보다, 기관이 필요에 따라 조정하는 방식으로 재편되고 있다.

둘째, 평가상황은 평가의 목적과 관점, 수준을 규정하는 계획 단계의 영역을 의미한다. 평가의 목적이나 의도에 따라 평가 설계는 달라지며, 어떤 대상을 평가하느냐에 따라서도 평가상황은 서로 다르게 설정된다. 이 과정에는 평가기준과 방법론의 선택 역시 포함된다. 사라세빅은 평가수준을 크게 시스템 중심 평가와 이용자 중심 평가로 구분하였다. 시스템 중심 평가는 특정 설계 영역이나 기능 요소의 효과성과 효율성을 측정하는 성능 평가에 해당하며, 이용자 중심 평가는 이용자의 정보요구, 정보추구 행태, 과업 수행 과정과 성과 등을 중심으로 이루어지는 평가를 의미한다. 즉, 평가상황은 평가가 기술적 관점에서 이루어지는지, 이용자 경험과 행위를 중심으로 이루어지는지를 결정하는 핵심 요소이다. 한편, 평가상황은 과거처럼 특정 시점에 한 번 수행되는 총괄평가보다, 운영 중 지속적 개선을 위한 상시 평가 체계로 설계되는 경향이 커지고 있다. 인간 중심 설계 표준은 요구 파악, 설계, 프로토타입, 사용 평가를 반복하는 반복적 개발과 평가를 전제로 하며, 평가를 개발 프로세스에 상시 내장하는 접근을 강조한다(ISO, 2019). 이러한 흐름 속에서 A/B 테스트 같은 실험적 기법은 단발성 연구가 아니라, 실제 서비스 운영에서 개선안을 검증하는 상시적 의사결정 도구로 위치한다(Young, 2014).

셋째, 평가기준은 평가의 목적과 수준이 정해진 이후, 무엇을 기준으로 판단할 것인지를 규정하는 요소이다. 모든 평가는 명시적이든 묵시적이든 기준을 전제로 하며, 기준은 반드시 측정단위와 측정도구를 수반한다. 예를 들어 시간이라는 기준에는 분이나 초와 같은 측정단위가 필요하며, 시계와 같은 측정도구가 사용된다. 적합도를 기준으로 삼는 경우에는 재현율과 정확률이 측정단위가 되고, 인간의 적합도 판단이 측정도구가 된다. 사라세빅은 디지털도서관 평가에서 활용될 수 있는 주요 평가기준으로 다음을 제시하였다. ㉠ 사용성은 디지털도서관 평가에서 가장 널리 사용되는 기준으로, 효과성, 효율성, 만족도와 같은 목표 달성 정도를 포함한다. ㉡ 탐색성은 정보자원이 얼마나 쉽게 발견될 수 있는지를 나타내는 기준으로, 이용자의 탐색 노력과 시간, 단계 수뿐 아니라 시스템 차원에서 분류체계, 메타데이터, 인터페이스 지원 수준도 함께 평가된다. ㉢ 이용도는 이용패턴, 이용통계, 특정 자료의 이용 빈도와 맥락 등을 통해 디지털도서관 활용 정도를 파악하는 기준이다. ㉣ 시스템 특성은 응답시간, 처리속도, 용량과 같은 기술적 성능뿐 아니라 알고리즘의 성능, 유지보수성, 상호운용성, 비용 등 시스템 전반의 특성을 포함한다. ㉤ 문화기술적 기준은 문화와 언어적 맥락, 집단 간 이용 차이, 특정 주제나 커뮤니티에 미치는 영향 등을 평가하는 기준으로, 비교평가나 영향력 평가에 활용될 수 있다. 한편, 전통적으로 사용성과 서비스품질이 핵심 기준이었다면, 최근에는 AI가 결합된 발견 환경에서 투명성, 신뢰, 설명가능성과 같은 기준의 중요성이 크게 상승하고 있다(NISO, 2025). 특히 검색과 답변생성의 조합모델(RAG)이 확산되면서, 평가는 검색이 잘 되었는가뿐 아니라 생성된 답변이 근거 자료에 의해 지지되는가, 즉 정확성과 근거성을 핵심 기준으로 포함하는 방향으로 확장되고 있다(Lin et al., 2024). 즉, 효과성, 효율성, 만족도와 같은 기존 기준에 더해, AI 개입 결과의 오류 위험과 신뢰성을 함께 다루는 기준 체계가 강화되고 있다(NISO, 2025; Lin et al., 2024).

넷째, 평가방법론은 평가기준을 실제로 측정하고 분석하기 위한 절차와 수단을 의미하며, 측정도구, 표본 선정, 데이터 수집 방법, 분석 기법 등을 포함한다. 사라세빅은 디지털도서관 평가에 적용될 수 있는 방법론의 범위가 매우 넓어, 사실상 모든 학술연구 방법이 활용 가능하다고 보았다. 평가방법은 크게 양적 방법, 질적 방법, 분석적 방법으로 구분될 수 있으며, 구체적으로는 설문조사, 인터뷰(구조화 면담, 포커스 그룹 인터뷰), 관찰, 크게 생각하기 기법(think aloud), 사례조사, 트랜잭션 로그 분석, 실험, 기록 분석, 사용도 분석, 문헌 분석, 브레인스토밍 회의, 커뮤니케이션 분석, 경제성 분석 등이 포함된다. 또한 평가방법이 모형이나 기법으로 체계화된 경우도 있는데, CVM, CAPM, AHP, TAM, Claim Analysis, 사용성 평가 기법, LibQUAL+, eMetrics, eValued, DigiQUAL 등이 그 사례이다. 이러한 방법들은 각각 장단점을 가지므로, 평가의 목적과 상황에 가장 적합한 방법을 선택하고 조합하는 것이 중요하다.

한편, 방법론 측면에서는 단일 기법 의존이 약화되고, 혼합 방법이 사실상 기본 구성으로 자리 잡고 있다. 사용성 시험이나 휴리스틱 평가 같은 전통적 기법은 여전히 유효하지만, 실제 운영에서 발생하는 이용행태를 정밀하게 포착하기 위해 트랜잭션 로그 분석과 같은 행동 흔적 기반 방법이 중요한 축으로 결합된다(Jansen, 2006). 또한 웹 인터페이스 개선에서는 실제 이용환경에서 두 대안을 동시에 운영해 효과 차이를 검증하는 A/B 테스트가 실무적 평가기법으로 강조된다(Young, 2014). 전자자원 이용 및 가치 평가는 COUNTER의 Code of Practice처럼 국제 표준화된 이용통계 프레임을 활용해 지표의 신뢰성과 비교가능성을 확보하려는 경향이 강화된다(COUNTER, 2025). 결과적으로 최근의 평가방법론은 설문(인식), 로그(행동), 실험(인과), 표준지표(비교가능성)를 결합해, 평가결과가 개선, 투자, 정책으로 직접 연결되도록 설계되는 방향으로 발전하고 있다(COUNTER, 2025; ISO, 2019; Jansen, 2006; Young, 2014).

이와 같이, 사라세빅의 평가체제는 디지털도서관 평가를 평가대상(construct), 평가상황(context), 평가기준(criteria), 평가방법론(methodology)이 유기적으로 결합된 종합적 과정으로 파악하도록 하며, 평가가 단순한 기술 성능 측정을 넘어 이용자와 서비스, 운영, 정책, 법제 환경 등 사회기술적 맥락을 포괄하는 복합적 활동임을 강조한다(Saracevic, 2000). 더 나아가 최근의 디지털도서관 평가는 인간 중심 설계의 반복적 개선 흐름 속에서 일회성 점검이 아니라 운영 전 주기에 걸친 지속적 평가와 피드백으로 확장되고 있으며(ISO, 2019), 생성형 AI가 검색과 발견 과정에 결합되면서 투명성, 신뢰, 근거 제시 등 새로운 기준을 포함한 평가 요구가 커지고 있다(NISO, 2025).

7.5.3 사용성 평가

사용성은 ISO/IEC 9126과 같은 소프트웨어 품질 모형의 일부 요소로 다루어졌으나, 최근에는 상호작용 결과를 사용 맥락 속에서 평가하는 개념으로 정교화되었다. ISO 9241－11:2018은 사용성을 특정 이용자가 특정 맥락에서 특정 목표를 효과성, 효율성, 만족을 가지고 달성할 수 있는 정도로 정의하며, 사용성이 제품 자체의 고정 속성이 아니라 사용 상황과 목표에 의해 달라지는 상호작용의 결과임을 강조한다(ISO, 2018). 이 정의는 디지털도서관 사용성 평가가 단순한 화면 선호도 조사에 그치지 않고, 누가 이용자인지, 무엇을 하려는지, 어떤 조건에서 수행하는지를 명확히 설정한 뒤 평가되어야 함을 시사한다(ISO, 2018).

한편, 제품 품질 모형 관점에서 ISO/IEC 25010:2023은 사용성을 제품 품질의 핵심 특성으로 포함시키며, 사용성의 하위 특성을 보다 구체화하여 제시한다(ISO, 2023). 실무적으로는 이러한 하위 특성이 디지털도서관 화면과 이용 경험 점검 항목으로 전환되어, 기능 적합성 인지, 학습 용이성, 조작성, 오류 예방, 심미성, 접근성 등으로 자주 활용된다(ISO, 2023; ISO25000.com, n.d.).

이제 사용성 평가기준과 방법에 대해 알아보자.

7.5.3.1 사용성 평가 기준

최근 표준에 근거하여 디지털도서관의 사용성 기준을 정리하면, 다음과 같이 효과성, 효율성, 만족과 제품 및 인터페이스 특성인 학습성, 오류 보호, 접근성 등을 함께 다루는 방식이 일반적이다(ISO, 2018; ISO, 2023).

- 효과성: 이용자가 목표 과업을 정확히 달성하는 정도로, 예를 들어 자료 찾기, 원문 접근, 인용 내보내기 같은 과업의 성공 여부로 평가한다.
- 효율성: 목표 달성을 위해 소요되는 시간, 단계 수, 노력의 정도로 평가한다.
- 만족: 이용자가 경험하는 수용성, 편안함, 주관적 만족을 의미한다.
- 하위 사용성 특성(제품 품질 관점): 이용자가 시스템이 자신의 요구에 맞는지 인지하는 정도, 학습 용이성, 조작성, 오류 방지와 회복 지원, 이용자 인터페이스 심미성, 접근성 등을 포함한다(ISO, 2023; ISO25000.com, n.d.).

7.5.3.2 사용성 평가 방법

디지털도서관의 사용성 평가는 단일 기법으로 완결되기보다, 목적과 단계에 따라 점검, 시험, 질문, 분석과 텔레메트리를 결합하는 혼합 접근이 일반적이다. 특히 전문가 점검으로 빠르게 문제를 찾고, 이용자 과업 시험으로 실제 장애를 확인하며, 설문 도구로 주관적 경험을 수량화하고, 로그와 분석 지표로 운영 단계에서 지속적으로 모니터링하는 방식이 확산되고 있다(ISO, 2018; Nielsen Norman Group, n.d.).

▷ 전문가 기반 평가(감정법, 점검)

전문가 기반 평가는 초기 설계안 또는 운영 중인 화면에서 사용성 문제를 빠르게 발견하는 데 유용하다. 대표적으로 휴리스틱 평가는 시스템 상태 가시성, 일관성,

오류 예방 등 사용성 원칙에 따라 화면을 점검해 문제를 목록화한다(Nielsen Norman Group, n.d.). 최근에는 전통적인 휴리스틱 평가와 인지적 워크스루를 유지하되, 웹 기반 서비스 특성을 반영하여 접근성 평가를 점검의 핵심 요소로 통합하는 경향이 강해졌다. 특히 WCAG 2.2의 성공 기준을 준거로 키보드 조작, 초점 표시, 대체 텍스트, 오류 안내, 명도 대비 등을 점검하고(W3C, 2023), Lighthouse나 axe-core 같은 도구를 활용해 자동 및 반자동 점검을 반복 수행하는 방식이 확산되고 있다(Google, n.d.; Deque Labs, n.d.). 다만 자동 점검은 한계가 있으므로, 결과 해석과 맥락 판단은 전문가의 수동 점검으로 보완하는 것이 권장된다(W3C, 2025).

▷ 이용자 기반 시험(검증법, 시험)

이용자 기반 시험은 이용자에게 대표 과업을 부여하고, 성공률, 시간, 오류, 경로 등을 관찰하고 측정함으로써 효과성과 효율성 문제를 직접 확인하는 방법이다. 디지털도서관에서는 검색어 입력, 결과 목록 해석, 필터와 정렬 사용, 원문 접근 인증, 서지관리 연동 등에서 병목이 발생하기 쉬우므로 과업 중심 시험이 특히 중요하다(ISO, 2018). 최근에는 디지털도서관이 다양한 환경에서 이용된다는 점을 반영하여 원격 사용성 테스트가 보편화되었고, 원격 진행형과 비진행형을 목적에 따라 선택해 적용한다(UserTesting, 2025). 또한 과업 기반 성과 지표를 표준화해 반복 측정하고(ISO, 2018), 필요에 따라 트리 테스트와 카드 소팅 등 정보구조 검증을 병행하는 방식이 널리 활용된다(UserTesting, 2025). 요컨대 최신 사용성 평가는 전문가 점검과 이용자 과업 시험을 분리하기보다, 접근성 표준과 자동화 도구, 원격 시험과 성과 지표를 결합해 지속적으로 개선하는 혼합 평가 체계로 발전하고 있다(W3C, 2023; ISO, 2018).

검증법의 측정과 도구 측면에서는 생각말하기 같은 질적 관찰 기법을 유지하되, 성공률, 오류율, 완료 시간 같은 성과 지표 중심의 정량 측정을 강화하고, 정보구조와 탐색성을 검증하기 위한 트리 테스트나 카드 소팅 같은 정보구조 검증 기법을 병행하는 경향이 커지고 있다(UserTesting, 2025b). 또한 시선추적과 같은 생체 및 행동 기반 측정은 연구 환경에서 지속적으로 확장되고 있으며, 최근 체계적 문헌고찰은 시선추적 데이터의 자동 처리와 정량화 같은 기술적 진전이 사용성 및 이용 경험 평가 자동화와 결합되는 흐름을 보고한다(Karwowski et al., 2023). 특히 접근성과 결합한 시선추적 평가의 가능성과 한계를 다루는 연구도 제시되어, 향후 포용적 이용 경험 평가와 연결될 여지가 크다(Molina et al., 2023).

한편, 정보구조 검증 기법에서 정보구조는 이용자가 정보 구조를 얼마나 쉽게 이해하고, 원하는 정보를 올바른 경로로 찾을 수 있는지를 확인하기 위한 평가 방법을 뜻한다. 이는 화면의 외형보다 분류 체계, 메뉴 구조, 라벨링, 탐색 경로의 적절성을 검증하는 데 초점을 둔다. 핵심적으로 사용되는 정보구조 검증 기법은 다음과 같다. 첫째, 카드 소팅이다. 이용자에게 콘텐트 항목을 제시하고 이를 스스로 분류하게 하여 이용자의 인지 구조를 파악한다. 개방형 카드 소팅은 이용자가 분류 기준과 명칭을 자유롭게 정하게 하고, 폐쇄형 카드 소팅은 미리 정해진 분류 체계에 맞춰 배치하게 한다. 이 기법은 디지털도서관의 메뉴 구조나 주제 분류가 이용자의 사고방식과 얼마나 부합하는지를 검증하는 데 활용된다. 둘째, 트리 테스트이다. 실제 화면 디자인을 제거한 상태에서 메뉴 구조만 제시하고, 이용자에게 특정 정보를 어디에서 찾을지 선택하게 한다. 이를 통해 이용자가 올바른 경로를 선택했는지, 중간에 길을 잃는지, 얼마나 빠르게 도달하는지를 측정할 수 있으며, 검색 이전 단계의 탐색 구조 자체의 적합성을 검증하는 데 효과적이다. 셋째, 퍼스트 클릭 테스트이다. 이용자가 특정 과업을 시작할 때 처음 클릭하는 위치가 적절한지를 분석하는 방법으로, 첫 클릭이 올바르면 과업 성공 확률이 높다는 가설에 기반한다. 이는 메뉴 라벨이나 초기 탐색 진입점의 명확성을 평가하는 데 사용된다. 넷째, 라벨 테스트이다. 메뉴명, 카테고리명, 버튼명이 이용자에게 의미를 명확히 전달하는지를 평가하며, 용어 선택이 정보구조 이해에 적절한지를 검증한다.

정리하면, 정보구조 검증 기법은 이 화면이 예쁜가를 묻는 것이 아니라, 이용자가 이 구조를 보고 올바른 위치를 떠올릴 수 있는지, 그리고 최소한의 노력으로 원하는 정보에 도달하는지를 검증하는 평가 방법이다. 디지털도서관에서는 검색 기능 개선 이전에 분류 체계, 메뉴 구조, 주제 접근 경로의 타당성을 점검하는 핵심 사용성 평가 도구로 활용된다.

▷ 설문 기반 측정(질문)

설문은 사용 경험을 비교 가능하게 수량화하는 데 적합하며, 최근에는 짧고 반복 적용이 가능한 도구가 널리 쓰인다. 대표적으로 SUS(System Usability Scale)는 10문항으로 전반적 사용성 인식을 빠르게 측정하는 표준 도구로, 다양한 시스템 간 비교나 개선 전후 비교에 자주 활용된다(Brooke, 1996). SUS 점수는 개별 문항이 아니라 총점으로 해석하는 것이 원칙이며, 관행적으로는 68점이 평균에 가까운 기준점으로 자주 인용되고, 점수 구간을 좋음이나 나쁨 같은 형용사 척도로 해석하려는 연구도 축적되어 있다(Bangor et al., 2009; Brooke, 1996). 다만 SUS는 사용성의 한 값을 제공하는 장점이 있는 반면, 무엇이 문제인지에 대한 원인 진단은 과업 관찰이나 질적 질문과 결합해 해석하는 경우가 일반적이다(Brooke, 1996).

시간이나 응답 부담이 큰 상황에서는 UMUX-LITE(초단기 모니터링)가 실무적으로 유용하다. UMUX-LITE는 요구 충족과 사용 용이성을 2문항으로 측정하여, 반복 측정에 적합하다(Lewis et al., 2013). 또한 연구에서는 UMUX-LITE가 SUS와 높은 상관을 보이며, 필요할 경우 회귀식을 통해 SUS 규모로 근사 비교가 가능하다는 논의도 제시된다(Lewis et al., 2015).

한편 UEQ-S는 사용성뿐 아니라 이용자 경험을 더 넓게 포착하려는 목적에 맞춘 단축형 도구로, 실용적 품질과 쾌락적 품질의 두 차원을 각각 4문항씩 측정하고, 전체 이용자 경험 점수도 함께 제공한다(Schrepp et al., 2017). 따라서 디지털도서관처럼 과업 성공뿐 아니라 탐색 과정의 만족, 매력, 선호 같은 경험 요소를 함께 보고자 할 때 UEQ-S가 유용하다(Schrepp et al., 2017). 실무에서는 SUS 또는 UMUX-LITE로 기본 상태를 빠르게 파악하고, 서비스 개선이나 리뉴얼처럼 경험의 질까지 확인해야 할 때 UEQ-S를 병행해 해석력을 높이는 방식이 많이 사용된다(Brooke, 1996; Lewis et al., 2013; Schrepp et al., 2017).

▷ 로그와 분석 기반 평가(분석과 텔레메트리)

운영 단계에서는 이용자 행동 로그를 분석하여 실제 사용 맥락에서의 문제 지점을 식별하고 개선에 반영한다. 구체적으로 페이지 이동 경로, 이탈 지점, 검색어 입력 이후의 클릭과 성공 여부, 세션 흐름 등을 분석함으로써 탐색 과정에서의 병목이나 오해를 유발하는 구조를 파악할 수 있다(Jansen, 2006). 이러한 로그 기반 평가는 설문이나 면담으로는 포착하기 어려운 실제 행동 증거를 제공한다는 점에서 운영 개선에 효과적이다. 최근에는 개인정보 보호와 데이터 주권에 대한 요구가 강화되면서, 기관이 수집 데이터의 소유권과 통제권을 직접 보유할 수 있는 프라이버시 중심 분석(privacy-first analytics)이 주목받고 있다. 예컨대 Matomo와 Plausible 같은 도구는 제3자 데이터 공유를 최소화하고, 쿠키 비의존 또는 최소화된 방식으로 이용 행태를 분석할 수 있도록 설계되어 공공기관과 도서관 환경에 적합한 대안으로 활용된다(Matomo, n.d.; Plausible, n.d.). 이러한 접근은 GDPR 등 개인정보 보호 규제의 취지에 부합할 뿐 아니라, 디지털도서관이 신뢰 가능한 정보 환경으로 운영되기 위한 기반을 강화하는 방향으로 이해될 수 있다(European Union, 2016).

참고문헌

[국내문헌]

한국교육학술정보원(KERIS). 2023. 디지털 리터러시 구성체계 및 교과별 성취기준 연계: 교육과정 연계 디지털 리터러시 교육 가이드라인 개발 연구 별책본 (연구보고 CR 2023-2). https://dl.nanet.go.kr/detail/MONO12023000045553

[외국문헌]

Arms, W. Y. 2001. Digital libraries. MIT Press. https://mitpress.mit.edu/9780262511278/digital-libraries/

Association of College and Research Libraries. 2015. Framework for Information Literacy for Higher Education. American Library Association. https://www.ala.org/acrl/standards/ilframework

Bangor, A., Kortum, P., and Miller, J. 2009. Determining what individual SUS scores mean: Adding an adjective rating scale. Journal of Usability Studies, 4(3): 114-123. https://uxpajournal.org/wp-content/uploads/sites/7/pdf/JUS_Bangor_May2009.pdf

Bates, M. J. 2017. Information behavior. In Encyclopedia of library and information sciences (4rd ed.). CRC Press. https://infocom.hyperlib.sjsu.edu/wp-content/uploads/2019/07/information_behavior_bates.pdf

Breeding, M. 2025. 2025 library systems report. American Libraries. https://americanlibrariesmagazine.org/2025/05/01/2025-library-systems-report/

Breen, Ellen and Fallon, Helen. 2005. "Developing Student Information Literacy to Support Project and Problem-based Learning." [online] http://www.aishe.org/readings/2005-2/chapter17.pdf .

Brooke, J. 1995. SUS-A quick and dirty usability scale. https://www.researchgate.net/publication/228593520_SUS_A_quick_and_dirty_usability_scale

Case, D. O., and Given, L. M. 2016. Looking for information: A survey of research on information seeking, needs, and behavior (4th ed.). Emerald Group Publishing.

https://asistdl.onlinelibrary.wiley.com/doi/10.1002/asi.23778
Connaway, L. S., Cantrell, J., Gallagher, P., Langa, L. A., and Rodriques, C. 2023. Redefining the library experience: Findings from the 2023 OCLC Global Council Survey. OCLC Research. https://www.oclc.org/research/publications/2023/redefining-library-experience.html
Deque Labs. axe core: Accessibility engine for automated Web UI testing. https://github.com/dequelabs/axe-core
Easton, Denise G. 2005. "Layering Literacy." [online] http://www.newhorizons.org/strategies/literacy/easton.htm .
European Union. 2016. General Data Protection Regulation (GDPR). https://eur-lex.europa.eu/eli/reg/2016/679/oj
Farber, M., and Lamprecht, D. 2021. The data set knowledge graph: Creating a linked open data source for data sets. Quantitative Science Studies, 2(4): 1324-1345. https://doi.org/10.1162/qss_a_00161
Hitzler, P. 2021. A review of the semantic web field. Communications of the ACM, 64(2): 76-83. https://doi.org/10.1145/3397512
IFLA. 2006. "Guidelines for Information Literacy for Lifelong Learning", [online]. http://www.ifla.org/VII/s42/pub/IL-Guidelines2006.pdf .
IFLA. 2020. IFLA statement on libraries and artificial intelligence. https://repository.ifla.org/items/8c05d706-498b-42c2-a93a-3d47f69f7646
IFLA. 2024. IFLA Trend Report 2024: Facing the future of information with confidence (updated Jan 30, 2025). https://repository.ifla.org/items/ae4dfcc0-8def-4318-8c4c-7f0507d15609/full
International Organization for Standardization. 2018. ISO 9241-11:2018 Ergonomics of human system interaction Part 11: Usability: Definitions and concepts. https://www.iso.org/standard/63500.html
International Organization for Standardization. 2019. ISO 9241-210:2019 Ergonomics of human system interaction Part 210: Human centred design for interactive systems. https://www.iso.org/standard/77520.html
International Organization for Standardization. 2020. ISO 9241-110:2020 Ergonomics of human system interaction Part 110: Interaction principles. https://www.iso.org/standard/75258.html
International Organization for Standardization. 2023. ISO/IEC 25010:2023 Systems and software engineering Systems and software Quality Requirements and Evaluation (SQuaRE) Product quality model. https://www.iso.org/standard/78176.html

Jansen, B. J. 2006. Research and methodological foundations of transaction log analysis. https://faculty.ist.psu.edu/jjansen/academic/jansen_theoretical_foundations.pdf

Jansen, B. J., Taksa, I., and Spink, A. 2009. Research and methodological foundations of transaction log analysis. Information Processing and Management. https://faculty.ist.psu.edu/jjansen/academic/jansen_theoretical_foundations.pdf

Jakub Štěpan Novak, Jan Masner, Petr Benda, Pavel Šimek, and Vojtěch Merunka. 2024. Eye Tracking, Usability, and User Experience: A Systematic Review. International Journal of Human Computer Interaction, 40(17): 4484−4500. https://doi.org/10.1080/10447318.2023.2221600

Johnston, Bill and Webber, Sheila. 2004. "The role of LIS faculty in the information literate university: taking over the academy?" New Library World, 105(1/2): 12−20.

Lewis, J. R., Utesch, B. S., and Maher, D. E. 2013. UMUX LITE: When there's no time for the SUS. CHI 2013. https://www.deepdyve.com/lp/association−for−computing−machinery/umux−lite−when−there−s−no−time−for−the−sus−60D0SAF64k

Lewis, J. R., Utesch, B. S., and Maher, D. E. 2015. Investigating the correspondence between UMUX LITE and SUS scores. INTERACT 2015: 204−211. https://link.springer.com/content/pdf/10.1007/978−3−319−20886−2_20.pdf

Lin, Y., et al. 2024. Evaluation of retrieval augmented generation: A survey. arXiv. https://arxiv.org/abs/2405.07437

Molina, A. I., Arroyo, Y., Lacave, C., et al. 2025. Eye tracking based evaluation of accessible and usable interactive systems: tool set of guidelines and methodological issues. Universal Access in the Information Society, 24: 3085−3108. https://doi.org/10.1007/s10209−023−01083−x

National Information Standards Organization. 2025.08.05. NISO Open Discovery Initiative publishes results of survey on AI and discovery systems. https://www.niso.org/press−releases/niso−open−discovery−initiative−publishes−results−survey−ai−and−discovery−systems

Nielsen Norman Group. Jakob's ten usability heuristics. https://media.nngroup.com/media/articles/attachments/Heuristic_Summary1−compressed.pdf

NISO. 2015. NISO consensus principles on users' digital privacy in library, publisher, and software provider systems. https://www.niso.org/publications/privacy−principles

Saracevic, Tefko. 2004. "Evaluation of digital libraries: An overview." [online]

http://www.scils.rutgers.edu/~tefko/DL_ evaluation_Delos.pdf .

Saracevic, Tefko and Covi, Lisa. 2000. "Challenges for Digital Library Evaluation." Paper submitted to Annual meeting 2000 of the American Society for Information Science. [online] http://www.is.informatik.uni-duisburg.de/courses/dl_ss04/folien/saracevic00.pdf .

Schrepp, M., Hinderks, A., and Thomaschewski, J. 2017. Design and evaluation of a short version of the User Experience Questionnaire (UEQ-S). International Journal of Interactive Multimedia and Artificial Intelligence, 4(6): 103-108. https://doaj.org/article/f245e362d6c24d1f96844962c8769e09

SCONUL Information Skills Task Force. 1999. "Information skills in higher education: a SCONUL position paper." [online] http://www.sconul.ac.uk/groups/information_literacy/seven_pillars.html .

Shapiro, Jeremy and Hughes, Shelley. 1996. "Information Literacy as a Liberal Art." Educom Review, 31(2). [online] http://www.educause.edu/pub/er/review/reviewarticles/31231.html .

UNESCO. 2013. Media and information literacy: Policy and strategy guidelines. https://www.unesco.org/en/media-information-literacy/policy-strategy

UNESCO. 2023. Information literacy (UNESCO IFAP). https://www.unesco.org/en/ifap/information-literacy

UNESCO. 2024. Media and information literacy. https://www.unesco.org/en/articles/media-and-information-literacy

UserTesting. 2025.11.07. What Is Usability Testing for Remote Moderated and Remote Unmoderated Tests? https://help.usertesting.com/hc/en-us/articles/11880447418781-What-Is-Usability-Testing-for-Remote-Moderated-and-Remote-Unmoderated-Tests

UserTesting. 2025. UserTesting's information architecture testing solutions. https://help.usertesting.com/hc/en-us/articles/11880351485981-UserTesting-s-Information-Architecture-testing-

Wilkinson, M. D., Dumontier, M., Aalbersberg, I. J., Appleton, G., Axton, M., Baak, A., et al. 2016. The FAIR guiding principles for scientific data management and stewardship. Scientific Data, 3: 160018. https://doi.org/10.1038/sdata.2016.18

Wilson, T. D. 1997. Information behaviour: An interdisciplinary perspective. Information Processing and Management, 33(4): 551-572. https://doi.org/10.1016/S0306-4573(97)00028-9

Wilson, T. D. 1999. Models in information behaviour research. Journal of Documentation, 55(3): 249－270. https://doi.org/10.1108/EUM0000000007145

World Wide Web Consortium. 2023.10.05. Web Content Accessibility Guidelines (WCAG) 2.2. W3C Recommendation. https://www.w3.org/TR/WCAG22/

Young, S. 2014. Improving Library User Experience with A B Testing: Principles and Process. Weave: Journal of Library User Experience, 1(1). https://doi.org/10.3998/weave.12535642.0001.101

[웹사이트]

Association of Research Libraries. 2025.03. LibQUAL end of service announcement. https://www.arl.org/wp－content/uploads/2025/03/LibQUAL－End－of－Service.pdf

Association of Research Libraries. 2025.09.26. LibQUAL to become open source survey application. https://www.arl.org/news/libqual－to－become－open－source－survey－application/

COUNTER. 2025. Code of Practice. https://www.countermetrics.org/code－of－practice/

Google. Lighthouse overview (Chrome for Developers). https://developer.chrome.com/docs/lighthouse/overview/

ISO25000.com. Interaction Capability. https://www.iso25000.com/index.php/en/iso－25000－standards/iso－25010/61－usability

Matomo. Privacy first web analytics. https://matomo.org/

Plausible. Simple, privacy friendly analytics. https://plausible.io/

World Wide Web Consortium. 2025.10.21. W3C Web Content Accessibility Guidelines 2.2 approved as ISO/IEC international standard. https://www.w3.org/press－releases/2025/wcag22－iso－pas/

8

표준화

8.1 표준화 영역과 대상
8.2 웹 문서 표현 표준
8.3 웹 통신 기반 정보서비스 표준
8.4 의미기반 정보표현 표준
8.5 문자 인코딩 표준

디지털도서관 운영론

8. 표준화

8.1 표준화 영역과 대상

디지털 환경에서 표준은 특정한 기술, 제품, 서비스가 일정한 기준을 기반으로 상호작용하고 운영될 수 있도록 보장하는 규칙 또는 규범을 의미한다. 일상에서의 표준이 사물의 규격이나 판단 기준을 뜻하듯, 디지털도서관에서의 표준 역시 데이터, 시스템, 서비스가 일관된 방식으로 생산, 기록, 교환, 활용되도록 하는 근간 역할을 한다. 표준화는 이러한 기준을 실제 정보시스템과 서비스 운영에 적용하는 과정이라 할 수 있다.

현대의 디지털도서관은 텍스트 중심의 학술정보를 넘어 멀티미디어 자료, 연구데이터, 3D 객체, 지리공간 데이터, 시맨틱 데이터, AI 기반 지식 객체 등 복합적이고 이질적인 정보자원으로 확장되고 있다(Arms, 2001). 또한 클라우드 인프라, 개방형 API, 지능형 검색, LLM 기반 서비스 등 새로운 기술 환경은 도서관 플랫폼과 정보시스템 전반에 걸쳐 더 높은 수준의 상호운용성을 요구하고 있으며, 이는 도서관 시스템 시장의 기술 발전과도 맞물려 논의되고 있다(Breeding, 2025). 이처럼 다양한 포맷과 시스템이 공존하는 환경에서 표준화는 데이터의 품질 확보, 장기보존, 시스템 간 연계, 서비스의 확장성과 지속가능성을 보장하는 핵심 요건이 된다.

특히 AI 시대의 디지털도서관은 다음과 같은 이유로 표준화의 중요성이 더욱 증가하고 있다.

• 데이터 기반 서비스 확대

연구데이터 관리(RDM)와 오픈사이언스 확산으로, 데이터셋의 기술, 품질 관리, 재사용성(FAIR 원칙)의 기반이 되는 메타데이터 스키마, 식별자, 교환 프로토콜 등에 대한 표준이 필수적이다(Wilkinson et al., 2016).

• 시맨틱 기술과 지식 그래프 활용 증가

RDF, OWL, SKOS 등 시맨틱 웹 표준은 기계가 이해하고 추론 가능한 지식 구조를 구축하기 위한 핵심 요소로, 링크드데이터 기반의 지식 그래프, 시맨틱 검색, 온톨로지 연계 서비스의 전제 조건이 된다(Hitzler, 2021).

• AI 모델 학습을 위한 정형, 비정형 데이터 통합 요구

텍스트, 이미지, 로그데이터, 이용행태 데이터 등 이질적인 데이터를 AI 학습에 활용하기 위해서는 데이터 전처리, 패키징, 식별자 부여(DOI 등), 메타데이터 요소의 통일성, 교환 형식의 표준화가 필수적이며, 이는 모델 성능 및 재현가능성과 직결된다.

• 이용자 경험 기반의 지능형 서비스와 인터페이스 설계

이용자 프로파일과 행태 데이터를 일관된 형식으로 수집하고 분석하기 위해서는 단일 로그인 및 연합 인증, Shibboleth와 OpenID Connect 같은 표준 기반 인증, 표준화된 이용통계 규격(COUNTER, SUSHI 등), 접근성 가이드라인(WCAG 등), 공통 UI 패턴에 대한 합의가 요구된다. 이러한 표준 기반의 인증, 통계, 접근성 체계 위에서 추천 서비스, 대화형 검색, 챗봇 등 AI 기반 개인화 서비스와 지능형 인터페이스가 구현될 수 있다. 따라서 디지털도서관에서는 인프라, 데이터, 미들웨어, 응용서비스, 인터페이스 영역에 이르는 다양한 분야에서 폭넓게 표준이 요구된다. 이를 모든 영역에서 망라적으로 다루기는 어렵기 때문에, 본 장에서는 디지털도서관 운영의 핵심 표준과 실질적으로 활용되는 주요 표준체계를 중심으로 설명한다.

디지털도서관의 표준화는 단일 기술이나 특정 시스템에 국한되지 않고, 디지털 자원의 생성, 관리, 제공, 보존 전 과정에 걸쳐 다양한 요소를 포괄한다. 일반적으로 디지털도서관에서 표준화의 대상은 콘텐트, 메타데이터, 서비스, 식별자, 보안, 운영의 여섯 영역으로 구분할 수 있다. 이러한 표준화는 시스템 간 상호운용성을 확보하고, 장기적인 보존과 안정적인 서비스 제공을 가능하게 하는 핵심 기반으로 기능한다. 하나씩 구체적으로 살펴보면 다음과 같다.

㉠ 콘텐트 표준화

콘텐트 표준화는 디지털도서관에서 수집하고 제공되는 디지털 객체 자체의 형식과 구조를 규정하는 영역이다. 텍스트, 이미지, 오디오, 비디오 등 다양한 유형의 디지털 콘텐트가 장기적으로 활용되기 위해서는 특정 시스템이나 소프트웨어에 종속되지 않는 개방형 포맷이 요구된다. 이에 따라 PDF/A, TIFF, JPEG2000, MPEG 계열 포맷 등 보존성과 호환성을 고려한 표준 포맷이 활용된다. 이 외에도 디지털도서관에서 문서와 데이터 표현 표준으로서 가장 널리 사용하는 HTML, XML, JSON이 있다. 콘텐트 표준화는 디지털 자원의 장기 보존과 재사용 가능성을 확보하는 데 핵심적인 역할을 한다.

㉡ 메타데이터 표준화

메타데이터 표준화는 디지털 자원의 식별, 기술, 관리, 보존을 체계적으로 지원하기 위한 규칙을 정의한다. Dublin Core, MARC, MODS, METS, PREMIS 등은 대표적인 메타데이터 표준으로, 각기 다른 목적과 수준에서 디지털 자원을 설명한다. 메타데이터 표준은 검색 효율성을 높일 뿐 아니라, 시스템 간 메타데이터 교환과 통합을 가능하게 하여 디지털도서관 네트워크의 기반을 형성한다. 이 영역의 주요 표준은 4장에서 상세히 다루었다.

㉢ 서비스 표준화

서비스 표준화는 디지털도서관이 이용자에게 제공하는 정보 접근 및 활용 서비스를 일관된 방식으로 구현하기 위한 규약을 의미한다. HTTP, SOAP, REST, RSS, OAI－PMH와 같은 표준은 검색, 수확, 알림, 데이터 교환 등의 서비스 기능을 지원한다. 이러한 표준을 적용함으로써 서로 다른 시스템 간에도 동일한 방식의 서비스 제공이 가능해지며, 이용자는 다양한 플랫폼에서 일관된 정보 접근 경험을 제공받을 수 있다.

㉣ 식별자 표준화

식별자 표준화는 디지털 자원을 고유하게 식별하고, 장기적으로 안정적인 접근을 보장하기 위한 체계를 의미한다. DOI, Handle, URN, ISBN, ISSN 등은 대표적인 식별자 표준으로, 디지털 객체의 위치가 변경되더라도 지속적인 접근을 가능하게 한다. 특히 디지털도서관 환경에서는 링크 단절을 방지하고, 인용과 학술적 신뢰성을 유지하기 위해 영구 식별자의 중요성이 점차 강조되고 있다.

㉤ 보안 표준화

보안 표준화는 디지털도서관의 정보 자산과 이용자를 보호하기 위한 기술적, 관리적 규약을 포함한다. 인증, 권한관리, 암호화, 접근통제와 관련된 표준은 디지털 자원의 무단 접근과 훼손을 방지한다. 또한 개인정보 보호와 저작권 관리 측면에서도 보안 표준은 디지털도서관 운영의 필수 요소로 작용한다.

㉥ 운영 표준화

운영 표준화는 디지털도서관의 지속가능한 관리와 평가를 위한 기준을 제시한다. COUNTER, SUSHI와 같은 이용통계 표준은 전자자원 이용 현황을 객관적이고 일관된 방식으로 수집하고 분석할 수 있도록 지원한다. 이 외에도 시스템 성능 관리, 품질 평가, 서비스 수준 협약(SLA) 등과 관련된 운영 표준은 디지털도서관의 효율성과 신뢰성을 높이는 데 기여한다.

〈표 8.1〉은 디지털도서관 운영에 필요한 주요한 표준화 영역과 각 영역별 대상

표준을 정리한 것이다. 이 중 일부 표준의 구체적인 내용은 설명의 편의를 위해 본 책의 각 장 해당 영역 내에서 이미 상세히 다루었다(표의 비고 항목 참조). 여기서는 앞선 장에서 충분히 설명되지 않은 나머지 표준화 대상을 중심으로 그 개념과 역할을 정리한다. 참고로 4장 메타데이터 관리와 6장 요소기술에서는 메타데이터 구조, 디지털 객체 관리, 요소기술과 관련된 일부 표준을 이미 다룬 바 있다.

한편, 디지털도서관 표준화에는 앞서 살펴본 기능 중심의 표준 외에도, 개별 표준들이 정상적으로 작동하기 위해 전제되는 기반 기술 수준의 표준이 존재한다. 문자코드 표준은 이러한 성격을 가지는 대표적인 예로, 특정 표준 영역에 한정되기보다는 디지털 콘텐트와 메타데이터 전반에 공통적으로 적용된다. 이에 본 장에서는 이를 기타 표준으로 구분하여 간략히 살펴본다.

〈표 8.1〉 디지털도서관 운영의 영역별 주요 표준 대상

표준화 대상	세부 구분	주요 표준	비고
콘텐트	디지털 객체 생성	HTML	8.2.1 참조
		XML	8.2.2 참조
		JSON	8.2.3 참조
	멀티미디어 표현	MPEG-7	4.2.3 참조
메타데이터	기술 · 구조 메타데이터	DC	4.2.3.1 참조
		MODS	4.2.3.2 참조
		DataCite	4.2.3.3 참조
		PREMIS	4.2.3.4 참조
		EAD	4.2.3.7 참조
		BIBFRAME	4.2.3.9 참조
	패키징 · 보존	OAIS Information Model	3.4.1 참조
		METS	3.4.2 참조
	컬렉션 · 프로파일	RSLP CD Schema	4.2.3.5 참조
		DC Collection AP	4.2.3.6 참조
서비스	웹 프로토콜	HTTP	8.3.1 참조
		SOAP	8.3.2 참조
	통합검색	Z39.50	6.6.1 참조
		SRU & SRW	6.6.2 참조
	메타데이터 수확	OAI-PMH	6.6.4 참조

표준화 대상	세부 구분	주요 표준	비고
서비스	콘텐트 배포	RSS	8.3.3.1 참조
		Atom	8.3.3.2 참조
	시맨틱 웹	RDF	8.4.1 참조
		RDFS	8.4.2 참조
		RDF/XML	8.4.3 참조
		OWL	8.4.4 참조
		Topic Maps	8.4.5 참조
		SPARQL	8.4.6 참조
식별자	영구 식별자	DOI	6.2.1 참조
	연결 식별자	OpenURL	6.2.2 참조
	권리 식별	ODRL	9.2.3.2 참조
보안	이용자 인증	LDAP	6.5.1 참조
		Shibboleth	6.5.2 참조
	권리 · 접근 통제	CCL	9.4.3 참조
운영	이용 통계 및 관리	COUNTER	6.7.2 참조
		SUSHI	6.7.2 참조
	문자코드	ASCII	8.5.2 참조
		ISO 8859	8.5.3 참조
		UNICODE	8.5.4 참조

8.2 웹 문서 표현 표준

디지털도서관은 디지털 객체를 수집하고 관리하는 시스템인 동시에, 이용자가 정보에 접근하고 활용하는 서비스 환경이다. 이때 디지털 객체와 서비스가 웹 환경에서 안정적으로 제공되기 위해서는 문서와 데이터의 구조를 일관된 규칙에 따라 표현할 수 있어야 한다. 문서와 데이터 표현 표준은 콘텐트의 구조를 체계적으로 표현하고, 시스템 간에 교환 가능한 데이터 기술을 가능하게 하며, 다양한 장치와 브라우저에서의 호환성을 확보하고, 접근성과 장기적인 유지관리성을 보장하는 기반이 된다. 본 절에서는 디지털도서관에서 가장 널리 사용되는 문서와 데이터 표현 표준으로서 HTML, XML, JSON을 중심으로 살펴본다.

8.2.1 HTML

HTML(HyperText Markup Language)은 웹에서 전 세계가 공유하는 정보를 작성하고, 서로 다른 컴퓨터와 소프트웨어가 동일한 방식으로 해석할 수 있는 웹 문서를 기술하기 위한 표준 마크업 언어이다. 특히 HTML은 하이퍼텍스트 문서를 작성하기 위해 개발되었고, 웹을 통해 접근하는 대부분의 페이지가 HTML로 구성되어 왔다. 디지털도서관 관점에서 HTML은 단순히 화면을 만드는 언어를 넘어, 디지털 객체인 콘텐트를 이용자에게 제공하는 서비스 인터페이스의 기반이자, 자원 간 연결과 확장 기능을 구현하는 표현 계층의 핵심 표준으로 기능한다. 여기서 먼저 마크업 언어와 하이퍼텍스트의 의미를 분명히 할 필요가 있다. 마크업 언어란 문서의 내용 자체에 그 내용이 어떤 구조를 갖는지 또는 어떤 의미를 갖는지 알려주는 표식을 함께 기록하는 방식의 언어를 말한다. 예를 들어 어떤 문장이 제목인지, 본문 단락인지, 어떤 부분이 강조인지, 여러 항목이 목록인지 같은 정보를 태그라는 표식으로 달아 둠으로써, 사람뿐 아니라 컴퓨터도 문서를 해석하고 처리할 수 있게 한다. 즉 마크업 언어는 글자 모양을 바꾸는 도구라기보다, 문서가 무엇으로 구성되어 있는지라는 구조와 각 부분이 어떤 역할을 하는지라는 의미를 표현하는 언어이다.

마크업을 우리말로 설명할 때 종종 조판이라는 말을 함께 쓰는 이유도 여기에 있다. 전통적으로 인쇄 출판에서 조판은 원고를 책이나 신문 지면에 맞게 제목, 본문, 각주, 표, 그림, 단락, 여백 등을 배치하고, 글꼴과 크기, 줄 간격 같은 규칙을 적용해 문서 형태를 만드는 과정이었다. 초기의 마크업은 이러한 조판 작업을 사람의 메모나 기호로 지시하는 방식에서 출발했다. 예를 들어 이 문장은 제목으로 크게, 여기는 단락을 나누고, 여기는 표를 삽입한다는 지시를 원고에 표시해 두면 조판자가 그 지시에 따라 결과물을 만들 수 있다. HTML에서 태그를 붙이는 행위는 인쇄 조판에서의 지시 표시와 기능적으로 닮아 있기 때문에, 마크업을 조판과 연결해 설명하곤 한다. 다만 현대의 HTML은 단순한 모양 지시를 넘어 문서 구조를 의미적으로 표현하고 기계 처리 가능성을 높이는 방향으로 발전해 왔다는 점에서, 조판 언어라는 표현은 출발점을 설명하는 비유로는 유용하지만 HTML의 본질을 모두 설명하는 말로는 다소 제한적일 수 있다.

한편, 하이퍼텍스트는 문서가 한 방향으로만 읽히는 선형 구조에 머물지 않고, 문서 안의 특정 부분이 다른 문서나 다른 위치로 연결되어 이용자가 그 연결을 따라 이동할 수 있도록 구성된 텍스트를 말한다. 책의 목차나 색인, 각주 참조처럼 다른 곳으로 이어지는 길을 제공하되, 웹에서는 그 길이 클릭 한 번으로 즉시 이동되는 연결로 구현된다. HTML이 하이퍼텍스트라는 이름을 갖는 핵심 이유가 바로 이 연결성에 있으며, 디지털도서관에서는 검색 결과에서 상세 레코드로 이동하고, 상세 레코드에서 원문인 PDF, 이미지, 멀티미디어로 이동하며, 외부 제공처나 기관 리졸버인 OpenURL로 연계되는 과정이 모두 하이퍼텍스트 연결 구조 위에서 구성된다.

HTML은 2.0과 3.2를 거치며 보급되었고, W3C는 1997년 12월 18일 HTML 4.0을 권고안으로 공표하였다. 이후 개정을 거친 뒤 HTML 4.01이 정리되면서 HTML 4 계열의 완성 형태가 마련되었다. HTML 4.01은 국제화 지원이 강화되어 다양한 언어를 구현하고 전송하는 데 유리해졌으며, 인라인 프레임과 확장된 테이블 기능을 지원하고, 일반적인 미디어 객체와 응용 프로그램을 문서에 삽입하는 방법을 제공하였다. 또한 문서의 레이아웃을 스타일 시트 중심으로 처리하도록 함으로써 유지관리성을 높이고, 스크립팅 기능을 통해 동적인 페이지 구성과 네트워크 응용 기능을 구현할 수 있도록 발전하였다. HTML에서 사용되는 문법 요소는 일반적으로 태그로 이해되며, 태그를 통해 문서의 구성 요소를 구분하고 구조를 표현한다. 이러한 구조화는 텍스트의 강조나 목록, 표와 같은 표현을 가능하게 할 뿐 아니라, 하이퍼링크를 통해 관련 정보로의 연결도 가능하게 한다. 디지털도서관에서는 이 링크 구조가 검색과 탐색, 원문 제공, 외부 연계, 관련 자원 추천 등 서비스 흐름을 구성하는 기본 메커니즘이 된다.

HTML 표준은 이후 웹 환경이 문서 중심에서 응용 중심으로 확장되면서 HTML5 계열로 발전하였다. W3C는 2014년 10월 28일 HTML5를 권고안으로 공표하였고, 2017년 12월 14일에는 HTML 5.2를 권고안으로 발표하였다. 한편 오늘날에는 HTML 규격이 특정 버전에 고정되기보다 WHATWG가 관리하는 HTML Living Standard를 중심으로 지속적으로 갱신되는 형태가 사실상 표준 흐름으로 자리 잡았다. W3C와 WHATWG는 HTML과 DOM 규격을 단일 흐름으로 협력 개발하기로 합의하여, 표준의 일관성과 구현 호환성을 높이는 방향으로 협업 체계를 정리하였다.

다음은 간단한 HTML 예시이다.

```
<!DOCTYPE html>
<html>
  <head>
    <meta charset="UTF-8">
    <title>My First HTML</title>
  </head>
  <body>
    <h1>Digital Library</h1>
    <p>This is a simple HTML example.</p>
    <a href="https://www.example.com">Go to another page</a>
  </body>
</html>
```

위 예시는 가장 기본적인 HTML 문서의 형태를 보여준다. 문서의 첫 줄에 있는 <!DOCTYPE html>은 이 파일이 HTML 문서임을 선언하는 부분이며, 브라우저가 문서를 표준 방식으로 해석하도록 한다. 이어서 <html>은 HTML 문서 전체를 감싸는 최상위 요소로, 이 요소 안에 문서의 모든 내용이 포함된다. <head>는 화면에 직접 나타나지 않는 문서의 기본 정보를 담는 영역이다. 여기에는 문자 인코딩을 지정하는 <meta charset="UTF-8">이 포함되어 한글과 같은 다국어 문자가 깨지지 않도록 하고, <title>은 브라우저 탭에 표시되는 문서 제목을 지정한다. 반면 <body>는 실제로 화면에 표시되는 내용을 담는 영역으로, 이용자가 웹페이지에서 보는 정보가 모두 이 안에 작성된다. 본문에서는 <h1>로 페이지의 가장 큰 제목을 표시하고, <p>로 하나의 문단을 구성한다. 마지막으로 <a>는 다른 페이지로 이동할 수 있는 링크를 만드는 요소로, HTML이 하이퍼텍스트 문서임을 가장 단순하게 보여준다. 즉 이 예시는 HTML이 태그를 통해 문서의 구조를 표시하는 마크업 언어이며, 링크를 통해 문서와 문서를 연결하는 하이퍼텍스트 기능을 제공한다는 점을 최소 요소로 나타낸 것이다.

디지털도서관에서 HTML 표준을 적용할 때에는 화면을 예쁘게 만드는 것보다, 콘텐트와 서비스 정보를 구조적으로 명확하게 제시하는 것이 우선된다. 제목 구조, 본문 단락, 목록, 표, 내비게이션 등 문서 구성 요소를 의미적으로 표현하면 브라우저 호환성이 높아질 뿐 아니라, 검색엔진과 보조공학(스크린리더 등)이 내용을 더 정확히 해석할 수 있어 접근성이 향상된다. 또한 HTML은 CSS 및 JavaScript와 결합하여 다양한 인터페이스와 동작을 구현할 수 있으나, 표준화 관점에서는 HTML이 문서 구조를 담당하고 CSS는 표현을, JavaScript는 동작을 담당하도록 역할을 구분하며, 이 구분이 유지될수록 장기 운영과 유지관리 측면에서 안정적이라는 점을 함께 강조할 필요가 있다.

요컨대, HTML은 디지털도서관 서비스에서 디지털 객체를 웹 환경에서 제공하기 위한 기본 표현 표준이며, 하이퍼텍스트 기반의 연결성, 마크업 기반의 구조화, 그리고 호환성과 접근성 확보를 동시에 뒷받침하는 핵심 기반이다. 따라서 HTML은 디지털도서관의 콘텐트 제공과 서비스 품질을 좌우하는 표준 요소로서, 문서와 데이터 표현 표준의 출발점에서 우선적으로 이해될 필요가 있다.

8.2.2 XML

XML(eXtensible Markup Language)은 문서와 데이터를 구조적으로 기술하고 교환하기 위해 설계된 범용 마크업 언어이다. XML은 웹 문서의 표현을 목적으로 발전해 온 HTML과 달리, 데이터의 의미와 구조를 명확히 기술하여 시스템 간 데이터 교환과 장기 관리를 가능하게 하는 데 초점을 둔다. 디지털도서관 환경에서 XML은 메타데이터 기술, 디지털 객체의 구조 표현, 시스템 간 상호운용성 확보를 위한 핵심 표준으로 활용된다. HTML이 미리 정의된 태그 집합을 사용하여 문서를 어떻게 보여줄 것인가에 중점을 두는 반면, XML은 이용자가 필요에 따라 태그를 정의할 수 있으며, 무엇에 관한 데이터인가와 데이터가 어떤 구조를 가지는가를 명확히 표현하는 데 목적이 있다. 즉 HTML이 표현 중심의 마크업 언어라면, XML은 의미와 구조 중심의 마크업 언어라고 할 수 있다. 이러한 차이로 인해 두 언어는 역할과 활용 영역에서도 구분된다. HTML은 디지털도서관의 검색 화면, 결과 목록, 상세 페이지 등 이용자 인터페이스를 구성하는 데 적합한 반면, XML은 메타데이터 기록, 데이터 교환, 디지털 객체의 내부 구조 기술과 같이 시스템 내부 또는 시스템 간 처리를 위한 표현 방식으로 주로 사용된다. 실제로 Dublin Core, MODS, METS, PREMIS, OAI–PMH 등 디지털도서관의 주요 메타데이터 및 서비스 표준은 대부분 XML을 기반으로 정의되어 있다.

XML의 장점은 첫째, 확장성에 있다. 이용자가 필요에 따라 태그를 정의할 수 있기 때문에 다양한 도메인과 응용 환경에 유연하게 적용할 수 있다. 둘째, 구조적 명확성이다. 데이터 요소 간의 계층 구조와 관계를 명시적으로 표현할 수 있어 기계 처리와 검증에 유리하다. 셋째, 상호운용성이다. 플랫폼이나 시스템에 종속되지 않는 텍스트 기반 형식이므로 서로 다른 시스템 간 데이터 교환이 용이하다. 이러한 특성은 디지털도서관에서 장기 보존과 시스템 연계를 고려할 때 중요한 장점으로 작용한다. 반면 XML은 HTML에 비해 문법이 엄격하고 기술해야 할 요소가 많아 사람이 직접 작성하거나 읽기에는 상대적으로 복잡하다는 한계를 가진다. 또한 동일한 정보를 표현하더라도 태그가 많아져 문서의 길이가 길어지는 경향이 있다. 따라서 XML은 이용자 화면 표현보다는 데이터 관리와 교환, 구조 기술을 위한 용도로 사용하는 것이 일반적이다. XML 문서가 의미 있는 데이터로 활용되기 위해서는 단순히 태그를 사용하는 것만으로는 충분하지 않으며, 해당 문서가 어떤 구조와 규칙을 따라야 하는지를 명시할 필요가 있다. 이를 위해 XML에서는 문서 구조를 정의하고 검증하기 위해 DTD와 XML Schema가 사용된다.

8.2.2.1 XML DTD

DTD(Document Type Definition)는 XML 문서에서 사용할 수 있는 요소, 속성, 요소 간의 관계와 순서를 정의하는 문서 구조 규칙이다. DTD는 특정 유형의 XML 문서가 어떤 구성 요소를 가져야 하는지를 사전에 선언함으로써, XML 문서의 일관성과 유효성을 검증할 수 있도록 한다. DTD를 사용하면 예를 들어 특정 메타데이터 문서에 반드시 제목과 식별자가 포함되어야 한다거나, 어떤 요소가 다른 요소 안에 포함될 수 있는지와 같은 규칙을 정의할 수 있다. 이를 통해 시스템은 XML 문서가 정해진 구조를 따르고 있는지를 자동으로 확인할 수 있다. 그러나 DTD는 XML 문법 자체가 아닌 별도의 문법을 사용하며, 데이터 유형을 세밀하게 정의하는 데 한계가 있다. 또한 네임스페이스 처리나 복잡한 제약 조건을 표현하기 어렵다는 점에서, 점차 XML Schema로 대체되는 경향을 보이고 있다. 아래는 도서 정보를 담는 아주 단순한 XML 문서와, 그 문서가 따라야 할 구조 규칙을 DTD로 정의한 예이다.

▷ 도서(book) 정보를 담는 XML 문서(book01.xml)

```
〈?xml version="1.0" encoding="UTF-8"?〉
〈!DOCTYPE book SYSTEM "book.dtd"〉 ........................................ ㉠
〈book〉 .................................................................. ㉡
  〈title〉Digital Libraries〈/title〉
  〈author〉Kim〈/author〉
  〈year〉2025〈/year〉
〈/book〉
```

▷ 도서(book) 정보를 담는 XML 문서가 따라야 할 구조 규칙(book.dtd)

```
〈!ELEMENT book (title, author, year)〉 ..................................... ㉢
〈!ELEMENT title (#PCDATA)〉 ................................................ ㉣
〈!ELEMENT author (#PCDATA)〉
〈!ELEMENT year (#PCDATA)〉
```

이 사례에서 XML 문서는 ㉡과 같이 〈book〉 요소를 최상위 요소로 두고, 그 안에 〈title〉, 〈author〉, 〈year〉 요소를 포함한다. 문서 ㉠ 부분의 〈!DOCTYPE book SYSTEM "book.dtd"〉 선언은 이 XML 문서가 book.dtd에 정의된 규칙을 따라야 함을 의미한다. 즉, XML 문서를 임의로 작성하는 것이 아니라, 사전에 정해진 구조 규칙에 부합하는지 검증할 수 있도록 DTD와 연결하는 역할을 한다.

DTD에서는 먼저 ㉢ 〈!ELEMENT book (title, author, year)〉를 통해 ㉠ 〈book〉 요소가 반드시 title, author, year 요소를 이 순서대로 포함해야 한다고 규정한다. 따라서 year가 누락되거나 요소의 순서가 바뀌면, 해당 문서는 DTD가 정의한 구조를 충족하지 못한 것으로 판단된다. 이어서 ㉣ 〈!ELEMENT title (#PCDATA)〉와 같은 선언은 각 요소의 내용이 텍스트 데이터(#PCDATA)임을 뜻하며, 여기서는 제목, 저자, 발행연도 값을 단순 문자열로 기록하도록 정해 둔 것이다.

이처럼 DTD는 특정 유형의 XML 문서가 어떤 요소를 포함해야 하는지, 요소의 포함 관계와 순서를 어떻게 유지해야 하는지를 규정함으로써 문서 구조의 일관성을 보장한다. 디지털도서관 환경에서 DTD는 메타데이터나 교환 문서가 정해진 구조를 준수하는지 확인하는 기본 수단으로 활용될 수 있으며, 서로 다른 시스템이 동일한 규칙에 따라 문서를 생성하고 검증할 수 있게 한다는 점에서 표준화 도구로서 의미가 있다.

8.2.2.2 XML Schema

XML Schema(XML Schema Definition, XSD)는 DTD의 한계를 보완하기 위해 제안된, 더 정교한 XML 문서 구조 정의 방식이다. XML Schema는 XML 문법 자체로 문서 구조를 기술하므로 XML 도구와의 호환성이 높고, 작성과 처리에서도 일관성을 유지할 수 있다.

XML Schema의 핵심 특징은 요소와 속성의 데이터 유형을 명확히 정의할 수 있다는 점이다. 문자열, 숫자, 날짜 같은 기본 데이터 유형뿐 아니라 값의 범위, 패턴, 허용 값 목록, 반복 횟수 등 세부 제약을 설정할 수 있어 데이터 품질 관리에 유리하다. 또한 네임스페이스를 지원하므로 여러 스키마를 결합하거나 확장하는 구조도 설계할 수 있다.

디지털도서관에서는 XML Schema를 활용해 메타데이터 형식의 정확성을 보장하고, 시스템 간 데이터 교환에서 구조적 오류를 줄일 수 있다. METS나 MODS 같은 메타데이터 표준이 XML Schema 기반으로 정의되는 이유도 이러한 검증 가능성과 확장성 때문이다. 아래는 도서 정보를 담는 단순한 XML 문서와, 그 문서가 따라야 할 구조 규칙을 XML Schema로 정의한 예이다.

▷ 도서(book) 정보를 담는 XML 문서(book02.xml)

```
〈?xml version="1.0" encoding="UTF-8"?〉
〈book xmlns:xsi="http://www.w3.org/2001/XMLSchema-instance"  ·········· ㉠
    xsi:noNamespaceSchemaLocation="book.xsd"〉  ······························· ㉡
  〈title〉Digital Libraries〈/title〉
  〈author〉Kim〈/author〉
  〈year〉2025〈/year〉
〈/book〉
```

▷ 도서(book) 정보를 담는 XML 문서가 따라야 할 구조 규칙(book.xsd)

```
〈?xml version="1.0" encoding="UTF-8"?〉
〈xs:schema xmlns:xs="http://www.w3.org/2001/XMLSchema"〉
  〈xs:element name="book"〉  ················································· ㉢
    〈xs:complexType〉
      〈xs:sequence〉  ·························································· ㉣
        〈xs:element name="title" type="xs:string"/〉
        〈xs:element name="author" type="xs:string"/〉
        〈xs:element name="year" type="xs:string"/〉
      〈/xs:sequence〉
    〈/xs:complexType〉
  〈/xs:element〉
〈/xs:schema〉
```

이 사례에서 XML 문서는 ㉠ 〈book〉 요소를 최상위 요소로 사용하고, 그 내부에 〈title〉, 〈author〉, 〈year〉 요소를 포함한다. 문서의 ㉡ 부분에 있는 xsi:noNamespaceSchemaLocation="book.xsd" 선언은 이 XML 문서가 book.xsd라는 XML Schema 규칙을 참조하여 유효성 검증을 받을 수 있음을 나타낸다. 다시 말해, XML 문서는 임의로 작성되는 것이 아니라 사전에 정의된 구조 규칙을 만족하는지 자동으로 확인할 수 있도록 스키마 파일과 연결되어 있다.

XML Schema에서는 ⓒ 〈xs:element name="book"〉 선언을 통해 book이라는 최상위 요소를 정의하고, 그 내부 구조를 〈xs:complexType〉로 기술한다. 이어서 ⓓ 〈xs:sequence〉는 자식 요소들이 반드시 지정된 순서대로 등장해야 함을 의미하며, 이 예에서는 title, author, year 순서가 필수로 규정된다. 따라서 요소가 누락되거나 순서가 바뀌면 해당 XML 문서는 스키마 규칙을 만족하지 못하는 것으로 판정된다. 또한 각 요소는 type="xs:string"으로 정의되어 제목, 저자, 발행연도 값이 모두 문자열 형태의 텍스트로 기록되도록 했다. 이는 앞서 DTD에서 문자 데이터로 지정했던 것과 동일한 수준의 규칙을 XSD로 표현한 것이다.

이처럼 XML Schema는 DTD와 마찬가지로 XML 문서의 요소 구성과 포함 관계를 규정하여 문서의 일관성을 확보한다. 동시에 스키마는 XML 문법을 그대로 사용하고, 요소의 자료형과 구조를 체계적으로 정의할 수 있어 검증 기능과 확장성 측면에서 유리하다. 디지털도서관에서는 다양한 메타데이터 형식과 교환 문서가 정확한 구조를 유지해야 하므로, XML Schema를 활용하면 시스템 간 데이터 교환 과정에서 구조 오류를 줄이고 데이터 품질을 안정적으로 관리할 수 있다.

이상과 같이, DTD와 XML Schema는 모두 XML 문서가 따라야 할 구조, 즉 요소와 속성, 포함 관계, 순서를 정의해 유효한 문서인지 검증하게 해 주는 장치이지만, 표현력과 운용 방식에서는 차이가 크다. XML 1.0 권고안에서도 DTD는 문서 타입 선언과 함께 XML 문법의 일부로 다루어지며, 전통적으로 가장 기본적인 구조 정의 방식으로 활용되어 왔다(W3C, 2008).

반면 XML Schema는 XML 문법으로 스키마 자체를 기술하고 네임스페이스를 활용하며, DTD가 제공하던 기능을 상당 부분 재구성하고 확장하여 문서 구조와 내용 제약을 더 정교하게 표현하도록 설계되었다(W3C, 2012a). 먼저 표현 방식에서 DTD는 XML과 다른 별도의 문법을 사용한다. 이로 인해 규칙이 비교적 짧고 단순해 보이는 장점이 있지만, XML 도구 체계와의 문법적 일관성은 떨어진다. 반대로 XSD는 스키마 자체가 XML 문서 형태로 작성되므로, XML 파서와 도구와의 정합성이 높고 관리 체계에 통합하기가 상대적으로 수월하다(W3C, 2012a). 데이터 타입과 제약 조건의 표현력은 두 방식의 가장 큰 차이 중 하나이다. DTD는 요소 내용에 대해 기본적으로 텍스트 중심의 단순 규정에 머무르는 경우가 많아, 연도는 숫자여야 한다거나 날짜는 특정 형식이어야 한다는 것처럼 자료형 기반의 정밀한 제약을 풍부하게 기술하기 어렵다. 반면 XSD는 문자열, 정수, 날짜 등 다양한 자료형을 제공하고, 값의 범위, 패턴, 길이, 반복 횟수 등 내용 제약을 상세히 정의할 수 있어 데이터 품질 관리에 유리하다(W3C, 2012b). 또한 네임스페이스 지원에서도 차이가 나타난다. 디지털도서관 표준에서 여러 메타데이터 스키마를 함께 사용하는 환경처럼 서로 다른 어휘 요소 집합을 함께 쓰는 경우에는 이름 충돌을 피하기 위한 네임스페이스가 중요하다. 네임스페이스 자체는 W3C 권고안으로 별도 정의되어 있으며(W3C, 2009), XSD는 이 네임스페이스 체계를 전제로 구조 정의와 검증을 수행하도록 설계되어 복합 표준 환경에 더 적합하다(W3C, 2012a).

이러한 차이로 인해 장단점도 분명하게 갈린다. DTD의 장점은 규칙이 간결하고 개념이 비교적 단순해 문서 구조가 단순한 경우 빠르게 정의하고 이해하며 적용할 수 있다는 점이다. XML 표준 체계의 역사적 기반으로서 구조 검증이 무엇인지를 설명하는 교육적, 개념적 가치도 크다(W3C, 2008). 그러나 DTD는 자료형과 제약 조건 표현이 제한적이고 네임스페이스 및 복잡한 모델링에 취약해, 실제 운영 환경에서 데이터 품질을 세밀하게 통제하기에는 한계가 있다. 반대로 XSD의 장점은 구조 정의뿐 아니라 내용 제약을 정교하게 기술할 수 있고, 네임스페이스 기반의 확장과 결합에 강하며, 스키마 자체가 XML이므로 도구 생태계와의 결합이 용이하다는 점이다(W3C, 2012a; W3C, 2012b). 다만 XSD는 문법이 장황하고 학습 난이도가 높아 단순한 구조만 필요할 때는 과도하게 복잡해 보일 수 있으며, 스키마 설계와 버전 관리에 따른 운영 부담이 증가할 수 있다.

정리하면, DTD는 간단한 구조 규칙을 빠르게 정의하는 데 강점이 있는 반면, XSD는 자료형, 제약, 네임스페이스를 포함한 정밀 검증에 강점이 있다. 따라서 디지털도서관의 메타데이터처럼 품질 관리와 상호운용성이 중요한 영역에서는 XSD가 더 널리 채택되는 경향이 있으며, DTD는 기초 개념 이해나 단순 문서 유형의 구조 규정에 적합한 선택지로 이해하는 것이 바람직하다(Library of Congress, 2025; W3C, 2012a). 이제 DTD와 XML 스키마를 이용해서 XML 문서의 유효성을 검사해 보자. 먼저 〈그림 8.1〉, 〈그림 8.2〉, 〈그림 8.3〉과 같이 검사환경을 만들어 보자.

〈그림 8.1〉은 개인 PC에서 파워 쉘을 관리자 권한으로 실행 후, 리눅스 사용을 위한 윈도우즈 서브시스템인 wsl을 설치하는 모습이다. 〈그림 8.2〉와 〈그림 8.3〉은 설치된 리눅스 환경에 우분투를 설치하고 설치 성공여부를 확인하는 화면이다.

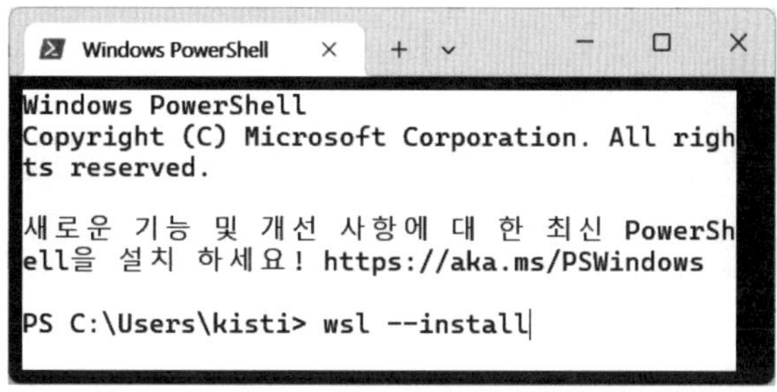

〈그림 8.1〉 파워 쉘 관리자 권한 실행 후 wsl 설치

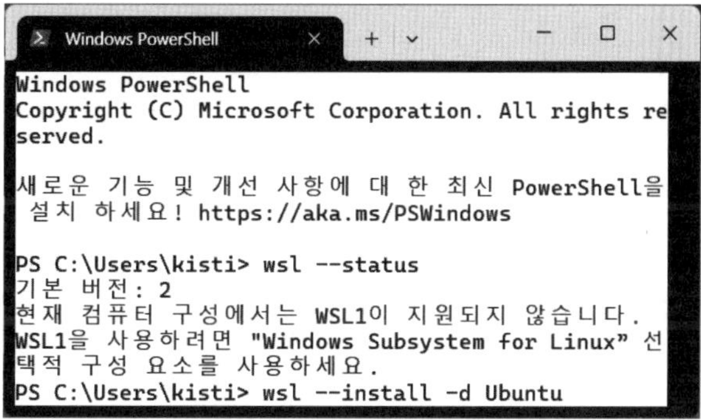

〈그림 8.2〉 우분투 설치

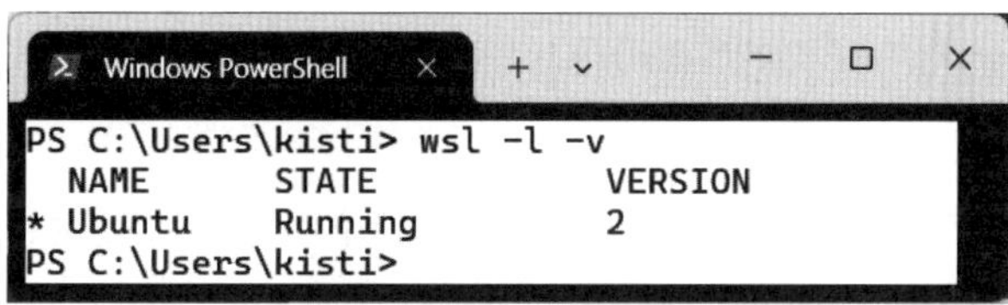

〈그림 8.3〉 우분투 설치 확인

다음 〈그림 8.4〉와 〈그림 8.5〉는 DTD와 XML Schema를 활용한 XML 문서의 유효성을 검사하는 과정과 결과를 보여준다. book01.xml 문서와 book02.xml 문서가 모두 유효한 문서임을 보여준다.

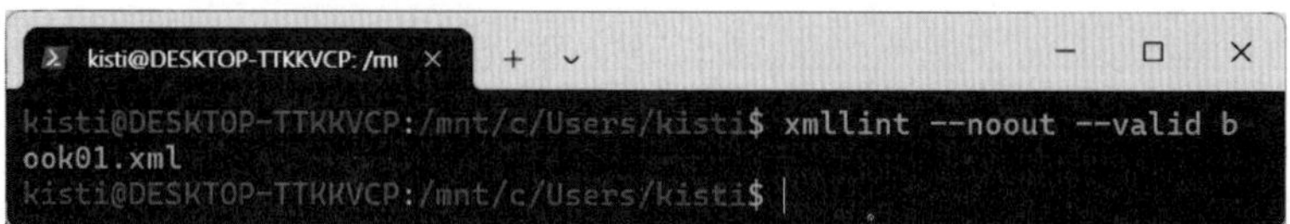

〈그림 8.4〉 DTD를 활용한 XML 문서의 유효성 검사(Valid)

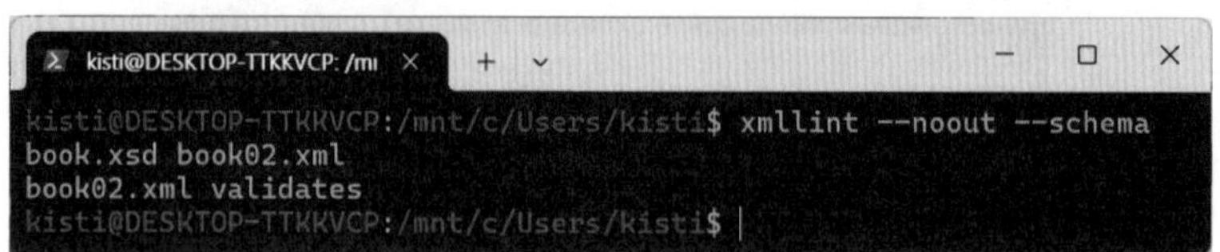

〈그림 8.5〉 XML Schema를 활용한 XML 문서의 유효성 검사(Valid)

이제 DTD 문서와 book02.xml 문서를 변경하여 유효성 검사를 다시 시도해 보자. 다음은 book.dtd 파일에서 'year'와 'author' 요소의 순서를 바꾼 모습이다.

▷ 도서(book) 정보를 담는 XML 문서가 따라야 할 수정된 구조 규칙(book.dtd)

〈!ELEMENT book (title, year, author)〉
〈!ELEMENT title (#PCDATA)〉
〈!ELEMENT author (#PCDATA)〉
〈!ELEMENT year (#PCDATA)〉

이제 XML문서가 위치한 디렉토리에서 다음 명령어를 실행해 보자.

• xmllint --noout --valid book01.xml

XML 검증기를 실행한 결과 XML 문서가 DTD 규칙을 따르지 않는다는 결과를 출력하는 것을 확인 할 수 있다.

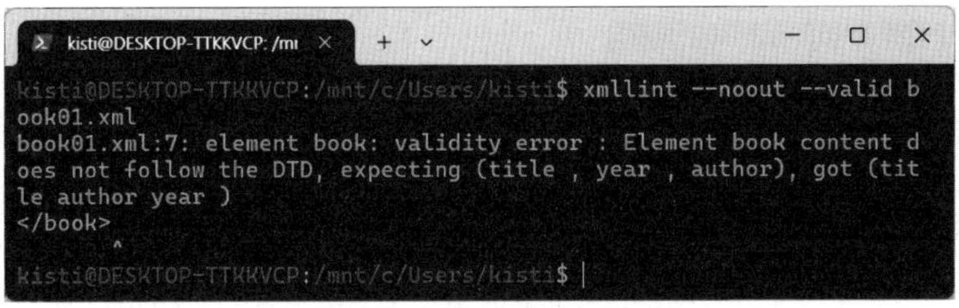

```
kisti@DESKTOP-TTKKVCP: /mı  ×   +  ⌄
kisti@DESKTOP-TTKKVCP:/mnt/c/Users/kisti$ xmllint --noout --valid b
ook01.xml
book01.xml:7: element book: validity error : Element book content d
oes not follow the DTD, expecting (title , year , author), got (tit
le author year )
</book>
      ^
kisti@DESKTOP-TTKKVCP:/mnt/c/Users/kisti$ |
```

〈그림 8.6〉 DTD를 활용한 XML 문서의 유효성 검사(Not valid)

다음은 정상적인 book02.xml 문서에서 'year'와 'author' 요소의 위치를 ㉠과 ㉡의 위치로 변경한 결과이다.

▷ 도서(book) 정보를 담는 수정된 XML 문서(book02.xml)

```
〈?xml version="1.0" encoding="UTF-8"?〉
〈book xmlns:xsi="http://www.w3.org/2001/XMLSchema-instance"
    xsi:noNamespaceSchemaLocation="book.xsd"〉
  〈title〉Digital Libraries〈/title〉
  〈year〉2025〈/year〉 ······································· ㉠
  〈author〉Kim〈/author〉 ····································· ㉡
〈/book〉
```

이제 다음 명령어를 실행해 보자.

• xmllint --noout --schema book.xsd book02.xml

XML 검증기를 실행한 결과 XML 문서가 XML Schema 규칙을 따르지 않는다는 결과를 〈그림 8.7〉과 같이 출력하는 것을 확인 할 수 있다.

```
kisti@DESKTOP-TTKKVCP:/mnt/c/Users/kisti$ xmllint --noout --schema
book.xsd book02.xml
book02.xml:5: element year: Schemas validity error : Element 'year'
: This element is not expected. Expected is ( author ).
book02.xml fails to validate
kisti@DESKTOP-TTKKVCP:/mnt/c/Users/kisti$
```

〈그림 8.7〉 XML Schema를 활용한 XML 문서의 유효성 검사(Not valid)

8.2.3 JSON

JSON(JavaScript Object Notation)은 데이터를 교환하고 저장하기 위한 경량 데이터 표현 형식으로, 이름에서 알 수 있듯 자바스크립트의 객체 표기법에서 출발했지만 특정 언어나 플랫폼에 종속되지 않는 단순한 텍스트 기반 형식으로 정착했다(JSON.org, n.d.). JSON은 키와 값의 쌍으로 데이터를 구성하며 객체와 배열을 기본 단위로 삼는다. 이러한 구조는 사람이 읽기 쉽고 대부분의 프로그래밍 언어에서 파싱 및 직렬화가 간단하다는 장점을 제공한다(ECMA International, 2017). 특히 JSON은 웹 서비스 API 환경과 결합될 때 강력한 효과를 발휘한다. 서버는 필요한 데이터를 JSON으로 내려주고 클라이언트는 이를 받아 화면이나 기능을 동적으로 갱신한다. 디지털도서관에서는 검색 결과, 추천 정보, 대출 상태, 외부 링크 정보 등 실시간 데이터가 필요한 영역에서 JSON이 널리 사용된다(ECMA International, 2017). 이는 JSON이 문서를 구성하는 데이터를 전달하는 데 최적화되어 있기 때문이다. 전통적으로 디지털도서관 데이터 표현에는 XML이 많이 사용되었다. XML은 메타데이터 표준(MODS, METS, PREMIS 등)과 엔터프라이즈 시스템 간 데이터 교환에서 엄격한 구조와 검증 기능을 제공한다(W3C, n.d.-a). 반면 JSON은 태그가 없고 표현이 간결하여 웹 API와 결합한 데이터 교환에 적합하다. JSON 자체는 기본적으로 스키마 기반 검증을 강제하지 않지만, OpenAPI와 JSON Schema 같은 도구를 통해 구조적 규칙을 정의하여 검증할 수 있다(JSON Schema, n.d.).

한편, HTML과 JSON은 역할 면에서도 차이를 가진다. HTML은 웹 페이지의 표현을 기술하는 언어로 이용자 인터페이스 제공에 초점이 있다(W3C, n.d.-b). 반면 JSON은 화면을 직접 정의하지 않고, 서비스가 필요로 하는 데이터 자체를 전달하는 데 초점을 둔다. 디지털도서관 서비스에서는 HTML이 이용자 인터페이스를 구성하는 표준이라면, JSON은 이러한 인터페이스를 동적으로 구동하는 데이터 교환 표준으로 역할을 수행한다. 이상과 같이 JSON은 웹 기반 서비스 환경에서 데이터 교환을 단순화하고 처리 효율을 높이는 대표적인 데이터 표현 형식이다. 디지털도서관에서는 API 기반 서비스 제공, 외부 시스템 연계, 검색, 추천, 현황 정보의 실시간 반영 등 기능 구현에서 JSON이 핵심적으로 활용되며, XML과 함께 목적에 따라 병행 활용된다. 아래는 도서 정보를 담는 아주 단순한 JSON 문서 예이다.

▷ 도서(book) 정보를 담는 JSON 문서(book.json)

```
{
  "book": {
    "title": "Digital Libraries",
    "author": "Kim",
    "year": "2025"
  }
}
```

위 JSON 예시는 앞서 XML에서 〈book〉 요소 아래에 〈title〉, 〈author〉, 〈year〉를 두었던 구조를 JSON으로 그대로 옮긴 것이다. JSON에서는 태그 대신 키를 사용해 데이터의 의미를 표시하며, book은 하나의 객체를 나타내고 그 안에 title, author, year라는 키와 값의 쌍이 포함된다. 값은 각각 도서의 제목, 저자, 발행연도를 의미하며, XML에서 요소로 표현하던 정보를 JSON에서는 속성처럼 간결하게 표현한다. 따라서 같은 내용을 담더라도 JSON은 태그가 반복되지 않아 구조가 단순하고 전송량이 상대적으로 적어, 웹 API 환경에서 도서 정보와 같은 데이터를 교환할 때 자주 활용된다.

한편, JSON도 XML의 DTD나 XML Schema처럼 문서 규칙을 정할 수 있다. JSON Schema는 JSON 문서가 따라야 할 구조와 규칙을 명시적으로 정의하는 명세이다. XML에서 DTD나 XML Schema(XSD)가 문서의 요소 구성과 제약 조건을 정의해 유효성을 검증하게 하듯이, JSON Schema는 JSON 데이터가 어떤 형태를 가져야 하는지, 어떤 필드가 필수인지, 각 값의 자료형과 허용 범위는 무엇인지 등을 선언적으로 기술하여 JSON 문서의 품질과 일관성을 확보하도록 돕는다. 다만 JSON 자체에는 검증 체계가 내장되어 있지 않기 때문에, JSON Schema는 JSON 문법의 일부라기보다 별도의 규칙 문서로서 JSON 데이터를 검증하는 도구와 함께 사용된다.

JSON Schema는 우선 데이터의 기본 유형을 기준으로 규칙을 정의한다. JSON이 가지는 값의 유형은 객체, 배열, 문자열, 숫자, 정수, 불리언, null이며, 스키마에서는 type을 통해 어떤 유형이 와야 하는지를 지정한다. 예를 들어 특정 데이터가 객체여야 한다면 type: "object"로 선언하고, 그 객체가 어떤 속성을 가질 수 있는지는 properties로 정의한다. 또한 반드시 포함되어야 하는 필드는 required로 지정하여 누락을 방지할 수 있으며, 정의되지 않은 임의의 속성이 들어오는 것을 제한하려면 additionalProperties 같은 규칙을 함께 사용한다. 이런 방식은 데이터 교환 과정에서 필드 누락으로 오류가 발생하거나 형식이 제각각이라 통합이 어려워지는 문제를 줄여준다. JSON Schema는 값의 의미를 더 엄격하게 통제할 수 있도록 다양한 제약 조건도 제공한다. 문자열의 길이, 특정 패턴과의 일치 여부, 숫자의 최소값과 최대값 범위, 배열의 항목 개수, 특정 값 목록과의 일치 여부 등 데이터 품질 관리에 필요한 조건을 선언적으로 기술할 수 있다. 따라서 동일한 JSON 형식을 여러 시스템이 공유하는 상황에서, 각 시스템이 데이터를 생성하거나 수정하고 교환할 때 규칙을 자동으로 검증하여 구조적 오류를 조기에 발견할 수 있다. 이는 디지털도서관에서 외부 시스템과 API로 연계하거나, 검색, 추천, 이용 현황과 같은 서비스 데이터를 실시간으로 교환할 때 특히 유용하다.

또한 JSON Schema는 재사용과 확장을 지원한다. 공통으로 사용하는 규칙을 별도의 정의로 만들어 참조하거나, 하나의 스키마를 기반으로 세부 규칙을 확장하는 방식으로 여러 데이터 유형을 체계적으로 관리할 수 있다. 이런 특성은 기관 내부에서 여러 서비스가 공통 데이터 모델을 공유할 때, 또는 외부 데이터와의 매핑 규칙을 유지해야 할 때 장점으로 작용한다. 실무에서는 JSON Schema가 단독으로 쓰이기보다, OpenAPI 같은 API 명세와 결합되어 요청과 응답 JSON의 구조를 정의하고 문서화하는 형태로 활용되는 경우가 많다. 다만 JSON Schema는 XML Schema처럼 문서 요소의 순서를 엄격히 강제하는 방식과는 성격이 다르다. JSON에서 객체는 키와 값의 집합이므로 일반적으로 속성의 순서는 의미를 갖지 않으며, 스키마도 보통 객체 속성의 순서를 규칙으로 강제하지 않는다. 순서가 의미가 있는 경우에는 배열 구조로 모델링하고, 스키마에서 배열 항목에 위치 기반 규칙을 부여하는 방식이 사용된다. 이런 점에서 JSON Schema는 문서 표현이 아니라 데이터 교환을 위한 구조, 유형, 제약 조건을 명확히 하는 데 초점을 둔다고 볼 수 있다.

다음은 JSON Schema 사례를 보여준다. JSON Schema 자체도 JSON 형식으로 작성된 문서이기 때문에, 기술적으로는 일반 JSON 파일과 동일하다. 따라서 schema.json 또는 book.schema.json처럼 저장하는 것이 관례이다.

▷ 도서(book) 정보를 담는 JSON 문서가 따라야 할 구조 규칙(book.schema.json)

```
{
  "$schema": "http://json-schema.org/draft-07/schema#",
  "type": "object",  ............................................ ㉠
  "properties": {
    "book": {
      "type": "object",  ........................................ ㉡
      "properties": {  .......................................... ㉢
        "title": { "type": "string" },
        "author": { "type": "string" },
        "year": { "type": "string" }
      },
      "required": ["title", "author", "year"],  ................. ㉣
      "additionalProperties": false  ............................ ㉤
    }
  },
  "required": ["book"],  ........................................ ㉥
  "additionalProperties": false
}
```

이 문서는 JSON Schema를 사용해 데이터 구조를 규정한 예시다. ㉠의 선언으로 최상위 구조는 객체이며 반드시 book 이라는 속성을 포함해야 한다. ㉡과 같이 book 속성의 값도 객체로 정의되며 ㉢과 같이 title author year 세 개의 속성을 가져야 한다. 이 세 속성은 ㉣과 같이 모두 문자열 타입이고 필수 항목으로 지정된다. 또한 ㉤과 같이 book 객체 안에는 정의되지 않은 다른 속성이 들어올 수 없도록 제한한다. 마찬가지로 ㉥과 같이 최상위 객체에서도 book 이외의 속성은 허용되지 않는다. 이를 통해 데이터의 형태와 필수 요소를 엄격하게 통제하는 구조를 가진다.

이제 JSON문서의 문법을 검증해 보자. 다음 명령어를 〈그림 8.8〉, 〈그림 8.9〉와 같이 실행해서 JSON 문서의 문법을 검증하는 라이브러리 jq를 우분투 환경에 설치하자.

- sudo apt install jq

〈그림 8.8〉 JSON 문서 문법 검증기(jq) 설치

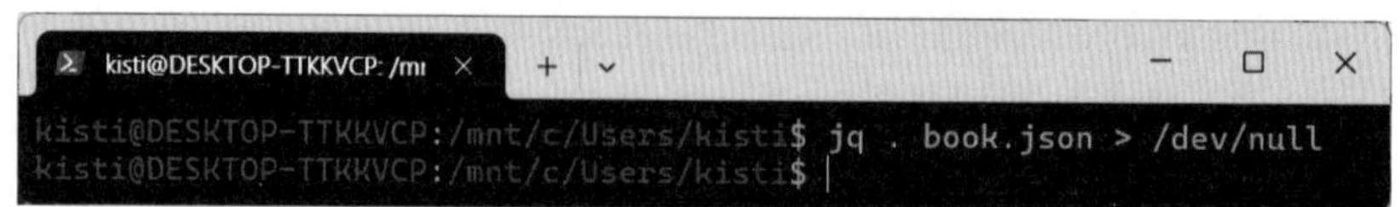

〈그림 8.9〉 JSON 문서의 문법 유효성 검사(문법적으로 유효한 JSON)

다음 〈그림 8.10〉은 JSON 문서의 ㉠부준 마지막 줄에 있는 중괄호를 삭제한 후, 문법 검증을 한 결과이다.

▷ 도서(book) 정보를 담는 JSON 문서 – 마지막 줄에 중괄호 닫는 기호가 삭제됨(book.json)

```
{
  "book": {
   "title": "Digital Libraries",
   "author": "Kim",
   "year": "2025"
  }
```
.... ㉠

이제 다음 명령어를 실행해서 유효성 검사를 해보자.

• jq . book.json 〉 /dev/null

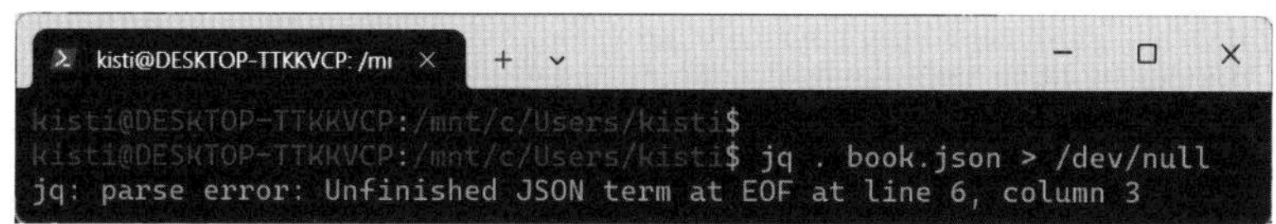

〈그림 8.10〉 JSON 문서의 문법 검사(문법적으로 유효하지 못한 JSON)

이제 JSON 스키마를 사용해서 JSON문서의 유효성을 검증해 보자. 다음 명령어를 실행해서 'ajv'를 우분투 환경에 설치하자. ajv는 JSON Schema 검증에서 가장 많이 쓰는 도구 중 하나로 Node.js 기반이다.

• sudo apt update
• sudo apt install nodejs npm
• sudo npm install －g ajv－cli

이제 다음 명령어를 〈그림 8.11〉과 같이 실행해서 유효성 검사를 해보자.

ajv validate －s book.schema.json －d book.json

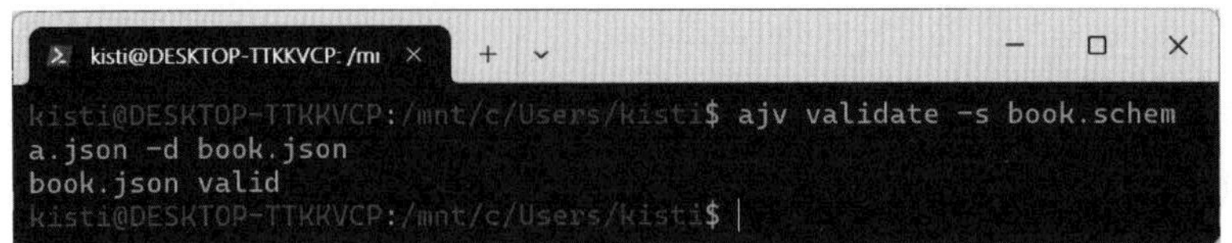

〈그림 8.11〉 JSON Schema를 활용한 JSON 문서의 유효성 검사(스키마에 유효한 JSON)

한편, XML에서는 문서를 평가할 때 보통 well-formed 문서와 valid 문서를 구분한다. well-formed는 태그의 시작과 끝이 짝을 이루고 중첩 규칙이 지켜지는 등 XML이 요구하는 기본 문법을 만족하여 파서가 오류 없이 읽을 수 있는 상태를 의미한다. valid는 이러한 well-formed 조건을 전제로 하면서, DTD나 XML 스키마로 정의된 문서 구조 규칙까지 충족하여 정해진 형식에 맞는 문서임이 검증된 상태를 뜻한다.

JSON에서도 이와 유사한 수준의 구분은 가능하지만, XML과 동일한 용어 체계가 그대로 적용되지는 않는다. JSON은 태그 기반 문서가 아니라 키와 값 구조의 데이터 형식이며, DTD나 XSD처럼 형식 검증을 내장한 체계가 언어 자체에 포함되어 있지 않기 때문이다. 대신 JSON에서는 먼저 중괄호와 대괄호, 따옴표, 쉼표 등 JSON 문법 규칙이 맞아 파서가 읽을 수 있는지를 확인하는 단계가 존재한다. 실무에서는 이를 문법적으로 유효한 JSON이라고 부르며, 기능적으로는 XML의 well-formed에 해당하는 수준으로 이해할 수 있다.

그 다음 단계로, JSON 문서가 특정 규칙을 만족하는지까지 확인하려면 JSON 스키마나 OpenAPI 명세와 같은 외부 규칙을 적용해야 한다. 예를 들어 필수 필드가 모두 존재하는지, 각 값의 자료형이 올바른지, 허용된 값 범위를 벗어나지 않는지 등을 JSON 스키마로 정의하고 검증 도구로 준수 여부를 검사한다. 이런 상태는 스키마에 유효한 JSON이라고 말할 수 있으며, 이는 XML에서 valid 문서가 DTD나 XSD 규칙을 만족하는 것과 개념적으로 대응된다.

실무에서 더 중요한 것은 JSON 문서가 단순히 문법적으로 맞는지를 넘어, 사전에 합의된 데이터 구조와 규칙을 지키고 있는지이다. 예를 들어 외부 시스템과 연계할 때 필수 항목이 누락되거나 자료형이 달라지면 문법 오류가 없어도 서비스 간 데이터 처리가 실패할 수 있다. 이러한 문제는 JSON 스키마 같은 규칙 정의로 사전에 예방할 수 있으며, 스키마 기반 검증을 적용하면 데이터 품질과 일관성을 체계적으로 관리할 수 있다. 이는 XML 환경에서 DTD나 XML 스키마로 메타데이터 구조를 통제해 온 전통과 개념적으로 연결된다.

또한 디지털도서관 실무자는 JSON과 XML이 동일한 방식으로 검증되는 것이 아니라, 검증 체계와 용어가 다르다는 점을 인식할 필요가 있다. XML에서는 well-formed와 valid라는 구분이 비교적 명확한 반면, JSON에서는 문법적 유효성과 스키마 기반 유효성이 선택적으로 적용된다. 이 차이를 이해하지 못하면 JSON 데이터는 형식이 느슨하거나 검증이 불가능하다고 오해하기 쉽다. 실제로는 JSON도 충분히 엄격한 규칙 기반 운영이 가능하며, 단지 그 방식이 XML과 다를 뿐이다.

이상과 같이, JSON 문서의 유효성 개념을 이해하는 것은 단순한 기술 지식이 아니라, 디지털도서관 서비스의 안정성, 외부 시스템과의 상호운용성, 데이터 품질 관리 역량과 직결된다. 따라서 디지털도서관 실무자는 XML 중심 환경에서 축적된 검증 개념을 JSON 환경에 맞게 재해석하고 적용할 수 있어야 하며, 이는 현대 디지털도서관 운영에서 필수적인 기초 역량 중 하나로 간주될 수 있다.

8.3 웹 통신 기반 정보서비스 표준

웹 환경에서 정보서비스는 네트워크를 통해 서로 다른 시스템 간에 정보를 교환하고, 이를 바탕으로 다양한 서비스 기능을 제공하는 것을 전제로 한다. 특히 디지털도서관, 전자저널 플랫폼, 연구정보서비스, 공공데이터 포털과 같은 정보서비스에서는 표준화된 웹과 통신 기술을 활용함으로써 시스템 간 상호운용성을 확보하고, 안정적이며 확장 가능한 서비스 제공이 가능해진다. 웹 통신 기반 정보서비스 표준은 주로 데이터 전송 방식, 메시지 구조, 콘텐트 배포 방식, 그리고 의미 기반 정보 표현과 관련된 규약들로 구성된다.

8.3.1 HTTP

HTTP는 인터넷에서 하이퍼텍스트 문서를 교환하기 위해 사용하는 대표적인 통신 규약이며, 웹 환경에서 클라이언트와 서버가 정보를 주고받기 위한 기본 통신 프로토콜이다. 여기서 하이퍼텍스트란 문서 중간에 특정 키워드를 두고 문자나 그림을 유기적으로 연결하여, 서로 다른 문서라도 하나의 문서처럼 이어 보이게 하고 참조를 쉽게 만드는 방식을 말한다. HTTP는 1989년 팀 버너스 리에 의해 처음 설계되어 월드 와이드 웹 기반의 전 세계적 정보 공유를 가능하게 하는 핵심 기반이 되었다. 초기 HTTP는 인터넷을 통해 가공되지 않은 데이터를 전송하는 단순한 프로토콜이었으나, 이후 전송 제어 기능과 요구와 응답 방식이 정교해지면서 다양한 유형의 정보를 포함해 교환할 수 있도록 발전하였다. 인터넷 주소를 지정할 때 http:로 시작해 주소를 표기하는 것은, 해당 자원의 교환을 HTTP 통신 규약으로 처리하라는 의미를 담고 있다.

HTTP는 기본적으로 요구와 응답 방식으로 동작한다. 이용자가 웹 브라우저로 특정 URL에 접근하면 클라이언트는 HTTP 요청을 서버로 전송하고, 서버는 이에 대한 응답을 반환한다. 이 과정에서 클라이언트가 원하는 기능을 요청하면 TCP 연결이 생성되고, 서버가 응답을 보내 데이터 전송이 끝나면 연결이 종료되는 방식으로 처리된다. 클라이언트의 요청 메시지에는 요청 방식, URI, 프로토콜 버전과 함께, MIME 형태로 표현되는 클라이언트 지정 사항과 클라이언트 정보가 포함되며, 경우에 따라 서버에 전달할 내용 데이터까지 들어갈 수 있다. 서버는 이에 대해 프로토콜 버전, 성공 또는 오류를 나타내는 상태 코드, MIME 형태로 표시되는 서버 정보 등을 포함하는 응답 메시지를 반환하고, 필요하면 엔터티의 메타정보와 실제 전달할 내용 데이터까지 함께 제공한다. 또한 HTTP는 무상태 프로토콜이라는 특징을 가진다. 즉 각 요청은 독립적으로 처리되며, 이전 요청의 상태를 자동으로 유지하지 않는다. 이러한 특성은 구현의 단순성과 확장성을 제공하지만, 로그인 유지나 이용자 맞춤 서비스처럼 상태 정보가 필요한 서비스에서는 쿠키, 세션, 토큰과 같은 보완 기술이 함께 사용된다.

디지털도서관 환경에서 HTTP는 웹 기반 검색 서비스, 원문 제공, 메타데이터 조회, 링크드 데이터 접근 등 거의 모든 정보서비스의 기반 통신 규약으로 활용된다. 특히 최근에는 보안 강화를 위해 통신 내용을 암호화하는 HTTPS가 사실상 표준으로 자리 잡았으며, 이용자 인증, 개인정보 보호, 콘텐트 전송의 신뢰성을 확보하는 데 중요한 기반이 되고 있다.

8.3.2 SOAP

SOAP은 분산 환경과 서로 다른 시스템 환경에서 구조화된 정보를 교환하기 위해 설계된 XML 기반 메시지 프로토콜이다(W3C, 2000; W3C, 2003a). SOAP은 메시지 형식과 처리 원칙을 표준화하고, HTTP 등 다양한 하부 전송 프로토콜 위에서 메시지를 교환할 수 있도록 설계되었다(W3C, 2003a). SOAP 1.2 표준은 SOAP을 탈중앙 분산 환경에서 구조화된 정보를 교환하기 위한 경량 프로토콜로 규정하며, 메시지 처리 모델과 확장 메커니즘, 그리고 SOAP 메시지의 구성요소를 정의한다(W3C, 2003a).

SOAP 메시지는 하나의 XML 문서이며, 〈그림 8.12〉와 같이 필수 요소인 패키지 〈Envelope〉 안에 선택 요소인 〈Header〉와 필수 요소인 〈Body〉가 포함되는 구조를 갖는다(W3C, 2003a; W3C, 2003b).

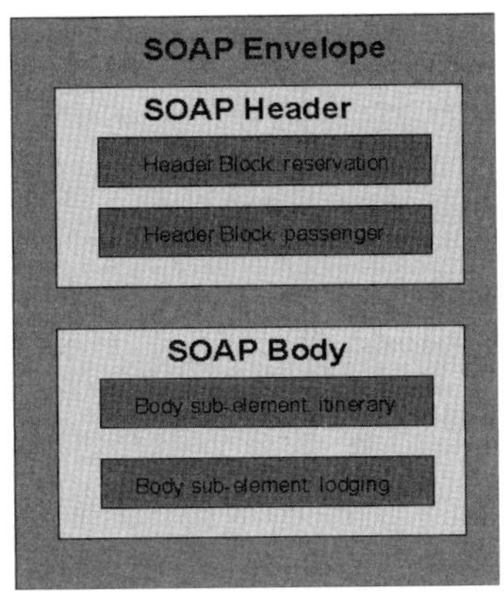

〈그림 8.12〉 SOAP의 구성요소

1) SOAP Envelope

Envelope는 SOAP 메시지 전체를 감싸는 최상위 요소로서, 해당 XML 문서가 SOAP 메시지임을 선언하고 메시지의 기본 골격을 제공한다(W3C, 2000; W3C, 2003a). Envelope는 전송되어야 할 메시지를 담는 봉투에 해당하며, 전송 경로와 방법은 하부 전송 프로토콜 및 SOAP 처리 모델에서 담당한다(W3C, 2003a). 즉, Envelope는 메시지의 구조를 규정하는 역할을 수행하고, 실제 전달은 SOAP 외부의 계층에 의해 처리된다는 점에서 분산 환경에서의 유연성을 확보한다(W3C, 2003a).

2) SOAP Header

Header는 SOAP 메시지에 대한 부가 정보를 담는 영역이며, 필수 요소가 아니므로 생략될 수 있다(W3C, 2003a). Header의 핵심 목적은 본문인 Body의 처리 이전에 고려되어야 할 제어, 정책, 메타정보를 메시지에 포함시키는 데 있다(W3C, 2003a). 예를 들어 인증과 인가, 보안, 트랜잭션 제어, 라우팅 지시, 중계 처리 지침 등 응용 수준에서 필요한 다양한 정보를 헤더에 실어 전달할 수 있다(W3C, 2003a). 또한 SOAP은 헤더 블록이 누가 처리해야 하는지, 반드시 이해해야 하는지, 중계 노드가 전달해야 하는지 등을 표현할 수 있는 메커니즘인 role, mustUnderstand, relay를 정의하여, 분산 환경에서 메시지 처리 책임과 필수 처리 여부를 명시적으로 전달할 수 있도록 한다(W3C, 2003a). 보안 관점에서는 SOAP 메시지 보안을 위한 WS-Security 표준이 정의되어 있으며, 서명, 암호화, 보안 토큰과 같은 보안 정보를 헤더 구조로 포함시키는 방식이 널리 사용된다(OASIS, 2012).

3) SOAP Body

Body는 최종 수신자에게 전달될 핵심 응용 데이터인 요청과 응답 내용을 담는 영역으로, SOAP 메시지에서 반드시 포함되어야 하는 필수 요소이다(W3C, 2003a). Body에는 단순 문자열부터 구조화된 XML 데이터, 응용에서 정의한 데이터 타입의 인스턴스, 원격 호출의 요청과 응답 표현 등 다양한 형태의 내용을 담을 수 있으며, SOAP은 이를 교환하기 위한 메시지 틀을 제공한다(W3C, 2000; W3C, 2003a). 또한 처리 과정에서 오류가 발생할 경우 SOAP 1.2는 오류 정보를 일관된 형식으로 표현하는 Fault 구조를 정의하여 분산 서비스 연계 환경에서 오류 의미를 표준적으로 전달하도록 한다(W3C, 2003a).

이처럼 SOAP 기반 웹서비스에서 정보는 단순히 데이터 파일을 주고받는 것이 아니라, 표준화된 메시지 구조를 가진 XML 문서의 형태로 교환된다. 이를 이해하기 위해 디지털도서관 환경에서 실제로 활용될 수 있는 전자저널 이용통계 조회 서비스를 예로 들어 SOAP 메시지 교환 과정을 단계별로 살펴본다.

▷ 1단계: 클라이언트의 SOAP 요청 생성

A대학교 도서관 시스템은 외부 전자저널 제공사 B사가 운영하는 웹서비스를 통해 특정 기간의 전자저널 이용통계를 조회하고자 한다. 도서관 시스템은 이를 위해 SOAP 요청 메시지를 생성하며, 이 메시지는 하나의 XML 문서로서 ㉠ Envelope, ㉡ Header, ㉢ Body로 구성된다. 먼저 Envelope는 해당 XML 문서가 SOAP 메시지임을 선언하는 최상위 요소이다. Header에는 인증을 위한 기관 식별자와 API 키와 같은 부가 정보가 포함되며, Body에는 실제로 수행하고자 하는 서비스 요청 내용이 담긴다. 이 예에서는 2025년 1월 A대학교의 이용통계를 조회하라는 요청이 Body에 포함된다.

```
<soap:Envelope   ········································· ㉠
 xmlns:soap="http://www.w3.org/2003/05/soap-envelope"
 xmlns:lib="http://example.org/library">
 <soap:Header>   ········································· ㉡
  <lib:Auth>
   <lib:InstitutionId>A-UNIV</lib:InstitutionId>
   <lib:ApiKey>abc123</lib:ApiKey>
  </lib:Auth>
 </soap:Header>
```

```
  〈soap:Body〉 ······································································ ㉢
    〈lib:GetUsageReportRequest〉
      〈lib:Month〉2025－01〈/lib:Month〉
    〈/lib:GetUsageReportRequest〉
  〈/soap:Body〉
〈/soap:Envelope〉
```

위 SOAP 메시지는 HTTP POST 방식으로 전자저널 제공사의 웹서비스 주소로 전송된다. 이때 HTTP는 메시지를 전달하는 전송 수단의 역할을 수행하고, SOAP은 메시지의 구조와 의미를 정의하는 역할을 담당한다.

▷ 2단계: 서버의 SOAP 메시지 처리

전자저널 제공사(B사의 서버)는 수신된 SOAP 메시지를 먼저 Envelope를 기준으로 SOAP 형식임을 확인한 후, Header에 포함된 인증 정보를 검증한다. 인증이 성공하면 서버는 Body에 담긴 요청 내용을 해석하여 내부 데이터베이스에서 해당 기관과 기간에 맞는 이용통계 데이터를 조회한다.

이 과정에서 Header 정보는 Body 처리 이전에 선행적으로 검토되며, 인증 실패나 권한 오류가 발생할 경우 Body의 요청을 수행하지 않고 오류 응답을 생성할 수 있다. 이는 SOAP 헤더가 메시지 제어와 정책 전달에 중요한 역할을 수행함을 보여준다.

▷ 3단계: 서버의 SOAP 응답 생성(정상 처리)

요청이 정상적으로 처리되면, 서버는 처리 결과를 다시 SOAP 메시지 형태로 구성하여 도서관 시스템으로 반환한다. 응답 메시지 역시 Envelope와 Body를 포함하는 동일한 구조를 가지며, Body에는 요청한 이용통계 결과가 XML 구조로 포함된다.

```
〈soap:Envelope
  xmlns:soap="http://www.w3.org/2003/05/soap-envelope"
  xmlns:lib="http://example.org/library"〉
  〈soap:Body〉
    〈lib:GetUsageReportResponse〉  ………………………………………… ㉠
      〈lib:InstitutionId〉A-UNIV〈/lib:InstitutionId〉
      〈lib:Month〉2025-01〈/lib:Month〉
      〈lib:TotalDownloads〉1432〈/lib:TotalDownloads〉
    〈/lib:GetUsageReportResponse〉
  〈/soap:Body〉
〈/soap:Envelope〉
```

soap:Body 안에 있는 ㉠ lib:GetUsageReportResponse 는 SUSHI 프로토콜에서 이용 통계 보고서를 반환하는 응답 메시지에 해당한다. 그 내부의 lib:InstitutionId 는 통계를 요청한 기관을 식별하고 lib:Month 는 보고 대상 기간을 나타내며 lib:TotalDownloads 는 해당 기간 동안의 전자자원 다운로드 이용량을 수치로 전달한다. 즉 이 메시지는 SOAP 기반 SUSHI 프로토콜에 따라 기관별 월간 이용 통계 데이터를 구조화해 전달하는 응답 메시지다. 도서관 시스템은 이 응답 메시지를 수신한 후, Body에 포함된 이용통계 데이터를 파싱하여 내부 통계 관리 시스템에 저장하고, 보고서 작성이나 이용 현황 분석 등 다양한 디지털도서관 서비스에 활용한다.

▷ 4단계: 서버의 SOAP 응답 생성(오류 처리)

만약 인증 정보가 올바르지 않거나 요청 처리 중 오류가 발생한 경우, 서버는 정상 데이터 대신 ㉡ SOAP Fault 구조를 포함한 메시지를 반환한다. 이 경우에도 응답은 SOAP Envelope와 Body 구조를 유지하며, 오류 정보는 Body 내부의 Fault 요소로 표현된다.

```
⟨soap:Envelope xmlns:soap="http://www.w3.org/2003/05/soap－envelope"⟩
  ⟨soap:Body⟩
    ⟨soap:Fault⟩ ······························································· ㉯
      ⟨soap:Code⟩
        ⟨soap:Value⟩soap:Sender⟨/soap:Value⟩
      ⟨/soap:Code⟩
      ⟨soap:Reason⟩
        ⟨soap:Text xml:lang="en"⟩Authentication failed⟨/soap:Text⟩
      ⟨/soap:Reason⟩
    ⟨/soap:Fault⟩
  ⟨/soap:Body⟩
⟨/soap:Envelope⟩
```

이와 같이 SOAP은 오류 상황에서도 표준화된 메시지 구조를 통해 오류의 원인과 처리 결과를 일관되게 전달한다.

이 시나리오에서 볼 수 있듯이 SOAP 기반 웹서비스에서는 요청과 응답 모두가 XML 형식의 SOAP 메시지로 교환되며, Envelope, Header, Body라는 공통된 구조를 유지한다. 이러한 구조 덕분에 SOAP은 서로 다른 시스템과 플랫폼 간에도 명확한 계약과 안정적인 서비스 연계를 제공할 수 있다. 디지털도서관 분야에서 SOAP은 전자저널 이용통계 수집, 기관 간 시스템 연계, 인증이 필요한 서비스 통합 등 정형화되고 신뢰성이 요구되는 정보교환 환경에서 중요한 역할을 수행해 오고 있다.

8.3.3 Feed 표준

웹 환경에서 정보의 생산과 갱신 주기가 짧아지면서, 이용자가 개별 웹사이트를 반복적으로 방문하지 않고도 최신 정보를 효율적으로 확인할 수 있는 메커니즘이 필요해졌다. 이러한 요구에 대응하여 등장한 것이 피드(Feed) 표준이다.

피드는 웹 콘텐트의 변경 사항을 구조화된 형식으로 제공함으로써, 이용자나 시스템이 새로운 정보를 자동으로 수집, 구독할 수 있도록 지원하는 기술이다. 피드 표준은 주로 뉴스, 블로그, 공지사항, 학술정보 업데이트와 같이 시계열적으로 생성, 갱신되는 콘텐트의 배포에 활용된다.

대표적인 피드 표준으로는 RSS와 Atom이 있으며, 두 표준 모두 XML 기반으로 콘텐트 요약 정보와 링크, 발행 시점 등의 메타데이터를 제공한다. 디지털도서관 환경에서는 신규 자료 안내, 학술지 최신호 알림, 연구성과 업데이트, 공지사항 배포 등 다양한 정보서비스에 활용되고 있다.

8.3.3.1 RSS

RSS는 웹 콘텐트의 변경 사항을 간단하고 효율적으로 배포하기 위해 개발된 피드 표준이다. RSS는 Really Simple Syndication 또는 Rich Site Summary의 약자로 설명되며, 웹사이트에서 생성되는 새로운 콘텐트를 요약 형태로 제공하는 것을 목적으로 한다. RSS 문서는 XML 기반으로 작성되며, 채널(channel)과 아이템(item) 구조를 통해 콘텐트 목록을 표현한다.

RSS 피드에서 채널은 전체 피드의 기본 정보(제목, 설명, 사이트 주소 등)를 담고, 각 아이템은 개별 콘텐트 항목에 대한 정보(제목, 요약, 링크, 발행일 등)를 포함한다. 이를 통해 이용자는 RSS 리더를 사용하여 여러 웹사이트의 최신 정보를 한 화면에서 통합적으로 확인할 수 있다.

디지털도서관 분야에서 RSS는 신규 도서 및 전자자료 입수 알림, 학술지 최신호 공지, 도서관 공지사항 배포, 연구정보 포털의 업데이트 알림 등에 널리 활용되어 왔다. 특히 RSS는 구조가 단순하고 구현이 용이하다는 장점이 있어, 초기 웹 기반 정보서비스 확산 과정에서 중요한 역할을 수행하였다. 다만 RSS는 표준 버전이 여러 갈래(RSS 0.9x, 1.0, 2.0 등)로 나뉘어 발전하면서, 표현력과 확장성 측면에서는 일정한 한계를 지닌다는 평가도 있다. 다음은 RSS 예시이다.

```
〈?xml version="1.0" encoding="UTF-8"?〉
〈rss version="2.0"〉 ································ ㉠
```

```
  〈channel〉 ························································ ㉡
   〈title〉JBNU Library News〈/title〉 ······································ ㉢
   〈link〉https://library.example.ac.kr〈/link〉
   〈description〉Latest announcements from the library〈/description〉
   〈language〉ko〈/language〉
   〈lastBuildDate〉Mon, 15 Dec 2025 09:00:00 +0900〈/lastBuildDate〉

   〈item〉 ························································ ㉣
    〈title〉겨울방학 운영시간 안내〈/title〉 ···································· ㉤
    〈link〉https://library.example.ac.kr/notice/123〈/link〉
    〈guid〉https://library.example.ac.kr/notice/123〈/guid〉
    〈pubDate〉Mon, 15 Dec 2025 08:30:00 +0900〈/pubDate〉
    〈description〉겨울방학 기간 도서관 운영시간이 변경됩니다.〈/description〉
   〈/item〉

   〈item〉
    〈title〉전자저널 신규 구독 서비스 오픈〈/title〉
    〈link〉https://library.example.ac.kr/notice/124〈/link〉
    〈guid〉https://library.example.ac.kr/notice/124〈/guid〉
    〈pubDate〉Sun, 14 Dec 2025 10:00:00 +0900〈/pubDate〉
    〈description〉신규 전자저널 구독이 추가되었습니다.〈/description〉
   〈/item〉

  〈/channel〉
 〈/rss〉
```

이 RSS 예시는 RSS 2.0 형식의 피드 문서가 어떻게 구성되는지를 보여주기 위한 간단한 사례이다. RSS 문서는 하나의 XML 문서이며, 최상위 요소인 ㉠ 〈rss〉 아래에 ㉡ 〈channel〉과 여러 개의 ㉣ 〈item〉 요소가 배치되는 구조를 가진다. 〈rss〉 요소의 version="2.0" 속성은 해당 문서가 RSS 2.0 규격을 따르고 있음을 나타낸다.

〈channel〉 요소는 피드 전체에 대한 정보를 담는 영역으로, 해당 피드가 어떤 웹사이트의 어떤 종류의 콘텐트를 제공하는지를 설명한다. 예시에서 ㉢ 〈title〉은 피드의 이름으로, RSS 리더에 표시되는 제목 역할을 하며, 〈link〉는 피드가 대표하는 웹사이트의 주소를 나타낸다. 〈description〉은 피드가 제공하는 콘텐트의 성격을 간략히 설명하는 문구로, 이 경우 도서관 공지사항의 최신 소식을 전달하는 피드임을 알려준다. 〈language〉 요소는 콘텐트가 작성된 언어를 나타내며, 〈lastBuildDate〉는 피드가 마지막으로 생성되거나 갱신된 시점을 의미한다. RSS 리더는 이 정보를 참고하여 피드의 최신성을 판단한다. ㉣ 〈item〉 요소는 피드에 포함된 개별 콘텐트 항목을 의미하며, 공지사항 한 건이 하나의 〈item〉으로 표현된다. 각 〈item〉에는 해당 콘텐트를 식별하고 이해하는 데 필요한 최소한의 정보가 포함된다. ㉤ 〈title〉은 개별 항목의 제목을 나타내고, 〈link〉는 해당 항목의 원문 페이지로 연결되는 주소이다. 〈guid〉는 항목의 고유 식별자로, RSS 리더가 새로운 항목과 이미 수신한 항목을 구분하는 기준으로 사용된다. 〈pubDate〉는 해당 항목이 발행된 날짜와 시각을 나타내며, 〈description〉은 이용자가 내용을 빠르게 파악할 수 있도록 제공되는 요약 설명이다. 다음 〈그림 8.13〉과 〈그림 8.14〉는 feedly.com에서 제공하는 RSS 리더기에서 RSS 예시 피드를 불러온 모습이다.

이와 같이, RSS 피드는 웹사이트에서 생성되는 새로운 콘텐트를 구조화된 형식으로 제공함으로써, 이용자가 개별 웹페이지를 반복적으로 방문하지 않고도 최신 정보를 자동으로 받아볼 수 있도록 한다. 디지털도서관 환경에서는 이러한 RSS 구조를 활용하여 공지사항, 신규 자료 안내, 학술지 최신호 정보 등을 효율적으로 배포할 수 있으며, 이는 정보서비스의 접근성과 편의성을 높이는 기반이 된다.

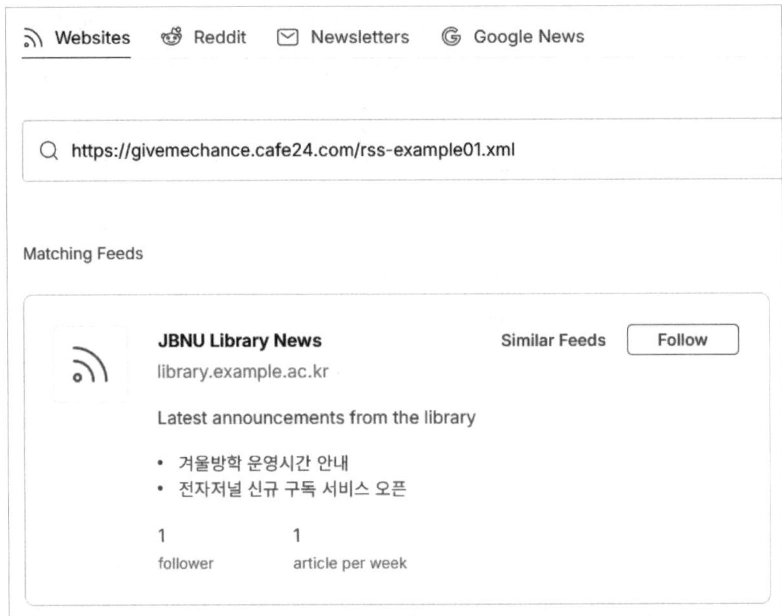

〈그림 8.13〉 RSS 피드 검색 모습

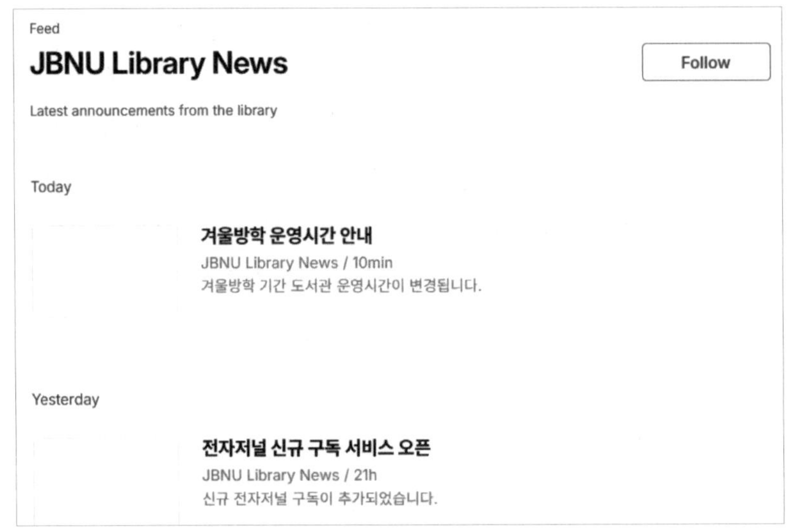

〈그림 8.14〉 RSS 피드 모습

8.3.3.2 Atom

RSS가 널리 사용되었음에도 불구하고, 웹 신디케이션 환경에서는 RSS 규격이 여러 버전으로 분화되어 있었고, 구현체에 따라 해석이 달라질 수 있는 모호성 문제가 반복적으로 지적되었다. 또한 RSS는 표준화 기구의 엄밀한 절차 아래에서 단일 규격으로 통합되고 관리되기보다는, 사실상 여러 준공식 문서가 병존하는 형태로 유지되어 상호운용성 측면에서 한계가 있었다(Atom (web standard), n.d.). 이러한 배경에서 웹 커뮤니티 일부는 RSS의 모호성을 줄이고 버전 분화를 정리하며, 확장성과 상호운용성을 강화하고, 전통적인 표준화 기구의 관리 아래에서 발전할 수 있는 새로운 피드 형식이 필요하다고 보았고, 그 결과 Atom이 RSS의 대안으로 제안되었다(Atom (web standard), n.d.; XML Cover Pages, 2004).

Atom은 웹에서 생성되고 갱신되는 콘텐트를 표준화된 형식으로 배포하기 위해 정의된 XML 기반 피드 표준이다. Atom 신디케이션 형식은 IETF 표준 문서인 RFC 4287에서 웹 콘텐트와 메타데이터를 배포하기 위한 XML 기반 형식으로 규정되어 있으며, 피드(feed)와 엔트리(entry)라는 일관된 데이터 모델을 통해 뉴스, 블로그, 공지사항, 연구성과 업데이트처럼 시간 흐름에 따라 축적되는 콘텐트를 자동으로 수집하고 구독할 수 있도록 지원한다(IETF, 2005). Atom은 RSS와 마찬가지로 새 글 알림과 목록 배포라는 목적을 공유하지만, 표준화의 엄밀성과 상호운용성을 강화하기 위해 명세가 더 정교하게 설계되었다. 특히 Atom은 네임스페이스와 문서 구조를 명확히 규정하고, 루트 요소와 핵심 메타데이터 요구사항을 비교적 일관되게 제시함으로써 구현자와 소비자(리더기) 사이의 해석 차이를 줄이는 데 초점을 둔다(IETF, 2005).

Atom 문서는 크게 Atom Feed Document와 Atom Entry Document로 구분된다. Atom Feed Document는 전체 피드를 표현하며, 예를 들면 도서관 공지사항 피드를 나타내고 루트 요소는 feed이다. Atom Entry Document는 단일 항목을 표현하며, 예를 들면 공지사항 한 건을 나타내고 루트 요소는 entry이다(IETF, 2005). Atom 피드에서 feed 요소는 피드 전체에 대한 메타데이터(제목, 대표 링크, 갱신 시각 등)를 포함하고, 각 entry 요소는 개별 콘텐트 항목을 나타낸다. 이때 Atom은 항목의 안정적인 식별과 갱신 관리를 위해 id, updated와 같은 요소를 중시하며, 콘텐트가 수정되고 갱신되는 환경에서도 항목 동일성을 비교적 명확하게 유지하도록 설계되어 있다(IETF, 2005).

또한 Atom은 단순히 배포(읽기)에만 머물지 않고, 게시와 편집(쓰기)까지 표준화된 방식으로 지원하기 위한 확장으로 Atom Publishing Protocol(AtomPub)을 제공한다. AtomPub은 HTTP 위에서 Atom 형식의 표현을 주고받으며 웹 자원을 생성하고 수정하고 삭제하는 절차를 표준화한 응용 계층 프로토콜로 RFC 5023에 규정되어 있다(IETF, 2007). 다음은 앞에서 살펴본 RSS 피드와 같은 내용의 Atom 피드 예시이다.

```
〈?xml version="1.0" encoding="UTF-8"?〉
〈feed xmlns="http://www.w3.org/2005/Atom"〉 ........................ ㉠
 〈title〉JBNU Library News〈/title〉 .................................. ㉡
 〈link href="https://library.example.ac.kr"/〉 ....................... ㉢
 〈link rel="self" href="https://library.example.ac.kr/feed/atom.xml"/〉 ... ㉣
 〈id〉https://library.example.ac.kr/〈/id〉 ........................... ㉥
 〈updated〉2025-12-15T09:00:00+09:00〈/updated〉 ...................... ㉦

 〈entry〉 ............................................................ ㉧
  〈title〉겨울방학 운영시간 안내〈/title〉
  〈link href="https://library.example.ac.kr/notice/123"/〉
  〈id〉https://library.example.ac.kr/notice/123〈/id〉
  〈updated〉2025-12-15T08:30:00+09:00〈/updated〉
  〈summary〉겨울방학 기간 도서관 운영시간이 변경됩니다.〈/summary〉
 〈/entry〉

 〈entry〉
  〈title〉전자저널 신규 구독 서비스 오픈〈/title〉
  〈link href="https://library.example.ac.kr/notice/124"/〉
```

```
    〈id〉https://library.example.ac.kr/notice/124〈/id〉
    〈updated〉2025-12-14T10:00:00+09:00〈/updated〉
    〈summary〉신규 전자저널 구독이 추가되었습니다.〈/summary〉
  〈/entry〉

〈/feed〉
```

이 Atom 샘플은 앞서 제시한 RSS 예시와 동일하게 도서관 공지사항 2건을 배포하는 상황을 가정한 것이다. 다만 RSS와 달리 Atom은 문서 구조와 필수 요소를 비교적 엄밀하게 규정하며, 전체 문서는 〈feed〉를 루트로 하고 개별 항목은 〈entry〉로 표현한다.

문서의 최상위 요소인 ㉠ 〈feed〉는 이 문서가 Atom 피드임을 나타내며, xmlns="http://www.w3.org/2005/Atom" 네임스페이스 선언을 통해 Atom 규격을 따른다는 것을 명확히 한다. 〈feed〉 내부의 ㉡ 〈title〉은 피드의 이름으로 리더 화면에서 피드 제목으로 표시된다. ㉢ 〈link href="https://library.example.ac.kr"/〉는 피드가 대표하는 웹사이트인 도서관 홈페이지의 주소를 의미하고, ㉣ 〈link rel="self" ...〉는 이 피드 문서 자체의 주소를 가리키는 링크로서 리더기가 피드를 갱신할 때 참조할 수 있도록 제공하는 정보이다. ㉥ 〈id〉는 피드 전체를 식별하는 고유 식별자이며, Atom에서는 피드와 항목이 각각 안정적인 식별자를 갖도록 하는 점을 중요하게 다룬다. ㉦ 〈updated〉는 피드가 마지막으로 갱신된 시각을 나타내며, RSS의 〈lastBuildDate〉와 유사하게 리더기가 최신성을 판단하는 데 활용된다. ㉧ 〈entry〉는 피드에 포함된 개별 콘텐트 항목, 즉 공지사항 한 건을 의미한다.

각 〈entry〉 안에서 〈title〉은 공지 제목을, 〈link〉는 원문 페이지 주소를 나타낸다. 〈id〉는 해당 공지 항목을 고유하게 식별하기 위한 값으로, RSS에서의 〈guid〉와 유사한 역할을 수행한다. 〈updated〉는 해당 항목이 생성되거나 수정된 시각을 의미하며, Atom은 발행과 수정의 시간 관리에 적합하도록 이 요소를 명확히 사용하도록 규정한다. 〈summary〉는 항목의 요약문으로, RSS 예시의 〈description〉에 대응하며 리더 화면에서 미리보기 문장으로 표시될 수 있다. 결과적으로 RSS와 Atom은 피드 제목과 항목 목록을 제공하여 새 글을 구독하게 한다는 목적은 같지만, Atom은 피드 문서 자체의 주소인 rel="self", 고유 식별자인 id, 갱신 시각인 updated 등을 보다 엄밀하게 사용하도록 규정함으로써 시스템 간 자동 수집과 변경 관리에 유리한 구조를 제공한다. 디지털도서관 및 연구정보서비스 관점에서 Atom은 신규 공지, 신규 자료, 학술지 최신호, 연구성과 업데이트를 자동 배포하는 데 활용할 수 있으며, 특히 개방형 API나 웹 기반 서비스와 결합될 때 기계가 처리하기 좋은 구조화된 갱신 정보를 제공하는 방식으로 활용될 수 있다(IETF, 2005). 다음 〈그림 8.15〉와 〈그림 8.16〉은 feedly 리더기로 앞에서 생성한 Atom 문서를 읽은 화면이다.

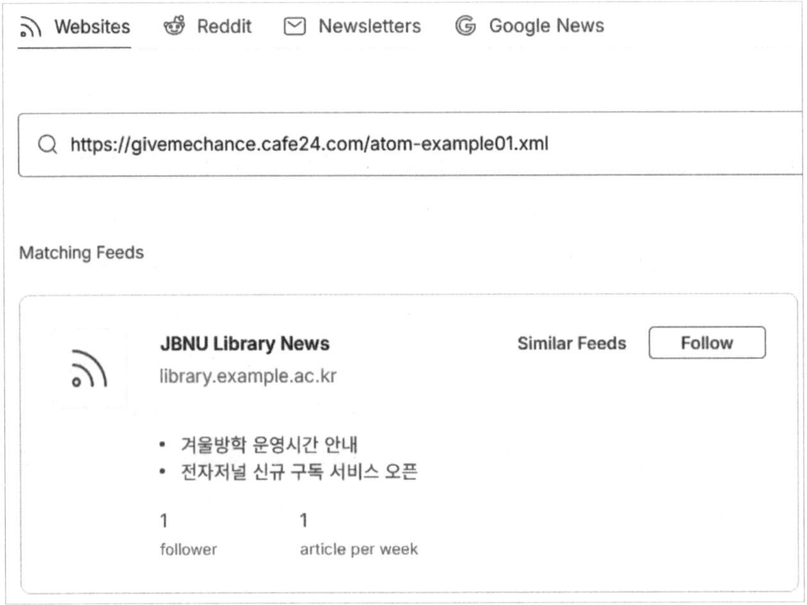

Websites Reddit Newsletters Google News

https://givemechance.cafe24.com/atom-example01.xml

Matching Feeds

JBNU Library News
library.example.ac.kr
Similar Feeds Follow

- 겨울방학 운영시간 안내
- 전자저널 신규 구독 서비스 오픈

1 follower
1 article per week

〈그림 8.15〉 Atom 피드 검색 모습

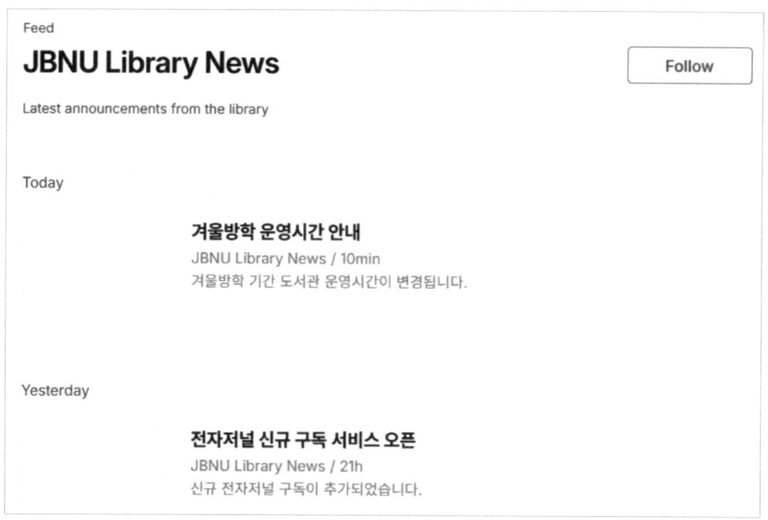

〈그림 8.16〉 Atom 피드 모습

8.4 의미기반 정보표현 표준

웹과 디지털도서관 환경에서 정보는 단순히 문서나 데이터 형태로 제공되는 것을 넘어, 의미를 기계가 이해하고 처리할 수 있는 구조로 표현될 필요가 있다. 기존의 웹 표준이 문서의 전송과 표현 형식에 초점을 두었다면, 의미기반 정보표현 표준은 자원 간의 의미적 관계와 개념 구조를 명시적으로 표현하는 데 목적을 둔다. 이러한 표준은 시맨틱 웹의 핵심 구성요소로서 데이터의 상호운용성, 지식 연결, 자동추론, 지능형 검색 서비스의 기반을 제공한다.

디지털도서관과 연구정보서비스에서는 서지정보, 저자, 기관, 주제, 연구성과 사이의 복합적인 관계를 표현하고 활용해야 하므로, 의미기반 정보표현 표준을 이해하고 적용하는 일이 중요하다.

8.4.1 RDF

RDF는 웹 상의 자원을 기계가 이해할 수 있도록 표현하기 위한 기본적인 의미 표현 모델이다. RDF는 데이터를 주어, 속성, 값의 삼중 구조로 표현함으로써 자원과 자원 사이의 관계를 명시적으로 기술한다. RDF는 특정 데이터 포맷이라기보다 개념적 데이터 모델에 가깝고, 이를 다양한 직렬화 방식으로 표현할 수 있다.

여기서 직렬화 방식이란 컴퓨터 내부에서 구조화되어 존재하는 데이터, 예를 들어 객체, 트리, 그래프를 저장하거나 네트워크로 전송할 수 있도록 문서 형태로 변환하는 표현 규칙을 의미한다. 다시 말해, 직렬화는 데이터의 의미와 구조를 유지한 채 이를 파일이나 메시지로 만들기 위한 표준화된 기록 방법이며, 직렬화된 문서를 다시 원래의 데이터 구조로 복원하는 과정을 역직렬화라고 한다. 의미기반 정보표현 표준에서 직렬화 방식의 개념이 중요한 이유는, RDF가 본질적으로 주어 속성 값의 트리플로 구성되는 그래프 모델이기 때문이다. RDF는 무엇을 어떤 관계로 표현할 것인가라는 모델을 제공하지만, 실제 시스템에서 데이터를 교환하거나 저장하려면 이를 구체적인 문서 형식으로 기록해야 한다. 이때 사용되는 것이 RDF/XML, Turtle, N-Triples, JSON-LD와 같은 RDF의 직렬화 방식이다. 즉 RDF는 데이터의 의미 구조를 규정하고, 직렬화 방식은 그 의미 구조를 어떤 문서 문법으로 기록해 교환할 것인지를 규정한다. 따라서 동일한 RDF 그래프라도 직렬화 방식에 따라 문서의 모양과 가독성, 시스템 호환성, 처리 효율이 달라질 수 있다. 예를 들어 RDF/XML은 XML 기반 시스템과의 호환성이 높지만 문서 구조가 비교적 복잡할 수 있으며, Turtle은 사람이 읽고 쓰기 쉬운 형태로 널리 활용된다. 이처럼 직렬화 방식은 의미기반 데이터를 실제 서비스 환경에서 활용하기 위한 실질적인 표현 수단으로서, 데이터 교환과 시스템 연계의 관점에서 중요한 의미를 갖는다.

아래에서는 이 책의 서명은 디지털도서관 운영론, 이 책의 저자는 김선태, 이수상이라는 정보를 RDF 그래프 트리플로 먼저 표현한 뒤, 같은 의미를 RDF/XML, Turtle, JSON에서는 JSON-LD로 각각 직렬화해 본다.

1) RDF 그래프(트리플)로 표현

예시에서는 식별자를 임의로 만들기 위해 http://example.org/ 네임스페이스를 가리키는 접두어 ex:를 사용한다.

- (주어) ex:book/1 — (속성) dcterms:title — (값) "디지털도서관 운영론"
- (주어) ex:book/1 — (속성) dcterms:creator — (값) ex:person/kim-suntae
- (주어) ex:book/1 — (속성) dcterms:creator — (값) ex:person/lee-soosang
- (주어) ex:person/kim-suntae — (속성) foaf:name — (값) "김선태"
- (주어) ex:person/lee-soosang — (속성) foaf:name — (값) "이수상"

이를 그림처럼 보면 다음과 같다.

- ex:book/1
- dcterms:title → "디지털도서관 운영론"
- dcterms:creator → ex:person/kim-suntae → foaf:name "김선태"
- dcterms:creator → ex:person/lee-soosang → foaf:name "이수상“

2) RDF/XML로 직렬화

```
〈?xml version="1.0" encoding="UTF-8"?〉
〈rdf:RDF
  xmlns:rdf="http://www.w3.org/1999/02/22-rdf-syntax-ns#"
  xmlns:dcterms="http://purl.org/dc/terms/"
  xmlns:foaf="http://xmlns.com/foaf/0.1/"
  xmlns:ex="http://example.org/"〉

  〈!-- 책 --〉
  〈rdf:Description rdf:about="http://example.org/book/1"〉 ........................ ㉠
    〈dcterms:title〉디지털도서관 운영론〈/dcterms:title〉 ............................ ㉡
```

```
    <dcterms:creator rdf:resource="http://example.org/person/kim-seontae"/> ㉢
    <dcterms:creator rdf:resource="http://example.org/person/lee-soosang"/>
  </rdf:Description>

  <!-- 저자 1 -->
  <rdf:Description rdf:about="http://example.org/person/kim-seontae">
    <foaf:name>김선태</foaf:name>    ··························· ㉣
  </rdf:Description>

  <!-- 저자 2 -->
  <rdf:Description rdf:about="http://example.org/person/lee-soosang">
    <foaf:name>이수상</foaf:name>
  </rdf:Description>

</rdf:RDF>
```

위 RDF/XML은 RDF 그래프를 XML 문법으로 표현하는 직렬화 방식이다. 책(rdf:about=".../book/1")을 ㉠ rdf:Description으로 기술하고, ㉡ 제목은 문자열 리터럴로, ㉢ 저자는 rdf:resource로 가리키는 자원 링크로 표현한다. 저자 개체는 별도의 rdf:Description에서 ㉣ foaf:name으로 이름 값을 부여한다. 즉, XML 태그 구조로 트리플을 풀어쓴 형태라고 이해할 수 있다.

3) Turtle로 직렬화

```
@prefix ex:      <http://example.org/> .    ··························· ㉠
@prefix dcterms: <http://purl.org/dc/terms/> .
@prefix foaf:    <http://xmlns.com/foaf/0.1/> .

ex:book/1    ··························································· ㉡
  dcterms:title "디지털도서관 운영론" ;    ··························· ㉢
```

```
  dcterms:creator ex:person/kim-seontae, ex:person/lee-soosang .

ex:person/kim-seontae
  foaf:name "김선태" .

ex:person/lee-soosang
  foaf:name "이수상" .
```

위 Turtle은 RDF 그래프를 사람이 읽고 쓰기 쉽도록 만든 간결한 텍스트 문법이다. ㉠ @prefix를 사용해 네임스페이스를 선언함으로써 ㉡과 같이 긴 URI를 짧게 줄여 표현할 수 있으며, ㉢ 세미콜론(;)은 같은 주어에서 여러 속성을 이어서 기술할 때 사용되고, 쉼표(,)는 하나의 속성에 대해 여러 값을 나열할 때 활용된다. 이러한 문법을 통해 위 Turtle 예시는 책의 제목 하나와 저자 두 명으로 구성된 구조를 매우 직관적으로 드러낸다.

4) JSON 방식으로 직렬화 (JSON-LD)

```
{
  "@context": {    ........................................ ㉠
    "ex": "http://example.org/",
    "dcterms": "http://purl.org/dc/terms/",
    "foaf": "http://xmlns.com/foaf/0.1/",
    "title": "dcterms:title",
    "creator": { "@id": "dcterms:creator", "@type": "@id" },    ............ ㉡
    "name": "foaf:name"
  },
  "@graph": [    ........................................ ㉢
    {
      "@id": "ex:book/1",
      "title": "디지털도서관 운영론",
```

```
      "creator": [ ······································································ ㉣
        "ex:person/kim－suntae",
        "ex:person/lee－soosang"
      ]
    },
    {
      "@id": "ex:person/kim－suntae", ··················································· ㉤
      "name": "김선태"
    },
    {
      "@id": "ex:person/lee－soosang",
      "name": "이수상"
    }
  ]
}
```

일반적인 JSON은 본래 RDF 표준 직렬화가 아니지만, JSON－LD는 JSON 문법을 유지하면서 RDF의 의미, 즉 URI 기반의 관계를 표현할 수 있도록 만든 직렬화 방식이다. ㉠ @context는 이 JSON에서 사용하는 키인 title, creator, name이 각각 어떤 URI의 의미와 대응되는지를 정의한다. 즉, 문서에서 사용되는 용어와 네임스페이스를 정의하는 예약어다. JSON 키가 어떤 의미의 URI로 해석될지를 규정한다. ㉢ @graph는 하나의 문서 안에 여러 자원을 함께 기술하기 위한 예약어다. 여러 RDF 노드를 묶어 그래프 형태로 표현할 수 있게 한다. 여기에서는 책과 저자1, 저자2처럼 여러 개체를 한 문서에 함께 담기 위한 구조이다. 여기서 ㉡ creator는 @type이 "@id"로 설정되어 있으므로 겉으로는 문자열처럼 보이더라도 실제로는 저자 자원의 식별자를 참조하는 값으로 해석된다. @id는 자원의 식별자를 나타내는 예약어다. RDF에서 주어에 해당하며 자원을 전역적으로 구분하는 역할을 한다. @type은 자원의 유형을 지정하는 예약어다. RDF의 rdf:type 과 같은 의미로 자원이 어떤 클래스에 속하는지를 표현한다. 이러한 예약어들은 일반 속성 이름과 달리 JSON LD 처리기가 의미적으로 해석하도록 특별히 정의된 키들이다.

ⓛ과 ⓜ, 두 경우에 사용된 @id 기호는 모두 JSON LD에서 예약어를 나타내는 동일한 표시다. 하지만 사용되는 위치에 따라 의미와 역할은 다르다. 먼저 ⓛ과 같이 context 안에서 creator 정의에 사용된 id 는 creator 라는 키가 어떤 술어를 의미하는지를 지정하기 위한 것으로 dcterms:creator 에 해당하는 의미를 부여하는 역할을 한다. 이때 id 는 실제 자원을 가리키기보다는 용어 해석 규칙을 정의하는 데 사용된다. 반면 ⓜ과 같이 graph 안에서 사람 객체에 사용된 id 는 ex:person/kim-suntae 와 같은 식별자를 통해 하나의 자원을 구분하는 역할을 한다. 여기서 id 는 그래프 안의 노드를 식별하는 주어로 사용된다. 따라서 두 경우 모두 같은 예약어를 사용하지만 하나는 의미 정의를 위한 것이고 다른 하나는 실제 자원 식별을 위한 것이라는 점에서 기능적으로 구분된다.

8.4.1.1 RDF 특성과 응용분야

RDF의 가장 큰 특징은 정보를 관계 중심으로 표현한다는 점이다. 각 자원은 고유한 식별자(URI)를 가지며, 이를 통해 전 세계 어디서든 동일한 자원을 일관되게 참조할 수 있다. 이러한 구조는 분산된 데이터 환경에서도 자원 간 연결을 가능하게 하며, 링크드 데이터의 기반을 형성한다. RDF 관점에서 전 세계 어디서든 동일한 자원을 일관되게 참조한다는 것은, 어떤 기관이나 시스템이 데이터를 만들더라도 특정 대상을 가리킬 때 임의의 내부번호나 지역적 규칙이 아니라 전역적으로 통용되는 식별자, 대개 URI를 사용하여 서로 다른 RDF 데이터가 결국 같은 대상을 중심으로 연결되고 통합될 수 있게 하는 것을 의미한다. RDF에서 자원은 URI로 식별되는 노드로 표현되기 때문에, 동일한 대상을 동일한 URI로 표현하면 서로 다른 기관이 만든 트리플이라도 하나의 그래프로 자연스럽게 병합되고, 저자, 서명, 주제, 인용 같은 속성들이 누적되면서 지식이 풍부해진다. 이런 점에서 전역적 식별자는 RDF 기반 상호운용성과 링크드 데이터의 핵심 기반이 된다.

다만 URI가 다르다는 사실이 곧 현실 세계에서 다른 대상을 뜻하는 것은 아니다. RDF는 기본적으로 URI가 다르면 노드를 분리해 표현하지만, 실제 세계에서는 하나의 논문에 여러 식별자가 부여되거나 동일 대상을 가리키는 식별자가 병존하는 경우가 발생할 수 있다. 이런 상황에서는 서로 다른 URI가 있으니 다른 논문이라고 단정하는 것이 아니라, 두 식별자가 같은 대상을 가리킨다는 사실을 RDF 그래프 안에 명시적으로 연결해 주어야 한다. 예컨대 동일성을 주장할 때는 owl:sameAs나 schema:sameAs 같은 관계를 사용해 두 자원을 연결할 수 있고, 더 안정적인 모델링을 위해서는 논문을 대표하는 중심 자원을 하나 두고, 여러 식별자는 그 자원 또는 특정 버전의 identifier로 부여하여 한 대상에 다중 식별자가 연결되는 구조로 표현할 수도 있다. 결국 RDF에서 전 세계적으로 일관된 참조란, 가능한 한 공통의 URI 체계를 활용해 동일 대상을 같은 방식으로 가리키되, 현실에서 식별자가 복수로 존재하거나 버전과 형태가 나뉘는 경우에는 그 관계인 동일, 버전, 파생 등을 그래프에 정확히 기술하여 분산된 데이터가 의미적으로 충돌하지 않도록 만드는 것을 뜻한다. 이렇게 해야 서로 다른 시스템의 RDF가 단순히 병렬로 존재하는 수준을 넘어, 하나의 연결된 지식 그래프로 결합되어 검색, 통합, 추론의 기반으로 작동할 수 있다.

응용 분야 측면에서 RDF는 디지털도서관의 서지 데이터 연결과 연구자, 기관, 연구성과 간 관계 표현, 학술 주제 온톨로지 구축, 문화유산 데이터 통합, 공공데이터 개방 및 연계 등 다양한 영역에서 활용된다. 특히 서로 다른 기관과 시스템에서 생성된 데이터를 의미적으로 연결해야 하는 환경에서 RDF는 핵심적인 역할을 수행한다. 여기에서 의미적으로 연결한다는 것은, 각 기관이 따로 만든 데이터가 필드명, 데이터베이스 구조, 코드 체계와 같은 형식이 달라도 무엇에 대한 정보인가(대상)와 어떤 관계인가(의미)를 공통의 방식으로 표현하여 컴퓨터가 그것들을 같은 맥락에서 결합하고 해석할 수 있게 만드는 것을 말한다. 예를 들어 A기관은 어떤 논문을 내부번호로 관리하고 B기관은 DOI로 관리하더라도, 두 데이터가 동일 논문을 가리킨다는 연결, 즉 동일성 선언이나 식별자 매핑이 만들어지면 A기관의 초록과 키워드, B기관의 인용정보와 저자식별자가 하나의 논문 자원에 결합된다. 이때 연결은 단순히 레코드를 합치는 것이 아니라, 이 값이 무엇을 뜻하는지까지 포함해 관계로 묶이므로 기관이 달라도 검색과 통합, 그리고 의미 기반의 재활용, 예를 들면 저자별 연구성과 집계나 주제별 트렌드 분석이 가능해진다.

8.4.1.2 RDF 구성요소

RDF는 정보를 표현하기 위해 다음의 세 가지 기본 구성요소를 사용한다.

① 자원(Resource)

자원은 RDF에서 설명의 대상이 되는 모든 것을 의미한다. 자원은 물리적 객체일 수도 있고, 개념, 사람, 문서, 디지털 객체 등 추상적인 대상일 수도 있다. RDF에서는 자원을 URI로 식별함으로써 자원의 의미를 명확히 하고 전역적으로 참조 가능하게 한다. 여기에서 전역적이라고 표현하는 이유는 RDF에서 사용하는 URI가 특정 기관이나 특정 시스템 내부에서만 통하는 식별자가 아니라, 인터넷 전체 범위에서 중복 없이 해석될 수 있도록 설계된 식별자이기 때문이다. 다시 말해 URI는 우리 도서관 데이터베이스에서만 의미가 있는 등록번호가 아니라, 서로 다른 나라, 기관, 서비스가 보더라도 같은 형태로 읽히고 구문적으로, 같은 대상을 가리킨다고 합의할 수 있는 이름으로 쓰인다. 또한 URI는 자원이 어디에 저장되어 있느냐, 위치가 아니라 무엇이냐, 정체성으로 식별하게 해 주기 때문에 시스템이 바뀌거나 데이터가 이동하더라도 같은 자원을 계속 같은 식별자로 참조할 수 있다. 그래서 RDF에서 URI를 통한 식별을 전역적 참조라고 부르는 것은, 그 참조가 특정 조직의 경계를 넘어 웹 전체에서 공유되고 연결되고 재사용될 수 있는 범용성과 지속성을 전제하기 때문이다.

② 속성(Property)

속성은 자원의 특성이나 자원 간의 관계를 나타내는 요소이다. 과거 문헌에서는 PropertyType이라는 용어가 사용되기도 했으나, 최근에는 일반적으로 Property로 단순화하여 표현하는 것이 권장된다. 속성 역시 URI로 정의되며, 누가, 어떤 관계로, 무엇과 연결되는지를 나타내는 술어(predicate)의 역할을 수행한다. 이러한 속성은 실제 RDF 기술에서 이미 널리 합의된 메타데이터 요소 집합을 술어로 활용함으로써 보다 효과적으로 사용될 수 있다. 대표적인 예가 더블린 코어 메타데이터 요소 집합이다. 더블린 코어는 자원에 대한 기본적인 서지적, 관리적 정보를 표현하기 위해 정의된 표준 메타데이터 요소로, RDF 환경에서는 각 요소가 속성, 즉 술어로 사용된다. 예를 들어 어떤 책 자원을 RDF로 표현할 때 해당 자원의 제목은 dc:title, 저자는 dc:creator, 발행일은 dc:date와 같은 속성을 통해 기술할 수 있다. 이때 dc는 더블린 코어 네임스페이스(namespace)를 가리키는 접두어(prefix)이며, 실제로는 http://purl.org/dc/elements/1.1/이라는 URI에 대응된다. 즉 dc:title은 단순한 문자열이 아니라 전 세계적으로 합의된 하나의 속성 URI를 축약해 표현한 것이다. 네임스페이스는 이러한 긴 URI를 매번 반복해서 쓰지 않기 위해 도입된 약속으로, 접두어와 URI를 매핑함으로써 RDF 문서의 가독성과 관리 효율을 높여준다. 동시에 서로 다른 표준이나 기관에서 정의한 속성들이 충돌하지 않도록 해 주는 역할도 수행한다. 예컨대 다른 메타데이터 스키마에서도 title이라는 이름의 속성이 존재할 수 있지만, dc:title과 같이 네임스페이스를 명시하면 그것이 더블린 코어에서 정의한 제목 속성임을 명확히 구분할 수 있다. 결과적으로 더블린 코어 메타데이터 요소를 RDF의 술어로 사용하는 것은 자원의 특성과 자원 간 관계를 국제적으로 합의된 의미 체계에 따라 기술함으로써, 서로 다른 기관과 시스템에서 생성된 데이터를 의미적으로 연결하고 재사용 가능하게 만드는 중요한 방법이라 할 수 있다.

③ 값(Value)

값은 속성이 가리키는 대상이며, 또 다른 자원일 수도 있고 리터럴(literal) 값일 수도 있다. 예를 들어 문자열, 숫자, 날짜와 같은 데이터 값이 여기에 해당한다. 이를 통해 RDF는 자원 간의 관계뿐 아니라 자원의 속성값도 함께 표현할 수 있다.

8.4.2 RDFS

RDFS(RDF Schema)는 RDF를 확장하여 개념과 관계에 대한 기본적인 의미 구조를 정의하기 위한 스키마 언어이다. RDFS를 사용하면 클래스와 속성을 정의하고, 이들 간의 계층 관계를 표현할 수 있다. 예를 들어 문헌이라는 클래스 아래에 도서와 학술지라는 하위 클래스를 정의하거나, 특정 속성이 어떤 클래스에 적용될 수 있는지를 명시할 수 있다. RDFS는 단순하지만 RDF 데이터에 기본적인 의미적 맥락을 부여함으로써 보다 체계적인 데이터 활용을 가능하게 한다(World Wide Web

Consortium [W3C], 2014).

RDF가 사실을 점으로 찍어 놓는 방식이라면, RDFS는 그 점들이 무엇을 의미하는지에 대한 기본 안내표지판을 붙이는 역할을 한다. RDF 데이터는 트리플의 집합으로 표현되는데, 이때 술어는 어떤 관계인지 나타내며, 주어와 목적어는 IRI나 리터럴 값이 될 수 있다(W3C, 2014).

RDFS가 제공하는 가장 핵심적인 기능은 첫째, 클래스와 하위 클래스의 관계를 선언하는 것이다. 예를 들어 ex:문헌을 클래스라고 두고 그 아래에 ex:도서와 ex:학술지를 하위 클래스로 두면, 도서는 문헌의 한 종류라는 의미가 그래프에 명시된다. 이때 RDFS의 rdfs:subClassOf를 사용하면 된다. 이렇게 해 두면 어떤 자원이 ex:도서에 속한다고 기술되었을 때 시스템은 그 자원이 동시에 ex:문헌에도 속한다고 추론할 수 있다. 이런 추론 가능성이 의미적 맥락이 생긴다는 뜻이다. 둘째, RDFS는 속성에 대해 domain(정의역)과 range(치역)를 붙여 이 속성은 어떤 종류의 자원에 쓰는 것이 자연스러운가와 이 속성값은 어떤 종류의 값이 와야 하는가를 표현할 수 있다. 예를 들어 ex:저자라는 속성에 대해 rdfs:domain ex:도서를 선언하면 저자 속성은 도서에 적용되는 속성이라는 뜻이 된다. 또한 rdfs:range foaf:Person처럼 범위를 선언하면 저자 속성의 값은 사람이어야 한다는 의미가 된다. 그러면 데이터에 ex:책1 ex:저자 ex:김선태라는 트리플이 들어왔을 때 별도로 타입을 쓰지 않아도 ex:책1은 도서로, ex:김선태는 사람으로 해석할 근거가 생긴다. 응용시스템은 이를 활용해 타입 추론이나 검증을 수행할 수 있다. 셋째, RDFS는 사람이 읽기 쉬운 설명을 돕기 위해 rdfs:label과 rdfs:comment 같은 문서화 속성도 제공한다. 학생 입장에서는 이 클래스나 속성의 이름은 화면에 이렇게 보여주고 의미 설명은 이렇게 붙이자에 해당한다. 이런 장치는 용어가 많아지는 지식그래프나 메타데이터 환경에서 특히 유용하다(W3C, 2025).

이 모든 설명에서 자주 등장하는 rdf:, rdfs:, ex: 같은 표기는 네임스페이스 접두어이다. RDFS와 RDF의 핵심 용어들은 각각 고유한 네임스페이스를 갖고 있고, 문서 안에서는 긴 IRI를 매번 반복하지 않기 위해 접두어로 줄여 쓴다.

예컨대 rdfs:는 http://www.w3.org/2000/01/rdf-schema# 네임스페이스를 줄여

쓴 것이고, rdf:는 http://www.w3.org/1999/02/22-rdf-syntax-ns#를 줄여 쓴 것이다(W3C, 2025)..

아래는 위 내용을 학생 실습용으로 직관적으로 보여주는 Turtle 예시이다. 이 예시는 문헌, 도서, 학술지의 계층과 저자 속성의 domain과 range를 함께 보여준다(W3C, 2025).

```
@prefix rdf: <http://www.w3.org/1999/02/22-rdf-syntax-ns#> .   ·········· ㉠
@prefix rdfs: <http://www.w3.org/2000/01/rdf-schema#> .
@prefix ex:  <http://example.org/vocab/> .
@prefix foaf: <http://xmlns.com/foaf/0.1/> .

ex:문헌  a rdfs:Class ; rdfs:label "문헌" .   ·························· ㉡
ex:도서  a rdfs:Class ; rdfs:subClassOf ex:문헌 ; rdfs:label "도서" .
ex:학술지 a rdfs:Class ; rdfs:subClassOf ex:문헌 ; rdfs:label "학술지" .

ex:저자 a rdf:Property ;   ·········································· ㉢
  rdfs:domain ex:도서 ;
  rdfs:range  foaf:Person ;
  rdfs:label "저자" .

ex:책1 a ex:도서 ;   ················································ ㉣
  ex:저자 ex:홍길동 .

ex:홍길동 a foaf:Person .   ·········································· ㉤
```

이 코드는 Turtle 문법으로 RDFS를 이용해 개념의 분류 체계를 만들고, 속성의 사용 범위를 정한 뒤, 실제 개별 자원을 예로 들어 연결해 보인 것이다.

먼저 맨 위의 ㉠ @prefix 부분은 네임스페이스 선언이다. RDF Turtle에서는 URI

가 길기 때문에 자주 쓰는 URI의 앞부분을 짧은 접두어로 줄여 쓴다. 예를 들어 rdfs:는 RDFS에서 정의한 용어들이 들어 있는 네임스페이스인 http://www.w3.org/2000/01/rdf-schema#를 뜻하고, rdf:는 RDF의 기본 용어들이 들어 있는 네임스페이스인 http://www.w3.org/1999/02/22-rdf-syntax-ns#를 뜻한다. foaf:는 사람 같은 인물 개념을 표현할 때 자주 쓰는 FOAF 어휘의 네임스페이스이고, ex:는 예시 용어를 만들기 위해 임의로 설정한 네임스페이스이다. 따라서 ex:도서는 실제로는 http: example.org vocab 도서라는 URI를 줄여 쓴 표현이다.

다음으로 ㉡ ex:문헌 a rdfs:Class ; rdfs:label "문헌" .는 문헌이라는 개념을 하나의 클래스로 선언한 문장이다. 여기서 a는 Turtle에서 특별히 많이 쓰는 축약 표기인데 rdf:type을 줄여 쓴 것이다. 즉 ex:문헌 a rdfs:Class는 ex:문헌의 타입은 rdfs:Class이다라는 뜻이며, 자연어로 말하면 문헌은 클래스이다가 된다. 같은 줄의 rdfs:label "문헌"은 사람이 화면에서 읽기 좋도록 붙인 표기명이다. 여기서 ;는 주어를 반복하지 않기 위한 문법이다. 즉 ex:문헌이라는 주어를 한 번만 쓰고 그 뒤에 여러 개의 술어와 목적어를 이어 붙여 문헌은 클래스이고 라벨은 문헌이다를 한 덩어리로 표현한다. 그 다음 두 줄은 클래스의 계층 관계를 만든다. ex:도서 a rdfs:Class ; rdfs:subClassOf ex:문헌 ; rdfs:label "도서" .는 도서는 하나의 클래스이며 문헌의 하위 클래스이다라는 뜻이다. rdfs:subClassOf는 A는 B의 하위 개념이다를 표현하는 RDFS의 핵심 속성이다. 따라서 도서에 속하는 대상은 의미적으로 문헌에도 속한다고 해석할 근거가 생긴다. ex:학술지 줄도 같은 방식으로 학술지를 문헌의 하위 클래스로 선언한다.

㉢ ex:저자 a rdf:Property ; rdfs:domain ex:도서 ; rdfs:range foaf:Person ; rdfs:label "저자" .는 저자라는 속성을 정의하는 부분이다. 여기서도 a는 rdf:type의 축약이므로 ex:저자가 rdf:Property 타입임을 선언해 저자는 속성이다라고 밝힌다. 이어서 rdfs:domain ex:도서는 저자라는 속성은 주어 자원이 도서일 때 사용하는 것이 적절하다는 의미를 부여한다. rdfs:range foaf:Person은 저자 속성의 값은 사람이어야 한다는 의미를 부여한다. 즉 저자 속성은 도서에서 사람을 연결하는 관계로 설계된 것이다. 마지막의 rdfs:label "저자"는 이 속성의 사람이 읽기 좋은 이름을 붙인 것이다.

㉣ ex:책1 a ex:도서 ; ex:저자 ex:홍길동 .는 실제 개별 자원을 넣어 본 예시다. ex:책1이라는 개체는 ex:도서 타입이며, ex:저자 관계를 통해 ex:홍길동과 연결된다고 말한다. 자연어로 풀면 책1은 도서이고 책1의 저자는 홍길동이다가 된다. 여기에서도 a는 rdf:type의 축약이며 ;는 주어 ex:책1을 반복하지 않기 위한 문법이다.

마지막 ㉤ ex:홍길동 a foaf:Person .는 홍길동이라는 자원이 사람임을 선언한다. 이는 위에서 ex:저자 속성의 rdfs:range를 foaf:Person으로 정해 두었기 때문에, 저자의 값이 사람이라는 설계와도 일관되게 맞물린다. 결과적으로 이 전체 예시는 문헌, 도서, 학술지의 분류 체계와 도서, 저자, 사람이라는 관계를 함께 보여 주면서 RDFS가 RDF 데이터에 기본적인 의미 구조를 부여하는 방식을 실습용으로 드러내고 있다.

8.4.3 RDF/XML

RDF/XML은 RDF 데이터를 XML 문법으로 표현하는 직렬화 방식이다. RDF 자체는 데이터 모델이므로, 이를 실제 문서 형태로 기록하고 교환하려면 구체적인 문법이 필요하며, RDF/XML은 가장 오래되고 널리 알려진 표현 방식이다. RDF/XML은 XML 기반 시스템과의 호환성이 높다는 장점이 있지만, 구조가 복잡하고 사람이 읽기에는 가독성이 떨어진다는 단점도 있다. 그럼에도 초기 시맨틱 웹 환경과 디지털 도서관 시스템에서는 RDF/XML이 사실상 표준 표현 방식으로 널리 사용되었다.

RDF/XML은 RDF 트리플, 즉 주어 술어 목적어 구조를 XML 문법으로 직렬화한 표현 방식이다. 겉모양은 XML처럼 보이지만 핵심 목적은 트리플을 표현하는 데 있다는 점을 먼저 잡고 들어가면 문법을 훨씬 쉽게 이해할 수 있다. 아래 예시는 책 자원에 대해 제목, 저자, 발행연도라는 속성을 붙여 기술하는 전형적인 RDF/XML 패턴을 보여준다. 이제 가장 기본적인 RDF/XML 문법을 살펴보자.

1) RDF/XML 문법 구조

```
〈?xml version="1.0" encoding="UTF-8"?〉
```

```
〈rdf:RDF ·························································································· ㉠
  xmlns:rdf="http://www.w3.org/1999/02/22-rdf-syntax-ns#"
  xmlns:rdfs="http://www.w3.org/2000/01/rdf-schema#"
  xmlns:dc="http://purl.org/dc/elements/1.1/"
  xmlns:ex="http://example.org/vocab/"〉

  〈rdf:Description rdf:about="http://example.org/resource/book1"〉 ············ ㉡
    〈dc:title〉디지털도서관 운영론〈/dc:title〉 ··············································· ㉢
    〈dc:creator〉김선태〈/dc:creator〉
    〈dc:creator〉이수상〈/dc:creator〉
  〈/rdf:Description〉

〈/rdf:RDF〉
```

위 RDF/XML 문서에서 문법적 구조를 살펴보면 다음과 같다.

- ㉠ 〈rdf:RDF〉는 RDF/XML 문서의 루트 요소이다. 보통 여기서 xmlns:로 여러 네임스페이스(prefix)를 선언한다.
- ㉡ 〈rdf:Description〉은 어떤 자원에 대해 설명한다는 가장 기본적인 컨테이너다. rdf:about="…"는 이 설명의 주어(자원 URI)를 지정한다.
- ㉢ 〈dc:title〉…〈/dc:title〉 같은 요소는 속성(술어)이고, 요소 안의 텍스트는 리터럴 값(목적어)가 된다. 같은 속성(dc:creator)을 여러 번 쓰면 저자가 여러 명 같은 반복값을 표현한다.

이 예시에서 만들어지는 트리플은 직관적으로 다음과 같다.

- (book1, dc:title, "디지털도서관 운영론")
- (book1, dc:creator, "김선태")
- (book1, dc:creator, "이수상")

2) 리소스 값 연결

리터럴(문자열) 대신 다른 자원(URI)과 연결하고 싶을 때가 많다. 그때는 속성 요소에 rdf:resource를 사용한다.

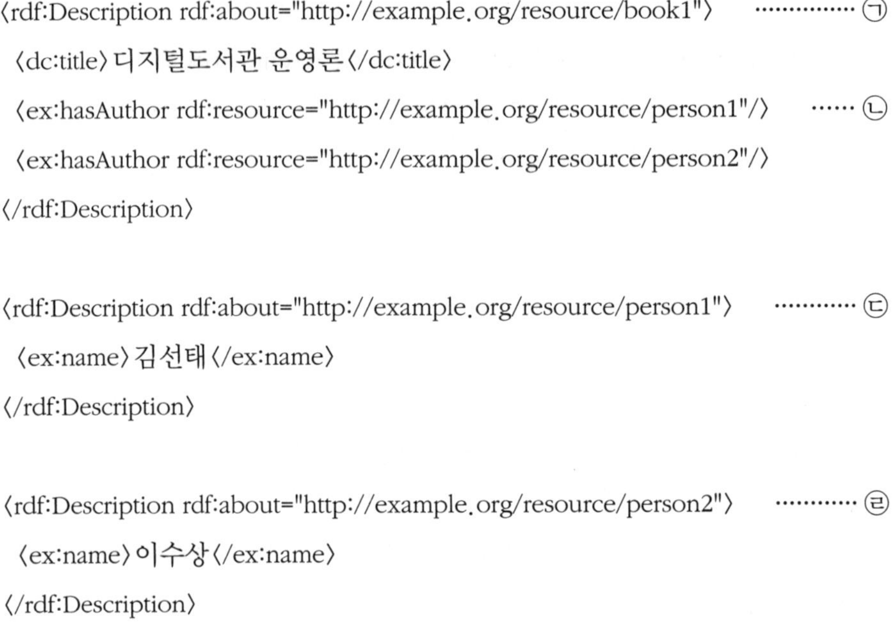

```
〈rdf:Description rdf:about="http://example.org/resource/book1"〉 ··············· ㉠
  〈dc:title〉디지털도서관 운영론〈/dc:title〉
  〈ex:hasAuthor rdf:resource="http://example.org/resource/person1"/〉 ······ ㉡
  〈ex:hasAuthor rdf:resource="http://example.org/resource/person2"/〉
〈/rdf:Description〉

〈rdf:Description rdf:about="http://example.org/resource/person1"〉 ············ ㉢
  〈ex:name〉김선태〈/ex:name〉
〈/rdf:Description〉

〈rdf:Description rdf:about="http://example.org/resource/person2"〉 ············ ㉣
  〈ex:name〉이수상〈/ex:name〉
〈/rdf:Description〉
```

위 코드는 ㉠과 같이 한 권의 책(book1)을 하나의 자원으로 두고, ㉡과 같이 그 책이 두 명의 저자(person1, person2)와 연결되도록 RDF/XML로 표현한 것이다. RDF/XML에서 중요한 점은, 책과 저자를 단순한 문자열로 적어 두는 것이 아니라 각각을 URI를 가진 자원으로 만들고, 그 사이의 관계를 속성(술어)으로 연결한다는 점이다.

첫 번째 ㉠ rdf:Description 블록은 rdf:about="http://example.org/resource/book1"을 통해 지금부터 설명하는 대상(주어)은 book1이다라고 지정한다. 그 안의 〈dc:title〉디지털도서관 운영론〈/dc:title〉은 book1의 제목을 나타내는 속성(술어)이며, 요소 안의 텍스트는 리터럴 값(목적어)로서 제목 문자열이 된다. 즉 book1의 제목은 '디지털도서관 운영론'이다라는 트리플이 만들어진다.

같은 블록 안에 ㉡ <ex:hasAuthor rdf:resource="http://example.org/resource/person1"/>와 <ex:hasAuthor rdf:resource="http://example.org/resource/person2"/>가 연속으로 두 번 등장하는데, 이것은 저자가 두 명임을 표현하는 방식이다. RDF/XML에서는 동일한 속성(여기서는 ex:hasAuthor)을 여러 번 반복하면, 하나의 주어(book1)에 대해 목적어가 여러 개 존재하는 관계를 자연스럽게 나타낼 수 있다. 또한 이때 목적어는 문자열이 아니라 rdf:resource="…"로 지정된 URI 자원이므로, book1은 person1을 저자로 가진다, book1은 person2를 저자로 가진다라는 두 개의 관계 트리플이 생성된다.

㉢, ㉣ rdf:Description 블록은 각각 person1, person2 자원에 대한 설명이다. rdf:about이 person1(또는 person2) URI로 되어 있으므로, 설명 대상(주어)은 person1이다(또는 person2이다)가 된다. 그 안의 <ex:name>김선태</ex:name>와 <ex:name>이수상</ex:name>은 각 사람 자원의 이름을 나타내는 속성으로, 사람 자원에 이름 문자열(리터럴)을 부여한다. 결과적으로 그래프에서는 책 자원에서 두 사람 자원으로 연결이 만들어지고, 각 사람 자원에는 이름 정보가 붙는다.

3) 타입 지정

어떤 자원이 도서다, 사람이다 같은 클래스 소속을 표현하려면 rdf:type을 쓴다.

```
<rdf:Description rdf:about="http://example.org/resource/book1">
  <rdf:type rdf:resource="http://example.org/vocab/Book"/>
  <dc:title>디지털도서관 운영론</dc:title>
</rdf:Description>
```

위 문서에서 문법적 요소를 살펴보면 다음과 같다.

- (book1, rdf:type, ex:Book) 트리플이 생긴다.
- Turtle의 a는 RDF/XML에서는 rdf:type로 나타난다고 이해하면 된다.

4) 언어 태그와 데이터 타입

리터럴에도 언어나 숫자 타입 같은 정보를 붙일 수 있다.

〈rdf:Description rdf:about="http://example.org/resource/book1"〉
〈dc:title xml:lang="ko"〉디지털도서관 운영론〈/dc:title〉 .... ㉠
〈ex:publicationYear rdf:datatype="http://www.w3.org/2001/XMLSchema#integer"〉
2025 ....〉 ㉡
〈/ex:publicationYear〉
〈/rdf:Description〉

위 문서에서 문법적 요소를 살펴보면 다음과 같다.

- ㉠ xml:lang="ko"는 이 문자열은 한국어 표현임을 나타낸다.
- ㉡ rdf:datatype="…#integer"는 2025는 문자열이 아니라 정수 값으로 해석되게 한다.

5) 빈 노드(Blank Node)

자원 URI를 굳이 만들지 않고 '어떤 저자'처럼 익명 자원을 쓰고 싶을 때가 있다. 이때 익명자원을 ㉠ rdf:nodeID로 표현한다. 빈노드를 ㉡과 같이 rdf:Description 요소에서 자원을 가리키는 rdf:about 속성을 사용하지 않는 방법도 있다.

▷ rdf:nodeID로 빈 노드 이름만 부여

〈rdf:Description rdf:about="http://example.org/resource/book1"〉
〈ex:author rdf:nodeID="a1"/〉 .... ㉠
〈/rdf:Description〉

〈rdf:Description rdf:nodeID="a1"〉

```
  〈ex:name〉김선태〈/ex:name〉
  〈ex:affiliation〉전북대학교〈/ex:affiliation〉
〈/rdf:Description〉
```

▷ 중첩으로 더 XML스럽게 표현

```
〈rdf:Description rdf:about="http://example.org/resource/book1"〉
  〈ex:author〉
    〈rdf:Description〉 ·············································· ㉡
      〈ex:name〉김선태〈/ex:name〉
      〈ex:affiliation〉전북대학교〈/ex:affiliation〉
    〈/rdf:Description〉
  〈/ex:author〉
〈/rdf:Description〉
```

둘 다 저자라는 자원이 존재하지만, 전역 URI는 없다는 뜻을 표현한다.

지금까지 RDF/XML 기본 문법을 살펴보았다. RDF/XML 문서를 읽을 때는, 겉모양이 XML이라 하더라도 결국 표현하려는 대상이 RDF의 트리플이라는 점을 기준으로 해석하면 된다. 먼저 어떤 트리플의 주어가 무엇인지 파악하려면 rdf:Description 요소를 찾고, 그 안에 있는 rdf:about 값이 어떤 자원을 설명하는지 확인한다. 만약 전역 URI가 없는 익명 자원이라면 rdf:about 대신 rdf:nodeID가 사용되며, 이때 rdf:nodeID가 그 익명 자원을 가리키는 식별 역할을 한다. 그 다음 술어는 rdf:Description 내부에 등장하는 요소들의 이름에서 찾는다. 즉 dc:title, ex:hasAuthor처럼 prefix:localName 형태로 적힌 요소 이름 자체가 속성(술어)을 의미한다. 마지막으로 목적어는 그 속성 요소가 어떤 방식으로 값을 가지는지에 따라 달라진다. 속성 요소 내부에 텍스트가 직접 들어 있으면 그것은 문자열이나 숫자 등의 리터럴 값으로 해석된다. 반면 속성 요소에 rdf:resource="URI"가 지정되어 있으면, 목적어는 문자열이 아니라 다른 자원(URI)과의 연결로 해석된다. 또한 리터럴 값에 대해 rdf:datatype이 붙어 있으면 해당 값이 정수나 날짜 같은 특정 데이터 타입으로 해석되어야 함을 의미하고, xml:lang이 붙어 있으면 그 문자열이 어떤 언어로 표현된 것인지를 나타낸다.

이러한 방식으로 읽다 보면, 같은 속성 요소가 한 자원 설명 안에서 여러 번 반복되는 경우도 자주 만나게 되는데, 이는 오류가 아니라 그 속성의 값이 여러 개 존재한다는 뜻이다. 예를 들어 dc:creator가 두 번 나오면, 하나의 자원에 대해 저자가 두 명이라는 의미로 이해하면 된다.

8.4.4 OWL

OWL(Web Ontology Language)은 RDF와 RDFS를 기반으로, 자원과 개념을 단순히 연결하거나 계층화하는 수준을 넘어 복잡한 의미 표현과 논리적 추론을 가능하게 하는 온톨로지 언어이다. RDF가 기본 사실 표현을, RDFS가 클래스와 속성의 기본 구조를 제공한다면, OWL은 그 위에 개념 간 제약, 관계 특성, 동치 관계와 배타 관계 같은 논리적 의미를 명시하고, 이를 바탕으로 추론을 가능하게 한다. OWL은 RDF 그래프로 저장되고 교환되며, RDF를 확장하는 의미 표현 언어로 설계되었다 (World Wide Web Consortium, 2012a). OWL 온톨로지는 RDF 그래프 형태로 기술되며, RDF XML, 터틀, JSON LD 등 다양한 직렬화 형식으로 표현하고 교환할 수 있다.

기본적으로 OWL은 개념 정의를 더욱 정교하게 다듬을 수 있는 어휘를 제공한다. 예를 들어 두 개념이 서로 동일하다는 equivalentClass 관계를 정의하거나, 두 개념이 절대로 겹치지 않는다는 disjointWith 관계를 정의할 수 있다. 또한 어떤 속성은 반드시 하나만 있어야 한다는 기능적 속성 제약을 부여할 수도 있다. 이러한 제약이 있으면, 시스템은 단순히 데이터를 저장하는 것을 넘어 모순을 점검하고, 암시적 정보를 추론하며, 분류와 검색, 질의 응답 같은 작업을 논리적으로 수행할 수 있다 (World Wide Web Consortium, 2012b).

OWL은 표현력과 계산 가능성의 수준에 따라 OWL Lite, OWL DL, OWL Full 같은 하위 수준으로 나뉜다. OWL Lite는 기본적인 제약만 허용해 구현이 쉬운 반면 표현력은 제한적이다. OWL DL은 설명 논리 기반으로 표현력과 추론 가능성을 균형 있게 제공하여 실제 응용에서 가장 널리 사용된다. OWL Full은 RDF의 모든 표현력을 허용하지만, 논리적 일관성과 계산 가능성을 보장하기 어렵다. 이처럼 하위 수준 간 차이는 추론 엔진이 처리할 수 있는 범위와 효율성을 결정하는 중요한 기준이 된다(World Wide Web Consortium, 2012a).

디지털도서관과 연구정보서비스에서는 OWL이 주제 분야 온톨로지 설계, 연구자 네트워크 모델링, 지식 구조 표현 등에 활용된다. 예를 들어 주제 분류 체계 자체를 OWL로 작성하면, 어떤 주제가 다른 주제의 하위 개념이라는 관계나, 특정 연구자가 특정 주제에 전문성을 가진다는 관계를 단순 분류가 아니라 논리적 의미 구조로 표현할 수 있다. 이런 구조는 단순 검색을 넘어 의미 기반 탐색과 추론 서비스로 확장될 수 있다(Antoniou & van Harmelen, 2009). 결국 OWL은 기존 RDF와 RDFS가 제공하는 기본 구조 위에 논리적 제약과 의미 표현을 추가함으로써, 디지털도서관과 지식관리, 연구정보서비스가 단순 데이터 저장을 넘어 지식 발견과 의미 탐색 시스템으로 발전하는 데 필수적인 온톨로지 표현 언어라고 할 수 있다.

아래는 OWL이 제공하는 핵심 논리 표현 기능인 ① 개념 간 제약, ② 관계 속성의 특성, ③ 동치 관계, ④ 배타 관계를 아주 간단한 예시로 보여주고 있다.

1) OWL 예시 (Turtle 문법)

```
@prefix owl: 〈http://www.w3.org/2002/07/owl#〉 .
@prefix rdf: 〈http://www.w3.org/1999/02/22-rdf-syntax-ns#〉 .
@prefix rdfs: 〈http://www.w3.org/2000/01/rdf-schema#〉 .
@prefix ex: 〈http://example.org/vocab/〉 .

### 클래스 정의
ex:문헌 a owl:Class .  ........................................ ㉠
ex:도서 a owl:Class ;
  rdfs:subClassOf ex:문헌 .
```

```
ex:학술지 a owl:Class ;
  rdfs:subClassOf ex:문헌 ;
  owl:disjointWith ex:도서 .  ································································ ㉡

### 동치 클래스
ex:전자저널 a owl:Class ;  ································································ ㉢
  owl:equivalentClass ex:온라인학술지 .

ex:온라인학술지 a owl:Class .

### 속성 정의
ex:저자 a owl:ObjectProperty ;  ································································ ㉣
  rdfs:domain ex:문헌 ;
  rdfs:range ex:연구자 .

### 속성 특성 (기능적 속성)
ex:ISBN a owl:DatatypeProperty ;
  rdfs:domain ex:도서 ;
  rdfs:range rdf:Literal ;
  a owl:FunctionalProperty .  ································································ ㉤

### 클래스 제약 (저자는 최소 1명)
ex:논문 a owl:Class ;  ································································ ㉥
  rdfs:subClassOf ex:문헌 ;
  rdfs:subClassOf [
    a owl:Restriction ;
    owl:onProperty ex:저자 ;
    owl:minCardinality "1"^^<http://www.w3.org/2001/XMLSchema#nonNegativeInteger>
  ] .
```

이 예시는 OWL이 RDF와 RDFS보다 어디까지 더 정교한 의미 표현을 할 수 있는지를 보여주기 위한 최소 구성의 온톨로지이다. 먼저 ㉠ ex:문헌, ex:도서, ex:학술지는 모두 클래스이며, rdfs:subClassOf를 통해 기본적인 계층 구조가 정의되어 있다. 즉, 도서와 학술지는 모두 문헌의 한 종류라는 점은 RDFS 수준에서도 표현 가능하다. 그러나 여기서 OWL은 한 단계 더 나아가 ㉡ owl:disjointWith를 사용해 도서와 학술지가 서로 겹칠 수 없는 개념임을 명시한다. 이 선언은 어떤 자원이 동시에 도서이면서 학술지일 수는 없다는 논리적 제약을 의미한다. 만약 실제 데이터에서 하나의 자원이 두 클래스에 동시에 속한다고 기술되면, OWL 추론기는 이를 논리적 모순으로 감지할 수 있다.

다음으로 ㉢ ex:전자저널과 ex:온라인학술지는 owl:equivalentClass로 연결되어 있다. 이는 두 클래스가 이름은 다르지만 의미적으로 완전히 동일한 개념임을 선언하는 것이다. 이 경우 시스템은 전자저널에 속한 자원이 자동으로 온라인학술지에도 속한다고 추론하며, 반대 방향도 동일하게 성립한다. RDF나 RDFS에서는 이런 개념의 동치성을 명확하게 선언하기 어렵지만, OWL에서는 핵심 기능 중 하나이다.

다음으로 ㉣ 속성(ex:저자)의 경우, rdfs:domain과 rdfs:range를 통해 저자라는 관계는 문헌에 적용되며, 그 값은 연구자여야 한다는 기본적인 의미를 부여하고 있다. 이는 RDFS에서도 가능한 표현이지만, OWL에서는 여기에 추가적인 논리적 제약을 덧붙일 수 있다. 그 예가 바로 ex:ISBN이다. ISBN은 도서의 식별자이며, 한 도서에는 하나의 ISBN만 존재해야 한다는 도메인 지식이 있다. 이를 OWL에서는 ㉤ owl:FunctionalProperty로 선언한다. 이 선언은 한 주어에 대해 이 속성의 값은 최대 하나만 허용된다는 의미를 갖는다. 따라서 한 도서에 서로 다른 ISBN 값이 두 개 이상 붙으면, 시스템은 이를 오류 또는 모순으로 판단할 수 있다.

마지막으로 ㉥ ex:논문 클래스에는 속성 제약(restriction)이 부여되어 있다. owl:Restriction과 owl:minCardinality를 사용해, 논문은 반드시 최소 1명 이상의 저자를 가져야 한다는 조건을 명시한다. 이는 단순한 데이터 기술을 넘어, 논문이라면 반드시 충족해야 할 조건을 개념 정의에 포함시킨 것이다. 이런 제약 덕분에, 저자가 전혀 없는 논문 자원이 있다면 OWL 추론기는 그것이 논문 클래스에 속할 수 없는 데이터임을 논리적으로 판단할 수 있다.

이처럼 OWL은 개념이 서로 겹칠 수 없는지(배타 관계), 서로 완전히 같은 의미인지(동치 관계), 속성이 몇 번까지 허용되는지(카디널리티와 기능적 속성), 어떤 개념이 반드시 만족해야 할 조건이 무엇인지를 형식 논리로 명시할 수 있게 해 준다. 이러한 기능 덕분에 OWL은 디지털도서관과 연구정보서비스에서 단순한 메타데이터 연결을 넘어, 의미 검증, 자동 분류, 지식 추론을 가능하게 하는 핵심 언어로 활용된다.

한편, 형식 논리(formal logic)는 일상 언어로 말하면 대체로 이해는 되지만 해석의 여지가 남는 규칙과 추론을, 기호와 엄격한 문법 규칙에 따라 명확하게 표현하는 논리 체계이다. 자연어 문장은 맥락에 따라 의미가 달라지거나 애매하게 해석될 수 있지만, 형식 논리는 문장 구조와 의미 규칙이 고정되어 있어 동일한 표현은 언제나 같은 방식으로 해석된다. 따라서 형식 논리로 작성된 규칙은 사람이 읽고 이해할 수 있을 뿐 아니라, 컴퓨터가 그 규칙을 기계적으로 적용하여 참과 거짓을 판단하거나 새로운 결론을 도출하는 데 활용될 수 있다.

디지털도서관과 연구정보서비스에서 형식 논리가 중요한 이유는, 데이터가 단순히 연결되어 있는지를 넘어 그 연결이 어떤 의미를 갖는지를 명확히 규정하고, 그 의미에 근거해 자동 처리와 검증을 가능하게 하기 때문이다. 예를 들어 도서와 학술지는 서로 겹칠 수 없는 개념이다와 같은 배타 규칙, 전자저널과 온라인학술지는 같은 개념이다와 같은 동치 규칙, 도서의 ISBN은 하나만 존재해야 한다와 같은 제약 규칙, 논문은 최소 1명 이상의 저자를 가져야 한다와 같은 조건 규칙은 자연어로도 설명할 수 있지만, 형식 논리로 표현하면 시스템이 이를 일관되게 해석하고 적용할 수 있다. 그 결과 데이터에 모순이 발생했을 때 이를 탐지하거나, 명시적으로 적지 않은 정보라도 규칙에 따라 자동으로 추론하여 분류, 탐색, 지식 발견에 활용할 수 있게 된다. OWL은 이러한 형식 논리의 원리를 바탕으로 클래스와 속성, 그리고 그들 사이의 제약과 관계를 기술하도록 설계된 온톨로지 언어이며, 의미 기반 탐색과 지식 추론을 구현하기 위한 핵심 기반을 제공한다.

8.4.5 Topic Maps

Topic Maps는 정보자원을 문서나 자료 자체가 아니라 주제를 중심으로 조직하고 탐색할 수 있도록 설계된 의미기반 표준이다. Topic Maps의 목표는 방대한 정보자원 속에서 이용자가 실제로 알고 싶어 하는 무엇에 관한 것인가라는 주제를 전면에 두고, 그 주제가 다른 주제들과 어떤 의미 관계를 가지며 어떤 정보자원과 연결되는지를 체계적으로 표현하는 데 있다. 이러한 접근은 전통적인 분류나 주제명 표목, 색인처럼 주제 중심의 지식 조직을 디지털 환경에서 더 유연하게 구현하려는 시도로 이해할 수 있다(ISO, 2006).

Topic Maps의 핵심 구성요소는 주제(topic), 연관(association), 발현(occurrence)의 세 가지로 요약된다. 이 세 가지는 각각 대상, 관계, 연결과 대응된다. 먼저 주제는 사람, 기관, 장소, 사건, 개념처럼 어떤 대상을 대표하는 노드이며, Topic Maps에서는 실제 대상을 직접 다루기보다 그 대상을 가리키는 주제를 만들어 관리한다. 다음으로 주제 간 관계는 두 개 이상의 주제 사이에 존재하는 의미 관계를 표현하는 장치로, 단순한 링크가 아니라 어떤 종류의 관계인지까지 함께 기술할 수 있다는 점이 특징이다. 마지막으로 주제와 정보자원 간 연결은 특정 주제와 관련된 문서, 웹페이지, 데이터셋 등 정보자원을 연결해 주는 요소로, 이용자가 주제를 따라 탐색하다가 실제 자료로 이동할 수 있는 경로를 제공한다(ISO, 2006).

Topic Maps가 특히 강조하는 개념 중 하나는 주제 정체성이다. 서로 다른 기관이나 시스템에서 같은 주제를 서로 다른 이름으로 부르거나, 같은 이름이 다른 대상을 가리키는 상황이 흔한데, Topic Maps는 주제를 이름 문자열이 아니라 식별 가능한 주제로 관리하고 동일 주제를 판별하는 병합 규칙을 통해 여러 출처의 지식 구조를 결합할 수 있도록 설계되어 있다. 이러한 병합 규칙은 Topic Maps 데이터 모델 표준의 핵심 내용 중 하나로, 분산된 지식 구조를 통합하는 관점을 제공한다(ISO, 2006).

또한 Topic Maps는 이용자의 탐색 맥락을 반영하기 위해 스코프라는 개념을 사용한다. 같은 주제라도 언어, 관점, 적용 영역에 따라 표현이 달라질 수 있는데, 스코프는 어떤 맥락에서 이 이름, 관계, 발현이 유효한가를 표시하는 장치로 기능한다. 예를 들어 동일한 주제에 대해 한국어와 영어 이름을 동시에 제공하거나, 특정 학문 분야에서만 의미가 성립하는 관계를 구분해 표현할 때 스코프를 활용할 수 있다(ISO, 2006).

8.4.5.1 Topic Maps 사례

디지털도서관 관점에서 Topic Maps의 장점은 자료를 단순히 목록화하는 것을 넘어, 주제 간 의미 관계를 전면에 드러내는 내비게이션 구조를 설계할 수 있다는 점에 있다. 예컨대 장애인 교육이라는 주제에서 특수교육, 통합교육, 보조공학, 관련 법과 정책 같은 하위 주제를 관계망으로 연결하고, 각각에 해당하는 학술논문, 보고서, 법령, 교육자료를 발현으로 연결하면 이용자는 키워드 검색 결과 목록을 넘어서 주제 지도를 따라 탐색하며 맥락을 확장할 수 있다. 이러한 주제 기반 탐색과 시각화는 복합 주제 탐색 서비스, 지식 구조 시각화, 이용자 중심 내비게이션 설계에 특히 유리하다(Olsevicova, 2016).

한편, Topic Maps는 추상 데이터 모델과 교환 문법, 예를 들어 XML 기반 XTM(XML Topic Maps) 등으로 구성되어 구현과 교환을 위한 기반을 제공한다. 즉 Topic Maps는 특정 표현 포맷 하나에 묶여 있는 것이 아니라, 먼저 주제, 연관, 발현을 중심으로 한 데이터 모델을 규정하고, 이를 문서로 주고받기 위한 직렬화를 마련하는 방식으로 표준 체계를 갖춘다(TopicMaps.Org, n.d.; ISO, 2006).

디지털도서관 환경에서 Topic Maps의 활용 가능성을 보여 주는 대표적인 사례로는 오픈액세스 주제 기반 정보 조직을 들 수 있다. 오픈액세스는 단일한 용어로 설명될 수 있는 개념이 아니라, 학술논문, 학술지, 연구자, 출판사, 기관 리포지토리, 라이선스, 정책 등 다양한 요소가 복합적으로 얽혀 있는 도서관의 핵심 주제이다. Topic Maps는 이러한 복합 개념을 하나의 검색어 목록이 아니라, 주제 중심의 의미 구조로 조직하는 데 적합한 접근법을 제공한다.

먼저 Topic Maps에서는 오픈액세스를 하나의 주제로 정의한다. 이때 오픈액세스, Open Access, OA와 같이 서로 다른 표현은 별개의 키워드로 관리하지 않고, 동일한 주제에 대한 여러 이름으로 묶어 관리한다. 이를 통해 용어 혼용으로 인한 검색의 분절 문제를 완화하고, 이용자가 어떤 표현을 사용하더라도 동일한 주제에 접근할 수 있도록 한다. 오픈액세스와 함께 학술논문, 학술지, 기관 리포지토리, 저자, 출판사, 크리에이티브 커먼즈 라이선스, 오픈액세스 정책, 골드 오픈액세스, 그린 오픈액세스 등도 각각 독립적인 주제로 정의된다.

그 다음 단계에서는 주제 간의 의미 관계를 연관으로 표현한다. 예를 들어 오픈액세스는 학술논문에 적용되는 개념이며, 골드 오픈액세스와 그린 오픈액세스라는 두 가지 대표적인 실현 방식과 연결된다. 그린 오픈액세스는 다시 기관 리포지토리와 저장 위치라는 관계로 연결될 수 있고, 오픈액세스는 크리에이티브 커먼즈 라이선스와 이용 조건의 관계로, 오픈액세스 정책과는 정책적 근거의 관계로 연결된다. 이러한 연관 관계는 단순한 링크를 넘어서, 어떤 맥락에서 연결되는지를 함께 드러내어 이용자가 주제 간 의미 구조를 이해하도록 돕는다.

마지막으로 Topic Maps는 주제와 실제 정보자원 간의 연결을 발현으로 표현한다. 예컨대 오픈액세스 주제에는 도서관의 오픈액세스 안내 페이지, 관련 정책 문서, 교육 자료가 발현으로 연결될 수 있고, 골드 오픈액세스 주제에는 오픈액세스 학술지 목록이, 기관 리포지토리 주제에는 해당 대학의 리포지토리 시스템이 연결될 수 있다. 이를 통해 이용자는 주제 간 관계를 따라 탐색하다가, 필요한 시점에 실제 자료나 서비스로 자연스럽게 이동할 수 있다.

이와 같은 Topic Maps 기반 구조를 디지털도서관 서비스에 적용하면, 이용자는 단순히 오픈액세스를 검색해 결과 목록을 확인하는 수준을 넘어, 오픈액세스가 어떤 방식으로 실현되고, 어떤 제도와 라이선스에 의해 뒷받침되며, 도서관의 어떤 서비스와 연결되는지를 주제 중심의 탐색 맥락 속에서 이해할 수 있다. 이는 디지털도서관이 자료 접근의 창구를 넘어, 학술 정보 환경 전반의 지식 구조를 안내하는 역할을 수행할 수 있음을 보여 주는 사례라 할 수 있다.

8.4.5.2 Topic Maps 구현

TMDM은 Topic Maps 데이터 모델을 의미하며, ISO IEC 13250 시리즈에서 정의된 국제표준이다. 이는 Topic Maps에서 주제, 연관, 발현과 같은 핵심 개념의 의미와 해석 규칙을 규정하는 개념적 데이터 모델이다. XTM이나 CTM(Compact Topic

Maps)과 같은 직렬화 문법은 모두 TMDM에 매핑되어 해석되므로, TMDM은 Topic Maps 표준 체계의 의미적 기반을 이룬다고 할 수 있다.

다음은 오픈액세스 사례를 TMDM 관점에서 구성한 예이다. 이 Topic Map은 오픈액세스를 중심 주제로 설정하고, 골드 오픈액세스와 그린 오픈액세스, 리포지토리, 라이선스, 정책과 같은 관련 개념을 각각 주제로 정의한다. 그리고 이들 주제 사이의 의미 관계를 연관으로 명시하며, 도서관 안내 페이지나 정책 문서와 같은 실제 자료를 발현으로 연결한다. 이를 통해 오픈액세스를 둘러싼 개념 구조와 실제 정보 자원 간의 관계가 TMDM의 개념 틀 안에서 체계적으로 표현된다.

1) 오픈액세스 사례의 TMDM

① Topic 정의

다음은 Topic 정의이다. 연관을 타입이 있는 관계로 표현하기 위해, 관계의 종류 자체도 Topic으로 둔다. 또한 연관에서 역할(role)을 명확히 하기 위해 역할 타입도 Topic으로 둔다.

- Topic: OA(오픈액세스)
  - Topic item identifier: ex:oa
  - Names:
    - "오픈액세스" (ko)
    - "Open Access" (en)
    - "OA" (약어)

  (선택) Subject identifier: https://example.org/subject/open－access

  동일 주제를 다른 데이터와 병합(merge)하기 위한 식별자 역할
- Topic: 골드 OA
  - Item identifier: ex:gold－oa
  - Name: "골드 OA"
- Topic: 그린 OA
  - Item identifier: ex:green－oa
  - Name: "그린 OA"

- **Topic: 기관 리포지토리**
    - Item identifier: ex:ir
    - Name: “기관 리포지토리”
- **Topic: CC 라이선스**
    - Item identifier: ex:cc
    - Name: “CC 라이선스”
- **Topic: 오픈액세스 정책**
    - Item identifier: ex:policy
    - Name: “오픈액세스 정책”

- **Association type topics**
    - ex:realized－by: “실현 방식”
    - ex:stored－in: “저장 위치”
    - ex:licensed－by: “이용 조건”
    - ex:governed－by: “정책적 근거”

- **Role type topics**
    - ex:source: “출발(주제)”
    - ex:target: “대상(연결 주제)”

② Association 정의

다음과 같이 모델링하면 OA와 골드와 그린, 그린과 리포지토리, OA와 라이선스와 정책의 관계가 단순한 링크가 아니라 어떤 의미의 연결인지를 타입으로 고정하여 표현할 수 있다.

- **Association A1**
    - Type: ex:realized－by(실현 방식)
    - Roles:
        - Role 1: (role type=ex:source, player=ex:oa)
        - Role 2: (role type=ex:target, player=ex:gold－oa)
- **Association A2**
    - Type: ex:realized－by(실현 방식)
    - Roles:
        - (source, oa)
        - (target, green－oa)

- **Association A3**
    - Type: ex:stored-in(저장 위치)
    - Roles:
        - (source, green-oa)
        - (target, ir)
- **Association A4**
    - Type: ex:licensed-by(이용 조건)
    - Roles:
        - (source, oa)
        - (target, cc)
- **Association A5**
    - Type: ex:governed-by(정책적 근거)
    - Roles:
        - (source, oa)
        - (target, policy)

③ Occurrence 정의

발현은 주제와 실제 정보자원을 연결하는 관계이다. 보통 발현에는 어떤 종류의 자료인지를 구분하기 위해 웹페이지, 문서, PDF와 같은 유형을 타입으로 설정한다.

- **Occurrence type topics**
    - ex:webpage: "웹페이지"
    - ex:pdf: "PDF"
- **Occurrence O1 (OA 안내 페이지)**
    - Parent topic: ex:oa
    - Type: ex:webpage
    - (선택) occurrence name: "도서관 OA 안내"
    - Resource reference: https://library.example.org/oa
- **Occurrence O2 (OA 정책 문서)**
    - Parent topic: ex:oa
    - Type: ex:pdf
    - occurrence name: "OA 정책 문서"
    - Resource reference: https://library.example.org/policy/oa.pdf

④ Scope 적용(선택)

Scope는 왜 필요한가까지 연결하려면, 같은 이름/발현에 다음처럼 스코프를 붙이는 예를 덧붙일 수 있다. 이렇게 하면 "같은 OA 주제인데도 이용자 유형/언어에 따라 다른 맥락으로 제공"이 가능해진다.

- OA topic name "오픈액세스"의 scope = ex:ko
- OA topic name "Open Access"의 scope = ex:en
- Occurrence "학부생용 안내"의 scope = ex:undergrad
- Occurrence "연구자용 정책/저작권 안내"의 scope = ex:researcher

지금까지 오픈액세스 사례를 통해 Topic Maps의 의미 모델인 TMDM이 어떻게 설계되는지를 살펴봤다. 이러한 의미 모델은 그 자체로 구현되는 것이 아니라, 특정한 표현 형식을 통해 시스템 간에 저장, 교환, 해석된다.

2) 오픈액세스 사례의 TMDM 직렬화(CTM, XTM)

Topic Maps도 RDF처럼 의미(모델)와 표현(직렬화)을 구분해서 이해하면 구현 방식이 선명해진다. Topic Maps에서 TMDM은 topic, association, occurrence 같은 핵심 요소와 병합 규칙 등을 정의하는 데이터 모델(의미층)이며, 실제 교환 문서의 해석 기준이 된다(ISO/IEC 13250－2). 반면 XTM은 이 데이터 모델을 XML로 주고받기 위한 교환(직렬화) 문법이고, XTM 문서는 TMDM으로 매핑되어 의미가 해석된다(ISO/IEC 13250－3).

또한 CTM은 Topic Maps를 사람이 읽고 쓰기 쉬운 텍스트 형태로 표현하는 직렬화로, 예시 작성이나 수작업 저작에 유리하며 TMCL, TMQL 같은 관련 표준의 공통 기반 문법으로도 언급된다(ISO/IEC 13250－6 관련 자료). 아래는 앞서의 오픈액세스 사례를 똑같은 내용으로 CTM과 XTM 두 방식으로 아주 짧게 직렬화한 예시이다. URI는 예시 도메인을 사용하였다.

```
%prefix ex http://example.org/tm/  ·········································· ㉠
%prefix xsd http://www.w3.org/2001/XMLSchema#

# ---- Topics ----
ex:oa
 - "오픈액세스" / "Open Access" / "OA" .  ································ ㉡

ex:gold-oa - "골드 OA" .  ················································ ㉢
ex:green-oa - "그린 OA" .
ex:ir - "기관 리포지토리" .
ex:cc - "CC 라이선스" .
ex:policy - "오픈액세스 정책" .

# ---- Associations (topic-topic meaning links) ----
ex:oa { ex:realized-by(ex:oa : ex:gold-oa, ex:green-oa) } .  ············ ㉣
ex:green-oa { ex:stored-in(ex:green-oa : ex:ir) } .
ex:oa { ex:licensed-by(ex:oa : ex:cc) } .
ex:oa { ex:governed-by(ex:oa : ex:policy) } .

# ---- Occurrences (topic-resource links) ----
ex:oa  ·································································· ㉤
  ex:occurrence "도서관 OA 안내" ^ ex:webpage
    = "https://library.example.org/oa" ,

  ex:occurrence "OA 정책 문서" ^ ex:pdf
    = "https://library.example.org/policy/oa.pdf" .
```

위에 제시된 CTM 예시는 먼저 ㉠에서 prefix 선언을 통해 ex, xsd 같은 접두사를 각각 URI 공간에 연결한다. 이 선언 덕분에 이후에 등장하는 ex:oa, ex:gold－oa 같은 표기는 긴 URI 대신 짧은 접두사 표기로 주제를 식별하는 문법이 된다. 여기에서 콜론은 접두사와 로컬 이름을 결합하는 구분자 역할을 한다.

다음으로 ㉡과 ㉢에서는 오픈액세스와 관련된 핵심 개념들을 topic 으로 선언한다. 예를 들어 ex:oa 는 하나의 주제이며, 뒤에 오는 하이픈 기호는 주제 이름을 구성하는 로컬 이름의 일부로서 단어를 결합해 더 구체적인 식별자를 만든다. 또한 슬래시 기호는 하나의 주제에 여러 개의 이름을 나열하는 구문으로 쓰여, 오픈액세스, Open Access, OA 처럼 서로 다른 표기를 같은 주제의 이름으로 묶는다. 결과적으로 동일 개념에 대한 다언어 표기와 약어가 함께 제공되어 탐색과 매칭이 쉬워진다.

이어서 ㉣에서는 association 을 통해 주제 사이의 의미 관계를 기술한다. ex:oa { ex:realized－by(ex:oa : ex:gold－oa, ex:green－oa) } 는 오픈액세스 주제가 realized－by 라는 관계를 통해 골드 오픈액세스와 그린 오픈액세스에 연결됨을 나타낸다. 괄호 안에서 콜론은 역할과 참여 주제를 구분하는 표기이며, 콤마는 여러 참여 주제를 나열한다. 같은 방식으로 ex:stored－in 은 그린 오픈액세스가 기관 리포지토리에 저장된다는 관계를 나타내고, ex:licensed－by 와 ex:governed－by 는 오픈액세스가 라이선스와 정책이라는 맥락과 연결됨을 표현한다.

마지막으로 ㉤에서는 occurrence 로 주제와 실제 정보자원을 연결한다. ex:oa 아래에 ex:occurrence 를 두고, 자원의 이름과 유형을 함께 적는다. 여기에서 캐럿(^) 기호는 자원 유형을 지정하는 문법으로 사용되며, 등호(=)는 실제 자원 위치를 값으로 연결한다. 콤마는 여러 occurrence 항목을 이어서 쓸 때 구분자로 사용된다. 그 결과 이용자는 오픈액세스라는 주제를 중심으로 웹페이지와 PDF 같은 실체 자원에 바로 접근할 수 있게 된다. 요약하면 CTM 은 접두사 선언, 주제 이름의 다중 표기, association 에 의한 의미 관계, occurrence 에 의한 자원 연결을 한 문서 안에서 간결하게 표현하는, 사람이 읽기 쉬운 Topic Maps 직렬화이다. 이제 XTM 예시를 살펴보자.

```
<?xml version="1.0" encoding="UTF-8"?>
<topicMap xmlns="http://www.topicmaps.org/xtm/">   ........................................ ㉠

  <!-- Topics -->
  <topic id="oa">   ........................................................................ ㉡
    <name> <value>오픈액세스</value> </name>
    <name> <value>Open Access</value> </name>
    <name> <value>OA</value> </name>

    <occurrence>   ......................................................................... ㉢
      <type> <topicRef href="#webpage"/> </type>
      <name> <value>도서관 OA 안내</value> </name>
      <resourceRef href="https://library.example.org/oa"/>
    </occurrence>

    <occurrence>
      <type> <topicRef href="#pdf"/> </type>
      <name> <value>OA 정책 문서</value> </name>
      <resourceRef href="https://library.example.org/policy/oa.pdf"/>
    </occurrence>
  </topic>

  <topic id="gold-oa"> <name> <value>골드 OA</value> </name> </topic>
  <topic id="green-oa"> <name> <value>그린 OA</value> </name> </topic>
  <topic id="ir"> <name> <value>기관 리포지토리</value> </name> </topic>
  <topic id="cc"> <name> <value>CC 라이선스</value> </name> </topic>
  <topic id="policy"> <name> <value>오픈액세스 정책</value> </name> </topic>

  <!-- Types used in this toy example -->   ................................................ ㉣
  <topic id="realized-by"> <name> <value>실현 방식</value> </name> </topic>
```

```
<topic id="stored-in"> <name> <value>저장 위치</value> </name> </topic>
<topic id="licensed-by"> <name> <value>이용 조건</value> </name> </topic>
<topic id="governed-by"> <name> <value>정책적 근거</value> </name> </topic>
<topic id="webpage"> <name> <value>웹페이지</value> </name> </topic>
<topic id="pdf"> <name> <value>PDF</value> </name> </topic>

<!-- Associations -->   ........................................................ ㉤
<association>
  <type> <topicRef href="#realized-by"/> </type>
  <role>
    <type> <topicRef href="#source"/> </type>
    <topicRef href="#oa"/>
  </role>
  <role>
    <type> <topicRef href="#target"/> </type>
    <topicRef href="#gold-oa"/>
  </role>
</association>

<association>
  <type> <topicRef href="#realized-by"/> </type>
  <role> <type> <topicRef href="#source"/> </type> <topicRef href="#oa"/> </role>
  <role> <type> <topicRef href="#target"/> </type> <topicRef href="#green-oa"/> </role>
</association>

<association>
  <type> <topicRef href="#stored-in"/> </type>
  <role> <type> <topicRef href="#source"/> </type> <topicRef href="#green-oa"/> </role>
  <role> <type> <topicRef href="#target"/> </type> <topicRef href="#ir"/> </role>
</association>
```

```
〈association〉
  〈type〉〈topicRef href="#licensed-by"/〉〈/type〉
  〈role〉〈type〉〈topicRef href="#source"/〉〈/type〉〈topicRef href="#oa"/〉〈/role〉
  〈role〉〈type〉〈topicRef href="#target"/〉〈/type〉〈topicRef href="#cc"/〉〈/role〉
〈/association〉

〈association〉
  〈type〉〈topicRef href="#governed-by"/〉〈/type〉
  〈role〉〈type〉〈topicRef href="#source"/〉〈/type〉〈topicRef href="#oa"/〉〈/role〉
  〈role〉〈type〉〈topicRef href="#target"/〉〈/type〉〈topicRef href="#policy"/〉〈/role〉
〈/association〉

〈!-- role types (toy) --〉 ·········································· ㉥
〈topic id="source"〉〈name〉〈value〉출발〈/value〉〈/name〉〈/topic〉
〈topic id="target"〉〈name〉〈value〉대상〈/value〉〈/name〉〈/topic〉

〈/topicMap〉
```

위에 제시된 XTM 예시는 같은 내용을 XML로 표현한 것이다. topicMap 아래에 오픈액세스, 골드와 그린 오픈액세스, 기관 리포지토리, 크리에이티브 커먼즈 라이선스, 정책을 각각 topic으로 만들고, 오픈액세스 주제에는 도서관 안내 페이지와 정책 PDF를 occurrence로 연결했다. 주제 간 의미 관계는 association으로 표현되며, 각 association은 type으로 관계의 의미인 실현 방식, 저장 위치, 이용 조건, 정책적 근거를 지정하고, role을 통해 어떤 주제가 출발이고 어떤 주제가 대상인지를 구조적으로 나타낸다. XTM은 Topic Maps를 XML 기반으로 교환하기 위한 대표 직렬화이며, 그 해석은 TMDM과의 매핑을 전제로 한다.

㉠에서는 topicMap 요소가 문서의 루트로 선언되고, 기본 네임스페이스가 http://www.topicmaps.org/xtm로 지정된다. 이로 인해 이후에 접두사 없이 사용되는 topic, association, occurrence 같은 요소들은 모두 XTM 표준에 속한 요소로 해석된다.

ⓛ에서는 topic 요소를 사용해 주제를 선언하며, id 속성으로 주제를 식별한다. 예를 들어 id 값이 oa인 topic은 오픈액세스 주제를 나타낸다. name 과 value 요소를 반복 사용해 오픈액세스, Open Access, OA와 같이 하나의 주제에 여러 이름을 부여한다.

ⓒ에서는 occurrence 요소를 통해 주제와 실제 정보자원을 연결한다. occurrence 안의 type 요소는 발현의 유형을 나타내며, topicRef요소의 속성 href로 webpage나 pdf 같은 유형 주제를 참조한다. name은 발현의 표시 이름을 제공하고, resourceRef는 실제 자원의 위치를 가리킨다. 이를 통해 주제와 외부 자원이 명확히 연결된다.

ⓔ에서는 realized−by, stored−in, licensed−by, governed−by 와 같은 연관 유형과 webpage, pdf와 같은 발현 유형을 모두 topic 요소로 선언한다. realized−by 같은 이름은 관계 유형을 식별하는 로컬 이름이며, 이후 association의 type에서 그대로 참조된다. 이는 관계의 종류 자체를 주제로 모델링하는 Topic Maps의 핵심적인 신텍스 특징이다.

ⓜ에서는 association 요소로 주제 간 의미 관계를 기술한다. association 아래의 type은 realized−by, stored−in, licensed−by, governed−by 와 같은 관계 유형 topic을 topicRef 로 참조한다. 각 role 요소는 연관에 참여하는 주제의 역할을 나타내며, role 안의 type은 source 나 target 같은 역할 유형을, topicRef는 실제 참여 주제를 가리킨다. 이 구조를 통해 오픈액세스와 골드−oa, 그린−oa, ir, cc, policy 사이의 의미 관계가 명시적으로 표현된다.

ⓑ에서는 source와 target같은 역할 유형을 topic으로 선언한다. 이 선언 덕분에 association 내부의 role type에서 해당 역할 유형을 topicRef로 참조할 수 있으며, 역할의 의미 역시 주제로서 관리된다.

8.4.6 SPARQL

SPARQL은 RDF 데이터에 대해 질의를 수행하기 위한 표준 질의 언어이다. 관계형 데이터베이스에서 SQL이 테이블과 레코드를 대상으로 질의를 수행하듯이, RDF 기반 데이터 환경에서는 SPARQL을 사용하여 그래프 형태로 연결된 자원과 관계를 대상으로 원하는 정보를 검색하고 재구성할 수 있다(W3C, 2013a; W3C, 2014).

SPARQL의 작동 원리는 RDF의 기본 표현 단위인 삼중 구조를 활용하는 그래프 패턴 매칭에 있다. 즉 질의문에서 주어–술어–목적어 형태의 삼중 패턴을 기술하고, 그 패턴을 만족하는 RDF 그래프의 부분 구조를 찾아 결과로 반환한다(W3C, 2013a). 이때 단일 패턴뿐 아니라 여러 패턴을 결합하여, 예를 들어 논문–저자–소속기관처럼 관계를 따라 이동하는 방식으로 복합 탐색을 수행할 수 있다. 또한 SPARQL은 필수 조건과 선택 조건을 구분하는 OPTIONAL, 조건 필터링을 위한 FILTER, 여러 경로를 동시에 허용하는 UNION 등을 통해 실제 서비스 환경에서 요구되는 다양한 검색 요구를 지원한다(W3C, 2013a). SPARQL 1.1은 질의 언어 자체의 기능을 확장하여, 집계 기능과 GROUP BY를 통한 통계적 분석, 부분 질의, 경로 탐색을 지원하는 프로퍼티 경로 등 보다 고도화된 질의 기능을 제공한다(W3C, 2013b). 더불어 분산된 RDF 저장소를 대상으로 질의를 수행할 수 있도록 SERVICE 키워드를 활용한 연합 질의 확장도 표준으로 제시되어, 여러 기관의 링크드 데이터 엔드포인트를 결합한 검색과 통합 분석을 가능하게 한다(W3C, 2013c).

디지털도서관과 연구정보서비스에서 SPARQL의 활용 가치는 특히 크다. RDF로 표현된 서지 데이터, 연구자 식별 및 소속 정보, 기관과 프로젝트 정보가 URI 기반으로 연결되어 있을 때, SPARQL은 단순 키워드 검색을 넘어 저자–논문–주제–기관과 같은 관계 구조를 활용한 의미 기반 검색과 분석을 수행하게 해 준다(W3C, 2013a; W3C, 2013b).

이상에서 살펴본 바와 같이, 의미기반 정보표현 표준은 데이터의 형식을 넘어 의미와 관계를 기계가 이해할 수 있도록 표현하는 것을 목표로 한다. RDF를 중심으로 RDFS, OWL, Topic Maps, SPARQL은 각각 의미 표현, 개념 정의, 추론, 주제 조직,

질의라는 역할을 분담하며 시맨틱 웹과 지능형 정보서비스의 기반을 이룬다. 디지털도서관 사서는 이러한 표준을 통해 단절된 데이터를 연결하고, 보다 고도화된 정보 접근과 지식 서비스를 설계할 수 있다.

8.4.6.1 RDF 샘플 데이터

아래는 샘플 RDF(Turtle) 데이터이다. 논문 3편 중 2편은 Open Access, 1편은 Paywall로 표시되어 있다.

```
@prefix ex: 〈http://example.org/resource/〉 .
@prefix dct: 〈http://purl.org/dc/terms/〉 .
@prefix schema: 〈http://schema.org/〉 .

ex:OpenAccess a ex:AccessStatus .
ex:Paywall    a ex:AccessStatus .

ex:person1 a schema:Person ; schema:name "김선태" .
ex:person2 a schema:Person ; schema:name "이수상" .

ex:work1 a schema:ScholarlyArticle ;
  dct:title "오픈액세스 서비스 설계 지침"@ko ;
  dct:creator ex:person1, ex:person2 ;
  schema:identifier "10.1234/oa.2024.001" ;
  schema:url 〈https://repo.example.ac.kr/handle/123456789/1〉 ;
  ex:onlineAccessStatus ex:OpenAccess ;
  dct:license "CC-BY 4.0" .

ex:work2 a schema:ScholarlyArticle ;
  dct:title "기관 리포지토리 메타데이터 상호운용성"@ko ;
  dct:creator ex:person2 ;
```

```
  schema:identifier "10.1234/ir.2023.002" ;
  schema:url ⟨https://repo.example.ac.kr/handle/123456789/2⟩ ;
  ex:onlineAccessStatus ex:OpenAccess ;
  dct:license "CC-BY-NC 4.0" .

ex:work3 a schema:ScholarlyArticle ;
  dct:title "구독 기반 학술지 이용 분석"@ko ;
  dct:creator ex:person1 ;
  schema:identifier "10.1234/sub.2022.003" ;
  schema:url ⟨https://publisher.example.com/paywalled/3⟩ ;
  ex:onlineAccessStatus ex:Paywall .
```

8.4.6.2 SPARQL 실습

1) SPARQL 질의 1: 오픈액세스 논문과 저자, URL 조회

```
PREFIX dct: ⟨http://purl.org/dc/terms/⟩
PREFIX ex: ⟨http://example.org/resource/⟩
PREFIX schema: ⟨http://schema.org/⟩

SELECT ?title ?authorName ?url   ……………………………………………… ㉠
WHERE {   ……………………………………………………………………… ㉡
  ?work a schema:ScholarlyArticle ;
        dct:title ?title ;
        dct:creator ?author ;
        schema:url ?url ;
        ex:onlineAccessStatus ex:OpenAccess .   ………………………… ㉢
  ?author schema:name ?authorName .   ………………………………… ㉣
}
ORDER BY ?title ?authorName
```

위에 제시된 SPARQL 질의는 RDF 그래프에서 Open Access 상태로 표시된 논문을 찾아서, 그 논문의 title, authorName, url을 표 형태로 출력하는 쿼리이다. 전체 구조는 PREFIX로 네임스페이스를 선언한 뒤, SELECT에서 결과로 보고 싶은 변수들을 지정하고, WHERE에서 그 변수들이 어떤 RDF 패턴을 만족해야 하는지를 삼중 패턴으로 기술하는 방식으로 구성되어 있다.

먼저 PREFIX 구문은 긴 URI를 줄여 쓰기 위한 접두어 선언이다. dct:는 Dublin Core Terms의 네임스페이스를, schema:는 schema.org 어휘를, ex:는 예시로 만든 로컬 어휘(onlineAccessStatus, OpenAccess 등)를 나타낸다. 이후 본문에서 dct:title 처럼 쓰인 표현은 실제로는 해당 네임스페이스 URI에 로컬 이름을 결합한 속성 URI를 의미한다.

㉠ SELECT ?title ?authorName ?url은 최종 결과 테이블에 어떤 열을 보여줄지 지정한다. 여기서는 논문 제목을 담을 ?title, 저자 이름을 담을 ?authorName, 논문 접근 URL을 담을 ?url 세 변수를 결과로 출력하겠다는 뜻이다. SPARQL에서 물음표(?)로 시작하는 항목은 변수이며, 질의 수행 과정에서 RDF 그래프에서 매칭되는 값이 바인딩된다.

㉡ WHERE { ... } 블록은 실제로 어떤 트리플 패턴을 만족하는 데이터를 찾을 것인가를 적는 부분이다. 첫 번째 큰 패턴은 ?work라는 변수를 중심으로 논문 자원의 조건을 나열한다. 여기서 ?work a schema:ScholarlyArticle ;는 a가 rdf:type의 축약이므로, ?work는 schema:ScholarlyArticle 타입(즉 학술논문)인 자원이어야 한다는 조건이다. 이어서 세미콜론(;)을 사용해 같은 주어 ?work에 대해 여러 속성 조건을 연속해서 적는다. dct:title ?title ;는 그 논문 자원에는 dct:title 속성이 있고 그 값이 ?title로 바인딩된다는 뜻이며, dct:creator ?author ;는 그 논문의 저자 자원(creator)이 ?author로 바인딩된다는 뜻이다. schema:url ?url ;은 논문 자원에 접근 가능한 URL이 존재하며 그것이 ?url로 바인딩된다를 의미한다.

이 패턴에서 핵심 필터 역할을 하는 조건이 ㉢ ex:onlineAccessStatus ex:OpenAccess . 이다. 이는 해당 논문 자원의 온라인 접근 상태가 ex:OpenAccess인 것만 선택하라는 조건이므로, 결과적으로 이 쿼리는 전체 논문 중에서도 오픈액세스 논문만 골라내는 역할을 한다.

그 다음 줄의 ㉣ ?author schema:name ?authorName .은 앞에서 얻은 ?author에 대해, 그 저자 자원의 이름(schema:name)을 ?authorName으로 가져오라는 뜻이다. 즉, dct:creator로 저자 자원과 연결한 뒤, 저자 자원에서 다시 이름을 꺼내오는 형태로 관계를 따라가며 탐색하는 전형적인 SPARQL 패턴이다. 이 때문에 한 논문에 저자가 두 명이면 dct:creator가 두 번 매칭되어 결과가 두 행으로 나오게 된다.

마지막의 ORDER BY ?title ?authorName은 결과를 정렬하는 규칙이다. 먼저 ?title(제목) 기준으로 오름차순 정렬하고, 같은 제목 내에서는 ?authorName(저자명) 기준으로 다시 오름차순 정렬한다. 따라서 결과 테이블은 논문 제목별로 묶이고, 각 논문 안에서는 저자 이름이 정렬된 상태로 보기 좋게 출력된다.

추가로, dct:creator 자리에 곧바로 ?authorName을 바인딩하면 ㉣ 패턴이 필요 없어지는 것처럼 보일 수 있으나, 그것은 데이터 모델이 저자를 문자열 값으로 직접 저장한 경우에만 성립한다. 현재 쿼리는 dct:creator의 값이 사람 자원이라는 전제를 두고 있으며, 그래서 먼저 ?author라는 자원을 얻고, 그 자원에서 schema:name을 따라가 ?authorName을 가져온다. 만약 dct:creator ?authorName으로 작성한다면 creator의 값이 리터럴인 구조를 가정하게 되어 저자를 독립적인 자원으로 다루는 모델이 사라지고, 소속, 식별자, 다른 속성 같은 추가 정보를 연결하기도 어려워진다. 따라서 저자를 자원으로 모델링한 RDF 그래프에서는 ㉣ 패턴이 중복이 아니라 저자 이름을 얻기 위한 필수 단계가 된다.

다음은 질의 수행 결과이다. 제시되는 결과의 모습은 서비스마다 다양하다. 여기에서는 〈표 8.2〉와 같이 표 형태로 제시하였다.

〈표 8.2〉 SPARQL 질의 1 수행 결과

title	authorName	url
오픈액세스 서비스 설계 지침	김선태	https://repo.example.ac.kr/handle/123456789/1
오픈액세스 서비스 설계 지침	이수상	https://repo.example.ac.kr/handle/123456789/1
기관 리포지토리 메타데이터 상호운용성	이수상	https://repo.example.ac.kr/handle/123456789/2

2) SPARQL 질의 2: 저자별 오픈액세스 논문 수

```
PREFIX dct: <http://purl.org/dc/terms/>
PREFIX ex: <http://example.org/resource/>
PREFIX schema: <http://schema.org/>

SELECT ?authorName (COUNT(DISTINCT ?work) AS ?oaWorks)  ………………… ㉠
WHERE {  ……………………………………………………………………………… ㉡
  ?work a schema:ScholarlyArticle ;
        dct:creator ?author ;
        ex:onlineAccessStatus ex:OpenAccess .
  ?author schema:name ?authorName .
}
GROUP BY ?authorName  ……………………………………………………………… ㉢
ORDER BY DESC(?oaWorks)  …………………………………………………………… ㉣
```

위에 제시된 SPARQL 질의는 Open Access 논문을 저자별로 집계하여, 각 저자가 몇 편의 오픈액세스 논문을 가지고 있는지를 계산하고, 그 수가 많은 순서대로 정렬해 보여주는 분석용 쿼리이다. 앞선 질의가 개별 논문 목록을 조회하는 데 목적이 있었다면, 이 질의는 통계분석 결과를 산출하는 데 초점이 있다.

먼저 PREFIX 구문은 질의에서 사용할 네임스페이스를 선언한다. dct:는 Dublin

Core Terms 어휘, schema:는 schema.org 어휘, ex:는 예시로 정의한 로컬 어휘를 의미한다. 이를 통해 긴 URI를 간단한 접두어 형태로 사용하고 있다.

㉠ SELECT ?authorName (COUNT(DISTINCT ?work) AS ?oaWorks) 구문은 결과로 출력할 항목을 지정한다. ?authorName은 저자의 이름을 나타내는 변수이고, (COUNT(DISTINCT ?work) AS ?oaWorks)는 각 저자에 대해 서로 다른(DISTINCT) 논문 자원(?work)의 개수를 세어 ?oaWorks라는 이름의 결과 컬럼으로 출력하겠다는 의미이다. 여기서 DISTINCT를 사용한 이유는, 하나의 논문이 여러 저자와 연결되어 있을 때 중복 계산을 방지하기 위함이다.

㉡ WHERE 절은 집계 대상이 되는 데이터의 조건을 정의한다. ?work a schema:ScholarlyArticle ;는 ?work가 학술논문 타입의 자원임을 의미하며, dct:creator ?author ;는 해당 논문의 저자 자원이 ?author로 연결되어 있음을 나타낸다. 이어서 ex:onlineAccessStatus ex:OpenAccess . 조건은 논문의 접근 상태가 오픈액세스인 경우만을 선택하도록 제한한다. 따라서 이 쿼리는 전체 논문 중에서도 오픈액세스 논문만을 분석 대상으로 삼는다. 다음 줄의 ?author schema:name ?authorName .은 저자 자원에서 이름을 추출하여 ?authorName 변수에 바인딩하는 부분으로, 집계 결과를 사람이 읽을 수 있는 형태로 보여주기 위한 단계이다.

㉢ GROUP BY ?authorName은 집계의 기준을 정하는 구문이다. 이 쿼리는 저자 이름을 기준으로 결과를 묶고, 각 그룹(저자)마다 오픈액세스 논문의 수를 계산한다. 즉, 한 저자에 대해 여러 개의 오픈액세스 논문이 연결되어 있다면, 그 논문 수가 하나의 값으로 집계된다.

마지막의 ㉣ ORDER BY DESC(?oaWorks)는 집계된 결과를 정렬하는 규칙이다. DESC는 내림차순을 의미하므로, 오픈액세스 논문 수가 많은 저자가 결과 상단에 먼저 나타난다. 따라서 최종 결과 테이블은 저자별 오픈액세스 논문 수 랭킹과 같은 형태로 해석할 수 있으며, 이는 디지털도서관이나 연구정보서비스에서 연구자 성과 분석, 오픈액세스 확산 현황 파악 등에 바로 활용될 수 있다.

다음 〈표 8.3〉은 질의 수행 결과이다.

〈표 8.3〉 SPARQL 질의 2 질의 수행 결과

authorName	oaWorks
이수상	2
김선태	1

8.5 문자 인코딩 표준

8.5.1 문자 인코딩의 개요

문자 인코딩은 사람이 사용하는 문자를 컴퓨터가 처리할 수 있도록 숫자 코드로 대응시키는 규칙을 말한다. 컴퓨터는 문자 자체를 저장하지 못하고, 결국 0과 1로 이루어진 비트열만 저장하고 전송하며 처리하므로, 문자를 비트열로 바꾸는 약속이 반드시 필요하다. 이때 혼동하기 쉬운 개념이 문자 집합과 문자 인코딩의 구분이다. 문자 집합은 어떤 문자들을 다룰 것인가에 대한 목록과 식별 체계, 즉 문자들의 집합과 각 문자에 부여된 코드 포인트를 의미한다. 반면 문자 인코딩은 그 코드 포인트를 실제로 저장하고 전송할 수 있는 바이트 형태로 어떻게 표현할 것인가에 대한 규칙이다. 예를 들어 '가'라는 문자를 처리하려면 먼저 문자 집합에서 '가'가 어떤 코드 포인트에 해당하는지 결정되어야 하고, 그 다음 그 코드 포인트를 UTF-8이나 UTF-16과 같은 인코딩 방식에 따라 바이트열로 변환하여 저장하거나 전송하게 된다. 따라서 문자 집합과 인코딩은 서로 다른 층위의 개념이지만, 실무에서는 흔히 함께 언급되며 문자 인코딩이라는 표현으로 통칭되기도 한다.

다음 〈표 8.4〉를 통해 문자 집합과 문자 인코딩의 차이를 명확하게 이해할 수 있다. 문자 집합은 문자와 코드값의 대응 관계를 규정하는 추상적 체계로, 특정 문자가 어떤 번호를 갖는지만을 정의한다. 반면 문자 인코딩은 이러한 코드값을 실제 컴퓨터가 처리할 수 있도록 바이트 단위의 이진 데이터로 변환하는 규칙을 의미한다. 〈표 8.4〉에서 보듯이 'A'라는 문자는 문자 집합 차원에서는 동일한 코드값을 가지지만, 어떤 인코딩 방식을 적용하느냐에 따라 저장되는 바이트의 구조는 달라질 수 있다. 특히 ASCII의 경우 문자 집합에서 정의된 코드값이 별도의 변환 없이 그대로 1바이트 값으로 저장되기 때문에, 문자 집합과 문자 인코딩이 사실상 동일한 것처럼 인식되기 쉽다. 그러나 UTF-16과 같이 다른 인코딩 방식을 적용하면 동일한 문자라도 저장되는 바이트 수와 배열 방식이 달라지며, 이를 통해 문자 집합과 문자 인코딩이 개념적으로 분리된다는 점이 분명해진다. 이러한 구분은 다국어 자료를 다루는 디지털도서관 환경에서 문자 깨짐을 예방하고, 데이터 교환과 장기 보존의 신뢰성을 확보하기 위한 기초적인 이해로서 중요한 의미를 갖는다.

〈표 8.4〉 문자집합과 문자인코딩

구분	문자	코드값 (문자집합의 값)	저장되는 바이트 (16진)	저장되는 바이트 (2진)
ASCII 문자집합 (문자표)	A	65 (0x41)	*(저장 아님: "번호"만 정의)*	*(해당 없음)*
ASCII 저장 (일반적 1바이트)	A	65 (0x41)	41	01000001
UTF-8 저장	A	U+0041	41	01000001
UTF-16 저장 (빅엔디언)	A	U+0041	00 41	00000000 01000001

문자 인코딩 표준이 중요한 이유는 디지털도서관 환경에서 정보가 다양한 시스템과 플랫폼을 통해 유통되기 때문이다. 동일한 문자 데이터라도 인코딩 규칙이 다르면 다른 문자로 깨져 보이거나 문자 깨짐이 발생할 수 있다. 또한 검색, 색인, 정렬 결과가 달라질 수 있으며, 메타데이터 교환이나 장기보존 과정에서 의미 손실이 발생할 수 있다. 특히 다국어 자료와 오래된 레거시 데이터가 공존하는 디지털도서관에서는 문자 인코딩이 단순한 기술 세부사항이 아니라, 접근성과 상호운용성, 그리고 보존 가능성을 좌우하는 핵심 기반이 된다.

ASCII는 현대 문자 인코딩 역사에서 출발점에 해당한다. ASCII는 영문 알파벳, 숫자, 기본 기호, 제어문자 등을 포함하는 7비트 기반 문자 코드로, 초기 컴퓨팅과 통신 환경에서 서로 다른 장비와 시스템 간 호환성을 확보하는 데 결정적 역할을 했다. 이후 다양한 언어권에서 자국 문자를 표현하기 위해 ASCII를 확장한 여러 지역과 국가 표준, 예를 들면 ISO 8859 계열이나 KS X 1001 등이 등장했고, 더 나아가 전 세계 문자를 하나의 체계로 통합하려는 유니코드로 발전했다. 즉 ASCII는 단순한 옛 표준이 아니라, 문자 코드 표준이 왜 필요했는지, 그리고 표준이 어떻게 확장되고 통합되어 왔는지를 이해하게 해 주는 역사적 기준점이라는 점에서 의미가 크다.

8.5.2 ASCII

문자 인코딩 표준을 이해하는 데 있어 기본 문자 집합은 서로 다른 시스템 간 정보 교환을 가능하게 하는 최소 공통의 문자 체계를 의미한다. 역사적으로 이 역할을 대표적으로 수행해 온 표준이 ASCII이다. ASCII는 1963년 미국표준협회(ASA, 이후 ANSI)에 의해 제정된 문자 코드 표준으로, 7비트 코드 공간 0부터 127까지에 총 128개의 문자 코드를 〈그림 8.17〉과 같이 정의한다.

Dec	Hx	Oct	Char	Dec	Hx	Oct	Html	Chr	Dec	Hx	Oct	Html	Chr	Dec	Hx	Oct	Html	Chr
0	0	000	NUL (null)	32	20	040		Space	64	40	100	@	@	96	60	140	`	`
1	1	001	SOH (start of heading)	33	21	041	!	!	65	41	101	A	A	97	61	141	a	a
2	2	002	STX (start of text)	34	22	042	"	"	66	42	102	B	B	98	62	142	b	b
3	3	003	ETX (end of text)	35	23	043	#	#	67	43	103	C	C	99	63	143	c	c
4	4	004	EOT (end of transmission)	36	24	044	$	$	68	44	104	D	D	100	64	144	d	d
5	5	005	ENQ (enquiry)	37	25	045	%	%	69	45	105	E	E	101	65	145	e	e
6	6	006	ACK (acknowledge)	38	26	046	&	&	70	46	106	F	F	102	66	146	f	f
7	7	007	BEL (bell)	39	27	047	'	'	71	47	107	G	G	103	67	147	g	g
8	8	010	BS (backspace)	40	28	050	(	(	72	48	110	H	H	104	68	150	h	h
9	9	011	TAB (horizontal tab)	41	29	051	)	)	73	49	111	I	I	105	69	151	i	i
10	A	012	LF (NL line feed, new line)	42	2A	052	*	*	74	4A	112	J	J	106	6A	152	j	j
11	B	013	VT (vertical tab)	43	2B	053	+	+	75	4B	113	K	K	107	6B	153	k	k
12	C	014	FF (NP form feed, new page)	44	2C	054	,	,	76	4C	114	L	L	108	6C	154	l	l
13	D	015	CR (carriage return)	45	2D	055	-	-	77	4D	115	M	M	109	6D	155	m	m
14	E	016	SO (shift out)	46	2E	056	.	.	78	4E	116	N	N	110	6E	156	n	n
15	F	017	SI (shift in)	47	2F	057	/	/	79	4F	117	O	O	111	6F	157	o	o
16	10	020	DLE (data link escape)	48	30	060	0	0	80	50	120	P	P	112	70	160	p	p
17	11	021	DC1 (device control 1)	49	31	061	1	1	81	51	121	Q	Q	113	71	161	q	q
18	12	022	DC2 (device control 2)	50	32	062	2	2	82	52	122	R	R	114	72	162	r	r
19	13	023	DC3 (device control 3)	51	33	063	3	3	83	53	123	S	S	115	73	163	s	s
20	14	024	DC4 (device control 4)	52	34	064	4	4	84	54	124	T	T	116	74	164	t	t
21	15	025	NAK (negative acknowledge)	53	35	065	5	5	85	55	125	U	U	117	75	165	u	u
22	16	026	SYN (synchronous idle)	54	36	066	6	6	86	56	126	V	V	118	76	166	v	v
23	17	027	ETB (end of trans. block)	55	37	067	7	7	87	57	127	W	W	119	77	167	w	w
24	18	030	CAN (cancel)	56	38	070	8	8	88	58	130	X	X	120	78	170	x	x
25	19	031	EM (end of medium)	57	39	071	9	9	89	59	131	Y	Y	121	79	171	y	y
26	1A	032	SUB (substitute)	58	3A	072	:	:	90	5A	132	Z	Z	122	7A	172	z	z
27	1B	033	ESC (escape)	59	3B	073	;	;	91	5B	133	[	[	123	7B	173	{	{
28	1C	034	FS (file separator)	60	3C	074	<	<	92	5C	134	\	\	124	7C	174			|
29	1D	035	GS (group separator)	61	3D	075	=	=	93	5D	135	]	]	125	7D	175	}	}
30	1E	036	RS (record separator)	62	3E	076	>	>	94	5E	136	^	^	126	7E	176	~	~
31	1F	037	US (unit separator)	63	3F	077	?	?	95	5F	137	_	_	127	7F	177		DEL

Source: www.asciitable.com

〈그림 8.17〉 ASCII 코드 테이블 (https://namu.wiki)

ASCII는 본래 전신(teletype) 터미널과 초기 데이터 통신 환경을 염두에 두고 설계되었기 때문에, 코드 값 0x00부터 0x1F에 해당하는 처음 32개 문자는 화면에 출력되지 않는 제어 문자로 사용되었다. 이들 제어 문자는 줄바꿈, 탭, 캐리지 리턴과 같은 장치 제어 및 통신 제어 기능을 수행하도록 고안되었으며, 이후 0x20부터 0x7E 범위에 공백, 영문 대문자와 소문자, 숫자, 기본 문장부호 등 가시 문자가 배치되었다. 마지막 0x7F(DEL) 역시 편집과 통신 환경을 고려한 제어 문자로 정의되어 있다.

ASCII는 영어 문자를 표기하는 데 필요한 문자와 소수의 특수기호만을 포함하고 있어, 세계 각국의 언어 문자나 다양한 기호를 충분히 표현하는 데에는 근본적인 한계를 지닌다. 그럼에도 불구하고 ASCII는 초기 컴퓨팅과 네트워크 환경에서 장비와 시스템 간 호환성을 확보하는 공통 기준으로 기능하였으며, 이후 등장한 다수의 문자 집합이 ASCII를 출발점으로 삼아 확장되었다는 점에서 중요한 의미를 갖는다. 실제로 ISO 8859 계열이나 KS X 1001과 같은 지역, 국가 기반 문자 집합은 ASCII의 기본 구조를 유지한 채 상위 코드 영역을 확장하는 방식으로 설계되었다. 오늘날 ASCII의 의미는 단독 사용보다는 유니코드 체계 속에서의 기본 호환 문자 집합으로 이해하는 것이 적절하다. 유니코드는 전 세계 문자를 하나의 통합된 문자 집합으로 수용하면서도, ASCII에 해당하는 문자를 동일한 코드 위치에 포함시켜 기존 시스템과의 호환성을 유지한다(U+0000－U+007F). 이로 인해 UTF－8과 같은 현대적 문자 인코딩에서는 ASCII 범위의 문자가 1바이트로 그대로 표현되며, ASCII는 여전히 디지털 정보 교환의 최소 공통 기반으로 기능하고 있다.

한편, ASCII는 종종 문자 인코딩으로 불리지만, 엄밀히 말하면 문자 집합에 해당한다. ASCII는 문자와 코드값의 대응 관계를 정의할 뿐이며, 이 코드값을 실제로 바이트열로 저장하는 방식은 인코딩의 문제이다. 다만 ASCII는 코드값을 별도의 변환 없이 그대로 1바이트에 저장하는 관행이 널리 사용되었기 때문에, 문자 집합과 저장 방식이 사실상 일치하는 것처럼 인식되어 인코딩으로 오해되기 쉬운 특성을 지닌다(Unicode Consortium, n.d.). 이러한 특성은 이후 유니코드와 UTF 계열 인코딩을 이해하는 데 있어, 문자 집합과 문자인코딩을 구분하는 비교 기준으로서 ASCII가 갖는 의의를 더욱 분명하게 한다.

8.5.3 ISO 8859

ASCII는 7비트 코드로 128개의 문자를 제공하며, 영어로 된 정보를 교환하는 데에는 충분한 최소 공통 문자 집합으로 기능해 왔다. 그러나 로마자를 사용하는 다수의 유럽 언어는 å처럼 추가 문자를 필요로 하므로, ASCII만으로는 해당 언어들을 온전하게 표현하기 어렵다. 이러한 요구로 인해 기존 ASCII 체계를 확장한 8비트(256코드) 문자세트가 널리 구현되었고, 국제표준화기구는 이러한 8비트 문자세트를 여러 범주로 구분하여 유럽 언어 문자를 중심으로 다양한 문자 집합을 정의하였다(ISO, 1998). 이와 같은 ISO의 분류 체계를 정리한 것이 <표 8.5>의 ISO 8859 문자세트 범주이다.

<표 8.5> ISO 8859 문자세트 범주

문자세트	포함 언어
ISO/IEC 8859-1:1998 (또는 Latin-1)	가장 광범위하게 사용되는 ISO 8859 표준으로 서유럽 언어의 대부분의 문자와 기호를 포함한다.
ISO 8859-2:1999 (또는 Latin-2)	중앙과 동유럽 언어의 문자를 포함한다.
ISO 8859-3:1999 (또는 Latin-3)	터키, 몰타, 에스페란토 문자를 포함한다.
ISO 8859-4:1998 (또는 Latin-4)	에스토니아, 라트비아, 리투아니아, 그린란드, 라플란드 문자를 포함한다.
ISO 8859-5:1999	키릴 문자를 포함한다.
ISO 8859-6:1999	아랍 문자를 포함한다.
ISO 8859-7:2003	그리스 문자를 포함한다.
ISO 8859-8:1999	히브리 문자를 포함한다.
ISO 8859-9:1999 (또는 Latin-5)	ISO 8859-1과 거의 같다.
ISO 8859-10:1998 (또는 Latin-6)	Latin-4 계열 문자를 재배열한 것이다.
ISO 8859-11:2001	타이 문자를 포함한다.
ISO 8859-13:1998 (또는 Latin-7)	발트해 연안 문자를 포함한다.
ISO 8859-14:1998	켈트 문자를 포함한다.

문자세트	포함 언어
(또는 Latin-8)	
ISO 8859-15:1999 (또는 Latin-9)	거의 사용되지 않는 기호를 제외한 8859-1의 나머지 문자와 기호를 재구성한 것이다.
ISO 8859-16:2001 (또는 Latin-10)	남동 유럽 언어를 포함한다.

한편, KS X 1001(구 KSC 5601)은 한국어 정보처리를 위해 제정된 국가 표준 문자 집합으로, 한글과 한자를 포함하여 국내 정보교환에 필요한 문자를 정의한다(KATS, 2004). ISO 8859가 주로 유럽 언어권의 단일바이트 확장에 초점을 두었다면, KS X 1001은 한국어의 문자 규모를 수용하기 위해 다바이트 구조(multibyte structure)를 활용한다는 점에서 성격이 다르다. 이들 지역이나 국가 기반 문자 인코딩은 각 언어권의 정보화 초기에 중요한 역할을 수행했지만, 언어별로 상이한 문자 집합이 병존함에 따라 다국어 환경과 국제적 정보교환에서는 한계를 드러냈다. 이러한 한계는 결국 전 세계 문자를 하나의 체계로 통합하려는 Unicode/ISO/IEC 10646의 확산으로 이어졌으며, 오늘날에는 ISO 8859나 KS X 1001로 저장된 데이터를 Unicode로 매핑하여 처리, 교환하는 방식이 일반화되고 있다(Unicode Consortium, n.d.; W3C, 2018).

앞에 설명에서 다바이트 구조란 문자를 표현할 때 하나의 문자를 1바이트로 고정하지 않고, 2바이트 이상 여러 바이트를 사용하여 표현하는 문자 처리 방식을 의미한다. 컴퓨터에서 문자는 결국 바이트 단위의 이진 데이터로 저장되는데, ASCII와 같이 1바이트를 사용하는 문자 체계는 최대 256개의 문자만 표현할 수 있어 한글이나 한자처럼 문자 수가 많은 언어를 충분히 수용하기 어렵다. 이러한 한계를 극복하기 위해 여러 바이트를 조합하여 하나의 문자를 표현하는 다바이트 구조가 도입되었다. 다바이트 구조에서는 문자의 종류와 범위에 따라 사용되는 바이트 수가 달라질 수 있다. 어떤 체계에서는 특정 문자 영역이 항상 2바이트로 표현되는 고정 길이 방식을 사용하고, 다른 체계에서는 문자에 따라 1바이트부터 여러 바이트까지 가변적으로 사용하는 방식도 활용된다. 예를 들어, 한국어 정보 처리를 위해 사용된 KS X 1001 계열 문자 체계는 한글과 한자를 표현하기 위해 주로 2바이트 단위를 사용하였으며, 이를 통해 단일바이트 문자 체계로는 수용하기 어려운 대규모 문자 집합을 처리할 수 있었다.

이러한 다바이트 구조는 각 언어권의 문자 표현 문제를 해결하는 데 중요한 역할을 했지만, 문자 길이가 일정하지 않거나 문자 집합마다 구조가 달라질 경우 문자열 처리와 데이터 교환 과정에서 복잡성을 증가시키는 요인이 되기도 했다. 특히 서로 다른 다바이트 문자 체계가 혼재한 환경에서는 문자 경계 인식 오류나 문자 깨짐 문제가 발생하기 쉬웠다. 이러한 문제는 이후 전 세계 문자를 하나의 통합된 문자 집합으로 정의하고, 인코딩 규칙을 체계화한 Unicode와 UTF 계열 인코딩의 등장으로 점차 완화되었다.

8.5.4 통합 문자 인코딩

ISO 8859와 같은 지역이나 국가 기반 문자 인코딩의 확산은 유럽 언어권을 중심으로 ASCII만으로는 부족했던 문자를 표현할 수 있게 했다는 점에서 의미가 있다. 그러나 동시에 이용자와 기관이 서로 다른 문자세트를 혼용하면서 호환성 문제가 구조적으로 발생하였다. 즉, 어떤 문자세트에서는 서로 다른 문자가 같은 번호(코드값)를 공유하거나, 반대로 같은 문자가 문자세트에 따라 서로 다른 번호를 가지는 일이 생겨, 시스템 간 데이터 교환 시 문자 깨짐이나 의미 손상의 위험이 커졌다. 이런 문제를 해결하기 위해서는 개별 언어권별 확장 방식이 아니라, 전 세계 문자를 하나의 코드 체계로 포괄하는 통합 문자 체계가 필요했다.

이러한 배경에서 전 세계 문자를 하나의 코드 공간에 수용하려는 Unicode/ISO/IEC 10646(UCS) 체계가 등장하였다. ISO/IEC JTC 1은 UCS(Universal Coded Character Set)를 국제표준으로 제정, 유지하고 있으며, 이 표준은 전 세계 문자와 기호에 고유한 코드 포인트(code point)를 부여하는 통합 코드 공간(Unicode codespace)을 규정한다(ISO, 2020).

초기에는 문자 1개를 16비트(2바이트)로 표현하는 구상이 강조되었고, 그 결과 기본적으로 0x0000 – 0xFFFF(= 65,536개) 범위를 사용하는 기본 다국어 평면(BMP, Basic Multilingual Plane)이 중심이 되었다. 그러나 실제로는 세계 각국 문자와 기호가 지속적으로 추가되면서 BMP만으로는 충분하지 않게 되었고, 결국 Unicode/UCS

는 코드 공간을 여러 '언어판(plane)'으로 확장하는 구조를 채택하였다. UCS/Unicode는 전체 코드 공간을 17개 평면(plane 0–16)으로 구성하며, 마지막 코드 포인트는 U+10FFFF이다.

이 확장 구조와 밀접하게 연결되는 개념이 대행코드(surrogates)이다. UTF–16은 기본적으로 16비트 단위(코드 유닛)로 문자를 표현하지만, BMP를 넘어서는 코드 포인트(U+10000–U+10FFFF)를 표현하기 위해 상위 대행(high surrogate, U+D800–U+DBFF)과 하위 대행(low surrogate, U+DC00–U+DFFF)을 각각 1,024개씩 마련하고, 이 둘의 조합으로 총 1,024 × 1,024 = 1,048,576개의 추가 코드 포인트를 표현할 수 있도록 설계되어 있다. 상위 대행 영역과 하위 대행 영역은 BMP 안에 문자가 할당되지 않은 예약 영역이다. UTF–16에서는 상위 대행(High Surrogate)과 하위 대행(Low Surrogate), 두 개를 조합해서 U+10000～U+10FFFF 범위의 코드 포인트(서플리멘터리 문자)를 가리킨다. 다시말해서 대행쌍은 BMP 안에 존재하는 두 개의 특수 코드 포인트로, BMP 밖의 실제 코드 포인트 하나를 가리키는 방식이다.

한편, 유니코드에서 사용하는 대표 인코딩은 UTF–8, UTF–16, UTF–32이며, UTF는 Unicode Transformation Format을 의미한다. UTF–8은 8비트 단위의 가변 길이 인코딩, UTF–16은 16비트 단위(필요 시 대행쌍으로 32비트까지 확장), UTF–32는 32비트 고정 길이 인코딩으로 이해할 수 있다. 특히 보충 평면(plane 1–16)에 위치한 코드 포인트는 UTF–8에서는 최대 4바이트, UTF–16에서는 대행쌍(2개의 16비트), UTF–32에서는 1개의 32비트로 표현되는 등, 같은 코드 포인트라도 저장 및 전송 방식은 인코딩에 따라 달라진다. 유니코드는 2025년 9월 현재, 버전 17.0이 최신이다. 〈표 8.6〉은 Unicode 버전 17의 각 언어판 정의를 보여준다.

〈표 8.6〉 유니코드 버전17.0에 할당된 문자

플레인	범위	플레인 이름	Allocated code points (블록에 배치된 코드 포인트 수)	Assigned characters (배정된 문자 수, 제어문자 포함 기준)
0	U+0000 – U+FFFF	BMP	65,520	55,718
1	U+10000 – U+1FFFF	SMP	31,872	28,869
2	U+20000 – U+2FFFF	SIP	61,536	61,513
3	U+30000 – U+3FFFF	TIP	13,440	13,429
4 – 13	U+40000 – U+DFFFF	(미할당 플레인들)	0	0
14	U+E0000 – U+EFFFF	SSP	368	337
15	U+F0000 – U+FFFFF	Private Use (PUA – A)	65,536	0 (표준이 "문자"를 배정하지 않음)
16	U+100000 – U+10FFFF	Private Use (PUA – B)	65,536	0 (동일)
합계			303,808	159,866

참고로 플레인 이름의 약어는 다음의 의미를 갖는다.

- BMP: Basic Multilingual Plane
- SMP: Supplementary Multilingual Plane
- SIP: Supplementary Ideographic Plane
- TIP: Tertiary Ideographic Plane
- SSP: Supplement - ary Special – purpose Plane
- PUA: Private Use Area

참고문헌

[국내문헌]

Korean Agency for Technology and Standards. 2004. KS X 1001: Information interchange—Hangul and Hanja coded character set. KATS. https://standard.go.kr/KSCI/standardIntro/getStandardSearchView.do?menuId=503&topMenuId=502&upperMenuId=502&ksNo=KSX1001

[외국문헌]

Antoniou, G., and van Harmelen, F. 2009. A semantic Web primer (2nd ed.). MIT Press. https://mitpress.mit.edu/9780262012423/a-semantic-web-primer

Arms, W. Y. 2001. Digital libraries. MIT Press. https://mitpress.mit.edu/9780262511278/digital-libraries/

Breeding, M. 2025. 2025 library systems report. American Libraries. https://americanlibrariesmagazine.org

Hitzler, P. 2021. A review of the semantic web field. Communications of the ACM, 64(2): 76-83. https://doi.org/10.1145/3397512

Olsevicova, K. 2006. Topic Maps e Learning Portal Development. The Electronic Journal of e Learning, 4(1): 59-66.

Tomaszuk, D. (Ed.). 2025. RDF 1.2 Schema. W3C Working Draft. https://www.w3.org/TR/rdf12-schema/

Unicode Consortium. Unicode glossary. https://unicode.org/glossary/

Wilkinson, M. D., Dumontier, M., Aalbersberg, I. J., Appleton, G., Axton, M., Baak, A., et al. 2016. The FAIR guiding principles for scientific data management and stewardship. Scientific Data, 3: 160018. https://doi.org/10.1038/sdata.2016.18

[웹사이트]

ASIS. 2012.05.18. Web Services Security: SOAP Message Security Version 1.1.1 (OASIS Standard). https://docs.oasis-open.org/wss-m/wss/v1.1.1/os/wss-SOAPMessageSecurity-v1.1.1-os.html

ECMA International. 2017. ECMAScript 2017 Language Specification (ECMA－262 8th Edition). https://www.ecma－international.org/ecma－262/8.0/index.html

International Organization for Standardization. 1998. ISO/IEC 8859－1:1998. https://www.iso.org/standard/28245.html

International Organization for Standardization. 2006. ISO/IEC 13250－2:2006 Information technology Topic Maps Part 2: Data model. https://www.iso.org/standard/40017.html

ISO Topic Maps. 2006. Topic Maps XML Syntax (XTM) mapping to TMDM. https://www.isotopicmaps.org/sam/sam－xtm/

JSON Schema. Why JSON Schema?. https://json－schema.org/

JSON.org. Introducing JSON. https://www.json.org/json－en.html

Library of Congress. 2025.06.10. Extensible Markup Language (XML) 1.0. https://www.loc.gov/preservation/digital/formats/fdd/fdd000263.shtml

World Wide Web Consortium. 2000.05.08. SOAP 1.1. https://www.w3.org/TR/2000/NOTE－SOAP－20000508/

World Wide Web Consortium. 2003a.06.24. SOAP Version 1.2 Part 1: Messaging Framework. https://www.w3.org/TR/2003/REC－soap12－part1－20030624/

World Wide Web Consortium. 2003b.06.24. SOAP Version 1.2 Part 2: Adjuncts. https://www.w3.org/TR/2003/REC－soap12－part2－20030624/

World Wide Web Consortium. 2008.11.26. XML 1.0 (Fifth Edition). https://www.w3.org/TR/REC－xml/

World Wide Web Consortium. 2009.12.08. Namespaces in XML 1.0 (Third Edition). https://www.w3.org/TR/REC－xml－names

World Wide Web Consortium. 2012.04.05. XML Schema Definition Language (XSD) 1.1 Part 1: Structures. https://www.w3.org/TR/xmlschema11－1

World Wide Web Consortium. 2012.04.05. XML Schema Definition Language (XSD) 1.1 Part 2: Datatypes. https://www.w3.org/TR/xmlschema11－2/]
(https://www.w3.org/TR/xmlschema11－2/)

World Wide Web Consortium. 2013a.03.21. SPARQL 1.1 Query Language. [https://www.w3.org/TR/sparql11－query/

World Wide Web Consortium. 2013b.03.21. SPARQL 1.1 Overview. https://www.w3.org/TR/2013/REC－sparql11－overview－20130321/

World Wide Web Consortium. 2013c.03.21. SPARQL 1.1 Federated Query. https://www.w3.org/TR/sparql11－federated－query/

World Wide Web Consortium. 2014.02.25. RDF 1.1 Concepts and Abstract Syntax. https://www.w3.org/TR/rdf11-concepts/

World Wide Web Consortium. 2014.02.25. RDF Schema 1.1. https://www.w3.org/TR/rdf-schema/

World Wide Web Consortium. 2018. Character encodings: Essential concepts. https://www.w3.org/International/articles/definitions-characters/

World Wide Web Consortium. HTML. https://www.w3.org/TR/html5/

World Wide Web Consortium. 2012a. OWL 2 Web Ontology Language document overview (Second Edition). https://www.w3.org/TR/owl2-overview/

World Wide Web Consortium. 2012b. OWL 2 Web Ontology Language Primer (Second Edition). https://www.w3.org/TR/owl2-primer/

9

저작권

디지털도서관 운영론

9. 저작권

9.1 디지털 자원과 저작권

정보기술과 네트워크 기술의 발전은 도서관 환경에 근본적인 변화를 가져왔으며, 그 결과 디지털 자원을 중심으로 한 디지털도서관이 등장하게 되었다. 디지털 도서관은 다양한 디지털 형태의 정보자원을 수집하고 저장하며 가공한 뒤, 이를 네트워크를 통해 신속하고 정확하게 제공함으로써 이용자의 정보요구를 충족시키는 것을 주요 기능으로 한다. 디지털도서관에서 제공되는 장서는 인쇄자료가 아닌 디지털 형식의 정보자원이며, 이러한 디지털 자원은 법적으로 저작권 보호의 대상이 되는 저작물에 해당한다.

디지털 자원 역시 아날로그 저작물과 마찬가지로 특정 저작자 또는 권리자가 존재하며, 저작자는 저작권법에 따라 해당 저작물에 대한 권리를 보호받는다. 도서관은 일반적으로 저작권 자체를 소유하는 것이 아니라, 라이선스 계약을 통해 저작물에 대한 이용 권한을 부여받아 이용자에게 서비스를 제공한다. 따라서 디지털도서관에서 제공되는 전자책, 전자저널, 데이터베이스 등은 소유의 개념보다는 계약에 기반한 이용의 대상으로 이해하는 것이 타당하다.

디지털도서관 운영의 핵심은 양질의 디지털 자원을 합법적으로 수집하고 제공하는 데 있다. 이를 위해서는 디지털 자원의 이용과 관련된 저작권법에 대한 이해가 필수적이다. 비록 디지털 자원이 도서관의 장서로 관리되고 있다 하더라도 해당 자원은 여전히 저작권법의 적용을 받는다. 만약 디지털도서관이 저작자의 허락이나 법적 근거 없이 디지털 자원을 제작하고 가공하며 제공한다면, 이는 명백한 저작권 침해에 해당하고 도서관의 공공성과 사회적 신뢰를 훼손하는 결과를 초래할 수 있다. 특히 불법적으로 구축된 디지털 자원은 지속적인 서비스 제공이 불가능하므로, 디지털도서관은 저작권과의 관계를 고려하여 합법적인 절차에 따라 디지털 자원을 수집해야 한다(홍재현, 2002).

일반적으로 저작권은 저작자가 자신의 저작물을 독점적으로 복제하고 배포하며 공연하고 방송하고 전송하고 전시할 수 있는 권리를 의미한다. 국어사전에서는 저작권을 저작자가 저작물을 독점적으로 반포하고 복제하고 번역하고 방송하고 흥행할 수 있는 권리로 정의하고 있으며, 학술적으로는 인간의 독창적인 사상이나 감정을 문자, 음성, 영상 등으로 표현한 저작물에 대해 부여되는 배타적 권리로 이해된다(최경수, 2003). 이러한 정의는 디지털 환경에서도 동일하게 적용되며, 표현 방식이 디지털이라는 점만이 차이로 작용한다.

대한민국 저작권법은 저작자의 권리와 이에 인접하는 권리를 보호하고, 저작물의 공정한 이용을 도모함으로써 문화의 향상과 발전에 이바지하는 것을 목적으로 한다(문화체육관광부, 2024). 이를 위해 저작권법은 복제권, 공연권, 공중송신권, 배포권, 전시권, 상영권, 이차적 저작물 작성권 등 다양한 권리를 규정하고 있다. 동시에 학교교육 목적의 이용, 사적 이용을 위한 복제, 도서관 등에서의 복제, 시각장애인을 위한 점자 복제와 같은 예외와 제한 규정을 두어 저작물의 원활한 이용을 보장하고 있다. 이러한 권리 보호와 이용 촉진 간의 균형은 디지털 환경에서도 저작권 제도의 핵심 원리로 작동한다.

아날로그 자료 중심의 환경과 비교할 때, 디지털 자원은 저작권 침해의 가능성이 상대적으로 높다. 이는 디지털 자원이 복제가 용이하고 단시간 내 대량 복제가 가능하며, 복제물과 원본 간의 품질 차이가 거의 없기 때문이다. 또한 디지털 자원은 수정과 변형, 통합이 가능하고 네트워크를 통해 광범위하게 신속히 유포될 수 있다는 특성을 지닌다. 이러한 특성으로 인해 디지털도서관은 저작권 관리와 합법적 이용에 대해 더욱 체계적이고 신중한 접근이 요구된다(홍재현, 2002).

9.2 디지털 자원 이용

도서관은 이용자의 정보요구를 충족시키기 위해 다양한 정보자원을 수집하고 제공한다. 전통적으로 인쇄자료와 같은 아날로그 자원은 적정한 대가를 지급하여 구매 방식으로 수집되며, 구매가 완료되면 원칙적으로 도서관은 해당 실물에 대해 별도의 기간 제한 없이 장기간 보존하고 열람 서비스를 제공할 수 있다. 반면 전자책, 전자저널, 데이터베이스와 같은 디지털 자원은 대부분 저작권자 또는 출판사가 통제하는 플랫폼을 통해 제공되므로, 도서관이 비용을 지불하더라도 그 결과는 소유가 아니라 계약에 의해 규정되는 접근권과 이용권인 경우가 일반적이다(Enimil et al., 2024; IFLA, n.d.). 도서관의 관점에서는 라이선스를 받았다는 표현을 사용하되, 이는 허용된 범위 안에서만 접근과 이용이 가능하다는 의미를 함께 포함한다.

이처럼 아날로그 자원과 디지털 자원의 수집과 이용 방식이 다른 근본 이유는 디지털 자원이 갖는 기술적 특성에 있다. 디지털 자원은 복제가 쉽고 단시간에 대량 복제가 가능하며, 복제물과 원본 사이의 품질 차이가 거의 없다. 또한 복제물을 수정하고 변형하며 통합할 수 있고, 네트워크를 통해 광범위하게 빠르게 유포될 수 있다(홍재현, 2002). 이러한 특성은 저작권자나 출판사의 권리 침해 위험을 높이며, 그 결과 권리자들은 디지털 자원의 이용을 계약 기반의 라이선스와 기술적 통제로 관리하려는 경향을 강화해 왔다(Enimil et al., 2024).

9.2.1 라이선스

디지털도서관의 장서인 디지털 자원은 크게 아날로그 자료를 디지털화한 자원과 디지털로 발행된 자원 중 계약을 통해 이용허락을 받은 자원으로 나눌 수 있다. 전자의 경우 디지털화, 즉 복제 단계부터 저작권의 규율을 받으며, 후자의 경우에도 저작권 자체는 권리자에게 남아 있는 상태에서 도서관은 계약으로 정해진 범위 내에서만 이용이 가능하다. 이런 의미에서 도서관이 운영하는 많은 전자자원은 라이선스 기반 디지털 자원으로 이해하는 것이 적절하다(Enimil et al., 2024; IFLA, n.d.).

라이선스(license)는 일반적으로 저작권자 또는 권리관리 주체가 이용자(개인 또는 기관)에게 저작물의 사용을 허용한다는 사실과 그 범위를 정한 이용허락의 근거를 의미한다. 전통적 의미의 라이선스는 종이 또는 전자 문서 형태로 작성되어 계약의 증거로 기능하지만, 디지털 환경에서는 라이선스가 단지 문서에 그치지 않고 실제 서비스 운영에서 이용자 범위, 열람, 다운로드, 인쇄, 공유 등의 허용 행위, 이용 기간, 동시접속, 원격접속, 교육과 연구 이용, 상호대차(ILL), 텍스트 및 데이터마이닝(TDM) 등 이용 조건을 구체적으로 규정하는 운영 규칙으로 작동한다(Enimil et al., 2024; NISO, 2012). 또한 디지털 권리관리(DRM)가 적용되는 경우, 라이선스는 법적 합의에 더해 복호화 키, 접근 제어 정책, 기간 만료 처리 등 기술적 통제와 결합되어 이용을 제한하거나 허용하는 방식으로 구현되기도 한다(Enimil et al., 2024). 예를 들어 어떤 자료는 보기와 인쇄만 허용되거나, 강의 플랫폼에서는 재생이 허용되되 기간이 지나면 접근이 차단되는 식으로 라이선스 조건이 시스템 동작으로 연결된다.

9.2.2 라이선스 계약

도서관이 디지털 자원을 도입하고 운영하기 위해 체결하는 라이선스 계약은, 저작권자 또는 출판사나 벤더가 저작권을 보유한 상태에서 도서관에 대해 특정 조건 아래 제한적인 이용권을 부여하는 계약이다. 즉 비용을 지불했더라도 접근과 이용 가능 범위는 계약이 정한 허용 이용자와 허용 이용행위에 의해 제한된다(Enimil et al., 2024). 이 때문에 전자자원의 실제 이용과 관리는 법 조문만으로 자동 결정되기보다 계약 조항에 의해 좌우되는 경우가 많다.

실무적으로 라이선스 계약에서 핵심이 되는 쟁점은 대체로 반복된다. 예컨대 허용된 이용자 범위는 교직원, 재학생, 방문연구자 등을 어디까지 포함하는지로 정리되며, 원격접속은 프록시 또는 통합인증 방식의 허용 여부가 쟁점이 된다. 또한 상호대차와 학술적 공유의 허용 범위, 강의자료와 전자강의실에서의 활용 범위, 텍스트와 데이터마이닝의 허용 여부, 구독 종료 이후 영구접근과 아카이빙 보장, 이용통계 제공과 감사 조건 등이 대표적인 검토 항목으로 꼽힌다(Enimil et al., 2024; NISO, 2012).

한편 라이선스 협상 부담을 줄이기 위한 업계적 대안으로, 전통적인 개별 계약 대신 SERU(Shared Electronic Resource Understanding)와 같은 공통 이해 모델을 활용하려는 시도도 존재한다. SERU는 라이선스 문서를 매번 개별 협상하지 않더라도 제공자, 도서관, 이용자 사이의 일반적 기대를 정리한 권고 모델로 소개되며, 여기에는 허용 이용, 부적절 이용, 프라이버시, 서비스 수준, 아카이빙과 영구접근 등이 포함된다(NISO, 2012). 다만 SERU가 모든 거래를 대체하는 것은 아니며, 기관의 위험도, 가격, 자원 유형에 따라 기존 라이선스 계약이 더 적합할 수 있다.

9.2.3 라이선스 관련 메타데이터

앞에서 살펴본 것처럼 디지털도서관에서 디지털 자원의 접근과 이용은 라이선스 계약에 의해 허용되거나 제한된다. 따라서 장서 관리의 관점에서 이러한 자원에 대해 어떤 이용이 가능한지를 사람이 기억에 의존해 처리하는 방식은 지속가능하지 않다. 예를 들어 인쇄 가능 여부, 강의자료로의 활용 가능 여부, 상호대차 가능 여부와 같은 사항을 개인의 경험에 맡기는 것은 오류와 혼선을 낳기 쉽다. 이 때문에 도서관은 라이선스의 핵심 조항을 메타데이터로 구조화하여 체계적으로 관리할 필요가 있으며, 이는 전자자원관리에서 핵심 과제 중 하나로 지속적으로 논의되어 왔다(NISO, 2012).

라이선스 관련 메타데이터를 표현하고 유통하는 방법은 크게 두 가지 흐름으로 정리할 수 있다. 첫째는 전자자원관리 관점에서 라이선스의 핵심 요소를 데이터 항목으로 표준화하여, 시스템 안에서 검색하고 비교하며 점검할 수 있도록 하는 접근이다(NISO, 2012). 둘째는 라이선스 조항 자체를 기계가 직접 읽고 해석할 수 있는 형태로 표현하는 권한 또는 라이선스 표현 표준을 활용하는 접근이다. 예를 들어 ONIX-PL은 전자자원 라이선스의 내용을 구조화된 XML 형식으로 표현하여, 도서관 시스템이 라이선스를 상호 비교하거나 이용자 범위 밖 공유가 가능한지, 전자 강의자료로 사용할 수 있는지를 자동으로 판단할 수 있도록 지원하는 표준으로 소개된다.

또한 최근에는 라이선스 내용을 긴 본문 텍스트로 저장하기보다, 메타데이터에서 라이선스 또는 이용 조건을 설명하는 URI를 안정적으로 연결하는 방식도 권고되고 있다. 예를 들어 NISO의 Access & License Indicators 권고는 콘텐트가 자유롭게 읽을 수 있는지 여부와 어떤 라이선스 조건 아래에서 재이용이 가능한지를 표준화된 지표와 라이선스 링크로 표현하도록 안내한다(NISO, 2021). 이러한 흐름은 도서관이 이용 권한을 보다 명확하고 일관되게 안내할 수 있게 하며, 동시에 시스템이 자동으로 권한을 판별하고 화면에 표시할 수 있는 기반을 마련한다. 이처럼 디지털 도서관에서 라이선스 관련 메타데이터는 단순히 계약 문서를 보관하는 차원을 넘어, 이용자 서비스 제공, 내부 준수 관리, 운영 효율성 향상과 직결되는 실무적 인프라라고 할 수 있다(NISO, 2021).

9.2.3.1 메타데이터 스키마의 저작권 요소

디지털도서관에서 제공되는 디지털 자원은 대부분 라이선스 계약에 의해 접근과 이용이 통제된다. 따라서 단순히 서지적 기술 정보만으로는 디지털 자원의 이용 가능 범위를 충분히 전달할 수 없으며, 저작권 및 이용 조건을 명시적으로 표현할 수 있는 메타데이터 요소가 필요하다. 이러한 요구에 따라 여러 메타데이터 스키마에서는 저작권과 접근 권한을 표현하기 위한 요소를 포함하고 있으며, 대표적인 예로 MARC, Dublin Core, INDECS를 들 수 있다.

1) MARC

MARC 포맷은 1960년대 미국 의회도서관(Library of Congress)의 서지 전문가들에 의해 도서관 간 서지 레코드의 상호교환을 목적으로 개발되었다. 기존에 수작업으로 작성되던 카드목록을 기계가 판독하고 처리할 수 있도록 구조화한 것이 MARC의 출발점이다. 이후 MARC는 국제적으로 확산되었으며 각 국가별 MARC 포맷이 개발되었다가, 1999년 미국의 USMARC와 캐나다의 CANMARC가 통합되어 MARC 21이 표준으로 정립되었다. MARC는 본래 서지정보 중심의 포맷이지만, 전자자원의 확산과 함께 접근 제한과 이용 조건을 표현하기 위한 필드가 포함되었다.

MARC에서 저작권 및 이용 제한과 직접적으로 관련된 대표적인 필드는 506 필드와 540 필드이다. 506 필드(Restrictions on Access Note)는 자원에 대한 접근 제한 사항을 기술하는 데 사용된다. 접근 가능한 이용자 범위, 접근 시점, 법적 또는 행정적 제한 조건 등을 설명할 수 있다. 540 필드(Terms Governing Use and Reproduction Note)는 자원의 이용 및 재생산에 관한 조건을 기술하는 필드로, 복제, 전송, 배포, 재이용 가능 여부 등 저작권 관련 조건을 명시하는 데 활용된다. 이 두 필드의 여러 하위 식별자를 아래 〈표 9.1〉에서 확인할 수 있다.

〈표 9.1〉 MARC의 저작권 관련요소

구분	내용
데이터 요소	**506 태그**: 접근에 대한 제한사항(Restrictions on Access) **540 태그**: 이용과 재생산을 통제하는 설명(Terms Governing Use and Reproduction)
하위 식별자(공통)	**$b** Jurisdiction(관할) / **$d** Authorized users(허용 이용자) / **$u** URI(상세 정책 · 라이선스 안내 링크) / **$3** Materials specified(적용 대상) / **$5** Institution to which field applies(적용 기관) / **$6** Linkage(연계 정보) / **$8** Field link and sequence number(필드 연결 및 순서)
하위 식별자 (506 중심)	**$a** Terms governing access(접근 조건) / **$c** Physical access provisions(물리적 접근 조건) / **$e** Authorization(접근 제한의 근거/허가)
하위 식별자 (540 중심)	**$a** Terms governing use and reproduction(이용 · 재생산 조건) / **$c** Authorization(이용 · 재생산 제한의 근거/허가)
예(506)	506 ## $3 학위논문 원문(PDF) $a 학내 구성원에 한하여 열람 가능함. $d 재학생, 교직원 $u https://www.example.ac.kr/library/access-policy
예(540)	540 ## $a 개인적 연구 및 교육 목적 이용만 허용됨. 원문 전송 및 재배포 금지. $u https://www.example.ac.kr/library/license

2) DC(Dublin Core)

더블린 코어(DC)는 네트워크 환경에서 다양한 전자자원을 기술하기 위해 최소한의 핵심 메타데이터 요소 집합을 정의하려는 시도에서 출발하였다. DC는 총 15개의 기본 요소로 구성되며, 단순성과 보편성을 핵심 설계 원칙으로 삼고 있다. 이러한 특성으로 인해 DC는 디지털도서관, 리포지토리, 웹 자원 기술 등 다양한 환경에서 널리 활용되고 있다.

DC에서 저작권과 직접적으로 관련된 핵심 요소는 Rights 요소이다. Rights 요소는 정보자원의 저작권 상태, 이용 조건, 접근 제한, 라이선스 정보를 기술하거나, 관련 정보를 제공하는 외부 자원으로 연결하는 역할을 한다. 이를 통해 이용자는 해당 자원을 어떤 조건에서 사용할 수 있는지 파악할 수 있다. 한편, 더블린 코어를 관리하고 발전시키는 더블린 코어 메타데이터 이니셔티브(DCMI)에서는 Rights 요소만으로 디지털 자원의 복잡한 권리 관계를 충분히 표현하기 어렵다는 문제의식 아래, 저작권 관련 요소를 세분화하려는 논의를 진행해 왔다. 그 결과 AccessRights, License, RightsHolder와 같은 요소들이 제안되었으며, 이는 자원의 접근 권한, 라이선스 조건, 권리 소유자를 보다 명확하게 구분하여 표현하려는 시도로 볼 수 있다. 다음 〈표 9.2〉는 저작권 관련 DC 데이터 요소별 정의와 사례를 보여준다.

〈표 9.2〉 저작권 관련 DC 요소

데이터 요소	레이블	정의 및 사례
rights	Rights	자원에 대해 보유되는 권리(저작권 포함)와 관련된 정보를 제공한다. 보통 권리 고지문을 직접 적거나, 권리 정보를 제공하는 외부 문서로 연결한다. 〈dc:rights〉교내 구성원에 한하여 이용 가능〈/dc:rights〉〈dc:rights〉 이용조건 안내: https://www.example.ac.kr/license〈/dc:rights〉
accessRights	Access Rights	누가 자원에 접근할 수 있는지, 또는 자원의 보안/접근 제한 상태에 관한 정보를 제공한다(프라이버시, 보안, 정책 등에 따른 제한 포함). 〈dcterms:accessRights〉internal〈/dcterms:accessRights〉 〈dcterms:accessRights〉재학생 · 교직원〈/dcterms:accessRights〉
license	License	자원의 이용이 어떤 라이선스(허락 조건)에 의해 허용되는지를 나타낸다. 일반적으로 라이선스 문서(또는 라이선스 URI)로 연결하는 방식이 적합하다. 〈dcterms:license〉 https://creativecommons.org/licenses/by/4.0/ 〈/dcterms:license〉
rightsHolder	Rights Holder	자원에 대한 권리를 소유하거나 관리하는 개인 또는 기관(권리자)을 나타낸다. 〈dcterms:rightsHolder〉OO대학교〈/dcterms:rightsHolder〉 〈dcterms:rightsHolder〉OO출판사〈/dcterms:rightsHolder〉

이러한 확장은 디지털 자원의 이용 권한과 책임 주체를 보다 명확하게 표현하려는 흐름을 반영한다. 다음은 DC 저작권 관련 요소를 사용한 Turtle 형식의 RDF 문

서와 XML 문서의 예시이다.

▷ DC 저작권 관련 요소를 사용한 RDF(Turtle) 예시

```
@prefix dc: <http://purl.org/dc/elements/1.1/> .
@prefix dcterms: <http://purl.org/dc/terms/> .
@prefix xsd: <http://www.w3.org/2001/XMLSchema#> .

<https://repo.example.ac.kr/handle/123456789/1>  ………………………… ㉠
  dc:rights "교내 구성원에 한하여 이용 가능"@ko ;  ………………………… ㉡
  dcterms:accessRights "internal" ;  ………………………… ㉢
  dcterms:license <https://creativecommons.org/licenses/by/4.0/> ;  ………… ㉣
  dcterms:rightsHolder "OO대학교"@ko .  ………………………… ㉤
```

▷ DC 저작권 관련 요소를 사용한 XML 예시

```
<rdf:RDF
  xmlns:rdf="http://www.w3.org/1999/02/22-rdf-syntax-ns#"
  xmlns:dc="http://purl.org/dc/elements/1.1/"
  xmlns:dcterms="http://purl.org/dc/terms/"
  xmlns:xml="http://www.w3.org/XML/1998/namespace">

  <rdf:Description rdf:about="https://repo.example.ac.kr/handle/123456789/1"> ‥ ㉥
    <dc:rights xml:lang="ko">교내 구성원에 한하여 이용 가능</dc:rights>  ………… ㉦
    <dcterms:accessRights>internal</dcterms:accessRights>  ………………… ㉧
    <dcterms:license rdf:resource="https://creativecommons.org/licenses/by/4.0/"/>  …… ㉨
    <dcterms:rightsHolder xml:lang="ko">OO대학교</dcterms:rightsHolder>  ……… ㉩
  </rdf:Description>

</rdf:RDF>
```

위의 Turtle 표현과 아래 RDF/XML 표현은 같은 RDF 그래프를 서로 다른 신텍스로 직렬화한 것이며, 표기된 기호는 서로 다음과 같이 대응된다. ㉠은 Turtle에서 주어 자원을 지정하는 부분이다. RDF/XML에서는 동일한 주어가 ㉥의 rdf:Description 요소와 rdf:about 속성으로 표현된다. 즉 Turtle의 주어 URI 한 줄이 XML에서는 기술 대상 자원을 가리키는 rdf:about 으로 옮겨진다.

㉡은 주어 자원에 dc:rights 술어를 연결하고, 값으로 한국어 문자열을 부여한 것이다. RDF/XML에서는 ㉦의 dc:rights 요소가 같은 술어를 나타내며, Turtle의 @ko 언어 태그는 xml:lang 속성으로 대응된다.

㉢은 dcterms:accessRights 술어로 접근 권한 값을 문자열로 표현한 것이다. RDF/XML에서는 ㉧의 dcterms:accessRights 요소가 같은 술어를 나타내고, 내부 텍스트로 동일한 값 internal 이 담긴다.

㉣은 dcterms:license 술어로 라이선스를 URI 자원에 연결한 것이다. Turtle에서 꺾쇠 괄호로 감싼 URI는 리터럴이 아니라 자원임을 의미하며, RDF/XML에서는 ㉨처럼 dcterms:license 요소에 rdf:resource 속성을 사용해 같은 URI 자원을 가리키도록 표현한다.

㉤은 dcterms:rightsHolder 술어로 권리 보유자를 한국어 문자열로 표현한 것이다. RDF/XML에서는 ㉩의 dcterms:rightsHolder 요소가 같은 술어에 해당하며, @ko 언어 태그는 xml:lang 으로 동일하게 대응된다.

이상에서 살펴본 바와 같이, Turtle은 한 주어를 먼저 적고 세미콜론으로 여러 술어와 객체를 연쇄적으로 연결하는 방식이고, RDF/XML은 ㉥처럼 rdf:Description 안에 ㉦부터 ㉩까지의 속성 요소를 나열해 같은 트리플들을 표현한다. 따라서 ㉠부터 ㉤까지가 의미적으로 ㉥부터 ㉩까지와 일대일로 대응하며, 직렬화만 다를 뿐 RDF 의미는 동일하다.

3) INDECS

INDECS는 전자상거래 시스템에서의 데이터 상호운용성이라는 뜻으로, 1998년 유럽을 중심으로 디지털 콘텐트의 전자상거래와 지식재산권 관리를 지원하기 위해 시작된 메타데이터 프로젝트이다. 또한 INDECS는 지식재산 거래에서 필요한 메타데이터의 의미 상호운용성을 확보하기 위한 프레임워크이다. INDECS는 단순한 서지 기술을 넘어, 저작물의 생성, 권리의 발생, 이용, 이전 과정 전체를 구조적으로 표현하는 것을 목표로 한다. INDECS의 핵심은 누가 당사자인지, 무엇이 자원과 표현형인지, 어떤 조건에서 권리와 의무, 제약이 적용되는지, 그리고 어떻게 사용할 수 있는지를 모호하지 않게 식별하고 기술하는 데 있다(DOI, n.d.). 이 접근은 출판 및 콘텐트 산업의 표준들, 온익스와 DOI 생태계 같은 표준에 영향을 주었다(Bide, 2021; DOI, n.d.).

INDECS의 가장 큰 특징은 하나의 관점에 의존하지 않고, 네 가지 메타 뷰를 통해 자원을 바라본다는 점이다. 전통적인 메타데이터가 주로 서지적 관점에서 자원을 식별하는 데 초점을 두었다면, INDECS는 동일한 실체를 상황에 따라 사람, 권리자, 이용자 등으로 다층적으로 식별할 수 있도록 설계되었다. 특히 지식재산 관점에서는 저작물과 권리, 권리 행사 주체 간의 관계를 중심으로 구조화한다. 다음 〈그림 9.1〉은 INDECS의 지식재산 관점에서 데이터 요소 간의 관계를 도식화한 것이다.

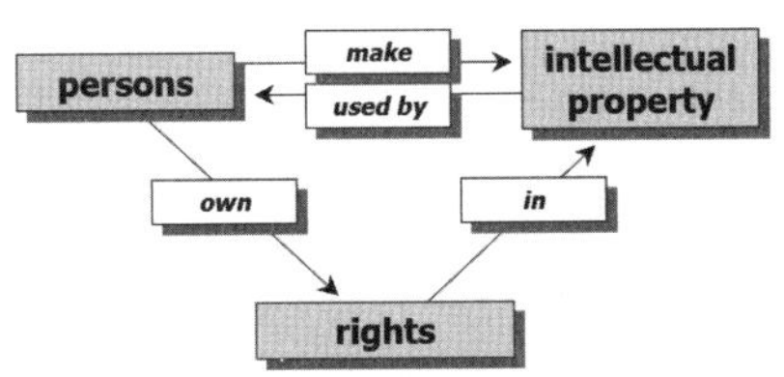

〈그림 9.1〉 INDECS의 지적재산 관점(Rust & Bide, 2000)

〈그림 9.1〉에서 persons는 지적재산 생태계에서 가장 기본적인 행위 주체이다. 사람은 저작물을 창작하는 주체가 될 수 있고, 동시에 이미 존재하는 지적재산을 이용하는 주체가 될 수도 있다. 즉 사람은 창작자이자 이용자라는 이중적 역할을 수행한다.

다음으로 intellectual property는 사람의 창작 행위를 통해 생성되는 대상이다. 이는 문학과 학술 저작물, 음악, 영상, 데이터베이스 등 법적으로 보호되는 무형의 산출물을 의미한다. 지적재산은 단순히 존재하는 콘텐트가 아니라, 사람의 창작 활동과 이용 행위를 매개하는 중심 요소로 위치한다. 그 아래에 위치한 rights는 지적재산을 둘러싼 법적, 제도적 장치를 나타낸다. 사람은 지적재산에 대해 일정한 권리를 소유할 수 있으며, 이 권리는 저작권, 이용권, 라이선스 권리 등으로 구체화된다. 그림에서 rights는 persons와 intellectual property를 연결하는 매개체로 표현되는데, 이는 지적재산에 대한 모든 이용과 통제가 권리를 통해서만 정당화됨을 의미한다. 특히 그림에서 intellectual property에서 rights로 이어지는 in 관계는 권리가 특정 지적재산 안에 귀속되어 정의된다는 점을 보여준다. 즉 권리는 추상적으로 존재하는 것이 아니라, 항상 특정 지적재산을 대상으로 설정된다. 반대로 persons에서 rights로 이어지는 own 관계는 권리가 반드시 사람이나 기관에게 귀속된다는 점을 나타낸다.

이 도식이 전달하는 가장 중요한 메시지는 지적재산 관리의 핵심은 콘텐트 목록화가 아니라 관계의 명시라는 것이다. 누가 만들었는지, 누가 이용하는지, 누가 권리를 가지고 있는지, 그리고 그 권리가 어떤 지적재산에 적용되는지를 명확히 표현해야만 디지털 환경에서 합법적인 이용과 유통이 가능해진다.

다음 〈표 9.3〉은 INDECS의 지적재산 관점을 기술하기 위한 데이터 요소에 대한 설명이다.

〈표 9.3〉 INDECS의 지적재산 관점(Rust & Bide, 2000)

데이터요소	설명
Intellectual Property	법 또는 국제조약에 의해 지적재산이라 정의된 엔터티
Intellectual Property Rights	법 또는 국제조약에 의해 지적재산에 정의된 행위를 행사하거나 제3자로 하여금 할 수 있도록 허용하는 권한
Person	법에 의해서 지적재산권을 향유할 수 있는 권한을 부여받은 엔터티

이상에서 살펴본 바와 같이 MARC, 더블린 코어, INDECS는 각각 다른 목적과 환경에서 출발하였지만, 디지털 자원의 확산과 함께 저작권과 이용 조건을 메타데이터로 표현해야 한다는 공통된 요구에 대응해 왔다. MARC는 주석 중심의 접근 제한과 이용 제한 표현을, 더블린 코어는 단순하고 보편적인 권리 안내를, INDECS는 권리 관계 자체를 구조화하는 접근을 제시한다. 이러한 메타데이터 스키마의 저작권 요소는 디지털도서관에서 합법적 이용을 지원하고, 이용자에게 명확한 권리 정보를 제공하는 핵심적인 기반이라고 할 수 있다.

이제 저작권의 권한표현언어를 살펴보자. 디지털 환경에서 저작권 관리는 허용과 금지를 문장으로 고지하는 수준을 넘어, 시스템이 해석하고 실행할 수 있는 형태로 권리와 정책을 표현할 것을 요구한다. 특히 최근에는 저작권 보호를 위한 강한 통제 모델만으로는 데이터 유통과 협력이 어려워지면서, 데이터 거버넌스와 데이터 스페이스, 상호운용성을 고려한 비교적 가벼운 정책과 권리 표현 모델이 산업 전반에서 중요해지고 있다. 이러한 맥락에서 널리 활용되는 대표적인 권한표현언어가 ODRL이다(W3C, 2018).

9.2.3.2 ODRL

1) ODRL의 개요

ODRL(Open Digital Rights Language)은 디지털 자원에 대한 권리 또는 정책, 허가, 의무, 금지, 제약 조건을 구조적으로 표현하기 위해 정의된 표현 언어이자 어휘이다. ODRL은 특정 서비스나 벤더의 내부 규칙을 문장으로 기록하는 방식이 아니라, 누가 어떤 자원에 대해 어떤 행위를 어떤 조건에서 수행할 수 있는가를 기계가 읽을 수 있는 형태로 모델링하는 데 목적이 있다(W3C, 2018).

ODRL은 본래 저작권 관리 영역에서 출발했지만, 설계 단계부터 특정 산업에 종속되지 않는 상호운용성을 핵심 목표로 삼아 왔다. 그 결과 도서관과 출판, 미디어 분야뿐 아니라 데이터 공유와 교환이 활발한 환경, 예를 들어 데이터 협력 생태계에서도 정책 기반 권리 표현 방식으로 활용될 수 있는 범용 프레임워크로 발전하였다(W3C, 2018).

2) ODRL의 개념 모델

ODRL의 개념 모델은 자원(Asset), 당사자(Party), 합의 또는 정책(Agreement 또는 Policy)을 중심으로 구성된다. 이 구조는 권리 정보를 문장이 아니라 관계로 표현한다는 점에서 의미가 크다(W3C, 2018).

자원(Asset)은 권리 표현의 대상이 되는 디지털 객체이다. 문서, 이미지, 영상, 데이터셋, 소프트웨어 등 형태는 다양하며, ODRL은 자원의 서지적 상세 기술을 직접 담당하기보다 식별과 참조를 전제로 한다. 즉 ODRL은 자원이 무엇인가를 설명하기보다, 그 자원을 어떻게 이용할 수 있는가에 집중한다. 당사자(Party)는 자원과 관련된 행위 주체이다. 권리를 부여하는 주체인 권리자, 권리를 행사하는 주체인 이용자, 그리고 중개자 등이 포함되며, 이들 역시 외부 식별 체계와 결합해 식별하는 방식이 일반적이다. 합의 또는 정책(Agreement 또는 Policy)은 자원과 당사자 사이의 권리 관계를 규정하는 핵심 단위이다. 이는 라이선스 계약, 이용 약관, 기관 정책처럼 이용 조건을 규정하는 규칙 묶음에 대응하며, 내부적으로 허가(Permission), 금지(Prohibition), 의무(Duty), 제약(Constraint) 등을 포함해 권리 관계를 구체화한다.

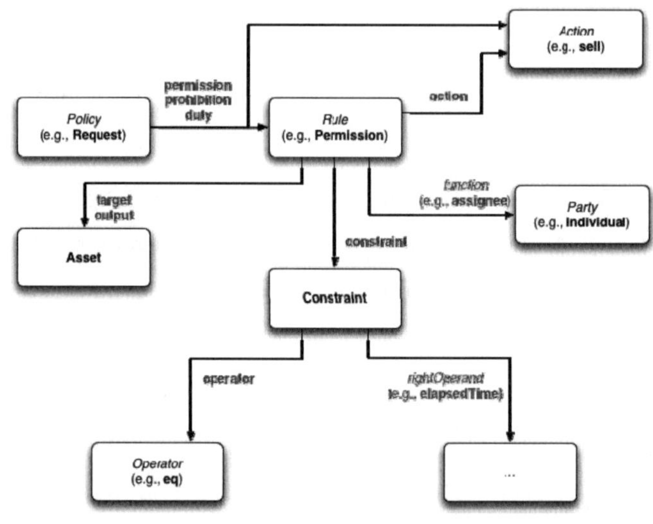

〈그림 9.2〉 ODRL의 핵심 구성요소와 그 관계

위 〈그림 9.2〉는 ODRL의 핵심 구성요소와 그 관계를 간결하게 나타낸 개념도이다. 그림을 통해 ODRL은 누가(Party) 무엇(Asset)에 대해 어떤 행위(Action)를 어떤 조건(Constraint)에서 할 수 있는가를 정책(Policy), 규칙(Rule), 제약(Constraint) 구조로 표현하는 권한표현언어임을 알 수 있다.

ODRL에서 Policy는 자원에 대한 권리 규칙의 집합으로, 하나 이상의 Rule을 포함한다. Rule은 허가(Permission), 금지(Prohibition), 의무(Duty) 중 하나의 형태로 표현되며, 자원에 대해 어떤 행위가 가능한지를 규정한다. 각 Rule은 특정 Asset(자원)을 대상으로 하며, Action을 통해 허용되거나 제한되는 행위, 예를 들어 판매나 열람을 명시한다. 이러한 행위는 특정 Party(주체)에 의해 수행되며, Rule에는 행위가 유효하게 적용되기 위한 Constraint(제약 조건)이 함께 결합될 수 있다. Constraint는 시간, 횟수, 목적 등의 조건을 표현하며, Operator와 값(value)을 통해 조건의 비교 방식이 정의된다.

한편, ODRL에서 허가(Permission)는 자원에 대해 허용되는 행위를 의미한다. 예를 들어 열람, 인쇄, 다운로드, 복사, 공유, 대여 등 다양한 이용 행위가 허가로 표현될 수 있다. 그러나 허가는 단독으로 해석되지 않고, 보통 제약 조건(Constraint)과 결합되어 실제 의미를 갖는다. 제약 조건은 허가가 유효한 범위를 구체화한다. 예컨대 이용 기간, 이용 횟수, 이용 장소, 이용 목적, 특정 이용자 집단 등은 모두 제약 조건으로 표현될 수 있다. 따라서 ODRL은 무엇을 할 수 있는가뿐 아니라 어떤 조건에서 가능한가를 함께 표현함으로써, 디지털 환경에서 필요한 정책적 통제를 구조적으로 구현할 수 있게 한다.

다음 〈그림 9.3〉은 ODRL 정보 모델을 보여준다. ODRL은 단순한 이용 가능 불가능의 고지를 넘어, 디지털 환경에서 권리 정책을 기계가 해석하고 처리할 수 있도록 구조화된 표현 체계를 제공한다는 점에서 의미가 있다.

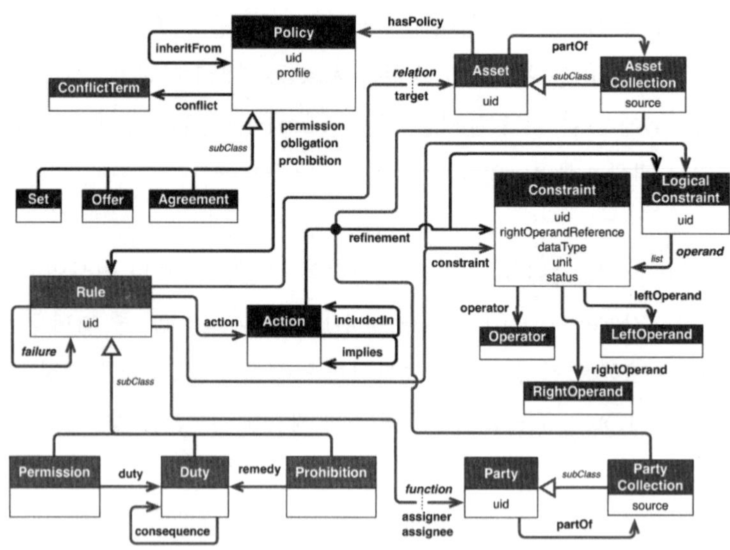

〈그림 9.3〉 ODRL 정보 모델(https://www.w3.org/TR/odrl-model/)

ODRL 정보 모델의 중심에는 Policy(정책)가 위치한다. Policy는 특정 디지털 자원에 적용되는 권리, 의무, 금지 규칙의 집합으로, hasPolicy 관계를 통해 Asset(자산)에 연결된다. 여기서 자산은 개별 디지털 객체뿐 아니라 여러 자원을 묶은 자산 컬렉션일 수도 있으며, 이를 통해 개별 자원과 컬렉션 단위 모두에 정책을 적용할 수 있음을 보여준다. Policy는 내부적으로 Rule(규칙)로 구성되며, Rule은 다시 Permission(허용), Prohibition(금지), Duty(의무)의 세 가지 유형으로 구분된다. Permission은 특정 행위를 수행할 수 있음을 의미하고, Prohibition은 수행할 수 없음을 의미하며, Duty는 행위의 전제 조건이나 사후 조건으로 반드시 이행해야 할 사항을 뜻한다. 이러한 구분을 통해 ODRL은 할 수 있다, 할 수 없다, 반드시 해야 한다라는 권리 관계를 명확히 표현한다.

각 Rule은 action 관계를 통해 Action(행위)과 연결된다. Action은 복제, 배포, 열람, 텍스트 마이닝 등과 같이 자산에 대해 수행되는 구체적인 이용 행위를 의미한다. 또한 Action 간에는 포함 관계나 함의 관계가 설정될 수 있어, 하나의 행위가 다른 행위를 내포하거나 전제하는 구조도 표현할 수 있다. Rule에는 적용 조건을 명시하기 위해 Constraint(제약조건)가 결합될 수 있다. Constraint는 왼쪽 항, 연산자, 오른쪽 항으로 구성되어 이용 횟수, 이용 기간, 이용 목적, 단위 등의 조건을 정형적으로 표현한다. 더 나아가 여러 제약조건을 논리적으로 결합하기 위해 논리 제약조건이 사용되며, 이를 통해 AND나 OR와 같은 복합적인 조건식을 구성할 수 있다. 정책의 적용 주체는 Party(당사자) 개념을 통해 표현된다. Rule은 권한을 부여하는 주체와 권한을 부여받는 주체를 명시할 수 있으며, Party는 개인, 기관, 집단 등 다양한 형태를 가질 수 있다. 여러 주체를 묶어 표현하기 위해 당사자 컬렉션도 제공되어, 역할 기반 또는 집단 기반 권리 부여가 가능하다. 의무(Duty)는 허용(Permission)에 부수적으로 연결되어 특정 행위를 수행하기 위한 전제 조건이나 사후 이행 사항을 나타낼 수 있으며, 금지(Prohibition)와 결합될 경우 위반 시 적용되는 구제 또는 후속 조치를 표현하는 데 활용된다. 이는 권리 위반 상황까지 고려한 정책 표현이 가능함을 보여준다. 마지막으로 Policy 간에는 상속 관계나 충돌 개념이 존재하여, 여러 정책이 동시에 적용될 때의 관계와 우선순위를 모델링할 수 있다. 이를 통해 복잡한 권리 환경에서도 정책의 재사용과 조합이 가능해진다.

아래는 ODRL(JSON－LD)로 작성한 아주 간단한 예제다. 디지털도서관이 어떤 PDF 자산을 이용자에게 열람과 다운로드는 허용하되, 출처 표시라는 의무가 필요하고, 비상업적 목적으로만 이용하도록 제한하는 정책을 표현한 것이다.

```
{
  "@context": "http://www.w3.org/ns/odrl.jsonld",  ··················· ㉠
  "@type": "Set",  ················································· ㉡
  "uid": "http://example.org/policy/1",  ··························· ㉢
  "target": "http://example.org/asset/book－001.pdf",  ·············· ㉣

  "permission": [  ················································· ㉤
    {
      "action": ["read", "download"],
      "constraint": [  ············································· ㉥
        {
          "leftOperand": "purpose",
```

```
        "operator": "eq",
        "rightOperand": "nonCommercial"
      }
    ],
    "duty": [ ······································································ ⓢ
      {
        "action": "attribution"
      }
    ]
  }
 ]
}
```

위 ODRL 예제에서 ㉠ @context는 이 문서가 ODRL 어휘를 사용하여 작성되었음을 선언하는 부분이다. 즉 문서에 포함된 permission, constraint, duty와 같은 키들이 임의의 단어가 아니라, ODRL 표준에서 정의한 의미로 해석되어야 함을 시스템에 알려주는 해석 기준(컨텍스트)의 역할을 한다.

이어서 ㉡ @type은 정책 문서의 유형을 지정하며, 여기서 Set은 특정 자산에 적용되는 규칙들을 하나로 묶어 제시하는 기본적인 정책 형태를 뜻한다. 또한 ㉢ uid는 정책 자체의 고유 식별자(URI)로서, 시스템이 다양한 정책을 서로 구분하고 참조하며 재사용할 수 있도록 해준다.

이 정책이 적용되는 대상은 ㉣ target에 의해 지정된다. target은 정책이 적용되는 자산의 식별자(URI)이며, 예제에서는 book-001.pdf라는 PDF 파일에 이 정책이 부여됨을 나타낸다. 즉, 이 정책은 추상적인 규칙 설명이 아니라, 구체적으로 어떤 디지털 객체에 적용되는지까지 명확히 연결한다.

정책의 핵심 규칙은 ㉤ permission에 기술된다. permission은 허용 규칙들의 목록이며, ODRL에서는 하나의 정책 안에 여러 허용 규칙을 담을 수 있으므로 배열 형태로 표현한다. 각 허용 규칙은 action을 통해 허용되는 행위를 명시하는데, 예제에서는 read(열람)와 download(다운로드)가 허용된다는 점을 분명히 한다. 다만 이러한 허용은 항상 무조건 성립하는 것이 아니라, constraint를 통해 특정 조건을 만족할 때만 유효하도록 제한할 수 있다.

ⓑ constraint는 허용 규칙에 부착되는 제약 조건이며, 조건 역시 여러 개를 둘 수 있으므로 배열 형태로 표현된다. 각 조건은 leftOperand, operator, rightOperand의 구조를 통해 정형화된다. leftOperand는 비교의 기준이 되는 항목을 지정하며, 예제에서는 purpose를 설정하여 이용 목적을 판단 기준으로 삼는다. operator는 비교 연산자를 의미하고, eq는 같음을 뜻하여 이용 목적이 특정 값과 일치할 때 조건이 충족됨을 나타낸다. rightOperand는 비교 대상 값으로, 예제에서는 nonCommercial을 지정함으로써 이용 목적이 비상업적일 때에만 허용이 성립하도록 규정한다.

또한 ODRL은 허용 규칙에 의무를 결합할 수 있는데, 이를 ⓢ duty로 표현한다. duty는 허용(permission)에 부수적으로 따라오는 의무를 의미하며, 열람과 다운로드는 허용하지만 그 이용에는 반드시 수행해야 할 행위가 있다는 조건을 덧붙인다. 예제에서 의무 내용은 action으로 기술되며, attribution은 출처표시를 의미한다. 따라서 이용자는 해당 PDF를 열람하거나 다운로드할 수 있지만, 이용 과정에서 출처표시 의무를 함께 이행해야 한다. 이상을 종합하면, 이 정책은 특정 PDF 자산을 대상으로 열람과 다운로드를 허용하되, 그 허용은 비상업적 목적이라는 조건 아래에서만 성립하며, 이용자는 출처표시 의무를 함께 부담하도록 구성되어 있다. 이는 ODRL이 디지털 자원의 이용 조건을 허용 행위, 적용 조건, 부수 의무의 형태로 구조화하여, 사람이 읽을 수 있을 뿐 아니라 시스템도 자동으로 해석하고 처리할 수 있는 정책 표현을 가능하게 함을 보여주는 간단한 사례이다.

지금까지 ODRL의 개발 배경과 정보 모델, 실제 ODRL로 작성된 사례를 살펴보았다. ODRL의 가장 중요한 의의는 저작권과 이용 조건을 법적 문구의 나열이 아니라, 구조화된 정책 모델로 표현한다는 점이다. 이는 디지털도서관에서 라이선스 계약 내용을 단순히 문서로 보관하는 수준을 넘어, 권한을 시스템이 판별하고 안내할 수 있도록 만드는 기반이 된다. 또한 ODRL은 강한 DRM을 전제로 하지 않으면서도, 정책과 권리 정보를 기계가 해석 가능한 형태로 표현해 자동화된 권한 판단, 상호운용, 데이터 공유를 지원할 수 있다는 점에서, 데이터 거버넌스 및 협력 환경에서도 활용 가치가 크다(W3C, 2018).

9.3 디지털 콘텐트 저작권 보호기술

9.3.1 저작권 관리

컴퓨터 및 네트워크 기술이 발전하고 대중화됨에 따라, 아날로그 형태로 생산되고 유통되며 보관되던 저작물(도서, 만화, 음반, 영화, 방송, 신문 등)은 빠르게 디지털 형태로 전환되어 왔다. 디지털 자원은 반복 사용과 복제 과정에서도 원본 품질이 저하되지 않으며, 편집과 가공이 용이하고, 네트워크를 통해 대용량 콘텐트도 단시간에 전송하고 배포할 수 있다는 특성을 지닌다. 이러한 특성은 전자책 서비스, OTT, 온라인 학술정보 유통 등 다양한 디지털 서비스 확산의 기반이 되었다. 그러나 디지털 환경의 장점은 동시에 저작권 침해 위험을 확대하는 요인으로 작용한다. 디지털 복제물은 원본과 동일한 수준의 품질을 유지할 수 있어 정당한 구매와 이용의 동기를 약화시킬 수 있고, 저작자의 동의 없이도 수정하고 복제하며 재배포하는 일이 손쉽게 이루어질 수 있다. 특히 온라인 환경에서는 불법 복제물이 빠르게 확산되어, 사후적 법 집행만으로 피해를 충분히 억제하기 어렵다는 현실적 한계가 반복적으로 지적되어 왔다(Fortinet, n.d.; EUIPO, n.d.).

이러한 부정적 요소는 창작자의 권리와 유통 생태계의 안정성을 위협하여, 창작의욕을 저하시킬 뿐 아니라 디지털화와 합법 유통을 주저하게 만드는 요인으로도 작용할 수 있다. 따라서 디지털 저작물 유통 환경에서는 디지털의 이점을 살리면서도 권리자의 정당한 이익을 보호할 수 있도록, 기술적 통제와 관리적 통제를 결합한 저작권 관리 체계가 필요하다.

디지털저작권관리(DRM)는 디지털 콘텐트의 이용을 정책, 절차, 기술로 통제하여, 권리자가 허용한 범위 안에서만 접근하고 사용하며 배포할 수 있도록 하는 체계를 의미한다(Adobe for Business Team, 2025; Fortinet, n.d.). 일반적으로 DRM은 암호화와 인코딩, 이용자 인증, 접근 제어, 라이선스 발급과 검증, 이용 로그 및 감사와 같은 기능 요소를 결합하여, 누가 어떤 콘텐트를 어떤 조건에서 사용할 수 있는지를 시스템적으로 집행한다(EUIPO, n.d.). 즉 권리 보호 대상인 디지털 콘텐트에는 유통 과정에서 기술적 보호 조치가 적용되며, 이용자는 권리자가 정한 조건을 충족하는 라이선스를 획득하고 검증받은 경우에 한해 콘텐트를 이용할 수 있도록 통제된다.

최근 DRM은 단말기나 특정 뷰어에 고정된 통제를 넘어, 클라우드 저장과 공유, 원격 협업 환경에서도 콘텐트와 함께 정책이 적용되도록 하는 방향으로 확장되고 있다. 또한 서비스 제공자는 이용 허용, 이용 금지, 의무 및 제약 조건을 보다 명확하고 일관되게 관리하기 위해, 정책을 기계가 처리 가능한 형태로 표현하는 접근도 함께 고려하게 된다. 앞에서 살펴본 ODRL은 콘텐트와 서비스의 이용에 관한 진술을 정책 모델과 어휘로 표현하도록 하며, 허용과 금지 행위, 의무, 그리고 제약 조건을 구조화해 기술할 수 있음을 제시한다(W3C, 2018). 이러한 정책 표현은 디지털도서관 서비스에서 라이선스 조건 고지, 접근 통제, 이용 기록 관리 등을 체계적으로 구현하는 데 기여할 수 있다.

9.3.2 저작권관리의 기술적 모델

콘텐트, 이용자, 라이선스라는 세 가지 개념적 요소로 구성되는 DRM 시스템의 구성요소를 도식화하면 〈그림 9.4〉와 같다. DRM의 개념적 구성요소는 저작권 보호 대상인 콘텐트(Content), 콘텐트를 사용하려는 이용자(User), 그리고 사용 허가를 위한 라이선스(License)로 이루어진다.

〈그림 9.4〉는 이용자가 콘텐트를 사용하기 위해서는 저작자가 배포하는 라이선스를 반드시 발급받아야만 이용이 가능하다는 원리를 보여준다. 저작권관리는 이 세 구성요소 간의 관계를 통해 이루어지며, 각 구성요소에는 다음과 같은 기본적인 기술적 요구 사항이 수반된다.

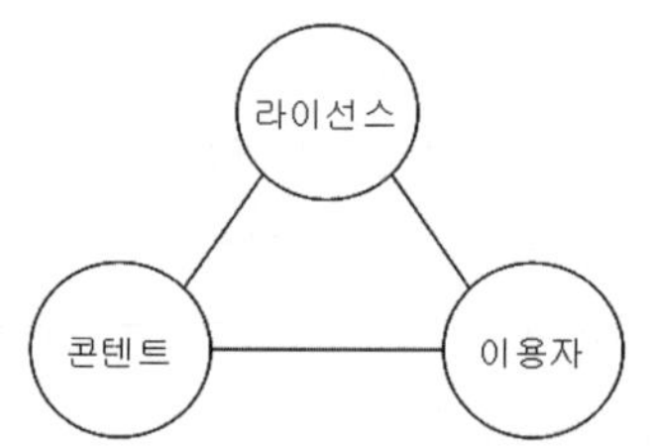

〈그림 9.4〉 DRM 시스템의 구성요소

먼저 콘텐트에는 라이선스가 없는 이용자가 원본 콘텐트에 쉽게 접근하지 못하도록 하는 보호조치 기술이 필요하다. 이용자 측에는 라이선스를 적용한 뒤 콘텐트의 보호 장치를 해제하여 이용할 수 있도록 하는 기능과, 라이선스 내용에 따라 콘텐트의 사용 범위를 통제하는 기능이 요구된다. 또한 라이선스에는 콘텐트 보호 장치를 해제할 수 있는 방법과 사용 범위에 관한 정보를 이용자에게 안전하게 전달할 수 있는 기능이 필요하다. 콘텐트, 이용자, 라이선스라는 세 가지 개념적 구성요소의 실체를 도식화하면 〈그림 9.5〉와 같다.

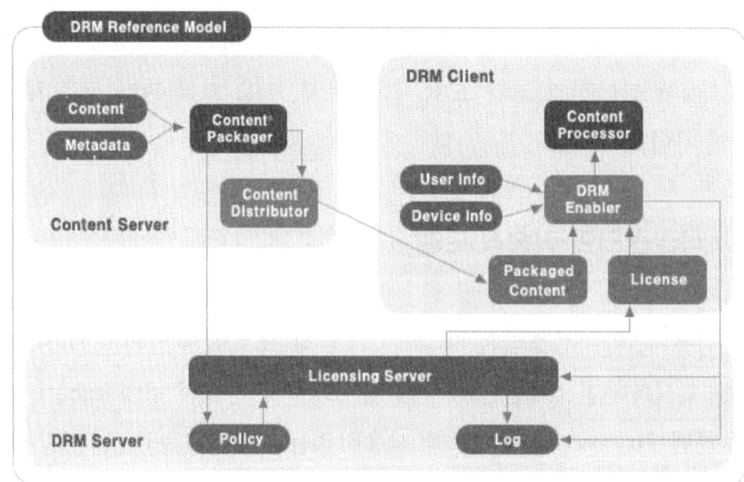

〈그림 9.5〉 DRM 시스템의 구성요소

〈그림 9.5〉에서 콘텐트 서버는 DRM의 개념적 구성요소 중 콘텐트에 해당하는 실체이며, DRM 클라이언트는 이용자, DRM 서버는 라이선스에 해당하는 실체로 이해할 수 있다. 전체 흐름을 간단히 정리하면, 콘텐트 서버는 콘텐트의 관리와 배포

를 담당하며, 배포 과정에서 저작권 보호 조치가 적용된 패키지 형태의 콘텐트를 생성하여 제공한다. 이를 이용하는 DRM 클라이언트는 패키지 콘텐트에 대한 저작권 집행을 위해 DRM 서버로부터 라이선스를 발급받은 이후에만 콘텐트 사용을 허용하도록 설계된다(파수웹사이트).

9.3.3 디지털 워터마킹

워터마킹(watermarking)이란 시각적 또는 청각적 품질을 현저히 훼손하지 않으면서 정지 영상, 동영상, 오디오, 텍스트와 같은 디지털 데이터 자체에 특정 정보를 은닉하여 삽입하는 기술을 의미한다. 디지털 워터마킹은 이러한 은닉 정보를 저작권 정보나 식별 정보로 활용함으로써, 디지털 콘텐트의 소유권을 주장하고 불법 복제나 무단 유통을 추적하기 위한 목적으로 사용된다(김덕령 · 박성한, 1999).

저작권 보호를 위한 디지털 워터마킹 기법이 실효성을 갖기 위해서는 몇 가지 기술적 요구 조건이 충족되어야 한다. 첫째, 워터마크가 삽입된 이후에도 원본 콘텐트와의 화질 또는 음질 차이가 육안이나 청감으로 구별되지 않아야 한다는 비가시성(imperceptibility)이 요구된다. 둘째, 압축, 포맷 변환, 크기 조정, 일부 편집 등 다양한 처리 과정이나 공격에도 워터마크가 유지되어야 하는 강인성(robustness)이 필요하다. 셋째, 허가받지 않은 이용자는 워터마크를 검출하거나 제거할 수 없어야 하며, 넷째, 경우에 따라서는 원본 콘텐트 없이도 워터마크를 검출할 수 있는 블라인드(blind) 검출 방식이 요구되기도 한다(Cox et al., 2008).

일반적으로 워터마킹 알고리즘 자체는 공개될 수 있으나, 워터마크의 생성과 검출에 사용되는 키(key)나 비밀 정보의 은닉성이 보호의 핵심 요소가 된다. 이는 암호 알고리즘과 유사하게, 알고리즘의 비공개보다는 키 관리의 안전성을 통해 보안을 확보한다는 원칙에 기반한다. 이러한 특성으로 인해 디지털 워터마킹은 암호화나 접근 제어와 같은 사전적 보호 기술과 달리, 콘텐트가 외부로 유출된 이후에도 저작권 침해 여부를 입증할 수 있는 사후적 보호 수단으로 활용된다.

디지털 워터마킹 기술은 기능과 목적에 따라 여러 영역으로 구분된다. 먼저 워터마크 관리 기술은 워터마크의 삽입, 추출, 검증 및 관리 기능을 제공하며, 이를 통해 권리자 확인과 사용 권한 검증을 가능하게 한다. 다음으로 소유자 판별 기술은 워터마크를 기반으로 콘텐트의 소유권을 입증하거나 분쟁 발생 시 증거 자료로 활용하는 데 초점을 둔다. 또한 저작권 침해나 악의적 공격에 대응하기 위한 기술은 워터마크 제거 또는 변조 시도에 대한 내성을 높이고, 워터마크 간 상호 침해를 방지하며, 안전성을 평가하기 위한 기준을 제시하는 역할을 수행한다(박남제 · 송유진, 2001).

워터마킹은 적용되는 매체 유형에 따라 이미지 워터마킹, 오디오 워터마킹, 비디오 워터마킹, 텍스트 워터마킹 등으로 구분되며, 활용 목적에 따라 저작권 보호, 데이터 인증, 소유권 증명 등의 기능을 제공한다. 최근에는 생성형 AI의 확산으로 합성 또는 조작된 콘텐트의 출처와 진본성을 확인해야 할 필요성이 커지면서, 워터마킹은 저작권 보호를 넘어 콘텐트의 출처와 신뢰성을 표시하기 위한 기술적 수단으로도 주목받고 있다(C2PA, 2023). 이러한 흐름 속에서 디지털 워터마킹은 DRM, 접근 제어, 이용 기록 관리 등과 결합되어 보다 종합적인 디지털 저작권 보호 체계를 구성하는 핵심 요소로 자리 잡고 있다.

9.3.4 디지털 핑거프린팅

디지털 핑거프린팅은 디지털 콘텐트의 불법 유통을 감시하고 추적하기 위해, 배포되는 복사본마다 서로 다른 수신자 또는 구매자의 고유 식별 정보를 삽입하는 기술이다. 이 점에서 권리자 정보 삽입에 초점을 두는 디지털 워터마킹과 구별되며, 핑거프린팅은 불법 재배포가 발생했을 때 어떤 수신자에게 제공된 복사본인지 식별하여 유출자를 특정하는 데 목적이 있다(Joudeh & Škorić, 2022).

핑거프린팅이 실무적으로 유효하려면 몇 가지 요구사항이 충족되어야 한다. 첫째, 식별 정보 삽입으로 인해 콘텐트 품질이 유의미하게 저하되지 않아야 한다. 둘째, 압축, 포맷 변환, 부분 편집 등 다양한 처리에도 식별 정보가 유지되어야 한다. 셋째, 여러 이용자가 공모하여 표식을 약화하거나 제거하려는 공모 공격에 대해서도 추적이 가능해야 하므로, 공모 저항성을 고려한 설계가 중요하다(Joudeh &

Škorić, 2022). 넷째, 구매자 또는 이용자의 신원이 정상 이용 과정에서 불필요하게 노출되지 않도록 익명성 또는 구매자 프라이버시를 고려하되, 침해가 실제로 발생한 경우에는 정당한 절차에 따라 추적이 가능하도록 조건부 추적성을 갖추는 방향이 논의된다(Frattolillo, 2024).

핑거프린팅 기법은 구현 관점에서, 배포자가 이용자별 표식을 직접 삽입해 제공하는 방식과, 배포자와 이용자 사이의 프로토콜을 통해 표식이 형성되는 방식으로 설명할 수 있다. 특히 후자의 접근은 디지털 유통 환경에서 구매자 친화적 설계와 프라이버시 보호 요구가 커지면서 지속적으로 재조명되고 있다(Frattolillo, 2024).

이상과 같이 디지털 핑거프린팅은 저작권 보호 표식이라는 점에서는 워터마킹과 공통점이 있지만, 권리자 표식 중심이 아니라 수신자 또는 구매자별 식별을 통한 책임 추적에 초점을 둔다는 점에서 DRM과 워터마킹과 기능적으로 구분된다. 따라서 실무에서는 DRM의 접근 통제와 라이선스, 워터마킹의 권리자 정보 표식을 결합하여, 합법 이용을 지원하면서도 유출 발생 시 책임 소재를 명확히 하는 보완 기술로 활용될 수 있다(Joudeh & Škorić, 2022; Frattolillo, 2024).

한편, 최근 OTT 스트리밍 환경에서 널리 활용되는 대표적 보호기술 중 하나는 포렌식 워터마킹이다. 포렌식 워터마킹은 영상 또는 스트림의 화질을 크게 훼손하지 않으면서 눈에 띄지 않는 표식, 즉 식별 정보를 픽셀 수준에 삽입하고, 이후 유출본이 발견되었을 때 해당 표식을 검출하여 유출 경로 또는 유출 주체를 추적하는 방식이다(NAGRAVISION, n.d.; Evercast, n.d.). 이 방식은 불법 유통을 사전에 완전히 차단하기보다는, 유출 이후에도 책임 소재를 추적할 수 있게 하여 억제 효과와 사후 대응 능력을 강화한다는 점에서 DRM의 접근 통제와 상호 보완적으로 활용된다(NAGRAVISION, n.d.). 특히 최근 OTT에서는 이용자별 복사본을 미리 만들어 배포하기보다, 재생 시점에 맞춰 세션 기반 또는 이용자 기반으로 표식을 다르게 부여하는 방식이 강조된다. 예를 들어 CDN 엣지나 서버 측에서 개별 소비자 또는 세션 단위로 서로 다른 표식을 삽입해, 주문형 비디오뿐 아니라 라이브 채널에서도 세션별 추적성을 확보하는 접근이 소개된다(NAGRAVISION, 2023). 또한 협업과 리뷰 플랫폼에서도 시청자별 고유 식별자를 스트림의 픽셀에 은닉해 디지털 핑거프린트 형태로 추적 정보를 남기는 방식이 안내되고 있으며, 이는 프리릴리즈 심사본 등 민감 콘텐트의 유출 위험을 낮추기 위한 실무적 구현으로 볼 수 있다(Evercast, n.d.).

또 다른 최신기술로 핑거프린트에 준하는 식별성을 스트리밍 구조 안에서 실현하는 A와 B 스위칭 기반의 포렌식 워터마킹이 있다. 대규모 스트리밍에서 이용자별 식별성을 확보하려면, 각 이용자에게 완전히 다른 파일을 별도로 인코딩하고 저장하는 방식은 저장 비용과 전송 비용이 커지기 쉽다. 이때 적응형 비트레이트 스트리밍(ABR: HLS와 DASH 등) 구조를 활용해 실무적으로 널리 논의되는 방식이 A와 B 스위칭 기반의 포렌식 워터마킹이다(BuyDRM, n.d.; Intertrust ExpressPlay, n.d.). A와 B 스위칭의 핵심 아이디어는 영상 세그먼트를 A 버전과 B 버전, 즉 두 가지 변형으로 준비해두고, 재생 시점에 이용자 또는 세션별 규칙에 따라 A와 B 세그먼트를 섞어 전달함으로써 결과 스트림에 이용자별로 서로 다른 표식 패턴이 형성되도록 하는 것이다. 즉 동일 콘텐트라도 세그먼트 조합 패턴이 달라져, 유출본을 분석하면 특정 이용자 또는 세션을 식별할 수 있다(Intertrust ExpressPlay, n.d.; Doverunner, n.d.). 이 방식이 많이 언급되는 이유는, ABR의 세그먼트와 매니페스트 구조 및 CDN 캐싱과 결합해 대규모 동시 접속 환경에서도 운영 효율을 유지하면서, 저장, 전송, 캐시 전략을 크게 흔들지 않으면서 이용자별 식별성을 구현할 수 있기 때문이다(BuyDRM, n.d.). 결국 A와 B 스위칭은 이용자별 핑거프린트에 준하는 식별성을 스트리밍 구조 안에서 실현하는 대표적인 운영 모델로 활용된다.

이상을 정리하면 다음과 같다. 디지털 콘텐트 저작권 보호에서 표식 기반 기술을 정확히 이해하기 위해서는, 기술 자체를 무엇으로 구분하는지, 그 기술을 어떻게 적용하는지, 어떤 환경에서 구현되는지를 서로 다른 층위로 나누어 설명할 필요가 있다. 이에 따라 표식 기반 기술은 먼저 표식에 포함되는 정보의 대상을 기준으로 개념적으로 구분된다. 표식이 권리자, 즉 저작권자, 소유자, 배포자 등의 정보를 담아 소유권, 출처, 진본성을 입증하는 데 초점이 있다면 이는 디지털 워터마킹에 해당한다. 반면 표식이 이용자, 즉 구매자 또는 수신자별 식별 정보를 담아 불법 재배포 시 책임 주체를 특정하는 데 목적이 있다면 이는 디지털 핑거프린팅으로 구분된다. 다음으로 동일한 표식 기술이라도 표식을 부여하는 단위에 따라 운영과 적용 방식이 달라진다. 모든 이용자에게 동일한 표식을 적용하는 방식은 권리자 확인과 출처 확인 같은 목적에 적합하며, 비교적 단순한 관리 구조를 갖는다. 반면 이용자 또는 세션 단위로 표식을 가변적으로 부여하는 방식은 유출이 발생했을 때 특정 계정이나 특정 재생 세션을 정밀하게 추적할 수 있도록 하며, 특히 OTT와 같은 대규모 유통 환경에서 활용 가치가 크다. 이때 세션 기반 표식 부여와 이용자 기반 표식 부여는 워터마킹과 핑거프린팅 중 어느 한쪽에만 속하는 기술이 아니라, 두 기술 모두에 적용될 수 있는 운영 전략으로 이해하는 것이 정확하다.

마지막으로 표식 기술은 서비스 환경에 따라 구현 모델이 달라진다. 파일 기반 환경에서는 배포 대상 파일 자체에 표식을 삽입하고 검출하는 방식이 중심이 되며, 이 경우 동일 파일에 동일 표식을 넣는 워터마킹 또는 이용자별로 다른 표식을 넣는 핑거프린팅이 비교적 직관적으로 구현된다. 반면 스트리밍 기반 환경에서는 적응형 비트레이트 스트리밍의 세그먼트 구조를 활용한 구현이 중요해지는데, 대표적으로 A와 B 스위칭 방식이 널리 활용된다. A와 B 스위칭은 동일 구간의 세그먼트를 A와 B 두 가지 변형으로 준비한 뒤 이용자와 세션별로 서로 다른 조합으로 전달하여 결과 스트림에 이용자별 식별 패턴을 형성한다. 구현 수단은 포렌식 워터마킹이지만 기능적으로는 이용자 추적을 수행하므로, 스트리밍 환경에서 핑거프린팅을 실현하는 대표적 구현 모델로 이해할 수 있다. 이렇듯 표식 기반 기술은 무슨 정보를 넣는가라는 개념 구분 위에, 누구 단위로 다르게 부여하는가라는 운영 방식, 그리고 어떤 환경에서 구현되는가라는 구현 모델이 층위적으로 결합되어 실제 서비스에서 적용된다.

9.4 개방환경에서 디지털 자원의 이용

9.4.1 오픈액세스 정의

오픈액세스는 이상적으로 장벽이 없는 온라인 정보 접근을 의미한다. 다만 현실의 정보 이용에는 두 가지 핵심 장벽이 존재하며, 오픈액세스 논의는 이 장벽을 제거하거나 최소화하는 원칙을 전제로 한다. 첫째는 접근 비용의 장벽으로, 라이선스 비용과 회원료 등 이른바 톨게이트 비용을 뜻한다. 둘째는 접근 허용의 장벽으로, 저작권과 라이선스, 그리고 디지털 저작권 관리 체계 등으로 인해 접근과 사용이 제한되는 상황을 의미한다.

주요 정의를 보면, ARL은 오픈액세스를 직접적인 비용 회수를 기대하지 않는 학술 저작물을 대상으로 하며, 독자가 공공 인터넷에서 교육과 연구 목적으로 비용을 지불하지 않고 이용할 수 있는 상태로 설명한다. BOAI는 오픈액세스를 보다 구체화하여, 이용자가 저작물 원문을 조회하고 다운로드하며 복사하고 배포하며 인쇄하고 검색할 수 있어야 하고, 원문에 링크할 수 있어야 한다고 본다. 또한 수집과 색인, 그리고 소프트웨어의 데이터로 전달하고 활용하는 과정에서도 경제적 장벽과 법률적 장벽, 기술적 장벽이 없어야 한다고 강조한다.

이러한 정의를 종합하면, 오픈액세스의 주요 특성은 다음과 같이 정리할 수 있다. 오픈액세스는 전통적인 구독 기반 출판모델의 대안으로 등장했으며, 정보의 배포와 활용을 비용 효율적으로 만들기 위한 방식이다. 또한 오픈액세스는 현행 저작권법의 테두리 안에서 적용되며, 독자에게 무료로 제공되는 것을 핵심으로 한다. 적용 대상은 주로 학술연구 자원이며, 오픈액세스가 심사를 면제한다는 뜻은 아니므로 전문가에 의한 심사와 양립할 수 있다. 다만 저자의 수입을 기대하는 자원, 즉 수익 창출을 전제로 하는 자원에는 일반적으로 오픈액세스가 적용되지 않는다는 점도 함께 강조된다.

9.4.2 오픈액세스 주요 쟁점

피터 슈버(Peter Suber)는 개방학술활동을 온라인에서 자유롭게 이용 가능한 학술활동의 확산이라는 흐름으로 설명하면서, 분야별 출판 전 논문 저장소의 확산, 오픈액세스 심사저널의 증가, 대학 차원의 저자 직접 제출 지원, 유가 저널의 무료 제공 실험, 편집위원의 독립 선언, 즉 편집진이 사임한 뒤 더 개방적인 저널로 이전하는 사례, 학자들의 무료 접근 요구 확대, 그리고 다양한 정책과 프로젝트 차원의 지지 강화 등을 근거로 든 바 있다(Suber, n.d.). 이러한 경향은 2020년대에 들어 연구성과 공개 의무화 정책, 전환계약의 확산, 다이아몬드 OA 즉 논문처리비(APC)를 받지 않는 오픈액세스 모델에 대한 지원 강화, 권리 보유 또는 권리 유지 전략의 제도화와 결합되며 한층 구조화된 변화로 나타나고 있다(UNESCO, 2021; cOAlition S, n.d.; OSTP, 2022).

이러한 흐름 속에서 오픈액세스를 둘러싼 주요 쟁점은 전통적으로 비용 부담, 저작권과 권리 관리, 구현 모델로 압축할 수 있으나, 현재 시점에서는 각 범주가 더 세분화되어 논의된다.

1) 비용 부담 문제

오픈액세스 확산의 가장 현실적인 쟁점은 학술자원의 생산과 유통, 보존에 필요한 비용을 누가 부담하느냐이다. 과거에는 온라인 출판이 인쇄보다 저렴하다는 논리로 설명되곤 했지만, 2020년대에는 논문처리비 중심 모델의 지속 가능성, 기관과 국가 간 비용 격차, 하이브리드 저널에서 발생하는 이중 지불 논란, 대형 출판사의 가격 지배력 등이 핵심 이슈로 부각된다(ESAC, n.d.). 실제로 논문처리비 지출 규모를 추정한 최근 연구들은 특정 대형 출판사 집단에 논문처리비 지출이 집중될 수 있음을 보여주며, 비용 투명성과 재정 지속 가능성에 대한 논의를 촉발한다(Haustein et al., 2024). 이와 함께, 구독료를 출판 비용으로 전환하는 전환계약이 광범위하게 확산되었지만, 이러한 계약이 장기적으로 오픈액세스 전환을 보장하는지, 비용을 억제하는지, 그리고 글로벌 형평성을 개선하는지에 대한 논쟁도 계속된다(ESAC, n.d.; cOAlition S, 2023). 이러한 문제의식 속에서 최근에는 독자와 저자 모두에게 비용을 부과하지 않는 다이아몬드 OA를 공공재이자 커뮤니티 기반 출판 생태계로 육성하려는 국제적 논의가 강화되었다(Science Europe et al., 2022). 또한 미국 등에서는 공적 연구비 성과의 즉시 공개를 요구하면서, 이에 수반되는 출판 비용 조달을 위한 재정 메커니즘을 정책 차원에서 검토하고 보고하는 흐름도 나타난다(OSTP, 2024; OSTP, 2022).

2) 저작권 문제

오픈액세스는 무료 공개만의 문제가 아니라, 이용자가 어디까지 합법적으로 재이용할 수 있는지를 규정하는 권리 관리의 문제이기도 하다. 여기에는 복제, 배포, 기계학습과 같은 이용 행위가 포함된다. 즉 저작권법은 권리자에게 접근을 개방할 권한도, 제한할 권한도 부여하므로, 오픈액세스는 저작권 체계 밖이 아니라 저작권 체계 안에서의 라이선스 설계로 구현되는 것이 원칙이다(BOAI, n.d.). 최근에는 출판사에 권리를 전면 양도하는 관행을 완화하고, 연구자 또는 기관이나 연구비 지원기관이 최소한의 공개와 재이용 권리를 확보하도록 하는 권리 보유 전략이 중요한 쟁점으로 부상했다. Plan S는 권리 유지 전략을 통해 연구자가 구독 저널에 투고하더라도 승인 원고 등을 즉시 공개하고, 엠바고 없이 적절한 공개 라이선스를 적용할 수 있도록 하는 방향을 제시한다(cOAlition S, n.d.). 이처럼 현재의 저작권 쟁점은 오픈액세스가 저작권을 무력화한다는 논의에서 벗어나, 연구성과의 공공 접근권과 연구자의 권리, 즉 학술 자유를 어떻게 조정하고 제도화할 것인가의 문제로 이동하고 있다(UNESCO, 2021).

3) 구현 모델 쟁점

오픈액세스의 구현 모델은 전통적으로 저장소 기반 모델과 웹 기반 전자저널 모델로 구분할 수 있다. 이 구분은 여전히 유효하지만, 2020년대에는 실무에서 경로가 더 다양하게 조합된다. 대표적으로 저장소 기반의 그린 OA는 기관 저장소나 주제 저장소를 통해 승인 원고나 최종 원고를 공개하는 경로로 발전해 왔고, 저널 기반의 골드 OA는 완전 오픈액세스 저널 또는 개별 논문 단위의 오픈액세스를 허용하는 하이브리드 형태로 운영된다(BOAI, n.d.; cOAlition S, n.d.). 또한 전환계약은 구독에서 오픈액세스로 이행하는 과도기 모델로 자리 잡았지만, Plan S는 전환계약이 영구화되어 하이브리드 오픈액세스를 고착화할 위험을 경고하며, 일정 시점 이후 재정 지원을 중단하는 방침을 밝히기도 했다(cOAlition S, 2023). 한편 다이아몬드 OA는 저자와 독자 모두에게 비용을 부과하지 않는 모델로, 학회와 대학, 공공 플랫폼을 중심으로 한 커뮤니티 기반 출판 생태계를 강화하는 방향에서 정책적 지원이 추진되고 있다(Science Europe et al., 2022; DOAJ, n.d.). 마지막으로 슈버가 언급한 편집위원의 독립 선언 유형의 변화는 최근에도 계속 관찰되며, 학술 커뮤니티가 상업적 출판 구조를 재협상하려는 움직임으로 이해할 수 있다(SPARC, n.d.).

이상에서 살펴본 바와 같이, 현재의 오픈액세스 쟁점은 개방이냐 비개방이냐의 단순한 선택 문제가 아니라, 지속 가능한 비용 구조, 권리 확보와 라이선스 설계, 그리고 정책, 저장소, 저널, 전환계약, 다이아몬드 OA 등 다양한 경로의 조합을 통해 현실적인 개방을 구현하는 문제로 전개되고 있다(OSTP, 2022; UNESCO, 2021; ESAC, n.d.).

9.4.3 오픈액세스와 저작권 관리

오픈액세스 환경에서의 저작권 관리는 저작물을 무제한적으로 사용하는 것을 의미하지 않으며, 저작권자의 권리를 유지하면서 이용 범위를 명확히 설정하는 방식으로 이루어진다. 이러한 맥락에서 크리에이티브 코먼스(Creative Commons, CC)는 저작권의 전면적 통제(All Rights Reserved)와 완전한 권리 포기(Public Domain) 사이의 절충안으로서, 저작자가 자신의 저작물에 대해 어떤 이용을 허용할 것인지를 표준화된 방식으로 명시할 수 있도록 설계된 라이선스 체계이다(Creative Commons, 2025).

크리에이티브 코먼스는 2001년 로렌스 레식(Lawrence Lessig)을 중심으로 설립되었으며, 창작자가 별도의 개별 계약 없이도 저작물의 이용 조건을 명확히 표시할 수 있도록 하는 것을 목표로 한다. CC 라이선스는 일부 권리 유보라는 원칙 아래, 저작권법의 틀을 유지하면서도 저작물의 공유와 재이용을 촉진하기 위한 법적, 기술적 장치를 제공한다. CC 라이선스의 핵심은 표준 약관을 통한 사전 이용허락이다. 저작자는 자신의 저작물에 적절한 CC 라이선스를 선택하여 부착하고, 이용자는 해당 라이선스 조건을 확인한 뒤 허용 범위 내에서 저작물을 자유롭게 이용할 수 있다. 이 과정에서 당사자 간의 개별적인 접촉이나 계약 없이도 이용허락에 따른 법률관계가 성립한다(Creative Commons, 2025)..

현재 오픈액세스 환경에서 표준적으로 활용되는 CC 라이선스는 버전 4.0(CC 4.0)이며, 이는 국제적 적용 가능성을 강화하고 데이터베이스권 등 각국의 저작권 제도를 폭넓게 반영한 버전이다. CC 라이선스는 네 가지 기본 요소의 조합을 통해 구성된다(Creative Commons, 2025). 첫째, 저작자표시(Attribution, BY)는 모든 CC 라이선스에 공통적으로 포함되는 요소로, 이용자가 저작물을 사용할 경우 반드시 저작자를 명시해야 함을 의미한다. 이는 저작권법상 저작인격권, 특히 성명표시권을 존중하는 조건이다. 둘째, 비영리(NonCommercial, NC)는 저작물을 영리 목적이 아닌 이용에 한해 허용한다는 조건이다. 이 조건이 부착된 경우에도 저작권자는 별도의 계약을 통해 영리 이용을 허락할 수 있다. 셋째, 변경금지(NoDerivatives, ND)는 저작물의 수정, 번역, 편집 등 2차적 저작물의 작성을 허용하지 않는 조건이다. 단순한 형식 변경 역시 제한될 수 있다. 넷째, 동일조건변경허락(ShareAlike, SA)는 2차적 저작물의 작성을 허용하되, 그 결과물 역시 원저작물과 동일한 라이선스로 배포해야 함을 요구하는 조건이다. 이는 개방의 확산을 촉진하는 '카피레프트(copyleft)' 성격을 갖는다.

이 네 가지 요소의 조합을 통해 CC 라이선스는 〈표 9.4〉와 같이 실무적으로 6가지 표준 라이스와 퍼블릭 도메인 헌정으로 정리된다. 즉, CC BY, CC BY−SA, CC BY−ND, CC BY−NC, CC BY−NC−SA, CC BY−NC−ND가 그것이며, 이들 라이선스는 현재 학술논문, 교육자료, 데이터, 멀티미디어 콘텐트 등 오픈액세스 자원 전반에서 폭넓게 활용되고 있다(Creative Commons, 2025). 그리고 추가적으로 CC0로 알려진 퍼블릭 도메인 헌정(public domain dedication) 라이선스 요소도 있다. CC0는 창작자가 자신의 저작권을 포기하고 저작물을 전 세계적으로 퍼블릭 도메인(public domain)에 귀속시키기 위한 도구이다. CC0가 적용된 저작물은 이용자가 조건 없이 자유롭게 복제 및 배포, 수정이나 재창작할 수 있으며, 매체나 형식의 제한도 없다.

〈표 9.4〉 6가지 표준 라이선와 퍼블릭 도메인 헌정

구분	설명
CC BY	저작자표시(Attribution, BY)
CC BY SA	저작자표시(Attribution, BY), 동일조건변경허락(ShareAlike, SA)
CC BY NC	저작자표시(Attribution, BY), 비영리(NonCommercial, NC)
CC BY NC SA	저작자표시(Attribution, BY), 비영리(NonCommercial, NC), 동일조건변경허락(ShareAlike, SA)
CC BY ND	저작자표시(Attribution, BY), 변경금지(NoDerivatives, ND)
CC BY NC ND	저작자표시(Attribution, BY), 비영리(NonCommercial, NC), 변경금지(NoDerivatives, ND)
PUBLIC DOMAIN	퍼블릭 도메인 헌정(public domain dedication)

오픈액세스의 관점에서 볼 때 CC 라이선스는 단순한 무료 공개 수단이 아니라 재이용 가능성을 제도적으로 보장하는 핵심 도구이다. 특히 학술 커뮤니케이션에서는 기계학습, 교육적 재활용, 번역과 요약 등과 같은 2차적 활용을 가능하게 한다는 점에서 저작자표시 조건만을 요구하는 CC BY나 동일조건변경허락이 결합된 CC BY-SA가 가장 개방적인 라이선스로 평가된다(UNESCO, 2021). 반면 비영리나 변경금지 조건은 이용 범위를 제한할 수 있으므로, 연구성과의 확산과 재사용을 정책적으로 지향하는 환경에서는 이러한 조건의 선택에 신중함이 요구된다.

9.5 디지털도서관 서비스와 저작권

디지털도서관은 보존과 제공이라는 공공적 목적을 수행하지만, 실제 운영 업무인 스캔, 업로드, 원문 제공, 원문복사와 상호대차, 원격 열람, LMS 연계 등은 대부

분 저작권법상 복제, 전송, 공중송신과 직접 연결된다. 특히 디지털 환경에서는 한 번의 스캔과 업로드가 곧바로 대량 유통으로 확대될 수 있어, 오프라인 시대보다 침해 위험이 구조적으로 커진다. 따라서 무엇을 할 수 있는가만이 아니라 어디까지가 예외로 허용되는지, 그 요건을 조문 단위로 점검하는 사전 준수 체계, 즉 정책과 절차, 기술 통제를 결합한 운영 역량이 요구된다.

다음은 도서관과 관련된 저작권법의 조항이다.

첫째, 도서관 업무의 중심 조항은 제31조 도서관 등에서의 복제 등이다. 이 조항은 도서관이 조사와 연구 목적의 이용자 요구에 따라 일부분을 1인 1부로 제공하는 경우, 또는 자체 보존 등 일정한 경우에 복제를 허용하지만, 동시에 디지털 형태의 복제 제한 등 조건을 두어 무제한적인 디지털화와 배포를 허용하지 않는다. 따라서 원문을 스캔한 뒤 파일을 제공하거나, 전자적 원문 전달을 수행하거나, 기관 리포지토리에 업로드하는 실무는 제31조의 요건인 일부분, 1인 1부, 보존 목적, 디지털 복제 제한 등을 충족하는지 내부 기준과 체크리스트로 통제하지 않으면 쉽게 허용 범위를 넘어설 수 있다.

둘째, 현장에서 오해가 잦은 조항은 제30조 사적 이용을 위한 복제이다. 비영리적이고 개인적인 이용을 위한 복제를 폭넓게 허용하는 취지이지만, 동시에 공중의 사용에 제공하기 위해 설치된 복제기기에 의한 복제는 예외로 두고 있어, 도서관에서 개인이 복사했으니 전부 사적 복제라고 단순히 정당화하기는 어렵다. 따라서 도서관은 기기를 제공하는 데서 끝나지 않고, 안내문과 이용 규정을 고지하며, 과도한 복제 요청에 대해서는 거절 기준을 마련하는 등 현장 통제 장치를 갖추는 것이 중요해진다.

셋째, 대학도서관과 학교도서관의 수업 지원 서비스와 직접 연결되는 조항은 제25조 학교교육 목적 등에의 이용이다. 수업 목적이라면 공표된 저작물의 일부분, 예외적으로는 전부에 대해서도 복제, 배포, 공중송신 등이 가능하도록 열어두지만, 이는 교육이면 무엇이든 가능하다는 의미가 아니다. 디지털도서관이 LMS 연계 자료실, 전자 예비자료실, 강의자료 제공을 수행할 때는 수업 목적성, 이용 범위의 최소화, 접근 통제, 즉 수강생에 한정, 이용 기간 관리가 핵심 통제 지점이며, 도서관 지원이 사실상 무제한 공유로 확장되지 않도록 서비스 구조를 설계해야 한다.

넷째, 위 조항들에 정확히 들어맞지 않는 새로운 서비스가 등장할 때 참고되는 일반 조항은 제35조의5 저작물의 공정한 이용이다. 공정 이용은 일정 요건, 즉 통상적 이용과의 충돌 여부, 정당한 이익 침해 여부 등이 충족되는 경우 이용 가능성을 열어두되, 목적과 성격, 저작물의 종류와 용도, 이용 부분의 비중, 시장에 미치는 영향 등을 종합적으로 고려하도록 한다. 따라서 공정 이용은 면책의 만능 열쇠가 아니라, 우선 제31조와 제25조 같은 명시적 예외에 맞춰 설계한 뒤에도 남는 회색지대에서 최후의 보완 논리로 신중히 검토하는 장치로 이해하는 것이 안전하다.

다섯째, 준수 실패는 단지 원칙 위반이 아니라 책임으로 연결된다. 저작권 침해는 형사처벌 조항과도 연결될 수 있으며, 실무적으로는 소송과 손해배상, 평판 훼손뿐 아니라 전자저널과 데이터베이스 라이선스 위반에 따른 접근 차단이나 구독 해지 등 기관 전체 서비스에 즉각적인 피해를 유발할 수 있다. 결국 디지털도서관의 저작권 준수는 교육용 안내 수준이 아니라, 서비스의 품질과 지속 가능성을 좌우하는 운영 거버넌스, 즉 정책, 절차, 교육, 기술 통제로 자리매김한다.

이 장에서는 디지털 환경에서의 저작권 개념과 보호기술, 오픈액세스와 라이선스, 그리고 디지털도서관 운영과 저작권법의 관계를 종합적으로 살펴보았다. 디지털 기술은 정보의 복제와 유통을 획기적으로 용이하게 만들었지만, 동시에 저작권 침해의 위험과 책임을 구조적으로 증폭시키는 환경을 만들었다. 이러한 맥락에서 저작권은 더 이상 단순한 법률 지식이 아니라, 디지털도서관 서비스의 설계와 운영 전반을 좌우하는 핵심 조건으로 자리 잡고 있다.

특히 디지털도서관은 공공적 사명을 수행하면서도 복제, 전송, 공중송신 등 저작권의 핵심 권리와 지속적으로 맞닿아 있다. 따라서 합법적인 제공 범위를 정확히 이해하고, 보호기술과 라이선스, 법적 예외 규정을 적절히 결합하는 것은 서비스 품질과 지속 가능성을 확보하기 위한 필수 요건이다. 저작권을 존중하는 운영 체계는 이용자의 안정적인 접근을 보장하는 동시에, 권리자와의 신뢰를 기반으로 더 많은 합법적 디지털 자원을 확보할 수 있는 토대가 된다. 결국 디지털도서관에서의 저작권 관리는 통제와 제한의 문제가 아니라, 보호와 공유의 균형을 어떻게 설계할 것인가의 문제이다. 이 장에서 다룬 원칙과 쟁점들은 변화하는 기술 환경 속에서도 디지털도서관이 공공성과 합법성을 함께 유지하며 발전해 나가기 위한 기본적인 판단 기준으로 활용될 것이다.

참고문헌

[국내문헌]

문화체육관광부. 2024. 저작권법 (법률 제20841호). [online] https://www.law.go.kr/법령/저작권법.

[외국문헌]

Ancion, Zoe, Borrell-Damian, Lidia, Mounier, Pierre, Rooryck, Johan, and Saenen, Bregt. 2022. Action plan for diamond open access. [online] https://www.scienceeurope.org/media/t3jgyo3u/202203-diamond-oa-action-plan.pdf.

Adobe for Business Team. 2025.10.17. Digital rights management (DRM): What it is, how it works, and why it matters. Adobe Business. [online] https://business.adobe.com/blog/basics/digital-rights-management.

C2PA. 2023. C2PA specification (Version 2.2). Coalition for Content Provenance and Authenticity. [online] https://c2pa.org/specifications/.

Cox, I. J., Miller, M. L., Bloom, J. A., Fridrich, J., and Kalker, T. 2008. Digital watermarking and steganography (2nd ed.). Morgan Kaufmann. [online] https://www.sciencedirect.com/book/9780123725851/digital-watermarking-and-steganography.

Enimil, Sandra, Samberg, Rachael, Limpitlaw, Erik, Teremi, Samantha, and Zimmerman, Katie. 2024.12. e-Resource Licensing Explained: An A?Z Licensing Guidebook for Libraries. Washington, DC: Association of Research Libraries. [online] https://doi.org/10.29242/report.eresourcelicensing2024.

Frattolillo, F. 2024. Blockchain and smart contracts for digital copyright protection. Future Internet, 16(5): 169. [online] https://doi.org/10.3390/fi16050169.

Elton, Gabe. 2023. Features and benefits to different approaches to watermarking. BuyDRM DRM Blog. [online] https://go.buydrm.com/thedrmblog/features-and-benefits-to-different-approaches-to-watermarking.

Haustein, S., Schares, E., Alperin, J. P., Hare, M., Butler, L.-A., and Schonfelder, N. 2024. Estimating global article processing charges paid to six publishers for open access between 2019 and 2023 (Version 1) [Preprint]. arXiv. [online] https://arxiv.org/pdf/2407.16551.

Joudeh, B., and ?kori?, B. 2022. Collusion－resistant fingerprinting of parallel content channels. arXiv. [online] https://arxiv.org/abs/2204.08575.

Rust, Godfrey, and Bide, Mark. 2000. The 〈indecs〉 metadata framework: Principles, model and data dictionary. [online] https://www.doi.org/resources/indecs_framework_2000.pdf.

World Intellectual Property Organization. 2015. Proposal for analysis of COPYRIGHT RELATED to the digital environment. [online] https://www.wipo.int/meetings/en/doc_details.jsp?doc_id=322780.

[웹사이트]

Budapest Open Access Initiative. Budapest Open Access Initiative. [online] https://www.budapestopenaccessinitiative.org/.

Budapest Open Access Initiative. Frequently asked questions. [online] https://www.budapestopenaccessinitiative.org/faq/.

cOAlition S. Plan S Rights Retention Strategy. [online] https://www.coalition－s.org/rights－retention－strategy/.

cOAlition S. 2023.01.26. cOAlition S confirms the end of its financial support for Open Access publishing under transformative arrangements after 2024. [online] https://www.coalition－s.org/coalition－s－confirms－the－end－of－its－financial－support－for－open－access－publishing－under－transformative－arrangements－after－2024/.

COUNTER. 2025. Code of Practice. COUNTER Metrics. [online] https://www.countermetrics.org/code－of－practice/.

Directory of Open Access Journals. DOAJ. [online] https://doaj.org/.

DOI. The indecs Framework. [online] https://www.doi.org/the－identifier/resources/factsheets/the－indecs－framework.

Doverunner. 2025. Forensic watermarking concepts and specifications: FWM concepts. Doverunner Documentation. [online] https://docs.doverunner.com/content－security/forensic－watermarking/getting－started/fwm－concepts/.

ESAC Initiative. Transformative agreements. [online] https://esac－initiative.org/about/transformative－agreements/.

ESAC Initiative. Guidelines for transformative agreements. [online] https://esac－initiative.org/about/transformative－agreements/guidelines－for－transformative－agreements/.

European Union Intellectual Property Office (EUIPO). Digital Rights Management (DRM) systems. Anti－Counterfeiting and Anti－Piracy Technology Guide. [online]

https://euipo.europa.eu/anti-counterfeiting-and-anti-piracy-technology-guide/technologies-digital-media/digital-rights-management-drm-systems.

Evercast. Set up watermarking for streams. Evercast Help Center. [online] https://support.evercast.us/hc/en-us/articles/15024391182227-Set-up-watermarking-for-streams.

Fortinet. What is DRM? Digital Rights Management explained. Fortinet CyberGlossary. [online] https://www.fortinet.com/resources/cyberglossary/digital-rights-management-drm.

International Federation of Library Associations and Institutions. IFLA Principles for Library eLending. [online] https://www.ifla.org/ifla-principles-for-library-elending/.

Intertrust ExpressPlay. DRM watermarking (A/B rendition and switching). ExpressPlay Developer Documentation. [online] https://www.expressplay.com/developer/watermarking/.

Library of Congress. 1999. MARC 21 Format for BIBLIOGRAPHIC DATA. Update No. 1 (October 2000) through Update No. 40 (June 2025). [online] https://www.loc.gov/marc/bibliographic/bd506.html.

Mark Bide. 2021. Identifier and Metadata Standards in the Publishing Industry. [online] https://internationalpublishers.org/wp-content/uploads/2021/10/metadata-standards-in-the-publish-industry-1.pdf

NAGRAVISION. Forensic watermarking solutions. NAGRAVISION. [online] https://nagra.vision/security-solutions/forensic-watermarking/.

NAGRAVISION. 2023. NexGuard Streaming on Edge: Protect high-value live & VOD OTT content (Fact sheet). [online] https://2539908.fs1.hubspotusercontent-na1.net/hubfs/2539908/NAGRAVISION/FACT%20SHEETS/NAGRA%20-%20NexGuard%20Streaming%20on%20Edge%20-%20FactSheet%20-%20Global%20-%20May%202023%20-%20EN.pdf.

NAGRAVISION. 2024.09.05. NAGRAVISION partners with Evercast to integrate forensic watermarking into leading real-time video collaboration platform. NAGRAVISION Press Release. [online] https://nagra.vision/company/press/nagravision-partners-with-evercast-to-integrate-forensic-watermarking-into-leading-real-time-video-collaboration-platform/.

Office of Science and Technology Policy. 2022. Increasing access to the results of federally funded research (OSTP public access memo). [online] https://bidenwhitehouse.archives.gov/wp-content/uploads/2022/08/08-2022-OSTP-Public-Access-Memo.pdf.

Office of Science and Technology Policy. 2024. Updated report to the U.S. Congress on financing mechanisms for open access publishing and public access implementation. [online]

https://bidenwhitehouse.archives.gov/wp-content/uploads/2024/06/2024-Report-to-Appropriations-Committee-on-Scholarly-Publishing-and-Public-Access-Implementation.pdf.

SPARC. Declaring independence. [online] https://declaring-independence.org/.

Suber, P. Guide to the Open Access Movement (formerly: Guide to the FOS Movement). Harvard DASH. [online] https://dash.harvard.edu/bitstreams/7312037c-6e93-6bd4-e053-0100007fdf3b/download.

Science Europe, cOAlition S, OPERAS, and the French National Research Agency. 2022. Action Plan for Diamond Open Access. [online] https://www.coalition-s.org/action-plan-for-diamond-open-access.

UNESCO. 2021. Recommendation on Open Science. [online] https://www.unesco.org/en/legal-affairs/recommendation-open-science.

World Wide Web Consortium (W3C). 2018. ODRL Information Model 2.2. [online] https://www.w3.org/TR/odrl-model/.

파수웹사이트. [online] http://www.fasoo.com.

10

연구개발

디지털도서관 운영론

10. 연구개발

10.1 미국 사례

10.1.1 국립과학재단

10.1.1.1 소개

미국의 국립과학재단은 1950년 의회의 승인을 받아 설립된 연방정부 산하 기관으로, 기초과학과 공학 연구를 중심으로 미국의 과학기술 경쟁력을 강화하는 역할을 수행해 왔다. 설립 초기에는 자연과학과 공학 분야의 연구 지원에 주력하였으나, 이후 과학기술 교육, 과학기술 인력 양성, 과학기술 정책, 사회과학 연구 등으로 사업 영역을 지속적으로 확장하였다. 이은경(2001)은 국립과학재단의 과학기술문화 관련 사업을 정규 과학교육과 비공식 과학교육의 두 영역으로 구분하였다. 이러한 구분은 이후에도 국립과학재단 정책의 기본 틀로 유지되었으며, 특히 비공식 과학교육 영역은 과학 리터러시 제고, 소외계층과 성인 학습자를 대상으로 한 교육, 여성과 소수집단의 과학 참여 확대라는 목표 아래 꾸준히 강화되어 왔다. 이러한 흐름 속에서 과거의 DLI 프로젝트와 NSDL 프로그램은 국립과학재단 디지털도서관 정책의 역사적 토대를 형성하였으며, 이후의 사이버 인프라 정책, 데이터 공유 정책, 개방 과학 정책으로 계승되고 확장되었다.

2000년대 이후 국립과학재단의 특징적인 변화는 연구데이터, 디지털 인프라, 개방 과학 정책을 핵심 축으로 하는 연구개발 지원 체계로의 전환이다. 국립과학재단은 디지털도서관을 단순한 정보 제공 시스템이 아니라 연구와 교육, 데이터 공유를 아우르는 지적 인프라의 일부로 인식하고 있다. 이에 따라 디지털도서관 관련 사업은 개별 프로젝트 단위의 지원을 넘어 연구데이터 관리, 오픈액세스, 연구 재현성 확보를 위한 정책과 결합되어 발전하고 있다(NSF, 2023).

10.1.1.2 DLI－1 프로그램

DLI－1 프로그램(Digital Libraries Initiative Phase 1)은 1994년부터 1998년까지 NSF, DARPA, NASA가 공동으로 추진한 대규모 연구개발 사업으로, 디지털도서관 연구의 출발점으로 평가된다. 이 프로그램의 핵심 목표는 디지털 형태의 정보자원을 효과적으로 수집하고 저장하며 조직하고, 네트워크 환경에서 검색하고 접근하여 활용할 수 있는 기술적 기반을 마련하는 데 있었다. 이 계획에 제안된 73개 프로젝트 가운데 6개 프로젝트가 지원 대상으로 선정되었으며, 이들 프로젝트는 다양한 장서에서 원하는 정보자원을 검색하고 화면에 제시하는 과정에서 발생하는 기술적 현안을 검토하는 데 초점을 두었다. 다시 말해, 기본적인 정보기술 연구를 수행하고 기술적 시험 환경을 구축하며 협력 체계를 마련하는 과제가 핵심이었다. 이와 같이, DLI－1은 기술 중심의 연구 성격이 강했으며, 정보 검색, 메타데이터, 분산 환경, 멀티미디어 처리, 상호운용성 등 핵심 이슈를 집중적으로 다루었다. 특히 이 시기의 연구 성과는 이후 디지털도서관 표준과 메타데이터 스키마, 분산 검색 기술의 발전에 직접적인 영향을 미쳤다.

오늘날의 관점에서 볼 때 DLI－1의 가장 큰 의의는 디지털도서관을 독립된 시스템이 아니라 네트워크 기반 정보 인프라로 개념화했다는 점이다. 이러한 관점은 이후 사이버인프라와 데이터 중심 연구 환경으로 자연스럽게 연결되었다(Borgman, 2007). 일례로서 DLI－1의 초기 프로젝트 중 스탠포드 대학의 디지털도서관 프로젝트에 참여하던 대학원생 Larry Page와 Sergey Brin이 웹 링크 구조를 활용한 검색 연구를 발전시키며 초기 검색 시스템, 구글 검색엔진의 시초인 BackRub과 이후의 핵심 아이디어로 이어지는 토대를 마련했다(NSF, 2004). 이런 역사적 맥락에서 DLI는 도서관의 전산화를 넘어, 대규모 네트워크 환경에서 정보의 조직, 검색, 접근을 가능하게 한 연구 기반을 제공함으로써 디지털도서관이 정보검색 기술 발전사에서 갖는 중요성을 보여주는 상징적 사례로 평가할 수 있다(NSF, 2004).

다음은 DLI－1 프로그램으로 추진된 6개 대학의 주요 프로젝트에 대한 내용이다. 아래 내용을 통해서 디지털도서관의 개념과 초기 태동의 모습을 알 수 있다.

① 카네기 멜론 대학

- 프로젝트: 디지털 비디오 도서관
- 연구초첨: 비디오 매체의 검색과 접근. 인포미디어(Infomedia)라는 비디오 세그멘트 도서관에 관한 연구 추진. 정보 탐색과 디스플레이를 위한 정보의 자동처리에 초점. 다중 모델 탐색(여러 개의 정보원으로부터 모은 정보를 조합하는 기법), 음성 인식, 이미지 인식, 비디오 스킴(비디오 세그먼트에 대한 요약문 생성) 등에 관한 연구 수행

② 캘리포니아 대학(Santa Barbara)

- 프로젝트: ADL(Alexandria DL) 프로젝트
- 연구초첨: 분산 환경의 지리정보시스템 구현. 지도 및 여타의 지리 정보에 관한 프로젝트를 수행. 이를 알렉산드리아 디지털도서관이라 부름. 지리 정보에 관한 메타데이터, 중복 이미지에 대한 이용자 인터페이스, 이미지 압축과 전송을 위한 잔상 처리, 도서관 이용자의 행위 분석 등에 관한 연구를 수행

③ 미시간 대학

- 프로젝트: 미시간 대학 DL 프로젝트
- 연구초첨: 정보 소장처에 대한 지능형 에이전트 개발. 대학도서관에서 개바한

디지털도서관 장서의 통합에 관한 연구. 디지털도서관의 경제적 모델과 에이전트 기반의 상호운용성에 관한 연구 추진

④ 일리노이 대학(Urbana－Champaign)

- 프로젝트: 과학문헌의 분산검색
- 연구초첨: 공학분야 저널에서 선택한 SGML문서들에 대한 검색기법. 여러 출판사와 연합하여 과학 및 공학 분야의 저널을 제공하는 통합 디지털도서관을 구축. 이 프로젝트는 주로 SGML에 의한 문헌 처리에 대해 집중 연구. 또한 대규모 장서로부터 의미론적인 정보를 추출하는 연구와 문제 해결을 위해 슈퍼컴퓨터 사용

⑤ 스탠포드 대학

- 프로젝트: 스탠포드 DL 프로젝트
- 연구초첨: 기존의 장서들과 출판 관련 서비스들과의 상호운용성 문제. 컴퓨터 과학 분야의 정보 제공에 집중적으로 투자. 인포버스(Inforbus)라는 시스템을 통해서 다양한 정보원을 제공하는 서비스와 디지털도서관의 본질적인 서비스를 조합하는 기법에 관한 연구 수행. 디도의 경제적인 모델과 이용자 인터페이스에 관한 연구 추진

⑥ 캘리포니아 대학(Berkeley)

- 프로젝트: 버클리 DL 프로젝트
- 연구초첨: 지도, 그림, 정부 보고서 등 캘리포니아주의 환경 관련 정보를 대상으로 대규모 디지털 장서를 구축. 다원적으로 가치가 있는 문헌 생산에 관한 연구(문헌을 정보의 여러 수준으로 표현하는 개념적 모델), 체쉬II(CheshieII: SGML과 MARC 정보의 장점을 조합한 탐색 시스템), 이미지 인식에 관한 연구(댐과 동물 등 이미지의 속성을 인식할 수 있는 시스템) 등을 연구

한편, 1995년 DARPA의 후원으로 D-Lib Magazine이 창간되어 DLI-1 프로그램의 주요 연구 성과와 논의가 이 잡지를 통해 체계적으로 공유되었다. 또한 일리노이 대학교에서는 DLI 웹사이트를 구축하여 학술행사 정보, 연구논문, 기술보고서, 프로젝트 발표자료 등 DLI-1과 관련된 다양한 활동과 산출물을 지속적으로 기록하고 제공하였다. 이후 D-Lib Magazine은 디지털도서관 분야의 대표적인 온라인 오픈액세스 매체로서 연구 성과와 실무 논의를 축적해 왔으나, 2017년 7월과 8월호 제265호를 끝으로 정기 발행을 종료하였다. 다만 과거 호수 아카이브는 현재까지도 웹을 통해 공개되어 DLI-1과 DLI-2 시기의 성과를 비롯한 디지털도서관 연구의 주요 흐름을 추적할 수 있는 중요한 일차 자료로 활용된다(D-Lib Magazine, 2017; D-Lib Alliance, n.d.). 또한 DLI 관련 웹 자원 역시 시간이 지나며 개별 사이트의 형태는 변동되었지만, 프로젝트 보고서와 발표자료 등 핵심 산출물은 기관 리포지토리, 예를 들면 일리노이 대학교 IDEALS 등에 재수록되고 보존되는 방식으로 접근 가능성이 유지되고 있다(Schatz 외, 2000).

10.1.1.3 DLI-2 프로그램

DLI-2 프로그램은 1998년부터 2002년까지 수행되었으며, DLI-1의 성과를 토대로 보다 광범위하고 학제적인 연구를 목표로 기획되었다. NSF를 중심으로 DARPA, NASA, 국립의학도서관(NLM), 미 의회도서관(LC), 국립인문기금(NEH, National Endowment for the Humanities) 등 다수의 연방 기관이 참여함으로써, 디지털도서관 연구의 범위가 과학기술 분야를 넘어 인문학과 사회과학 영역까지 확장되었다. DLI-2 프로그램은 5년 동안 기초연구, 콘텐트 및 장서 개발, 도메인 응용, 테스트베드 구축, 운영환경 과제 등 여러 영역에서 약 50개 내외의 프로젝트를 지원하였다. 각 프로젝트는 정보 생산, 접근, 활용, 보존에 이르는 정보 생애주기 전반의 쟁점을 해결하는 데 초점을 두었으며, 성과와 효과를 어떻게 측정할 것인가라는 평가 문제 역시 중요한 과제로 다루었다. DLI-2의 가장 큰 강점은 프로젝트 간 학제적 연계가 풍부했다는 점이다. 프로젝트들 사이에 높은 수준의 협력 관계가 형성되었고, 민간 부문 조직과도 폭넓은 파트너십이 구축되었다. 또한 DLI-2는 정보 생애주기를 통합적으로 접근하는 동시에, 실제 운영 환경을 고려한 테스트베드와 응용 중심 연구를 강조했다. 이로 인해 디지털도서관은 단순한 기술 실험을 넘어,

지식 생산과 학습을 지원하는 사회기술적(sociotechnical) 시스템으로 인식되기 시작하였다. DLI−2 이후 NSF의 디지털도서관 관련 연구는 개별 프로그램의 형태보다는, 사이버인프라, 데이터 과학, 연구데이터 관리 정책 등으로 흡수, 재편되었다. 이는 디지털도서관 연구가 NSF의 핵심 연구 전략 속으로 내재화되었음을 의미한다(NSF, 2020).

10.1.1.4 NSDL 프로그램

NSDL(National Science Digital Library)은 2002년 국립과학재단 주도로 구축된 국가 차원의 과학 디지털도서관으로, 교육과 연구를 지원하는 온라인 자원 허브를 목표로 하였다. NSDL은 다양한 프로젝트와 기관에서 생산된 교육용 디지털 자원을 수집하고 연계하여, 이를 교사와 학습자에게 제공하는 데 중점을 두었다.

NSDL의 초기 개발은 1995년부터 국립과학재단 학부교육 부서의 주도로 시작되었다. 1996년 국립과학재단은 STEM 영역인 과학, 기술, 공학, 수학의 학부 수준 교육을 개선하기 위한 방안을 다룬 보고서를 발표하였는데, 이 보고서에서 제안된 핵심 구상이 바로 NSDL이다. NSDL은 모든 수준의 과학, 기술, 공학, 수학 교육에서 강의와 학습을 개선하기 위한 온라인 학습 네트워크로 구상되었다. 1998년에는 DLI 2 프로그램의 특별 지원을 바탕으로 테스트베드 계획과 학부 교육프로그램을 위한 응용이라는 두 개의 프로토타입 프로젝트가 추진되었으며, 이들 프로젝트는 NSDL을 위한 장서 개발 문제와 디지털도서관의 기능을 점검하는 데 초점을 두었다.

NSDL의 실질적인 지원 프로그램은 2000년부터 본격적으로 계획되었다. 제안서는 통합시스템, 장서, 서비스, 중점연구의 네 개 트랙으로 구분하여 접수되었다. 2000년에는 총 90건의 제안서가 접수되었고, 이 가운데 29개 프로젝트가 채택되었다. 이 중 통합시스템은 6개, 장서는 13개, 서비스는 9개, 중점연구는 1개였다. 2001년에는 총 109건의 제안서가 접수되었으며, 이 가운데 35개 프로젝트가 승인되었다. 이 중 통합시스템은 1개, 장서는 18개, 서비스는 13개, 중점연구는 3개였다. 이후에도 이러한 방식으로 매년 프로젝트가 제안되고 선정되었다. 2000년대 중반까지 NSDL은 통합시스템, 장서, 서비스, 중점연구의 네 가지 트랙을 중심으로 운영되었으며, 미국 내 과학, 기술, 공학, 수학 교육 디지털 자원의 대표적 집합체로 기능하였다. 그러나 시간이 지나면서 중앙 집중형 포털 모델의 한계, 장기적 지속가능성 문제, 기존 도서관과 교육 현장과의 연계 부족 등이 지적되었다. 이후 NSDL은 2011년을 전후하여 기존의 중앙 포털 중심 구조에서 벗어나, 개방형 교육자원(Open Educational Resources, OER)과 분산형 네트워크 모델로 전환되었다. NSDL의 핵심 자산과 운영 경험은 과학, 기술, 공학, 수학 교육 커뮤니티, 개방 교육 플랫폼, 연구데이터 공유 인프라로 흡수되었으며, 국립과학재단의 개방 과학 및 개방 교육 정책 속에서 그 유산이 계승되고 있다(NSDL, 2015).

오늘날 국립과학재단은 NSDL이라는 명칭을 더 이상 공식 프로그램으로 사용하지 않지만, 그 철학은 개방, 공유, 재사용, 교육과 연구의 통합이라는 형태로 국립과학재단의 데이터 정책과 사이버인프라 전략에 반영되어 있다. 이는 디지털도서관이 하나의 시스템이 아니라 연구와 교육 생태계를 구성하는 핵심 요소로 자리 잡았음을 보여준다.

10.1.2 엔드류멜론재단

10.1.2.1 소개

엔드류멜론재단(The Andrew W. Mellon Foundation)은 대학교 수준의 교육, 박물관, 예술 관리, 공연 예술, 환경 보존, 공공 업무 등을 지원하는 재단이다. 재단은 개인에게 직접 지원을 제공하지 않는다. 대신 기관과 그 역량을 강화하기 위한 기초 탐색을 장려하고, 프로그램이 의미 있는 결과를 달성할 수 있도록 충분한 기간에 걸쳐 장기적으로 수행되도록 지원하는 편이다. 이러한 운영 원칙은 수혜 기관과의 신중한 장기 협력을 전제로 하며, 재단이 공식 지원과 비공식 지원을 포함해 다양한 방식으로 협력하는 점에서도 잘 알려져 있다. 재단에서 발행하는 연례보고서는 재단의 연간 성과를 서술하고, 심사와 승인 활동 과정, 1년 동안의 승인 목록, 특별 프로그램 영역에 대한 프로그램 관리자들의 종합적 논평을 포함한다. 또한 재단이 후원한 출판물과 주요 산출물에 대한 요약과 초록 정보도 함께 수록되는 경우가 많다

(Mellon Foundation, 2024).

한편, 2010년대 이후 멜론재단의 지원은 예술, 문화, 인문학 전반을 공공성과 지속가능한 인프라 관점에서 강화하는 방향으로 확장되었고, 대학, 도서관, 학술 생태계 영역에서도 장기적 기반 구축을 중시하는 경향이 뚜렷해졌다. 예컨대 2025년에도 멜론재단은 Higher Learning 영역에서 인문학 기반 연구와 교육 프로젝트에 대규모 지원을 발표하는 등, 대학 교육과 지식생태계 지원을 지속하고 있다(Mellon Foundation, 2025). 엔드류멜론재단은 특히 많은 대학 도서관 프로젝트에 투자해왔으며, 여기에서는 그중 MIT의 DSpace 사례를 살펴본다.

10.1.2.2 DSpace

2002년 MIT 도서관과 휴렛팩커드는 연구 및 수업 자료와 관련된 디지털 콘텐트를 수집하고 관리하며 보존하고 재분배하는 전 과정을 체계적으로 지원하는 오픈소스 소프트웨어 시스템인 DSpace를 발표했다. 이 시스템은 2002년 말 MIT 도서관의 지역 검색 커뮤니티를 위한 새로운 기관 리포지토리 서비스로 배치되었다. 2003년부터 2004년까지는 DSpace 플랫폼의 채택을 확산하고 다른 기관에서 기관 리포지토리 모델을 발전시키기 위한 프로젝트를 앤드루 멜론 재단이 지원했다. 이 프로젝트에는 컬럼비아 대학교, 코넬 대학교, 오하이오 주립대학교, 로체스터 대학교, 토론토 대학교, 워싱턴 대학교가 참여했으며, 케임브리지 대학교는 별도의 프로젝트에 참여하였다. 프로젝트가 종료된 2004년 6월 당시 DSpace는 전 세계 약 50개 기관과 100명 이상의 참여자에 의해 사용 및 평가되고 있었고, 리포지토리에 축적된 콘텐트는 약 6만 건의 아이템으로 빠르게 증가하고 있었다. 또한 참여 기관들은 진행 중인 자료까지 포함하여 콘텐트를 지속적으로 수집, 관리, 저장하고 있었다. 오픈소스 개발자들은 DSpace 플랫폼이 지속 가능하게 발전할 수 있도록 공식적인 협력 구조를 유지하려 노력했으며, 시스템의 대규모 개선 작업도 계속 진행되고 있었다. 그 결과 FY2024－25 기준으로 DSpace는 전 세계적으로 총 3,298건 설치에 이르는 규모로 확산되었고, 커뮤니티는 Google Group 가입자 2,488명, 공식 회원기관이 103개 등으로 운영과 참여 기반이 크게 확대 되었다(DSpace Annual Report).

DSpace는 현재도 대표적인 오픈소스 기관 리포지토리로서, 다양한 유형의 디지털 콘텐트를 보존하고 접근을 제공하는 플랫폼이라는 점을 공식적으로 강조하고 있으며(DSpace, n.d.), 소스 코드 공개와 개발 협업도 공개 저장소를 통해 활발히 이루어지고 있다(DSpace GitHub, n.d.). 더 나아가 2024년에는 DSpace와 연구정보시스템의 결합 방향이 커뮤니티 차원에서 주요 의제로 부상하면서, DSpace－CRIS와의 통합 가능성을 검토하는 논의가 공식적으로 진행되었다(DSpace, 2024).

한편, CRIS는 대학이나 연구기관이 수행하는 연구활동과 연구성과를 기관 차원에서 체계적으로 관리하기 위해 구축하는 연구정보시스템을 말한다. CRIS는 연구자, 소속 조직, 연구과제와 연구비, 논문과 저서, 특허와 연구데이터 등 성과물, 연구장비, 대내외 협력관계와 같은 핵심 연구 엔터티를 서로 연결된 형태로 수집하고 정규화하며 통합하여, 기관의 연구 현황을 한눈에 파악하고 성과를 분석하고 보고할 수 있도록 지원한다. 즉 CRIS는 단순히 성과물 목록을 저장하는 수준을 넘어, 누가 연구자인지, 어떤 조직에 소속되는지, 어떤 과제를 수행했는지, 그리고 어떤 성과를 산출했는지를 관계 구조로 표현함으로써 연구관리와 성과관리의 근거 데이터로 기능한다. 이러한 성격 때문에 CRIS는 기관 리포지토리와 결합할 때 효과가 커진다. 리포지토리는 주로 디지털 자원의 수집과 보존, 그리고 공개에 초점을 두어 논문 원문과 메타데이터 제공을 핵심 서비스로 삼는 반면, CRIS는 연구활동 전반의 맥락 정보를 결합해 연구 성과를 관리하고 의사결정과 대외 보고에 활용한다. 따라서 DSpace－CRIS와 같은 통합 모델은 리포지토리에 연구자와 조직, 그리고 프로젝트 정보를 확장하여 결합함으로써, 원문 제공 중심의 저장소를 기관 연구성과 포털 수준으로 발전시키고, 연구자 프로필 제공, 과제와 성과의 연계, 성과지표 산출과 같은 고도화된 서비스를 가능하게 한다.

10.2 영국 사례

10.2.1 JISC

10.2.1.1 소개

JISC(The Joint Information Systems Committee)는 교육에 대한 전략 지침을 지원하기 위해 정보통신기술을 활용하고, 고등교육과 성인교육을 지원하기 위한 학습, 연구, 자문, 관리 서비스를 제공한다. JISC는 회원 자격을 지닌 선임 경영자, 영국의 성인교육을 담당하는 대학들과 기술 전문가들로 구성된 위원회 제도를 통해 운영되며, 행정 조직의 지원을 바탕으로 교육 재원 조달 기구로부터 정책 자금을 지원받아 활동해 왔다. JISC는 고품질의 정책 결정을 용이하게 하고 서비스와 관리를 효율화할 수 있도록 돕는 전략적 발전 프로그램에 다방면으로 투자해 왔다.

최근에는 JISC가 위원회 모델의 명칭을 넘어 JISC라는 단일 브랜드로 더 넓게 알려지며, 영국의 교육과 연구 분야를 위한 공동 디지털 인프라와 공유 서비스, 예를 들어 네트워크, 보안, 데이터 지원, 디지털 역량 지원 등을 제공하는 비영리 조직으로서의 성격이 강조된다(JISC, n.d.). 여기서 JISC가 수행하는 구체적인 활동을 정리하면 다음과 같다(JISC, n.d.).

① 공유 디지털 인프라와 서비스 제공

JISC는 영국의 고등교육기관, 추가교육기관, 연구기관을 대상으로 네트워크, 도서관과 학술정보, 연구 지원 등 공동 인프라와 공유 서비스를 제공하여 기관의 운영 효율과 품질을 높인다.

② 기관 디지털 전략과 리더십 지원

기관이 디지털 전환을 추진할 수 있도록 전략 수립, 운영 개선, 정책 적용을 위한 가이드, 자문, 도구를 제공하고, 교육과 연구 분야 전반에 공통으로 적용 가능한 모범사례를 확산한다.

③ 오픈액세스와 연구 성과 유통을 위한 섹터 협상 및 워크플로우 지원

오픈액세스 전환을 위해 출판사와 섹터 차원의 라이선스 및 출판 협약을 추진하고, 기관이 연구 성과의 공개와 관리를 위한 워크플로우를 효율화하도록 지원한다.

④ 교육과 연구 네트워크 Janet 운영과 정책 및 보안 체계 제공

영국 교육과 연구 커뮤니티를 위한 Janet 네트워크를 운영하며, 허용 이용 정책, 보안정책, 연결정책 등 네트워크 운영에 필요한 정책과 가이드 문서를 제공한다(JISC community, n.d.).

⑤ 고등교육기관과 추가교육기관 대상 데이터 분석 및 학습지원 서비스 제공

기관의 데이터 기반 의사결정을 지원하는 데이터 분석 서비스를 제공하고, 학생 참여와 지원 강화를 위한 학습지원 분석 서비스도 운영한다.

⑥ 디지털 역량 강화 지원

교직원과 학습자의 디지털 역량 강화를 위해 Building digital capability 서비스를 운영하며, 자기진단 기반의 Discovery tool과 벤치마킹 및 개선 자료를 제공한다.

10.2.1.2 JISC 프로그램 구성

eLib 프로그램(Electronic Libraries Programme, 1995–2001)은 영국 고등교육 분야에서 디지털 정보자원의 조직, 접근, 공유를 촉진하고 전자자원 기반의 학습과 연구 환경으로의 전환을 실험하고 확산시키려는 초기 대표 프로그램이었다. 특히 네트워크 기반 자원 공유, 서비스 모델의 변화, 디지털 보존과 저작권 관리, 품질관리

등 당시로서는 새로운 운영 과제를 의제화했다는 점에서 의의가 있다. 2020년대의 JISC는 개별 전자도서관 실험보다는 오픈 리서치, 연구데이터 인프라, 학습과 연구 분석, 디지털 역량과 같은 지속 가능한 공동 인프라와 공유 서비스를 중심으로 프로그램을 운영하고 있다(JISC, n.d.). 이에 따라 eLib의 문제의식인 디지털 전환, 상호운용과 공유, 장기 보존, 이용 촉진은 다음과 같은 최신 프로그램군으로 계승되고 재구성되고 있다.

오픈 리서치 및 오픈액세스 전환 프로그램에서 JISC는 오픈액세스와 오픈 리서치 확산을 위해 정책, 업무 흐름, 컴플라이언스 관리, 벤치마킹을 포괄하는 종합적인 지원 체계를 운영하고 있다(JISC, n.d.). 특히 개별 기관 단위의 대응을 넘어 영국 고등교육과 연구 부문을 대표하여 출판사와 협상하는 중앙 협상 모델을 통해 보다 지속 가능한 전환을 도모한다. 2025년에는 차세대 오픈액세스 프로그램을 통해 기존 전환 계약의 한계를 점검하고 형평성과 포용성, 재정적 지속 가능성을 핵심 기준으로 협약 구조를 재설계하고자 하였다. 이 과정에서 비용 부담 완화뿐 아니라 연구자와 기관 간 참여 기회의 불균형 문제를 함께 해결하는 것을 목표로 삼고 있다. 이러한 접근은 오픈액세스를 단순한 출판 비용 문제를 넘어 장기적인 학술 커뮤니케이션 생태계 전환 과제로 인식하고 있음을 보여준다(JISC, 2025).

연구데이터 인프라와 공유 서비스와 관련하여 연구데이터 관리와 공개에 대한 요구가 강화되면서 JISC는 기관들이 연구데이터를 효율적으로 저장하고 공유하며 연계할 수 있도록 연구데이터 공유 서비스와 같은 공유 서비스 모델을 추진하고 있다(Research Data Shared Service Pilot, n.d.). 연구데이터 공유 서비스는 모든 기능을 기관이 개별적으로 구축하는 방식이 아니라 필요한 요소를 선택적으로 활용할 수 있는 구성요소 기반 접근을 핵심 설계 원칙으로 삼고 있다. 이를 통해 연구데이터 관리 역량이 상대적으로 낮은 기관부터 성숙 단계의 기관까지 폭넓게 지원하는 것을 목표로 한다. 또한 연구데이터의 저장과 공개뿐 아니라 메타데이터 관리, 장기 보존, 재사용 가능성까지를 포함한 연구데이터 생애주기 전반을 고려한다. 이러한 서비스 접근은 eLib 프로그램에서 논의되었던 디지털 보존과 자원 공유의 문제를 2020년대 연구데이터 생태계에 맞게 확장한 사례로 볼 수 있다.

학습과 학생 지원 분석 및 데이터 기반 의사결정과 관련하여 JISC는 학습데이터를 활용해 학생 참여와 학습 경험을 개선하기 위한 학습분석 서비스를 제공하고 있다. 이 서비스는 출결, 학습 활동, 성취도 등 다양한 데이터를 통합하고 분석하여 중도 탈락을 예방하고 학생 지원을 강화하는 것을 목적으로 한다. JISC는 학습분석 시스템 설계 과정에서 개인정보 보호와 윤리적 활용을 핵심 원칙으로 강조하고 있다(JISC, 2024). 또한 학습분석 서비스를 단독 도구로 제공하기보다 고등교육 및 평생교육 기관이 데이터 기반 의사결정을 수행할 수 있도록 데이터와 분석 영역을 서비스 카탈로그 형태로 함께 제시한다(JISC, n.d.). 이는 정보기술 인프라를 단순한 관리 수단이 아니라 교육 품질 개선을 위한 전략적 의사결정 도구로 확장하려는 JISC의 방향성을 보여준다.

디지털 역량 구축과 관련하여 JISC는 디지털 환경에서 학습자와 교직원의 역량 강화를 핵심 과제로 설정하고 디지털 역량 구축 프로그램을 운영하고 있다. 이 프로그램은 개인과 조직 차원의 디지털 역량을 체계적으로 진단하고 개선할 수 있도록 프레임워크와 실천 도구를 함께 제공한다. 핵심 도구인 디스커버리 도구는 구성원이 자기진단을 통해 현재 역량 수준과 개선 필요 영역을 인식하도록 돕는 데 목적이 있다. 진단 결과는 개인별 피드백뿐 아니라 기관 차원의 익명화된 집계 데이터로도 활용되어 조직 차원의 역량 개발 전략 수립에 기여한다. 이러한 접근은 디지털 역량을 일회성 연수나 기술 습득이 아닌 데이터 기반의 지속적 조직 발전 과제로 다루고 있다는 점에서 특징적이다(JISC, n.d.).

이상의 다양한 프로그램 중에서 FAIR 프로그램에 대해 자세히 살펴보자.

JISC의 FAIR(Focus on Access to Institutional Resources) 프로그램은 대학 기관 단위에서 생산되는 지식자원의 개방과 공동 활용을 촉진하기 위한 연구 개발 프로젝트로, 기관형 리포지토리와 상호운용성 기반의 정보 공유 모델을 본격적으로 실험한 초기 대표 프로그램이다. FAIR 프로그램의 주요 목적은 첫째, 이미지, 박물관 콘텐트, 전자논문, 전자학위논문 등 다양한 유형의 학술 문화 자원을 개방하고 공유하기 위한 메커니즘으로서 OAI 프로토콜을 탐구하는 것이었다. 둘째, OAI 외에도 지식자원의 개방을 가능하게 하는 대안적 메커니즘을 모색하였다. 셋째, 지적재산권 문제와 기관형 리포지토리의 역할 등 개방과 공유를 둘러싼 제도적 운영상의 과제들을 분석하였다. 넷째, 기존 JISC 서비스들을 활용한 개방 정보의 배포 가능성을 시험하였다. 다섯째, JISC 정보환경의 개발과 연계를 추진하는 것을 목표로 하였다.

FAIR 프로그램은 2002년 8월부터 2005년까지 수행되었으며, 총 14개 과제가 3개의 클러스터로 구성되었다. 첫째는 전자논문 및 전자학위논문 클러스터로, DAEDALUS, e-prints UK, SHERPA, RoMEO 등 기관형 리포지토리와 오픈액세스 기반 학술유통을 다룬 프로젝트들이 포함되었다. 둘째는 박물관 및 이미지 클러스터로, 문화와 이미지 자원의 디지털화와 접근성을 중심으로 한 프로젝트들이 수행되었다. 셋째는 기관형 포털 클러스터로, 기관 단위에서 분산된 자원을 통합적으로 제공하기 위한 포털 모델을 실험하였다.

이들 가운데 특히 DAEDALUS, e-prints UK, SHERPA, RoMEO 프로젝트는 이후 영국 및 국제적 차원의 기관형 리포지토리와 오픈액세스 논의에 큰 영향을 미쳤다. DAEDALUS는 글래스고 대학교에서 수행된 프로젝트로, 출판 전 논문, 전자학위논문, 회색문헌 등 대학 내 연구성과물을 위한 개방형 기관 리포지토리 구축을 목표로 하였으며, DSpace와 EPrints 시스템을 동시에 적용하여 비교 분석을 시도한 점에서 의미가 크다. e-prints UK 프로젝트는 UKOLN, 사우스햄튼 대학교, OCLC가 공동으로 주관한 사업으로, 전국적으로 분산된 기관형 리포지토리에 소장된 전자논문을 통합 검색하기 위한 국가 차원의 OAI 서비스 프로바이더 모델을 제시하였다.

SHERPA는 영국 여러 대학교에서 산출되는 연구성과물을 무료로 이용할 수 있도록 오픈액세스형 기관형 리포지토리의 개발을 촉진하는 것을 목적으로 한다. 즉, 각 대학이 기관형 리포지토리를 구축하고 운영하도록 지원하면서 이러한 변화가 학술유통의 미래에 미치는 영향과 관련 이슈들을 함께 조사하고 검토한다. 이 과정에서 SHERPA는 이후 오픈액세스 정책과 출판사 저작권 정책 정보를 제공하는 서비스로 발전하게 된다.

최근 2024년 11월 JISC는 기존에 분리되어 제공되던 SHERPA 계열 서비스를 하나로 통합해 Open Policy Finder라는 단일 플랫폼으로 공개하였다. 이 플랫폼은 (1) 출판사 저널의 오픈액세스 및 셀프아카이빙(자기아카이빙) 정책을 확인하는 Sherpa

Romeo, (2) 연구비 지원기관의 오픈액세스 의무사항을 확인하는 SHERPA Juliet, (3) 특정 연구성과물이 해당 정책을 충족하는지 판단하는 데 도움을 주는 SHERPA Fact의 기능을 한 곳에서 검색, 비교할 수 있도록 구성한 것이다(JISC, 2024).

RoMEO 프로젝트는 2002년 8월부터 2003년 7월까지 록보러프 대학교 주관으로 수행되었으며, 영국 대학 커뮤니티에서 OAI 프로토콜 기반의 기관형 리포지토리에 연구성과물을 직접 제출하는 과정에서 발생하는 저작권 문제를 탐구하는 데 초점을 두었다. 이 프로젝트의 목적은 첫째, OAI 기반 기관 리포지토리의 개방형 자원을 대상으로 저작권 메타데이터 요소를 개발하는 것이다. 둘째, 저자, 출판사, 데이터 프로바이더, 서비스 프로바이더 등 이해관계자의 요구를 분석하는 것이다. 셋째, 데이터 프로바이더와 서비스 프로바이더의 저작권 정보 관리 현황을 파악하는 것이다. 넷째, 저작권 워킹그룹을 운영하여 오픈액세스형 라이선스 모델을 연구하고, 이를 바탕으로 개방형 디지털 권한 언어 개발을 모색하는 것이다. 특히 이 프로젝트는 오픈액세스형 라이선스 모델을 연구하는 과정에서 이후 디지털 권한 표현 논의로 이어지는 기초를 제공하였다.

최근에는 앞에 서술했듯이 Jisc가 기존 SHERPA 계열 서비스들을 통합, 재구성하였다. Romeo 프로젝트가 제기했던 권리 정보의 표준화 및 가시화 문제는, 현재에는 연구자와 기관이 오픈액세스 출판과 정책 준수를 실제로 결정하는 과정까지 지원하는 정책 정보 인프라의 형태로 확장되고 있다고 정리할 수 있다(JISC, 2024).

FAIR 프로그램은 개별 프로젝트 단위로는 종료되었지만, 기관형 리포지토리, OAI 기반 상호운용성, 오픈액세스, 저작권 정책 정보 제공이라는 핵심 성과는 이후 JISC의 오픈리서치, 연구데이터 인프라, 학술 커뮤니케이션 정책으로 계승되었다. 이러한 점에서 FAIR 프로그램은 영국 디지털도서관 및 오픈액세스 정책의 실험적 출발점이자 개념적 토대로 평가할 수 있다.

한편, JISC의 FAIR 프로그램과 오늘날 널리 사용되는 FAIR 데이터 원칙은 명칭은 동일하지만, 등장 배경과 목적, 적용 범위에서 분명한 차이를 가진다. JISC의 FAIR 프로그램은 2000년대 초반 영국 고등교육 환경에서 기관 단위로 생산되는 지식자원의 개방과 공유를 촉진하기 위한 연구 개발 프로그램으로, 기관형 리포지토리 구축, OAI 프로토콜 기반 상호운용성, 저작권 및 제도적 쟁점 탐구에 초점을 두었다. 반면, FAIR 데이터 원칙은 2016년 제시된 개념으로 연구데이터를 중심으로 한 운영 원칙이며, 데이터가 기계와 인간 모두에게 발견 가능하고, 접근 가능하며, 상호운용 가능하고, 재사용 가능하도록 설계하고 관리되어야 한다는 기준을 제시한다 (Wilkinson et al., 2016).

두 개념의 가장 큰 차이는 대상과 수준에 있다. JISC FAIR 프로그램은 무엇을 구축하고 실험할 것인가에 대한 프로그램과 프로젝트 수준의 접근이었으며, 기관형 리포지토리와 서비스 인프라 구축이 핵심이었다. 이에 비해 FAIR 데이터 원칙은 특정 시스템이나 플랫폼을 전제하지 않고, 데이터와 메타데이터가 따라야 할 추상적이고 범용적인 품질 기준을 제시한다. 따라서 JISC FAIR는 실행 중심의 정책 실험이었다면, FAIR 데이터 원칙은 국제적으로 합의된 데이터 관리 지침이라고 할 수 있다.

그럼에도 두 개념은 문제의식 측면에서 강한 연속성을 가진다. JISC FAIR 프로그램이 강조했던 개방 접근, 표준 기반 상호운용성, 메타데이터, 저작권과 라이선스 문제는 오늘날 FAIR 데이터 원칙의 발견 가능성, 접근 가능성, 상호운용 가능성, 재사용 가능성 요소와 직접적으로 연결된다. 특히 OAI-PMH를 통한 메타데이터 수확, 기관형 리포지토리의 분산 구조, 권리 정보의 명시적 표현에 대한 논의는 FAIR 데이터 원칙에서 요구하는 기계 판독 가능한 메타데이터와 재사용 가능성의 선행 실험으로 해석할 수 있다. 따라서 두 개념을 동일한 것으로 오해해서는 안 된다. JISC FAIR 프로그램은 특정 시기와 지역, 정책 맥락 속에서 수행된 프로젝트 묶음이며 현재는 종료된 역사적 프로그램이다. 반면 FAIR 데이터 원칙은 현재도 국제 연구정책과 데이터 관리 지침의 핵심 개념으로 활용되고 있으며, 연구데이터 관리계획, 오픈사이언스 정책, 데이터 인프라 설계의 기준으로 적용되고 있다. 이상을 통해 알 수 있듯이, JISC의 FAIR 프로그램은 오늘날 FAIR 데이터 원칙과 직접적 계승 관계라기보다 개념적 선구 사례로 이해하는 것이 적절하다. 두 개념은 서로 다른 시대와 맥락에서 등장했지만, 개방, 표준, 상호운용성, 재사용이라는 공통된 방향성을 공유하며 디지털도서관과 연구데이터 관리가 어떻게 진화해 왔는지를 보여주는 중요한 비교 사례로 활용될 수 있다.

10.2.2 DCC(Digital Curation Centre)

10.2.2.1 소개

DCC(Digital Curation Centre)는 영국의 연구데이터 관리와 디지털 큐레이션을 전문적으로 지원하는 국가 수준의 지원 센터로, 2004년 JISC와 영국 연구위원회의 지원을 받아 설립되었다. DCC는 특정 기관의 데이터 저장소를 직접 운영하기보다는, 연구기관과 도서관, 연구자들이 연구데이터를 효과적으로 생성하고 관리하며 보존하고 공유할 수 있도록 정책과 지침, 도구, 교육, 자문 서비스를 제공하는 허브 역할을 수행한다.

DCC의 핵심적인 특징은 연구데이터를 단순한 기술적 관리 대상이 아니라, 연구의 전 생애주기에 걸쳐 체계적으로 관리되어야 할 자산으로 인식한다는 점이다. 이를 위해 데이터 생성 단계에서부터 장기 보존과 재사용에 이르기까지의 전 과정을 포괄하는 개념인 디지털 큐레이션을 중심 개념으로 제시해 왔다. 이러한 접근은 디지털도서관, 기관형 리포지토리, 오픈사이언스 정책과 긴밀히 연계되며, 영국 연구데이터 정책의 이론적 기반과 실무적 기반을 형성하는 데 기여하였다(DCC, n.d.).

10.2.2.2 DCC 대표 프로그램

DCC의 대표적인 활동 가운데 하나는 연구데이터 관리계획 지원이다. DCC는 연구자가 연구 초기 단계에서 데이터의 생성과 저장, 공유, 보존 방안을 체계적으로 계획할 수 있도록 연구데이터 관리계획의 개념을 정립하고, 이를 실무적으로 지원하는 도구와 가이드를 제공해 왔다. 이 과정에서 개발된 DMPonline은 현재 영국은 물론 국제적으로도 널리 활용되는 연구데이터 관리 지원 도구로 자리 잡았다.

또한 DCC는 Curation Lifecycle Model을 통해 연구데이터의 생애주기를 시각적으로 제시하고, 각 단계에서 필요한 관리 활동과 책임을 구조화하였다. 이 모델은 도서관과 연구지원 조직이 연구데이터 서비스를 설계하는 데 참고 모델로 활용되고 있다. 이와 함께 DCC는 교육과 훈련 프로그램, 사례집, 정책 분석 보고서를 통해 연구데이터 관리 역량을 기관 차원에서 강화하는 데 지속적으로 기여하고 있다(DCC, n.d.).

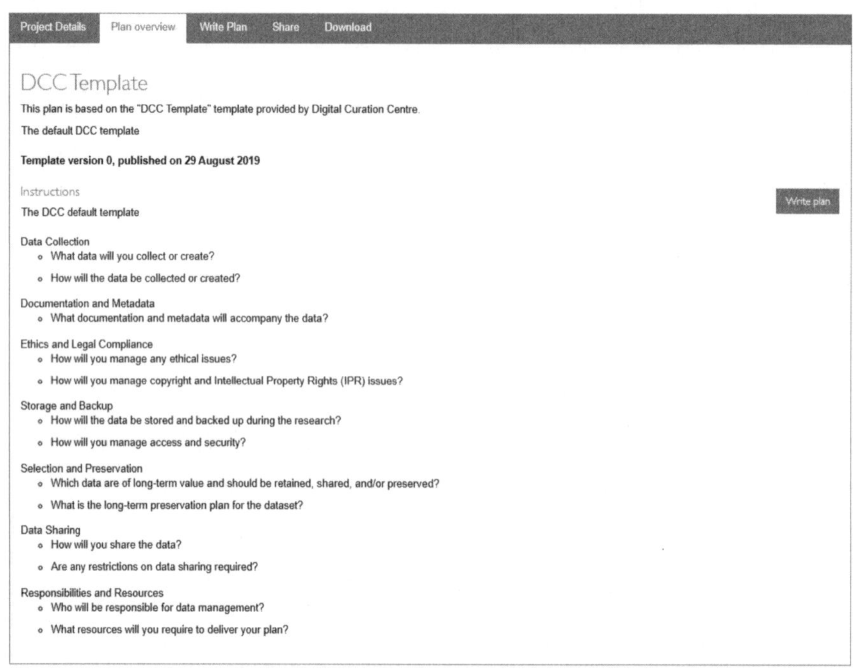

〈그림 10.1〉 DMPOnLine DCC 템플릿

위에 제시된 〈그림 10.1〉은 연구자가 연구 수행 이전과 연구 수행 중 그리고 연구 수행 이후에 데이터의 생성과 관리, 보존과 공유를 체계적으로 계획하도록 안내하는 DCC의 표준 DMP 작성 인터페이스로서, 연구자가 DMP를 작성할 때 답해야 할 질문 중심의 항목 구조를 보여준다. 구체적으로는 데이터 수집, 문서화와 메타데이터, 윤리 및 법적 준수, 저장과 백업, 장기 보존과 선별, 데이터 공유, 책임과 자원 등의 항목으로 구성되어 있다. 각 항목은 어떤 데이터를 생성하는가, 메타데이터는 어떻게 제공하는가, 저작권과 지식재산권은 어떻게 관리하는가와 같이 연구 전 과정에서 데이터 관리에 필요한 핵심 질문을 제시한다.

10.2.3 CORE와 OpenAIRE

CORE와 OpenAIRE는 오늘날 RDN(Resource Discovery Network)이 수행했던 학술자원 발견과 접근의 허브 역할을, 현대의 기술 환경과 정책 변화에 맞게 계승한 대표적인 오픈 연구 인프라 사례로 평가할 수 있다.

CORE는 영국에 기반을 둔 오픈액세스 학술 콘텐트 집계 서비스로, 전 세계 기관형 리포지토리와 오픈액세스 저널에서 논문과 메타데이터를 수집하고 통합하여 검색과 재사용을 가능하게 한다. CORE는 단순한 검색 서비스에 머무르지 않고, API와 데이터세트 형태로 학술 콘텐트를 제공함으로써 연구 분석, 텍스트 마이닝, 서비스 개발을 지원한다는 점에서 기존의 주제 기반 정보 게이트웨이 모델과 차별화된다(CORE, n.d.). 다음 〈그림 10.2〉는 CORE 데이터세트 문서의 목차를 보여준다.

CORE Dataset documentation

Content:

1. How to download the Dataset
2. Latest datasets
3. Other datasets
4. Archived datasets
5. Current dataset structure (from 2020 onwards)
6. Structure of dataset 2018 onwards
7. Structure of datasets 2017
8. Structure of dataset pre - 2017

〈그림 10.2〉 CORE 데이터세트 문서

CORE 데이터세트 문서는 CORE가 제공하는 대규모 오픈액세스 학술 데이터셋을 연구하고 분석하며 재사용할 수 있도록 지원하기 위한 공식 문서이다. 문서는 먼저 데이터셋의 다운로드 방법을 제시하여 연구자가 CORE 데이터에 실제로 접근하고 활용할 수 있는 절차를 안내한다. 이는 단순한 검색 서비스에 그치지 않고 데이터 기반 연구, 텍스트 마이닝, 계량서지학, 인공지능 학습 등을 염두에 둔 구성이라는 점에서 중요하다.

이어지는 항목들은 CORE가 제공하는 데이터셋의 종류와 시기별 버전 관리에 초점을 둔다. 최신 데이터셋과 기타 데이터셋, 그리고 보존 목적의 아카이브 데이터셋을 구분함으로써 연구 목적에 따라 최신성 중심 분석과 재현성 및 비교 연구를 구분해 활용할 수 있도록 한다. 이는 연구데이터 관리에서 현재 데이터와 역사적 데이터를 명확히 분리하는 좋은 사례이다. 특히 눈에 띄는 부분은 연도별 데이터 구조 설명이다. CORE는 2020년 이후, 2018년 이후, 2017년, 2017년 이전 등으로 데이터 구조를 구분해 설명하고 있다. 이는 CORE 데이터셋이 장기간에 걸쳐 확장되고 개편되어 왔으며 시기별로 메타데이터 필드와 파일 구성, 식별자 체계 등이 달라질 수 있음을 전제한 것이다. 따라서 CORE는 이용자가 데이터셋을 분석할 때 버전과 구조 차이를 반드시 인지해야 함을 문서 차원에서 명시적으로 안내하고 있다.

이제 OpenAIRE를 살펴보기 전에 RDN을 먼저 간단히 살펴보자. RDN은 학습과 교육, 연구 공동체를 위해 인터넷 자원을 선별하고 기술하여 제공하는 주제 기반 정보 게이트웨이 네트워크로 출발했으며 Altis, Artifact, BIOME, EEVL, GEsource, Humbul, PSIgate, SOSIG 등 여러 허브로 구성되었다. 당시 RDN의 강점은 일반 검색엔진과 달리 각 분야 전문가가 검토한 웹 자원을 체계적으로 축적하고 분류함으로써 교육과 연구에 적합한 품질관리형 접근 경로를 제공했다는 점에 있었다.

한편 OpenAIRE는 유럽연합의 오픈사이언스 정책을 지원하기 위해 구축된 범유럽 차원의 연구 인프라로, 논문과 연구데이터, 소프트웨어, 프로젝트 정보를 상호 연결하는 연구 그래프를 중심으로 운영된다. OpenAIRE는 연구 산출물의 발견과 접근을 지원할 뿐만 아니라 기관형 리포지토리와 데이터 저장소가 공통 가이드라인과 표준을 따르도록 지원함으로써 상호운용성을 강화한다(OpenAIRE, n.d.). 다음 〈그림 10.3〉은 OpenAIRE가 제공하는 OpenAIRE 서비스 카탈로그의 핵심 화면이다.

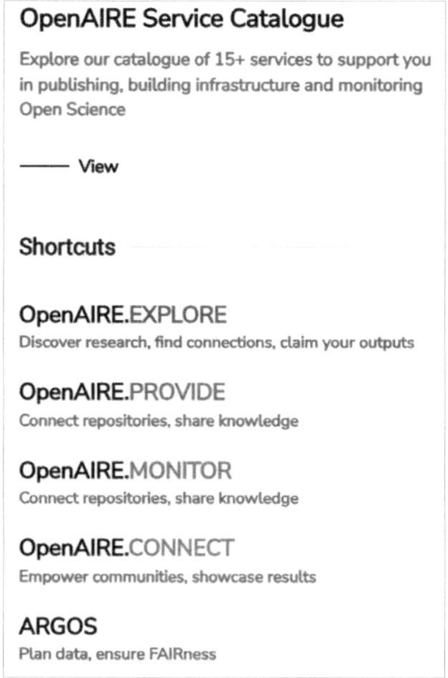

OpenAIRE Service Catalogue

Explore our catalogue of 15+ services to support you in publishing, building infrastructure and monitoring Open Science

—— View

Shortcuts

OpenAIRE.EXPLORE
Discover research, find connections, claim your outputs

OpenAIRE.PROVIDE
Connect repositories, share knowledge

OpenAIRE.MONITOR
Connect repositories, share knowledge

OpenAIRE.CONNECT
Empower communities, showcase results

ARGOS
Plan data, ensure FAIRness

〈그림 10.3〉 OpenAIRE 서비스 카탈로그

OpenAIRE Service Catalogue는 OpenAIRE가 제공하는 15개 이상의 서비스를 체계적으로 정리한 안내 페이지로, 연구 성과의 공개, 연구 인프라 구축, 오픈사이언스 이행 현황의 모니터링을 포괄적으로 지원하는 것을 목표로 한다. 즉 OpenAIRE는 단순히 논문이나 데이터를 보여주는 서비스가 아니라, 연구 전 과정에서 오픈사이언스를 실행하고 연결하며 관리하기 위한 서비스 묶음을 제공한다. 대표 서비스 가운데 OpenAIRE EXPLORE는 논문, 데이터, 소프트웨어, 프로젝트 등 연구 산출물을 탐색하고 상호 연관성을 발견하며, 연구자가 자신의 연구 성과를 식별하고 확인할 수 있도록 지원하는 서비스이다. 이는 과거 RDN과 같은 자원 발견 기능을 계승하면서 연구 그래프 기반의 연결성을 강화한 형태로 볼 수 있다.

OpenAIRE PROVIDE는 기관형 리포지토리와 데이터 저장소가 OpenAIRE 인프라에 연결될 수 있도록 기술적, 운영적 지원을 제공하는 서비스이다. 이를 통해 각 기관은 메타데이터 표준과 가이드라인에 맞추어 연구성과를 공유하고 범유럽 연구 인프라의 일부로 편입될 수 있다. 이는 분산된 저장소를 연결하는 상호운용성 인프라의 핵심 요소에 해당한다.

OpenAIRE MONITOR는 기관, 연구 커뮤니티, 연구 프로젝트 단위에서 오픈사이언스 이행 현황을 분석하고 시각화하는 서비스이다. 연구 성과의 공개 여부, 연결 상태, 활용 현황 등을 지표로 제시함으로써 오픈사이언스를 정책과 관리 차원에서 평가할 수 있게 한다. 이는 단순 접근 제공을 넘어 데이터 기반 의사결정을 가능하게 하는 기능이다.

OpenAIRE CONNECT는 특정 연구 커뮤니티나 프로젝트가 자신들의 연구 성과를 집계하고 전시하며, 공동체 중심의 연구 공간을 구성할 수 있도록 지원한다. 이를 통해 OpenAIRE는 중앙 플랫폼이면서도 커뮤니티 맞춤형 서비스를 제공하는 구조를 갖춘다.

마지막으로 ARGOS는 연구데이터 관리계획(DMP) 작성을 지원하는 도구로, 데이터 계획 수립과 FAIR 원칙 준수를 돕는 역할을 한다. 이는 DCC의 DMP 지원과 유사한 기능을 유럽 차원에서 구현한 사례로 볼 수 있으며, OpenAIRE가 연구의 초기 단계부터 오픈사이언스를 설계하도록 지원한다는 점을 보여준다.

이상에서 살펴본 바와 같이, CORE와 OpenAIRE는 각각 영국 및 유럽 차원에서 분산된 연구성과를 연결하고 집계하며 확산하는 현대적 발견 인프라로서, RDN 이후 시대의 대표적 대안 모델이라 할 수 있다.

10.3 한국 사례

10.3.1 한국지능정보사회진흥원

10.3.1.1 소개

한국지능정보사회진흥원(NIA)은 국가 차원의 지능정보화와 디지털 전환 정책을 뒷받침하기 위해 정책과 제도 연구, 공공데이터와 인공지능 기반 조성, 디지털플랫폼정부 추진 지원, 디지털 포용 등 폭넓은 기능을 수행하는 공공기관이다. 기관의 계보를 보면 1987년 한국전산원 설립을 출발점으로 하며, 2009년에는 한국정보사회진흥원과 한국정보문화진흥원을 통합해 한국정보화진흥원으로 출범했다. 이후

2020년에는 기관 명칭을 한국지능정보사회진흥원으로 개정했고, 2021년에는 한국지능정보사회진흥원 출범을 연혁에 명시하고 있어, 정보화 중심의 역할에서 인공지능과 데이터 기반 지능사회 중심으로 기관의 정체성과 미션이 확장되었음을 확인할 수 있다.

주요 사업은 인공지능 정책, 인공지능 융합 확산, 지능기술 인프라, 디지털플랫폼 정부 추진 지원, 공공 인공지능 데이터 구축과 개방, 디지털 포용, 글로벌 협력의 일곱 영역으로 정리할 수 있다. 예를 들어 인공지능정책실은 국가 인공지능 전략과 정책 개발, 활용 확산에 따른 영향평가, 윤리와 안정성, 즉 신뢰성 기반 마련, 법과 제도 연구, 인공지능 지수 등 정책 지원과 함께 국가지능정보화백서, 정책연구, 통계와 같은 지식정보 서비스 제공을 주요 업무로 제시한다. 이처럼 한국지능정보사회진흥원은 사업 집행 기관의 역할에 더해 정책과 평가, 통계, 지식서비스를 결합하여 정부와 공공부문의 디지털 전환을 설계하고 확산하며 점검하는 지원 허브로 기능한다는 점이 핵심이다(한국지능정보사회진흥원, n.d.).

10.3.1.2 NIA 주요 연구 및 사업

한국지능정보사회진흥원(NIA)은 디지털도서관을 직접 구축하거나 운영하는 기관은 아니지만, 오늘날 디지털도서관의 구축과 운영, 그리고 고도화에 필수적인 정책과 데이터, 기술 인프라를 총괄적으로 지원하는 핵심 기관으로 이해할 수 있다. NIA가 수행하는 주요 사업들은 디지털도서관의 기능과 역할을 확장하는 기반을 형성하며, 특히 공공데이터와 인공지능, 플랫폼, 접근성, 표준과 정책 측면에서 밀접하게 연결된다.

우선 NIA는 공공데이터 개방과 활용을 총괄 지원하는 기관으로서 공공부문에서 생산되는 다양한 데이터의 표준화와 품질관리, 개방을 추진하고 있다. 이는 디지털도서관이 보유한 메타데이터와 콘텐트를 다른 공공정보 자원과 연계하고 외부에서 재사용할 수 있도록 하는 핵심 기반에 해당한다. 디지털도서관의 정보자원이 더 이상 기관 내부에 머무르지 않고 공공데이터 생태계의 일부로 기능하도록 만드는 환경을 조성한다는 점에서 중요한 의미를 가진다.

또한 NIA는 대규모 인공지능 학습용 데이터 구축 사업을 통해 텍스트와 이미지, 음성, 영상 등 다양한 유형의 데이터를 체계적으로 구축하고 관리하고 있다. 이 과정에서 디지털화된 문헌과 기록물, 문화 자원과 학술 자원이 데이터셋으로 활용되며, 이는 디지털도서관이 지능형 검색, 자동 분류, 추천, 요약과 같은 고도화된 서비스를 제공할 수 있는 기술적 토대가 된다. 이러한 점에서 NIA의 인공지능 및 데이터 구축 사업은 전통적인 디지털도서관을 지능형 디지털도서관으로 발전시키는 기반 역할을 한다.

NIA가 주도적으로 지원하는 디지털플랫폼정부 추진 사업 역시 디지털도서관과 밀접한 관련을 갖는다. 디지털플랫폼정부는 공공기관이 보유한 정보를 연결하고 공유하며 개방하여 국민 중심의 통합 서비스로 재구성하는 것을 목표로 한다. 이 과정에서 도서관과 기록관, 박물관 등 각 기관에 분산된 정보자원은 개별 시스템을 넘어 국가 정보 플랫폼의 구성요소로 편입된다. 이는 디지털도서관이 독립적인 서비스 단위를 넘어 국가 차원의 정보 인프라 안에서 기능하도록 요구받고 있음을 보여준다. 예를 들어, 최근 NIA는 국립중앙도서관과 지능정보사회 구현 및 국가 지식정보자원 확산을 위한 업무 협력을 지속하고 있으며, 국립중앙도서관의 빅데이터 분석 시스템 구축, 디지털 자료 구축, 정보화 사업 등을 지원하며 협력 관계를 맺고 있다. 국가기록원과 공공기록물을 활용한 대규모 학습용 데이터 및 초거대 AI 시범 서비스 구축 사업을 시행하였다. 국립중앙박물관과는 음성, 수어, 점자 등의 양방향 소통이 가능한 지능형 키오스크를 활용하여 시각, 청각, 언어, 지체장애인에게 언제나 자유롭게 전시관을 이용할 수 있는 이용장벽 없는 스마트 전시관 서비스를 국립중앙박물관에 구축하였다.

아울러 NIA는 디지털 포용과 정보 접근성 강화를 주요 과제로 설정하고 정보취약계층을 고려한 서비스 환경 조성, 접근성 표준 확산, 디지털 역량 강화를 추진하고 있다. 접근성과 포용성은 공공 디지털도서관의 핵심 가치로, 장애인과 고령자, 정보소외계층이 정보에 동등하게 접근할 수 있도록 하는 서비스 설계의 기준이 된다. 이 측면에서 NIA의 디지털 포용 정책은 디지털도서관 서비스의 공공성과 사회적 책무를 제도적으로 뒷받침한다.

마지막으로 NIA는 지능정보사회 전반에 대한 정책 연구와 표준 개발, 성과 평가, 통계 생산을 수행함으로써 공공 정보서비스의 방향성과 성과를 점검하는 역할을 한다. 이는 디지털도서관 정책 수립과 운영 평가, 국가 단위 정보자원 관리 전략을 설계하는 데 중요한 참고 기준으로 활용될 수 있다.

10.3.2 한국과학기술정보연구원

10.3.2.1 소개

한국과학기술정보연구원(KISTI)은 과학기술 연구개발 인프라를 체계적으로 구축하고 운영함으로써 국가 경쟁력 확보를 지원하기 위해 설립된 과학기술정보통신부 산하 국가과학기술연구회(NST) 소관 정부출연연구기관이다(NST, n.d.). KISTI는 기관 정체성을 과학기술 데이터 최고 책임기관으로 제시하며, 인공지능과 초고성능컴퓨팅 기반에서 연구개발 혁신을 지원하는 역할을 강조한다. 또한 1962년 과학문헌센터로 출발한 이후, 국가 과학기술정보 인프라 확장 과정 속에서 조직과 기능이 지속적으로 재편되고 확장되고 있다(KISTI, n.d.).

10.3.2.2 KISTI 주요 연구 및 사업

KISTI의 대표적인 사업으로는 첫째, 과학기술 지식 인프라 통합 서비스 플랫폼인 ScienceON 운영을 들 수 있다. ScienceON은 과학기술 정보, 연구데이터, 정보 분석 서비스, 연구 인프라를 연계하고 융합하여 연구자가 필요한 지식 인프라를 한곳에서 제공하는 것을 목표로 하며, 이용 접근성과 활용성을 높이고 연구개발 효율성을 향상시키는 것을 지향한다(ScienceON, n.d.). 또한 KISTI는 기존 국가과학기술정보센터 자원을 ScienceON과 통합하여 서비스 연계를 강화했다고 밝히고 있어, 디지털도서관의 관점에서는 학술정보인 논문, 특허, 보고서 등의 집계와 제공, 그리고 연구 인프라 연계를 핵심 기능으로 정리할 수 있다(KISTI, 2020). 둘째, KISTI는 ScienceON을 중심으로 연합 인증 기반의 서비스 연계를 제시하고, 국가과학기술지식정보서비스와 DataON 등 관련 서비스로의 연결을 안내하고 있다. 이는 기관 단위로 분산되어 있던 연구 지원 서비스를 하나의 흐름으로 묶어 제공하려는 접근으로, 디지털도서관 서비스가 단순한 검색과 열람을 넘어 연계형 연구 지원 플랫폼으로 확장되고 있음을 보여준다(ScienceON, n.d.). 셋째, KISTI는 국가 초고성능 컴퓨팅 인프라의 구축과 운영을 중요한 축으로 수행하고 있다. 국가슈퍼컴퓨팅센터 자료에 따르면 KISTI는 슈퍼코리아 2020과 같은 인프라 선진화 사업을 통해 국가 슈퍼컴퓨터 구축을 추진해 왔으며, 최근에는 국가 슈퍼컴퓨터 6호기 구축 등 차세대 고성능 컴퓨팅 인프라 확장 계획도 공식 뉴스와 외부 보도를 통해 확인된다(KSC, n.d.; Business Wire, 2025). 디지털도서관과 연구데이터의 관점에서 고성능 컴퓨팅 인프라는 대규모 데이터 분석, 인공지능 학습, 시뮬레이션 기반 연구를 가능하게 하는 기반 시설로서, 분석과 추천, 예측형 서비스와 같은 지식 자원 서비스의 고도화와 직접적으로 연결된다(NST, n.d.).

다음 〈그림 10.4〉는 ScienceON의 개념도를 보여준다. ScienceON 서비스는 문헌 기반 탐색 기능에 그치지 않고 2019년 서비스 출범 이후 지속적으로 고도화되어 왔다. 전통적인 정보 제공뿐 아니라 인공지능 기반 지원 서비스, 연관 콘텐트 큐레이

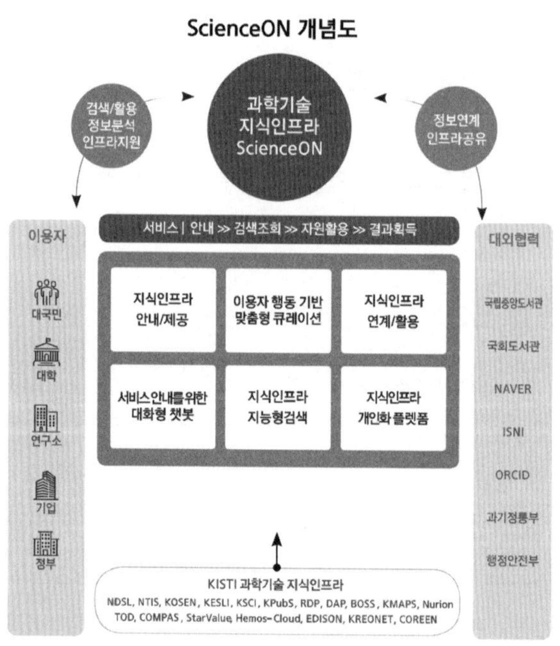

〈그림 10.4〉 ScienceON 개념도

션, 연구 동향과 주제 분석, 이용 통계 기반 분석 등 지능형 기능을 포함함으로써 연구자 개인의 필요에 맞춘 맞춤형 지식 지원이 가능해졌다. 아울러 ScienceON은 검색과 분석 기능 외에도 동영상 콘텐트인 과학기술 강연과 같은 멀티미디어 정보, 이용자 피드백 공간인 ScienceON LAB 등을 제공하며 다양한 유형의 콘텐트와 서비스를 통합하는 방향으로 확대되고 있다. 이는 단순 정보 검색 포털을 넘어 연구의 발견과 분석, 공유, 협업을 지원하는 종합 연구지원 플랫폼으로 진화하고 있음을 보여준다.

10.3.3 한국교육학술정보원

10.3.3.1 소개

한국교육학술정보원(KERIS)은 1999년 「한국교육학술정보원법」 제정(1999년 1월) 이후, 교육과 학술정보화 관련 기능을 통합하여 출범한 국가 단위 교육과 학술정보 전문기관이다. KERIS의 연혁 자료에 따르면, 당시 KMEC와 KRIC가 통합되어 KERIS가 설립되었고, 이후 국가 교육과 연구정보 인프라를 총괄 지원하는 기관으로 역할을 확대해 왔다(KERIS, n.d.). 특히 KERIS는 교육 분야 정보화뿐 아니라 학술연구 경쟁력 제고를 위한 연구정보 유통체계도 함께 담당하면서, 교육과 연구를 잇는 디지털 인프라를 구축하고 운영해 왔다.

KERIS의 대표 서비스는 RISS(학술연구정보서비스)와 에듀넷(교육정보 서비스)으로 널리 알려져 왔으며, 이 가운데 RISS는 국가 차원의 학술자료 통합 탐색과 이용을 지원하는 핵심 플랫폼으로 자리 잡았다(RISS, n.d.). KERIS의 기능은 시기별로 조직 체계와 사업 명칭이 변화해 왔으나, 실질적으로는 교육과 학술정보의 조사, 수집, 구축, 표준화와 품질관리, 효과적 유통을 위한 네트워크와 플랫폼 운영, 그리고 대학과 학교 현장의 정보화 지원을 중심 축으로 삼아 왔다(KERIS, n.d.).

10.3.3.2 KERIS 주요 연구 및 사업

KERIS의 국가 지식 생성 및 유통 체계는 대학에서 생산되는 연구성과, 특히 학위논문 등이 생산되는 즉시 표준화된 방식으로 축적되고, 국가 단위로 연계되어 유통되고 활용될 수 있도록 설계된다는 점에서 디지털도서관 발전 과정에서 중요한 의미를 갖는다. dCollection은 이러한 목적을 위해 대학 등 참여기관에 기관형 리포지토리를 제공하고, 중앙에서 이를 연계해 국가적 유통 체계를 구현하려는 시스템으로 이해할 수 있다. 실제로 dCollection은 대학의 학위논문 제출자가 원문과 서지 정보를 등록할 수 있도록 하는 제출과 관리 시스템으로 운영되어 왔으며, KERIS는 2022년 dCollection 고도화 사업을 수행하여 이용자 인터페이스 개선, 표준화된 데이터 체계 구축, 식별정보 연계, 메타정보 자동 추출 등 기능을 강화했다(dCollection, n.d.).

다음 〈그림 10.5〉는 KERIS의 dCollection, RISS, UREKA가 어떻게 연계되어 국가 학술정보의 생성과 유통, 분석을 수행하는지를 한눈에 보여주는 구조도이다. 핵심은 대학에서 생산된 연구성과가 표준화되어 중앙으로 수집되고, 다시 통합 서비스와 분석 서비스로 확장되는 흐름이다. 먼저 왼쪽의 대학별 서비스 영역에서는 각 대학이 운영하는 dCollection, 즉 학위논문 수집기와 dCollection IR, 즉 대학 기관형 리포지토리를 통해 학위논문과 연구성과물을 제출하고 관리한다. 이 과정에서 학위논문 원문과 메타데이터, 연구성과 관련 정보가 대학 내부 시스템에 축적된다. 동시에 일부 서비스는 대학 내부 API를 통해 외부 분석 및 연계 서비스에 활용될 수 있도록 설계되어 있다.

이렇게 대학에서 구축된 학술정보의 메타데이터는 중앙의 dCollection DB로 수집된다. 이 단계는 국가 지식 생성의 핵심으로, 분산된 대학 리포지토리의 정보를 표준화된 방식으로 중앙에 모으는 역할을 한다. 이후 dCollection DB에 축적된 메타데이터는 RISS DB로 연계되어, 이용자에게 제공되는 국가 학술연구정보 통합 서비스인 RISS의 기반 데이터가 된다. RISS는 이 데이터를 활용해 학위논문과 학술자료의 통합 검색과 접근을 가능하게 한다.

한편, 중앙 영역의 UREKA DB는 dCollection과 RISS에서 수집된 데이터를 바탕으로 대학 연구역량 분석 및 예측 서비스를 수행한다. 즉 단순히 자료를 검색하고 제공하는 것을 넘어, 대학별 연구 성과를 분석하고 시각화하며, 정책과 전략 수립에 활용할 수 있는 정보를 생산한다. 이 분석 결과는 다시 대학, 정부, 유관기관에 제공되어 연구 경쟁력 진단과 의사결정 지원에 활용된다.

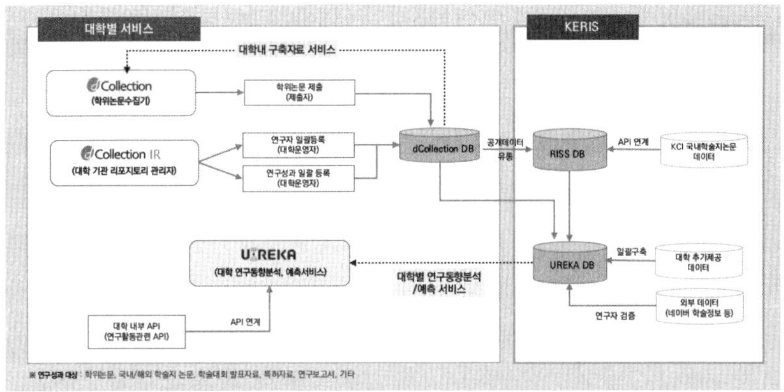

〈그림 10.5〉 대학별 dCollection DB 및 RISS DB 연계도

오른쪽의 KERIS 영역은 이러한 전체 흐름을 통합하고 운영하는 중앙 허브로서, RISS DB, UREKA DB, 그리고 외부의 KCI 등과의 연계를 통해 국가 학술정보 생태계를 확장한다. 즉, KERIS는 콘텐트 수집을 담당하는 대학과 유통을 담당하는 RISS, 분석을 담당하는 UREKA를 하나의 체계로 묶어 운영하는 역할을 수행한다.

전통적으로 이 체계의 핵심 메커니즘은 참여기관인 데이터 제공자가 구축한 메타데이터를 중앙에서 자동으로 수집하고 통합하여 서비스하는 방식이다. 국제적으로 널리 쓰이는 OAI-PMH와 같은 메타데이터 수확 방식은 분산 리포지토리 간 상호운용성을 확보하는 대표적 접근으로 알려져 있다(Open Archives Initiative, n.d.). 즉, 대학의 기관형 리포지토리에서 생성되고 축적되는 학술성과가 표준화된 메타데이터를 통해 중앙 서비스인 RISS 등과 연계될 때 이용자는 개별 대학 사이트를 일일이 방문하지 않더라도 국가 단위에서 통합 탐색과 접근이 가능해진다. 최근 dCollection 고도화가 표준화된 데이터 체계, 내부와 외부 식별정보 연계, 통합 탐색 및 분석 기능을 강조하는 점은 과거의 제출과 보관 중심 리포지토리에서 한 걸음 더 나아가 연계와 분석, 활용을 강화하는 연구지원형 디지털도서관으로 확장되는 흐름을 보여준다(dCollection, n.d.).

참고문헌

[국내문헌]

dCollection 고려대학교. dCollection 소개(시스템 고도화 및 주요 특징 안내). [online] https://dcollection.korea.ac.kr/intro.

RISS. 학술연구정보서비스(RISS). [online] https://www.riss.kr/index.do.

Wikipedia contributors. 사이언스온 (서비스). Wikipedia. Retrieved 2025.12.20. [online] https://ko.wikipedia.org/wiki/사이언스온_(서비스).

국가과학기술연구회(NST). KISTI 기관 소개(영문). [online] https://www.nst.re.kr/eng/contents.do?key=323.

한국과학기술정보연구원(KISTI). 2020. NDSL이 ScienceON과 통합되어 한층 새로워집니다. [online] https://www.kisti.re.kr/promote/post/news/5058.

한국과학기술정보연구원(KISTI). 기관 소개(대표 홈페이지). [online] https://www.kisti.re.kr/.

한국지능정보사회진흥원. [online] https://www.nia.or.kr.

ScienceON. ScienceON 소개. [online] https://scienceon.kisti.re.kr/.

[외국문헌]

Borgman, C. L. 2007. Scholarship in the digital age: Information, infrastructure, and the Internet. MIT Press. [online] https://direct.mit.edu/books/monograph/3171/Scholarship−in−the−Digital−AgeInformation.

Schatz, Bruce, Mischo, William H., Cole, Timothy W., Bishop, Ann Peterson, Harum, Susan, Johnson, Eric, Neumann, Laura, Chen, Hsinchun, and Ng, Dorbin. 2000. Federated Search of Scientific Literature (University of Illinois DLI project, 1994?1998). University of Illinois Urbana−Champaign. [online] https://www.ideals.illinois.edu/items/25650.

Wilkinson, M., Dumontier, M., Aalbersberg, I., et al. 2016. The FAIR Guiding Principles for scientific data management and stewardship. Sci Data, 3: 160018. [online] https://doi.org/10.1038/sdata.2016.18.

[웹사이트]

Ariadne. The Resource Discovery Network (RDN). Ariadne. [online] https://www.ariadne.ac.uk/issue/22/dunning/.

Business Wire. 2025. Korea Institute of Science and Technology Information selects Hewlett Packard Enterprise to build South Korea's largest supercomputer. [online] https://www.businesswire.com/news/home/20250513352973/en/Korea-Institute-of-Science-and-Technology-Information-Selects-Hewlett-Packard-Enterprise-to-Build-South-Koreas-Largest-Supercomputer.

CORE. About CORE. [online] https://core.ac.uk.

D-Lib Alliance. D-Lib Alliance. D-Lib Magazine. [online] http://www.dlib.org/dlib/Dlib-alliance.html.

D-Lib Magazine. 2017. Editorial (July/August 2017): D-Lib Magazine will cease routine publication… [online] http://www.dlib.org/dlib/july17/07editorial.html.

Digital Curation Centre. About DCC. [online] https://www.dcc.ac.uk.

DCC. Data Management Plans. [online] https://www.dcc.ac.uk/dmps.

DSpace. [online] https://dspace.org.

DSpace. 2024.12.16. DSpace and DSpace-CRIS intent to investigate merger announcement. [online] https://dspace.org/dspace-and-dspace-cris-intent-to-investigate-merger-announcement/.

DSpace Annual Report 2024-2025. https://dspace.org/wp-content/uploads/2025/12/AR-2024-25-DSpace.pdf

DSpace. Exploring the potential merger of DSpace and DSpace-CRIS (Q+A session). [online] https://dspace.org/events/merger-qa/.

DSpace GitHub. DSpace/DSpace (Official repository). [online] https://github.com/DSpace/DSpace.

JISC. 2024. Learning analytics. JISC. [online] https://www.jisc.ac.uk/learning-analytics.

JISC. 2025. Next generation open access. JISC. [online] https://www.jisc.ac.uk/next-generation-open-access.

JISC. Building digital capability. JISC. [online] https://www.jisc.ac.uk/building-digital-capability.

JISC. Building digital capability (service site). [online] https://digitalcapability.jisc.ac.uk/.

JISC. Data analytics. JISC. [online] https://www.jisc.ac.uk/data-analytics.

JISC. Our role in open access. JISC. [online] https://www.jisc.ac.uk/our-role-in-open-access.

JISC. Research catalogue of services. JISC. [online] https://www.jisc.ac.uk/membership/our-catalogue-of-services-for-research.

JISC. (2024, November 4). Sherpa services combined into new user-friendly platform: open policy finder. Jisc.

Korea Education and Research Information Service (KERIS). Brief history. [online].

Mellon Foundation. 2024. 2024 Annual report. [online] https://www.mellon.org/annual-report/2024.

Mellon Foundation. 2025.01.28. Mellon Foundation awards 14M+ for humanities-grounded research and curricular projects. [online] https://www.mellon.org/news/mellon-foundation-awards-14m-for-humanities-grounded-research.

National Science Digital Library. [online] https://oercommons.org/hubs/NSDL.

National Science Foundation. 2011. Cyberinfrastructure framework for 21st century science and engineering. NSF. [online] https://www.nsf.gov/funding/opportunities/cif21-cyberinfrastructure-framework-21st-century-science/504730/105311.

National Science Foundation. [online] https://www.nsf.gov/public-access.

Open Archives Initiative. Open Archives Initiative Protocol for Metadata Harvesting (OAI-PMH). [online] https://www.openarchives.org/pmh/.

OpenAIRE. About OpenAIRE. [online] https://www.openaire.eu.

Research Data Shared Service Pilot. Research Data Shared Service overview. [online] https://research-data-network.readme.io/docs/research-data-shared-service-overview.

11

운영기반 기술

디지털도서관 운영론

11. 운영기반 기술

11.1 운영 플랫폼

11.1.1 클라이언트/서버 모델

클라이언트 서버 모델은 서비스를 요청하는 주체인 클라이언트와 요청을 처리하고 그 결과를 제공하는 주체인 서버가 네트워크를 통해 상호작용하는 기본 구조를 말한다. 이 구조는 오늘날에도 웹 서비스, 모바일 애플리케이션, 기관 업무 시스템, 디지털도서관 서비스의 기본 작동 원리로 유지되고 있다. 다만 최근의 서비스는 하나의 서버가 모든 기능을 처리하는 방식보다는, 여러 구성요소가 협력하는 분산형 구조로 확장되어 운용되는 경우가 일반적이다.

현대의 클라이언트 서버 환경에서는 몇 가지 중요한 변화가 나타난다. 첫째, 클라이언트가 서버에 직접 화면을 요청하는 방식보다는 응용프로그램 인터페이스를 통해 서비스가 제공되는 방식이 보편화되었다. 브라우저나 애플리케이션은 서버의 화면 자체를 전달받기보다, 데이터와 기능을 제공하는 인터페이스를 호출하고 서버는 그 결과를 표준화된 데이터 형식으로 응답한다. 둘째, 서버는 하나의 프로그램이 아니라 여러 서비스로 분리된 구조로 구축되는 경우가 많다. 이때 클라이언트는 각각의 서비스를 직접 호출하기보다는, 하나의 진입점을 통해 접속하고 내부에서 필요한 서비스 호출이 조합되어 응답을 받는 방식이 널리 사용된다. 셋째, 서버의 위치와 형태가 다양해졌다. 콘텐트 전송과 응답 속도를 개선하기 위해 일부 기능은 이용자와 가까운 위치의 엣지 서버에서 처리되며, 원격 저장소나 중앙 서버까지 가지 않고도 캐시 처리나 필터링, 간단한 연산이 수행되기도 한다. 넷째, 운영 부담을 줄이기 위해 서버 운영을 기관이 직접 수행하지 않고 클라우드가 인프라 관리를 맡는 방식도 보편화되었다. 이 방식은 서버가 존재하지 않는다는 의미가 아니라, 개발자와 운영자가 서버의 준비와 확장, 보안 패치와 같은 작업을 직접 다루지 않도록 클라우드 환경이 이를 대신 관리해 주는 운영 모델을 의미한다.

11.1.2 서버호스팅

서버호스팅이란 웹사이트나 정보서비스를 운영하기 위해 필요한 서버와 네트워크 환경을 기관이 직접 구축하지 않고 전문 업체로부터 임대하여 사용하는 것을 말한다. 서버를 직접 설치하고 관리하려면 공간과 장비, 전기, 네트워크, 보안, 유지보수 인력까지 모두 갖추어야 하므로, 대부분의 기관과 서비스는 서버호스팅 방식을 선택한다. 서버호스팅은 서버를 단독으로 사용하는 정도와 관리 책임의 주체에 따라 여러 유형으로 나뉘며, 다음과 같이 이해하면 된다.

1) 웹호스팅(공유 호스팅)

웹호스팅은 하나의 서버를 여러 이용자가 함께 나누어 쓰는 방식으로, 마치 한 건물에 여러 가게가 입주해 공간과 기반시설을 공유하는 모습과 비슷하다. 이 방식은 비교적 비용이 저렴하고 초기 설정이 간단하다는 장점이 있어 개인 홈페이지나 소규모 웹사이트 운영에 적합하다. 다만 같은 서버 자원을 여러 이용자가 함께 사용하므로, 이용자가 늘어나거나 제공 기능이 복잡해질수록 성능 저하가 발생할 수 있으며, 속도와 안정성 측면에서 한계를 경험할 수 있다.

2) 가상서버(VPS) 호스팅

가상서버(VPS) 호스팅은 한 대의 물리 서버를 여러 개의 가상 서버로 나누어 사용하는 방식이다. 이용자 입장에서는 각 가상 서버가 서로 독립된 서버처럼 보이며, 운영자도 별도의 서버를 사용하는 것처럼 설정과 관리를 할 수 있다. 그러나 실제로는 동일한 물리 장비의 자원을 여러 가상 서버가 함께 공유한다. 이러한 특성 때문에 가상서버 호스팅은 웹호스팅에 비해 성능이 더 안정적이고 설정의 자유도도 높은 편이며, 전용서버를 단독으로 임대하는 방식보다는 비용 부담이 적다. 따라서 일정 수준의 트래픽과 기능을 요구하는 중간 규모의 서비스나 기관 홈페이지 운영에서 널리 활용된다.

3) 전용서버 호스팅

전용서버 호스팅은 한 대의 서버를 한 기관이 단독으로 사용하는 방식이다. 서버 자원을 다른 이용자와 공유하지 않기 때문에, 서버의 성능을 온전히 활용할 수 있으며 서비스 운영이 비교적 안정적이다. 또한 보안 정책을 기관의 요구에 맞게 세밀하게 설정하거나, 필요한 소프트웨어와 시스템 구성을 자유롭게 적용할 수 있다는 장점이 있다. 다만 서버를 단독으로 사용하는 만큼 임대 비용이 높아질 수 있고, 운영체제 관리, 보안 패치, 장애 대응 등 관리 책임과 부담도 상대적으로 커진다. 이러한 이유로 전용서버 호스팅은 대학이나 공공기관에서 학술정보시스템이나 통합 검색처럼 기관 자체 서비스를 안정적으로 운영해야 할 때 선택되는 경우가 많다.

4) 클라우드 기반 서버호스팅

클라우드 호스팅은 필요한 만큼의 서버 자원을 그때그때 빌려 쓰는 방식이다. 서버를 직접 구매하거나 일정 기간 고정적으로 임대하는 방식과 달리, 서비스 운영에 필요한 컴퓨팅 자원을 사용량에 따라 늘리거나 줄일 수 있다는 점이 특징이다. 따라서 이용자가 증가하면 서버 자원을 자동으로 확장하여 성능 저하를 줄일 수 있고, 갑작스러운 트래픽 증가 상황에서도 비교적 유연하게 대응할 수 있다. 이러한 장점 때문에 최근의 웹서비스는 물론 디지털도서관 시스템 운영에서도 클라우드 호스팅이 가장 널리 활용되는 방식으로 자리 잡았다. 이 방식에서는 서버가 어디에 설치되어 있는지, 어떤 장비를 쓰는지 자체보다도, 결과적으로 서비스가 안정적으로 제공되고 확장과 관리가 원활하게 이루어지는지가 더 중요한 기준이 된다.

5) 코로케이션(서버 위탁 설치)

코로케이션(colocation)은 서버 장비를 기관이 직접 구입한 뒤, 이를 전문 데이터센터에 설치하여 운영하는 방식이다. 기관은 서버의 소유권과 통제권을 유지하면서도 데이터센터가 제공하는 전기 공급, 고속 네트워크, 항온과 항습, 물리적 보안과 같은 기반 시설을 함께 이용할 수 있다. 따라서 장비를 기관이 직접 관리하고 통제해야 하거나, 특정 사양의 장비를 안정적으로 유지해야 하는 경우에 적합하다. 다만 서버가 기관 내부가 아니라 외부 데이터센터에 설치되므로, 장애 대응과 장비 교체, 부품 관리, 원격 관리 체계 등을 포함한 운영 책임이 커질 수 있으며, 이를 수행할 전문 인력과 운영 체계가 필요하다.

한편, 서버 호스팅 방식을 선택할 때에는 비용만을 기준으로 판단하기보다 서비스의 중요도와 중단 허용 수준, 이용자 수와 트래픽 변동, 개인정보 등 민감한 데이터에 대한 보안 요구, 조직 내부의 운영 인력과 기술 역량, 향후 확장 계획을 함께 고려해야 한다. 특히 디지털도서관 서비스는 안정적인 접근 제공과 보안, 지속적인 운영이 핵심이므로, 기관의 현실적인 운영 여건과 서비스 특성에 맞는 호스팅 방식을 선택하는 것이 운영 기반 기술의 중요한 과제라 할 수 있다.

11.1.3 디지털도서관 서버 플랫폼

11.1.3.1 주요한 서버 유형

디지털도서관은 단일 서버로 구성된 시스템이 아니라, 서로 다른 기능을 수행하는 여러 서버가 유기적으로 결합된 정보 시스템이다. 이용자가 웹이나 모바일 환경에서 자료를 검색하고 원문을 열람할 수 있도록 하기 위해, 현대의 디지털도서관 서버 플랫폼은 기능 중심의 분산 구조를 갖는 것이 일반적이다. 이러한 구조는 서비스의 안정성과 확장성을 높이고, 장기적인 운영과 관리를 효율적으로 수행하기 위한 기반이 된다.

현대의 디지털도서관 서버 플랫폼은 다음 〈그림 11.1〉과 같이 웹서버를 중심으로 애플리케이션 서버, 메타데이터 저장 서버, 검색 서버, 원문 저장 서버, 콘텐트 가공 서버가 기능적으로 분리되어 구성되며, 이들이 유기적으로 협력함으로써 안정적이고 지속 가능한 서비스 환경을 형성한다. 이러한 서버 구조에 대한 이해는 디지털도서관 운영기술을 이해하는 데 있어 중요한 기초가 된다.

1) **웹서버**

먼저 웹서버는 디지털도서관 서비스의 가장 앞단에 위치하여 이용자의 요청을 처음으로 받아들이는 역할을 한다. 이용자가 브라우저 주소창에 도서관 홈페이지 주소를 입력하거나 검색 결과를 클릭하면, 해당 요청은 웹서버로 전달된다. 웹서버는 화면을 구성하는 기본 파일을 제공하거나, 이용자의 요청을 내부의 다른 서버로 전달하는 역할을 수행한다. 최근의 웹서버는 단순한 문서 제공을 넘어 보안 통신(HTTPS), 접근 제어, 트래픽 분산과 같은 운영 기능까지 함께 담당한다.

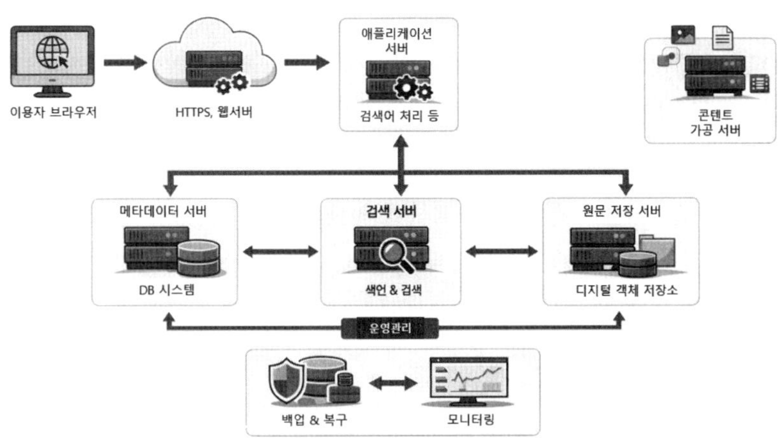

〈그림 11.1〉 디지털도서관 서버 플랫폼 구성도

2) 애플리케이션 서버

웹서버 뒤에서 실제 서비스의 핵심 기능을 처리하는 것은 애플리케이션 서버(API 서버)이다. 애플리케이션 서버는 로그인 처리, 검색 조건 해석, 정렬 및 필터 적용, 접근 권한 확인, 다운로드 요청 처리 등 디지털도서관의 주요 기능을 담당한다. 최근의 웹서비스는 화면과 데이터 처리를 분리하여, 웹이나 모바일 화면이 서버의 기능을 API 형태로 호출하는 구조를 널리 사용하고 있으며, 이러한 방식은 다양한 기기 환경에서도 동일한 서비스를 제공할 수 있게 해준다(Fielding, 2000).

3) 메타데이터 서버

메타데이터 저장 서버(데이터베이스 서버)는 디지털도서관이 보유한 자료의 서지정보와 관리 정보를 체계적으로 저장하는 역할을 한다. 여기에는 자료의 제목, 저자, 발행 정보, 초록, 주제어뿐만 아니라 저작권 정보, 접근 권한, 등록 및 수정 이력과 같은 운영 정보가 포함된다. 메타데이터는 디지털도서관 서비스의 기반이 되는 정보이므로, 정확성과 일관성을 유지하며 안정적으로 관리되어야 한다.

4) 검색 서버

메타데이터를 저장하는 기능과 이용자에게 빠르고 다양한 검색 결과를 제공하는 기능은 성격이 다르기 때문에 실제 운영 환경에서는 검색 서버, 즉 색인 서버를 별도로 구성하는 경우가 많다. 검색 서버는 메타데이터와 일부 원문 내용을 분석하여 색인을 생성하고, 이용자가 입력한 검색어에 대해 신속하게 검색 결과를 제공한다. 검색 결과의 정렬과 연도별, 저자별, 주제별 필터링, 연관 자료 추천 기능 등은 이러한 검색 서버를 통해 구현된다(Elasticsearch, n.d.).

5) 원문 저장 서버

원문 저장 서버(디지털 객체 저장소)는 논문, 보고서, 이미지, 동영상 등 실제 콘텐트 파일을 보관하는 서버이다. 디지털도서관에서 원문 데이터는 가장 중요한 자산이므로, 안정적인 저장과 장기적인 보존이 특히 강조된다. 최근에는 대용량 자료를 효율적으로 관리하기 위해 파일 서버뿐 아니라 객체 저장소 기반의 저장 방식이 널리 활용되고 있으며, 이를 통해 확장성과 데이터 보호 수준을 함께 확보할 수 있다.

6) 콘텐트 가공 서버

과거에는 디지털도서관 구성 요소로 PDF 변환 서버가 별도로 강조되었으나, 현대의 운영 환경에서는 이를 보다 넓은 의미의 콘텐트 가공 서버(처리 서버)로 이해하는 것이 적절하다. 콘텐트 가공 서버는 자료를 서비스에 적합한 형태로 가공하는 역할을 수행하며, 여기에는 문서 스캔 결과에 대한 OCR 처리, 검색을 위한 텍스트 추출, 미리보기 이미지 생성, 파일 형식 변환, 장기보존을 위한 보존용 파일 생성 등이 포함된다. 특히 PDF/A와 같은 보존 친화적 형식은 장기적인 접근성과 무결성을 확보하기 위한 수단으로 활용된다(Library of Congress, n.d.).

이와 함께 디지털도서관 운영에서는 백업 및 복구 체계와 운영 모니터링이 필수적인 요소로 고려된다. 장기간 축적되는 학술정보와 디지털 자산을 보호하기 위해 정기적인 백업이 수행되어야 하며, 장애 발생 시 신속하게 서비스를 복구할 수 있는 체계가 마련되어야 한다. 또한 서버 상태와 서비스 품질을 지속적으로 점검하는 모니터링 시스템은 안정적인 디지털도서관 운영의 기본 요소라 할 수 있다.

11.2 시스템 운영체제

운영체제는 서버 하드웨어 위에서 응용프로그램이 실행될 수 있도록 자원을 관리하고, 시스템을 안정적이고 안전하게 운영하기 위한 기본 소프트웨어이다. 디지털도서관 시스템에서 운영체제는 웹서비스, 검색엔진, 데이터베이스, 저장소, 처리 프로그램 등이 정상적으로 동작할 수 있는 기반 환경을 제공하며, 시스템의 성능과 안정성, 보안 수준에 직접적인 영향을 미친다.

오늘날 디지털도서관은 단일 서버 환경보다는 다수의 서버와 서비스가 결합된 구조로 운영되는 경우가 많다. 이에 따라 운영체제 선택은 단순히 어떤 운영체제가 더 빠른가의 문제가 아니라, 보안 업데이트 방식, 장기 지원 여부, 자동화 및 관리 도구와의 호환성, 그리고 클라우드 환경과의 결합 가능성까지 함께 고려해야 하는 문제로 이해할 필요가 있다.

서버 운영체제는 전통적으로 UNIX 계열, Linux 계열, Windows Server 계열로 구분하여 설명할 수 있으며, 이 구분은 운영체제의 계보와 운영 철학을 이해하는 데 여전히 유용하다.

11.2.1 UNIX 계열 운영체제

UNIX는 1969년 미국 Bell 연구소에서 개발된 다중 이용자, 다중 작업 환경을 위한 운영체제로, 이후 운영체제 설계와 서버 운영 전반에 큰 영향을 미쳐 왔다(The Open Group, n.d.). UNIX의 중요한 특징은 단순하고 일관된 설계 철학, 강력한 이용자와 권한 관리 체계, 안정적인 프로세스 관리와 네트워크 기능에 있다.

디지털도서관과 같은 서버 중심 서비스 환경에서 UNIX 계열 운영체제는 오랜 기간 안정성과 신뢰성을 바탕으로 활용되어 왔다. 특히 대규모 시스템이나 장기간 중단 없이 운영되어야 하는 환경에서 UNIX 계열은 견고한 운영 기반을 제공해 왔다. 오늘날에는 전통적인 상용 UNIX뿐만 아니라, UNIX 철학과 표준을 계승한 다양한 시스템들이 서버 운영의 개념적 토대를 형성하고 있다.

11.2.2 Windows Server 계열 운영체제

Windows Server는 마이크로소프트가 제공하는 서버용 운영체제로, 조직 단위의 계정 관리와 권한 통제, 정책 기반 시스템 운영에 강점을 가진다. 특히 대학이나 공공기관처럼 다수의 구성원이 동일한 시스템을 이용하는 환경에서는 중앙 집중적인 이용자 관리와 접근 제어 기능이 중요한 요소로 작용한다.

Windows Server 환경에서는 이용자 인증과 권한 관리, 자원 접근 통제, 로그와 감사 기능 등이 운영체제 차원에서 체계적으로 제공된다. 이러한 특성은 기관 내부 시스템과의 연계나 행정, 학사, 연구 시스템과의 통합 운영에 유리한 점으로 평가된다. 현대의 Windows Server는 정기적인 보안 업데이트와 장기 지원 정책을 통해 안정적인 서버 운영 환경을 제공하도록 설계되어 있다(Microsoft, n.d.).

11.2.3 Linux 계열 운영체제

Linux는 1991년 Linus Torvalds에 의해 공개된 운영체제 커널에서 출발한 시스템으로, 공개 개발과 자유로운 사용을 전제로 발전해 왔다(The Linux Kernel Archives, n.d.). Linux는 커널 자체를 의미하며, 실제 운영 환경에서는 커널과 다양한 시스템 도구, 응용 프로그램을 결합한 배포판 형태로 사용된다.

디지털도서관 서버 환경에서 Linux 계열 운영체제가 널리 사용되는 이유는 안정성, 유연성, 그리고 다양한 서버 소프트웨어와의 높은 호환성에 있다. 웹서버, 데이터베이스, 검색엔진, 저장 및 처리 도구 대부분이 Linux 환경에서 표준적으로 지원되며, 자동화와 원격 관리에 적합한 운영 방식도 잘 갖추어져 있다. 또한 클라우드 환경에서도 Linux 기반 서버가 기본 선택지로 제공되는 경우가 많아, 온프레미스와 클라우드를 아우르는 운영에 유리하다.

한편, 운영체제 선택에 대한 현대적 관점을 정리하면 다음과 같다. 최근 디지털도서관 시스템에서는 가상화와 컨테이너 기술, 그리고 관리형 서비스의 확산으로 인해 운영체제의 존재가 이용자에게 직접적으로 드러나지 않는 경우도 많아졌다. 그럼에도 불구하고 운영체제는 여전히 시스템 보안, 성능, 장애 대응, 운영 자동화의 핵심 기반으로 기능한다.

따라서 디지털도서관의 운영체제 선택은 특정 운영체제가 더 우수한가를 판단하기보다는, 서비스 규모와 중요도, 보안 요구 수준, 운영 인력의 역량, 그리고 장기적인 유지 및 확장 계획에 부합하는지를 기준으로 이루어져야 한다. 이러한 관점에서 운영체제는 디지털도서관 운영기술의 출발점이자, 안정적인 서비스 제공을 위한 기본 토대라 할 수 있다.

11.3 운영시스템 솔루션

디지털도서관 운영시스템 솔루션은 디지털 콘텐트의 수집, 관리, 검색, 제공, 보존까지의 전 과정을 지원하는 소프트웨어 체계를 의미한다. 이는 단순한 프로그램의 집합이 아니라, 도서관 서비스 정책과 업무 흐름을 기술적으로 구현하는 운영 환경의 핵심 요소이다. 디지털도서관이 다루는 콘텐트의 유형과 규모, 이용자 서비스 방식이 다양해짐에 따라 운영시스템 솔루션의 선택과 구성은 도서관 서비스 품질을 좌우하는 중요한 결정 사항이 된다.

일반적으로 디지털도서관 구축 방식은 크게 세 가지로 구분할 수 있다. 첫째는 기관 내부 인력이 중심이 되어 시스템을 직접 개발하는 방식, 둘째는 상용 또는 전문 솔루션을 도입하여 운영하는 방식, 셋째는 기본 솔루션을 기반으로 하되 기관 요구에 맞게 프로젝트 형태로 개발 확장하는 방식이다. 오늘날 디지털도서관 시스템은 기능과 기술 구조가 매우 복잡해져 있기 때문에, 전 과정을 도서관 내부에서 자체 개발하는 사례는 드물다. 대부분의 기관은 전문 솔루션을 도입하거나, 오픈소스 소프트웨어를 기반으로 외부 전문 인력과 협력하여 구축 운영하는 방식을 선택한다.

11.3.1 자체 개발 기반 솔루션

자체 개발 기반 솔루션은 기관의 업무 흐름과 서비스 요구를 가장 정확하게 반영할 수 있다는 장점이 있다. 디지털도서관이 제공하고자 하는 서비스가 기존 상용 솔루션으로는 충분히 구현되지 않거나, 기관의 특수한 정책과 연계되어야 하는 경우 자체 개발 또는 부분 개발 방식이 고려될 수 있다. 그러나 디지털도서관 운영시스템은 메타데이터 관리, 검색엔진 연계, 대용량 저장소 관리, 접근 권한 및 저작권 통제, 장기보존 기능 등 다양한 전문 기술을 요구한다. 이러한 요소를 모두 내부 인력만으로 개발하고 지속적으로 유지보수하는 것은 현실적으로 큰 부담이 된다. 따라서 최근에는 완전한 자체 개발보다는, 기존 솔루션이나 오픈소스 플랫폼을 기반으로 필요한 기능만 확장하는 형태의 개발이 일반적인 선택으로 자리 잡고 있다.

11.3.2 전문 솔루션 기반 운영

전문 솔루션 기반 운영은 디지털도서관 구축에서 가장 널리 사용되는 방식이다. 이 경우 전문 업체가 개발한 디지털도서관 솔루션이나 통합 도서관 시스템을 도입하고, 기관의 요구에 따라 설정 변경이나 기능 확장을 수행한다. 전문 솔루션은 다수의 구축 경험을 통해 검증된 기능과 안정성을 제공하며, 기술 지원과 유지보수 체계가 비교적 잘 갖추어져 있다는 장점이 있다.

디지털도서관 전문 솔루션은 구성 방식에 따라 통합형 시스템과 모듈형 시스템으로 구분할 수 있다. 통합형 시스템은 전통적인 도서관자동화 기능(수서, 목록, 연속간행물 관리, 열람 서비스 등)과 디지털 콘텐트 관리, 검색포털 서비스를 하나의 플랫폼으로 제공한다. 반면 모듈형 시스템은 디지털 콘텐트 관리와 제공 기능에 초점을 맞추고, 기존 도서관자동화 시스템과 연계하여 운영된다.

이러한 전문 솔루션은 기관의 규모와 운영 목표에 따라 선택되며, 최근에는 클라우드 환경에서 제공되는 형태나, API 기반으로 외부 시스템과 연계가 용이하도록 설계된 솔루션이 증가하는 추세이다.

11.3.3 오픈소스 기반 운영시스템

오픈소스 소프트웨어(Open Source Software, OSS)는 소스 코드가 공개되어 누구나 자유롭게 사용, 수정, 배포할 수 있는 소프트웨어를 의미한다. 디지털도서관 분야에서 오픈소스는 단순한 비용 절감 수단을 넘어, 기술 투명성과 확장성, 그리고 장기적인 지속 가능성을 확보하는 중요한 선택지로 활용되고 있다.

오픈소스 기반 운영시스템은 기관이 시스템 구조를 깊이 이해하고, 필요에 따라 기능을 확장하거나 다른 시스템과 연계할 수 있다는 장점이 있다. 또한 전 세계 개발자와 기관 커뮤니티가 함께 개선에 참여하기 때문에, 기술 변화에 비교적 빠르게 대응할 수 있다.

대표적인 오픈소스 디지털도서관 및 리포지토리 솔루션으로는 Greenstone, DSpace, EPrints 등이 있다.

1) Greenstone

Greenstone은 디지털도서관 컬렉션 구축과 배포를 지원하는 오픈소스 소프트웨어로, 다양한 형식의 디지털 자료를 수집하고 메타데이터를 기반으로 검색 열람할 수 있도록 설계되어 있다. Greenstone은 다국어 환경을 지원하며, 표준 메타데이터 형식과 상호운용 프로토콜을 활용하여 다른 디지털도서관 시스템과의 연계를 가능하게 한다(UNESCO & University of Waikato, n.d.).

Greenstone은 디지털도서관 컬렉션을 구축하고 배포하는 데 초점을 둔 오픈소스 소프트웨어이다. 핵심 기능은 다양한 형식의 디지털 자료를 수집 가공하여 하나의 컬렉션으로 조직하고, 이를 웹 환경에서 검색과 브라우징으로 제공하는 것이다. 운영자는 Greenstone에 자료를 모아 컬렉션 단위로 설계하고, 자료의 메타데이터를 붙인 뒤, 시스템이 색인을 생성하도록 하여 이용자가 빠르게 검색할 수 있게 만든다. 또한 컬렉션을 주제, 저자, 연도 같은 기준으로 계층형 메뉴로 제공할 수 있어 검색 중심뿐 아니라 탐색 중심 이용 방식도 지원한다.

Greenstone의 주요 특징은 상대적으로 설치와 운영이 단순하고, 컬렉션 구축 작업을 교육용, 현장용으로 이해하기 쉽게 제공한다는 점이다. 다국어 인터페이스를 지원하며, 컬렉션을 CD/DVD 또는 로컬 환경으로 배포하는 등 오프라인 배포와 같은 활용도 가능하다. 요약하면 Greenstone은 기관 전체 리포지토리 운영이라기보다, 특정 주제 또는 프로젝트 기반 컬렉션을 빠르게 구축하고 제공하는 데 강점이 있는 디지털도서관 구축 도구로 이해하면 좋다.

2) DSpace

DSpace는 기관형 디지털 리포지토리 시스템 가운데 가장 널리 사용되는 오픈소스 플랫폼 중 하나이다. DSpace는 대학과 연구기관에서 생산되는 학술 성과물을 체계적으로 수집하고 관리하며 보존하고 제공하는 것을 목표로 설계되었으며, 제출 워크플로우 관리, 검색 서비스, 영구 식별자 관리, OAI-PMH 기반 메타데이터 공개 기능 등을 포함한다(DSpace, n.d.). DSpace는 구조적으로 응용 계층, 비즈니스 로직 계층, 저장 계층으로 구분되며, 각 계층은 API를 통해 기능 확장과 연계가 가능하도록 설계되어 있다.

DSpace는 대학과 연구기관이 생산하는 학술 성과물, 예를 들어 논문, 학위논문, 보고서, 연구데이터 등을 장기적으로 축적하고 제공하는 기관 리포지토리 플랫폼으로 널리 활용된다. DSpace의 대표적인 기능은 다음과 같다. 첫째, 자료를 커뮤니티와 컬렉션 구조로 조직하여 기관의 실제 조직 체계에 맞게 콘텐트를 관리할 수 있도록 한다. 예를 들어 커뮤니티는 단과대학이나 연구소, 컬렉션은 학과, 사업단, 자료 유형 단위로 구성될 수 있다. 둘째, 제출 과정에서 심사, 승인, 반려 등의 절차를 설정할 수 있는 워크플로우 기능을 제공하여, 누가 자료를 등록하고 누가 이를 검토하고 승인하는지를 운영 정책에 따라 시스템으로 구현할 수 있다.

또한 DSpace는 메타데이터 기반 검색을 넘어, 검색 엔진과 연계한 색인 기반 검색과 정렬, 필터링 기능을 제공하여 이용자 경험을 높인다. 자료 단위로는 파일과 메타데이터를 함께 관리하며, 접근 통제 측면에서는 공개와 비공개 설정, 일정 기간 이후 공개되는 엠바고 설정, 그룹과 역할 기반 권한 정책을 적용할 수 있어 기관 리포지토리 운영에 적합하다. 대외 연계 측면에서는 OAI-PMH와 같은 표준 프로토콜을 통한 메타데이터 공개, 외부 시스템과의 API 기반 연계, 핸들이나 DOI와 같은 식별자 적용을 통해 장기적인 접근성과 인용 가능성을 지원한다. 보존 관점에서는 파일 무결성 확인을 위한 체크섬 관리 등 기본적인 디지털 보존 기능을 운영 정책과 함께 구성할 수 있다는 점도 중요한 특징이다.

다음 〈그림 11.2〉는 DSpace가 기능을 역할별로 구분해 운영하는 전형적인 3계층 구조를 보여준다. DSpace는 이용자가 직접 접촉하는 화면과 외부 연계 기능을 상위에 두고, 그 아래에서 서비스 규칙과 처리 로직을 수행하며, 가장 아래 계층에서 메타데이터와 원문 파일을 실제로 저장한다. 이러한 분리 구조는 기능 변경이나 확장, 외부 시스템 연계를 용이하게 하고, 저장 방식이 달라지더라도 상위 기능이 크게 영향을 받지 않도록 하기 위한 설계로 이해할 수 있다.

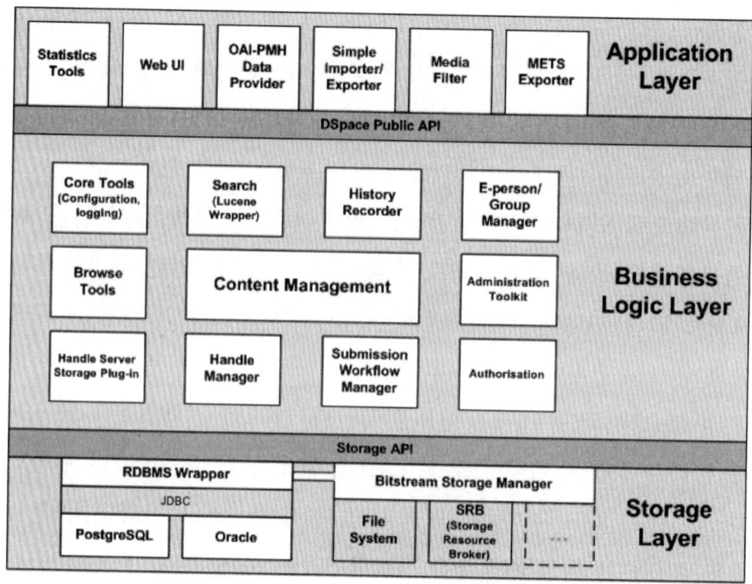

〈그림 11.2〉 DSpace 아키텍처

먼저 응용 계층은 이용자와 외부 시스템이 DSpace 기능을 사용하는 출입구에 해당한다. 웹 이용자 인터페이스는 이용자가 브라우저를 통해 검색, 탐색, 열람, 제출 등의 기능을 수행하는 대표적인 화면이다. OAI-PMH 데이터 제공 기능은 외부 기관이나 포털, 수집 시스템이 DSpace의 메타데이터를 표준 방식으로 수집할 수 있도록 하여 상호운용성을 확보한다. 단순 반입과 반출 도구는 다량의 자료를 한꺼번에 등록하거나 내보낼 때 활용되며, 초기 구축이나 시스템 이전, 일괄 처리 상황에서 사용된다. 미디어 필터는 업로드된 파일을 기반으로 미리보기 생성, 텍스트 추출, 형식 변환 등의 후처리를 수행하여 이용 편의성과 검색 품질을 높인다. METS 내보내기 기능은 디지털 객체와 메타데이터를 METS 형식으로 제공하여 장기 보존이나 다른 시스템과의 구조적 교환을 지원한다. 이 응용 계층은 내부 기능을 직접 구현하기보다 DSpace 공개 API를 통해 하위의 비즈니스 로직 계층 기능을 호출하는 방식으로 동작한다.

비즈니스 로직 계층은 DSpace의 핵심 기능이 실제로 처리되는 중심부이다. 콘텐트 관리 기능은 커뮤니티, 컬렉션, 아이템 구조를 기반으로 디지털 객체와 메타데이터를 조직하고 관리하는 역할을 수행하며, 리포지토리 운영의 기본 틀을 제공한다. 제출 워크플로우 관리자는 자료 제출 과정의 절차를 제어하여 제출, 검토, 승인, 공개와 같은 기관 운영 규칙을 시스템으로 구현한다. 검색 기능은 색인 생성과 질의 처리를 담당하여 빠르고 정교한 검색 결과 제공을 지원하며, 탐색 도구는 저자, 연도, 주제 등의 기준으로 자료를 살펴볼 수 있는 기능을 제공한다. 이용자와 그룹 관리 기능은 계정과 그룹을 관리하고, 권한 관리 기능은 공개와 비공개, 엠바고, 그룹별 접근 제한과 같은 정책을 실제로 적용한다. 핸들 관리 기능은 디지털 객체에 영구 식별자를 부여하고 관리하여 장기적인 접근성과 인용 가능성을 확보한다. 이 밖에도 변경 이력 관리, 설정과 로그 관리, 관리자 도구 등은 시스템 운영에 필요한 내부 기능으로서 관리의 기반을 제공한다.

저장 계층은 DSpace가 데이터를 물리적으로 보관하는 영역이다. 메타데이터와 운영 정보는 관계형 데이터베이스에 저장되며, 이를 위해 데이터베이스 연계 계층이 PostgreSQL이나 Oracle과 같은 데이터베이스와 연결된다. 반면 논문 파일, 이미지, 동영상과 같은 실제 원문 파일은 비트스트림 저장 관리 기능을 통해 파일 시스템이나 외부 저장소에 저장된다. 저장 계층은 저장 API를 통해 비즈니스 로직 계층과 연결되며, 상위 계층에서는 저장 방식의 차이를 직접 의식하지 않도록 추상화되어 있다.

이상에서 살펴본 바와 같이, Greenstone이 컬렉션 중심의 디지털도서관 구축 도구 성격이 강하다면, DSpace는 기관 단위로 학술 성과물을 지속적으로 축적하고 관리하며 공개하는 운영 플랫폼 성격이 강하다고 이해할 수 있다. 이러한 오픈소스 솔루션은 단독으로 사용되기도 하지만, 기관의 요구에 따라 상용 솔루션이나 외부 서비스와 결합된 하이브리드 형태로 운영되는 경우도 많다.

3) ePrints

ePrints는 대학과 연구기관이 생산하는 학술성과물을 수집하고 공개하기 위해 개발된 기관 리포지토리 플랫폼으로, 특히 오픈액세스 확산을 목적으로 설계된 시스템이다. ePrints의 대표적인 기능은 첫째, 논문, 학위논문, 보고서, 학술자료 등 다양한 유형의 성과물을 비교적 단순한 구조로 등록하고 관리할 수 있도록 지원한다는 점이다. 기관은 컬렉션이나 자료 유형을 중심으로 리포지토리를 구성할 수 있으며, 이를 통해 빠른 구축과 운영이 가능하다.

둘째, ePrints는 제출 과정과 메타데이터 구조를 기관의 정책에 맞게 유연하게 설정할 수 있다는 특징을 가진다. 자료 제출 시 필수 메타데이터 항목과 선택 메타데이터 항목을 비교적 자유롭게 정의할 수 있으며, 제출 이후 검토와 공개 여부를 조정하는 기본적인 업무 흐름을 통해 운영 정책을 반영할 수 있다. 이러한 구조는 복잡한 승인 절차보다는 신속한 등록과 공개를 중시하는 기관 환경에 적합하다.

또한 ePrints는 메타데이터 기반 검색과 브라우징 기능을 중심으로 이용자가 자

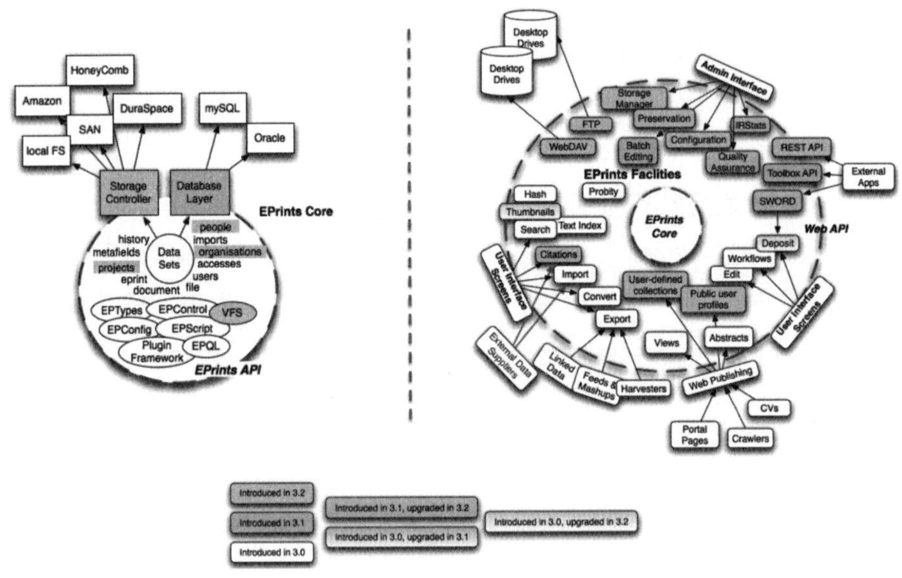

〈그림 11.3〉 EPrints 아키텍처

료를 탐색할 수 있도록 설계되어 있으며, 저자, 연도, 자료 유형 등의 기준으로 결과를 제공한다. 접근통제 측면에서는 공개 설정과 비공개 설정을 지원하고 엠바고 적용도 가능하여, 오픈액세스 정책과 기관 내부 요구를 함께 충족할 수 있다. 대외 연계 기능으로는 OAI-PMH 프로토콜을 통한 메타데이터 공개를 기본적으로 지원하여 외부 검색 서비스나 학술 포털과의 연동이 용이하다(EPrints, n.d.).

〈그림 11.3〉은 ePrints 시스템의 전체 구조와 주요 기능 흐름을 한눈에 보여 주는 아키텍처 개념도이다. 그림은 크게 왼쪽의 ePrints Core와 API 구조, 오른쪽의 ePrints 기능과 서비스 생태계로 나뉘어 있으며, ePrints가 어떻게 데이터를 저장하고 처리하며 이용자와 외부 시스템에 서비스를 제공하는지를 단계적으로 설명한다. 먼저 왼쪽 부분은 ePrints의 기술적 핵심 구조를 나타낸다. ePrints Core는 시스템의 중심으로서 메타데이터, 이용자 정보, 권한, 워크플로우 등을 관리한다. 메타데이터와 운영 정보는 MySQL이나 Oracle과 같은 관계형 데이터베이스에 저장되며, 실제 원문 파일은 로컬 파일 시스템, SAN 또는 클라우드 스토리지(Amazon S3 등)에 저장된다. 이때 Storage Controller가 다양한 저장소를 추상화하여 관리함으로써, 저장 방식이 달라지더라도 상위 기능이 영향을 받지 않도록 한다.

Core 영역에서는 이용자, 조직, 자료(ePrints), 상태(states), 권한(permission) 같은 핵심 개체들이 관리되며, 제출 이력과 상태 변화는 History metadata로 기록된다. 이러한 핵심 기능 위에서 ePrints API가 제공되는데, 이 API는 Perl 기반 프레임워크(EPrints API, EPQL, CGI, VFS 등)를 통해 내부 기능과 외부 인터페이스를 연결하는 역할을 한다. 즉 API는 ePrints 내부 로직을 응용 서비스와 외부 시스템이 사용할 수 있도록 매개하는 계층이다.

오른쪽 부분은 ePrints가 제공하는 다양한 서비스 기능과 확장 생태계를 중심으로 구성되어 있다. 중심에는 이용자 중심 기능들이 배치되어 있는데, 여기에는 자료 등록, 변환, 내보내기, 열람, 초록, 인용, 색인, 썸네일 생성 등이 포함된다. 이는 이용자가 실제로 체감하는 리포지토리 서비스의 핵심 기능들이다. 이러한 기능을 기반으로 ePrints는 여러 형태의 외부 연계를 지원한다. OAI-PMH를 통한 메타데이터 공개, RSS 및 Atom 피드 제공, CSV 출력, 웹 퍼블리싱, 포털 페이지 생성, 검색엔진 크롤러 연계 등이 대표적이다. 이를 통해 ePrints에 저장된 학술성과물은 외부 검색 서비스나 학술 포털을 통해 널리 노출될 수 있다.

또한 관리와 확장을 위한 기능들도 별도로 구성되어 있다. 관리자는 Admin Interface를 통해 설정, 이용자 관리, 통계, 품질 관리, 장기 보존 관련 기능을 수행할 수 있다. REST API, Web API, Toolbox API 같은 인터페이스를 통해 외부 응용프로그램이나 다른 시스템과의 연계도 가능하다. 이로써 ePrints는 단독 시스템이 아니라 다른 학술 정보 서비스와 연결되는 플랫폼으로 기능한다.

Greenstone, DSpace, ePrints는 목적과 강점은 조금씩 다르지만, 세 시스템의 기능을 종합해 보면 디지털도서관 아키텍처가 공통적으로 갖추어야 하는 핵심 모듈은 상당히 겹친다. 아래는 각 핵심 모듈에 대한 설명이다.

① 이용자 서비스 모듈

디지털도서관은 이용자가 검색하고 열람하는 서비스이므로, 웹 기반 화면 또는 API 기반 화면 제공을 담당하는 이용자 서비스 모듈이 필요하다. 이 모듈은 단순한 화면이 아니라 검색 결과를 보여 주고 브라우징 경로를 제공하며, 아이템 상세 페이지와 다운로드 또는 뷰어로 이어지는 이용 흐름을 구성한다. 이용자 경험(UX)은 결국 이 계층에서 결정되며, 디지털도서관의 품질이 가장 직접적으로 드러나는 영역이다.

② 콘텐트 반입 및 등록 모듈

디지털도서관은 콘텐트가 들어오지 않으면 운영될 수 없기 때문에, 자료를 시스템에 넣는 반입 모듈이 핵심이다. 이 모듈은 수동 업로드뿐 아니라 대량 반입, 외부 시스템에서의 가져오기, 제출 양식 기반 등록을 포함한다. 기관형 리포지토리에서는 제출자, 검토자, 관리자 역할에 따라 등록 절차가 달라지므로, 이 모듈은 운영 정책을 실제 업무 흐름으로 구현하는 역할도 함께 가진다.

③ 메타데이터 관리 모듈

검색과 조직화, 보존과 접근권한까지 모두 메타데이터에 의해 좌우되므로, 메타데이터를 생성하고 편집하며 검증하고 확장하는 모듈이 필요하다. 여기에는 서지 메타데이터뿐 아니라 저작권과 라이선스, 접근권한, 엠바고, 파일 형식 정보, 보존 관련 기술 메타데이터 같은 관리 메타데이터도 포함된다. 디지털도서관은 결국 메타데이터 품질이 서비스 품질을 만든다는 점에서 이 모듈이 핵심 기반이 된다.

④ 콘텐트 저장소 모듈

디지털도서관은 원문, 이미지, 멀티미디어, 데이터셋 등 실제 파일을 안전하게 저장해야 하므로, 디지털 객체 저장소 모듈이 필요하다. 이 모듈은 단순히 파일을 보관하는 것을 넘어 파일의 무결성, 버전 관리, 중복 저장, 장기 보관 정책과 연결되어야 한다. 시스템 관점에서는 메타데이터와 원문 파일을 논리적으로 묶어 한 아이템으로 관리할 수 있어야 하며, 서비스 제공과 보존 요구를 동시에 만족해야 한다.

⑤ 색인과 검색 모듈

메타데이터를 저장하는 것만으로는 이용자에게 빠르고 풍부한 검색을 제공하기 어렵기 때문에, 색인과 검색을 담당하는 모듈이 필요하다. 이 모듈은 검색 질의 처리뿐 아니라 정렬, 패싯(필터), 하이라이트, 추천과 같은 탐색 기능을 포함하여 이용자가 원하는 자료를 효율적으로 찾게 해 준다. 많은 시스템에서 데이터베이스는 정확한 원본 저장을 담당하고, 검색 모듈은 빠르고 다양한 검색 경험을 담당하는 역할 분리가 자연스럽게 나타난다.

⑥ 브라우징과 내비게이션 모듈

디지털도서관 이용은 검색만으로 이루어지지 않기 때문에, 저자, 연도, 주제, 분류, 컬렉션 등으로 자료를 둘러보는 브라우징 모듈이 필요하다. 이 모듈은 디지털도서관이 단순 검색 시스템이 아니라 컬렉션을 가진 도서관이라는 성격을 드러내며, 이용자가 탐색을 통해 자료를 발견하도록 돕는다. 특히 컬렉션 중심 시스템에서는 이 모듈이 서비스의 핵심 경험이 되기도 한다.

⑦ 접근제어와 권한관리 모듈

디지털도서관은 공개 자료만 다루는 경우도 있지만, 기관 내부 자료, 저작권 제한 자료, 엠바고 자료 등 접근 정책이 다양한 경우가 많다. 따라서 로그인(인증)과 권한(인가)을 분리해 관리하는 모듈이 필요하다. 이 모듈은 누가 어떤 자료를 어떤 조건에서 볼 수 있는가를 시스템이 일관되게 적용하도록 하며, 기관의 정보보호와 저작권 정책을 기술적으로 집행하는 핵심 장치이다.

⑧ 워크플로우와 업무정책 모듈

특히. 기관 리포지토리에서는 제출, 검토, 승인, 공개 같은 절차가 운영의 핵심이므로 워크플로우 모듈이 필요하다. 이 모듈은 단순한 기능이 아니라 기관의 책임과 역할 분담을 시스템으로 구현하는 부분이다. 품질 관리(메타데이터 검수), 공개 시점 통제(엠바고), 승인 기록(감사 추적) 같은 운영 요구가 이 모듈을 통해 현실화된다.

⑨ 처리와 가공 모듈

원문을 그대로 저장하는 것만으로는 서비스가 불편할 수 있으므로 콘텐트 처리 모듈이 필요하다. 이 모듈은 문서의 텍스트 추출, 썸네일 및 미리보기 생성, 포맷 변환, 웹 제공용 파생본 생성 등을 수행한다. 즉 저장된 파일을 서비스 가능한 형태로 바꿔 주는 공정이며, 검색 품질과 이용 편의를 좌우하는 실무적 핵심 요소이다.

⑩ 상호운용과 외부연계 모듈

디지털도서관은 고립된 시스템이 아니라 다른 시스템과 연결되어 노출되고 활용되어야 하므로 상호운용 모듈이 필요하다. 대표적으로 메타데이터 수집과 제공,

API 기반 연계, METS 등으로 표준 형식 내보내기, 배치 내보내기 기능이 여기에 포함된다. 이 모듈은 기관 내부의 저장소를 외부 생태계에서 발견되고 활용되는 지식 인프라로 바꾸는 연결 장치이다.

⑪ 식별자와 인용 및 링크 지속성 모듈

디지털도서관 자료는 시간이 지나도 같은 주소로 접근 가능해야 하며, 학술적으로는 인용 가능성이 중요하다. 이를 위해 DOI와 같은 영구 식별자를 부여하고 관리하는 모듈이 필요하다. 이 모듈은 링크가 깨지는 것을 줄이고, 장기적으로 자료의 신뢰성과 추적 가능성을 높인다.

⑫ 운영관리 모듈

시스템은 운영되어야 하므로 관리자 화면과 설정 관리, 로그와 이력, 통계, 오류 추적 같은 운영관리 모듈이 필요하다. 통계는 서비스 개선과 성과 보고에 사용되고, 로그와 감사는 보안과 책임성에 연결되며, 설정 관리는 정책 변경을 현실 운영에 반영하기 위한 기반이 된다. 이 모듈은 이용자에게 보이지 않지만 서비스의 지속 가능성을 좌우한다.

⑬ 보존, 백업, 복구 모듈

디지털도서관의 목표에는 장기적 접근 보장이 포함되므로, 보존과 백업 및 복구는 선택이 아니라 기본 요건이다. 파일 무결성 점검(체크섬), 버전 및 보존 메타데이터 관리, 정기 백업, 장애 시 복구 절차는 디지털 객체의 지속성을 담보한다. 이 모듈은 서비스 제공과는 다른 축에서 디지털도서관의 공공성과 책임성을 지탱한다.

지금까지 디지털도서관 구축을 위한 운영시스템 솔루션 선택 방법을 살펴보았다. 솔루션의 선택은 기술적 우수성만으로 결정되기 어렵다. 콘텐트의 성격과 규모, 이용자 서비스 방식, 장기보존 요구, 저작권 및 접근 통제 정책, 그리고 기관의 운영 인력과 예산 여건을 종합적으로 고려해야 한다. 특히 최근에는 클라우드 기반 인프라, API 연계, 표준 준수 여부가 중요한 평가 기준으로 부각되고 있으며, 이러한 요소를 바탕으로 솔루션을 선택하는 것이 지속 가능한 디지털도서관 운영의 핵심이라 할 수 있다.

참고문헌

[외국문헌]

Chandramouli, Ramaswamy. 2019. Security Strategies for Microservices-based Application Systems. NIST.
[online] https://nvlpubs.nist.gov/nistpubs/SpecialPublications/NIST.SP.800-204.pdf.

Fielding, R. T. 2000. Architectural styles and the design of network-based software architectures.
[online] https://roy.gbiv.com/pubs/dissertation/fielding_dissertation.pdf](https://roy.gbiv.com/pubs/dissertation/fielding_dissertation.pdf).

[웹사이트]

AWS. What is Serverless Computing? [online] https://aws.amazon.com/what-is/serverless-computputing/.

Cloudflare. What is a CDN edge server?
[online] https://www.cloudflare.com/learning/cdn/glossary/edge-server/.

DSpace. [online] https://dspace.lyrasis.org.

EPrints. [online] https://www.eprints.org/.

Elasticsearch. What is a search engine? [online] https://www.elastic.co/what-is/search-engine.

Library of Congress. Sustainability of digital formats: PDF/A.
[online] https://www.loc.gov/preservation/digital/formats/fdd/fdd000318.shtml.

Microsoft. Windows Server release information. [online] https://learn.microsoft.com/en-us/windows/release-health/windows-server-release-info.

The Linux Kernel Archives. Linux kernel archive and early releases.
[online] https://www.kernel.org.

The Open Group. UNIX history and timeline.
[online] https://unix.org/what_is_unix/history_timeline.html.

UNESCO and University of Waikato. Greenstone Digital Library Software.
[online] https://www.greenstone.org.

색 인

(ㄹ)

(ㅁ)

(ㅂ)

(ㅅ)

(ㅇ)

(ㅈ)

(ㅊ)

(ㅋ)

(ㅌ)

(ㅍ)

(ㅎ)

디지털도서관 운영론

저자	김선태 · 이수상
펴낸곳	한국도서관협회
초판 발행	2008년 8월 20일
전면개정판 발행	2026년 2월 9일
등록	제2-723호(1979. 8. 18.)
주소	서울특별시 서초구 반포대로 201
전화	02-535-4868
팩스	02-535-5616
홈페이지	www.kla.kr
인쇄	미래피앤피
ISBN	978-89-7678-407-0 (93020)

정가 32,000원